중화인민공화국 국사國史가 된

(고)조선·부여 고구리·발해

역사침탈(동북공정) 대응 총서 ②

고구리·고리연구소
서길수 지음

맑은
나라
2023

중화인민공화국 국사(國史)가 된
(고)조선·부여·고구리·발해

1판 1쇄 펴낸날 2023년 11월 30일

글쓴이 서길수 | **펴낸이** 이은금
펴낸곳 도서출판 맑은나라
출판등록 2013. 4. 30(제2013-000282호)
주소 서울시 마포구 신촌로2안길 47(B02) 고구리·고리연구소
전화 02-337-1661
전자우편 kori-koguri@naver.com

© 서길수, 2023

편집/제작처　(주)북랩 www.book.co.kr

ISBN　　　979-11-87305-36-1　93910 (종이책)

머리말

1. 한국의 중국 혐오는 이렇게 생겨났다.

1992년 한·중 두 나라 외교관계 수립한 뒤,

1993년 집안 고구리 문화 국제학술대회에서 한·중 역사전쟁 첫 총성이 울렸고,

1996년 9차 5개년계획에서 1차 국책 고구리사 침탈이 시작되었습니다.

2002년 2월 28일, '동북공정'이라는 선전포고로 역사전쟁이 시작되어

2023년 현재 역사전쟁은 21년이 지났습니다.

그러나 우리는 한·중 역사전쟁은 계속되는지, 끝났는지도 모르고

우리들의 기억 속에 잊혀가며 무감각한 오늘을 보내고 있습니다.

한·중 역사전쟁, 이른바 〈동북공정〉은 끝났는가?

한·중 역사전쟁, 이른바 〈동북공정〉은 중단되었는가?

한·중 역사전쟁, 이른바 〈동북공정〉은 아직도 계속되는가?

한·중 역사전쟁은 어느 나라가 이겼는가?

이 모든 것을 대답하는 『중화인민공화국 국사(國史)가 된 (고)조선·부여·고구리·발해』입니다.

2017년 시진핑이 트럼프에게 "한국은 중화인민공화국의 일부다"라고 말한 뒤,

고구리·고리연구소에서는 4년간 한·중 역사전쟁을 철저하게 검토한 결과,

동북공정은 새천년 10년 계획 가운데 하나였고,

2001년부터 2009년까지 8년간이나 계속되었으며,

2009년 공식적으로 역사침탈 완료를 선포했다는 것을 밝혔습니다.

2010년부터 훔쳐 간 역사를 자국의 국사로 만드는 작업을 시작하여

현재 (고)조선·부여·고구리·발해는 중화인민공화국 국사로 바뀌고

고구리는 세계사에서 국사로 옮겨졌고

최대 백과사전 『백도백과』까지 국사(國史)로 기술하여 배치를 마쳤습니다.

이제는 그렇게 훔쳐 간 역사를 바탕으로

2017년 국제무대 G2 정상회담에서 시진핑이 세계에 알린 뒤,

"김치공정 : 김치는 중화인민공화국 것이다."

"한복공정 : 한복은 중화인민공화국 것이다."

심지어는 손흥민도 중화인민공화국 사람이라며,

역사와 정체성 침략이 봇물 터지듯 일반화되고 있습니다.

우리는 이런 한·중 역사전쟁의 진행과 성과를 정확히 파악하여 이에 대처해야 합니다.

이 책 한 권을 통해 중국공산당의 역사침탈 목적과 그 전략·전술,

이에 대응해 설립된 한국 국책기관의 설립과 실패과정을 꼼꼼하게 밝힙니다.

그리고 마지막에,

그럼 우리는 지금 어떻게 하고 있고, 어떻게 해야 하는가?

글쓴이의 의견을 내고, 모든 이를 논의의 뜰로 모시려는 것이 이 책의 목적입니다.

2. 중화인민공화국 역사침탈에 관한 시기 구분

역사의 시기를 구분하는 것은 그 역사를 인식하는 잣대를 만드는 것이다. 그러므로 역사침탈도 침탈 이전 시기를 비롯하여 전체 역사에 대한 시대를 구분하여 그 진행 과정을 철저하게 분석하는 작업이 필요하다.

중화인민공화국의 우리나라 역사침탈은 다음과 같이 5단계로 나눌 수 있다.

1) 역사침탈 0단계(1979년 이전) : (고)조선 · 부여 · 고구리 · 발해는 한국 · 조선의 역사

2) 역사침탈 1단계(1979~1995, 16년) : 역사침탈 논리의 형성과 역사 왜곡 단계

3) 역사침탈 2단계(1996~2001, 6년) : 1차 국책 역사침탈(9차 5개년계획) 추진과 완성 단계

4) 역사침탈 3단계(2001~2009, 8년) : 2차 국책 역사침탈(동북공정) 추진과 완성 단계

5) 역사침탈 4단계(2010년 이후) : (고)조선 · 부여 · 고구리 · 발해는 중화인민공화국 역사

1) 역사침탈 0단계(1979년 이전) : (고)조선 · 부여 · 고구리 · 발해는 한국 · 조선의 역사

1979년 이전에는 중화민국 국민이나 중화인민공화국 인민들은 당연히 (고)조선 → 부여 → 고구리(高句麗) → 발해로 이어지는 역사는 '조선'의 역사라고 보았고, 당나라가 고구리(高句麗)를 쳐들어간 것은 침략이라고 규정하였다. 이 단계도 다음 두 단계로 나눌 수 있다.

(1) 중화민국 시기(1912~1948)의 한국 · 조선사에 대한 사관

1911년 12월 29일 상해에서 손문이 중화민국 대총통으로 뽑히고, 1912년 2월 12일 청나라 마지막 황제 부의가 자리에서 물러나면서 중화민국이 탄생한다. 중화민국 시기인 1936년 발행된 최고의 옥편이고, 백과사전인 『사해(辭海)』는 물론이고 일반인들의 기록에 모두 (고)조선 → 부여 → 고구리(高句麗) → 발해는 조선의 역사로 기록되어 있다.

(2) 중화인민공화국 시기(1949~1979)의 한국 · 조선에 대한 역사

1949년 공산정권이 들어선 뒤에도 『사해』가 기본 사전이었고, 모든 교과서도 고구리는 한국 · 조

선의 역사였으며, 1963년 당시 총리였던 주은래는 "도문강, 압록강 서쪽은 역사 이래 중국 땅이었다거나, 심지어 옛날부터 조선은 중국의 속국(藩屬)이었다고 하는 것은 황당한 이야기다."고 하면서 그런 결과는 모두 봉건시대 대국 국수주의 때문이라는 진단을 내렸다. 구체적으로 "다른 나라에서 선물을 보내면 그들은 조공을 바쳤다고 했고, 다른 나라에서 사절을 보내와 얼굴을 대하고 서로 우호적으로 교류할 때도 그들은 조현(朝見)하러 왔다고 했고, 쌍방이 전쟁을 끝내고 강화할 때도 그들은 여러분이 신복(臣服)한다고 말했으며, 스스로 천자의 나라(天朝), 위나라(上邦)라고 불렀다."고 비판하고 "이것은 곧 불평등한 것이다." "모두 역사학자 붓끝에서 나온 잘못이다. 우리는 이런 것들을 바로잡아야 한다"라고 해서 만주에 있던 옛 역사는 조선의 역사라는 것을 분명하게 했다.

2) 역사침탈 1단계(1979~1995, 16년) : 역사침탈 논리의 형성과 역사 왜곡 단계

(1) 1979~1985 : 통일적다민족국가론의 새 해석과 고구리 연구의 시작

1977년부터는 우파로 몰렸던 개혁파들이 힘을 쓰기 시작하면서 중국은 새로운 시대를 맞는다. 1978년 12월 18~22일 중공 11차 3중 전인민대회(中共十一届三中全会)에서 해방사상과 실사구시의 사상노선을 새롭게 확립하였다. 그리고 1979년 미국과 국교를 맺으면서 개방을 시작하였고, 1980년 덩샤오핑(鄧小平)이 전면에 나서 경제문제에 집중하면서 개혁과 개방을 이끌어갔다. 개혁개방과 동시에 고구리사를 비롯한 조선사 연구가 양성화되기 시작하였는데, 1980년 이후 본격화된 이른바 "통일다민족국가(統一多民族國家)"와 '중화민족'이라는 민족정책의 확립 과정에서 발생한 필연적 결과라고 할 수 있다.

통일다민족국가와 중화민족에 대한 논의는 50년대 크게 논의 되어 백수이(白壽彝)가 내놓은 "오늘날 중화인민공화국의 범위를 바탕으로 거꾸로 거슬러 올라가 역사이래 이 토지에서 살던 선민들을 연구해야 한다"라는 주장이 대세를 이룬다. 그러나 1981년 열린 「중국 민족관련사 학술좌담회」에서 중국 민족과 강역 문제에 대한 집중적인 논의가 시작된다. 여기서 담기양(潭其驤)의 "역사상 중국의 이러한 문제를 어떻게 처리할 것인가? 우리는 청조(清朝)가 통일을 완성한 뒤 제국주의가 중국을 침입하기 이전의 청조(清朝) 판도, 구체적으로 말해 18세기 50년대부터 19세기 40년대 아편전쟁 이전의 중국 판도를 가지고 우리 역사시기 중국의 범위를 잡는다."라는 논리가 대세를 이루면서 새로운 국면에 들어간다.

(2) 1985~1995 : 조선사 연구의 팽창과 역사 왜곡 시작

고구리(高句麗) 문제는 이미 1980년대 초 담기양이 다루었다. 5세기를 기점으로 청나라 때 국경이었던 압록강을 중심으로 수도가 현재 중화인민공화국에 있던 전반부는 치나(Cina, China)의 역사, 수도가 평양에 있었던 후반부는 한국 · 조선사로 처리하였다. 1985년 장박천(張博泉)이 『동북역사고(東北地方史稿)』에서 "부여 · 고구리(高句麗) 지방민족정권(地方民族政權)이 세워졌다"라고 '지방민족정권'이라는 용어를 쓴 뒤 경철화(耿鐵華)의 「고구리의 기원과 건국 문제 탐색」(1986), 동만륜(董萬侖)의 『동북사강요』(1987), 동동(佟冬)이 주편한 『중국동북사』(1987), 손진기의 『동북역사지리』(1989)에 담기양과 같은 논조를 발표하였다.

1990년에 들어서면서 고구리 귀속문제에 대한 연구가 본격화되면서. 설홍(薛虹) · 이주전(李澍田)이 『중국동북통사』에는 "고구리족은 서한의 현도군에 속했기 때문에 서한 경내의 한 민족이며 고구리 건국 이후에도 한나라 왕조와 번속(藩屬) 관계였다"라는 번속이론이 등장하고, 1993년 양소전(楊昭全)이 『중조변계사』에서는 "고구리는 처음부터 끝까지 중국에 예속하였으며, 한나라부터 당나라까지 역대 중원왕조가 관할한 소수 지방정권이다"라고 주장하면서 (고)조선부터 발해까지를 완전히 중화인민공화국 역사로 만들어 그 영토를 구체화하였다.

1993년 8월 11~14일, 남북한 학자를 비롯한 양국의 고대사 전문가들이 참석한 고구리 문화 국제토론회의에서 손진기와 경철화가 "고구리는 중화인민공화국의 역사다"라고 발표하므로 해서 '한 · 중 역사전쟁의 첫 총소리'가 울렸다. 이 국제학술대회가 끝난 뒤 한국과 중국 양국에는 갑자기 고구리 붐이 일어나기 시작하였고, 1994년 한국에 고구리연구회, 만주 통화사범학원에 고구리연구소가 세워져 본격적인 활동에 들어간다.

그러나 1995년까지는 고구리는 한국 · 조선사라는 것이 대세였으므로 글쓴이는 이 시기를 역사 왜곡 단계로 보았다.

3) 역사침탈 2단계(1996~2001, 6년) : 1차 국책 역사침탈(9차 5개년계획) 추진과 완성 단계

(1) 1996~2000 : 9차 5개년 계획에 따른 고구리사 침탈의 시행과 완성

중국공산당이 직접 관할하는 국무원 산하 중국사회과학원(CASS)에 중국변강사지연구중심(Center of China's Borderland History and Geography Research)을 세워 국경과 영토 문제를 전문적

으로 다루기 시작한 것은 1983년이다. 그리고 9차 5개년 계획(1996~2000)의 일환으로 「고구리 역사 연구」라는 프로젝트를 진행하므로 해서 1차 국책 고구리사 침탈이 공식적으로 시작된다.

1997년 길림성사회과학원 고구리연구중심, 동북사범대학 동북민족강역연구중심(東北民族疆域研究中心)을 세우고, 중점연구 과제 연구참가자들이 길림성 고구리 유적을 고찰하여 연말에 중점연구 과제 초고를 완성한다. 1998년 1차 전국 고구리 학술연구토론회, 중국 동북 지방사 학술토론회(장춘 동북사범대학)를 통해 전국의 전문가를 동원하여 가이드라인을 제시하고 집중적으로 연구를 독려하였다. 1999년 중국사회과학원 중국변강사지연구중심은 동북공작참(東北工作站)을 설치하고, 1999년 1차 전국 동북 민족과 강역 학술 연구토론회에서 '소수민족지방정권론'이라는 지침을 완성·시달한다.

(2) 2000~2001년 : 2차 국책 10개년계획 수립 및 첫 동북공정 시작

1차 고구리 역사침탈의 완결판인『중국 고대 고구리 역사 총론』이 2000년 완성되어 2001년 초 발행하는데, 이 책에서 "① 고구리는 우리나라 동북 역사의 소수민족 정권이다. ② (고)조선·신라·백제도 치나의 번국이다. ③ 현재 중화인민공화국 동북 지역에 사는 조선족은 이민(移民) 온 민족이다"라는 고구리사 침탈의 기본 패러다임을 발표한다.

9차 5개년 계획을 마친 변강사지연구중심은 새롭게 2001년부터 2010년까지의 10년 계획을 수립한다. 10차와 11차 5개년 계획을 한꺼번에 세운 것이다. 이런 계획은 구체화되어 2001년 6월 4~6일 중국사회과학원과 중국공산당 길림성위원회가 연합 주최한 「동북 강역 역사와 현상 연구사업 좌담회(東北疆域歷史與現狀研究工作座談會)」에서 「동북공정 = 동북 변강 역사와 현상 계열 연구 공정(東北邊疆歷史與現狀系列研究工程)」에 관한 의사 일정을 비롯한 구체적인 내용을 시달하고 참가 기관과 전문가들이 이에 관한 논의를 하였다. 이것이 동북공정의 시작이다.

이상에서 본 바와 같이 1996~2000년의 9차 5개년 계획을 치밀하게 진행하였고 2001년에는『고대중국고구리역사총론(古代中國高句麗歷史叢論)』을 펴내 고구리사를 완전히 소수민족 지방정권으로 규정하는 국정교과서를 만들어 기정사실로 굳혔다. 그리고 2001년 6월에는 고구리는 물론 (고)조선과 발해사 모두를 침탈하기 위한 거대한 프로젝트인 「동북공정」안이 제출되어 일정이 확정되었다. 이로써 중화인민공화국이 국책으로 추진한 만주 지역 1차 역사침탈이 끝나고 2001년부터는 본격적인 2차 역사전쟁이 시작된다.

4) 역사침탈 3단계(2001~2009, 8년) : 2차 국책 역사침탈(동북공정) 추진과 완성 단계

2차 국책 역사침탈, 이른바 동북공정은 다음 세 단계로 나눈다.

(1) 2001.6~2003 : 동북공정 1단계, 전반기 동북공정

2002년 동북공정의 조직과 구성 완료하고, 2월 28일~3월 1일, 동북공정 정식 출범하여 연구과제 35건(기초연구 27, 응용연구 8), 번역과 14건, 기록문서 정리인 당안(檔案) 과제 4건이 확정되어 실시된다. 이 과제를 진행하면서 '2차 동북공정 및 고구리 학술연구 토론회'라는 중간발표를 일부 연구과제를 더 추가하였다.

2003년에도 15과제를 추가로 뽑고, 8월에 고구리·발해 문제 학술토론회, 10월에 고구리 국내성 천도(집안) 2,000주년 기념과 제3차 전국 고구리 학술토론회를 열어 연구자들에게 중국공산당의 "'3개 대표' 사상을 써서 고구리 문제 연구를 지도해야 한다."라고 독려하였다.

2002년 말 2002년도 선정과제에 대한 성과물을 《동북변강연구(東北邊疆研究)》 총서 9권으로 출간하였다.

동북공정 성과 가운데 가장 고갱이는 중국변강사지연구중심에 위탁해서 쓴 『중국 고대 고구리 역사연구 속론』이다. 이로써 중국공산당(정부)과 만주 3성이 함께 참여하여 고구리사에 대한 역사침탈은 일차적으로 한 단락을 지은 것이라고 볼 수 있다. 그리고 2004년부터는 그렇게 침탈한 역사를 자기 것으로 기정사실로 만드는데 모든 국력을 쏟게 된다.

2003년 10월 12일 KBS 〈일요스페셜〉 "한·중 역사전쟁 – 고구리는 중국사인가?"가 방영되면서 역사침탈이 알려지면서 한·중 역사전쟁이 시작된다.

(2) 2004~2007. 1 : 동북공정 2단계, 후반기 동북공정

한국에서 거국적으로 역사침탈을 규탄하자 중화인민공화국은 겉으로는 중국변강사지연구중심을 내세워 학술회의를 통해 해결하자고 제의하면서 뒤로는 프로젝트를 길림성사회과학원으로 기지를 옮겨 끊임없이 진행한다. 특히 7월에 고구리 유적이 세계문화유산에 등재된 것을 계기로 대대적으로 선전작업에 들어갔다. 환인과 집안의 박물관, 고구리 유적의 안내판, 각종 서적, 우표, 기념품들이 쏟아져 나왔다.

한국의 규탄이 더욱 거세지자 2004년 8월 23일 중화인민공화국은 우다웨이(武大偉) 외교부 부부장을 파견하여 우리 정부와 5개 항 구두 합의를 통해 정치적으로 개입하지 않으며 학술교류를 위해 노력하기로 하였다. 이 문제를 해결하기 위해 한국의 고구려역사재단과 중국변강사지연구중심이 2004년과 2005년 두 차례 학술회의를 열었으나 중화인민공화국의 '서로 다른 것은 미뤄 놓고 통하는 것만 이야기하자는 구동존이(求同存異)' 작전에 넘어가 역사침탈 문제는 제기하지도 못하고 그들의 침탈을 묵인해주는 결과를 낳았다.

이처럼 외교적으로 무마하면서 뒤로는 동북공정을 끊임없이 계속하여 고구리 연구 120편을 비롯하여 (고)조선·발해, 백두산·간도문제 등에서 무려 225편의 연구성과를 거두었다. 한국 측에서는 그사이 고구려연구재단이 일본 근대사를 위주로 설립된 동북아역사재단에 흡수되면서 2006년에서 2007년까지 동북공정 후반기는 그에 대한 대응도 정지되어버려 중화인민공화국은 마음 놓고 동북공정을 성공시키고 더 나아가 연장까지 한다.

(3) 2007. 2~2009 : 동북공정 3단계, 연장된 동북공정

중국변강사지연구중심 홈페이지에서 동북공정은 2002년 2월부터 2007년 1월까지라고 공고하였으므로 한국의 정부·연구기관·국민들은 모두 그렇게 알고 있었다. 그러나 동북공정을 3년을 연장하여 2008년까지 계속 연구과제를 선정하여 2009년까지 발표하였다. 이 3년간 고구리 연구 47편을 비롯하여 93편의 연구성과를 이루었다.

2007년 말에 가서야 자리를 잡은 동북아역사재단이 학술대회에 참여하고 2008년까지 2번을 참여하였지만, 동북공정이 2007년에 끝났다고 보았으므로 단순한 학술교류 차원에서 끝나고 그것도 더 이어가지 못했다. 2009년에는 동북공정이 끝나므로 중화인민공화국에서는 학술회의라는 겉치레가 필요 없어졌기 때문이다.

2009년 7월 24~25일 중국사회과학원과 길림성사회과학원이 연합하여 주관하고, 요령성사회과학원·흑룡강성사회과학원이 공동으로 주최한 「2009년 동북 변경의 역사와 문화에 관한 학술 연구 토론회」가 길림성 장춘시에서 열렸다. 동북공정은 "예정된 임무를 거의 완성하여 기대했던 목표에 이르렀으며, 아울러 동북 변경지구의 사회안정과 경제발전을 이룩하는 데 이바지하였다."라고 선언한다.

5) 역사침탈 4단계(2010~현재) : 침탈한 역사의 자국 국사화 단계

(1) 2010~2017 : 동북공정 연구 보완(『동북사지』) 및 마무리 단계

2009년 동북공정은 끝났으나 동북공정 결과를 발표하는 기지인『동북사지』는 2017년 1호까지 계속되면서 고구리 발해 연구를 비롯한 동북공정 주제 237편을 더 발표한다. 그리고 임무를 완수한 『동북사지』는 폐간된다.

역사침탈을 마무리했다는 것은 무엇을 뜻하는가? 이제 역사침탈을 중지하고, 침탈한 역사를 자국사인 '국사'로 쓰는 작업을 하는 것이다. 지금까지 빼앗으려고 싸웠지만, 이제는 자기 것으로 확실히 자리매김하기 위해 연구하고, 방어하기 위해 연구하는 위치가 되었다.

이러한 작업은 길림성사회과학원 고구리연구중심, 통화사범학원 고구리연구원이 중심이 되었으며, 2016년에는 민간학술단체 길림성 고구리·발해연구회(吉林省高句麗渤海研究會) 창립된다.

(2) 2017~현재 : 침탈한 역사에 대한 본격적인 국사화 진행 (『바이두백과』, 교과서 등)

2017년이 되면서 역사침탈을 마무리하고 본격적으로 침탈한 (고)조선 · 부여 · 고구리 · 발해 역사를 '중화인민공화국 국사'로 정착하는 작업을 시작한다. 교과서에 (고)조선, 고구리 역사는 세계사에 들어갔으나 국책 역사침탈이 시작되면서 모두 사라지고, 국사책에 고리(高麗·高句麗)는 이웃나라(隣國)에서 요동으로 바뀌었다가 2019년에는 지방정권 고리로 기술되었다. 현대는 교과서보다 더 강력한 선전매체가 바로 인터넷 포털이다. 중화권에서 15억에 가까운 한어(漢語) 사용자들에게 가장 강력한 '백도'의『백도백과』에는 동북공정의 결과가 고스란히 반영되어 있다. (고)조선 · 부여 · 고구리 · 발해 역사는 중화인민공국 국사, (남북국시대의) 신라 · 고리(高麗) · 조선은 번속국으로 판을 박아놓았다.

한편 2017년 이후 고구리·발해 연구 청년 학자 육성 프로젝트를 진행하여 2018년 1차 고구리·발해 연구 청년 학자 워크숍, 2019년 2차 고구리·발해 연구 청년 학자 워크숍, 2021년 5월에 3차 고구리·발해 연구 청년 학자 워크샵 및 학술토론회를 열어 30명의 신진학자들이 연구성과를 발표해 신진 고구리·발해 청년 학자들의 새로운 바람이 불고 있다.

위에서 자세하게 본 시기 구분을 종합해 보면 다음과 같다.

Ⅰ. 역사침탈 0단계(1979년 이전) : (고)조선 · 부여 · 고구리 · 발해는 한국 · 조선의 역사

    1. 중화민국 시기(1912~1948)의 대한국 · 조선 역사관

    2. 중화인민공화국 시기(1949~1979)의 대한국 · 조선 역사관

Ⅱ. 역사침탈 1단계(1979~1995, 16년) 역사침탈 논리의 형성과 역사 왜곡 단계

    1. 1979~1985 : 통일다민족국가론의 새 해석과 고구리 연구의 시작

    2. 1985~1995 : 조선사 연구의 팽창과 역사 왜곡 시작

Ⅲ. 역사침탈 2단계(1996~2001, 6년) : 1차 국책 역사침탈(9차 5개년계획) 추진과 완성 단계

    1. 1996~2000 : 9차 5개년 계획에 따른 고구리사 침탈의 시행과 성과

    2. 2000~2001년 : 2차 국책 10개년계획 수립 및 첫 동북공정 시작

Ⅳ. 역사침탈 3단계(2001~2009, 8년) 2차 국책 역사침탈(동북공정) 추진과 완성 단계

    1. 2001.6~2003 : 동북공정 1단계, 전반기 동북공정

    2. 2004~2007.1 : 동북공정 2단계, 후반기 동북공정

    3. 2007.2~2009 : 동북공정 3단계, 연장된 동북공정

Ⅴ. 역사침탈 4단계(2010~현재) : 동북공정 연구 보완과 침탈한 역사의 국사화 단계

    1. 2010~2017 : 동북공정 연구 보완(『동북사지』) 및 마무리 단계

    2. 2017~ 현재 : 침탈한 역사에 대한 본격적인 국사화 진행 (『바이두백과』 교과서 등)

이 책에서는 'Ⅲ. 역사침탈 2단계(1996~2001, 6년) 이후를 집중적으로 다루고, 다음에 나올 『역사침탈 40년 백서』에서는

  Ⅰ. 역사침탈 0단계(1979년 이전)와

  Ⅱ. 역사침탈 1단계(1979~1995, 16년)을 자세히 다루고

  Ⅲ. 역사침탈 2단계(1996~2001, 6년)도 보완하여 역사침탈 전체를 다루려고 합니다.

『중화인민공화국 국사(國史)가 된 (고)조선·부여·고구리·발해』는 서길수(고구리·고리연구소 이사장)가 6마당으로 나누어 집필하였습니다.

① 　첫째 마당 : 1차 국책 역사침탈 (1996~2001)

② 　둘째 마당 : 2차 국책 역사침탈(동북공정) (2001~2009), 동북공정 1단계(2001~2003)

③ 　셋째 마당 : 2차 국책 역사침탈(동북공정) 2단계(2004~2006)

④ 　넷째 마당 : 2차 국책 역사침탈(동북공정) 3단계(2007~2009)

⑤ 　다섯째 마당 : 3차 역사침탈(2010~현재)

⑥ 　여섯째 마당 : 동북공정은 끝났다. 이제 역사독립운동을!

『중화인민공화국 국사(國史)가 된 (고)조선·부여·고구리·발해』는 백서 형태로 분석하는 내용이기 때문에 될 수 있으면 많은 자료를 실었습니다. 언뜻 책의 구성이 지루할 수 있지만, 중화인민공화국에서 나온 자료는 현재 한국에서 구하기 어려운 책이거나 대회 내용이므로 꼼꼼하게 옮겨서 실었습니다. 한국에서 진행된 사실도 일반에게 공개되지 않는 사실이나 보도 내용을 간추리지 않고 길게 인용하였습니다. 자료를 모아 사실 내용을 명확하게 하는 것이므로 읽는 이들이 필요한 부분을 간추려 봐주시길 바랍니다.

2022년 2월 9일

집필자 대표 서길수

2023년 〈교정판을 내며〉

이 책은 2022년 3월 1일 한·중 수교 30년과 동북공정 시작 20년을 맞아 『동북공정 백서』를 발행하고 발표대회를 가졌던 내용 가운데 서길수가 쓴 『동북공정 백서』만 뽑아 교정을 본 것이다.

1. 성공적인 『동북공정 백서』 발표대회

당일 발표에는 서길수의『동북공정으로 침탈한 역사의 중화인민공화국 국사화(國史化) 현황』에 이어 5명이『동북사지』를 통해서 동북공정을 분석하였다.

① 우실하 (한국항공대 인문자연학부 교수)

『동북사지』에 수록된 '(고)조선'에 대한 연구 동향 분석」

② 박승범(고구리 · 고리연구소 연구원)

『동북사지』를 중심으로 본 중화인민공화국의 고구리사 연구 동향

③ 한규철(전 고구려발해학회 이사장 · 회장)

『東北史地』를 통해 본 한중 간의 발해사 인식

④ 박찬규(고구리 · 고리연구소 연구원)

『동북사지』수록 삼한 · 백제 · 신라 · 후삼국 관련 논문의 경향성

⑤ 박선영(세종대 교수)

근현대 동북 변경에 대한 중화인민공화국의 시각:『동북사지』연구성과를 중심으로

프레스센터 기자회견장은 150석이지만 코로나 때문에 80명 좌석이 마련되었다. 그러나 참가자가 100명 가까이 되어 성황을 이루었다. 비대면으로도 80명 넘게 참석하였고, 발표를 마친 뒤 이어진 토론회에서는 참여자들의 열띤 발언 때문에 한때 술렁이기까지 했다.

발표하는 서길수 이사장

대회장을 메운 참석자들

2. 2차 중화인민공화국이 침탈한 우리 역사 되찾기 3·1선언

동북공정 20주년에 맞는 3·1절
2차 중화인민공화국이 침탈한
우리 역사 되찾기 3·1선언

1919년(기미년) 3월 1일 일제 강점에 항거하여 만세운동을 벌인 날을
국경일로 지정하여 기리고 있습니다. 이는 3·1운동의 정신을 되살려
다시는 그런 피압박의 역사를 되풀이하지 않기 위한 것입니다.

그런데 지난 20~30년 사이 중화인민공화국은 우리나라의 역사 가운데
(고)조선(BC 2333) → 부여 → 고구리 → 발해(AD 927)까지 3,260년
을 훔쳐 가 자국의 국사로 만들고, 신라 계림도독부(623) → 고리(高麗)
→ 조선 말 시모노세끼조약(1895)까지 1,272년을 반식민지인 번속국으
로 만들어버렸습니다.

이에 본 연구소에서는 2001년 3월 1일 이미 이 사실을 국민과 세계에
알리고, 그들의 만행을 규탄하는 선언을 하였습니다. 올해는 『동북공정
백서』를 출판하여 침탈 과정과 결과를 구체적으로 보고하고, 그에 따른
우리의 다짐을 선언합니다.

내용을 보시고 될 수 있는 대로 많이 동참할 수 있도록 널리 알리어 참여
를 독려해 주시기 바랍니다.

때 : 2022년 3월 1일(화) : 아래 일정 참조
곳 : 서대문 독립관 (독립공원 안)
비대면 (Zoom 회의) : 회의 ID: 825 3791 3345, 암호: 550367

■ 서대문 독립각 행사 취소 안내
서대문 독립각에서 열리면 3·1선언 대회는 비대면으로만 하기로 했습니다.
3월 초 오미크론 정점 기간에는 많은 사람이 모이지 않는 것이 좋다는 의견
이 많아 그렇게 정했습니다.

· 때 – 2022년 3월 1일(화) :
  – 11시~12시 : 1차 3·1선언과 그 뒤 진행된 경과 보고
  – 12시 (正午) : 2차 3·1선언
  – 12시 선언 이후 ~ 14시 : 역사 독립운동을 성공을 위한 난상 토론

비대면으로만 진행된 〈우리 역사 되찾기 3·1선언〉에는 전국에 많은 사람이 참여하였고, 선언이 끝난 뒤 이어진 토론회에서는 동북공정의 실상을 국민들에게 알리기 위해 지속적인 활동이 있어야 한다는 의견이 많았다.

비대면으로 진행된 장면 (화면 따냄)

2차 중화인민공화국이 침탈한 우리 역사 되찾기 3·1선언

1. 1996년 중국공산당(정부)은 우리 역사 침탈을 국책사업으로 골라 뽑은 뒤, 2001년부터 중국공산당 만주 3성(길림성, 요령성, 흑룡강성) 위원회 선전부·사회과학원과 함께 공식적으로 '동북공정'이라는 역사침탈 프로젝트를 실시하였다.

2.. 이 사실이 밝혀진 2003년부터 대한민국 국민이 거국적으로 역사침탈(동북공정)을 규탄하였고, 2004년 8월 두 나라는 이 문제를 해결하기 위한 5가지 양해사항을 구두로 약속하였다. (덧붙임 1 : 5개 구두양해 사항)

3. 그러나 중화인민공화국은 겉으로는 사회과학원을 앞세워 대한민국과 논의하는 척하면서 뒤로는 중국공산당 길림성위원회 선전부와 사회과학원을 중심으로 역사침탈(동북공정)을 꾸준히 강행하였다. 중화인민공화국은 2002년 2월부터 2007년 1월까지 5년간 계획했던 동북공정을 3년 연장하여 2009년 말까지 강행하고, 2009년 「동북 변강 역사와 문화 학술연구토론회(東北邊疆歷史與文化學術硏討會)」에서 동북공정이 성공적으로 완료되었음을 선포하였다. 구두 합의를 지키지 않고 동북공정을 강행하여 마친 것이다. (덧붙임 2 : 「동북공정 완료 연구토론회 요약 보고서」)

4. 그 결과 (고)조선 · 고구리(高句麗) · 부여 · 발해는 중화인민공화국의 국사로 둔갑하였고, 신라 · 고리(高麗) · 조선의 역사는 중화인민공화국의 번속국(藩屬國, 반식민지) 역사로 떨어졌다. (덧붙임 3 : 동북공정 발표기지 『동북사지(東北史地)』 분석표)

5. 그 뒤 10년 남짓, 그렇게 침탈한 역사를 바탕으로 한어(漢語) 권에서 가장 큰 포털인 『바이두백과(百度百科)』를 통해서 (고)조선 · 고구리(高句麗) · 부여 · 발해 역사 3,260년은 중화인민공화국의 국사로, 신라 · 고리(高麗) · 조선의 역사 1,272년은 중화인민공화국의 번속국(藩屬國, 반식민지)으로 일반화시키고 있다. (덧붙임 4 : 동북공정 결과의 최대 홍보기지 『바이두백과(百度百科)』)

6. 마지막 보루인 중·고등학교 역사 교과서(中外歷史綱要)에서도 적용하기 시작하였다. (덧붙임 5 : 마지막 보루도 무너지고 있다. - 교과서 왜곡) 이것은 역사침탈을 모두 마치고, 그렇게 훔친 역사를 자기 나라 국사인 것처럼 만들어 나라 안팎에 알리고 제대로 자리 잡도록 진행한 결과이다.

7. 고구리 · 고리연구소(高句麗高麗硏究所)는 2017년 4월 미국에 간 시진핑 주석이 트럼프 대통령에게 "Korea은 사실상 China의 일부이다."라고 망언한 보도를 접하고, 그 진의와 배경을 밝히기 위해 3년간 자료를 수집하고 연구한 결과를 2020년 12월 고구려발해학회에서 처음 발표하였으며, 2021년 3월 1일 '1차 중화인민공화국이 침탈한 우리 역사 되찾기 3 · 1선언'을 발표하였다.

──────── 〈이상은 2021년 1차 발표 내용을 다시 쓴 것임〉 ────────

8. 고구리 · 고리연구소는 한·중 수교 30년, 동북공정 시작(2002년 2월 28일~3월 1일) 20년을 맞이하여 『동북공정 백서』를 발표하였다. (프레스센터 19층 기자회견실).

(덧붙임 5 : 『동북공정 백서』 발간과 발표회 (우리역사바로알기, 읽기)

9. 이 같은 중화인민공화국의 패권주의 역사침탈(동북공정)은 아시아 평화는 물론 세계 평화에 역행하는 극히 반평화적 침략행위이다.

10. 고구리 · 고리연구소는 중화인민공화국이 두 나라 사이에 가졌던 구두양해를 어기고 동북공정(역사침탈)을 강행한 사실을 강력하게 규탄한다. 아울러 중화인민공화국은 당장 역사침탈을 철회하고 이미 각종 백과사전과 교과서에 올린 잘못된 역사를 지울 것을 촉구한다.

11. 우리는 최근 두 나라 사이에 일어난 '한복공정' · '김치공정'과 같은 일련의 사건들이 모두 역사침탈의 결과를 기정사실로 만드는 과정에서 생긴 것이라고 보며, 우리가 침묵할수록 침탈역사는 굳어지고 정치 · 경제 · 문화 모든 면에서 패권주의 역습을 받게 될 것이라고 본다.

(덧붙임 6 : 최근 일어난 한복공정과 김치공정 등은 동북공정의 결과다.)

12. 한 · 중 수교 30년을 맞아 현재 극에 달하고 있는 중공을 반대하고(反中) · 중공을 싫어하는(嫌中) 현상의 시작은 모두 동북공정이란 역사침탈에 대항하여 한국의 어린아이부터 대통령까지 거국적으로 규탄한 것으로부터 비롯되었다. 따라서 한·중 수교 30년의 진정한 의미와 양국의 우호는 침탈역사를 제자리로 되돌릴 때만 가능하다는 것을 강력하게 천명한다.

13. 남북한 정치지도자들은 이 역사침탈 문제가 핵폭탄보다 더 무섭고 위험하다는 사실을 인식하고 이에 대한 대책과 전략을 수립하여 국민과 인민에게 내놓아야 한다. 이에 관련하여 작년 3 · 1선언 결과에 대한 우리 연구소의 대통령에 대한 상소를 보지도 않고 인권위원회로 넘긴 처사에 대해 국민을 대표해 강력하게 항의한다. 아울러 역사침탈(동북공정)에 대한 질의서를 받고도 단 한 명도 응답하지 않은 14명의 대통령 후보에게 실망을 표시하고, 특히 질의서 수취 자체를 거부하고 반송한 거대 양당 가운데 하나인 정당 후보에 대해서는 민족사에 사죄할 것을 요구한다.

14. 마찬가지로 국회 교육위원회에 보낸 건의문에 대해 일체 반응이 없는 교육위원장에 대해서도 이 문제의 심각성을 인지하고 침탈당한 우리 역사를 되찾기 위한 특위 구성을 촉구한다.

15. 동북공정에 대응하기 위해 국민으로부터 거둔 세금으로 운영되고 있는 (고구려연구재단을 흡수한) 동북아역사재단은 두 나라 5개항 합의에 따라 진행된 한·중 학술대회 내용(紀要)을 공개하고 『동북공정 백서』에서 제기한 문제와 '역사를 되찾을 방안'을 제시하라. 우리 역사 3000년이 어떻게 중화인민공화국에 의해 침탈당했는지 그 백서를 발표하고, 그 역사를 되찾을 방안을 제시하라. 동북공정 진행과 결과에 대한 학술논문의 게재를 방해한 과정을 공개하고 이에 대한 공개토론에 임하라.

16. 동북공정 초기 동북공정을 막겠다고 앞장서서 고구려연구재단을 설립했던 한국고대사학회를 비롯한 17개 역사연구단체는 그 뒤로 어떤 활동을 했고, 역사침탈이 완료된 현재 어떠한 입장이고, 어떻게 대응하고 있는지 밝혀라.

17. 동북공정 역사침탈에서 가장 중요한 대상인 고구리·발해 문제를 전문으로 연구하는 고구려발해학회가 동북공정 진행과 결과에 대한 학술논문의 게재를 방해한 과정을 공개하고, 이에 대한 반론 공개토론에 임하라.

18. 우리 민족 역사가 3000년 이상 빼앗겼는데도 무감각한 각종 언론은 이 문제의 심각성을 인식해 깊이 있는 분석 기사와 특집을 편성해 주길 바란다.

19. 본 연구소는 앞으로도 『역사침탈(동북공정) 40년 백서』, 『지방정권론의 허구』, 『동북공정 난중일기』 같은 학술 연구를 계속할 예정임을 밝힌다.

20. 위에서 본 바와 같이 본 고구리·고리연구소에서는 4년간에 걸친 연구와 연구 결과 발표를 하였으나 아직 국민들에게 널리 알려지지 않고 있다. 따라서 뜻있는 분들이 이 역사 되찾기를 국민운동으로 승화할 기구를 만들어 주길 바란다. (선언문 발표 뒤, 운동본부 설립에 대한 대 국민 토론회 개최)

일제의 35년 불법 지배가 100년이 지나도 지워지지 않고 아직도 망언이 이어지고 있는 현실을 보며, 3000년 역사를 빼앗겼을 때 올 민족의 한을 미리 막아내자는 뜻에서 3·1선언을 발표하니, 8천 5백만 겨레는 온 힘을 다해 역사를 침탈한 패권주의를 규탄하고 훔쳐 간 (고)조선·고구리(高句麗)·부여·발해의 역사를 되찾는 데 동참해 주시기를 간절히 호소한다.

2022년 3월 1일

고구리·고리(高句麗·高麗)연구소 이사장 서길수

위와 같은 두 행사를 앞뒤로 발행된 책은 1,000부 이상이 e-book으로 발송되었고, 또 받은 사람들이 무제한 나누어줄 수 있기 때문에 많은 부수가 보급되었다. 책값 100원은 고구리·고리연구소에 부담하므로 무료나 다름없다.

3. 『동북공정 백서』 보급과 유튜브 강좌

1) 책값이 왜 100원인가?

이 책의 판권지에는 다음과 같은 문구가 들어있다.

발행일 : 2022년 3월 1일, 898쪽
값 100원 (책값 100원은 고구리·고리연구소 부담합니다.)

ⓒ **이 책의 저작권은 이 책을 읽는 모든 이들에게 있습니다. 따라서 누구나 일부 또는 전부를 옮겨쓸 수 있습니다. 출처를 밝혀 주셨으면 좋겠습니다. 될 수 있으면 많은 사람이 볼 수 있도록 e-book을 마련했습니다. 요청하면 보내드리니, 받아서 널리 펴 주시기 바랍니다. 중공의 역사침탈을 모두 알아야 하기 때문입니다.**

책값이 100원이라는 것도 특이했지만 저작권이나 무료 e-book도 많은 사람이 충격으로 받아들였다. 그러나 사실은 지금까지 도서출판 맑은나라에서 낸 모든 책에 같은 문구가 들어가 있었다.

책값이 무료나 같았고, 1,000명에게 보내 받는 사람이 마음대로 널리 보내기 운동을 했기 때문에 꽤 많은 책이 여러 분에게 전달되었을 것이다.

2) 메아리가 큰 유튜브 강의 『동북공정』

(1) 서길수 교수의 동북공정 강좌

❶ 서길수 교수의 동북공정 강좌 1부

중국은 BTS를 동북공정에 이용하고 있다. (조회수 3,756회. 2022. 1. 31. 댓글 23개)

https://www.youtube.com/watch?v=26lhdgfhwxA

❷ 서길수 교수의 동북공정 강좌 2부

"중국의 한복공정" 역사적 진실을 밝힌다. (조회수 7,584회. 2022. 1. 31, 댓글 46개)

https://www.youtube.com/watch?v=3a_zpHvdhxc

❸ 서길수 교수의 동북공정 강좌 3부 (조회수 4,746회. 2022. 2. 2. 댓글 68개)

"중국의 김치공정" 조선족은 중화민족가운데 하나이다?

https://www.youtube.com/watch?v=9PhYdiefbvY

❹ 서길수 교수의 동북공정 강좌 4부 (조회수 2,641회2022. 2. 3. 댓글 41개)

미국 역사책까지 왜곡시킨 중국의 동북공정

https://www.youtube.com/watch?v=1fHTwqbTAIk

(2)『동북공정 백서』시리즈(1)

❶ 서길수 교수의『동북공정 백서』이야기 1부 (조회수 37,140회. 2022. 2. 17. 댓글 306개)

〈중공은 어떻게 우리 역사 3천 년을 빼앗아갔는가?〉

https://www.youtube.com/watch?v=rwY6r4fEKto&t=1334s

❷ 서길수 교수의『동북공정 백서』이야기 2-1 (조회수 9,548회. 2022. 2. 17. 댓글 92개)

〈중국 최대 포털 '백도백과' – 고조선(기자 · 위만조선)은 중국의 지방정권, 단군은 황당한 신화〉

https://www.youtube.com/watch?v=A9WU5zpBMWQ&t=984s

❸ 서길수 교수의『동북공정 백서』이야기 2-2 (조회수 28,800회. 2022. 2. 18. 댓글 196개)

〈중공이 바꿔버린 엉터리 역사지도와 백과사전!〉

https://www.youtube.com/watch?v=s1cWMdgNBSk

❹ 서길수 교수의『동북공정 백서』이야기 3-1부 (조회수 5,047회. 2022. 2. 19. 댓글 137개)

〈소리없는 역사전쟁 동북공정 3인방과 역사침탈 4단계〉

https://www.youtube.com/watch?v=HZtfPyEvFN4

❺ 서길수 교수의『동북공정 백서』이야기 3-2부 (조회수 7,597회. 2022. 2. 20. 댓글 115개)

〈눈 뜨고 코 베인 우리 역사학계〉

https://www.youtube.com/watch?v=cEVqP-HKjLk

❻ 서길수 교수의『동북공정 백서』이야기 4부 (조회수 11,646회. 2022. 2. 22. 댓글 218개)

〈역사의 죄인이 될 수 없다 역사찾기 의병이 되자! 〉

https://www.youtube.com/watch?v=1-nWb3NBvF4

❼ 서길수 교수의『동북공정 백서』이야기 5부 (조회수 11,683회 2022. 3. 4. 댓글 229개)

〈훔쳐간 역사를 되찾을 대통령을 찾습니다!〉

https://www.youtube.com/watch?v=fNXYd1_jyo8

❽ 서길수 교수의『동북공정 백서』이야기 6부 (조회수 4,161회 2022. 7. 8. 댓글 20개)

〈진짜 공산주의자 주은래가 말한 "고구리, 발해는 조선의 역사다!"〉

https://www.youtube.com/watch?v=_Aj63FSWPqY

(3)『동북공정 강좌』시리즈(2)

여름이 지나고 가을로 접어드는 9월 말, 갑자기 북경문물관 전시문제로 한바탕 시끄러워졌다. 그래서 그 원인을 정확히 짚고, 또 그 연표에 나타난 문제점을 꼼꼼히 분석하여 4편의 강의를 하였다.

❽ 서길수 교수의 동북공정 강좌 7부 (조회수 845회. 2022. 9. 23. 댓글 8개)

〈북경 문물관 전시 연표 7가지나 왜곡되었다〉

https://www.youtube.com/watch?v=PUzNZJZAHio&t=226s

❾ 서길수 교수의 동북공정 강좌 8부 (조회수 1,258회. 2022. 9. 25. 댓글 37개)

〈국립중앙박물관은 북경 전시회에서 동북공정에 부역했다〉

https://www.youtube.com/watch?v=NujEVkNFqkE&t=639s

❿ 서길수 교수의 동북공정 강좌 9부 (조회수 2,113회. 2022. 9. 27. 댓글 33개)

〈우리 언론은 중공관련 역사문제에 왜 당당하지 못하는가?〉

https://www.youtube.com/watch?v=3_lNC1k3zpg&t=21s

⓫ 서길수 교수의 동북공정 강좌 10부 (조회수 1,444회. 2022. 9. 29. 댓글 13개)

〈한·중 수교 30년. 그래도 미국은 역사와 영토는 침탈하지 않는다〉

https://www.youtube.com/watch?v=8FL-C0eWcUw&t=163s

(4) 2022년 유튜브 활동에 대한 마무리

유튜브 활동은 올 1월 말부터 3월 초까지 집중되어 있다. 근원 김양동 선생의 추천으로 출연하게 되었는데, 아주 성공적이었다고 할 수 있다.

첫머리에서도 이야기했지만 내 개인 이름으로 강의할 때는 조회수 1,000번을 넘기기도 힘들었고, 1년 뒤에도 가장 많은 조회 수가 5,000번이었다. 그러나 「우리 역사 바로 알기」를 통해서 같은 내용을 강의하니 보통 10배가 넘는 1만 명의 조회 수가 나왔고, 특히 〈❺ 서길수 교수의 고구리(高句麗) 강좌 5부〉「로마 역사서가 말하는 고구리의 위상」 같은 경우는 조회 수 21만 4,466회에 댓글이 무려 424개나 달렸다.

〈우리역사바로알기〉의 강의 내용을 보면 『환단고기』를 비롯한 재야사학자 이론이 주를 이루었기 때문에 제도권 학자들의 강의는 많지 않았다. 그러나 강의하면서 피드백을 해보니 10만 회원 가운데 적어도 2만 정도는 강단 사학자의 강의에도 목말라 하고 있었다는 것을 알 수 있다. 500명에 가까운 의견을 받아보니 남미, 미국, 캐나다에 사는 동포부터 유럽에서 강의하는 학자들, 심지어는 멀리 남아프리카와 인도네시아 같은 곳에서도 절절한 사연을 보내왔다. 이처럼 우리 역사에 목말라 하는 여러분에게 역사학자들이 새로운 성과를 전달하고 의문을 가진 문제에 대해 답해야 할 의무가 있다는 생각이 들었다.

결과적으로 60만 명이 넘는 조회수를 기록하고 7,000명이 넘는 댓글이 달린 것은 그동안 한 학문이 책상 앞에 머물지 않고, 죽은 학문이 아니고 모든 국민들과 함께 생각해보는 자리를 마련했다는 점에서 올해 한 강의 가운데 가장 값진 결과였다고 할 수 있다.

한편 이처럼 국민들의 역사 지식 수요에 응해 큰 역할을 하는 (사)우리역사바로알기의 살림살이는 너무 팍팍하고, 우선 촬영기기가 너무 낡아서 불편할 정도였다. 앞으로 국가에서 이런 단체에 대한 지원이 필요하다는 생각이 들었다.

〈표 1〉 2022년 서길수 교수의 유튜브 강좌 내용과 조회수 · 댓글 일람표 (2022년 말 통계)

올린 날짜	제목		조회수	댓글
	1. 서길수 교수의 고구리(高句麗) 강좌			
2022.1.24.	❶	고구려의 나라 이름은 고구리(高句麗)라고 해야 한다.	17,866	148
2022.1.24.	❷	갖가지 사전과 고전이 밝히는 고구려의 바른 이름은 무엇일까?	12,418	90
2022.1.26.	❸	고구리(高句麗) 장수왕 때부터 고리(高麗)라는 국호를 썼다.	9,299	43
2022.1.26.	❹	김부식은 전성기 이후 고리(高麗)를 모두 고구리(高句麗)로 바꾸어버렸다	19,685	63
2022.2.5.	❹-1	고리 장수대왕을 영화로 만들고 소설로 씁시다.	8,356	84
2022.2.5.	❹-2	장수왕은 왜 고구리高句麗를 고리高麗라고 바꾸었을까?	27,630	65
2022.2.6.	❹-3	이병도는 왜 고구리高句麗를 가우리라고 했을까?	64,109	215
2022.2.12.	❺	로마 역사서가 말하는 고구리의 위상	214,466	424
2022.2.12.	❻	실크로드에 있는 고구리 아바타	28,760	134
2022.2.15.	❼	사마르칸트 벽화가 청와대에 전하는 메시지	19,429	156
2022.2.15.	❽	사마르칸트 벽화는 우리 역사학계와 동북아역사재단을 비웃고 있다.	56,332	98
			478,350	1,520
	2. 서길수 교수의 동북공정 강좌 (1)			
2022.1.31.	❶	중공은 BTS를 동북공정에 이용하고 있다.	3,756	23
2022.1.31.	❷	중공의 한복공정 역사적 진실을 밝힌다.	7,584	46
2022.2.2.	❸	중공의 김치공정 조선족은 중화민족 가운데 하나이다?	4,746	68
2022.2.2.	❹	미국 역사책까지 왜곡시킨 중공의 동북공정	2,641	41
			18,727	178
	3. 서길수 교수의 『동북공정 백서』 이야기			
2022.2.17.	❶	중공은 어떻게 우리 역사 3천 년을 빼앗아갔는가?	37,140	306
2022.2.17.	❷	중공 최대 포털 '백도백과' - 고조선(기자 · 위만조선)은 중공의 지방정권, 단군은 황당한 신화	9,548	92
2022.2.18.	❸	중공이 바꿔버린 엉터리 역사지도와 백과사전!	28,800	196
2022.2.18.	❹	소리 없는 역사전쟁 동북공정 3인방과 역사침탈 4단계	5,047	137

2022.2.20.	❺	눈 뜨고 코 베인 우리 역사학계	7,597	115
2022.2.22.	❻	역사의 죄인이 될 수 없다. 역사찾기 의병이 되자!	11,646	218
2022.3.4.	❼	훔쳐간 역사를 되찾을 대통령을 찾습니다!	11,683	229
2022.7.8.	❽	진짜 공산주의자 주은래가 말한 "고구리, 발해는 조선의 역사다!"	4,161	20
			115,622	1,313
4. 서길수 교수의 동북공정 강좌 (2)				
2022.9.23.	❺	북경 문물관 전시 연표 7가지나 왜곡되었다	845	8
2022.9.25.	❻	국립중앙박물관은 북경 전시회에서 동북공정에 부역했다.	1,258	37
2022.9.27.	❼	우리 언론은 중공 관련 역사문제에 왜 당당하지 못한가?	2,113	33
2022.9.29.	❽	한·중 수교 30년. 그래도 미국은 역사와 영토는 침탈하지 않는다	1,444	13
			4,216	78
		모두 셈친 것	618,359	7,102

강좌 녹화 장면 (촬영 : 우리역사바로알기 허필열 사무총장)

이상에서 『동북공정 백서』를 낸 2022년도 고구리 · 고리연구소 활동을 통해서 『동북공정 백서』의 가치를 보았습니다. 그러나 이 책이 책방에 나가지 않아 많은 사람들이 책방에서 구입할 수 있도록 해달라는 요청이 있었습니다. 이에 따라 이번에 『중화인민공화국 국사(國史)가 된 (고)조선·부여·고구리·발해』라는 이름으로 다시 펴내기로 했습니다. 이 책이 널리 읽혀 이른바 역사전쟁은 어떻게 진행되었고, 어떤 결과가 나왔으며, 이제 어떻게 해야 할지를 온 겨레가 알아차려 역사를 되찾는데 머리를 맞댈 수 있는 기회가 되기를 빕니다.

2023년 9월 7일

보정 서길수

용어 해설

이 책은 역사의 정체성을 다루는 문제이므로 몇 가지 용어도 정체성에 맞는 낱말로 바꾸었다.

1. '高句麗=고구리', '高麗=고리'로 읽는다

이 두 가지 문제는 이미 2007년 『고구리연구』(27)에 「高句麗와 '高麗'의 소릿값(音價)에 관한 연구」를 통해 자세하게 발표되었고, 2019년 『고구리의 본디 이름 고구리』가 출판되었으나 지금까지 학술적인 반론이 없었고, 2010년부터는 학술논문에서도 이미 쓰였으므로, 이 책에서는 '고구리'와 '고리'로 통일한다. 왕건이 세운 고리(高麗)는 '왕씨 고리'로 쓴다.

2. 고조선은 ㈎조선이라고 쓴다

실제 고대 조선시대는 '고조선'이란 나라가 없었기 때문이다.

'조선'을 '고조선'이라고 처음 쓴 것은 『삼국유사』다.

그림과 같이 『삼국유사』를 보면 '고조선(古朝鮮)' 아래 '왕검조선(王儉朝鮮)'이라고 해서 '고조선=왕검조선'이라는 것을 알 수 있다. 그리고 다음다음 쪽에 '위만조선(衛滿朝鮮)'이 나온다. 현재 국사

『삼국유사』

학계에서 고조선은 단군조선+기자조선+위만조선을 모두 아우르는 이름으로 쓰고 있다. 그러나 『삼국유사』의 '고조선=왕검조선'이다.

고조선=왕검조선이란 제목으로 하여 단군왕검(檀君王儉)이 '조선(朝鮮)'을 세웠다고 했다. 따라서 고조선에서 고(古)는 위만조선에 비해 그 이전의 조선이라는 뜻이지 나라 이름이 아니고, '조선' 또는 '왕검조선'이 나라이름이다. 나라이름은 '조선'이지만 두 조선을 분별하기 위해 '(위만)조선'처럼 '(왕검)조선'이라고 했다는 것을 알 수 있다. 따라서 우리 역사에서 처음 나온 나라 이름은 '조선'이다.

앞으로 왕검조선, 조선, 단군조선 같은 문제는 더욱 깊은 논의가 필요하다. 그리고 고조선이 아니라 왕검조선이나 조선이라고 불러야 한다. 이는 동북공정에서 이 조선을 부정하고 기자조선과 위만조선만 가지고 중국 역사로 편입한 것에 대응하기 위해서도 대단히 중요한 문제 제기라고 본다. 다만 이 책에서는 이성계의 조선과 구별하기 위해 '(고)조선'이라고 했다.

3. 지명이나 이름은 우리 발음대로 쓴다

관례에 따르면 신해혁명 이후 중화인민공화국 사람의 이름은 북경음에 따라 쓰지만, 이 논문에서는 모두 우리 발음을 그대로 쓴다.

4. 동북 3성은 만주 3성으로 쓴다

중화인민공화국이 중원을 중심으로 동북 지방이라고 부르는 지역은 일반적으로 세계에 가장 많이 쓰이는 '만주(Manchu, Manchuria)'로 바꾸어 쓴다. '동북'이란 방향을 나타내는 것으로 중심이 다른 곳에 있으므로 역사의 대상을 가장 잘 나타내 주는 낱말로 바꾼 것이다.

5. 중국(中國)은 중화인민공화국, 그 이전 시기는 치나(Cina, China)를 쓴다.

현재의 나라 이름은 중화인민공화국이라고 쓰고, 그 이전 그 땅에 있었던 많은 나라 이름은 가능한 한 그 시기의 나라 이름을 그대로 쓰며(보기 : 한, 북위, 수, 당), 역사에 나온 모든 나라를 한꺼번에 부를 때는 전 세계에서 가장 일반적으로 쓰이는 영어 차이나(China)[1]의 원어인 산스크리트 치나(Cina)를 쓴다.[2] 역사에 나오는 치나(Cina)의 나라 이름은 진·한·위·촉·오·진·송·제·양·주·수·당처럼 외자 이름이었지 '중국(中國)'이라는 나라 이름은 없었다. '중국'은 스스로 주변 나라들을 업신여기거나, 주변국들이 사대(事大)할 때 쓴 것이므로 치나(Cina) 역사에 나온 모든 이름으로 모아서 부를 때 중국(中國)이라고 쓰는 것은 역사적 정의(定義)에 맞지 않는다. 같은 의미에서 중화인민공화국은 나라 이름 전체를 쓰기로 했다. 우리나라에서는 수교 이전에 (중)화인민(공)화국에서 두 자를 따가지고 중공(中共)이라고 불렀다. 수교 이후 중국이라고 부른 것은 불과 30년밖에 되지 않았다. 중국이라고 부르는 나라는 우리나라와 일본·월남밖에 없다. 그래서 학술적으로는 길어도 중화인민공화국이라고 부르는 것이 역사적 논리에 맞는다고 생각했다.[3]

---

1) 구글 번역기에 따른 치나의 쓰기와 읽기. <u>China</u>(차이나) : 영어·말레이어, <u>China</u>(치나) : 독일어·네덜란드어·루마니아어·웨일즈어·포르투갈어, <u>Cina</u>(치나) : 이탈리아어·인도네시아어·자바어, <u>Čína</u>(치나) : 슬로바키아어·체코어, <u>Cīnā</u>(치나) : 타밀어. <u>Cina</u>(치나) : 네팔어

2) 자세한 내용은 『세계 속의 고리(高句麗) 막북(蒙古) 초원에서 로마까지』「둘째 마당 6~8세기 천축국(天竺國)에서 쓰인 고리(高麗) '무꾸리(Mukuri)'」 154쪽 이하를 볼 것.

3) 1980년 이전까지만 해도 한국에서는 중공(中共=중화인민공화국의 약자)이라 불렸고 일본은 지나(支那=Cīna, China)라고 불렸으나 수교 이후 중화인민공화국의 요청에 따라 중국이라고 부른 것이다. 이 세계에서 중국이라고 부르는 나라는 월남을 합해서 세 나라밖에 없다.

차례

둘째 마당 : 역사침탈 3단계(2001~2009)

셋째 마당 : 역사침탈 3단계(2001~2009)

2차 국책 역사침탈(동북공정) 추진과 완성(2) ·························· 201

― 동북공정 2단계(2004~2007.1) ―

넷째 마당 : 역사침탈 3단계(2001~2009)

2차 국책 역사침탈(동북공정) 추진과 완성(3) ································ 379

— 동북공정 3단계(2007. 2~2009) —

첫째 마당

역사침탈 2단계(1996~2001)

1차 국책 역사침탈(9차 5개년 계획)의 추진과 완성

I. 9차 5개년 계획(1996~2000)과 1차 국책 고구리사 침탈

1. 중국변강사지연구중심의 중조(中朝) 관계사 중점연구

1) 역사침탈의 기지, 중국사회과학원 중국변강사지연구중심

중화인민공화국의 역사침탈은 단순한 학술적 연구가 아니라 통일다민족국가(統一多民族國家)[1]의 정체성과 영역을 확정 짓고, 통일다민족국가인 중화인민공화국의 민족을 새롭게 '중화민족(中華民族)'이란 이름으로 만들어 낸 뒤, 그 중화민족의 논리를 구축하기 위한 중국공산당과 정부의 거대한 정책 가운데 하나였다. 이와 같은 중차대한 목적을 달성하기 위해 중화인민공화국은 1983년 국책 연구기관인 중국사회과학원에 중국변강사지연구중심(中國邊疆史地硏究中心, Center of China's Borderland History and Geography Research, CASS)을 세워 이런 국책을 수행하였고, 이론적인 근거를 마련하여 변강학이론이란 새로운 학문 영역까지 만들어낸다.

동북공정을 비롯한 역사침탈의 주무 기관인 중국변강사지연구중심의 성격을 알려면 먼저 연구

---

[1] 이전에는 '통일적 다민족국가(統一的多民族國家)'라고 했는데, '통일된(한) 다민족국가'라는 뜻이었다. 그러나 최근에는 중화인민공화국 자체에서 '통일다민족국가(統一多民族國家)'라고 쓰고 있다.

중국사회과학원중국변강사지연구중심 홈페이지

중심이 속해 있는 사회과학원부터 자세히 알아야 한다. 중국사회과학원(Chinese Academy of Social Sciences, CASS)은 중국공산당 중앙위원회가 직접 영도하고, (중화인민공화국)국무원[2]에 직접 소속된 중화인민공화국 철학과 사회과학을 연구하는 최고의 학술기구이며 종합 연구의 중심이다. 그 전신은 1955년에 설립된 중국과학원 철학사회과학부다.

1977년 5월 7일 중국공산당[中共] 중앙위원회의 비준을 거쳐 중국과학원 철학사회과학부를 바탕으로 정식 중국사회과학원이 세워졌다. 중국공산당 중앙위원회는 사회과학원에 3가지 큰 자세[定位]를 제시하였다. ① 마르크스주의를 굳게 다지는 진지(陣地), ② 중화인민공화국 철학·사회과학 연구의 최고 전당, ③ 중국공산당 중앙위원회와 국무원의 중요한 두뇌집단(Think Tank)과 브레인 트러스트(Brain Trust)이다.

사회과학원은 중국공산당이 이끌어가는 중화인민공화국 인민정부인 국무원 직속 연구기관으로 마르크스주의를 바탕으로 한 중국공산당과 정부의 중요한 두뇌집단이다. 따라서 사회과학원은 중국공산당과 정부가 추진하는 모든 사업을 학문적으로 뒷받침하는 싱크 탱크 역할이 가장 큰 임무다. 8,700만 명이나 되는 당원(2016년 현재)을 가진 중국공산당과 14억 인민 정부의 국무원 직속 기관인 중국사회과학원은 2016년 11월, 현재 6개 대학부, 20개 가까운 연구소·원, 10개 직능 부분, 8개 직속 기구, 2개 직속 공사, 180개가 넘는 비 실체 연구중심이 있고, 전국적 학술단체 105개를 주관하며 중화인민공화국 지방지(地方志) 지도 소조 판공실을 대신 관리하고 있다. 전체 근무 인원은 4,200명이 넘고, 학문 분야(科) 연구인원은 3,200명인데, 그 가운데 중고급 전문 연구원이 1,676명, 학부 위원 61명, 명예 학부 위원 133인이다. 대학원 재학생만 3,100명이라는 방대한 조직과 세력을 가지고 있다.[3] 한국의 한국학중앙연구원과 비슷한 면이 있지만, 연구 방향이나 그 학문적 순수성에 있어서 비교할 수 없다.[3]

---

2) 중화인민공화국 국무원은 중앙인민정부의 최고 권력기관인 집행기관이고 최고 국가행정기관으로, 총리, 부총리, 국무위원, 각부 부장, 각 위원회 주임, 국가회계국장(審計長), 비서장으로 구성된다. 국무원은 총리가 실행 총책을 맡는다.

3) 『百度百科』「社會科學院」

사회과학원 안에는 당조(黨組)라는 공산당 조직이 있다. "당조란 중앙과 지방의 국가기관, 인민단체, 경제조직, 문화조직 등을 영도하는 공산당 조직으로 사회과학원 당조의 최고 수장인 당서기가 사회과학원 원장이 되고, 부당서기가 부원장이 된다. 당조의 업무는 반드시 마르크스레닌주의·모택동 사상·등소평 이념이라는 '3가지 대표(三個代表)' 중요 사상과 과학발전관, 시진핑의 '신시대 중화인민공화국 특색 사회주의 사상'에 대한 지도를 견지해야 하고, 시진핑 총서기의 핵심 지위를 단호하게 수호하고, 중국공산당 중앙위원회의 권위를 단호하게 수호하며 통일 영도에 집중하고, 영도 직책을 절실하게 이행하고, 영도 작용을 충분히 발휘하고, 영도 수준을 끊임없이 높이고, 사회과학원이 당의 기본이념·기본노선·기본 방략을 완전히 관철하도록 다짐하고, 중국공산당이 한결같이 중화인민공화국 특색의 사회주의 사업을 단단히 하는 것이 영도의 핵심을 이루도록 다짐해야 한다."[4]

이처럼 중국공산당과 인민정부의 직속 연구기관인 사회과학원에서 국경과 영토 문제를 전문으로 다루는 기관이 바로 중국변강사지연구중심(中國邊疆史地研究中心)이다. 변강사지연구중심의 주요 임무는 "마르크스레닌주의, 모택동 사상, 등소평 이론을 지도이념으로 하고, 개혁개방과 학문 분야 건설, 발전적이고 정확한 정치 방향에 관한 과학적 연구를 견지하고, 중화인민공화국 변강의 역사와 지리 연구에 대한 우수한 유산과 중화민족의 애국주의 전통을 계승하고 널리 떨치고, 본 센터 및 전국 변경의 역사와 영토[史地]라는 영역의 학술연구를 조직하고 협조하고, 이 학문 분야의 학술적 번영을 위하고, 국가 통일을 수호하고, 우리나라 변경지구의 안정과 발전을 이루어내는 데 공헌한다."[5]라고 되어 있다. 앞으로 보겠지만 역사침탈의 최일선 임무를 맡은 중국변강사지연구중심은 학술단체가 아니라 중국공산당의 역사 및 영토에 대한 이념과 논리를 학술적으로 개발해서 당에 제공하고, 아울러 직접 일선에서 그 결과를 실현하는 임무를 맡는다. 뒤에서 보겠지만 이른바 동북공정의 '학술적 해결'을 한다며 나선 한국의 〈고구려연구재단〉이나 〈동북아역사재단〉이 '정치와 학술은 분리해야 한다'라는 중국공산당의 전략에 빠진 것은 중국변강사지연구중심이 어떤 곳인지 모르고 대응했기 때문이다.

---

4) 『百度百科』「黨組」.
5) 변강사지연구중심 홈페이지 "中心簡介"(현재 폐쇄)

2) 1996년 중화인민공화국 국책 고구리 연구 시작

1987년 중국변강사지연구중심은 기구를 조정하고 주요 임무를 명확히 한다. 이 연구중심의 주요 임무가 순수 학술연구 기관이 아니고 한국의 국방과학연구소처럼 국가안보, 영토 보전, 국경지구 안정, 통일다민족국가의 민족 개념인 중화민족에 관한 정체성 확립과 선양 같은 정치적 문제를 다루는 기관이다. 그러므로 연구 방향도 학문적인 기초연구와 현실적인 문제를 다루는 응용문제로 나누어 진행하였다.[6]

1996년, '변강의 역사와 영토[邊疆史地]'가 중국사회과학원의 중점 지원 연구 분야[學科] 가운데 하나가 되면서 중국변강사지연구중심도 '9차 5개년 계획' 과학연구 계획을 할 수 있게 된다. 이것은 '변강의 역사와 영토라는 학문 분야[邊疆史地學科]'가 체계를 갖추었다는 뜻이고, 사학 영역에서 학문 영역으로 인정을 받았다고 스스로 자찬하였다. 당시 중국변강사지연구중심이 세운 연구계획을 보면 국가적으로 아주 민감한 문제들을 모두 맡았다는 것을 알 수 있다.

> 중국변강사지연구중심이 제정하여 중국사회과학원의 비준을 받은 '9차 국민경제와 사회발전 5개년 계획' 동안 우리가 연구할 사업의 중점은 다음과 같다.

(1) 중화인민공화국 변강사지 연구를 기초로 하여 중화인민공화국 고대 변강역사 전개·중화인민공화국 근대 국경[邊界] 연혁사·중화인민공화국 변강 연구사 같은 3대 연구계열을 종합적으로 연구한다.

(2) 현재의 동북 변강 지구의 안정과 발전을 넓혀가고 신장(新疆)지구의 반분열(反分裂) 투쟁, 중·조 관계가 동북 변강지구에 미치는 영향과 남해 여러 섬과 북부의 만 같은 문제에 관한 대책과 예측에 관한 연구를 중점적으로 진행한다.

(3) 중화인민공화국 변강이론 연구와 중화인민공화국 변강학 이론에 관한 연구를 전개한다.[7]

---

6) 李國強,「在探索中開拓中國邊疆史地研究的新局面—中國邊疆史地研究中心20年來科研成就綜述」,『中國邊疆史地研究』2003-3, 21쪽.

7) 馬大正,「思考與行動—以邊疆研究深化與邊疆中心發展爲中心」,『中國邊疆史地研究』 2001-1, 2쪽.

9차 5개년 기간의 중점연구과제에서 중·조 관계와 동북 변강 지구 문제가 국경분쟁과 민족분쟁이 가장 심한 신장·남사군도 등과 함께 중요한 연구과제가 되었음을 알 수 있다. 그리고 이 시점에서 연구 방향도 큰 변화를 맞는다.

1987년에는 기초연구, 즉 학술연구가 주가 되고 응용연구가 부차적이었는데 1996년부터는 기초연구와 응용연구를 결합하여 연구하는 방향으로 발전하였다. 다른 말로 바꾸면 학술적 연구에서 현실 문제를 해결하는 구체적인 실천 방향에 관한 연구가 중요한 주제로 등장한 것이다.[8]

이와 같은 모든 이론을 만들어낸 주인공은 마대정(馬大正)이다. 마대정은 1987년 개편 때 중국사회과학원 역사연구소에서 차출되어 중국변강사지연구중심의 부주임이 되었는데, 1994년부터 주임을 맡아 연구중심을 새로운 단계로 올려놓고 9차 5개년 계획도 모두 그의 임기 안에 마무리한다.

2. 9차 5개년 계획(1996~2000)과 1차 국책 고구리사 침탈 진행

1) 1996년 고구리 문제, 중국사회과학원 중점연구 과제 정식 입안

(1) 중국사회과학원(院) 중점 프로젝트(項目)와 고구리 문제

1996년 중국사회과학원 중국변강사지연구중심 주임인 마대정이 직접 주관하는 「고구리 역사연구」라는 프로젝트를 기점으로 국가기관이 공식적으로 고구리 역사연구를 시작한다. 마대정은 또 1999년에는 「조선반도 정세가 동북 변경에 미치는 영향」이란 응용연구를 시작하여 2000년에 마쳤다.[9]

이것은 지금까지 개인들이 자국사 위주로 국수주의적 연구를 통해 역사를 왜곡했다면, 중국공산당(정부)이 직접 관리하는 중국사회과학원 중국변강사지연구중심이 직접 고구리사를 중화인민공화국의 역사로 만들기 위해 나섰다는 점에서 역사침탈의 서막이 열렸다고 할 수 있다.[10]

중국변강사지연구중심의 총책임자인 마대정 주임이 직접 연구책임자를 맡아 진행된 역사침탈 연구는 중국변강사지연구중심이 단독으로 진행하는 것이 아니고 중국공산당 만주 3성 위원회와

---

8) 李國強, 「在探索中開拓中國邊疆史地研究的新局面一中國邊疆史地研究中心20年來科研成就綜述」, 『中國邊疆史地研究』 2003-3, 22쪽.

사회과학원을 비롯한 연구기관, 그리고 대학을 모두 동원하여 조직적이고 치밀하게 진행했다.[9][10] 1996~2000년 9차 국민경제와 사회발전 5개년 계획("九五"國民經濟和社會發展規劃 ="九五"科硏規劃) 기간에 (고)조선을 비롯한 고구리·발해 역사침탈을 위해 진행된 조직과 사업을 간단히 보고 가기로 한다.

중국변강사지연구중심은 국가와 중국공산당에서 진행하는 국경 문제와 관계되는 중요한 과제들을 수행하는데, 1987년부터 시작하여 동북공정이 실시된 다음 해인 2003년까지 20년간 54개의 연구과제를 수행한다.[11]

연구과제들을 프로젝트 내용에 따라 나누어 보면 다음과 같다.

① 변강의 역사·이론·정책 : 17건

② 남사군도와 남해 주권 : 3건

③ 신강·중앙아시아 : 14건

④ 운남(광서) 월남 국경 : 3건

⑤ 티베트 문제(西藏) : 3건

⑥ 러시아 국경 : 2건

---

9) 李國強, 「在探索中開拓中國邊疆史地硏究的新局面一中國邊疆史地硏究中心20年來科硏成就綜述」, 『中國邊疆史地硏究』 2003-3, 23쪽. 馬大正主持, 《高句麗歷史硏究》, 院重點項目, 立項時間1996年, 完成時間1997年. 馬大正主持, 「朝鮮半島局勢走向對東北邊疆的影響」, 所重點項目, 立項時間1999年, 完成時間2000年.

10) 이 용어는 본 논문의 전체적인 성격을 나타내는 것이므로 자세하게 설명하려고 한다. 역사 왜곡은 역사적 사실을 '사실과 다르게 해석하거나 그릇되게 함'이 사전적 해석이다. 보기를 든다면 일본이 임나일본부설을 바탕으로 옛날 한반도 남부를 지배했다는 것은 역사 왜곡이다. 그러나 당시 삼한이나 신라·백제를 일본 역사로 기록하고 일본 역사라고 가르치면서 삼한이나 신라·백제가 우리 역사(한국사)가 아니라고 한다면 이것은 역사 왜곡이 아니라 역사침탈이다. 만일 독도가 일본 땅이라고 자료를 다르게 해석하거나 그릇되게 한다면 역사 왜곡이다. 그러나 일본이 쳐들어와 차지하고 자기 땅이라고 하면 명명백백한 침탈이다. 중화인민공화국이 1996년 이전에 이미 학자들이 역사를 왜곡한 사례들이 많다. 필자는 그때까지를 역사 왜곡 시기라고 본다. 그러나 1996년부터 국책으로 고구리뿐 아니라 (고)조선사, 부여사, 발해사를 자기 역사로 만들기 위해 총력을 다 했고, 실제로 자기 역사로 쓰고 있으며, 한국과 조선의 역사가 아니라고 분명히 못 박고 있다. 또한 이 논문에서 보듯이 이미 백과사전까지 자기 역사로 바꾸어버렸다. 1980년 이전 분명히 우리 역사였던 3,000년 역사를 중화인민공화국의 역사로 쓰고 있는 것은 역사 왜곡이 아니라 역사침탈이라고 해야 한다.

11) 李國強, 「在探索中開拓中國邊疆史地硏究的新局面一中國邊疆史地硏究中心20年來科硏成就綜述」, 『中國邊疆史地硏究』 2003-3, 21~25쪽.

⑦　내몽고 : 1건

⑧　고구리·조선·만주 국경 : 10건

　　이상에서 중화인민공화국을 둘러싸고 있는 국경 문제 가운데 서쪽인 신강지역 문제가 14건으로 가장 많고, 이어서 동쪽 국경 문제인 고구리·조선 문제가 10건으로 두 번째 중점을 두고 있다는 것을 알 수 있다. 그리고 북쪽 국경인 몽골과 러시아 3건, 티베트 문제 3건, 남쪽 월남과 접한 운남, 광서지역 문제가 3건, 마지막으로 남사군도를 비롯한 해상국경 문제가 3건이다.

　　이러한 중국변강사지연구중심의 변경과 국경 문제 연구프로젝트는 뚜렷한 목표를 가지고 진행되었다. 몽골과 러시아 국경 문제, 신강문제, 티베트 문제, 베트남과의 국경분쟁, 남사군도 같은 일본과의 국경분쟁이 주된 연구주제였고, 남·북코리아와의 국경과 영토 문제가 동시에 다루어지는 것이다.

　　글쓴이가 이처럼 중국변강사지연구중심의 과제연구 전체를 보는 것은 고구리 문제를 비롯한 만주 문제가 '한국인이 만주는 우리 땅'이라고 하거나 '남북한 역사학계의 역사 왜곡'을 비판하기 위해 연구한 것이 아니라 '통일다민족국가'의 강역과 국경 문제를 해결하기 위한 '중국공산당의 거국적 역사 만들기 프로젝트' 하나로 시작되고 진행되었으며, 티베트, 위구르, 몽골, 러시아, 남사군도 문제와 같은 선상에서 똑같이 이른바 '심각한 국경분쟁(熱點)'의 주제로 다루었다는 것을 밝히기 위한 것이다.[12]

　　여기서 9·5개발계획(開發計劃)[13] 기간 만주 지역을 중심으로 한 동북 지역 변경 문제를 다룬 연구과제만 뽑아 보면 다음과 같다.[14]

---

12) 이러한 중국변강사지연구중심의 연구 방침과 태도는 2004년 3월에 설립된 한국의 고구려연구재단과 2006년 세워진 동북아역사재단의 운영과 비교할 때도 좋은 참고가 될 것이다. 이 점은 나중에 동북공정의 수립과 진행 과정에서 자세하게 보려고 한다.

13) 9·5 : 제9차 5개년 계획을 줄여서 쓴 것이다. 1996~2000년 실행한 '중국 국민경제와 사회발전 계획(中國國民經濟和社會發展的計劃)'이다.

14) 李國强, 「在探索中開拓中國邊疆史地硏究的新局面－中國邊疆史地硏究中心20年來科硏成就綜述」, 『中國邊疆史地硏究』 2003-3, 23쪽. 馬大正主持, 《高句麗歷史硏究》, 院重點項目, 立項時間1996年, 完成時間1997年. 馬大正主持, 「朝鮮半島局勢走向對東北邊疆的影響」, 所重點項目, 立項時間1999年, 完成時間2000年.

(11) 馬大正 주관, 「고구리 역사연구(高句麗歷史硏究)」, 院 重點項目, 1996~1997.

(13) 劉鬲 주관, 「청대 중·조 사신 왕래 연구」, 院 靑年基金項目, 1996~1998.

(16) 馬大正 주관, 「조선반도 정세가 동북 변경에 미치는 영향」, 所 重點項目, 1999~2000.

(23) 厲聲 주관, 「중국 동북 역사와 사회 연구 데이터베이스」, 所 重點項目, 1999~2000.[15]

1996년 2가지는 모두 사회과학원(院) 중점 프로젝트(項目)이고, 1999년 맡은 2가지는 변강사지연구중심 자체의 중점 연구프로젝트다. 1996년 프로젝트 가운데 청나라 때의 한·중 사신 왕래 문제는 유위가 맡고, 고구리 역사 문제는 중국변강사지연구중심의 최고 책임자(주임)인 마대정이 직접 맡았다는 것은 아주 중요한 의미가 있다. 1996년 당시 길림성, 요령성 같은 전국에 많은 고구리 전문 연구자들이 있었는데 왜 고구리 연구와는 전혀 다른 분야를 전공한 마대정이 「고구리 역사연구」라는 통사적 거대한 프로젝트를 맡았을까?

이때부터 중국공산당에서 고구리 문제를 국책으로 연구하기 시작한다는 것을 뜻하며, 한·중 사이 구체적인 역사전쟁이 시작되었다고 할 수 있다. 다만 한국에서는 이 사실을 깨닫지 못하고 있었다는 것이 문제였다.

(2) 국책 고구리사 침탈의 총책임자 마대정(馬大正)

중화인민공화국의 역사침탈을 연구하는 데 중국변강사지연구중심과 그 연구 내용을 분석하는 것과 함께 고구리 연구를 처음 맡은 마대정에 대한 기초연구가 필요하다. 앞으로 볼 고구리 역사를 비롯한 우리 역사침탈의 최전선에서 침탈의 방향과 이론을 지시하고, 연구자들의 성향을 분석하여 비판과 독려를 통해서 역사침탈을 완성한 장본인이기 때문이다. 아울러 앞으로 동북공정에 대응하기 위해 설립된 고구려연구재단이나 동북아역사재단의 지도자들과도 비교연구가 필요하기 때문이다.

---

15) 李國强, 「在探索中開拓中國邊疆史地研究的新局面─中國邊疆史地研究中心20 年來科研成就綜述」, 『中國邊疆史地研究』 2003-3, 26~34쪽.

마대정

마대정은 1964~1987년 중국사회과학원 민족연구소에서 20년 이상 몽골사를 연구하며 인민대학 청사(淸史)연구소 마여형(馬汝珩) 교수와 『얼루투몽고사논집(厄魯特蒙古史論集)』[16]을 내고, 민족학자인 나치평(羅致平) 등과 『준가르사략(准噶爾史略)』[17]을 내기도 했다. 1987년 중국사회과학원 중국변강사지연구소로 자리를 옮긴 뒤에도 몽골사를 연구하며 여러 저서를 낸다.[18]

이와 같은 청나라 시기 몽골사 연구를 바탕으로 몽골과 신강 같은 서북 변경 문제를 집중적으로 연구하기 시작한다.[19] 그리고 변경과 국경 연구에 대한 53편의 연구성과를 내면서 국경과 영토 문제에 관한 중화인민공화국 최고의 전문가가 된다.[20] 그의 연구성과를 보면 단순한 역사연구를 넘어서 연구소 이름에 걸맞게 변경정책과 변경학사 연구를 통해 서쪽 신강 지역과 북쪽 몽골지역 국경 문제에 대한 정책을 세우고 그에 따른 논리와 이론을 정립하는 데 집중하였다는 것을 알 수 있다. [19][20]

그가 중국사회과학원 중국변강사지연구중심 책임을 맡으면서 동시에 신강대학(新疆大學) 서북소수민족연구중심 학술위원회 주임, 중국사회과학원 신강발전연구중심 주임, 신강 우루무치자치구 국제경제문화발전중심 이사까지 맡아 신강 위구르 문제를 해결하였고, 더 나아가 중국중앙아시아문화연구회를 통해서 위구르 문제 배후 문제까지 다루었으며, 전공 학회인 중국몽고사학회 이사와 화북지구 중·러관계사연구회 이사를 맡아 북쪽의 몽골과 러시아 국경정책에 집중적으로 관여

16) 馬大正·馬汝珩, 『얼루투몽고사논집(厄魯特蒙古史論集)』, 靑海人民出版社, 1984.

17) 馬大正·羅致平 등, 『준가르사략(准噶爾史略)』, 靑海人民出版社, 1985.

18) 馬大正·蔡家藝, 『오이라트몽고사입문(衛拉特蒙古史入門)』, 靑海人民出版社, 1989; 馬大正·馬汝珩, 『이역에 표류한 민족—17~18세기 토르구트(漂流異域的民族—17至18世紀的土爾扈特)』, 中國社會科學出版社, 1991; 馬大正·馮錫時 등, 『오이라트몽골약사(衛拉特蒙古簡史)』(上), 新疆人民出版社, 1991.

19) 李國強, 「在探索中開拓中國邊疆史地研究的新局面—中國邊疆史地研究中心20年來科研成就綜述」, 『中國邊疆史地研究』, 2003-3, 22~23쪽.

20) 李國強, 「在探索中開拓中國邊疆史地研究的新局面—中國邊疆史地研究中心20年來科研成就綜述」, 『中國邊疆史地研究』, 2003-3, 26~34쪽.

하였다. 그리고 '중국 변경지구 역사와 사회 연구 운남공작참(雲南工作站)' 참장을 맡아서 서남 국경 문제도 전적인 책임을 맡았고, 대만소수민족연구회 이사, 중공 해양법학회 상무이사로 있으면서 대만 문제와 해양 국경 관계 연구자들도 통솔하면서 중화인민공화국 국경과 영토 문제에 대한 모든 정책을 총괄하여 책임졌다.

마대정은 국경사를 다루면서 스스로 강역이론과 국경이론을 수립하여 원칙을 분명히 하고 자신은 물론 모든 학자에게 그 방향을 따르도록 이끌었다. 그가 지은 『중국 변경 경략사(中國邊境經略史)』를 보면 그 원칙을 알 수 있다.

> 중화인민공화국은 하나의 '통일다민족국가'로 세계사에서 중요한 지위를 가지고 있다.
> 진·한(秦漢) 시기 전국을 처음 통일하고, 수·당 왕조가 강역을 개척하고, 중원 전통의 정치경제와 문화를 확대하여 변경지구와 연계하면서 '화융동궤(華戎同軌)'가 실현되었다. 송·요·금 시기 한족과 변강 소수민족이 새로운 역사 조건 아래서 '중화의식'을 더욱 증강하여, 내지와 변경의 개발과 교류를 한 발 더 발전시켰다. 몽골이 원나라를 건립하여 우리나라 소수민족이 전국을 통일한 선례를 남겼다. 명·청에 이르러 특별한 것은 청나라 전기 청 왕조가 원·명 두 왕조를 바탕으로 새로운 전국 대통일을 실현하여 중화인민공화국의 역사 강역 범위도 이때 확립되었다.[21]

이처럼 중화인민공화국의 영토와 국경 문제를 총괄하는 마대정이 1996년 9·5 기간에 「고구리 역사연구」라는 대형 프로젝트를 맡았다는 것은 바로 이때부터 국책으로 고구리 역사침탈이 시작되었다는 것을 뚜렷하게 보여주는 것이다. 1996년 이전에는 고구리 역사는 물론 (고)조선이나 부여 및 발해에 대해서는 단 한 편의 논문도 없고 주로 근대 청나라 역사 가운데 몽골사 연구를 하였던 마대정이 고구리사 프로젝트를 맡은 것은 학술연구가 아니라 고도의 정책적 결정이라고 볼 수 있기 때문이다.

중국변강사지연구중심의 총책임자인 마대정 주임이 직접 연구책임자를 맡아 진행된 역사침탈 연구는 중국변강사지연구중심이 단독으로 진행하는 것이 아니고 중국공산당 만주 3성 위원회와 사회과학원을 비롯한 연구기관, 그리고 대학을 모두 동원하여 조직적이고 치밀하게 진행했다.

---

21) 馬大正, 『中國邊境經略史』 武漢大學出版社, 2013.

1996~2000년 9차 국민경제와 사회발전 5개년 계획("九五"國民經濟和社會發展規劃 ="九五"科硏規劃)
기간에 (고)조선을 비롯한 고구리·발해 역사침탈을 위해 진행된 조직과 사업을 간추려 보면 다음과
같다.

1997년 :	길림성사회과학원 고구리연구중심 설립[22]
1997년 :	동북사범대학 동북민족강역연구중심(東北民族疆域硏究中心) 설립[23]
1997년 :	중국사회과학원 중점연구 과제 연구참가자들 길림성 고구리 유적 고찰[24]
1997년 연말 :	중국사회과학원 중점연구 과제 초고 완성
1998년 8월 26~28일 :	1차 전국 고구리 학술연구토론회[25]
1998년 12월 1~5일 :	중국 동북 지방사 학술토론회(장춘 동북사범대학)[26]
1999년 7월 24일 :	중국사회과학원 중국변강사지연구중심과 동북사범대학이 연합하여 동북 변강지구 역사와 사회 연구 동북공작참(東北工作站) 설립 (참장 : 厲聲). [27]
1999년 7월 24~27일 :	1차 전국 동북 민족과 강역 학술 연구토론회[28]

---

22) 『百度百科』에는 2004년 8월(吉編辦[2004]138號)에 설립된 것으로 되어 있으나 이미 1998년 1차 전국 고구리 학술
   연구토론회를 통화사범학원 고구리연구소와 공동주최하였다. (宏偉·志紅·張韜, 「全國首次高句麗學術硏討會」『全國
   首次高句麗學術硏討會論文集』, 1999. 6, 1쪽). 그러므로『백도백과』가 틀린 것이다.

23) 『百度百科』「東北民族疆域硏究中心」.

24) 중국변강사지연구중심 공식 사이트 www.chinaboderland.com(현재 폐쇄) : 中國社會科學院重點硏究課題《當代中
   國邊疆系列調査硏究》子課題之一「朝鮮半島形勢的變化對東北地區穩定的沖擊」연구조 고찰일지.

25) 宏偉·志紅·張韜, 「全國首次高句麗學術硏討會」, 『全國首次高句麗學術硏討會論文集』, 1999. 6, 1~3쪽.

26) 劉厚生·李德山·李彦平·孫力楠, 「尊重歷史 正視現實ー中國東北地方史學術討論會紀要」『黑土地的古代文明-全國
   首屆東北民族與疆域問題學術討論會論文集』, 遠方出版社, 2000, 1쪽. 이 토론회에서 (고)조선·고구리·백두산·조선
   족과 고구리의 관계 같은 문제의 표준연구지침이 마련된다.

27) 『百度百科』「中國邊疆地區歷史與社會研究東北工作站」.

28) 劉厚生·孫啓林·王景澤 主編, 「前言」, 『黑土地的古代文明ー全國首屆東北民族與疆域問題學術硏討會論文集』, 遠
   方出版社, 2000, 1쪽.

마대정은 또 1999년에는 「조선반도 정세가 동북 변경에 미치는 영향」이란 응용연구를 시작하여 2000년에 마쳤다.[29]

---

29) 李國强, 「在探索中開拓中國邊疆史地研究的新局面一中國邊疆史地研究中心20來科研成就綜述」, 『中國邊疆史地研究』 2003-3, 23쪽. 馬大正主持《高句麗歷史研究》, 院重點項目, 立項時間1996, 完成時間1997. 馬大正 主持, 「朝鮮半島局勢走向對東北邊疆的影響」 所重點項目, 立項時間1999, 完成時間2000.

II. 만주에 국책 역사침탈 기지 설립과 본격적인 활동

1. 1996년 요령성 행정기관을 통한 고구리 자국 역사화 교육과 전파

1) 각 정부 기관에 하달된 고구리 귀속 문제

1996년 9·5시기 중국공산당과 정부가 고구리 문제를 국책사업으로 다루기 시작하자 요령성에도 고구리를 연구하는 팀이 구성되고, 고구리 유적과 관련된 정부 기관에 고구리사에 대한 공문이 내려가는 등 본격적인 고구리 역사침탈 작업이 시작되었다.

1996년 7월 20일 자 공문[30]은 본계시(本溪市) 문물관리위원회에서 보낸 것인데, 문물관리위원회는 한국의 문화재관리위원회 같은 정부 기관의 위원회다. 문화재관리위원회에서 고구리 역사가 어느 나라에 속하느냐 하는 귀속 문제에 대한 공문을 발송한 것은 바로 본계시 환인현에 고구리 첫 수도인 홀본성이 있는 곳이기 때문이다. 1992년 한·중이 수교한 뒤 한국의 답사팀이나 관광객들이 찾아오기 시작하자 고구리 문제에 대한 현장 지도가 필요했다.

---

30) 글쓴이는 현지답사를 하는 과정에서 중국조선사연구회 현지 회원으로부터 이 공문을 손에 넣을 수 있었다.

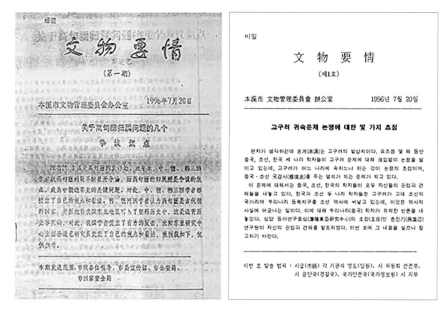

환인 각 정부 기관에 하달된 공문

이때 이 공문을 받은 기관은 시급(市級) 각 기관의 영도(지도자), 시 위원회 선전부, 시 공안국(경찰국), 국가안전국(국가정보원) 시 지부 같은 중요 기관을 망라하고 있다. 이는 고구리 문제가 이미 중국 공산당을 비롯한 정부 사업으로 편성되어 실시되기 시작하였다는 것을 뜻한다.

공문 내용은 다음과 같다.

> 편자가 생각하건대 본계(本溪)는 고구리의 발상지이다. 요즈음 몇 해 동안 중화인민공화국, 조선, 한국 세 나라 학자들이 고구리 문제에 대해 끊임없이 논쟁을 벌이고 있는데, 고구리가 어느 나라에 속하느냐 하는 것이 논쟁의 초점이며, 중화인민공화국·조선 국경역사를 푸는 열쇠가 되는 문제가 되었다.
>
> 이 문제에 대해서는 중화인민공화국, 조선, 한국의 학자들이 모두 자신들의 관점과 견해를 내놓고 있다. 한국과 조선 두 나라 학자들은 고구리가 고대 조선의 국가라며 우리나라 동북 지구를 조선 역사에 써넣고 있는데, 이것은 역사적 사실에 어긋나는 일이다. 이에 대해 우리나라(옮긴이 주 : 중화인민공화국) 연구원이 자신의 관점과 견해를 발표하였다. 이번 호에 그 내용을 실으니 참고하기를 바란다.

글쓴이는 1993년 집안(集安)에서 열린 국제대회를 현장에 미리 준비하는 데 참여하고, 대회 기간 중 생긴 토론 내용도 알고 있었지만, 그것을 학자들 간의 논쟁으로만 보았는데, 1996년 이 공문을 보고 처음으로 중화인민공화국에서는 역사를 국가적 사업으로 추진하였다는 것을 알 수 있었다.

위와 같은 내용과 함께 손진기의 논문「고구리 귀속문제 논쟁에 대한 몇 가지 초점」을 덧붙여 관리들을 학습시켰다.

高句丽课题组会议通讯录

号	姓名	年龄	性别	工作单位及详细地址	职务(职称)	电话	邮编
1	崔德文	55	男	营口市博物馆	副 研	0417 - 2835170	11500
2	徐明旭	48	男	鞍山市国家安全局	副处长	0412 - 5830764	114005
3	曹德全	51	男	抚顺市机械电子工业局	副局长 高级经济师	0413 - 2624665	113008
4	张玉珍	46	男	抚顺市社科院满族研究所	研究员	0413 - 5154496	113206
5	孙洪波	35	男	丹东师专	副主任 讲 师	0415 - 4151341 - 2027	118003
6	徐德源	70	男	辽宁大学历史系 沈阳市皇姑区怒江街 111 - 533	教 授	024 - 6731639	110036
7	徐大勇	32	男	抚顺市文化局文管办	干 事	0413 - 2628074	113008
8	佟 达		男	抚顺市文化局文管办	主 任	0413 - 2628074	113008
9	孙进己	66	男	沈阳东亚研究中心	主 任	024 - 6851261	110031
10	冯永谦	62	男	沈阳东亚研究中心	副主任	024 - 6851261	110031
11	张德玉		男	新宾县志办	副 研	0413 - 5023676	113200
12	梁志龙		男	本溪市博物馆	副馆长	0414 - 2843426	117000
13	王绵厚	53	男	辽宁省博物馆	馆 长	024 - 2826063	110001
14	张春霞	28	女	沈阳东亚研究中心	助 研	024 - 6851261	110031
15	孙泓	27	女	沈阳东亚研究中心	助 研	024 - 6851261	110031

요령성 고구리 과제조직 명단

2) 요령성 고구리 과제연구 그룹 조직

이 공문과 함께 발송된 '고구리 과제조 회의 통신록'에 따르면, 서덕원(徐德源, 요령대 역사학과 교수), 동달(佟達, 무순시 문화국 문물관리소 주임), 손진기(孫進己, 심양동아연구중심 주임), 손홍(孫泓, 심양동아연구중심 연구원), 풍영겸(馮永謙, 심양동아연구중심 부주임), 양지룡(梁志龍, 본계시박물관 부관장), 왕면후(王綿厚, 요령성박물관 관장) 같은 요령성 고구리 연구자들이 모두 참가하고 있다.

과제 연구조에 나타난 15명 연구자는 그 뒤 동북공정을 비롯한 역사침탈 일선에서 주도하는 학자를 비롯하여, 요령성의 주요 고구리 연구학자가 모두 참여하고 있다는 것을 알 수 있다.

2. 1997년 길림성사회과학원 고구리연구중심(高句麗硏究中心) 설립[31]

1995년 7월 통화사범학원에 고구리연구소(高句麗硏究所)가 설립되고 2년 뒤인 1997년 길림성사회과학원 안에 고구리연구중심이 설립된다. 먼저 길림성사회과학원이 어떤 곳인지 볼 필요가 있다. 한국에는 사회과학원이란 기관이 없기 때문이다.

중국사회과학원이 중국공산당이 영도하고, 국무원 직속 기관인 것과 마찬가지로 길림성사회과학원도 중국공산당 길림성위원회가 영도하고 길림성 인민정부 직속 기관이다. 『백도백과(百度百科)』에는 길림성 인민정부 직속이라 했고, 길림성사회과학원 홈페이지에는 중국공산당 길림성위원회 직속이라고 했다. 결국 길림성 인민정부가 중국공산당 길림성위원회와 같은 역할을 한다는 것을 알 수 있다.

> 길림성사회과학원(吉林省社會科學院 : 社科聯)은 <u>길림성 인민정부 직속</u>으로 전국에서 하나밖에 없는 사회과학 종합적 연구기구다. 여기는 전 길림성 사회과학 연구자들의 본부로, 전 길림성의 광대한 공산당원 간부의 이론학습·교육·훈련의 진지이고 요람이며, 전국 지방 사회과학원 가운데 역사

---

31) 『百度百科』에는 2004년 8월(吉編辦[2004]138號)에 설립된 것으로 되어 있으나 이미 1998년 1차 전국 고구리 학술연구토론회를 통화사범학원 고구리연구소와 공동주최하였다(宏偉·志紅·張輻, 「全國首次高句麗學術硏討會」『全國首次高句麗學術硏討會論文集』 1999. 6, 1쪽). 그러므로 『백도백과』가 틀린 것이다.

현재의 고구리연구중심 연구실 홈페이지

가 오래된 편이고 학과도 거의 완전히 갖추었고, 과제연구 역량도 높다.[32]

길림성사회과학원은 <u>중국공산당 길림성위원회 직속으로</u>, 전 길림성에서 하나밖에 없는 철학·사회과학을 종합적으로 연구하는 기구로, 전신은 1958년 세워진 중국과학원 길림분원과 1962년 설립된 동북문사연구소(東北文史研究所)로, 1978년 정식으로 사회과학원이 설립되었다.[33]

길림성사회과학원은 길림성에서 사회과학을 연구하는 학자들의 본부이며, 공산당 간부의 이론 학습·교육·훈련의 진지이고 요람이라고 했다. 이런 길림성사회과학원에 '고구리연구중심'이 설립되었다는 것은 1996년 중국사회과학원 중국변강사지연구중심이 국책으로 고구리 연구를 시작하면서 고구리 옛땅인 길림성에 전문적인 연구기지를 설립하였다는 것을 뜻한다.

그런데 길림성사회과학원 홈페이지에 나온 고구리연구중심에 대한 설명에서는 아예 설립연도를 비롯하여 동북공정에서 주된 임무를 맡은 일, 동북공정의 기지 노릇을 했던『동북사지(東北史地)』발행에 관한 내용들이 전혀 나오지 않고, 「학술 동태」「학술 성과」가 완전히 빈 상태이고 「본소 소개」항목에서도 현재 상황만 간단히 소개하고 있다. 이는 길림성사회과학원 '고구리연구중심'이 2004년 이후 동북공정의 기지가 되어 모든 프로젝트를 진행했던 사실이 알려지지 않도록 일부러 밝히지 않는 것이다.

오히려 2004년 즈음 작성한 것으로 보이는『백도백과』가 그 내용이 더 자세하다.

---

32) 『百度百科』「吉林省社會科學院」

33) 길림성사회과학원 공식 홈페이지 http://www.jlass.org.cn/index/only/c/80.html. "吉林省社會科學院(社科聯) 是中共吉林省委直屬的, 全省唯一的哲學社會科學綜合性研究機構, 其前身是創建於1958年的中國科學院吉林分院和1962年的東北文史研究所, 1978年正式建院"

주요 업무

전 (길림)성 고구리 연구 같은 변강사지에 대한 중대한 문제를 기획하고 중점과제를 확정하는 일을 맡는다. (길림)성 안에 있는 대학과 전문대학(大專院校)·연구소와 연구원(科硏院所), 그리고 전문가와 학자들의 고구리 연구 같은 변강사지에 대한 중대한 문제를 조직·협조·연락하는 업무를 맡는다. 고구리 연구팀을 만들고 기획하고, 훈련하고 교류하도록 하는 임무를 맡는다. 고구리 연구성과 선전과 보급 공장을 맡는다. 학술 월간지『동북사지』의 편집과 출판 같은 업무를 맡는다.

길림성 고구리연구중심은 길림성사회과학원이 관리(代管)하고, 고구리연구중심의 주임은 유관 임원(領導)이 겸임하고, 부주임은 장복유(張福有)·병정(邴正), 비서장은 부백신(付百臣)이며, (연구중심) 안에 행정부서(辦公室)·연구실·『동북사지』 편집부를 둔다.[34]

주요 업무나 임원들을 보면 동북공정이 실시되고 있었을 때의 체제라는 것을 알 수 있다. 길림성 사회과학원 고구리연구중심을 만든 것은 고구리 연구를 국책으로 진행하면서 고구리 옛땅인 만주에 역사침탈 전진기지를 구축했다는 것을 뜻한다.

3. 1997년 중국변강사지연구중심 만주지부 '동북공작참(東北工作站)' 설치와 연구

같은 해인 1997년 동북사범대학에 동북민족강역연구중심(東北民族疆域研究中心)을 세우고,[35] 그를 바탕으로 1999년 7월 24일 중국사회과학원 중국변강사지연구중심과 동북사범대학이 연합하여 동북 변강지구 역사와 사회연구 동북공작참(東北工作站)을 설립한다.[36] 이 동북공작참은 중국변강사지연구중심의 만주 지역 지부로 중국변강사지연구중심 부주임인 려성(厲聲)이 지부장(站長)을 맡는다.

이 동북공작참이 역사침탈의 기지가 되었고, 이때부터 본격적인 역사침탈이 시작되었다는 것은 『백도백과』에 공개된 이 공작참의 연구 내용과 연구과제 그룹의 구성, 그리고 이 공작참이 이룩한

---

34) 『百度百科』「吉林省社會科學院 高句麗研究中心」.

35) 『百度百科』「東北民族疆域研究中心」.

36) 『百度百科』「中國邊疆地區歷史與社會研究東北工作站」.

성과를 보면 뚜렷이 드러난다. 우선 연구 내용을 보면 만주 지역 문제에 대한 모든 것을 종합적으로 연구하고, 그 속에서 고구리·발해 문제를 다루었다는 것을 알 수 있다.

① 현재 변강지구의 안정과 발전을 위한 대책과 예측을 위한 연구.

② 우리나라 동북 고대 민족과 강역사·동북 근대 변경(邊界) 연혁사 연구.

③ 우리나라 동북 역대 변강정책과 근대 국경업무 교섭에 관한 전문과제 연구.

④ 중국변강이론과 중국변강학 이론 연구.

⑤ 현재 전개되는 정치형세를 결합하여 중러·중조·중한 관계 연구.

⑥ 고구리·발해 및 동북 기타 민족관계사와 융합사에 대한 연구.

⑦ 만학(滿學) 연구.

⑧ 민족학·문화인류학·종교학·민속학·문학예술 같은 이론과 실천에 관한 연구.

연구과제 그룹을 이끌어가는 학술위원도 만주 지역 모든 연구기관과 전문가들을 망라하고 있다.

주임 : 유후생(劉厚生) 교수

부주임 : 손계림(孫啓林) 교수

학술위원

마대정(馬大正, 1949~) : 중국사회과학원 중국변강사지연구중심 주임

왕종한(王鍾翰, 1913~2007) : 중앙민족대학 민속사연구소, 만학연구소 소장. 청사·만족사.

진연개(陳連開, 1933~2000) : 중앙민족대학, 소수민족사 전공.

려성(厲聲, 1949~) : 2001년부터 중국변강사지연구중심 주임.

왕면후(王綿厚, 1945~) : 요령성박물관 관장, 고고학.

손진기(孫進己, 1931~2014) : 심양동아연구중심 대표, 만주지역 민족사.

장가생(張佳生, 1948~) : 대련민족학원 만학연구소 소장, 만족사.

이건재(李健才, 1920~2006) : 길림성문물고고연구소 연구원, 만주사·부여사.

장선여(張璿如, 1930~) : 길림성 민족연구소 소장, 만학(滿學).

유후생(劉厚生, 1941~) : 동북사범대학 역사문화학원 교수. 명청사, 동북민족사.

손계림(孫啟林, 1944~) : 　　　동북사범대학 조선교육연구소 소장, 교육학 전공, 남북한 유학.

손문범(孫文範, 1943~) : 　　　길림성사회과학원 근대사연구소 소장, 고구리사.

위존성(魏存成, 1945~) : 　　　길림대학 동북역사와강역연구중심 주임, 고구리사·고고학.

박문일(朴文一, 1932~) : 　　　연변대학교 교장, 조선 고대사.

유자민(劉子敏, 1938~2011) : 　연변대학교 교수, 고구리사.

경철화(耿鐵華, 1947~) : 　　　통화사범학원 고구리연구소 소장, 고구리사·고고학

장벽파(張碧波, 1930~) : 　　　흑룡강성사회과학원 교수, 고구리사.

주국침(朱國忱, 1935~2014) : 흑룡강성문물고고연구소 연구원, 발해사·고고학[37]

연구성과를 보면 동북공정 프로젝트도 이 공작참이 중앙정부에서 맡은 프로젝트라는 것을 알 수 있다.

① 『동북 민족과 강역 연구동태(東北民族與疆域研究動態)』잡지 주관 (비공개).

② 민족과 강역 관계 전문 저서를 20부 남짓 출판하였다.

　　《동북민족과강역 총서(東北民族與疆域叢書)》,『한만사전(漢滿詞典)』,『흑토지의 고대문명(黑土地的古代文明)』,『중국 동북 민족과 강역 연구』,『청조 개국 시기 팔기(八旗) 연구』 등.

③ 『중국변강사지연구』 같은 간행물에 발표한 논문 10편 남짓.

④ 『길림일보』와 합작하여 "문사철(文史哲)"판에 「동북 민족과 강역」 난을 설치하여 매주 1편씩 관련 글 40편 이상 연재.

⑤ 40편이 넘는 자문 조사보고서 : 동북 민족과 강역의 논쟁이 심하고 민감한 문제로 고구리·발해 같은 동북 고대 민족·강역과 조선반도 및 조선민족 관계 연구, 조선인 불법 월경 정황 조사, 종교 침투에 대한 조사보고 등. 이런 조사보고는 정부와 유관 지도자들의 관심과 호평을 받았다.

⑥ 몇 년 사이에 연구 인원들이 중앙정부(省部) 급 이상의 프로젝트 15건을 맡았다.

　　㉠ 「동북공정(東北邊疆歷史與現狀系列研究工程)」

---

37) 위원들의 생년과 직위 및 전공은 읽는 이의 이해를 위해 글쓴이가 더한 것이다.

ⓛ 「중화인민공화국 조선족이 모여 사는 지역의 민족 화목 형성의 원인 연구」

ⓒ 「청사·민족지·만족 및 동북 기타 소수민족편」

ⓔ <u>「동북 변강 연혁사 연구」</u>

ⓜ 「동북 민족과 강역 연구」

ⓗ 「조선반도 민족」

ⓢ <u>「국가의 기원과 발전」</u>

ⓞ 「고구리와 역대 중원왕조의 관계사 연구」

ⓩ 「중화인민공화국 동북의 정보화」 등

III. 1998년 역사침탈을 위한 전국 규모의 학술토론대회 개최

1. 1998년 1차 전국 고구리 학술토론회(全國首屆高句麗學術研討會)[38]

1) 1차 전국 고구리 학술토론회 진행 상황

1998년 6월 26~28일 통화와 집안에서 열린 학술토론회는 고구리에 관한 전국 규모의 학술토론회로서는 처음 열린 것이다. 상급 기관인 길림성사회과학원 고구리연구중심(주임 : 孫文範)이 주최하고 현장에서 활동하고 있는 통화사범학원 고구리연구소(주임 : 楊春吉)가 주관한 것으로 사실상 중국변강사지연구중심이 직접 관여한 첫 대회이기도 하다.

마대정은 이때 만난 전문가들과의 교류를 통해 역사침탈을 구체화하는 계획을 수립하였다. 나이가 많은 손옥량이나 장벽파를 빼고, 발해 문제는 위국충, 고고학 쪽은 위존성과 왕면후, 그리고 현장 경험이 가장 많고 가장 애국적인 경철화 같은 인물들이다. 특히 이 자리에서 만난 중국공산당 백산시위원회 장복유는 고구리 연구자가 아니었지만 2004년 이후 동북공정의 핵심 인물로 등장하게 된다.

---

38) 宏偉·志紅·張韜, 「全國首次高句麗學術研討會」, 『全國首次高句麗學術研討會論文集』, 1999. 6, 1~3쪽.

이 대회가 고구리 연구발표에 대한 첫 전국대회이므로 1998년 당시 고구리 연구의 현황을 파악할 수 있는 자료가 되기 때문에 참가자들의 면모를 검토해 보려고 한다.

(가) 만주지역 이외의 참가자

① 중국사회과학원 : 馬大正, 徐建新[39]

② 신강 喀什사범학원 : 李立新[40]

(나) 요령성 참가 기관과 참가자

① 요령성박물관 : 王綿厚, 姚義田.

② 심양동아연구중심 : 孫進己, 孫泓, 張春霞

③ 무순시박물관 : 肖景全

④ 무순시 문물관리위원회 판공실(文管辦) : 徐大勇

⑤ 무순시 지방사연구회 : 曹德全

⑥ 본계시박물관 : 梁志龍

⑦ 환인현문물관리소 : 王俊輝

(다) 길림성 참가 기관과 참가자

① 길림성사회과학원 : 孫乃民, 張殊範, 孫文範, 孫玉良, 黃嶙, 馬彦, 劉炬.

② 길림대학 : 魏存成

③ 동북사범대학 : 劉厚生, 孫啓林, 王彦輝

④ 장춘사범학원 : 姜維公, 高福順, 姜維東

⑤ 사평사범학원 : 王明霞

⑥ 연변대학 : 劉子敏

⑦ 중국공산당 백산시위원회 : 張福有

---

39) 광개토태왕 탁본 전공.

40) 1997.01~2000.01　東北師範大學副校級幹部, 新疆喀什師範學院副院長

⑧ 통화사범학원 : 楊春吉, 倪軍民, 耿鐵華, 曾憲妹, 秦升陽, 趙宏偉, 李樂瑩, 孫金花, 王純信, 尹國有, 趙福香, 黃甲元

⑨ 집안시 정부 : 彭慶會

⑩ 집안시박물관 : 孫仁傑, 張雪岩, 遲勇

(라) 흑룡강성 참가기관과 참가자

① 흑룡강성사회과학원 : 張碧波, 魏國忠, 郭素美

② 하얼빈시사사회과학원 : 王禹浪

③ 하얼빈 텔레비전대학 : 高興[41]

(마) 편지를 보내온 학자

① 샤먼대학 : 韓升

② 길림성문물고고연구소 : 方起東

③ 흑룡강성문물고고연구소 : 孫秀仁

④ 연변대학 : 姜孟山

⑤ 길림사범학원 : 習書仁, 宮兵

⑥ 요령성 무순시문물관리위원회 : 佟達

(바) 논문을 보내온 학자

① 요령대학 : 徐德源

② 연변대학 : 朴眞奭, 孟慶義, 王臻

③ 길림성사회과학원 : 韓忠富

④ 요령성 철령시박물관 : 周向永, 李澤綿.

---

41) 장수왕 후손으로 아버지 高之謙과 함께 高震 묘지 발표. 명단에 보면 아버지는 참석 안 한 것 같다.

50명 남짓 참석하고, 논문만 보내고 편지만 보내온 연구자도 10명 남짓 되어, 전국의 고구리 연구자들은 대부분 동원되었다고 볼 수 있다. 특히 주최한 길림성사회과학원에서 7명, 통화사범학원에서 12명이 참석하였다는 것을 알 수 있다. 그러나 전체적으로 논문의 수준은 그다지 높다고 볼 수 없다. 1998년 당시 중화인민공화국의 고구리 연구 수준을 그대로 보여주었다고 할 수 있다.

2) 대회의 성격과 고구리 연구의 주요 성격

이 대회에 중국공산당과 정부에서 얼마나 큰 관심을 가졌는지는 이 논문집의 후기에 나타난다.

> 이 회의를 열기 전, 국가 5개 부처(部委)의 배려와 중국공산당 길림성위원회, 길림성 정부의 큰 지지를 받았다. 사회과학연구에 대한 학술회의를 여는데 이처럼 큰 관심을 받는 것은 보기 힘든 일이다. 특히 학자들을 분투하도록 한 것은 다섯 분의 중앙지도자 동지가 고구리 연구토론회 보고서에 '중요' 의견을 표시했다는 것이다.[42]

그리고 주최는 길림성사회과학원 고구리연구중심과 통화사범학원 고구리연구소였지만 중국사회과학원 중국변강사지연구중심에서 국책으로 고구리 역사연구를 맡은 마대정이 참석하여 모든 연구자와 연구 논문을 사실상 검토하고 평가하고 있었다. 앞에서 보았듯이 마대정은 9·5 국가계획의 하나로 1996~1997년 「고구리 역사연구」라는 연구과제를 맡아 1997년 과제를 맡은 참가자들이 고구리의 역사유적을 답사하고, 초고를 완성한 상태에서 현지 학자들의 연구 수준과 성향을 파악하고자 했기 때문에 이 대회는 중국변강사지연구중심의 9·5 기간 프로젝트에서 아주 중요한 행사였다.

당시 중화인민공화국 고구리 연구 학계에서 문제로 떠오르고 있는 귀속 문제에 대해 길림성사회과학원의 한충부(韓忠富)가 3가지로 정리하고 있다.

① 첫째, 고구리는 우리나라 고대 동북 소수민족 지방정권이다. …… 현재 우리나라 학자들의 다수가 이 관점을 지지하며, 고 김육불(金毓黻) 선생, 장박천(張博泉)·손진기(孫進己) 등이 대

---

42) 吉林省 社會科學院 高句麗研究中心·通化師範學院 高句麗研究所,「編者後記」『全國首次高句麗學術研討會論文集』, 1999, 408쪽.

학술토론회 논문집

표하고 있다.

② 둘째, 고구리는 고대 조선 국가다. 이 파의 학자들은 고구리 나라는 스스로 세워진 것이고 중원왕조와 평등한 외교관계를 가지고 있었다고 보고, 중원왕조의 책봉을 가지고 고구리의 승인이라고 보고 있으며, 중원왕조와 고구리 사이의 전쟁은 침략과 반침략의 전쟁이었다고 본다. 박문일(朴文一), 강맹산(姜孟山), 김광수(金光洙) 들이 지은 『조선간사(朝鮮簡史)』, 강맹산 주편 『조선통사』(제1권)이 이런 관점을 가지고 있다.

③ 셋째, 427년 고구리 장수왕이 평양으로 서울을 옮긴 것을 기점으로, 우리나라 국경 안의 지방 민족 정권에서 우리나라 국외의 이웃 나라 정권이 된 것을 표지로 삼아, 천도 이후 고구리를 중화민족 밖의 다른 한 국가로 편성하고, 천도 전은 중원왕조 아래 있는 소수민족 지방정권으로 보는 것이다. 곽말약(郭沫若)의 『중국사고(中國史稿)』, 범문란(範文瀾)의 『중국통사(中國通史)』 및 담기양(譚其驤)의 『중국역사지도집(中國歷史地圖集)』이 이런 관점을 가지고 있다. 이런 관점은 주로 오늘날의 중화인민공화국과 조선이 압록강과 두만강을 국경으로 하고 있다는 것을 바탕으로 한 것이다.[43]

한충부가 정리한 고구리 귀속 문제는 ① 중화민국 소수민족 지방정권, ② 한국·조선의 역사인 독립 국가, ③ 일사양용(一史兩用), 곧 장수왕 평양 천도 이전은 중화인민공화국 역사이고, 그 뒤는 한국·조선의 역사라는 것이다. 이때만 하더라도 아직 중화인민공화국의 고구리사 연구자들은 아직 이 논의에 익숙하지 않기 때문에 대부분 논문이 귀속 문제를 다루지 않았다.

---

43) 韓忠富, 「國內高句麗歸屬問題研究綜述」 『全國首屆高句麗學術硏討會 論文集』 1999, 405~407쪽.

1차 전국 고구리 학술 연구토론회 참석자

그런데 이 대회에는 ② 고구리는 한국·조선의 역사라고 주장하는 학자들은 한 명도 참석하지 않았다. 한충부는 바로 연변대 박문일, 강맹산, 김광수 같은 학자들이라고 했는데 그들은 참석하지 않고 강맹산만 편지를 보냈다. 연변대학 박진석 교수도 참석하지 않고 논문만 보냈는데, 광개토태왕비에 관한 연구로 귀속 문제와는 전혀 상관이 없는 논문이다. 다만 고구리의 귀속 문제를 가장 깊이 있게 다룬 논문은 바로 연변대 교수 유자민이다. 유자민은 이 대회의 첫 논문에서 귀속 문제를 다루었고, 그가 쓴 『고구리 역사연구』를 바탕으로 하여 고대 조선이 고구리와 관계없다는 것을 먼저 주장한다.

(고)조선과 고구리의 영토는 모두 고대 치나(Cīna)에 속한다. 다만 고구리 전기와 그 (고)조선 사이에는 아무런 관련이 없다. 고구리가 건국할 때 (고)조선은 이미 멸망하여 (고)조선족은 대부분 한인(漢人)과 하나로 합해져 버렸다.[44]

---

44) 劉子敏,「關于高句麗政權及其領域的歷史歸屬問題之我見」,『全國首次高句麗學術研討會論文集』, 1999, 7쪽.

그리고 부여를 비롯하여 현재의 한·중 국경선 이북의 모든 역사는 모두 중화인민공화국의 역사라는 것을 분명히 한다.[45] 유자민의 발표는 중화인민공화국의 고구리 연구 학계에서 자기주장을 강력하게 내세울 기회가 되었다. 이런 대회진행을 보면서 해방 이후 (고)조선-부여-고구리-발해라는 등식으로 역사를 연구하고 가르치던 연변대학의 학술연구 기조가 흔들리고 있다는 인상을 강하게 받았다.

고구리에 관한 중국사회과학원 중점과제를 수행하는 마대정은 이 대회에서 연설하고, 대회 기간 중 전문가들을 만나 교류한다. 50명 남짓 참석하고, 논문만 보내고 편지만 보내온 연구자도 10명 남짓 되어, 전국의 고구리 연구자들은 대부분 동원되었다고 볼 수 있다.

2. 1998년, 역사침탈 연구지침을 마련한 「중국 동북 지방사 학술토론회」

때 :　　1998년 12월 1일~5일
곳 :　　장춘 동북사범대학
주최 :　동북사범대학 동북 민족과 강역 연구중심

앞에서 1차 고구리 역사에 대한 전국 학술대회를 자세히 검토해 보았는데, 이 자리에 와서 개막연설을 하고 전체적인 학문 수준을 점검한 중국사회과학원 중국변강사지연구중심의 마대정의 시각에서 보았을 때 자신들이 이끌고 가려는 연구 방향에 크게 못 미친다고 생각했을 것이라고 본다. 그래서 그해 말인 12월 동북사범대학에서 동북지방사 학술토론회가 열린다. 그러나 이상하게 이 토론회의 논문집은 발행되지 않아 당시 발표자나 발표된 논문을 평가할 수 없다. 다만 당시 학술토론회의 보고서인 기요(紀要)가 발표되어 그 기요를 바탕으로 토론회 내용을 정리해 보려고 한다.

여기 실린 내용은 당연히 역사침탈을 주도하는 중앙의 중국변강사지연구중심 기본노선과 지시사항이 주된 내용이라고 봐야 한다. 학술발표회를 마치고 요점을 정리한 것은 바로 중앙과 길림성의 공산당과 정부에 올리는 보고서이기 때문에 여기서 '요점을 골라 정리'하였다고 한 것은 그런 보고서에 알맞은 부분을 골라 요약했다는 뜻이다. 실제로 내용을 보면 이 토론회에서 (고)조선·고구

---

45) 劉子敏,「關于高句麗政權及其領域的歷史歸屬問題之我見」『全國首次高句麗學術研討會論文集』, 1999, 24쪽.

리·백두산·조선족과 고구리의 관계 같은 문제에 대한 표준연구지침을 제시한 것이라고 볼 수 있다.

1) 고구리 민족과 정권의 귀속문제

가장 중요한 첫 번째 문제를 고구리 민족과 정권의 귀속 문제로 잡았다. 우선 제목부터 보면 이때부터 이미 만주 지역 연구자들에게 고구리는 국가가 아니라 민족이나 '정권'이라고 못 박았다는 것이다. 그리고 '중화인민공화국 고대의 소수민족'이라는 논리를 꽤 자세하게 제시한다.

고구리 민족의 귀속 문제에 관하여 학자들은 고구리 민족은 치나(Cina) 고대의 소수민족 가운데 하나이고, 중화민족 역사 발전에서 뺄 수 없는 일원이라는 것은 다음과 같은 몇 가지 원인을 바탕으로 한 것이다.

(1) 고구리 민족의 기원에 관한 국내외 학자들의 연구 상황을 보면 여러 갈래가 있는데, 대체로 예맥설, 여러 족과의 병합설(介菜合族) 등이 있다. 다만 예맥·부여·고이(高夷)·탁리(橐離)설이건, 다른 족과 합친 것이든 그들의 '뿌리'는 모두 치나(Cina)에 있고, 모두 치나(Cina) 땅에서 생겨나 그 땅에서 자라난 고대 민족이라는 것이다. 그러므로 고구리 민족의 기원이 그 가운데 어떤 민족에 있건, 어떤 민족발전과 변천에서 왔건 모두 고구리 민족은 치나(Cina) 고대 소수민족 가운데 하나라는 것은 의심할 나위 없이 확실하다는 것을 증명한다.

(2) 문화유형으로 봐도 고구리 민족은 치나(Cina)에 속한다고 증명할 수 있다. 치나(Cina) 동북지구의 신석기시대 문화, 곧 홍산문화·소하연(小河沿)문화·부하(富河)문하·신락(新樂)문화·소주산(小珠山)문화는 물론이고 서단산(西團山)문화, 백금보(白金堡)문화를 비롯하여 요동반도 청동단검문화 같은 것들은 모두 조선반도보다 시기가 빠르므로 반도의 문화가 치나(Cina)에서 비롯되었다는 것을 설명한다는 것은 국내외 학자 모두 의심할 여지가 없다.

(3) 고구리족은 정권을 세우기 이전 그들이 살던 지역이 바로 주·진(周秦) 때 우리나라 동북의 범위 안에 있었고 당시 정권이 관할하고 있었다. ……기원전 108년 이후……고구리현은 바로 현도군과 요동군에 늘 예속되어 있었으며, 끊임없이 표를 올려 신하라 일컫고 조공하였으며, 아울러 현도·요동 두 군으로부터 한왕조 황제가 내리는 옷과 건(衣幘), 그리고 관복

같은 물건들을 받아 갔다.

(4) 668년 고구리가 멸망한 뒤 당 조정이 받은 백성 69만 호가 당시 고구리 사람의 총인구수라
고 할 수 있는데 그 가운데 수많은 고구리 사람이 아닌 사람들이 들어 있어 고구리족 호수는
15만 호 안팎이 될 것이다. …… 우리나라 학자의 최근 연구성과를 보면 고구리가 망한 뒤
고구리족은 70만쯤 된다. 치나(Cina) 각지로 30만 명쯤이 옮겨지고, 신라로 넘어간 사람이
10만 정도, 말갈(발해)로 넘어간 사람이 10만 명이 넘고, 돌궐로 간 사람이 만 명쯤 되어 넷을
더하면 모두 50만 명쯤이 된다. 거기에 요동 여러 곳에 남아 사는 '유인(遺人)'과 전쟁 도중
죽은 인구를 합하면 고구리족 당시의 인구와 거의 일치한다.
그 가운데 신라로 들어간 사람과 반도에 남아서 사는 소수의 고구리 사람만이 반도 민족에
융합되었고, 대다수 전부는 한족으로 흘러 들어갔다. 이 점에서 볼 때 고구리 민족은 우리나
라 동북 역사의 소수민족이고, 이는 역사적 사실에도 들어맞는다.[46]

2) 조선족(현재 남북한에 사는)과 고구리족의 관계 문제

현재 남북한의 민족은 백제와 신라의 후손이고 고구리와는 관계가 없다는 주장이다. (고)조선도
부인하므로 해서 남북한의 역사를 남북국시대 남국 신라부터 시작하는 것으로 개념화하는 작업이
이미 시작되었다.

현대 조선반도(한반도)에 사는 조선족과 고구리는 같은 하나의 민족이 아니고, 현재의 조선(한국)
사람은 고구리족의 발전과 변천 과정에서 나온 것이 아니다. 다만 둘 사이에 얼마간 관련이 있었던
것은 역사적 사실이다. 모두 알고 있듯이 고구리 민족과 정권이 존재했을 당시 조선반도는 아직 통
일되지 않고 고구리의 남부에 아직 백제와 신라가 존재하고 있었다. 반도에는 통일이 없었고 당연

---

46) 劉厚生·孫啓林·王景澤 主編, 「前言」『黑土地的古代文明―全國首届東北民族與疆域問題學術討會論文集』遠
方出版社, 2000, 1~3쪽.

히 통일된 조선족이 없었다.[47]

토론회는 현대 조선반도의 조선족은 고구리와 같은 민족이 아닐 뿐 아니라 (고)조선족과도 같은 민족이 아니다. 기씨(고)조선과 위씨(고)조선과도 하나의 민족이 아니고 서로의 사이도 계승 관계가 존재하지 않는다고 보았다.[48]

3) 중화인민공화국(에 사는) 조선족과 고대 고구리족은 혈연과 계승 관계가 없다.

이른바 '중국조선족'의 문제는 당시 꽤 큰 문제로 대두된 것으로 보인다. 조선족들이 뿌리 찾기 운동에 나서고, 선조를 기린다며 고구리 유적에서 제사를 지내고, 심지어는 지금은 한족이지만 옛날 고구리 후손이라고 주장하는 사람들 가운데 국적을 한국으로 바꾸려고 하는 사람까지 나오자, 중화인민공화국으로서는 이 문제를 분명하게 하여 쐐기를 박아야 할 필요를 느꼈을 것이다. 여기서는 이런 '중국조선족'이 고구리와는 상관이 없다는 것을 분명히 하고, 아울러 그러한 새로운 분위기를 경고하는 내용을 발표한다.

우리나라는 하나의 통일된 다민족국가로 56개 민족이 있다. 그 가운데는 한족(漢族)이나 만족(滿族)처럼 유사 이래 우리나라에 대를 이어 살던 민족이 있고, 타이족(傣族)·카자흐족(哈薩克族)처럼 과국민족(跨國民族)[49]이 있으며, 회족·조선족처럼 다른 나라에서 온(外來) 이민민족(移民民族)이 있다.

토론회에서는 중국조선족은 중화인민공화국 땅에서 태어나 그 땅에서 자란 민족이 아니고, 조선반도에서 치나(Cīna)로 옮겨 온 민족이고, 우리나라 이민 민족 가운데 치나로 옮겨온 역사가 가장 짧은 민족 가운데 하나다. 조선족은 중화민족이라는 대가정의 일원으로 조선반도에서 치나로 옮겨온

---

47) 한나라가 멸망한 뒤 십육국시대와 남북조시대를 지나면서 한족은 반쪽이 되었고, 그 뒤 요·금은 전혀 한족을 이어받지 않았고, 더구나 원·청시대는 원나라 사람(元人)이고 청나라 사람(淸人)이었으며, 중화민국이나 중화인민공화국은 '청나라를 멸하고 명나라를 다시 찾자(滅淸復明)'였지 청나라를 이어받지 못했다. 그들 스스로 말하듯이 북위·요·금·원·청의 1000년 역사는 한족의 역사도 아니었고 한인의 역사도 아니었다.

48) 劉厚生·孫啓林·王景澤 主編, 「前言」『黑土地的古代文明—全國首屆東北民族與疆域問題學術研討會論文集』遠方出版社, 2000, 5쪽.

역사는 19세기 중·후기에 시작되었다. ……청조에서 민국시기 조선반도에서 치나 동북과 관내로 이민 온 조선인들은 모두 치나 정부의 기록된 인가를 받지 못했고, 국인(國人)으로 대접받지 못했고, '조선 사람', '고리(高麗) 사람', '한국 사람'이라고 불렸다. 동북 해방 전야인 1946년 정식으로 중국 공산당의 인가를 받아 만주 지역에 살고 있던 조선인을 조선족이라 부르고 중화민족 큰 가족의 일원 으로 보았다.[49] ……

토론회는 현재 동북에 사는 조선 사람과 고대 동북의 고구리 사람은 혈연이나 계승 관계가 없는 두 개의 민족이라고 보았다. 다만 주의해야 할 것은 최근 한때, 특히 90년대 이래 어떤 사람들이 '뿌리를 찾기 위해 조상을 묻는다(尋根問祖)'·'민족의 뿌리를 찾는다(回復族源)'라고 하고, 어떤 사람은 '민족 정책 실행을 요구'한다는 구실로 200~300년 전에 이미 조선반도에서 치나(Cīna)대륙으로 이민 와서 한족으로 융합된 사람이 '다시(重新)', '조선족'을 회복하였다. 더 심한 것은 뜻밖에 본디 고구리의 후손이 '조선족'으로 바꾸려 한다거나, 현재 동북에 사는 조선족을 조직하여 고구리 유적에 가서 '선조에 제사(祭祖)'를 지내는 활동을 하며 숨은 목적을 이루려고 하고 있다. 우리는 결코 가볍게 보아서는 안 된다. 이런 것은 민족학적으로 볼 때 과학적이지 못하고, 민족 정책에서도 타당하지 않고, 정치적으로 유해하기 때문이다.[50]

첫째 '중국조선족'은 고구리와 혈연이나 계승 관계가 없고, 둘째, 중국공산당 집권 이후는 '중국조선족'도 '중화민족' 가정의 일원이라는 것을 강조하고 있다. 이와 같은 공식적인 결정은 당시까지도 고구리 문제 연구에서 주도적이었던 연변대학의 연구 방향과 기본노선에 큰 변화를 가져올 수밖에 없는 큰 압력으로 작용했을 것이라고 본다.

---

[49] 국경을 초월한 민족인지, 국경을 넘어온 민족인지 개념을 뚜렷하게 이해하지 못하겠다. 『백도백과』에서는 "과국민족은 국경을 넘어 사는 동일 민족(跨國民族是指跨國而居的同一民族)"이라 했고 영어로 다국적 민족(Multinational Nationality)이라고 했다.

[50] 劉厚生·李德山·李彦平·孫力楠,「尊重歷史 正視現實—中國東北地方史學術討論會紀要」,『黑土地的古代文明—全國首屆東北民族與疆域問題學術研討會論文集』, 遠方出版社, 2000, 9~10쪽.

4) 중화인민공화국 국경의 구획과 장백산의 귀속 문제

먼저 중·조 국경은 압록강과 두만강이라는 것을 분명히 한다. 이른바 간도문제에 대한 기본 입장을 밝힌 것이다.

> 토론회는 '현재의 중·조는 압록강과 두만강을 두 나라 국경으로 하고 있고 이것은 역사적으로 차츰차츰 형성된 것이다.'라고 보았다.……1909년 9월 4일 치나(Cīna)와 조선은 정식으로 국경을 정하는 '도문강 중·한 국경업무 조약(圖們江中韓界務條款)'에서 '도문강을 중·한 두 나라의 국경으로 하고 그 강의 근원지역에 있는 정계비에서 석을수까지를 경계로 한다.'라고 했다. 중화인민공화국이 성립된 뒤, 중·조 두 나라 정부는 회담을 통해 압록강과 두만강을 중·조 두 나라의 국경으로 하였다.

이어서 이어지는 백두산 문제는 우리가 간단히 지나칠 수 없는 아주 중대한 사항을 언급하고 있다.

> 토론회는 이렇게 확인하였다.
> <u>장백산은 주·진(周秦) 이래 치나(Cīna)의 영토다.</u> 장백산은 우리나라 동북의 제일 명산으로 전국시대 이전에는 장백산을 '불함산', 한·위(漢魏) 시대는 '개마대산', 수·당시기는 '태백산'이라 불렸고, 요·금시기에 '장백산'이라고 불러 장백산이라는 이름은 이미 970년이 넘는 역사를 가졌다. 장백산이란 이름의 변화와 내력은 중화민족의 선조가 장백산을 어떻게 인식하였는가 하는 것을 반영하고, 우리 통일된 다민족국가의 장백산에 대한 영속(領屬) 관계를 나타낸다.
> 1909년 중·조 국경을 정식으로 결정할 때 비록 치나(Cīna) 측의 목극등이 변경을 조사해서 세운 비를 기준을 해서 많은 양보를 했으므로 조선의 변경이 북쪽으로 많이 옮겨졌지만, <u>장백산 주봉과 그 천지는 치나(Cīna) 소유에 속하였다.</u>

1909년 조약에서 백두산정계비를 기준으로 조선에 많은 양보를 했다는 점을 강조하고, 하지만 정계비가 백두산 남쪽에 있었으므로 백두산 주봉과 천지가 모두 청나라 영토에 들어갔다는 점을 밝힌다.

이어서 1962년 조중변계조약(朝中邊界條約)에서 '조선의 청구에 따라', '정치적 필요에 따라' 백두산 남쪽을 조선에 편입시켰다고 주장한다. 그리고 이어지는 건의 사항은 대한민국과 중화인민공화국 국경 문제에 큰 분쟁의 씨앗을 만드는 실마리를 내놓았다.

> 토론회에서는 다음과 같이 확인하였다.
>
> 장백산의 귀속 문제는 1960년대 이후에야 등장하였는데, 당시 정치형세의 필요에 따라 우리나라 정부가 조선민주주의인민공화국의 청구를 받아들여 장백산 남쪽 기슭의 천지와 그 주위 부분의 영토를 조선 판도에 편입시켰다. 이 일은 우리나라에서 아직 국제적으로 일반적인 법률 절차에 따른 비준 절차를 거치지 않았으므로 장백산 귀속 문제는 국가의 유관 부분에서 다시 심의할 것을 건의한다.[51]

1962년 조중변계조약(朝中邊界條約)을 아직 비준하지 않았기 때문에 장백산을 다시 중화인민공화국으로 뺏어오도록 다시 심의해 달라는 건의다. 중화인민공화국에서 이처럼 국가가 다른 나라와 맺은 국경조약을 일반 학자들이 문제를 제기한다는 것은 상상할 수 없는 일이다. 이것은 중국공산당과 중화인민공화국 정부가 앞으로 일어날 일을 미리 학자들의 입을 빌려 이슈로 만들었다고 보지 않을 수 없다.

1962년 국경조약이 국제법에 유효한 법적 비준이 없었다는 것도 충격적이지만, 그것을 이용하여 백두산 남쪽을 다시 차지하려는 의도를 드러냈다는 사실은 간단하게 볼 문제가 아니다. 백두산 남쪽 문제뿐 아니라 압록강과 두만강에 있는 450개 넘는 섬의 소유권에 관한 문제[52]도 들고나올 가능성이 크기 때문이다.

---

51) 劉厚生·李德山·李彦平·孫力楠,「尊重歷史 正視現實—中國東北地方史學術討論會紀要」『黑土地的古代文明—全國首屆東北民族與疆域問題學術硏討會論文集』遠方出版社, 2000, 12쪽. 會議認爲, 長白山的歸屬問題是本世紀六十年代以後才出現的, 由於當時政治形勢的需要, 我國政府應朝鮮人民民主共和國之請求, 將長白山南麓天地及其周圍的部分領土劃入朝鮮版圖. 由於此事在我國幷未經過國際上通常的法律程序批准手續, 故長白山的歸屬問題建議由國家有關部門重新審議.

5) 앞으로 어떻게 고구리 연구를 강화할 것인가?

끝으로, 앞으로 고구리 연구를 어떻게 강화할 것인가를 논의하여 다음과 같이 3가지를 결정한다. [52]

① 고구리 역사연구의 심화

고구리 연구를 깊게 하는 것은 먼저 유한한 연구 인원을 조직하고 각 연구기관과 협조하여 필요한 주제를 정하여 중복되지 않게 하는 등 효율적 관리를 주장한다. 그리고 연구목적이 조선반도 학자들의 도전에 대응하는 것이라는 것을 밝혀 학자들의 분발을 촉구한다. [53]

그 내용 가운데 1964년의 조선민주주의인민공화국과의 연구를 다시 꺼낸 것은 이례적이다. 1964년 두 나라 학자들이 고대 조선시대와 고구리 유적을 발굴조사 하였다. 발굴하되 발표는 하지 않기로 했는데, 조선민주주의인민공화국 측에서 일방적으로 발표한 뒤 그 연구를 바탕으로 1979년 『조선전사』를 썼기 때문에 그 뒤 두 나라 학자 간의 교류는 중단되었다. 이처럼 오래된 보고서의 발표를 새삼스럽게 요구한 것은 중화인민공화국 측에서는 아직도 그 보고서 연구가 안 되어 있으므로 공개를 통해 전면적인 연구를 하자는 제안이다. 『조선전사』가 일찍이 (고)조선·고구리·발해에 대해 체계적으로 통사를 꾸몄고, 그것을 한어(漢語)로 번역하여 출판되었기 때문에 근본적인 반론이 필요하다는 논의가 있었다고 본다.

② 고구리 문제의 선선에 대한 본보기(規範)

중화인민공화국의 학술대회는 실사구시를 내세워, 연구된 결과를 어떻게 선전하느냐를 아주 중요하게 생각한다. 여기서 선전이란 학술적인 것을 일반인이나 관료들에게 어떻게 교육하여 알리느냐 하는 것이다. 이 토론회에서 결정한 선전의 본보기는 두 가지다.

---

52) 백두산 문제와 1962년 조중변계조약(朝中邊界條約)에 관한 것은 서길수 저, 『백두산 국경연구』(여유당, 2009)를 볼 것.

53) 劉厚生·李德山·李彦平·孫力楠, 「尊重歷史 正視現實―中國東北地方史學術討論會紀要」, 『黑土地的古代文明―全國首屆東北民族與疆域問題學術研討會論文集』, 遠方出版社, 2000.

학술연구와 대회 선전은 구별할 필요가 있으므로 '연구에는 금지구역이 없고, 선전에는 기율이 있어야 한다(研究無禁區 宣傳有紀律)'라는 원칙을 굳게 지녀야 한다.『고구리사 100가지(高句麗史百題)』『발해사 100가지(渤海史百題)』라는 두 권의 읽을거리 책을 조직하여 출판하여 일반 독자와 간부들의 고구리사와 발해사에 대한 이해를 강화할 것을 건의한다.

첫째 선전의 원칙으로 '연구에는 금지구역이 없고, 선전에는 기율이 있어야 한다(研究無禁區 宣傳有紀律)'라는 것이다. 이는 학술적으로는 모든 것을 발표하되 그것을 일반인이나 공산당 간부에게 알릴 때는 '기율'이 있어야 한다는 것이다. 여기서 기율은 바로 중국공산당의 정치적 노선과 맞아야 한다는 것이다. 이 점이 다른 나라 학술과 크게 다른 점이다. 이 점에서 한국의 학자나 정부 관리들은 '학술적'이란 중화인민공화국의 의미를 잘 이해하지 못하는 경우가 많다.

③ 사상을 해방하고 관리를 강화한다.

토론회에 참가하는 학자들이 국가에 요구하는 형태를 취하고 있다. '학술과 정치는 분리해야 한다'라고 강조한다. 그런데, 이어서 선전 조건에 맞는 것과 회의에서 정한 연구과제만 중앙에서 공개 발표를 허가해야 한다고 요구하고 있는 것은 앞뒤가 맞지 않는다.

> 사상을 해방한다는 것은 연구자는 물론 관리자에게도 해당한다. 학술과 정치는 같이 볼 수 없고, 연구는 정책 결정과 같을 수 없다. 다만 두 가지는 또 서로 재촉하여 앞으로 나아가게 한다(促進).[54]

이 부분은 국가에 요청하는 형식으로 되어 있지만, 사실은 국가에서 어느 선까지는 허락하고 관리는 이렇게 하겠다는 지시가 들어가 있다. 공개발표를 할 수 있는 것과 할 수 없는 것을 공산당의 선전 정책에 따라 결정하는 것인데 여기서는 마치 그것을 학자들이 정해서 국가에 요청하고, 국가는 허가하는 것처럼 이야기하고 있다. 그리고 공산당 노선에 맞지 않고 회의에서 뽑지 않는 주제는

---

54) 劉厚生·李德山·李彦平·孫力楠,「尊重歷史 正視現實—中國東北地方史學術討論會紀要」,『黑土地的古代文明—全國首屆東北民族與疆域問題學術研討會論文集』, 遠方出版社, 2000, 13쪽.

공개발표를 못 하고 내부발표만 허가한다는 분명한 공산당 정부의 노선과 지침이 이미 정해져 있다는 것을 알 수 있다.

IV. 1999년 국책 역사침탈의 공식 출범과
'소수민족지방정권론'의 완성

1999년 7월 24일 중화인민공화국 장춘에서는 두 개의 아주 중요한 행사가 동시에 열린다.

① 1999년 7월 24일 : 중국사회과학원 중국변강사지연구중심과 동북사범대학이 연합하여 동북 변강지구 역사와 사회 연구 동북공작참(東北工作站) 설립 (참장 : 厲聲)[55]

② 1999년 7월 24~27일 : 1차 전국 동북 민족과 강역 학술 연구토론회[56]

이 두 행사는 그동안 중국변강사지연구중심이 '동북사범대학 동북 민족·강역 연구중심'을 앞세워 만주에서 진행했던 역사침탈 공작을 중국변강사지연구중심이 전면에 나서서 직접 지휘하기 시작하였다는 것을 뜻한다.

---

55) 『百度百科』「中國邊疆地區歷史與社會研究東北工作站」.

56) 劉厚生·孫啓林·王景澤 主編, 「前言」『黑土地的古代文明-全國首屆東北民族與疆域問題學術研討會論文集』 遠方出版社, 2000, 1쪽.

1. 동북공정 전진기지 '동북 변강지구 역사·사회 연구 동북공작참(東北工作站)' 설립

1) '동북사범대학 동북 민족·강역 연구중심'의 실체

앞에서 '동북사범대학 동북 민족·강역 연구중심'을 자세하게 보았기 때문에 우선 그 연구중심이 한 지방 대학이 설립한 것이 아니라 중앙의 중국변강사지연구중심이 설립했다는 사실을 밝히려고 한다. 두 기관이 함께 고구리를 비롯한 국경 문제를 위해 공작했다는 것은 1998년 처음 나온 학술지에 뚜렷하게 나온다. 연구중심에서는 『동북 민족·강역 연구동태(東北民族與疆域研究動態)』라는 학술지를 냈지만, 이 학술지에 대한 것이나 이 학술지에 나온 논문은 CNKI에 나오지 않고 『백도 백과』에도 나오지 않는다. 다행히 헌책을 파는 kongfuz.com에 창간호가 나와 있어 기초적인 정보를 알 수 있었다.

우선 사진에 나온 표지를 보면 학술지 이름과 주관(主辦)하는 기관이 나오는데 '중국사회과학원 중국변강사지연구중심'과 '동북사범대학 동북민족·강역연구중심'이 공동으로 발행한다는 것을 알 수 있다.

『東北民族與疆域研究動態』1998 (創刊號) (1) : 東北師範大學 東北民族與疆域研究中心·中國 社會科學院 中國邊疆史地研究中心 主辦

발간사를 보면 '동북사범대학 동북 민족·강역 연구중심'과 이 학술지의 기본 성격이 뚜렷하게 드러난다.

> 『동북 민족과 강역 연구 동태』는 동북사범대학 동북민족·강역연구중심과 중국사회과학원 중국 변강사지연구중심이 주관한 부정기 과학연구 정보 내부참고(內參)[57]다.
> 이 학술지의 주된 요지는 마르크스주의·모택동 사상·등소평 이론의 지도를 견지하고, 국제와 국 내 '민족과 강역'에 관한 학문 분야 연구의 실제와 밀접한 관계를 가지고 국내 전문학자를 위해서 교

---

57) '내부참고(內部參考)'[내부 참고지 [고급 간부에게만 참고로 제공되는 비공개 정보지]).

류의 무대를 제공한다.

　이 학술지의 또 다른 주된 요지는 (중국공산)당과 정부의 과학적인 정책 결정을 위해 유익한 자문

과 대책을 제공하고, 민족단결의 증진, 국가이익의 유지 보호, 경제발전과 '두 개 문명(兩個文明)'[58]

의 건설에 도움이 되도록 한다.[59]

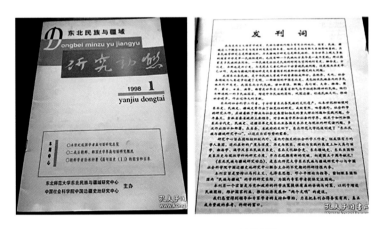

『東北民族與疆域研究動態』1998 (創刊號)

　이 잡지는 내부 문건이기 때문에 공개되지 않았고, 여기에 실린 논문들도 찾기 어렵다. 기관의 간

부들이 정책을 수립하기 위해 비밀리에 돌려보는 특별한 잡지다. 이 잡지의 편집진에도 맨머리에 마

대정이 고문으로 있는 것도[60] 중국변강사지연구중심이 모든 것을 지시하고 있다는 증거가 된다.

　그리고 1999년 호에는 「연구를 깊이 있게 하고(深入研究)·선전을 규범에 맞게 하고(規範宣傳)·관

리를 강화하자(加強管理) — 고구리 문제 연구와 선전 공작에 대한 건의(關于高句麗問題研究和宣傳

工作的建議)」[61]라는 고구리 문제 연구와 선전공작을 위한 구체적인 방안이 건의되었다. 중국사회과

학원이 이런 건의를 발표한 것은 고구리 연구가 단순한 학술연구가 아니라 국가의 선전공작과 연

---

58)　사회주의 정신문명과 물질문명을 말한다. 중화인민공화국 개국공신 엽검영(葉劍英)이 "물질문명과 정신문명"을 주창
　　했고, 등소평에 이르러 "물질문명과 정신문명, 두 손으로 잡으려면 두 손이 모두 튼튼해야 한다."라고 해서 두 가지를 함
　　께 해서 두 가지 모두 성공해야 한다고 했다.

59)　東北師範大學 東北民族與疆域研究中心·中國社會科學院 中國邊疆史地研究中心 主辦, 『東北民族與疆域研究動
　　態』1998 (創刊號) (1), 「發刊詞」

60)　고문 : 馬大正, 田子馥, 주편 : 劉厚生, 孫啓林, 편집위원 : 李德山, 孫力楠, 1998년 11월 5일 출판.

61)　「深入研究·規範宣傳·加強管理—關于高句麗問題研究和宣傳工作的建議」, 『東北民族與疆域研究動態』, 1999-1.

결된 중대한 프로젝트라는 것을 말해 준다. 이런 사실은 학술지의 요지가 "마르크스주의·모택동 사상·등소평 이론의 지도를 견지하고, 국제와 국내 '민족과 강역'에 관한 학문 분야 연구의 실제와 밀접한 관계를 가지고 있다"라고 한 것과 그 목적이 "(중국공산)당과 정부의 과학적인 정책 결정을 위해 유익한 자문과 대책을 제공하고, 민족단결의 증진, 국가이익의 유지 보호, 경제발전과 '두 개 문명(兩個文明)[62]의 건설에 도움이 되도록 한다."고 한 데서 뚜렷하게 드러난다.

위에서 보는 바와 같이 중국변강사연구중심이 1997년 '동북사범대학 동북 민족·강역 연구중심'을 만들어 만주에서 기초공작을 시작했다면, 1999년 7월 24일 세운 '동북 변강지구 역사와 사회 연구 동북공작참(東北工作站)'의 탄생은 중앙정부 차원에서 중국변강사지연구중심이 전면에 나타나 공식적으로 역사침탈 공작에 나섰다는 것을 뜻한다.

2) 중국변강지구 역사와 사회 연구 동북공작참(中國邊疆地區歷史與社會研究東北工作站)

1999년 7월 24일 중국변강사지연구중심 동북공작참으로 태어난 공작기지(工作站)의 활동은 지난 2년과 마찬가지로 중국변강사지연구중심이 주관하고, 일상 업무는 동북사범대학 사회과학처가 맡아서 관리하였다. 임원진은 다음과 같다.

참장(站長)： 려성(1949~, 厲聲, 중국사회과학원 변강사지연구중심 연구원)
부참장：　劉厚生(1941~, 상무, 동북사범대학 교수)·孫啓林(1946~, 동북사범대학 교수)
비서장：　王景澤(1963~, 동북사범대학 교수)
부비서장：　李德山(1962~, 동북사범대학 교수)·劉爲(중국사회과학원 부연구원)

앞에서 '동북사범대학 동북 민족·강역 연구중심'에서는 유후생이 주임을 맡았지만 이름을 바꾼 새 조직은 중국변강사지연구중심의 려성이 맡고 부비서장에도 중국사회과학원의 유위를 앉혀 중앙정부기관이 명실상부한 핵심 지도부가 된다.

---

62) 사회주의 정신문명과 물질문명을 말한다. 중화인민공화국 개국공신 엽검영(葉劍英)이 "물질문명과 정신문명"을 주창했고, 등소평에 이르러 "물질문명과 정신문명, 두 손으로 잡으려면 두 손이 모두 튼튼해야 한다."라고 해서 두 가지를 함께 해서 두 가지 모두 성공해야 한다고 했다.

새로운 동북공작참은 중국사회과학원 중국변강사지연구중심이 역사침탈을 구체화하기 위해 만주지역에 지부를 설치하여 모든 연구기관을 동원하는 기지 역할을 맡게 되었다.

동북공작참은 중국사회과학원 계통과 고등교육기관원(學院)·학교(學校) 과학연구 기관과 협력하고 외국의 성공 경험을 거울삼아 연합하여 함께 세운 일종의 현재 우리나라 시대발전의 요구에 알맞은 새로운 형태의 과학연구 기구 모델이다. 공작참은 고정된 편제가 아니고 전임 인원이 없고, 경비는 스스로 마련한다. 공작참을 이끄는 구성원은 모두 겸직 인원이다.

동북공작참의 주요 임무는 다음과 같다.

① 만주지역의 학술역량 조직
② 만주지역의 역사와 현상 연구
③ 행정 부분에서 자문 업무 제공
④ 정보·자료 부문에서 학술연구자를 위해 복무
⑤ 아울러 동북공작참 구성원도 끊임없이 연구 수준을 높여야 한다.

동북사범대학 측에서 동북공작참 상임임원의 주요 연구 방향

劉厚生 : 만주학(滿學).

孫啟林 : 중조(中朝)·중한(中韓) 관계.

王景澤 : 청대(淸代) 동북사·변강이론.

李德山 : 동북고대민족사·중조관계사.

그와 같은 임무를 완성하기 위해 만든 잡지가 『동북 민족·강역 연구 통태』인데 내부용이라 일반에 공개되지 않아 내용을 자세하게 파악할 수는 없다. 동북공작참과 동북사범대학 동북 민족·강역 연구중심이 연합하여 주관하는 『동북 민족·강역 연구 동태』 잡지(창간호 1998년, 부정기, 내부발행)에 관련 소식을 발표하고, 학술연구상황을 소개하고, 관련 연구논문·조사보고·과제논증·번역작품을 소개한다.

다만 이 동북공작참이 역사침탈의 마지막 프로젝트인 「동북공정」을 진행하는 전진기지였다는 것은 분명하다.

동북공작참의 주요 임무는 정보 데이터베이스와 자료 데이터베이스 구축을 다그치고, 아울러 중국사회과학원이 진행하는 「동북공정」을 공동으로 협력하여 맡은 연구과제를 질과 양에서 완성된 결과를 쟁취하는 것이다.[63]

이러한 중국변강사지연구중심의 동북공작참은 만주 지역에만 설치한 것이 아니라 역사침탈이 필요한 다른 지역에도 설치되었다.

1996년 : 중국 변강 역사·사회 연구 운남공작참(雲南工作站)

1999년 : 중국 변강 역사·사회 연구 동북공작참(東北工作站)

2002년 : 중국 변강 역사·사회 연구 신강공작참(新疆工作站)[64]

2005년 : 중국 변강 역사·사회 연구 광서공작참(廣西工作站)[65]

'통일다민족국가'와 '중화민족' 강역이론을 실현하기 위한 전진기지인 것이다. 중국변강사지연구중심이 앞장서서 추진하고 있는 '학술연구'란 이처럼 철저하게 중국공산당의 국경과 영토에 관한 공작을 뒷받침하기 위한 활동이었으므로, 모든 지시와 행동이 100% 중국공산당의 조직에 의해 움직이고 있었다.

---

63) 이상 인용문들은 모두 『百度百科』 「中國邊疆地區歷史與社會研究東北工作站」 참조.

64) 이상 공작참은 중국변강사지연구중심 공식 사이트 / 中心簡介 / 2004-2-25 (현재 폐쇄)

65) 『百度百科』 「中國邊疆地區歷史與社會研究廣西工作站」

2. 1999년, 1차 전국 동북 민족과 강역 학술 연구토론회

(全國首屆東北民族與疆域問題學術討論會)

때:　　1999년 7월 24~27일

곳:　　길림성 장춘시·길림시

주최 : 중국사회과학원 변강사지연구중심, 동북사범대학 동북 민족·강역 연구중심, 중국인민대학 청사연구소, 길림성 민족연구소, 통화사범학원 고구리연구소, 길림사범학원 고적연구소, 연변대학 동북아연구원, 심양동아연구중심

주관 : 동북사범대학 동북 민족·강역 연구중심(東北師範大學東北民族與疆域研究中心)

대회발표 논문집

이 회의에는 북경과 만주에서 70명이 넘게 참석하여 만주 민족과 강역 문제에 대해 집중적으로 토론하였다. 이 토론회에서 발표된 논문은 다음 해 『흑토지의 고대 문명(黑土地的古代文明—全國首屆東北民族與疆域問題學術研討會論文集)』이란 책으로 발간되었다. 흑토지(黑土地)는 만주 지역의 기름진 땅을 뜻한다. 땅이 기름지고 식물성장에 잘 맞는 토양으로 세계에서 가장 비옥한 땅으로 우크라이나 평원, 미국의 미시시피평원, 만주의 동북평원이 유명하다. 그러므로 여기서 흑토지란 만주 지역을 일컫는다. 일반적으로 '동북지구'라는 표현을 쓰는데 '흑토지'라는 표현은 이례적인 것이다.

이 논문집에는 종합논의편(綜論編)에 8편, 민족편에 26편, 강역편에 9편, 정보(信息)편에 4편의 글이 실려있다. 그 가운데 종합논의편에서 귀속 문제가 중점적으로 다루어지고, 민족편과 강역편에서 각론이 발표된다. 정보편은 귀속 문제에 대한 종합, 한국과 조선 학자들의 연구 동태, 참고서적 목록 따위가 발표되었다. 이 논문집에서 가장 중요한 부분은 종합논의편으로 「시베리아학 연구의 국제적 의의」라는 러시아 관련 논문을 빼놓고는 모두 고구리를 비롯한 고대 조선, 부여, 발해의 귀속 문제와 관련된 논문이다. 그 내용을 종합해 보면 이 학술대회가 만주 지역의 고구리사를 비롯한 역사연구가 학술적인 연구에서 정치적 목적으로 넘어가는 중요한 고비가 되었다는 것을 알 수 있다.

이하 중요한 논문을 간단히 간추리며 그 논지를 파악하려고 한다.

1) 중국공산당(정부) 사회과학원이 평가한 만주 학자들의 고구리 연구사

이 대회에서 가장 먼저 발표한 논문은 중국사회과학원 마대정(馬大正)의 「100년 넘은 중화인민공화국 학자의 고구리 역사연구 역정」이라는 논문이다.[66] 이 책 첫머리에 중앙의 중국변강사지연구소 마대정(馬大正)이 첫 줄에 '고구리는 우리나라 동북지구 오래된 소수민족이다(高句驪是我國東北地區一個古老的少數民族)'라고 못 박았다. 이 논문은 제목부터 고구리를 '高句驪'라고 가라말 려(馬+麗=驪)를 썼으며 모든 논문에 高句驪라고 써서 처음부터 비학술적인 의도를 드러냈다. 그리고 '소수민족'이라고 못 박음으로 해서 '소수민족 지방정권'이 중국공산당(정부) 차원에서 공식적으로 인정을 받는다.

이 논문은 1996년 국책으로 고구리 연구에 대한 책임을 맡은 뒤 3년간 고구리 연구 전체를 검토하여 시대구분을 한 내용이다.

(1) 연구 시초기 : 1880년대~1949년

이 시기는 광개토태왕비에 관한 연구가 주를 이루었고, 김육불의 『동북통사』가 동북사에서 고구리 민족과 정권의 지위와 작용을 규명하여 후배 학자들이 깊이 연구할 수 있는 기초를 만들었다고 평가하였다.

(2) 연구 푸대접기(冷落期) : 1949~1970년대

1949년 중화인민공화국이 선 뒤 마르크스주의가 주류가 되면서 전통적 연구주제인 변강의 역사와 영토 문제는 푸대접을 받았는데, 고구리 문제도 이에 속한다. 이 시기 고구리 연구는 '밝은 면(亮點)'과 '곤란한 점(難點)'이 있었는데, 밝은 면은 고구리 유적과 유물에 관한 보호 및 발굴과 연구

---

66) 馬大正, 「100餘年中國學者的高句麗歷史研究歷程」, 『中國邊疆史地研究』, 2000-1;『黑土地的古代文明 全國首屆東北民族與疆域問題學術討論會論文集』, 遠方出版社, 2000, 14~28쪽;『高句麗歸屬問題研究』, 吉林文史出版社, 2000, 1~16쪽.

에 성과가 있었다는 것이었다. 그리고 '곤란한 부분'을 언급하였는데 중요하기 때문에 그대로 옮겨본다.

　　고구리는 세계사의 내용으로 집필하면서 조선반도 고대 3국 가운데 하나가 되었는데 그 시기 세계 통사 책의 기본 형식(模式)이었다. 치나(Cīna) 통사와 단대사를 다루는 책 가운데 한국반(韓國磐)의 『수당오대사강(隋唐五代史綱)』처럼 고구리를 관련 봉건왕조의 대외관계 속에 넣어 서술한 것도 있고, 양지구(楊志玖)의 『수당오대사강요(隋唐五代史綱要)』, 오풍(吳楓)의 『수당오대사』, 장군(章群)의 『당사(唐史)』처럼 고구리와 돌궐·서역 여러 민족·토욕혼 같은 치나(Cīna) 소수민족을 같은 급으로 두고 있지만, 여전히 당나라의 대외관계라는 전제 아래 넣고 있다.

　　당시 권위 있는 곽말약(郭沫若)의 『중국사고(中國史稿)』에는 고구리와 수당왕조의 관계를 '조공관계'라고 위치를 정하고, 돌궐 같은 고대 민족과 함께 다루고 있다. 범문란(範文瀾)의 『중국통사』에는 고구리에 대한 논술이 간략할 뿐 아니라 고구리와 수당왕조가 전쟁할 때 수당왕조를 '침략'이라고 규정하였고, 또한 그 영향력이 아주 큰 전백찬(剪伯贊) 주편 『중외역사연표』에서는 고구리의 역사에 관한 기사를 모두 외국사 편년 속에 넣었다.

　　이 시기에 일어난 '밝은 면'과 '곤란한 점'은 그 원인이 다음 2가지에서 왔다고 본다.

　　첫째, 마르크스주의를 가지고 중화인민공화국 역사를 인식하고 치나 역사를 쓰는 것이 당시 사학계의 주요 임무였고, 고구리는 중화인민공화국 역사의 큰 사슬 가운데서 아주 작은 마디에 불과했으며, 더하여 당시 고구리 연구의 성과가 광개토태왕비를 기초적으로 정리한 것을 빼놓고는 내놓을 만한 성과가 많지 않았다.

　　둘째, 고구리 역사에 대한 위치를 정함에 있어 생긴 모호함과 혼란이었는데, 이것은 당시 중·조 우호라는 큰 정치적 배경과 민국 시기 역사연구성과를 간단히 배척해 버린 태도에서 찾을 수 있다.[67]

---

67) 馬大正, 「100餘年中國學者的高句麗歷史研究歷程」『黑土地的古代文明—全國首屆東北民族與疆域問題學術研討會論文集』遠方出版社, 2000, 19~20쪽.

이 시기 대부분의 통사가 고구리는 조선반도의 3국 가운데 하나이고, 수당 전쟁은 침략전쟁이었다는 사실을 정확하게 밝히고, 이것은 마르크스 사관을 전통 역사연구에 적용함으로 해서 생긴 것이고, 중국공산당이 국민당 시절의 연구성과를 배척해버렸기 때문이며, 아울러 자체 연구성과가 미미했다는 점도 지적하였다. 한편 이런 모호하고 혼란된 역사 서술은 조선민주주의인민공화국과의 우호적인 관계도 작용하였다고 분석하였다.

여기서는 이러한 역사적 사실이 '곤란(難)'한 점이라고 했지만, 이것을 어떻게 뒤엎을 것인가에 대한 연구 준비를 하는 단계라고 본다. 실제로 뒤에 마대정이 고구리사를 쓰면서 이 시기의 학자들을 모두 비판하게 된다. 여기서는 그 기초작업을 하고, 학자들에게도 그런 역사관이 잘못되었다는 점을 시사하는 선에서 마쳤다.

(3) 연구 발흥기 : 1980년대 이후

80년대와 90년대, 20년을 묶어서 다음과 같은 3가지로 정리하고 있다.

① 고고 발굴과 문화재 보호에 관한 연구성과 정리
② 고구리 역사연구에 관한 책 출판

고구리 역사만을 전문으로 다룬 책을 2~3권 보기로 들었으나 중국공산당(정부)의 사관에 맞는 전문 고구리 책이 없다는 것을 파악하였다. 그리고 마대정은 스스로 고구리 전문 서적을 써야 한다는 확고한 목적을 세웠다. 그리고 2년 뒤인 2001년 『중국 고대 고구리 역사 총론』을 펴낸다.

③ 고구리 연구 자료 모음집 출판

당시까지 가장 크게 집대성한 『고구리·발해 연구 집성(高句麗渤海研究集成)』(哈爾濱出版社, 1994) 6권에 대해 '3가지 흠결과 부족한 점이 있다'라고 비판적 견해를 낸다.

첫째, 각 분류 논문 앞에 제목을 붙이지 않았다.

둘째, 장박천(張博泉), 왕건군(王健群), 이건재(李健才), 이전복(李殿福), 방기동(方起東), 경철화(耿

鐵華) 같은 여러 연구 논문이 많이 빠져 있다는 점을 지적하였다.

셋째, 꼭 있어야 할 범례·제목·작자소개·색인을 독자들에게 제공하지 않았다.

이러한 비판은 첫째, 중앙에서 이미 만주 현지의 연구성과를 완전히 파악하고 있다는 사실을 밝히고, 현지 학자들의 연구 수준이 아직 중앙이 바라는 수준에 미치지 못했다는 것을 공개적으로 천명하여 현지 학자들을 다그치려는 목적이 있었다고 볼 수 있다.

2) 외국 학자의 만주 지역 침략 사상에 대한 종합적 대처

이 회의에서 길림성민족연구소 소장 장선여(張璿如)는 「외국 학자의 우리나라 동북 강역·민족에 대한 갖가지 잘못된 관점」이란 논문에서 외국 학자들의 연구를 비판적으로 다룬다.

> 우리가 잘 알고 있듯이 19세기 중엽 이래 우리나라 동북은 열강들이 눈독을 들이는 초점이 되었다. 그들은 일본의 '대륙정책', 러시아의 '황러시아계획(黃俄羅斯計劃)', 미국의 '문호개방·기회균등 주장'처럼 갖가지 침략계획을 세워 동북을 그들의 식민지로 만들려고 하였다. 그런 나라의 정객과 어용학자들은 일련의 반동 관점을 제출하여 역사적으로 만주가 중화인민공화국의 영토라는 것을 부정하고, 각국이 침략 정책을 내세워 그들의 침략을 합법화하려고 하였다. 1960년 이래 조선·한국의 학자들이 많은 글과 책을 발표하여 거리낌 없이 영토를 요구하고, 비학술적인 방향으로 가는 경향이 일어나고 있으며, 국제적으로 극악한 영향을 미치고 있다.[68]

새로운 통일다민족국가론을 펴기 위해서는 이미 논의한 논리에 대한 정리가 선행되어야 했고, 이 논문은 그런 필요에 따라 발표된 것이다. 「학술토론회 기요」를 보면 그 심각성을 알 수 있다.

---

68) 張璿如, 「國外學者有關我國東北疆域·民族的種種錯誤觀點」, 『黑土地的古代文明―全國首屆東北民族與疆域問題 學術研討會論文集』, 遠方出版社, 2000, 29~30쪽.

주요한 것을 보면, 미국학자 카를 비트포겔(Karl August Wittfogel)[69] 등이 퍼트린 '정복왕조론(征服王朝論)', 일본 학자 야노 진이치(矢野仁一)의 '중국무국경론(中國無國境論)'[70], 다무라 지츠조(田村實造)[71]·시마다 마사오(島田正郎)[72]의 이른바 '동북역사세계론(東北歷史世界論)', 전 소련 아카데미 극동분원 오클라드니콥(Okladnikov, 1908~1981)이 퍼트린 '문화독립성'이나 '문화주권론', 샤푸쿠노푸(1930~2001)의 발해에 대해 이른바 하나의 '독립주권국가론', 조선 사학계가 퍼트린 '주체사관론', 조선·한국사학계의 이른바 '남북국시대론' 따위가 있다.

이런 '연구'의 해독은 만주 고대 민족과 중화민족 역사의 혈육 관계를 이간시켜 '만주는 중화인민공화국에 속하지 않는다'라든가 '만주 독립'에 미치고, 혹자는 우리나라에 대하여 영토를 요구하는 근거를 만든다. 회의에 참가한 학자들은 근본부터 뜯어고치고, 퍼지는 해독을 일소하고, 역사의 본래면목으로 돌아가는 것이 우리나라 만주 민족사 연구자들에게 있어 물러설 수 없는 절박한 임무라는 데 의견이 일치하였다.[73]

---

69) 옮긴이 주 : 카를 비트포겔(Karl August Wittfogel, 1896~1988) 독일계 미국 학자. 워싱턴주립대 교수. 1949년 요·금·원·청을 정복왕조라고 주장하였다. 우리나라에서도 東亞研究所 編, 『異民族の支配統治史』 大日本雄弁會講談社, 昭和 19년, https://dl.ndl.go.jp/info:ndljp/pid/1042382)가 서병국 옮김, 『이민족의 중국통치사』(대륙연구소, 1991)로 나왔고, 최근 윤영인 외, 『10~18세기 북방 민족과 정복왕조 연구』(동북아역사재단, 2009)와 윤영인 외, 『외국 학계의 정복왕조 연구 시각과 최근 동향』(동북아역사재단, 2010)에서 이 문제를 다루고 있다.

70) 옮긴이 주 : 矢野仁一(1872~1970) 일본 동양사학자, 경도제국대학 명예교수. 치나(Cīna) 근현대사 연구의 선구자 가운데 한 사람으로 전쟁시기 '중국비중국론'을 주장하여 만주국 건국을 옹호하였다. 전후에는 저술 활동을 하지 않았지만, 말년에는 문화대혁명을 비판하였다. 李明, 「日本的'中國論'的檢証 — 1920~30年代的中國非國論」, 『社會科學研究』(9), 1988.

71) 옮긴이 주 : 다무라 지츠조(田村實造, 1904~1999) 동양사학자, 경도대학 명예교수. 『明代滿蒙史料について』 昭和 34年 京都大學刊 中國史 滿洲 滿州 モンゴル史料;『世界史からみた新東洋史』 文英堂, 1950;『中國征服王朝の研究』 第1·2·3卷, 東洋史研究會 : 同朋舍出版, 1964, 1974, 1985;『中國史上の民族移動期 五胡·北魏時代の政治と社會』 創文社, 1985;『アジア史を考える アジア史を構成する四つの歴史世界』 中央公論社, 1990. 『明代滿蒙史研究』 京都大學文學部, 1963.

72) 옮긴이 주 : 시마다 마사오(島田正郎), 『遼制之研究』 汲古書院, 1973;『遼朝史の研究』(東洋法史論集 2), 創文社, 1979.

73) 李德山, 「全國首届東北民族與疆域問題學術討論會紀要」 『黑龍江民族叢刊』 1999-4, 65쪽.

3) 연변대 강맹산 교수의 '한 역사 두 나라 함께 쓰기(一史兩用)'

(1) 연변대 역사 연구의 위기와 대책

앞에서 보았듯이 일찍이 조선사연구회를 비롯하여 고구리 문제에 대한 것은 연변대학 역사학자들이 주도권을 가지고 진행되었다. 곧 고구리사는 조선 고대사라는 것이었다. 1990년대 들어와 변화가 보이기 시작했고, 연변대학의 한족 교수인 유자민이 1996년 고구리 문제만을 다룬『고구리 역사연구』를 내면서 '한 역사 두 나라 함께 쓰기(一史兩用)'를 들고나오면서 변화를 예고했다.

1996년 사회과학원이 국책으로 고구리 연구를 진행하면서 가장 곤란한 입장에 선 것이 연변대학이다. 그 해 나온 유자민의 책에 서문을 써 주고 연변대학출판사에서 출판까지 해주었다. 이 과정에서 관련 학자들의 많은 논의가 있었을 것이라고 본다.

1997년 동북사범대학 동북민족강역연구중심(東北民族疆域研究中心)이 설립되었고, 1999년, 중국사회과학원 중국변강사지연구중심과 우리 학교 중심이 연합하여 중국변강지구 역사와 사회 연구 동북공작참(이하 東北工作站)을 정식 발족하여 동북지구의 역사와 현상 연구를 추진하고 정부 부문을 위해서 자문을 제공하는 일을 했고 정보·자료 방면에서도 널리 학술연구자들을 위하여 일했다. 이 연구중심의 20명 남짓한 과제연구 그룹의 학술위원에 연변대학의 박문일(朴文一) 연변대학교 교장과 유자민(劉子敏, 1938~2011) 교수가 참여하면서 연변대학은 고구리의 정체성에 대한 새로운 선택을 강요받게 된다.

1998년 1차 전국 고구리 학술토론회는 중화인민공화국에서 전국단위로 열린 첫 번째 학술토론회에 고구리는 한국·조선의 역사라고 주장했던 박문일, 강맹산, 김광수 같은 연변대학 학자들이 참석하지 않은 것은 해방 이후 (고)조선-부여-고구리-발해라는 등식으로 역사를 연구하고 가르치던 연변대학의 학술연구 기조를 유지하기 어려워 발표를 피했다고 보아야 한다.

1998년 '중국 동북 지방사 학술토론회'에서 (고)조선·고구리·백두산·조선족과 고구리의 관계 같은 문제에 대한 표준연구지침을 제시한 뒤 연변대학으로서는 앞으로 연구 방향에 대한 근본적인 검토가 필요했을 것이다. 이는 조선족 전체에 대한 문제이고 연변대학의 존재 자체에 대한 근본적 문제 제기이므로 연변대 관련 학자들은 그야말로 마지막 선택을 해야 하는 갈림길에 섰다고 할 수 있다. 그리고 다음 해 발표한 강맹산의 「고구리 귀속문제」가 연변대 관련 교수들이 고심해서 만들어 낸 답이었다고 본다.

(2) 연변대 강맹산 교수의 「고구리사 귀속 문제」

강 교수는 고구리사 귀속의 기준을 다음과 같이 제시한다.

① 두 나라의 평등과 상호 이익이라는 원칙에서 국제법이 정한 지금의 국경에 따라야 한다. 곧 지금의 국경선에 따라 그 안에 있는 예와 지금의 역사는 그 나라의 역사에 속하는 것이다.

② 고대 국가의 정치·경제·문화의 중심이 어느 지방에 있는가를 가지고, 다시 말해 오늘날 국경에 따라 귀속을 정해야 한다.

③ 민족의 혈연관계와 문화의 계승성, 즉 고대 민족과 현대 민족 사이에 혈연관계와 문화적 계승성의 유무.

④ 역대 중앙왕조와 변강이나 지방왕조의 관계, 즉 중앙왕조와 지방왕조는 종속관계가 존재했는가 아닌가의 여부.[74]

이와 같은 기준을 바탕으로 강 교수는 고구리사의 귀속 문제를 다음과 같이 풀어나간다.

① 현재 국경을 기준으로 고구리는 중·조 양국의 판도에 걸쳐있다. 고구리는 우리나라 만주에서 기원해 나라를 세운 뒤 우리나라 만주에서 발전하여 우리나라 동부지구에서 영토를 확대했다. 고구리가 확장하고 발전하면서 일찍이 고구리는 지금 조선의 북부 영토를 차지하고 4세기 중엽 이후 고구리는 계속 남쪽으로 내려가 조선반도 중북부 지역을 차지했다.

② 고구리 건국 이후 460 몇 년 동안 고구리의 정치·경제·문화의 중심은 우리나라 만주로, 고구리사 가운데 3분의 2를 차지한다. 427년 고구리가 평양으로 수도를 옮기면서 그 정치·경제·문화의 중심이 조선반도로 옮겨 가, 240 몇 년 동안 고구리 중심은 조선반도에 있었는데, 고구리사 전체의 3분의 1 기간이다.

③ 고구리가 멸망한 뒤 중원·신라·돌궐·말갈로 들어갔는데, 중원으로 들어간 사람은 한족, 신라로 들어간 사람은 조선족, 돌궐로 간 사람은 몽골족, 말갈로 들어간 사람은 만주족이 되었

---

74) 姜孟山, 「高句麗史歸屬問題」『黑土地的古代文明 ― 全國首屆東北民族與疆域問題學術研討會論文集』 遠方出版社, 2000, 37~38쪽.

다. 고대 고구리족과 오늘날 우리나라 한족·만주족·몽골족과는 혈연관계가 있고, 또 조선반

도의 조선족도 혈연관계가 있다. 우리나라 동북지역의 만주족과 몽골족은 고구리 문화를 계

승했고, 조선 민족도 문화를 계승했다.

④ 고구리가 세워진 뒤 705년 동안 고구리와 중원왕조는 모두 '조공'과 '책봉' 관계였다. …… 고구

리족은 우리나라 동북에서 기원, 우리나라 동북지역에 고대 왕조를 건립하여 현대 치나민족

과 혈연관계가 있는 고대 중원왕조의 번속이므로 우선은 치나(Cīna)를 이루는 부분이고, 치

나(Cīna) 변강의 소수민족 왕조다.

복잡하고 긴 역사 발전과정에서 '중(中)'과 '외(外)'의 개념도 부단히 변화하여, 어떤 역사 단

계는 '외'의 민족과 지역에 속하고, 어떤 역사 단계에서는 또 중화민족 속에 융합된다. 반대

로 한때 이미 '중'에 속한 민족과 지역이 일정한 역사 조건 아래서 다시 '외'로 출현한다. 치나

(Cīna) 역사에서 특히 수당 이후 동아시아의 일부 나라인 신라·백제, 그 뒤 이어지는 고리·조

선과 일본은 고구리와 마찬가지로 고대 중화 체제의 일원으로 중원왕조와 조공·책봉 관계를

맺고 있었다. 이런 나라들은 비록 중원왕조와 조공·책봉 관계를 유지하였지만 모두 외국이

었다. 그러므로 조공과 책봉만 가지고 '중'과 '외'를 나누는 유일한 표준이 될 수 없다.

이처럼 고구리사는 먼저 치나(Cīna) 역사에 속했지만, 고구리사는 또 조선 역사에 속했다.[75]

위와 같은 논리를 바탕으로 다음과 같은 결론을 내린다.[75]

결론적으로 고구리는 먼저 치나사이고 그다음 조선사이므로 고구리사는 '한 역사를 두 나라가 함

께 쓰기(一史兩用)'를 해야 한다. '한 역사를 두 나라가 함께 쓰기(一史兩用)'는 결코 필자가 만든 새로

운 관점이 아니고 우리나라 사학계에서는 일찍이 이 원칙을 가지고 역사를 썼다. ……우리나라 사학

계에서 적지 않은 학자들이 이미 고구리사는 우리나라 동북지방사에 속하고, 또 조선사에 속한다는

'한 역사로 두 나라 함께 쓰기'로 보았다. 이것은 완전히 역사적 사실에 들어맞는다. 세계사와 치나사

를 펴보면 원조사(元朝史)처럼 '한 역사로 두 나라 함께 쓰기'를 한 사례가 적지 않다. 원조는 우리나

---

75) 姜孟山,「高句麗史歸屬問題」『黑土地的古代文明 ― 全國首屆東北民族與疆域問題學術硏討會論文集』遠方出版

社, 2000, 39~41쪽.

라 역사에서 주요한 왕조 가운데 하나로 치나(Cina)사를 이루는 주요 부분이다. 다만 몽골인민공화

국의 원조사를 자기 국가 역사로서 본국사에 써넣은 것은 피할 수 없는 역사적 사실이다. 그러므로

<u>고구리사와 마찬가지로 원조사도 '한 역사로 두 나라 함께 쓰기(一史兩用)'를 하였다고 할 수 있다.</u>[76]

이상으로 강맹산의 논문을 간추려 본 결과 연변대학 역사 연구학자들의 고뇌에 찬 변신을 읽어낼

수 있었다.

강맹산(姜孟山, 1939~2002)이 1979년 처음 발표한 논문이 「고구리 역사의 귀속문제」[77]였다. 물

론 이때 고구리는 조선사였다. 20년 뒤인 1999년 「고구리 역사의 귀속문제」라는 같은 제목으로 쓴

논문에서는 '한 역사로 두 나라 함께 쓰기(一史兩用)'로 논지를 바꾸어야 했다. 이 논문은 『동북 민족

과 강역 연구 동태(東北民族與疆域研究動態)』에 처음 발표된다.[78] 앞에서 이미 보았지만 『동북 민족

과 강역 연구 동태』는 동북공정 전진기지 '동북 변강지구 역사·사회 연구 동북공작참(東北工作站)'에

서 낸 학술지로, 동북사범대학 동북민족·강역연구중심과 중국사회과학원 중국변강사지연구중심

이 주관한 부정기 과학연구 정보 내부참고(內參) 용으로 기관의 간부들이 정책을 수립하기 위해 비

밀리에 돌려보는 특별한 잡지다. 이 잡지의 편집진만 보아도 맨머리에 마대정이 고문으로 있다. 여

기에 연변대학이 「고구리 역사의 귀속 문제」를 발표한 것은 중국공산당(정부)과 국경 문제를 다루는

중국변강사지연구중심에 고구리 정체성에 대한 연변대학의 바뀐 입장을 제출하였고, 중국공산당

(정부)도 여기까지는 받아들였다고 볼 수 있다.

이 논문은 1999년 7월 24~27일 열린 전국 1차 동북민족과 강역 학술토론회에서 발표하고, 그해

말 언변내학에서 발행하는 학술지 『동강학간(東疆學刊)』[79]에 공식직으로 실린 뒤, 2000년 빌행된

『흑토지의 고대문명(黑土地的古代文明)』과 『고구리 귀속 문제』(길림문사출판사)에 계속 실려 연변대

학의 고구리사 입장은 '한 역사로 두 나라 함께 쓰기(一史兩用)'라는 것을 못 박았다.

그 뒤 연변대 사학자들은 중국공산당이 제시한 기준을 넘는 논문을 쓸 수 없었으리라고 보며, 강

---

76) 姜孟山,「高句麗史歸屬問題」『黑土地的古代文明—全國首屆東北民族與疆域問題學術研討會論文集』遠方出版
   社, 2000, 43쪽.

77) 姜孟山,「高句麗史的歸屬問題」全國朝鮮史研究會, 1979.

78) 姜孟山,「高句麗史歸屬問題」『東北民族與疆域研究動態』1999년 제3기.

79) 姜孟山,「高句麗史的歸屬問題」『東疆學刊』1999년 제4기.

1989년 연변대, 박창욱·백봉남·서길수·강맹산

맹산 교수는 다시 다른 논문을 쓰지 못하고 2002년 세상을 떴다.

 4) 장벽파(張碧波)의 '한 역사 두 나라 함께 쓰기(一史兩用)'에 대한 비판

 강맹산의 '한 역사 두 나라 함께 쓰기'가 비공개 학술지인 『동북 민족과 강역 연구 동태』에 발표되
자마자 1999년 7월 24~27일 열린 전국 1차 동북민족과 강역 학술토론회에서 장벽파가 정면으로
비판하고 나선다.

 첫째, 복잡한 역사 강역을 간단히 만들어 한칼에 베듯이 한 것은 반드시 연구를 잘못된 영역으로
만들 것이라고 했다. '현재의 국경을 기준으로 하여 고구리가 중·조 두 나라의 고대 국가'라는 강맹
산의 주장에 대해 "이런 고구리 정권을 이웃 나라(隣國)라고 떼어주는 것을 중화역사 강역의 표준에
서 따른 것이라고 하지만 중화역사의 강역을 동태적으로 처리할 수 없다."라고 비판한 뒤 고구리를
스스로 동태적·역사적으로 분석한다.

 기자조선은 주나라의 신하 국가였고, 위씨조선은 한 무제가 멸하여 4군을 설치하였다. 그런데 현
재의 국경을 기준으로 하거나 1840년대 국경을 기준으로 하는 것은 중화 역사 강역의 발전과 변화
를 정확하게 나타내지 못할 뿐 아니라 중화민족 다원 통일체의 역사 진행 과정을 정확하게 나타내

지 못하기 때문에 반드시 사학의 혼란을 일으킬 것이다.[80]

둘째, 427년 고구리가 수도를 평양으로 옮긴 뒤는 문화 중심이 조선으로 옮겨갔기 때문에 조선사라고 한 '한 역사 두 나라 함께 쓰기' 주장에 대해 '그런 관점은 정확하지도 역사적 사실에 들어맞지도 않으며 역사문제를 해결할 수도 없다'라고 비판한다.

> 한당시기 반도에 있는 평양은 본디 한의 낙랑군, 위씨조선이 정변을 일으켜 기씨조선을 뒤집고 기씨조선의 옛터를 점유하였으며, 위씨조선은 한의 '외신(外臣)'이 되어 동북지국의 속국이었다. 한 무제가 위씨조선을 멸하고 그 땅에 한의 4군을 세울 때 평양은 낙랑군 안에 있었다. 미천왕 14년 (313) 겨울 10월 낙랑군을 쳐서 남녀 2,000명 넘게 포로로 잡았다. 장수왕 15년(427) '수도를 평양으로 옮겼다'라고 했다. 이 시기 평양은 아직 한위(漢魏) 낙랑군의 강역 안에 있었다. 또 313년 고구리가 점거한 것은 중화 강역 안이었다.… 586년 장안성으로 수도를 옮겼는데 그 위치는 대동강 유역으로 모두 한나라 낙랑군 강역 안이다. 당 고종이 고구리를 멸하고 738년 신라 성덕왕 34년 (신라에게) 패강(대동강) 이남의 땅을 조칙을 내려 하사했다(『삼국사기』). 이때부터 패강이남 땅이 신라 강역으로 들어갔는데, 자세히 살펴보면 한의 낙랑군이다. …… 중화 강역 안의 민족 지방정권이 어떻게 변하여 '이웃 나라'가 되고, 어떻게 치나사가 변하여 조선사가 되겠는가? 아주 분명하게 이 논자가 가지고 있는 민족귀속과 강역 정계의 표준은 착오이고 중화역사의 실제에 들어맞지 않는다.[81]

결국 이런 결론을 내린다.

> 이러한 '한 역사 두 나라 함께 쓰기' 사관이나 사학의 '원칙'은 실제 사학 영역의 절충주의다. 고구리는 '먼저는 치나사'일 뿐 아니라 427년 수도를 옮긴 평양은 (평양은 한의 낙랑군 강역 안에 있었고, 한의 '외신'이었다) 위씨조선 강역 안에 있던 속국이고 주·진나라에 신하로 복종한 기자조선 강역 안에 있었다. 또한 이것은 중화역사 강역 안에서 고구리가 평양으로 수도를 옮긴 것은 중화역사 강역 안

---

80) 張碧波,「關于歷史上民族歸屬與疆域問題的再思考 — 兼評'一史兩用'史觀」,『黑土地的古代文明 — 全國首屆東北民族與疆域問題學術研討會論文集』遠方出版社, 2000, 45~50쪽.

81) 張碧波,「關于歷史上民族歸屬與疆域問題的再思考 — 兼評'一史兩用'史觀」,『黑土地的古代文明 — 全國首屆東北民族與疆域問題學術研討會論文集』遠方出版社, 2000, 53쪽.

의 정치-문화 중심이 동으로 옮겨간 것이고, 그 민족의 속성과 정권의 성질은 변하지 않고 마지막까

지 중화민족의 지방지역 정권에 속했다.[82]

장벽파(張碧波, 1930~?)는 하얼빈사범대학 중문학과에서 가르치다 1985년부터 흑룡강성사회과

학원 문학연구소에서 근무했고 1994년 정년퇴직하였다. 그는 정년퇴직할 때까지 치나(Cina) 문학

을 전공하고 가르쳤지, 역사학자도 아니고 고구리에 관한 연구성과가 단 한 편도 없었다. 장벽파가

정년퇴직하고 4년 뒤인 1998년에야 비로소「고구리 문화의 연원」이란 논문을 발표하였고, 이어서

다음 해에「(고)조선·고구리 연구에서 나타난 잘못된 부분」이란 논문을 쓰면서 고구리·발해 전문가

로 등장한다. 그의 해박한 고전 해석 능력을 역사침탈에 동원한 것이다. 이 논문도 강맹산의 논문처

럼 비공개 학술지인『동북 민족과 강역연구 동태』(1999-3)에 똑같이 실렸는데, 이때 강맹산의 논문

을 보고 학술토론회에서 강맹산의 논리를 철저하게 비판하는 방향으로 보강하여 발표하였다. 그리

고 이 논문은 늘 강맹산 논문과 나란히『흑토지의 고대문명』과『고구리 귀속 문제』에 실려 강맹산의

논문을 저격하는 역할을 맡았다.

---

[82] 張碧波,「關于歷史上民族歸屬與疆域問題的再思考 — 兼評'一史兩用'史觀」『黑土地的古代文明 — 全國首屆東北
民族與疆域問題學術研討會論文集』遠方出版社, 2000, 55쪽.

V. 2000년 9차 5개년 계획 1차 역사침탈의 결산

1. 9·5계획에서 1차 역사침탈을 마치고 2차 역사침탈 계획

1996년부터 2000년까지 9차 5개년 동안 길림성사회과학원에 고구리연구중심을 설립하고, 동북사범대학에 중국변강사지연구중심의 지점(工作站)을 만들어 용의주도하게 9차 5개년 계획을 진행하여 성공리에 완성하였다는 것을 보았다.

9차 5개년 계획을 마친 변강사지연구중심은 새롭게 2001년부터 2010년까지의 10년 계획을 수립한다. 10차와 11차 5개년 계획을 한꺼번에 세우는 것이다. '변강사'라는 새로운 전공 연구 분야(學科)를 만들기 위한 첫걸음으로 "연구사업의 중점을 9차 5개년계획에서 계획하여 확정한 바에 따라 기초연구 위주로 하던 것을 차츰 기초연구에서 응용연구를 다같이 중요시하는 방향으로 나아간다."[83]라는 계획을 밝힌다.

기초연구 가운데 열점(熱點)이 되고 어려운 문제는 앞으로 3~10년 동안 계속해서 헤이시아즈섬(黑瞎子島) 문제, 탕누우량하이(唐努烏梁海) 문제, 남사군도(南沙群島) 문제, 조어(釣魚)열도 문제, 중·조

---

83) 馬大正, 「思考與行動—以邊疆硏究深化與邊疆中心發展爲中心」 『中國邊疆史地硏究』 2001-1, 4쪽.

국경문제, 중·인도 국경 문제 및 고구리 역사·발해 역사 같은 방면의 연구를 계속 전개하고, 동시에 역대 변강 정책에 관한 연구를 더 심화한다. ……

특히 응용연구 가운데 (중화인민공화국 성립 이후) 현재 변강 사회의 안정에 관한 연구를 꽉 붙잡고 놓지 않으며, 신장(新疆)의 사회안정 유지에 관한 연구에서 국내의 선도적인 지위를 유지하는 동시에 새로운 영역을 개척하고 동북지구·운남과 남사군도 현상 문제를 연구해 낸다.[84]

기초연구 분야에서 중·조 국경 문제를 주요 국경 문제 가운데 하나로 다루면서 고구리와 발해 역사연구를 강화하고, 동시에 응용연구 부분에서도 만주 지역의 현상 문제를 깊이 연구해 낸다는 계획이다.

2. 1차 고구리 역사침탈의 완결판 『중국 고대 고구리 역사 총론』

1) 단대사에 '중국'을 붙인 특별한 목적의 책 발행

앞 절에서 본 바와 같이 중국사회과학원 중국변강사지연구중심에서는 국책으로 고구리 침탈을 기획하여 5년간 진행한 결과로 1차 역사침탈을 마쳤다. 그리고 그 결과를 바탕으로 완전히 새로운 고구리사를 만들어 공식적으로 발표한 것이 『중국 고대 고구리역사 총론』이다.

우선 『고대 중국 고구리역사 총론(古代中國高句麗歷史叢論)』이란 책 이름부터 검토가 필요하다. 치나에는 당사(唐史), 남북조사(南北朝史), 송사(宋史) 같은 한 단대사(斷代史)를 책으로 펴내면서 치나-당사(中國唐史), 치나-남북조사(中國南北朝史), 치나-송사(中國宋史)라고 이름을 붙인 책은 없다. 자기 나라 단대사에다 다시 나라 이름을 붙일 필요가 없기 때문이다. 마치 우리가 한국-고구리사, 한국-신라사, 한국-고리사, 한국-조선사라고 할 필요가 없는 것과 같다. 그런데 고구리사에는 '치나 고구리 역사'라는 매우 이례적인 이름을 붙였고, 치나 국경 문제를 다루는 〈중국변강사지연구중심(中國邊疆史地研究中心)〉의 '변강사지총서(邊疆史地叢書)' 가운데 하나로 출판되었다. 이것은 분

---

84) 馬大正, 「思考與行動 — 以邊疆研究深化與邊疆中心發展爲中心」, 『中國邊疆史地研究』, 2001-1, 4쪽.

『고대중국고구리역사 총론』   번역본『중국이 쓴 고구리 역사』

명히 역사침탈이라는 특별한 목적에 부합하도록 의도적으로 지은 이름이라는 것을 쉽게 알 수 있다.[85]

책의 핵심적인 내용은 3명이 쓴 것이다. 특히 마대정과 이대룡은 두 책에 모두 관여하여 주도적인 역할을 하였고, 양보륭은 민족 편만 담당하였다. 여기서 주도적인 역할을 한 마대정과 이대룡은 모두 동북공정을 추진하고 있는 중국변강사지연구중심의 핵심 구성원이다. 그러나 이 세 사람은 모두 원래 만주 지방의 역사, 특히 고구리사를 전문적으로 연구하는 학자들이 아니다.

2) 고구리사 침달의 기본 패러다임을 제공한 마대징

마대정은 이 책의 머리말을 대신하여「고구리 역사연구와 관련된 몇 가지 문제에 대해 간추려 논함(머리말을 대신하여)」에서 다음과 같은 3가지 주장을 한다.

①   고구리는 우리나라 동북 역사의 소수민족 정권이다.

---

85) 이하 전체 내용은 馬大正 등,『古代中國高句麗歷史叢論』黑龍江敎育出版社, 2001)의 번역서 서길수 옮김,『중국이 쓴 고구리 역사』(여유당, 2007) '옮긴이 해설', '중국이 쓴 고구리 역사를 펴내며'를 간추린 것이다.

② 고구리·고리와 조선족(朝鮮族)을 혼동해서는 안 된다.

③ 현재 중화인민공화국 동북 지역에 사는 조선족은 이민(移民) 온 민족이다.[86]

아울러 그는 지금까지 고구리를 조선·한국의 역사라고 써온 중화인민공화국의 교과서를 과감하게 비판하며 그런 교과서를 수정해야 한다고 주장한다. 여기서 고구리사가 중화인민공화국의 소수민족 정권이며, 한국사인 고리(高麗)와 현재 중화인민공화국에 있는 조선족과의 차별화가 중요한 목표라는 것이 분명하게 드러난다.

한편 이러한 목표를 달성하기 위해, 책의 맨 마지막에 "고구리 역사연구 심화를 위한 소견"을 통해 앞으로 고구리 연구의 방향을 분명하게 제시한다.

첫째, 고구리에 관한 자료의 고증, 분별과 연구 정보의 수집과 정리를 깊고 세밀하게 진행해야 한다.

둘째, 사고를 개척하고 중점을 파악하여 주제 선정을 최적화해야 한다.

셋째, 연구 역량을 조직하고 협조를 강화하여 연구의 전체적인 우세가 발휘되어야 한다.

그리고 셋째 연구 역량 조직 강화 문제를 논의하면서 연구자들에게 다음과 같은 연구 태도를 요구한다.

더 앞선 해방 사상은 여전히 고구리사 연구를 심화하는 것이 급선무이다. 여기에서 해방사상이라는 말은 두 가지 뜻이 있다. 첫 번째는 고구리사 연구자들이 실사구시(實事求是)의 태도를 견지하면서, 역사를 책임지는 과학적인 태도에 근거하여 고구리 역사연구 가운데 나타나는 어려운 문제(難點), 논쟁이 많은 문제(熱點)를 과감하게 연구하고, 이전의 일부 대가, 권위 있는 견해에 대해서도 과감하게 다른 견해를 내놓고 논쟁을 벌여야만 인식의 비약과 연구 결과에 돌파구를 마련할 수 있는 것이다. ……학자들이 민감한 문제를 토론할 때는 일정한 범위 안에서 진행되어야 하는데, 이른바

---

86) 馬大正 등, 『古代中國高句麗歷史叢論』, 黑龍江教育出版社, 2001, 2~14쪽 (서길수 옮김, 『중국이 쓴 고구리 역사』, 여유당, 2007).

'연구하는 데 금지구역이 없고 선전(宣傳)에는 규율이 있어야 한다.'[87]

지난 시절 대가나 권위 있는 전문가 연구도 과감하게 비판하여 새로운 노선으로 가야 한다고 한 것은 공산당이 제시한 기준에 벗어난 대가들의 논리를 얼마든지 비판할 수 있도록 길을 터준 것이다. 한편 그처럼 어떤 문제이든 성역 없이 연구할 수 있지만, 그 연구 결과를 정책에 적용하는 선전(宣傳)은 중국공산당과 정부가 정한 규율에 따라야 한다는 점을 분명히 하고 있다.

고구리 역사연구가 학술적인 동기에서 시작된 것이 아니라 중국공산당(정부)이 영토와 국경 문제를 역사적으로 확보하기 위한 정치적 목적에 따라 진행되고 있다는 것을 알 수 있다. 중앙정부의 이러한 프로젝트를 담당해 5년간 모든 것을 검토·기획한 마대정은 이 책에서 앞으로 고구리 연구의 범위·논리·방향을 정확히 제시하고 지시한 것이다. 마치 고구리 연구에 대한 국정교과서와 같다.

3) 양보륭 – 고구리는 중화민족의 한 갈래다

①　고구리족의 주요 근원은 '치나의 예맥족'이다.

②　고구리가 멸망하고 고구리인은 대부분 치나로 들어갔다.[88]

③　고리를 세운 왕건은 중국 왕씨다. 고리는 고구리를 계승하지 않았다

특히 마지막에 내세운 왕건=치나의 왕씨라는 논리는 황당하다

①　왕건이 태어난 송악은 지금의 개성인데 북위 38도선 남쪽에 있으며 한나라 낙랑군의 남쪽 영역이다.

②　왕씨는 낙랑군의 명문 가족일 뿐만 아니라 호수, 인구도 많았다.

③　고로 왕건은 한나라 사람일 수 있다.

---

87) 馬大正 등, 『古代中國高句麗歷史叢論』, 黑龍江教育出版社, 2001, 417~421쪽 (서길수 옮김, 『중국이 쓴 고구리 역사』, 여유당, 2007).

88) 馬大正 等, 『古代中國高句麗歷史叢論』, 黑龍江教育出版社, 2001, 1~64쪽 (서길수 옮김, 『중국이 쓴 고구리 역사』, 여유당, 2007).

언뜻 명쾌하게 보이는 이런 삼단논법은 학문이라고 하기보다는 거의 코미디에 가까운 것이라고 할 수 있다. 만주 지역에서 오랫동안 고구리사를 연구한 학자들은 적어도 이런 무리수는 두지 않았을 것이다.

4) 이대룡 - 신라·백제·(고)조선도 치나의 번국이다

앞에서도 보았지만, 이대룡은 고구리 프로젝트에 참여하기 전까지는 고구리에 대해 단 한 편의 논문도 쓰지 않은 문외한이었다. 그런 새내기를 중화인민공화국 최초의 고구리사 책에서 가장 중요한 정치편을 쓰도록 한 이유는 무엇일까? 이 대답은 대단히 간단하다. 이 책은 그동안 고구리에 관한 연구를 바탕으로 개연성 있는 서술을 한 것이 아니고 '역사침탈'이란 목적을 달성하기 위해 미리 짜인 프로그램에 맞추어 만들어 낸 것이기 때문이다. 그러므로 이대룡은 그 어떤 학자도 감히 시도하지 못했던 엄청난 논리적인 비약을 하기에 이른다. 그 대표적인 것이 고구리는 물론 신라와 백제, 그리고 고대 조선도 모두 중화인민공화국의 역사라는 것이다.

(1) 신라는 치나인이 세웠고, 치나의 번국이었다

① 신라는 치나인이 세웠다

첫째, 신라는 치나의 진나라 유민이 세웠다. 신라의 선조가 치나 진나라의 유민이라고 주장하는 근거로 『양서(梁書)』(권 54 「신라전」)를 들고 있다.[89] 이어서 신라 건국 뒤 600년 가까이 된 뒤의 기록을 추가하여 다음과 같이 결론을 내린다.

> 우리나라 진 왕조의 망명자가 병역을 피하여 지금의 한반도로 이주하고, 현지 사람들과 끊임없이
> 융합하는 과정에서 점차 강대해졌으며, 나중에는 "진나라 망명자(秦世亡人)"를 위주로 하는 정권을
> 형성하고 그 이름을 신라라고 하였다.[90]

---

89) 馬大正 等, 『古代中國高句麗歷史叢論』 黑龍江敎育出版社, 2001, 266쪽 (서길수 옮김, 『중국이 쓴 고구리 역사』 여유당, 2007).

90) 馬大正 等, 『古代中國高句麗歷史叢論』 黑龍江敎育出版社, 2001, 266쪽 (서길수 옮김, 『중국이 쓴 고구리 역사』 여유당, 2007).

② 신라는 당나라의 속국이고, 당나라가 기미통치를 했었다. - 조공

신라와 당 왕조의 관계는 두 가지로 정리하였다.

첫째, 그는 신라와 당의 조공 관계를 자세하게 분류하여 신라와 당 왕조는 신속 관계를 유지하였다고 주장한다.[91]

둘째, 당나라는 신라를 번국(蕃國)으로 여겼고, 신라 스스로 예속되었다고 주장한다.[92]

조공과 책봉에 대해서는 이미 많은 학자가 연구하여 그 성과가 많다. 그러나 이대룡은 이런 연구성과나 논의에 대해서는 전혀 언급하지 않고 간단히 "속국", "번국"이라고 결론을 지어, 21세기에 2,000년 전보다 더 강력한 전제주의 사관을 보여주고 있다. 이런 번속이론(藩屬理論)은 고대 주변의 모든 나라 역사를 모두 중화인민공화국 국사로 만들 수 있는 가공할 무기다.

(2) 백제는 고대 치나의 변방 소수민족이었다

이 책에서는 앞에서 본 바와 같이 신라도 치나의 속국이라고 했기 때문에 백제는 더 말할 것도 없다. 백제가 치나의 속국이라는 논리를 간추려 보면 다음과 같다.

① 백제는 고구리와 마찬가지로 치나 고대 변방의 소수민족인 부여인의 한 갈래가 세웠고, 고구리와 같은 혈통에 속한다. 그러므로 치나의 소수민족 지방정권이다.

② 한나라 때는 "한나라 요동 태수 공순도가 딸을 그에게 시집보냈다. 그 뒤부터 백제는 점차 번창해졌고 동이 강국으로 되었다." 이것은 백제와 동한 왕조의 변방 군(邊郡) 태수의 인척관계와 동한 왕조의 지지 아래 세력이 끊임없이 강대해진 사실을 반영한다.

③ 양진 왕조 때는 백제 왕을 "사지절, 도독백제제군사, 진동대장군, 백제왕(使持節, 都督百濟諸軍事, 鎭東大將軍, 百濟王)"으로 책봉하고, 남북조시기에는 백제의 왕만 책봉 받은 것이 아니라 대신들도 남송왕조가 수여하는 관직을 받았다. 그러므로 백제는 고구리보다 더 깊은 신속관계를 유지하고 있었다.

---

91) 馬大正 等,『古代中國高句麗歷史叢論』, 黑龍江教育出版社, 2001, 272쪽 (서길수 옮김,『중국이 쓴 고구리 역사』, 여유당, 2007).

92) 馬大正 等,『古代中國高句麗歷史叢論』, 黑龍江教育出版社, 2001, 273쪽 (서길수 옮김,『중국이 쓴 고구리 역사』, 여유당, 2007).

④　수·당시기에도 계속 신속관계를 유지하였다.[93]

그리고 백제와 당나라의 관계는 2개의 시기로 나눈다.

①　660년 이전은 백제가 당나라의 신하가 되어 조공하고, 당 왕조가 백제에 기미통치를 하던 시기.

②　660년 이후 시기는 당나라가 직접 통치하며, 백제 땅에 관청을 설립하고 부, 주, 현을 설치한 시기.

이대룡은 신라가 당나라의 속국이라고 했기 때문에 당나라가 신라를 점령하지 않은 이유를 구차스럽게 몇 가지 댔지만, 고구리, 신라, 백제는 똑같이 당나라 속국으로 보고 있다. 당나라 사신 현장이 고구리에 와서 연개소문에게 "요동의 여러 성은 본래 모두 치나의 군현이었지만 치나는 오히려 이것을 말하지 않는데 고리가 어찌 옛 땅을 기어코 요구할 수 있겠느냐?"라고 한 부분을 이렇게 해석하고 있다.

　　여기에서 말한 "요동의 여러 성"은 요동군을 가리키는 것이 아니라 고구리, 신라, 백제를 두루 이르는 말이다. 상리현장이 볼 때 이런 지역은 본래 치나의 군현이고 고구리는 이런 지역을 독점할 권리가 없으며 상리현장의 이런 인식에 대하여 고구리의 막리지 (연)개소문도 반대의견을 제기하지 않았다.[94]

---

93) 馬大正 等, 『古代中國高句麗歷史叢論』, 黑龍江教育出版社, 2001, 275~279쪽 (서길수 옮김, 『중국이 쓴 고구리 역사』, 여유당, 2007).

94) 馬大正 등, 『古代中國高句麗歷史叢論』, 黑龍江教育出版社, 2001, 161~162쪽 (서길수 옮김, 『중국이 쓴 고구리 역사』, 여유당, 2007).

여기서 말하는 "요동의 여러 성"이 고구리의 일부 성을 말하는 것이라는 것은 역사학자가 아닌 사람도 쉽게 알 수 있는 내용이다. 그런데 '요동=고구리·신라·백제'이고, 한 걸음 더 나아가 '이런 인식에 대해 고구리 막리지도 반대하지 않았다'라는 기상천외한 논리를 전개하고 있다. 이대룡의 학문적 수준을 엿볼 수 있는 대목이다.

(3) (고)조선도 치나의 변방 정권이었다

(고)조선이 치나의 변방 정권이라는 것은 바로 기자조선과 위만조선을 말한다.

첫째, 이대룡은 "기자조선은 치나의 제후인 기자가 통치한 것이다."라고 주장한다. 기자동래설이 처음으로 보이는 책은 전한(前漢 : 서기전 108~서기 8년) 때 편찬된 『상서대전(尙書大全)』이라는 책이다. 문제는 기자동래설이 『상서대전』을 비롯한 한대(漢代) 이후에 편찬된 문헌들에서만 확인될 뿐, 『죽서기년(竹書紀年)』『논어』『주역』『춘추좌전』같은 한대 이전인 선진(先秦)시대에 편찬된 기록에는 그 어디에도 나타나지 않는다. 기자가 조선을 통치하지 않았다는 것은 최근 고고학적으로 증명되고 있다.

이대룡은 이런 성과를 속 편하게 무시하고, 주변 국가의 연구성과에 대해서는 단 한 줄도 언급하지 않고 있다.

둘째, 위씨(衛氏)조선 역시 중원 사람이 건립한 변방의 정권이었다고 결론을 낸다.

(고)조선이 중화인민공화국 역사라는 논리는 대단히 중요한 대목이다. 얼마 전까지만 해도 중화인민공화국 학자들은 "옛 조선은 기자를 봉했던 곳이다." 정도였지 중화인민공화국 국사로 보지는 않았다. 그러나 최근 "고구리는 현도 땅에 세웠다."라고 주장하고 나오면서 이 문제는 더 강조되고 있다. 낙랑이나 현도 같은 4군을 한나라가 조선을 침략해 강점하고 있었던 점을 합리화하기 위해 "침략이 아니라 원래 조선도 치나였다"라고 주장하고 나온 것이다. 그러므로 고구리 문제는 물론 근본적으로 (고)조선 문제도 함께 풀어야 할 중요한 주제가 된 것이다.

(4) 고구리는 치나의 지방정권이다

이대룡이 쓴 내용을 요약하는 것은 몹시 어렵다. 상당 부분이 마치 고구리사에 관한 자료집처럼 수많은 사실의 원문을 그대로 인용하여 지루하게 나열하였는데 어떤 것은 한쪽이 넘는 분량도 있다 (수 문제의 조서 전문). 마치 역사소설을 읽는 것처럼 장황하다. 그뿐만 아니라 똑같은 내용이 수없이 반복되고 인용되는 긴 문장이 다시 중복되어 읽는 이들이 짜증 나는 내용이다. 초보자가 고구리를 연구한 훌륭한 학습장이 될지언정 수준을 갖춘 연구 결과라고 볼 수 없는 저작이다.

다만 중화인민공화국 입장에서 이 책이 갖는 중요성은 문장 하나하나를 나열하는 모든 목적이 '그래서 고구리는 중원에 신속한 것이다.'라는 것을 잊지 않고 연결하는 데 있다는 것이다. 여기서 전체적인 논리적 흐름이나 내용을 잘 간추려 그 논리를 뒷받침하려는 노력 같은 것은 중요하지 않다.

당시 치나가 주변 국가를 침략하기 위해 내세운 모든 명분은 이대룡에 의해 철저하게 합리화되고, 강압으로 모든 주변국의 행동은 한마디로 신하가 되는 지표가 된다. 그의 단순하고도 기계적인 역사해석은 중국공산당(정부)의 사회과학원이 연구 방면의 새내기를 저자로 택한 가장 으뜸가는 요인이라는 것을 쉽게 알 수 있다.

3. 9차 5개년 계획에 이어 기획한 동북공정의 실시

1) 2001~2010년의 '10년 열점(熱點) 연구계획'과 동북공정 시작

(1) 10년 계획의 핵심과제, 조·중 국경 문제와 고구리·발해 문제

9차 5개년 계획(1996~2000)을 마친 변강사지연구중심은 새롭게 2001년부터 2010년까지의 10년 계획을 수립한다. 10차와 11차 5개년 계획을 한꺼번에 세우는 것이다. 지금까지 학계나 중국공산당에서 변강사나 변강이론 같은 영역이 학문의 영역(學科)으로 인정받지 못하고 있었다. 마대정을 비롯한 중국변강사지연구중심 학자들은 변강사나 변강이론을 전공 연구분야(學科)를 만들기 위한 첫걸음으로 "연구사업의 중점을 9차 5개년계획에서 계획하여 확정한 바에 따라 기초연구 위주로 하던 것을 차츰 기초연구와 응용연구를 다 같이 중요시하는 방향으로 나아간다."라는 계획을 밝힌다.

기초연구 가운데 분쟁이 극심한 문제(熱點)가 되고 어려운 문제는 앞으로 3~10년 동안 계속해서 헤이시아즈섬(黑瞎子島) 문제, 탕누우랑하이(唐努烏梁海) 문제, 남사군도(南沙群島) 문제, 조어(釣魚)열도 문제, 중·조국경문제, 중·인도 국경문제 및 고구리 역사·발해 역사 같은 방면의 연구를 계속 전개하고, 동시에 역대 변강 정책에 관한 연구를 더 심화한다. ……특히 응용연구 가운데 (중화인민공화국 성립 이후) 현재 변강 사회의 안정에 관한 연구를 꽉 붙잡고 놓지 않으며, 신장(新疆)의 사회안정 유지에 관한 연구에서 국내의 선도적인 지위를 유지하는 동시에 새로운 영역을 개척하고 동북지구·운남과 남사군도 현상 문제를 연구해 낸다.[95]

2001년부터 10년이라는 장기적인 계획을 새로 세우면서 다음과 같은 분쟁이 극심한 문제(熱點)는 3~10년간 장기적인 목표를 가지고 풀어나간다는 목표다. 여기서 이야기하는 분쟁이 극심한 문제를 정리해 보자.

① 헤이시아즈섬(黑瞎子島) 문제 : 아무르강과 우수리강이 만나는 곳에 있는 섬으로 러시아와 국경이 되어 있다. 러시아에서는 볼쇼이 우스리스트 섬(Ostrovov Bolshoi Ussriyskiy)이라고 한다.

② 탕누우랑하이(唐努烏梁海) 문제 : 탄누우랑하이 문제는 러시아 투바공화국 문제다. 중화인민공화국은 자기 땅이었는데 1914년 러시아에 점령되었다고 주장한다. 이 문제는 언뜻 러시아와의 분쟁으로만 보이지만 사실은 러시아 투바와 중화인민공화국 내몽고 사이에 있는 몽골은 당연히 자기 영토로 다루고 있다는 것을 뒤에 깔고 있다.

③ 남사군도(南沙群島) 문제 : 이 문제도 분쟁이 심하다. 베트남에서는 장사 군도(長沙群島, Quân đảo Trúàng)라고 부르는 지역이고, 말레이시아·인도네시아·필리핀에서는 스플레틀리 군도(Kepulauan Spratly)라고 부른다.

④ 조어(釣魚)열도 문제 : 일본과의 영유권 분쟁이 극심한 섬이다. 일본에서는 센카쿠열도(尖閣列島)로 부르며, 국제적으로는 '센카쿠섬(Senkaku Islands)'이라고 부른다.

---

95) 馬大正, 「思考與行動 — 以邊疆研究深化與邊疆中心發展爲中心」『中國邊疆史地研究』2001-1, 4쪽.

⑤ 중·조 국경문제 : 1962년 조선민주주의 인민공화국과 국경조약을 맺었지만, 백두산 문제와 간도문제로 우리나라와 분쟁을 일으키고 있다.

⑥ 중·인도 국경문제 : 인도 측은 인도가 영국의 식민지였던 시대에 영국이 멋대로 그은 '맥마흔라인'(1914)을 국경선으로 보는 데 반해, 치나 측은 영국 침략 이전의 전통적 경계선을 국경선으로 주장하며 1959년 처음 충돌한 뒤 현재 가장 격하게 대립하는 분쟁지역이다.

⑦ 고구리 역사·발해 역사 : 중화인민공화국에서 극심한 국경분쟁 문제(熱點)로 삼아 1차 역사 침탈 프로젝트(1996~2000)를 마치고, 앞으로 3~10년간 실시할 중요 연구 계획으로 삼았다는 것을 알 수 있다.

위의 7가지 국경분쟁이 극심한 문제 가운데 ①⑤⑦이 바로 동북공정의 기본 목표다. 7가지 정책 목표 가운데 기초연구 부문에서 ⑤ 백두산과 간도문제, ⑦ 고구리·발해 문제 해결을 강화하고 동시에 응용연구 부분에서도 '동북 지구의 현상 문제'를 깊이 연구해 낸다는 계획이다. 앞으로 보겠지만 동북공정을 거의 9년 동안 계속한 것은 바로 이때 '분쟁이 극심한 문제(熱點)는 3~10년 동안 계속하겠다'는 처음 계획을 바탕으로 탄력적으로 운영했다는 것을 알 수 있다.

(2) 2001년 6월 동북공정의 시작과 그 성격

2001년에 들어서서 4월 22~29일 중국변강사지연구중심 부주임 려성이 만주 3성으로 가서 각각 중국공산당 길림성위원회, 중국공산당 흑룡강성위원회, 중국공산당 요령성위원회 선전부와 만주 3성 사회과학원 같은 기관들과 동북공정에 대해 협의하고, 6월 4~6일간 중국사회과학원과 중국공산당 길림성위원회가 공동으로 〈동북 강역 역사와 현상 연구사업 좌담회(東北疆域歷史與現狀研究工作座談會)〉 개최를 확정하고, 5월 21~25일, 려성이 장춘에서 중국공산당 길림성위원회 및 길림 사회과학원과 〈동북 강역 역사와 현상 연구사업 좌담회(東北疆域歷史與現狀研究工作座談會)〉 개최에 대한 준비를 마지막 점검한다.

2001년 6월 4~6일, 중국사회과학원과 중국공산당 길림성위원회가 연합하여 주최한 「동북 강역 역사와 현상 연구사업 좌담회(東北疆域歷史與現狀研究工作座談會)」에서 「동북공정 = 동북 변강 역사와 현상 계열 연구 공정(東北邊疆歷史與現狀系列研究工程)」에 관한 의사 일정을 비롯한 구체적인 내용

을 시달하고 참가 기관과 전문가들이 이에 관한 논의를 하였다.[96]

이 회의에는 중국사회과학원, 중국공산당 길림성위원회, 중국공산당 요령성·흑룡강성위원회 선전부, 국가문물국 같은 부문의 지도자; 중국사회과학원 중국변강사지연구중심·민족연구소·고고연구소·아태연구소, 길림·요령·흑룡강성사회과학원·문화재와 박물관(文博) 및 고고와 민족 연구 부문, 길림대학·동북사범대학·연변대학·북화(北華)대학·통화사범학원 같은 고등교육기관의 지도자와 전문가·학자 100여 명이 회의에 출석하였다.

중국사회과학원 상무부원장 왕락림(王洛林)[97] 동지와 중국공산당 길림성위원회 부서기 임염(林炎) 동지가 회의 개막식에 참석하여 중요한 연설(講話)을 했다.

회의의 주요한 의제는 어떻게 「동북공정 = 동북 변강의 역사와 현상 연구」를 한 걸음 더 심화시키느냐 하는 것이었다. 회의 대표들이 중점적으로 논의한 것은 이렇다. 고대 치나 만주 강역 이론·동북 지방사·동북 고대 변강민족사·(고)조선 반도의 나라와 민족(族)·고구리 역사와 고고·발해 역사와 고고·19세기 조선 이민 치나사·중조 변경(邊界) 연혁사·중조 관계사·중-러 변경 연혁사·길림성의 안정과 사회 상황(社情) 연구 같은 방면의 연구 상황에 대해 깊이 있게 연구·토론했다.[98]

동북공정은 비록 2002년 2월에 공식적으로 시작된 것으로 알려져 있으나 실질적으로는 2000년 말 초안이 시달되고, 6개월 뒤인 이때 이미 시작된 것이다. 우선 동북공정을 추진하는 기관이 중국공산당과 정부라는 것이 뚜렷이 드러난다. 그리고 중국공산당 지방조직의 지도로 연구기관과 대학들이 모두 동원되었다는 것을 알 수 있다. 여기서 논의된 주제도 강역 이론과 러시아 관계 연구도 있

---

96) 王洛林,「加強東北邊疆硏究,促進學科建設」馬大正主編,『中國東北邊疆硏究』中國社會科學出版社, 2003, 3쪽.

97) 왕락림(王洛林, 1938~)은 1998년부터 중국사회과학원 공산당조직(黨組) 부서기 겸 부원장이었다. 1961년 하문(廈門)대학 경제과 교수로 있으면서 1980년부터 2년간 유고슬라비아 베오그라드경제연구소 방문교수를 마치고 돌아와 1984년부터 하문대학 부교장을 하면서 1989년부터 1993년까지는 하문대학교 공산당위원회 서기가 되었다. 1993년부터 중국사회과학원 부원장으로 일하다 1998년 중국사회과학원 공산당조직 부서기가 되었다. 13차, 14차, 16차 중앙후보위원이고 15차(1997)에서는 중앙위원으로 활약했다. 중국공산당 중앙위원회는 중국공산당 중앙 지도자(15차 총서기는 강택민)를 뽑는 기구로 198명 가운데 한 명이므로 중국공산당에서 최고 기구의 성원이었다는 것을 알 수 있다. 동북공정을 구체적으로 논의하는 모임에 중국공산당의 중앙위원이 목표를 제시하였다는 것은 이 프로젝트의 무게를 짐작할 수 있고, 또 그 지시사항은 누구도 거부할 수 없는 당의 강령이라는 것을 말해 준다.

98) 厲聲·龍木,「東北疆域歷史與現狀硏究工作座談會紀要」,『中國邊疆史地硏究』 2001-9, 111쪽.

지만 주로 (고)조선·부여·고구리·발해·간도문제를 비롯한 우리 역사와 두 나라 국경 문제에 집중되어 있다는 것을 알 수 있다.

이상에서 본 바와 같이 1996~2000년의 9차 5개년 계획을 치밀하게 진행하였고 2001년에는 마대정이 등이 『고대중국고구리역사총론(古代中國高句麗歷史叢論)』[99]을 펴내 고구리사를 완전히 소수민족 지방정권으로 규정하는 국정교과서를 만들면서 이 문제는 완전히 기정사실로 굳어져 간다.

그리고 2001년 6월에는 고구리는 물론 (고)조선과 발해사 모두를 침탈하기 위한 거대한 프로젝트인 「동북공정」 안이 제출되어 일정이 확정되었다. 이로써 중화인민공화국이 국책으로 추진한 만주 지역 1차 역사침탈이 끝나고 2001년부터는 본격적인 2차 역사전쟁이 시작된다.

이 회의가 끝난 뒤 7월 9일 중국변강가시연구중심 학술위원회 회의에서 마대정이 책임을 맡은 「조선반도 형세가 동북 변강지구에 미치는 영향(朝鮮半島局勢走向對東北邊疆地區的影響)」이라는 프로젝트가 완성되었음을 비준하였다. 그리고 10월 11일 중국사회과학원에서는 정년이 된 마대정 대신 려성을 주임으로 임명한다. 그러나 마대정이 주임직을 물러났다고 해서 동북공정에서 물러난 것이 아니라 오히려 전적으로 동북공정에 집중할 수 있는 시간을 갖게 되는 것이다.

동북공정에 관한 프로젝트를 발표하고 나서 그 실시를 위해서 마대정과 려성은 적극적으로 만주 현장을 점검하고 방향을 제시한다. 10월 25일, 두 사람은 연변대학 과학연구 처장과 동북공정과 역사적인 북중관계 같은 과제연구에 대해 협의했고, 11월 6일에는 동북사범대학 조선·한국학연구센터 주임인 손계림(孫啓林)과 동북공정 과제 입안을 준비하는 문제를 협의한다. 동북공정의 과제를 짜서 진행하기 위한 구체적인 작업이 진행되었다.

2001년 6월 4~6일, 중국사회과학원과 중국공산당 길림성위원회가 연합하여 주최한 「동북 강역 역사와 현상 연구사업 좌담회(東北疆域歷史與現狀調查工作座談會)」에서 「**동북공정** = 동북 변강 역사와 현상 계열 연구 공정」에 관한 의사 일정 같은, 구체적인 사항을 시달하고 참가 기관과 전

---

99) 馬大正 외, 『古代中國高句麗歷史叢論』 黑龍江敎育出版社, 2001.

문가들이 이에 관한 논의를 하였다.[100]

　　이 회의에는 중국사회과학원, 중국공산당 길림성위원회, 중국공산당 요령성위원회, 중국공산당 흑룡강성위원회의 선전부, 국가문물국 같은 부문의 지도자; 중국사회과학원 중국변강사지연구중심·민족연구소·고고연구소·아태연구소, 길림·요령·흑룡강성사회과학원, 문화재와 박물관(文博) 및 고고와 민족 연구 부문, 길림대학·동북사범대학·연변대학·북화(北華)대학·통화사범학원 같은 고등교육기관의 지도자와 전문가·학자 100여 명이 회의에 출석하였다.

　　중국사회과학원 상무부원장 왕락림(王洛林) 동지와 중국공산당 길림성위원회 부서기 임염(林炎) 동지가 회의 개막식에 참석하여 중요한 연설(講話)을 했다.

　　회의의 주요한 의제는 어떻게 「**동북공정** = 동북 변강의 역사와 현상 연구」을 한 걸음 더 심화시키느냐 하는 것이었다. 회의 대표들이 중점적으로 논의한 것은 이렇다. 고대 치나(Cina) 만주 강역 이론·동북 지방사·동북 고대 변강민족사·고대 조선 반도의 나라와 민족(族)·고구리 역사와 고고·발해 역사와 고고·19세기 조선 이민 치나(Cina)사·중조 변경(邊界) 연혁사·중조 관계사·중-러 변경 연혁사·길림성의 안정과 사회 상황(社情) 연구 같은 방면의 연구상황에 대해 깊이 있게 연구·토론했다.[101]

　동북공정은 비록 2002년 2월에 공식적으로 시작되었으나 실질적으로는 이때 시작했다고 볼 수 있다. 우선 동북공정을 추진하는 기관이 중국공산당과 정부라는 것이 뚜렷이 드러난다. 그리고 중국공산당 지방조직의 지도로 연구기관과 대학들이 총동원된 것을 알 수 있다. 여기서 논의된 주제도 강역 이론과 러시아 관계 연구도 있지만 주로 (고)조선·고구리·발해·간도문제를 비롯한 우리 역사와 두 나라 국경 문제에 집중되어 있다는 것을 알 수 있다.

　동북공정의 목적과 성격은 이 자리에서 중국사회과학원 상무부원장 왕락림이 한 연설(講話)에 잘 나타나 있다.

---

100) 王洛林, 「加强東北邊疆研究, 促進學科建設」 馬大正 主編, 『中國東北邊疆研究』 中國社會科學出版社, 2003, 3쪽.

101) 厲聲·龍木, 「東北疆域歷史與現狀研究工作座談會紀要」 『中國邊疆史地研究』 2001-9, 111쪽.

왕락림(王洛林)

최근에 조선과 한국의 일부 연구기관과 학자들이 중·조 관계사 '연구'에서 역사적 사실을 왜곡하고 혼란을 일으키고 있으며, 몇몇 정치인들은 정치적 목적을 가지고 공개적으로 여러 잘못된 논리들을 선전하여 우리에게 하나의 도전이 되고 있다. 몇 가지 불거진 문제들을 보면 다음과 같다.

① 딴마음을 품고 고구리·발해 같은 고대 치나(Cina) 동북 지역의 속국 정권이 고대 조선족의 독립 국가라고 '논증'하고, 오늘날 치나(Cina) 동북 변강은 역사적으로 고대 조선의 영토라고 부르짖는다.

② 역사상 민족 분포와 수도를 옮긴 사실을 왜곡하고 혼란을 일으켜 청동단검이 나온 지역은 모두 고대 조선의 땅이라고 부르짖는다. 그리고 나중에는 부여 같은 고대 치나(Cina) 동북 변강의 원주 민족이 (고)조선으로부터 갈라져 나온 후국(侯國)이고 (고)조선의 일부라고 '논증'하면서, 그것을 바탕으로 치나(Cina) 동북을 (고)조선의 범위로 편입시키기까지 한다.

③ 이른바 '간도문제'로, 우리나라 길림과 연변 지역의 근대 조선 이민 문제를 '변경(邊界) 문제'로 제기하고, 그것을 바탕으로 영토를 요구한다. 현재 조선과 한국 두 나라는 계속하여 위에서 본 중·조 관계 연구의 왜곡에 대대적으로 힘을 기울이고 신판 교과서와 매스컴을 통해 각종 기괴 논리들을 선전한다.[102]

동북공정의 목적이 순수한 학술연구가 아니고 조선과 한국의 역사 왜곡에 대한 반론을 연구하는 것이므로 영토 문제이고 국경 문제임을 강조하고 '학술적 과제일 뿐만 아니라 중요한 정치적 임무'라는 지침을 내린다.

동북공정의 연구와 조직 운영에 관한 지침을 보면 정치적 목적이 더욱 뚜렷하게 드러난다.

① 수준 높고 우수한 성과를 내야 한다. 연구 참여자들은 역사적 책임을 진다는 태도로 마르크스 레닌주의의 유물사관과 실사구시의 원칙을 견지하면서 더욱 개방적인 생각으로 연구의

102) 王洛林,「加強東北邊疆硏究, 促進學科建設」, 馬大正 主編,『中國東北邊疆硏究』, 中國社會科學出版社, 2003, 4쪽.

'성역(禁區)'을 깨뜨려야 한다. 연구 역량의 조정과 협력을 강화하기 위하여 각 성(省)과 각 부문의 연구자들은 분업과 협업을 통해 공동으로 어려움을 공략하고 낮은 수준이 중복되는 현상을 피하도록 노력해야 한다.

② 지휘와 관리 역량을 강화해야 한다. <u>동북공정(=동북변강 역사와 현상에 관한 연구)은 국가의 이익과 관계되고, 국가의 외교정책·민족정책·경제정책 같은 민감한 문제와도 관계가 있다.</u> 정책 결정과 관리 부문은 마땅히 '연구에는 성역이 없고 선전에는 기율이 있다(研究無禁區, 宣傳有紀律).'라는 원칙을 가지고 지도를 강화하고 학자들의 연구를 위해 자유로운 환경과 좋은 조건을 제공해야 한다. 아울러 학술적인 논쟁에서도 국내인가 외국인가를 조심스럽게 분별하여, 주도권을 다른 나라에 빼앗기면 안 된다.[103]

'연구에는 성역이 없고 선전에는 기율이 있다(研究無禁區, 宣傳有紀律)'라는 이 원칙은 이미 1998년 12월 1~5일 열린 '중국 동북 지방사 학술토론회'에서 내린 지침이다. 연구 분야는 마음대로 선택하더라도 그 연구성과의 발표는 중국공산당과 정부의 검열을 받고 공산당의 정책에 맞는 것만 발표하고 선전한다는 것이다.

이상에서 본 바와 같이 1996~2000년의 9차 5개년 계획을 치밀하게 진행하였고 2001년에는 마대정이 등이 『고대 중국 고구리 역사 총론(古代中國高句麗歷史叢論)』[104]을 펴내 고구리사를 완전히 소수민족 지방정권으로 규정하는 국정교과서를 만들면서 이 문제는 완전히 기정사실로 굳어져 간다.

2001년 6월에는 고구리는 물론 (고)조선과 발해사도 침탈하기 위한 거대한 프로젝트인 「동북공정」안이 제출되어 일정이 확정되었다. 이로써 만주 지역 역사침탈의 1장이 끝나고 2002년부터는 본격적인 역사전쟁이 시작된다.

---

[103] 王洛林, 「加強東北邊疆硏究, 促進學科建設」 馬大正 主編, 『中國東北邊疆硏究』 中國社會科學出版社, 2003, 4쪽.

[104] 馬大正 외, 『古代中國高句麗歷史叢論』 黑龍江敎育出版社, 2001.

둘째 마당

역사침탈 3단계(2001~2009)

2차 국책 역사침탈(동북공정) 추진과 완성(1)
- 동북공정 1단계(2001. 2~2003) -

들어가는 말 :
동북공정 단계 구분

동북공정은 2002년 2월부터 2007년 1월 말까지 5년간 진행된 것으로 알려졌다. 그러나 그 뒤 3년을 더 연장하여 2009년에야 마쳤으므로 만 8년이넘는 기간 동안 이어진프로젝트였다. 그러므로동북공정은처음발표한 2001~2006년의 5년과 그 뒤 연장한 3년으로 크게 나눌 수가 있다.

그런데 드러나지 않게 진행되던 동북공정이 2003년 밝혀지면서 큰 변화를 맞는다. 동북공정이란 역사침탈에 한국이 거국적으로 중단을 요구해 왔기 때문이다. 그래서 2004년부터는 한국과 학술적인 해결을 내걸고 앞으로는 교류하고 토론하는 것처럼 꾸며 사태를 무마하면서 뒤로는 중국공산당 길림성위원회와 사회과학원으로 임무를 옮겨 끊임없이 이어갔다. 그래서 2004년부터는 동북공정 2단계로 설정하였다.

그리고 동북공정이 끝나는 해인 2007년 1월이 지나도 동북공정은 계속되었으며, 연구성과가『동북사지』에 완전히 실린 2009년까지 3년을 3단계로 규정하였다. 간추리면 다음과 같다.

동북공정 1단계 : 2001. 6~2003

동북공정 2단계 : 2004. 2~2007. 1

동북공정 3단계 : 2007. 2~2009

I. 동북공정 1단계(2001~2003) 2001년의 진행과 성과

1. 동북공정 실시를 위한 치밀한 준비

1) 동북공정 전문가위원 확정 및 참여기관에 지시사항 하달

2001년 이미 동북공정 내용이 시달되고 이에 대한 대대적인 준비작업을 했다는 것은 앞에서 보았다. 2002년 1월 7일, 정초부터 중국사회과학원 부원장 왕락림이 2001년 진행했던 〈**동북공정**(= 동북변경의 역사와 현상에 대한 계열 연구공정(東北邊疆歷史與現狀系列研究工程)〉[1] 업무에 대한 종합보고를 듣는 자리에서, 주비(籌備) 전문가위원회 주임인 마대정 연구원, 려성 주임, 이국강 연구원 및 과학연구국의 왕정(王正)이 종합보고를 했다.[2]

1월 24일부터는 '동북공정' 주비소조(籌備小組)인 려성(厲聲) 주임과 유위(劉爲)가 직접 만주로 가서 중국공산당 흑룡강성위원회·중국공산당 길림성위원회·중국공산당 요령성위원회의 선전부·사

---

[1] 앞으로 '동북공정'으로 줄여 씀.

[2] 이하 중국변강사지연구중심의 홈페이지 東北工程 / 大事記 내용을 바탕으로 한다.

중국변강사지연구중심의 홈페이지 東北工程 / 大事記

회과학원, 관련 대학, 공식문서자료관(檔案館), 고고 및 민족연구 부문 같은 곳에 〈동북공정〉 관련 사항을 통보하고 이들의 의견과 건의를 구했으며, 전문가를 조직하여 과제와 항목 선정을 토론하였다. 그리고 1월 24일~2월 5일, 흑룡강성 전문가위원을 확정하고, 1월 26일~2월 2일, 길림성 전문가위원을 확정하였으며, 2월 3~2월 5일, 요령성 전문가위원을 확정하였다.

중국변강사지연구중심의 동북공정 담당자들은 중앙조직 구성을 이미 모두 마치고, 1월 초부터 시작해서 2월 초까지 한 달 동안 집중적으로 만주 지역 현장에서 참여할 전문가위원회를 위촉하였는데, 모두 중국공산당 각 성위원회 선전부를 통해서 진행되었다. 철저하게 중국공산당의 조직을 활용하였다는 것을 알 수 있다. 이어서 실제로 일선에서 역사침탈을 담당할 각 기관의 전문가들을 중앙에서 직접 만나 동북공정의 취지를 설명하고 지시사항을 하달하였다. '좌담'했다고 하지만 지역 기관이 중앙의 프로젝트에 이의를 제기할 수도 없었을 것이고, 또 의견을 제시한다고 해서 받아들여 줄 중앙도 아니라는 측면에서 보면 이것은 바로 중앙의 지시 하달이라고 하는 것이 맞다.

2) 동북공정의 조직과 구성 완료

 위와 같은 과정을 거쳐서 2월에 중국사회과학원, 만주 3성 공산당위원회 선전부 등을 위주로 지도자 협조 기구의 조직과 구성이 완료되었다.

(1) 고문 :　　　이철영(李鐵映) 중국공산당 정치국 위원, 중국사회과학원 원장[3]

　　　　　　　　항회성(項懷誠) 中央委員 중화인민공화국 재정부(財政部) 부장[4]

지도자팀 팀장 : 왕락림(王洛林) 중국사회과학원 부원장

(2) 영도소조(領導小組, 지휘팀)

조장 :　　　　왕락림(王洛林) 중앙위원, 중국사회과학원 부원장

부조장 :　　　양광홍(楊光洪) 중국공산당 흑룡강성위원회 부서기[5]

　　　　　　　전철수(全哲洙) 길림성 부성장[6]

---

3) 이철영(1936~)은 1998~2003년 중국사회과학원 원장이며 중국공산당 당조(黨組) 서기였다. 중국공산당에서 그의 이력도 막강하다. 중국공산당 12차(1982) 중앙후보위원, 13차(1987)·14차(1992)·15차(1997) 중앙위원이었고, 15차에는 중국공산당 중앙정치국 위원이었다. 중앙정치국 위원은 중앙위원에서 뽑은 중국공산당 최고 중앙통치(領導)기구로 1997년 22명이었다.

4) 항회성(1939~)은 1963년부터 중화인민공화국 재정부(Ministry of Finance)에서 근무하기 시작하여 1998~2003년 재정부 부장을 지내면서 아울러 중국공산당 재정부 당조 서기를 지냈다. 한국으로 치면 기획재정부 장관으로 동북공정에 대한 재정을 바로 해결할 수 있는 직책이다. 15차(1997)·16차(2002) 중국공산당 중앙위원회 위원을 지낸 중국공산당 핵심 인물이다.

5) 양광홍(楊光洪, 1943~, 한족)은 부성장이 아니라 중국공산당 흑룡강성위원회 부서기다. 중화인민공화국에서는 공산당 부서기가 부성장보다 실제로 실권이 더 있다는 것은 모두 잘 아는 상식이다.

6) 전철수(全哲洙, 1952~, 조선족)는 1993년 연변주 주장과 길림성 부성장을 겸직하다가 1993년 12월부터 길림성 부성장이 되었으나 동북공정 지휘팀에 뽑힐 때는 공산당 직함이 없었으므로 부성장으로만 나왔다. 그러나 동북공정 직후인 3월부터 중국공산당 길림성위원회 부서기가 되고 2006년까지 계속된다.

조신양(趙新良) 요령성 부성장[7]

마대정(馬大正) 중국사회과학원 중국변강사지연구중심, 연구원

비서장 :   려성(勵聲) 중국사회과학원 중국변강사지연구중심 주임, 연구원

앞에서 본 고문단과 협의하여 지시를 받고 보고를 올리는 실무를 맡은 지도자팀 팀장이 중국사회과학원 부원장 왕락림이었다. 이 지휘팀은 크게 두 팀으로 나눌 수 있다. 조장 왕락림, 부조장 마대정, 비서장 려성은 중앙의 중국사회과학원과 중국변강사지연구중심의 최고 지휘부이고, 나머지 3명은 만주 지역 3성의 책임자들이다. 세 사람은 정치적으로 만주 3성의 성장이나 당서기 아랫급이지만 프로젝트를 운영하는 데는 실질적으로 성의 모든 지원과 협력, 나아가 지시를 할 수 있는 위치에 있는 인물이다.

(3) 전문가위원회

주임 :   마대정(馬大正) 중국사회과학원 중국변강사지연구중심, 연구원

부주임 :   진기명(秦其明) 중국사회과학원 부비서장, 연구원

             려성(勵聲) 중국사회과학원 중국변강사지연구중심 주임, 연구원

동북공정의 실무팀으로 가장 핵심적인 역할을 하는 곳이 전문가위원회다. 전문가위원회를 움직이는 주임과 부주임은 지휘팀인 영도소조의 부조장 마대정과 비서장 려성이 전문가위원회를 지휘한다. 진기명은 중국사회과학원 공산당 당조 부비서장이므로, 공산당 차원에서 파견한 인물이다.

위원 :   성숭덕(成崇德) 중국인민대학 청사연구소(淸史硏究所) 소장, 교수

             왕정(王正) 중국사회과학원 과학연구국 부국장급 학술비서, 연구원

             학시원(郝時遠) 중국사회과학원 민족연구소 소장, 연구원

             왕외(王巍) 중국사회과학원 고고연구소 부소장, 연구원

---

7) 조신양(趙新良, 1941, 만주족)은 1997년부터 요령성 부성장을 했으나 중국공산당 요령성위원회 부서기는 되지 못하고 정법위원회 부서기였으며, 당조(黨組) 위원이었다.

우패(于沛) 중국사회과학원 세계사연구소 부소장, 연구원

반춘양(潘春良) 중국공산당 흑룡강성위원회 선전부(宣傳部) 부부장

보평(步平) 흑룡강성 사회과학원 부원장, 연구원

궁극(弓克) 중국공산당 길림성위원회 선전부 부부장

병정(邴正) 길림성 사회과학원 원장, 연구원

상위국(常衛國) 중국공산당 요령성위원회 선전부 부부장

조자상(趙子祥) 요녕성 사회과학원 원장, 연구원

유후생(劉厚生) 중국변강역사와 사회연구 동북공작참 부참장, 교수

중국변강사지연구중심 본부운영실

주임 : 이국강(李國强) 중국사회과학원 중국변강사지연구중심 주임조리, 연구부 주임, 연구원

유위(劉爲) 중국사회과학원 중국변강사지연구중심 연구부 부연구원

이대로(李大路) 중국사회과학원 중국변강사지연구중심 행정사무실 주임[8]

전문가 위원은 중앙의 사회과학원과 지역의 만주 3성으로 구성된다.

중앙에서는 중국사회과학원의 과학연구국, 민족연구소, 고고연구소, 세계사연구소 같은 관련 연구소가 총동원되고, 특별히 중국인민대학 청사연구소를 넣은 것은 근대 청나라 때 문제가 되었던 러시아와의 영토분쟁과 간도나 백두산 문제 같은 근대사 문제를 다루기 위한 것이다. 만주 3성에서는 각 성의 중국공산당 위원회 선전부 부부장과 연구기관으로서 사회과학원 원장들을 넣어 구성하였다. 유후생은 중국변강사지연구중심 동북공작참 소속이므로 만주에 있지만 실제로는 중국변강사지연구중심의 지부이므로 중국변강사지연구중심 인물이다.

이렇게 보면 전문가위원회는 중국사회과학원이 주임과 부주임 3명, 본부운영실 3명, 전문연구소 4명, 만주 지부 1명으로 18명 중 11명을 차지하고, 청사연구소가 중앙에 속한다고 보면 12명이나

---

8) 중국변강사지연구중심 사이트 http://chinaborderland.cass.cn/ (현재 폐쇄됨). 이하의 내용은 모두 이 사이트에 발표된 내용을 바탕으로 하였다.

된다. 지방 위원도 중국공산당 3명을 빼면 실제 만주 현장에서 역사연구를 담당할 기관은 각 성 사회과학원 원장 3명뿐이라는 것을 알 수 있다.

이 전문가위원회가 동북공정의 주제 선정, 연구자 선정을 비롯하여 결과 발표 같은 모든 방향을 결정하므로 동북공정은 바로 중국공산당(정부)의 프로젝트이며 그 임무는 중국공산당 직속 기관인 사회과학원이 맡았다는 것을 알 수 있다.

3) 동북공정은 중국공산당의 역사침탈을 위한 거대한 프로젝트였다

그동안 두 나라 외교부는 물론, 학계에서도 동북공정이 정치적이냐, 학술적이냐 하는 문제를 가지고 많은 논란이 있었고, 한국 정부나 학계도 오관이 있었다. 그러나 동북공정을 이끌어가는 전문가 위원들이 가져야 할 의식과 연구 자세를 보면 그 답이 아주 쉽게 나온다.

(1) '동북공정' 전문연구위원회의 연구를 위한 5가지 의식

① 　정치의식(政治意識) : 이 공정의 직접적인 목표는 국가의 장기적인 치안을 위한 것이고, 국가 통일, 민족단결, 변경지역 안정이라는 큰 목표에 따른 것이다.

② 　둘째는 대세(大勢) 의식(全局意識) : 이 공정은 동북 변경지역이 연구의 주체이다. 만주 변경지역은 중화인민공화국 변경을 구성하는 지역의 하나로 특히 다민족을 통일한 국가로서는 나눌 수 없는 구성 요소이다. 동시에 동북 변경지역은 동북아시아 지역에 속해 있으므로 동북 변경지역 전략 연구는 현재 동북아 전체 전략 연구와는 따로 분리해서 볼 수 없다. 동북아시아 전략 연구는 또 세계 전체의 정세 및 21세기 세계정세에 대한 이해 없이는 이루어질 수 없다. 대세의식이란 다민족을 통일한 국가라는 대세의식과 세계적인 문제라는 대세의식을 말한다.

③ 　책임의식(責任意識) : 사회과학 종사자들은 마땅히 나라에 대한 책임, 인민에 대한 책임, 역사에 대한 책임이라는 종지(宗旨)를 준수해야 한다. 실용주의와 비과학적인 연구는 철저히 막아야 한다.

④ 　정품의식(精品意識) : 이 공정의 연구성과는 중화인민공화국 정부의 정책 결정에 자문 역할

을 할 수 있어야 하며, 동시에 후학들의 변경역사 연구에 기반을 제공해 주어야 한다. 따라서 연구성과는 시간적인 검증을 거쳐야 하며 학술논쟁 과정을 거쳐야 한다.

⑤ 성신의식(誠信意識) : 이 학술연구 프로젝트에 참여하는 연구자들은 모두 '자율', '정성(誠信)'이란 원칙을 준수하여 과제 책임서약의 요구에 따라 질적, 양적, 시간적 임무를 완수해야 한다.

(2) '동북공정' 전문연구위원회, 올바른 연구를 위한 '5가지 관계'

① 정치와 학술의 관계-역사문제를 학술화하고, 학술 문제를 정치화하는 데 반대한다.

② 연구와 계책의 관계-연구는 계책의 기초가 되지만 연구와 계책이 같은 것은 아니다. 역사에 대한 책임의식을 바탕으로 역사적 사실에 맞는 정확한 결론을 내려야 한다. 연구와 계책의 관계를 잘 처리하려면, '연구무금구, 선전유기율(研究無禁區, 宣傳有紀律 : 연구에는 금지된 분야가 없고, 홍보에는 기율이 필요하다)'이라는 원칙을 준수해야 한다.

③ 기초연구와 응용연구의 관계-역사적 의문점과 현재 사람들의 이목이 쏠리고 있는 문제를 우선 과제로 뽑아 기초연구와 응용연구를 유기적으로 결합한다.

④ 개인 연구와 공동연구 관계-정해진 시간 안에 몰두해서 프로젝트를 진행하기 위해서는 여러 분야 전문가들의 참여가 필요할 뿐만 아니라 개인 연구와 단체의 유기적인 협조가 필요하다. 따라서 연구원들은 공동 목표를 위해 서로를 이해하고 양해하며 정성을 다해 협동해야 한다.

⑤ 보급(普及)과 제고(提高)의 관계-제고란 일류(精品)를 만들어내는 것으로 학술적으로 수준이 높은 일류를 만들어내야 한다. 일류를 만들어냄과 동시에 보급에도 반드시 주의를 기울여야 한다. 보급은 두 가지 개념을 포함하고 있다. 하나는 반드시 대중을 대상으로 하는 것인데, 학술은 대중을 향해 가야하고, 대중에게 학술을 이해하게 해야 한다. 다른 하나는 연구성과를 잘 정리하여 조사연구보고서를 만들어야 한다. 역사문제 보고서는 관련 부서의 참고자료로 제공되어야 한다. 보급과 제고의 조화로운 결합은 동북공정의 순조로운 발전에 중요한 부분으로 작용할 것이다.

5가지 의식은 중국공산당의 기본 의식이고 자세다. 5가지 관계 가운데 ①, ②는 전략적으로 내건 구호이고, ③, ④, ⑤는 학술연구가 연구로 끝나지 않고 실사구시적이어야 한다는 것이다. 동북공정이 고도의 정치적 프로젝트지만 한국에서는 "① 역사문제를 학술화하고, 학술 문제를 정치화하는 데 반대한다."라는 구호를 앞세웠고, 나중에는 한국에서 오히려 이것을 앞세우는 일이 벌어졌다. 중국공산당으로서는 아주 성공적인 전략이었다. ② '연구무금구, 선전유기율(研究無禁區, 宣傳有紀律 : 연구에는 금지된 분야가 없고, 홍보에는 기율이 필요하다)'이라는 원칙도 공산주의 사상 아래서만 가능한 것이다. 마음대로 연구하되 발표하고 써먹을 때는 중국공산당의 기율에 맞는 것만 쓴다는 것이다. 모든 연구성과는 중국공산당의 노선으로 재단한다는 뜻이다. 이것을 모르고 동북공정이 학술적이라고 오판한 것이 한국의 외교부와 정부 연구기관이다.

한국 정부와 학계가 가장 뒤떨어진 것이 바로 ③, ④, ⑤다. 국가에서 수백억을 들여 세운 연구재단의 연구성과가 실제로 역사전쟁에 쓰일 기초연구도 부족했지만, 효과적으로 대응할 응용연구가 전혀 없었다.

2. 동북공정 1차 전문가위원회 개최와 동북공정 공식 출범

1) 2002년 2월 28일~3월 1일, 동북공정 정식 출범

2월 28일~3월 1일, 동북공정(동북 변강의 역사와 현상 계열 연구공정) 전문가위원회(專家委員會) 1차 전체 회의를 성대하게 열고 동북공정을 정식으로 출범시켰다.

① 동북공정의 최고 고문인 이철영(李鐵映), 항회성(項懷誠)이 개막식에 참가하였다.
② 동북공정 영도소조의 부조장인 흑룡강성 부서기 양광홍, 길림성 부성장 전철수, 요령성 부성장 조신양 같은 만주 3성 대표는 영도소조 부조장으로서 각 성이 동북공정 공작에 어떻게 참여할 것인가에 대한 지시와 설명을 하였다.
③ 동북공정 영도소조 부조장, 공정 책임자, 전문가위원회 주임인 마대정이 주제 발언을 통하여 동북공정에 대하여 구체적으로 설명하였다.
④ 동북공정 영도소조 비서장이고, 전문가위원회 부주임이며, 중국변강사지연구중심 주임인

려성이 동북공정 주제 선정 과정과 배경을 설명하고, 과제의 관리 방법, 경비 관리 방법, 과제 지침을 토론하였다.

2) 4월 17~18일, 2차 전문가위원회 회의에서 35개 연구과제 확정

4월 17~18일, 동북공정 2차 전문가위원회가 북경에서 열려 신청과제를 심사하였다. 이 회의에 동북공정 영도소조(領導小組, 지휘팀) 왕락림 조장이 중요한 지시를 내리고, 마대정과 려성이 관련 사항을 전문가위원회에 통보하였다. 그 지시를 바탕으로 신청과제를 심사하고 평가하여 투표를 거쳐 모두 35개의 과제를 선정하였는데 기초연구가 27과제, 응용연구가 8과제이다.

기초연구 27과제는 중화인민공화국 근대 국경(邊界)연구, 중화인민공화국 고대 국경연구와 중화인민공화국 국경연구사 같은 3개 연구프로젝트다. 중화인민공화국 근대 국경 변천, 중화인민공화국 통일다민족국가의 형성과 발전규율, 역사상 변경통치(治邊) 정책의 경험과 교훈 및 중화인민공화국 변강 연구의 역사 유산을 중점으로 연구하여 '역사를 거울로 삼는(以史爲鑒)' 작용을 충분히 발휘한다.

응용연구 8과제는 현재 중화인민공화국 변강지구의 논란이 심한(熱點) 문제·중점문제에 대하여 정책성·예측성 연구를 진행한다. 응용연구는 현재 국경에서 벌어지고 있는 분쟁지역에 관한 연구이므로 공개하지 않았다.

3) 번역작업 과제 추진 과정과 확정

3월 12~13일, 회의에서는 번역계열 과제의 선정방안을 토론, 통과시키고 전문가위원회 상무회의에 보내 심사·비준을 받도록 하였다. 나중에 14개 과제가 항목 설정 허가를 받았다.

4) 동북공정 당안(檔案) 과제 추진 과정과 확정

5월 23~24일, 동북공정 당안류 전문가소그룹(小組) 공작회의가 북경에서 열렸다. 이 회의에서 당안(=기록문서) 계열 과제의 선정방안을 통과시키고 전문가위원회 상무회의에 보내 심사·비준을

作 者：　　　　发布时间：2004-6-4 10:51:31

第一批通过立项课题

序号	课题名称	申请人	完成时间
1	黑龙江通史	步平	2002.04
2	20世纪中国东北边疆文化研究	黄定天	2002.06
3	好太王碑1580年	耿铁华	2002.08
4	中国东北与俄国（苏联）经济关系史	张凤鸣	2002.09
5	渤海国史	魏国忠	2002.09
6	箕子与箕子朝鲜研究	张碧波	2002.09
7	俄国东部移民开发问题研究（1861—1917）	王晓菊	2002.09
8	渤海史论	朱国忱	2002.09
9	中国东北古民族发展史	李德山	2002.09
10	中韩相关姓氏族源考论	王雅轩	2002.09
11	民国时期东北地方政府治边研究	胡玉海	2002.09
12	近代中国东北地区的国际移民问题研究	王胜今	2002.10
13	简明高句丽史	孙玉良	2003.01
14	东北民族区域设置研究	程妮娜	2003.06
15	历朝东北治边研究	徐德源、郑冰川	2003.09
16	国际法与中朝边界争议问题	焦润明	2003.09
17	清代边疆城镇研究	李治亭	2003.12
18	《三国史记》详注及研究	刘子敏、朴灿奎	2003.12
19	长白山地区历史与文化及其归属问题研究	刘厚生	2004.02
20	东北汉族人口史研究	孟广耀	2004.05
21	中国历代治理东北边疆思想研究	刘信君	2004.06
22	渤海移民的治理与归属研究	武玉环	2004.06
23	清代鸭绿江流域的封禁与开发研究	张杰	2004.06
24	鸭绿江以南的高句丽遗址调查研究	徐日范	2004.08
25	俄罗斯远东地区的中国人	张宗海	2004.12
26	东北边疆多民族文化交流与融合	邴正	2004.12
27	伪满时期东北边界冲突与界务交涉研究	王庆祥	2004.12

应用研究8项略

중국변강사지연구중심 사이트 / 東北工程 / 東北課題項目 (2004-6-4)

第一批翻译类课题一览表			
序号	主持人	审校人	课题名称
1	孙启林	顾铭学	朝鲜韩国史学界的古朝鲜、夫余研究论著选编
2	权赫秀	顾铭学	朝韩学界高句丽的研究文献
3	郑永振	朴灿奎	国外渤海史研究资料汇编
4	张琏瑰	于翠红	朝文相关重要著作和资料翻译
5	高敬洙	许能洙	中朝边境史——白山资料院丛书选译
6	张 英	曹丽琴	朝鲜半岛现状研究
7	吴建华	朴成浩	韩国和朝鲜的经济、社会状况比较
8	赵立枝	徐昌汉	21世纪俄罗斯东部发展战略和规划
9	张宗海	赵立枝	阿穆尔沿岸地区的中国人
10	张宗海	陈本栽	90年代上半期的中国与俄罗斯远东——地区合作问题
11	王复士	徐昌汉	条约条款业已确定
12	宿凤林	郝建恒	俄中与苏中经济贸易关系史
13	王 晶	高文凤	资本主义时代旅俄华工在远东
14	林树山	姚 风	大黑瞎子岛上的女真考古遗存

중국변강사지연구중심 사이트 / 東北工程 / 東北課題項目 (2004-6-4)

第一批档案类课题一览表				
编号	主持人	所在单位	课题名称	完成时间
1	吴元丰	中国第一历史档案馆	东北边疆历史档案选编·珲春衙门档汇编	2005.12
2	赵焕林	辽宁省档案馆	东北边疆历史档案选编·辽宁卷	2003.12
3	刘凤楼	吉林省档案馆	东北边疆历史档案选编·吉林卷	2003.12
4	田汝正	黑龙江省档案馆	东北边疆历史档案选编·黑龙江卷	2003.9

중국변강사지연구중심 사이트 / 東北工程 / 東北課題項目 (2004-6-4)

받도록 하였다. 나중에 4개 과제가 항목 설정 허가를 받았다.

5) 동북공정 위탁과제 선정 과정과 확정

5월 29일~6월 4일, "동북공정" 전문가위원회의 제3차 상무위원회가 베이징에서 개최되었다. 회의에서 전문가위원회 주임 마대정이 제출한 제1차 위탁류(委託類) 과제의 입항방안을 토론을 거쳐

통과시켜, 모두 14개 과제가 항목 설정 허가를 받았다. 동시에 회의에서 1개 연구 종류 입찰 과제를 철폐하였다. 14개 위탁과제에 대해서는 중국변강사지연구중심 사이트에 발표하지 않았지만『중국 변강사지연구』에 동북공정 실시를 주도하는 중국변강사지연구중심 연구원들이 맡은 위탁과제 5개 는 공개되었다. 9개 과제는 확인하지 못했다.

    (50) 馬大正 주관,「고구리 역사 속론」, "東北工程" 委託項目, 2002. 8.~2003. 6.

    (51) 厲聲 주관,「만주 3성 역사 공문서(唐雁) 개관」, "東北工程" 委託項目,
           2002. 8.~2003. 12.

    (52) 李國強 주관,「2차대전 이후 중조·중월 정치 관계 발견 비교 연구」,
           "東北工程" 委託項目, 2002. 8.~2004. 6.

    (53) 李大龍 주관,「한·당 번속 연구」, "東北工程" 委託項目, 2002. 8.~2003. 12.

    (54) 劉爲 주관,「한문 고적 조선 사료 정리」, "東北工程" 委託項目,
           2002. 8.~2003. 12.[9]

아주 중요한 주제들을 맡았다는 것을 알 수 있다. 뒤에서 보겠지만 마대정이 주관하는「고구리 역사 속론」은 고구리 역사침탈의 완결판이고, 이대룡의「한·당 번속 연구」는 고구리가 번속국이라는 이론을 구축하였다.

이렇게 해서 2002년 동북공정 연구과제는 모두 67개가 되었다.

    ①   기초연구 : 27편

    ②   응용연구 : 8편

    ③   번역과제 : 14편,

    ④   당안정리 : 4건

    ⑤   위탁과제 : 14건

---

9)   李國強,「在探索中開拓中國邊疆史地研究的新局面 — 中國邊疆史地研究中心20年來科研成就綜述」,『中國邊疆 史地研究』2003-3, 24~25쪽.

글쓴이가 2007년에 기초연구과제 27편만 가지고 동북공정을 분석했던 것은 동북공정에 관한 깊은 연구가 부족했기 때문이라는 것을 알 수 있다.[10]

3. 제2차 동북공정 및 고구리 학술연구토론회와 그 성격

1) 2차 동북공정 및 고구리 학술연구 토론회 개최
   (第二届東北邊疆歷史與現狀暨高句麗學術研討會)

7월 9~13일, 중국사회과학원 중국변강사지연구중심과 길림성사회과학원이 공동으로 주관하고, 만주 3성의 관련 연구기구와 대학이 협력한 "2차 동북 변강의 역사와 현상 및 고구리 학술연구토론회(第二届東北邊疆歷史與現狀暨高句麗學術研討會)"가 길림성 장춘과 통화에서 열렸다.

때 :   2002년 7월 9~13일(5일간)

곳 :   장춘시, 통화시.

주최 : 중국사회과학원 중국변강사지연구중심, 길림성사회과학원.

후원 : 요령성사회과학원, 흑룡강성사회과학원, 길림대학, 동북사범대학, 요령대학,

       연변대학, 북화(北華)대학, 길림사범대학, 장춘사범학원, 통화사범학원.

참가 : 만주 3성, 북경, 운남, 절강 등지에서 온 100명 남짓, 논문 70편.

이 회의는 동북공정이 조직된 이후 최초의 대규모 학술 활동이다. 만주의 역사와 영토를 연구하는 전문가와 연구기관을 동원하여 동북공정에서 언급한 학술이론 문제와 중대한 연구과제에 참여하는 학자들을 모아 동북공정의 목적이 무엇인지 분명하게 하달하고 동북공정의 연구과제의 성과를 점검하기 위한 중간발표였다.

개막식에서 중국사회과학원 공산당 당조 부비서장 진기명(秦其明)이 왕락림 부원장을 대신하여 서면으로 연설하였다. 중국공산당 길림성위원회 부서기이며 동북공정 지도소조 위원인 전철수(全

---

10) 서길수, 「중화인민공화국 동북공정 5년 성과와 전망」, 『高句麗研究』 29, 학연문화사, 2007.

全国第二届高句丽学术研讨会
于通化师范学院 2002.7.11

고구리 학술 연구토론회 참석자 (『중화인민공화국 고구리 학자와 연구 총론(綜述)』)
① 馬大正 ② 張福有 ③ 王綿厚 ④ 耿鐵華 ⑤ 李大龍 ⑥ 魏國忠 ⑦ 魏存成 ⑧ 李德山 ⑨ 孫仁傑 ⑩ 孫進己 ⑪ 孫泓

哲洙)와 요령성 부성장이며 동북공정 지도소조 위원인 조신량(趙新良)이 참석하여 차례로 연설하였다. 동북공정 지도소조 위원이며 전문가위원회 주임인 마대정이 주제 발언을 하였다.

2) 동북공정은 중국공산당과 정부의 정치적 프로젝트
— 우리 학술연구는 순수 학술연구가 아니고 국가이익을 위해 복무하는 학술연구다

(1) 중국사회과학원 상무부원장 왕락림의 연설

동북공정의 목적과 성격은 이미 2001년 6월 열린「동북 강역 역사와 현상 연구사업 좌담회(東北疆域歷史與現狀研究工作座談會)」에서 중국사회과학원 상무부원장 왕락림(王洛林)의 연설(講話)에서 자세히 보았다.[11] 그 연설에서 동북공정의 대상이 고구리뿐 아니라 (고)조선·부여·발해를 비롯하여 간도문제와 국경분쟁이라는 것을 아주 뚜렷하게 제시하였다. 그리고 이러한 문제는 중앙 공산당과 정부에서 만주지역 국경 문제를 비롯한 안보 문제로 다룬다는 점을 분명하게 하였다.

> 중앙은 줄곧 동북 지역의 개혁·개방과 곧 어떻게 동북 지구의 사회를 안정시키고 개혁개방을 심화시키는 데 좋은 내외부 조건을 만들어내느냐를 크게 중요시하였다. 동북 변강사와 현재 상황에 관한 연구를 강화하고, 아울러 동북 지역의 안정을 유지하고 개혁·개방을 심화하는 것은 아주 중요한 임무다. 그것은 학술적 과제일 뿐만 아니라, 중요한 정치적 임무다.[12]

아울러 그때 함께 발표한 동북공정의 연구와 조직 운영에 관한 지침을 보면 정치적 목적이 더욱 뚜렷하게 드러난다는 것도 보았다. 동북공정이 중국공산당과 정부가 적극적으로 추진한 것이라는 것은 동북공정을 실시한 첫해 처음 열린 '2차 동북 변강 역사와 현상 및 고구리 학술연구토론회'에서 중국공산당 길림성위원회 부서기 김철수(金哲洙)의 연설문을 보면 더 명확해진다.[13]

> 동북 변강 문제는 학술 문제일 뿐만 아니라 국가의 영토·강역·주권 같은 중대한 정치문제다. 지역적 문제일 뿐만 아니라 국가의 안전과 안정에 관련된 전면적인 문제다. 우리나라 국내의 문제일 뿐만 아니라 복잡한 국제관계와 관련된 중요한 문제이다. 우리는 학술적 필요뿐만 아니라 정치적으

---

11) 이 연설문이 실린『중국동북변강연구』에서는 2002년 연설한 것처럼 되어 있으나 대회 기요를 자세히 본 결과 왕락림은 2001년에 연설하였고, 2002년에는 만주 3성의 성장이나 공산당 서기가 구체적인 동북공정 실행에 관한 문제들을 시달하였다.

12) 王洛林,「加強東北邊疆研究, 促進學科建設」, 馬大正 主編,『中國東北邊疆研究』中國社會科學出版社, 2003, 4쪽.

<u>로 국가의 영토와 주권의 보전·국가 안전·변강 안정·민족 단결의 앙양을 위해서도 이 연구가 중요하</u>

<u>고 긴박함을 충분히 인식해야 한다.[14]</u>

이런 전제 아래 「정확히 처리해야 할 동북 변강 문제 연구의 몇 가지 관계」라는 지침에서도 같은 내용을 반복하면서 민감한 정치적 문제임을 더욱 강조한다.

> 정치와 학술의 관계를 잘 처리해야 한다. 실천 과정에서 동북 변강 문제는 그 자체가 바로 정치문제임이 증명되었다. 동시에 동북 변강 문제 연구는 학술 문제이기도 하다. 그러나 그것은 일반적인 학술 문제가 아니라 정치적으로 아주 민감한 학술 문제. 이런 문제성 학술연구에는 우선 강택민 (江澤民) 동지의 '3가지 대표(三個代表)' 중요사상[15]을 단호하게 관철해야 하고, 우리 역사 연구의 애국주의적인 영광스러운 전통을 발휘해야 한다. 국가와 인민의 근본 이익을 바탕으로 진실로 동북변강 역사와 현상 속에 나타나는 갖가지 문제에 확실하게 대답해야 한다. 특히, 영토주권과 변경 분쟁 문제에서 정치적 태도를 설명하여 갖가지 확장주의에 대해 투쟁하고 국가의 통일, 영토의 보존, 변강의 안정, 민족단결 등을 유지하고 보호해야 한다.[16]

이처럼 동북공정은 시작부터 중국공산당의 주도면밀한 기획 아래 시작되었다는 것을 알 수 있다. 그리고 동북공정을 총지휘하는 전문가위원회 주임 마대정의 「동북공정을 완수해 5개 의식을 수

---

13) 중국변강사지연구중심 공식 사이트 www.chinaboderland.com (현재 폐쇄), 「東北工程 大事記」2002年. 2002년 7월 9~13일 중국변강사지연구중심과 길림성사회과학원이 공동 주최하고 만주 3성 유관 과학연구 기구 및 대학이 협력한 '제2차 역사와 현상 및 고구리 학술연구토론회'가 길림성 장춘시와 통화시에서 열렸다. 이 회의는 「동북공정」이 조직한 첫 번째 대형 학술 활동으로 동북공정 과제에 참여한 각 기관과 전문가 100여 명이 참석하였다.

14) 全哲洙, 「開展東北邊疆問題研究的幾個問題」『中國東北邊疆研究』中國社會科學出版社, 2003, 7~8쪽.

15) 2000년 2월 25일 강택민이 광둥성을 시찰했을 때 중국공산당이 역사적 경험과 새로운 상황과 새로운 과업을 어떻게 이룩해 나갈 것인가를 종합적으로 설명한 것이다. 구체적인 내용은 ① 중국공산당이 늘 중화인민공화국 선진 생산력의 발전 요구를 대표하고, ② 늘 중화인민공화국 선진문화의 전진 방향을 대표하며, 늘 중화인민공화국 대다수 인민의 근본 이익을 대표한다는 것이다. '3개 대표'는 중국공산당의 기초이자 통치이념이다.

16) 全哲洙, 「開展東北邊疆問題研究的幾個問題」『中國東北邊疆研究』中國社會科學出版社, 2003, 9쪽.

립해야 한다.」[17]를 보면 더 구체적이고 목적이 뚜렷하다.[18]

첫째, 정치의식(政治意識)이다. 이 공정의 직접적인 목표는 국가의 장기적인 치안을 위한 것이고, 국가 통일, 민족 단결, 변경지역 안정이라는 큰 목표에 따른 것이다. 이 동북공정은 이런 정치의식으로 말미암아 수립되고 시작하기로 결정한 것이다. 우리가 종사하는 학술연구는 순수한 학술연구가 아니고 국가이익을 위해 복무하는 학술연구다. 둘째, 대세의식(全局意識)이다. 이 동북공정은 직설적으로 말하면 동북의 변강을 연구하는 것이다. 그러나 만주 변강은 중화인민공화국 변강을 만드는 부분임과 동시에 통일다민족국가를 이루는 뗄 수 없는 부분이다. ……첫째는 대세의식은 다민족을 통일한 국가라는 대세의식이고, 둘째는 세계 대세의식으로 우리에게 필수적인 각성(淸醒)인식이다.[19]

2001년 왕락림의 연설에 나온 의식과 같은 내용을 되풀이한 것이다.

(2) 길림성 부성장과 동북공정 전문가위원회 주임의 국가이익을 위한 학술연구

두 사람의 연설문에 나오는 중화인민공화국의 학술연구가 어떤 학술인지 아주 분명하게 지시하고 있다.

김철수 : 이 공정의 직접적인 목표는 국가의 장기적인 치안을 위한 것이고, 국가 통일, 민족 단결, 변경지역 안정이라는 큰 목표에 따른 것이다. 우리가 종사하는 학술연구는 순수한 학술연구가 아니고 국가이익을 위해 복무하는 학술연구다.

마대정 : 정치의식이다. 이 공정의 직접적인 목표는 국가의 장기적인 치안을 위한 것이고, 국가 통일, 민족단결, 변경지역 안정이라는 큰 목표에 따른 것이다. 우리가 종사하는 학술연구는 순수

---

17) 馬大正 主編, 『中國東北邊疆研究』, 中國社會科學出版社, 2003, 15~16쪽.

18) 이것은 바로 전문가위원회의 5가지 의식을 학자들에게도 그대로 요구하는 것이다.

19) 馬大正, 「關于 "東北邊疆歷史與現狀系列硏究工程"的幾個問題」, 『中國東北邊疆研究』, 中國社會科學出版社, 2003-3, 12~13쪽.

한 학술연구가 아니고 국가이익을 위해 복무하는 학술연구다.

이처럼 중국공산당이 중앙조직부터 지방 위원회까지 일관된 목적으로 추진되고 있는 동북공정에 대해 이에 대처해야 할 한국의 정부와 대응 기관의 판단은 중국공산당이 겉으로 내건 흑색선전 문구를 대변하는 식이었다는 것을 뒤에서 자세히 보겠다.

3) 2차 동북공정 및 고구리 학술연구토론회 발표논문

학술연구토론회는 1단계와 2단계로 나누어 1단계는 7월 9~10일 장춘에서 열리고, 2단계는 7월 11~13일 통화사범학원에서 열렸다.[20] 1단계는 2차 동북 변강 역사와 현상(동북공정)에 관한 학술토론회이고, 2단계는 전국 2차 고구리 학술연구토론회였다.

이 토론회에서 70편의 논문이 발표되었다고 했으나 발표자와 논문 제목을 알 수가 없었다. 최근 어렵게 인터넷 헌책방에서 사서 공수해 온 『2차 동북공정 및 고구리 학술토론회 학술논문집』에는 양군(楊軍), 위존성(魏存成), 무옥환(武玉環), 정니나(程尼娜), 의보중(依保中), 조영춘(趙永春) 같은 발표자의 논문 6편만 실려있어 발표자와 논문 제목을 알 수가 있었다. 그리고 『중국변강사지연구』(2002-9)에 실린 「2차 동북변강 역사와 현상 및 고구리 학술연구토론회 개요」에 발표자들 가운데 주의를 끌었던 간추린 내용을 통해서 28명을 확인할 수 있었다. 동북공정 2002년 선정과제를 중간 발표하는 발표자도 있고, 그밖에 새로운 논문이 더 많았다. 그 가운데 다음 해 나오는 『중국동북변강연구』에 실린 논문을 보면, 2002년 선정된 논문이나 발표 논문 가운데서도 탈락한 것이 있고, 이번 발표한 새 논문 가운데 선정되어 실린 것도 있고, 2002년 선정과제의 주제를 달리해서 실린 것도 있다. 글쓴이가 2007년에 분석한 논문[21]에는 2002년 선정한 논문만을 위주로 해서 정리했기 때문에 이번 기회에 가능한 한 더 자세히 분석해서 보강하려고 한다.

---

20) 章永林, 「"第二屆東北邊疆歷史與現狀暨高句麗學術研討會"第二階段會議在我院召開」, 『通化師範學院學報』, 2002.

21) 서길수, 「중화인민공화국 동북공정 5년 성과와 전망」, 『高句麗硏究』 29, 학연문화사, 2007.

(1) 동북공정 이론 문제

통일다민족국가론, 중화민족론에 입각한 국경과 영토 문제 이론으로 다음 3편의 논문을 들고 있다. 동북공정의 핵심적 목적이다.

1. 장벽파(張碧波) : 「기자와 기자조선 연구」(동북공정 2002)

2. 조영춘(趙永春) : 「치나 역사상 강역 문제에 관한 몇 가지 인식」(대회 논문집)

3. 왕경택(王景澤) : 「'변강'·'내지' 개념 및 역사상 치나 변강 특징에 대한 분석」(토론회 논문집). 「치나 '변강의 내지화' 문제 연구」(『중국동북변강연구』)

(2) 역대 왕조의 만주지구 경영과 개발

4. 정나나(程尼娜) : 「당나라 만주 기미부주에 대한 통할 관계 - 발해정권의 귀속 문제를 논함」(대회 논문집). 「만주 민족구역 설치 연구」(동북공정 2002), (『중국동북변강연구』)

5. 풍계창(馮季昌) : 사서에 기재된 당나라가 만주지구에 설치한 기미부주를 연구하여 506개의 부주군현(府州郡縣)이라고 보았다.

6. 이대룡(李大龍) : 「당조 만주 변강민족 관리기구의 연혁」

7. 무옥환(武玉環) : 「요나라의 발해 이민정책 논술」(대회 논문집), (『중국동북변강연구』)

8. 장걸(張傑) : 「청대 압록강 유역의 봉금과 개발 연구」(동북공정 2002)

9. 의보중(依保中) : 「민국시기 길림성의 논(水田) 개발정책」(대회 논문집), (『중국동북변강연구』)

(3) 고구리 연구 (수십 편 논문 가운데 집중적으로 논의된 논문)

10. 손진기(孫進己) : 고구리의 귀속을 확정하는 기준에 관한 연구

11. 유자민(劉子敏) : 『『삼국사기』 주석 및 연구」(동북공정 2002); 「공험진 위치 재고증에 관하여 - 어떤 한국 학자의 관련 견해를 중심으로」(『중국동북변강연구』)

12. 위국충(魏國忠) : 「발해국사」(동북공정 2002)

13. 왕면후(王綿厚) : 고구리의 기원에 관한 연구

14. 조덕전(曹德全) : 고이(高夷)에 관한 연구

15. 유거(劉炬) : 고구리의 개혁과 한화(漢化)

16. 위존성(魏存成) : 「고구리의 주요 유적과 분포」(대회 논문집), 『중국동북변강연구』

17. 서일범(徐日範) : 「압록강 이남 고구리 산성의 분포와 그 방위체계」(동북공정 2002), 『중국동북
    변강연구』

18. 장설암(張雪岩) : 고구리의 치레 거리(裝飾) 분류

19. 이수림(李樹林) : 고구리 사람의 모습이 있는 석각에 관한 연구

20. 강유동(姜維東) : 「고구리 연구에 있어서 몇 가지 문제」『중국동북변강연구』

21. 보평(步平) : 「흑룡강 통사」(동북공정 2002)

(4) 기타 민족에 관한 연구

22. 맹고탁력(孟古托力) : 「고죽국 석론(釋論)」『중국동북변강연구』

23. 양군(楊軍) : 「기씨조선에 대한 두 가지 문제」(대회 논문집)

24. 서덕원(徐德源) : 「역조 만주 변경 통치 연구」(동북공정 2002)

25. 손진기(孫進己)·손홍(孫泓) : 「거란·여진족이 중화민족으로 들어오는 과정 연구」

26. 손춘일(孫春日) : 「조선족이 중화민족으로 들어오는 역사적 과정 연구」

27. 유후생(劉厚生) : 「만주학(滿學)의 특징과 치나(Cina) 역사에서 차지한 지위」

28. 왕춘영(王春瑛)·왕탁(王卓) : 「한족 문화의 만주 변강문화 구성에 관한 연구」

(5) 중·조 관계 연구

29. 송혜연(宋慧娟) : 「1627년 후금과 조선의 '형제동맹(兄弟之盟)' 연구」

30. 유위(劉爲) : 「청대 중·조 왕래 사신단의 무역 활동」

31. 원굉광(苑宏光) : 「청나라 말기의 중·조 관계」

32. 초윤명(焦潤明) : 「국제법과 역사·현실 속의 중·조 국경분쟁 연구」

33. 왕복사(王復士) : 「조선의 불법 월경자 문제 연구」[22]

지금까지 파악한 33편 발표논문 가운데 2002년 동북공정 과제에 선정된 것은 모두 7편이다. 나머지는 크게 주목받지 못한 논문이거나, 연기한 논문이거나 탈락한 논문이다. 발표논문도 본디 선정될 당시 주제와 전혀 다른 것도 있고, 제목이 달라진 것도 여러 편 있어 5개월 사이에 큰 변화가 있었다는 것을 알 수 있다.

　70편의 논문이 발표되었기 때문에 2월에 선정한 주제 말고 새로운 주제가 더 많이 발표되었고, 이 연구토론회에서 새롭게 선정된 논문도 꽤 많았다는 것을 알 수 있다. 이 토론회에서 발표된 논문 가운데 동북공정 2002년 선정과제를 발표한 『중국동북변강연구』에 나온 논문은 다음 7가지다.

3. 왕경택(王景澤) : 「'변강'·'내지' 개념 및 역사상 중국 변강 특징에 대한 분석」(토론회 논문집). 「중국 '변강 내지화' 문제 연구」(『중국동북변강연구』)

4. 정나나(程尼娜) : 「당나라 동북 기미부주에 대한 통합 관계 - 발해정권의 귀속 문제를 논함」(대회 논문집). 「만주 민족구역 설치 연구」(동북공정 2002), 『중국동북변강연구』)

7. 무옥환(武玉環) : 「요나라의 발해 이민정책 논술」(대회 논문집), 『중국동북변강연구』)

9. 의보중(依保中) : 「민국시기 길림성의 논[水田] 개발정책」(대회 논문집), 『중국동북변강연구』)

16. 위존성(魏存成) : 「고구리의 주요 유적과 분포」(대회 논문집), 『중국동북변강연구』)

20. 강유동(姜維東) : 「고구리 연구에 있어서 몇 가지 문제」(『중국동북변강연구』)

22. 맹고탁력(孟古托力) : 「고죽국 석론」(『중국동북변강연구』)

　70편 논문을 다 파악하지 못했지만 적어도 위의 7편 논문은 발표회 이후 2002년 동북공정 과제로 추가되었다는 것이 확실하다. 1차 전문가위원회에서 선정하여 발표한 것으로 끝난 것이 아니라 계속해서 독려하여 새로운 논문을 발표하도록 하여 그 가운데서 더 추가하고, 이미 선정된 논문도 중간평가를 통해 상당수 탈락시킨 것을 알 수 있다.

---

22) 龍木(李大龍 별명), 「第二屆東北邊疆歷史與現狀暨高句麗學術研討會述要」『中國邊疆史地研究』 2002, 111~114 쪽 (中國社會科學院中國邊疆史地研究中心 編審).

4) 2차 동북공정 및 고구리 학술연구토론회 논의와 결의 사항

동북공정의 기본적 성격을 확실히 파악하기 위해서는 중국공산당(정부)이 이 대회에 참석한 학자들을 어떤 방향으로 이끌어 갔는가를 파악해야 한다. 대회에서는 다음과 같은 4가지 주제로 나누어 토론을 진행하였다. 회의를 총괄하여 발표한 결과를 보기로 한다.

(1) 「동북 변강 문제 연구」를 진행하는 자세

이 분과에서는 동북공정이 왜 중요하고 목적이 무엇인지를 뚜렷하게 한다.

> "동북 변강 문제는 ① 학문적 문제일 뿐만 아니라 국가영토·강역·주권에 관한 중대한 문제이며, 지역 문제이면서 국가안보와 안정에 관련된 전체적 문제다. ② 국내 학술 연구의 중대 과제이면서 또한 복잡한 국제관계의 중요한 문제와 관련이 있다. ③ 우리는 조국의 영토와 주권의 보전을 지키고, 국가 안전과 변경의 안정을 책임지며, 민족의 단결을 공고히 한다는 견지에서, 이 연구의 중요성·시급성·민감성을 충분히 인식하고, (중국공산)당과 국가 지도자들이 동북공정(동북변강 역사와 현상) 연구에 관하여 지시한 정신을 전체적으로 관철하여야 한다. 말보다는 성과를 내고 시대의 변화에 따라 앞으로 나아가 우리는 반드시 다음 일을 해내야 한다."[23]

동북공정은 영토를 지키고 국가 주권과 안전을 위한 연구임을 분명히 하고, 이 프로젝트는 중국공산당과 국가 지도자가 지시한 중요하고 시급하고 민감한 문제이므로 반드시 관철해야 할 일이다. 그러므로 다음 6가지 연구 원칙을 지시한다.

①　강택민 동지의 '3개 대표(三個代表)'를 단단히 관철하여 동북공정에 나타난 여러 문제에 대답해야 한다.

②　마르크스주의에 입각한 실사구시 연구를 해야 한다.

---

23) 楊雨舒, 「第二屆東北邊疆歷史與現狀暨高句麗學術研討會綜述」, 『中國邊疆史地研究』 2002-3; 楊雨舒, 「第二屆東北邊疆歷史與現狀暨高句麗學術研討會綜述」, 『社會科學戰線』 2002, 277쪽.

③ 이론을 실제와 연관하여 연구의 전반적 특성, 전진적 특성, 전략적 특성 같은 중대 문제에 연구를 집중해야 한다.

④ 학제간의 연구를 통해 새로운 학술적 성과를 내도록 노력해야 한다.

⑤ 각급 공산당위원회와 정부는 동북공정을 중시하고, 일반 인민들이 왜 나라가 많은 돈을 들여 동북공정을 진행하고 고구리 역사와 귀속문제를 연구하는지 깨닫게 해야 한다. 그러기 위해서는 많은 사람이 연구 결과를 쉽게 읽을 수 있는 책을 보급해야 한다.

⑥ 동북공정 연구에서 나온 경험과 교훈을 진지하게 매듭지어, 동북 변강의 경제·정치·문화의 역사적 특징을 깊이 분석하고, 민족단결을 더 강화하며 동북지역의 경제발전을 적극적으로 추진한다.[24]

(2) 변강이론을 강화해야 한다.

변강이론이란 영토와 국경에 관한 이론으로 중화인민공화국이 새로 만든 중화민족·통일다민족국가론에 부합한 논리를 개발하는 것이다. 앞에서 보았지만, 이 부분에 관해서 몇 편의 논문이 선정되어 연구·발표되었고, 이런 학술토론의 결과는 이렇게 마무리하였다.

'동북공정의 방향을 확실하게 정하기 위해 동북공정에 변강이론 연구공정을 추가'했다는 사실을 알 수 있다.

(3) 동북 강역과 민족의 형성·변천 및 귀속

만주 지역의 정체성에 대해 '만주와 몽골은 치나가 아니라는 설(滿蒙非中國說)', '만주는 중화인민공화국에 속하지 않는다는 설(東北不屬於中國)'에 대해 반박할 책임과 의무가 있다는 점을 강조한다.

대표들은 역사적으로 보나 현실로 보나 만주 강역은 모두 치나 영토와 떼어낼 수 없는 한 부분이고, 만주 각 민족은 모두 중화민족 대 가정의 한 일원이다. 사마천의 『사기』·반고의 『한서』를 비롯하여 만주의 역사를 언급한 정사에는 유기적 조성 부분으로 쓰여 있다고 의견을 모았다.

---

24) 楊雨舒, 「第二屆東北邊疆歷史與現狀暨高句麗學術研討會綜述」, 『中國邊疆史地研究』, 2002-3; 楊雨舒, 「第二屆東北邊疆歷史與現狀暨高句麗學術研討會綜述」, 『社會科學戰線』, 2002, 277쪽.

(4) 고구리 문제

고구리는 가장 오래된 소수민족 지방정권으로 고대 각 왕조에 예속되어 있다고 주장하고, 한국과 조선이 편협된 민족사상과 주체사상으로 (고)조선·부여·고구리·발해를 자기 역사라고 하고 있는데, 이를 심각하게 보고 대비해야 한다는 점을 강조한다.

> 토론회에 참석한 대표와 고구리 귀속 및 문화 문제에 관해 깊이 있게 파고 들어갔다. 고리(高麗)·
> 구리(句驪)라고도 부르는 고구리는 그 종족의 근원이 우리나라 고대 동북지역에 살던 예맥족 계통으
> 로, 그 주체 민족은 지금의 길림·장춘지구의 예맥족계(부여)와 혼강·압록강 유역의 예맥족계(고구리)
> 후예다. 우리나라 고대 동북지역의 소수민족 가운데 하나다. 고구리는 기원전 37년 세워져 668년
> 멸망할 때까지 28대와 705년을 이어왔는데, 그 시기는 서한·동한·위진남북조·수와 당나라 초기에
> 걸쳐 우리나라 역사에서 존속기간이 가장 긴 중앙왕조에 예속된 소수민족 지방정권이다.
>
> 고구리 문화는 자신의 선명한 특징을 가지고 있으면서, 역사 전적의 기록을 보거나 현재 남은 역
> 사유적을 분석해 보더라도 모두 중원 한문화가 고구리 문화에 끼친 영향이 뚜렷하게 나타나고 있어
> 중화민족의 찬란한 문화를 만드는 유기적 조성 부분이다. 위의 역사적 사실은 누구도 말살하거나
> 바꿔 쓰거나 부정할 수 없다.
>
> 토론회에 참석한 대표들은 현재 국외 관련 국가도 계속해서 고구리 문제 연구에 관심을 기울이고
> 있지만, 그 관점과 논조는 우리나라 학술계와 매우 동떨어져 있다. 그들은 끊임없이 학술영역에서
> 떠들어대고, 말썽을 부리고, 역사를 부정하기까지 하고, 흑백을 뒤집어 우리나라 요동·요서, 나아가
> 동북 지역이 모두 (고)조선의 옛땅이라고 보고, 부여·고구리·발해가 모두 조선의 고대 국가라고 보
> 는, 아주 편협한 '민족사관'과 '주체사상'을 가지고 있다. 위에서 본 주장에 대해 우리는 매우 중요
> 하게 봐야 하고, 대상에 관한 연구를 강화하고, 준비하여 뒤탈이 없게 하여(有備無患) 미리 대비해야
> 한다.[25]

동북공정이 시작되기 이전 각종 발표회와 토론회에서는 물론, 2001년부터 시작된 동북공정 기

---

[25] 楊雨舒,「第二屆東北邊疆歷史與現狀暨高句麗學術研討會綜述」,『中國邊疆史地研究』, 2002-3; 楊雨舒,「第二屆東
    北邊疆歷史與現狀暨高句麗學術研討會綜述」,『社會科學戰線』, 2002, 279쪽.

간에도 중국공산당은 학자들에게 끊임없이 지침을 내려 세뇌 교육을 하고 있다는 것을 알 수 있다. 중화인민공화국 학자들을 만나보면 중국공산당의 이런 정치 행동은 이제 체질화되어 아무렇지 않게 받아들이고 있다는 것을 알 수 있었다.

4. 2002년 동북공정 첫해 활동에 대한 총결산

1) 선정과제의 진행 상황과 문제점

먼저 과제들이 어떻게 진행되었는지를 보기로 한다. 총결산에서 "2002년 12월, 공정 사무실에서는 항목이 설정된 과제에 대하여 중간(中期) 검사를 하였다. 전체적으로 볼 때 과제 전개 상황이 상당히 좋았다."라고 평가하고 있으나 내용을 자세히 들여다보면 첫해의 결과는 그다지 좋지 않아 보인다.

> 선정된 과제 가운데 2002년 안에 끝내야 할 과제가 모두 25개였다. 그 가운데 연구과제가 11개, 번역과제가 14개였다. 지금까지 과제를 완성하여 동북공정 행정실에 보내온 항목이 모두 16개인데 그 가운데 연구과제가 7개, 번역과제가 9개로 완성해야 할 전체의 64%다. 제출하지 못한 9개는 이미 연기허가를 받아 2003년 3월에 완성될 것으로 보인다. ……전체적인 학술 수준은 높지만, 일부 문제도 있었다. 보기를 들면, 일부 개별적인 성과는 원래 제출한 계획서와 크게 다르고, 일부 성과는 학술적인 질을 한층 높여야 하며, 일부 과제의 최종 성과는 〈과제 관리 방법〉, 〈책임서〉, 〈편찬과 조판 격식에 대한 통일규범〉이 제시한 구체적인 요구를 제대로 지키지 못했다. 그리고 일부 전문가의 심사 의견은 적합하지 않은 것도 있었다. 그리하여 동북공정 행정실에서는 전문가위원회 상무위원회의 요구에 따라 같은 계통 전문가를 요청하여 이미 완성된 과제 성과에 대해 더 자세하게 평가·심의하는 작업이 이미 진행되고 있다.[26]

결과적으로 연구과제만 보면 27개 과제 가운데 11개 과제만 2002년에 마치게 되어 있는데 7개 과제만 제출하고 4과제는 연기했다는 것을 알 수 있다. 그리고 제출한 과제도 수준 미달인 것도 있고, 계획서와 다른 것도 있어 첫해의 성과는 좋지 않았다고 볼 수 있다. 선정된 과제 가운데 항목이 설정된 과제 가운데 연도를 넘는 과제가 모두 42개 있다.

중기 검사의 상황에 따르면 이런 과제들이 순조롭게 진행되고 있으며 대다수가 계획대로 완성될 것으로 짐작되지만 또 적지 않은 문제도 있다. 이런 문제점들을 아래와 같이 귀납할 수 있다.

① 일부 과제 소조는 경비를 추가하는 요구를 제출한다.

② 일부 과제 소조는 연기하여 완성하겠다고 신청한다.

③ 일부 과제 소조는 원래 설계, 과제 소조 성원, 글자 분량 등을 변경할 것을 요구한다.

집계에 따르면, 이미 마친 33개 중기 검사보고 가운데 14개 과제는 경비 추가 요구를 제출했고 추가금액은 모두 23. 16만 원[27](그중 2개 과제는 추가할 경비 금액을 제출하지 않았다.)이나 된다. 그리고 7개는 연기하여 완성하겠다고 요구하고, 6개는 일부 변경을 요구하였다. 위의 문제들은 과제 관리에 대한 관련 규정에 따라 전문가위원회에 보내 연구하도록 할 예정이다.[28]

2) 동북공정 자금의 형성과 첫해의 지출 내용

먼저 동북공정 기금이 어떻게 마련되었는지 보자.

'동북공정' 자금은 재정부의 특별경비(專項經費), 중국사회과학원의 중대과제경비(重大課題經費)와 중국공산당 흑룡강성위원회·중국공산당 길림성위원회·중국공산당 요령성위원회가 공동으로 조성한 특별경비에서 나온다.

그 가운데 재정부의 특별기금은 1,000만 위안이며, 해마다 200만 위안을 내어준다. 중국사회과학원의 중대 과제비용은 125만 위안으로 해마다 25만 위안을 내어주며, 중국공산당 흑룡강성위원회·중국공산당 길림성위원회·중국공산당 요령성위원회가 공동으로 조성한 특별기금은 모두 375

26) 中國邊疆在線 www.chinaborderland.com / 東北工程 / 經費管理 (2004-6-4).

27) 23. 16만 원은 23만 1,600원을 말한다. 단위가 만원 단위이기 때문이다.

28) 中國邊疆在線 www.chinaborderland.com / 東北工程 / 經費管理 (2004-6-4).

만 위안으로, 각 성은 해마다 25만 위안을 내어준다.[29]

전체 기금 :   1,500만 위안

재정부 :   1,000만 위안(5년간 해마다 200만)

사회과학원 :   125만 위안(5년간 해마다 25만)

만주 3성 :   375만 위안(각 성이 125만, 해마다 25만)

해마다 300만 위안씩 지급한다.

집계에 따르면 2002년도에 재정부로부터 실제로 조달한 경비가 200만 위안이었다. 길림성, 요령성에서 받아야 할 자금이 각각 25만 위안이고 그리고 흑룡강성에서 받을 자금 25만 위안도 아직 받지 못하고 있다. 중국사회과학원에서 받아야 할 25만 위안은 2004년에 함께 받기로 했다. 그리하여 실제 받아야 할 총액은 250만 위안에 달한다. 그 가운데 과제 경비로 지급한 총액이 245.6만 위안이고 행정지불로 쓰인 금액이 21.4만 위안이다. 그리하여 모두 272만 위안을 지불하고 남은 잔액이 22만 위안이다.

비록 아직 출연하겠다는 기관의 기금이 다 들어오지 않았지만, 결과적으로 보면 1년 예산 300만 위안보다 적게 사용하였다. 같은 홈페이지 다른 항목에서는 "2002년도 최종 항목 설정 과제가 67개였는데, 과제 경비가 286.25만 위안에 이르렀다."라고 해 1년 예산 300만 위안을 다 쓰지 못했다는 것을 알 수 있다.

---

29) 中國邊疆在線 www.chinaborderland.com / 東北工程 / 經費管理 (2004-6-4). 第二條 "工程"經費來源於財政部專項經費, 中國社會科學院重大課題經費和黑龍江省委, 吉林省委, 遼寧省委共同籌措的專項經費. 其中財政部專項經費1000萬元,每年撥付200萬元. 中國社會科學院重大課題經費125萬元,每年撥付25萬元；黑龍江省委, 吉林省委, 遼寧省委共同籌措的專項經費共計375萬元, 各省每年撥付25萬元.

II. 2003년 동북공정 2차년도의 진행과 1차년도 연구성과 분석

1. 2003년 3차 전문가위원회 회의와 동북공정 연구과제 15개 선정

1) 2003년 동북공정 2차년도 연구과제 선정

2003년 동북공정 연구과제 모집 공고를 낸 뒤 5월 15일까지 82개의 연구과제 신청이 접수되었다. 5월 20일, 동북공정 행정실은 2003년에 접수된 연구과제에 대한 예비선별 작업을 시작하였다. 8월 5~9일, 흑룡강성 흑하(黑河)에서 3차 전문가위원회를 열었다. 마대정이 2002년 공작 총결산과 2003년 공작상황을 보고하여 통과시키고, 려성이 2003년 과제 신청상황과 예비선발 상황 및 과제 심사에 관련 문제를 보고하여, 심의·통과시키고 15개 과제를 비준하였다. 2003년도(동북공정 2차연도) 연구과제로 선정된 연구과제는 다음과 같다.

〈표 1〉 2003년 동북공정 2차년도 선정 연구과제

편호	과제 이름	연구 책임자	소속기관
1	근대 이후 러시아·일본의 치나 만주 역사와 영토에 대한 조사연구	보평(步平)	흑룡강성사회과학원 요령성사회과학원
2	고구리 민족과 국가의 연변	양군(楊軍)	길림대학
3	청나라 말기 동북 변강의 조선족 이민과 "간도(間島)"문제 연구	의보중(衣保中)	길림대학
4	조선반도의 민족·국가의 기원 및 발전	이덕산(李德山)	동북사범대학
5	말갈·발해와 동북아시아 각 나라, 각 민족 관계사 연구	마일홍(馬一虹)	중국사회과학원
6	명나라 동북 강역 연구	양양(楊暘)	길림성사회과학원
7	명나라 시기 동북 변민(邊民)의 조선 이주에 관한 연구	사조화(謝肇華)	요령성사회과학원
8	고구리의 족원(族源) 및 강역	왕면후(王綿厚)	요령성박물관
9	동북 변강·강역 문제 연구	풍계창(馮季昌)	요령대학
10	발해 유적지 현황 조사 연구	팽선국(彭善國)	길림대학
11	러시아와 치나(Cina) 동쪽 변경 연혁 및 국경업무(界務) 문제 연구	이전훈(李傳勳)	흑룡강대학
12	변강의 이해 및 이해의 변강: 서양 변강 이론에 대한 지식·고고학 고찰	장세명(張世明)	중국인민대학 청사역사연구소
13	러시아 아태(亞太)정책의 추세 및 치나(Cina)·러시아 구역 협력	조립지(趙立枝)	흑룡강성사회과학원
14	연변지역 국제결혼 문제 연구	전상화(田相華)	길림성사회과학원
15	동북 변강지역 사회안정 문제 연구	정신철(鄭信哲)	중국사회과학원

2) 선정된 연구과제에 대한 간단한 분석

(1) 한국 고대의 기원

① 이덕산(李德山), 「조선반도의 민족·국가의 기원 및 발전」

(2) 고구리 문제

② 양군(楊軍), 「고구리 민족과 국가의 연변」

③ 왕면후(王綿厚), 「고구리의 족원(族源) 및 강역」

(3) 발해 문제

④ 마일홍(馬一虹), 「말갈·발해와 동북아시아 각 나라, 각 민족 관계사 연구」

⑤ 팽선국(彭善國), 「발해 유적지 현황 조사연구」

(4) 명나라 시기

⑥ 양양(楊暘), 「명나라 동북 강역 연구」

⑦ 사조화(謝肇華), 「명나라 시기 동북 변민(邊民)의 조선 이주에 관한 연구」

(5) 청나라 시기

⑧ 의보중(衣保中), 「청나라 말기 동북 변강의 조선족 이민과 "간도(間島)"문제 연구」

⑨ 보평(步平)[30], 「근대 이후 러시아·일본의 중국 동북 역사와 영토에 대한 조사연구」

(6) 현재 만주지역의 당면 문제

⑩ 전상화(田相華), 「연변지역 국제결혼 문제 연구」

⑪ 정신철(鄭信哲), 「동북 변강지역 사회 안정 문제 연구」

---

30) 1948年7月出生於北京, 中國社會科學院近代史研究所研究員, 曾任黑龍江省社會科學院副院長, 中國社會科學院 近代史研究所所長, 黨委書記. 主要研究方向是中日關系史, 東北亞國際關系史, 日本侵華史, 抗日戰爭史.

(7) 러시아 국경 문제

⑫　이전훈(李傳勳),「러시아와 중국 동쪽 변경 연혁 및 국경업무(界務) 문제 연구」

⑬　조립지(趙立枝),「러시아 아태(亞太)정책의 추세 및 중국·러시아의 지역 협력」

(8) 변강이론

⑭　풍계창(馮季昌),「동북 변강·강역 문제 연구」

⑮　장세명(張世明),「변강의 이해 및 이해의 변강: 서양 변강이론에 대한 지식·고고학 고찰」

　　선정된 과제를 보면 고대부터 현재까지, 그리고 변강이론까지 대부분 2개 과제를 뽑아 동북공정에서 지향하는 역사 새로 만들기 작업이 결코 고구리 문제만이 아니라는 것을 알 수 있다. 2003년 후반부터 한국에서 이처럼 전면적인 역사 만들기 작업의 틀 속에 한 자리를 차지한 고구리를 동북공정의 전부로 잘못 알고 대처했던 사실은 당시 한국 외교와 학술계의 패착이었다는 것이 드러난다. 2002년도에도 그랬지만 뜻밖에 러시아와의 국경 문제도 비중 있게 다루고 있다는 것을 알 수 있다.

2. 고구리·발해 문제 학술토론회(高句麗渤海問題學術討論會)

때 :　　　　 2003년 8월 23~24일(2일간)

곳 :　　　　 길림성 연길시

공동주최 :　 "동북공정" 행정실·연변대학 중·조·한·일문화비교연구중심(교육부 문과기지)

주관 :　　　 연변대학 중조한일문화비교연구소

참가 :　　　 25명(흑룡강성사회과학원, 흑룡강성문물고고연구소, 길림성문물고고연구소, 통화사범학원, 연변대학, 요령성박물관, 요령대학, 심양동아연구소, 정주대학 및 중국사회과학원 변강사지연구중심).[31]

---

31) www.chinaborderland.com

「고구리·발해 문제 학술연구토론회 기요(紀要)」[32]에서 "이 대회에는 특별히 대가래(戴可來) 교수를 초청, 「중·월(越) 관계사 연구 정황」을 소개하여 고구리·발해 문제의 시야를 넓힌 것이 가장 특색이었다."라고 평가하였다. 이 기요에서 간추린 발표자와 내용을 정리하면 다음과 같다.

1) 고구리 문제 연구

① 마대정(중국변강사지연구중심) : 종번관계와 기미정책 같은 부문의 연구가 미약한 것이 고구리 연구의 심화를 제약하는 중요한 요인이라고 보고, '귀속' 대신 '정위(定位)'를 쓸 것을 제시하였다.

② 박찬규(연변대학) : 학술계에서 천도 뒤의 고구리 역사 귀속문제에서 다른 의견이 있는 원인은 주로 '중(中)'과 '외(外)'민족과 정권을 어떻게 구분하느냐의 표준문제에서 아직 통일된 의견이 없기 때문이라고 보았다.

③ 유자민(연변대학) : '한 역사 두 나라 함께 쓰기(一史兩用)'를 계속 사용하기 어렵다고 보았다.

④ 왕면후(요령성박물관) : 고구리 민족의 기원·건국과 시조 주몽·역사강역 변천 같은 3가지 문제를 연구하여 고구리 역사를 자리매김할 3가지 요인을 확인하였다.

⑤ 서덕원(요령대학) : 고구리족의 언어 연구를 통해서 고구리 문화는 치나(Cīna) 경내의 소수민족 문화라고 보았다.

⑥ 이대룡(중국변강사지연구중심) : 현대 국제법과 강역 이론이나 현대의 국경으로 고구리 역사 귀속의 표준으로 삼아서는 안 되고, 당시 치나왕조의 강역 인식, 변강 민족 정권의 강역 인식, 치나왕조의 설립과 통치(設治) 같은 요소로 판정해야 한다고 보았다. 학자들의 인식에는 아직 여러 가지 차이가 있지만, 일반적으로 고구리에만 적용하는 것이 아니라 다른 변강 민족의 귀속이론에도 적용하는 것이 문제를 푸는 열쇠라고 보고 있다.

⑦ 려성·이방(李方) (중국변강사지연구중심) : 수·당이 고구리를 정벌한 원인을 깊이 연구하여 역대 왕조의 옛땅을 되찾고 천하 질서를 바로잡는 두 가지라고 보았다.

⑧ 박진석(연변대학교) : 4~5세기 동북아의 조공과 책봉 체계를 연구하는 것이 사람들이 역사상

---

32) 龍木, 「'高句麗·渤海問題學術研討會'紀要」『中國邊疆史地研究』 2003-9, 114쪽.

동북아 각 민족의 관계를 아는 데 도움이 된다고 보았다.

⑨ 경철화(통화사범학원) : 구리가 고구리를 줄여서 부르는 것이라는 해석에 대하여 이전 학자들이 잘못 인식한 것이라고 바로잡았다.

⑩ 서일범(연변대학) : 조선민주주의 인민공화국에 있는 고구리 옛 무덤의 정황을 소개하여 많은 학자의 관심을 끌었다.

10개 발표 논문 가운데 3편이 동북공정전문가위원회 마대정을 비롯한 중국변강사지연구중심의 연구원 논문이고, 4편이 연변대학 교수들의 논문이다. 중국변강사지연구중심에서는 동북공정 전문가위원회 주임 마대정이 고구리는 종번관계나 기미정책이라는 잣대로 보아야 한다고 강조하고, 중국변강사지연구중심 주임이며 동북공정 전문가위원회 부주임 려성은 고구리와 수·당의 전쟁은 침략이 아니고 옛땅을 되찾고 천하 질서를 바로잡는 일이라고 하였다. 그리고 동북공정의 모든 진행을 맡은 행정실 주임인 이대룡은 현재의 국제법과 국경으로 고구리의 귀속을 결정해서는 안 된다고 하며 평양 천도 뒤의 영역인 현재 조선민주주의인민공화국에 있다고 하여 조선의 역사라고 해서는 안 된다고 하였다. 다시 말해 '한 역사 두 나라 함께 쓰기(一史兩用)'는 안된다는 것을 분명히 한 것이다.

이러한 중앙의 지침에 대해 연변대 조선족 교수들은 이미 1999년 강맹산 교수가 발표한 '한 역사 두 나라 함께 쓰기'를 유지하기 위해 민족과 정권에 대한 표준문제나 예속관계가 거의 없던 4~5세기 조공과 책봉 문제를 언급하였으나 한족 교수인 유자민이 중앙의 지침과 같은 '한 역사 두 나라 함께 쓰기'는 더 쓰기 어렵다고 못을 박는 상황이 연출되고 있다. 앞에서 보았듯이 연변대학이 고구리는 조선사라고 할 때 유자민은 처음으로 책을 쓰면서 '한 역사 두 나라 함께 쓰기'를 주장했으나 1998년 정년퇴직한 뒤로는 완전히 중앙의 지침을 이행하는 선봉에 나선 것이다.

2) 발해 문제 연구

① 주국침(朱國忱, 흑룡강성문물고고연구소) : 말갈이 발해국의 주체 민족이라는 것은 이미 확정되어 의심할 여지가 없지만, 발해 왕실 대씨(大氏)의 족속에 대해서는 논쟁이 꽤 심하다고 보았다. 아울러 '고리의 별종'이란 의미, 문헌의 기재와 고고 자료 같은 여러 방면에서 발해

와 고구리 두 민족을 논증하였다.

② 이건재(길림성문물고고연구소) : 대씨를 백산말갈이라는 관점을 거듭 밝혔다.

③ 유자민(연변대학교) : '대조영은 고구리 사람(高句麗人)'이라는 관점을 갖가지 방면에서 반박하였다.

④ 엄장록(연변대학교) : 발해 문화는 고구리 문화에서 비롯되었다고 보았다.

⑤ 손홍(심양동아연구중심) : 발해 문화의 주체는 당 문화라고 보았다.

⑥ 정영진(연변대학교) : 비록 발해 문화가 여러 문화의 영향을 받았지만, 이전처럼 발해 문화이고 다른 이름을 대신 쓸 수 없다.

⑦ 방학봉(연변대학교) : 발해 도성과 장안성을 비교 연구하였다.

⑧ 김태순(흑룡강성문물고고연구소) : 발해 평민이 사는 정황을 연구하였다.

⑨ 위국충(흑룡강성사회과학원) : 발해국의 언어와 문자를 연구하여 발해 언어는 다양하고 다원적인 특징을 가지고 있으나 문자는 한자를 주로 썼다.

발해의 귀속 문제에 대해서 주국침은 발해국 주체가 말갈이라는 전제 아래 왕실의 정체성에 대해서 많은 논란이 있다는 현재 학계의 상황을 그대로 정리하였고, 이건재와 유자민은 대조영이 고구리 사람이라는 설을 전면적으로 부정하는 입장이다. 이 부분에 대해서 연변대 조선족 학자들은 의견을 내지 않지만, 연변대 교수였던 유자민이 강력하게 중국공산당(정부)의 지침을 대변하고 있다.

발해 문화에 대해서는 꽤 자유스러운 토론이 가능하다는 것을 알 수 있다. 손홍이 발해 문화는 당의 문화라고 주장하지만, 엄장록은 고구리 문화에서 비롯되었다고 하고 정영진은 발해 문화는 발해의 문화라고 해서 귀속 문제와는 달리 자유로운 의견제시가 가능했다고 본다.

전체적으로 보아 이번 학술대회는 동북공정을 진행하는 중국변강사지연구중심이 연변대학에서 고구리와 발해를 연구하는 학자들에 대한 정황을 파악하고 중앙의 지침을 정확하게 보여주기 위한 회의라고 할 수 있다.

3. 고구리 국내성 천도(집안) 2,000주년 기념과 제3차 전국 고구리 학술토론회(第三屆全國高句麗學術硏討會)

1) 대회의 개요

2003년 10월 9~11일, 중국변강사지연구중심·길림성사회과학원·중국공산당집안시위원회가 공동개최한 고구리 국내성 천도 2,000주년 기념 및 3차 전국 고구리 학술토론회를 집안시에서 개최하였다. 회의 기간 중 고구리 귀속·민족·문화 속성·국내성의 정확한 위치·고구리 연구에 존재하는 몇 가지 문제를 깊이 토론하였다. 마대정은 「고구리 역사연구에 관하여」를 보고하였다.

고구리 학술연구, 고구리 유적 세계문화유산 지정 촉진,
고구리 국내성 천도 2,000주년 기념

때 :   2003년 10월 9~11일(3일간)
곳 :   길림성 집안시 집안호텔
주최 : 길림성사회과학원. 중국사회과학원 변강사지연구중심

2) 중국공산당 길림성위원회 동북공정 총책임자의 연설(講話)

중국공산당 길림성위원회 선전부장 등개(鄧凱, 1959~)[33]의 연설문은 중국공산당이 9차 5개년(1996~2000) 기간 1차 역사침탈을 마치고, 2001년부터 2년간 동북공정을 실시하여 얻은 성과를 바탕으로 한 '고구리 역사에 대한 견해'를 정확하게 천명한 것이므로 길지만 머리 부분을 그대로 옮겨본다.

고구리족은 우리나라 고대 동북지방의 소수민족이고, 중화민족 대가족의 중요한 구성원이며 치나(Cīna, China) 역사에서 떼려야 뗄 수 없는 한 부분입니다.

하나의 지방정권으로서 고구리는 기원전 37년에 세워져 서기 668년 멸망할 때까지, 28대 왕 705년을 존재했는데, 이는 서한·동한·위진 남북조·수와 당조 초기에 걸치는 시기로 우리나라 역사에서 존속기간이 가장 긴 지방정권입니다.

등개(鄧凱)

하나의 문화로서 고구리는 지방 특색을 가진 화하문화(華夏文化)를 이루는 한 부분입니다.

하나의 왕국으로서 고구리는 우리나라 고대 동북지구에 있는 중앙왕조에 예속된 소수민족 지방정권입니다.

역사적으로 고구리 정권은 수도를 몇 차례 옮겼는데, 수도를 국내성(集安)으로 옮긴 것은 고구리 정권이 전성기로 나아가는 중요한 상징이었습니다. 그 뒤 20년도 채 되지 않아 동북 지역의 부여와 각 민족을 정복하고 고구리 정권이 일개 서한 왕조의 현에 속했던 후국(侯國)에서 차츰 세력이 강대한 고대 동북 소수민족 지방정권이 되었습니다. 고구리 700년 발전사는 중화민족 전체 발전사에서 일정한 역사적 지위를 차지하고 있습니다.

고구리 연구는 동북아에 대한 우리나라의 역사 주권에 관련하여, 우리나라의 영토 보전·변강 안정과 민족단결과 관련하여 사실을 왜곡하고 역사를 (속임수로) 고치는 것은 허용되지 않습니다. 따라서 고구리사 연구를 강화하는 것은 사회과학계 종사자들에게 중요한 임무이며 중요한 현실적 의의와 깊은 역사적 의의를 지닙니다. 제가 지난해 열린 '2차 동북 변강 역사 현상 및 고구리 학술 연구 토론회'에서 고구리 역사 및 동북 강역 역사를 연구할 때는 정확하게 몇 가지 관계를 잘 처리해야 한다고 했습니다. 곧 정치와 학술 관계를 잘 처리해야 하고, 역사와 현실 관계를 잘 처리해야 하고, 역

---

33) 1984년 중국공산주의청년단(共靑團) 길림성위원회 학교부 간사로 시작하여 2000년에는 중국공산당 길림성위원회 부비서장이 되고, 2001년 중국공산당 길림성위원회 선전부 부장이 된다. 이 연설(講話)을 한 2003년에는 중국공산당 길림성위원회 상임위원 겸 선전부 부장으로, 동북공정을 맡은 부서의 총책임자였다. 그리고 다음 해인 2004년부터 2001년까지는 연변조선족자치주 공산당위원회 서기까지 겸해서 맡았으며, 2018년 13차 전국인민대회 상임위원으로 승승장구한 공산당 실세 중의 실세다.

사와 혁신 관계를 잘 처리해야 하고, 역사와 발전 관계를 잘 처리해야 한다는 것이었습니다.

오늘 저는 고구리 연구에 대하여 몇 가지 바라는 바를 제시하고 전문가 여러분들과 교류하고자

합니다.[34]

그렇다면 중국공산당에서 학자들에게 바라는 것은 무엇인가? 표현은 바라는 것(希望)이라고 하지만 사실상 중국공산당의 지침이기 때문에 이 부분도 찬찬히 간추려 보기로 한다.

(1) '3개 대표' 사상을 써서 고구리 문제 연구를 지도해야 한다

강택민 주석의 '3개 대표' 사상은 이미 앞에서도 보았다. 여기서도 "고구리 연구는 국가의 안전과 안정 전반에 관련된 문제이고, 국가의 영토·강역·주권과 관련한 중대한 정치문제다."라고 강조하고 있다.

(2) 고구리 연구 인력 그룹을 만드는 데 힘을 쏟아야 한다

고구리 연구는 국가적인 중대 과제이지만 연구 인력은 턱없이 부족하고 분산되어 있어 후속 인재를 적극적으로 양성해야 한다.

(3) 고구리 연구기지 건설을 강화해야 한다

개인적 연구에서 집체적 연구로 전환할 시기가 왔다는 점을 강조한다.

(4) 고구리에 관한 지식을 보급하고 선전하는 공작을 강화해야 한다

학술적으로 연구한 결과가 논문 속에만 남아 있고 백성들이나 심지어 기층 공산당 간부조차도 고구리 역사에 대해 막연하게 알고 있거나 잘못된 관점을 갖고 있다며, 실제로 길림성 조직 전문가들이 『고구리 역사 지식』『길림 변강 역사 지식』같은 쉬운 읽을거리들을 출판했다는 것을 밝힌다. 그리고 "앞으로 길림성에서는 고구리 지식 훈련반을 열 예정이며, 특히 길림성의 문화 및 박물관 사업

---

34) 鄧凱, 「在'紀念高句麗遷都國內城(集安)2000周年暨第三屆全國高句麗學術研討會'上的講話」, 『東北史地』, 2004-1, 2004, 3쪽.

종사자는 고구리에 대한 지식을 습득하고 일할 수 있는 자격증을 소지하도록 하며, 다음 단계는 고구리 지식 보급사업을 지역 사회와 마을, 특히 접경 지역에 홍보하고, 지역 사회 사업의 중요한 정치적 과제로 삼는 것입니다."라고 하여 국가적 사업으로 고구리가 중화인민공화국의 역사라는 것을 일반화시키겠다는 계획도 발표하였다.

(5) 고구리 문제 연구의 정보 교류를 강화한다

현대는 정보화 사회이며 지식과 자원의 공유가 특징인 시대이므로 고구리 연구와 학술교류를 위한 플랫폼을 제공하고 효율적인 연구를 추진해야 한다는 점을 강조하였다.

위에서 본 바와 같이 고구리 연구와 동북공정은 순수한 학문 연구가 아니고 정치적이고 중국공산당이 국책으로 심혈을 기울이는 역사침탈이라는 것을 알 수 있다. 그리고 중국공산당 길림성 위원회와 정부는 중앙의 중국변경사지연구중심의 지도로 진행되고 있다는 것도 알 수 있다.

> 중국공산당 길림성위원회와 길림성 정부는 고구리 연구사업에 대한 지원을 더욱 강화함과 동시에 중국사회과학원 변강사지연구중심의 지도 아래 노력을 강화하고 이웃 성과 시와도 정보를 교류하겠습니다.[35]

4. 고구리 유적 세계문화유산 등재를 위해 국가적 총력을 기울었다

집안에서 열린 고구리 국내성 천도(집안) 2,000주년 기념과 제3차 전국 고구리 학술토론회는 집안과 환인의 고구리 유적을 유네스코 세계문화유산에 등재하려고 신청한 뒤 ICOMOS(국제기념물유적협의회)의 심사를 마치고 난 뒤이기 때문에 고구리 유적 세계유산 등재를 촉구하는 내용도 들어 있었다. 세계유산 등록의 결과는 이 학술대회의 주제인 귀속 문제에서 아주 중요한 자리를 차지하기 때문이다. 만일 2004년에 세계유산에 등재가 되면 세계가 고구리는 중화인민공화국의 역사라

---

35) 鄧凱, 「在'紀念高句麗遷都國內城(集安)2000周年暨第三屆全國高句麗學術研討會'上的講話」, 『東北史地』, 2004-1, 2004, 4쪽.

는 것을 인정하기 때문이다. 현장 분위기는 등재를 촉구하는 것이 아니라 등재가 될 것으로 보고 그에 관한 준비를 하고 있었다. 이하 세계유산 등재 과정과 준비과정을 자세하게 보기로 한다.

1) 조선의 고구리 유적 세계문화유산 등재 신청과 중화인민공화국의 대응

조선민주주의인민공화국(조선으로 줄임)이 2000년 고구리 무덤떼를 세계유산 잠정목록으로 제출하고, 이어서 2001년 정식으로 신청서를 제출하자 갑자기 고구리 유적에 대한 문제가 크게 떠오른다. 만일 조선의 고구리 무덤떼가 유네스코 세계유산으로 등재되어 고구리 역사가 Korea의 역사라는 것이 세계에 알려지면 지금까지 중화인민공화국이 힘을 기울이던 고구리의 치나(Cina, China) 역사 편입은 막강한 타격을 입기 때문이다.

중화인민공화국에서는 급히 문화부 부부장을 평양에 보내 중화인민공화국 영토 안에도 고구리 유적이 있으니 두 나라의 유적으로 공동 신청하자고 제안하였으나 북한 측은 이를 거절하였다. 그 뒤 중화인민공화국의 고구리사 편입 작전은 급피치를 올리게 된다. 반면에 북한은 잠정목록을 제출한 뒤 2000년 8월과 2001년 7월 두 번에 걸쳐 유네스코 자문위원단의 방문을 받고 신청서 작성에 대한 보조를 받는다.[36] 만일 잠정목록을 제출하고 등재신청서를 완벽하게 제출했다면 2001년에 이미 등재를 마쳤을 것이다. 그러나 국제기구에서 활동한 경험이 많지 않은 조선의 보고서에 부족한 점이 있어 유네스코는 다시 최종보고서 마무리를 위한 자문단을 파견하고, 조선은 그 자문을 바탕으로 2001년 정식 신청서를 제출한다. 그리고 2002년 1월 부족한 보충 자료를 제출하므로 해서 신청이 마감된 것이다. 〈표 2〉에서 중화인민공화국과 비교해 보면 중화인민공화국은 잠정목록을 제출한 다음 해에 모든 준비를 마치고 최종 신청을 마친 것과는 비교가 된다. 이것은 국제기구의 참여 경험과 국력의 차이라고 할 수 있다.[37]

---

36) Ariane Perrin, 「북한 고구려 고분군의 세계유산 지명 과정」 『高句麗研究』16, 2003, 33쪽.

37) 서길수, 「중국의 고구려 유적 세계유산 등재 신청의 현황과 전망」 고구리연구회 30차 국내 정기 학술발표회 발표논문집(2003. 12. 23.)

〈표 2〉 조·중 양국의 고구리 유적 세계유산 등재 추진 경과

연도	북한	중화인민공화국
1989. 11.		세계유산협약 가입
1998. 07.	세계유산협약 가입	
1999. 04.	유네스코 친선대사 히라야마 이꾸오(平山郁夫) 방문.	
2000.	5월, 유네스코 세계유산 잠정목록 제출 (고구리 무덤떼) 8월, 유네스코 자문단 방문	
2001. 01~10.	고구리 고분 신청서 제출 7월, 최종보고서 마무리를 위한 유네스코 자문단 방문	
2002.	*1월, 세계유산 최종자료 제출 *6월, 신청서 요구사항 완전 충족 인정 *ICOMOS 전문가 려주(呂舟, 중화인민공화국 청화대 교수) 현지 조사 실시	잠정목록 제출 (「고구리 수도, 왕릉과 귀족무덤」) 고구리 유적 보수·복원 정비
2003.	5월, 고구리 무덤떼 관련 추가자료 제출 7월 3일, 고구리무덤떼 등재 결정 연기	*1월, 세계유산 등재 신청 *3월, 세계유산 신청서 요구사항 충족 인정 *고구리 유적 보수·복원 정비 *9월 4~10일 ICOMOS 전문가 니시타니 타다시(西谷正, 일본 구주대 교수) 현지 조사 실시
2004.	*보충 자료 제출 *6월, 28차 총회에서 최종 등재 결정	*5월, 국제기념물유적협의회(ICOMOS) 평가 결과 공개 *6월, 28차 총회에서 최종 등재 결정

2002년 중화인민공화국은 급히 잠정목록을 제출하는 한편 완전한 신청서 작업을 위해 국가적인 노력을 동원한다. 2002년 6월 유네스코는 조선의 신청서가 요구사항에 완전히 충족하였다는 것을 인정한다. 그런데 바로 여기서 이해할 수 없는 일이 일어난다. 바로 조선이 신청한 고구리 유적 심사를 똑같은 고구리 유적을 잠정목록으로 신청하여 세계유산에 등재하려는 중화인민공화국의 학자인 청화(淸華)대학 여주(呂舟) 교수가 심사하였다는 것이다. 조선의 등재는 이미 이때 실패하도록 예정되어 있었다. 고구리사의 편입을 최대 현안으로 삼고 있는 중화인민공화국이 어떻게 조선의 고구리 유적을 정당하게 평가하겠는가? 조선의 고구리 유적을 심사할 ICOMOS 전문가로 중화인민공화국 학자가 뽑혔다는 것 자체가 중화인민공화국으로서는 외교적 승리고 조선 고구리 유적의 세계유산 신청 저지에 성공한 것과 마찬가지였다.

그러나 이러한 남북한이나 조선의 등재를 지원하고 있던 일본 관계자들은 중화인민공화국의 의도나 세계유산 결정 과정에서 일어나고 있는 전체적인 흐름을 제대로 읽지 못하고 있었다. 중화인민공화국이 고구리사를 중화인민공화국 역사로 편입시키기 위해 벌이고 있는 여러 가지 사업의 속내를 제대로 읽었다면 답이 바로 나왔는데 조선은 혈맹이라고 믿고, 남북한 학자는 국제기구의 파견단인 중화인민공화국 학자의 학자적 양심을 믿었을지 모른다.

ICOMOS가 중화인민공화국 학자를 심사관으로 보내고 그 결과를 가지고 북한의 고구리 유적 등재를 연기한 것은 명백한 절차상의 하자다. 만일 2003년도 중화인민공화국에 있는 고구리 유적 실사에 조선이나 한국의 전문가를 보냈다고 생각해 보면 알 수 있을 것이다.

2) 2003년 세계유산 등재를 위한 급작스러운 유적 정비

중화인민공화국은 2003년 1월에야 세계문화유산 등재를 신청하고 3월에 신청서 요구사항을 충족했다고 인정하자 대대적으로 유적 보수와 복원 작업에 들어간다. 9월 4~10일 ICOMOS 전문가의 현지 조사가 있으므로 그 6개월 사이에 모든 정비작업을 마쳐야 하기 때문이다.

예상대로 2003년 7월 3일 파리에서 열린 27차 세계유산위원회 총회에서 조선이 신청한 고구리 유적의 등재가 보류되었다. 그러므로 2004년에 중화인민공화국과 함께 나란히 다시 심사를 받게 되었다. 중화인민공화국으로서는 만일 2004년에 통과되지 않으면 조선만 등재되기 때문에 유적 정비와 복원에 그야말로 사력을 다했다.

(1) 오녀산성 발굴과 복원

환인 오녀산성은 이미 1996년부터 대대적인 발굴을 하고 있었다. 요령성문물고고연구소(遼寧省文物古考研究所)가 본계시박물관(本溪市博物館), 환인현문관소(桓仁縣文管所)와 함께 1996년 5월부터 1998년 10월까지 환인현(桓仁縣) 오녀산성(五女山城) 전체에 걸쳐 조사, 탐사, 측량 제도(測繪) 및 발굴하였는데, 건물터가 무더기로 발견되었고, 1,000점 남짓한 유물이 출토되었으며, 산성의 범위, 구조, 형국을 밝히는 중요한 성과를 거두었다.[38] 그러나 2003년 유네스코 등재를 위한 현지실사에 대비하여 대형집터와 초소 터 같은 것을 여러 곳 새로 발굴하였다.

2003년에 집중적으로 작업한 것은 일부 발굴과 동시에 유적을 보호하는 시설, 복원, 표지판 설치 같은 많은 작업이었다.

이어서 새로운 유물 진열관을 개관하였다. 이전에 있던 건물 겉모습을 깨끗하게 정리하고 색깔도 밝은색으로 칠했다. 8개 전시 구간으로 나누어 새롭게 많은 유물을 전시하고 있다. 다른 박물관에 간 유물이나 2003년 발굴한 유물도 전시하고 있다. 전시물의 90% 정도가 모두 새 유물로 전시하였다고 한다.

2003년 9월 4~10일 ICOMOS 전문가 니시타니 타다시(西谷正, 일본 구주대 교수)가 현지 실사하였다.

(2) 집안 지역의 유적 발굴과 정비

① 장수왕릉(장군총) : 서남쪽에 군부대가 들어 있어 능 앞의 경관이 아주 지저분하였다. 바로 이 군부대를 철수하는 것이 최대의 난제였다고 한다. 다행히 길림성 성장과 군부대 최고위급이 같은 집안이라 특별히 부탁해서 모두 철수했다고 한다.

② 국내성 : 가장 큰 변화는 서쪽 성벽인데 성벽과 통구강 사이에 있는 모든 집을 철거하고 발굴을 통해 새로 단장했다는 점이다. 이곳에는 충집(아파트)까지 있었는데 몇 달 만에 약 300호를 모두 철거하였다고 한다. 중화인민공화국만이 가능한 일이다.

---

38) 辛占山,「中國遼寧省高句麗城郭研究新資料-桓仁五女山城考古發掘重要成果」 제1회 구리시 고구리 국제학술회의 발표문집, 구리문화원, 2000. 10. 22.

③ 광개토태왕비와 광개토태왕릉 : 유적을 합쳐 하나의 유적권으로 만들었다. 그러기 위해 두 유적 사이에 있는 인가 400호 정도를 이주시키는 데 많은 비용이 들었다고 한다. 원래 국가에서 1㎡에 1,500위안을 내려보냈다고 한다. 그렇다면 한 평에 67만 5,000원이니 중화인민공화국 현실에서는 상당히 비싼 가격이다. 그런데 집안시에서 실제 지급한 금액은 1㎡에 많은 것이 700위안(10만 5,000원)을 주어 주민들의 불만이 컸다고 한다.

국가에서는 이번 유적정화사업에 돈을 아끼지 않았다. 집안시에만 3억 위안 또는 3억 900위안의 예산이 지급되었다고 한다. 우리 돈으로 하면 450억~584억 원이 되는데 두 나라의 소득 차이나 물가를 생각하면 엄청난 금액이다.

광개토태왕 유적은 태왕비 쪽으로 들어가게 되어 있다. 우선 태왕비는 지난날의 비각을 그대로 살렸으나 방탄유리로 4면을 모두 막아 가까이서 관찰하기가 불가능해졌다. 비바람에 노출되어 훼손되는 것을 막는다는 점에서 바람직하다고 할 수 있다. 사실 더 바람직한 것은 원 비석은 박물관 같은 실내에 보관하여 학술적인 목적으로만 사용하고 똑같은 복제품을 만들어 누구나 쉽게 접근하고 마음대로 사진을 찍게 하는 것이 바람직하다.

잘 포장된 길이 이 유적 앞뒤로 나 있어 북쪽 길로 가면 바로 춤무덤과 씨름무덤으로 이어진다.

④ 춤무덤(舞踊塚)과 씨름무덤(角觝塚) : 나란히 붙어있는 이 두 무덤은 태왕릉에서 북쪽으로 우산을 바라보면, 그 사이 과수원에 자리 잡고 있다. 태왕릉 뒤에서 이 두 무덤으로 이어지는 포장도로를 새로 낸 데다 주차장까지 마련하였다.

⑤ 칠성산의 대형무덤 : 211호와 871호 같은 특대형 왕릉을 잘 정비하였다.

⑥ 마선구의 무덤들 : 천추릉 주변을 집들이 빽빽하게 둘러싸고 있었고 무덤돌 바로 옆까지 농사를 지어 옹색하기 그지없었다. 세계유산 등재신청 이전에는 길에서 마을을 상당히 지나쳐야 다다랐는데 지금은 길에서 바로 옆에 있듯이 깨끗하게 정리하였다. 상당수의 인가를 철수시킨 것이다.

⑦ 미천왕릉(서대묘) : 새로 정비하여 계단식 모서리 같은 시설이 잘 정비되어 있다. 길에서도 멀리 바라볼 수 있다.

⑧ 626호 무덤은 길에서 보이지 않았으나 2100호 무덤은 바로 길가에 있어 쉽게 볼 수 있었다.

⑨ 산성하무덤떼 - 1993년 이미 정비를 했기 때문에 커다란 변화는 없었지만 형제무덤, 꺾인 천장무덤 같은 주변을 정비하였고, 산성자마을로 가는 길이 이 무덤떼를 지나갔었는데 과감하게 강 쪽으로 돌아가도록 바꾸어 산성하무덤떼의 모습이 한결 좋아졌다. [39]

중화인민공화국은 조선민주주의인민공화국이 신청한 고구리 유적의 유네스코 세계유산 등록을 적극적으로 막고 급히 서둘러 중화인민공화국 영토 안에 있는 고구리 유적을 정비하여 세계유산으로 등재 신청한 것은 평양 부근 고구리 유적이 등재되면 '고구리 문화는 Korea의 문화'라는 것을 세계에 알리는 계기가 되기 때문이다. 반대로 만일 중화인민공화국이 신청한 고구리 유적만 등재되면 온 세계가 '고구리는 중화인민공화국의 역사'라고 알게 되는 중대한 계기가 되기 때문이다. 그러므로 이 문제는 단순히 세계문화유산에 등록이 되느냐 안 되느냐 하는 문제가 아니라 고구리 역사가 어느 나라에 속하느냐 하는 문제가 되는 것이다. 그 결과에 대해서는 다음 마당(세 번째 마당)에서 자세하게 다루겠다.

5. 동북공정 2002년 선정 연구과제의 성과 분석

1) 《동북변강연구(東北邊疆研究)》 총서 9권 출간

2002년 2월에 선정된 「동북공정」 연구과제는 앞에서 보았던 7월 장춘에서 열린 제2차 동북 변경의 역사와 현상 및 고구리 학술토론회(第二屆東北邊疆歷史與現狀暨高句麗學術研討會)에서 중간발표를 거쳐, 여기서 발표된 논문들을 선정하여 보강하게 한 뒤 《동북변강연구(東北邊疆研究)》 총서로 출판되었다.

《동북변강연구》 총서는 「동북공정 = 동북 변강의 역사와 현상에 대한 계열연구 공정」의 2대 연구인 기초연구와 응용연구 가운데서 기초연구 과제의 성과를 모아서 출판한 것이다. 전체 9권 가운데 2003년에 6권이 나왔다. 이 시리즈는 모두 권위 있는 중국사회과학출판사에서 출판하였다.

---

39) 이상은 글쓴이가 2003년 9월 26일과 27일 현지 조사 뒤 기록한 것이다. 환인 오녀산성은 개방했으나 집안은 그때까지도 유적에 접근이 불가능해 차로 다니면서 현상만 파악하고 사진은 11월 29일~12월 2일 다시 가서 촬영하였다.

① 耿鐵華,『호태왕비 1580년 추모(好太王碑一千五百八十年祭)』, 2003-1.

② 馬大正 主編,『중국 동북 변강 연구(中國東北邊疆研究)』, 2003-8-1.

③ 李德山·欒凡,『중국 동북 옛 민족 발전사(中國東北古民族發展史)』, 2003-8.

④ 馬大正 主編,『고대 중국 고구리 역사 속론(古代中國高句麗歷史續論)』, 2003-10.

⑤ 張鳳鳴,『중국 동북과 러시아(소련) 경제 관계사(中國東北與俄國(蘇聯)經濟關系史)』, 2003-1.

⑥ 王曉菊,『러시아 동부 이민·개발 문제 연구(俄國東部移民開發問題研究)』, 2003-9-1.

① 『호태왕비 1580년 추모』는 〈2002년 동북공정 선정 과제번호 ③〉의 결과물이다.

② 『중국 동북 변강 연구』는 〈2002년 동북공정 선정 과제〉 가운데 논문형식으로 제출된 성과물을 모아 논문집으로 낸 것이다.

③ 『중국 동북 옛 민족 발전사』는 〈2002년 동북공정 선정 과제번호 ⑨〉의 결과물이다.

④ 『고대 중국 고구리 역사 속론』은 〈「동북공정」이 중국변강사지연구중심에 위탁한 과제 ㊺〉[40]의 결과물이다.

⑤, ⑥은 러시아와 관계되는 과제다. ⑤『중국 동북과 러시아(소련) 경제 관계사』는 〈2002년 동북공정 선정 과제번호 ④〉의 결과물이고, ⑥『러시아 동부 이민·개발 문제 연구』는 〈2002년 동북공정 선정 과제번호 ⑦〉의 결과물이다.

---

40) 「동북공정」에서 특별히 따로 중국변강사지연구중심 임원들에게 위탁한 과제는 모두 5가지다. 45. 馬大正,『高句麗歷史續論』("東北工程"委托項目), 2002年立項, 2003年完成; 46. 厲聲主持,『東北三省歷史檔案槪覽』("東北工程"委托項目), 2002年立項, 2003年完成; 47. 李國强主持,『二戰以後中朝, 中越政治關系發展比較研究』("東北工程"委托項目), 2002年立項, 2004年完成; 48. 李大龍主持,『漢唐藩屬研究』("東北工程"委托項目), 2002年立項,2003年完成; 49. 劉爲主持,『漢文古籍朝鮮史料整理』("東北工程"委托項目), 2002年立項,2003年完成. (www.chinaborderland.cass.cn/課題管理/(發布時間：2004-6-4 9:56:2) :1987-2002年度院, 所重點課題完成情況)

2) 동북공정 2002년 선정과제 발표논문집『중국 동북 변강 연구』

앞에서 본 ②『중국 동북 변강 연구』에는〈2002년 동북공정 선정과제〉가운데 논문형식으로 제출된 논문이 실렸다. 책에서는 22편의 논문을 모두 5개의 연구주제별로 정리하여 발표하였는데 정리해 보면 다음과 같다. ❶~㉒는 논문집에 실린 논문이고, 논문 아래〈①~㉗〉같은 숫자는 중국변강사지연구중심 홈페이지에 발표했던 2002년 선정 과제번호다.

(1) 중국 강역 이론 편(中國疆域理論篇)

❶　焦潤明,「국경 쟁의 해결 법리 원칙(解決邊界爭議的法理原則)」

⑯　焦潤明,「국제법과 중·조 국경분쟁 문제(國際法與中朝邊界爭議問題)」

❷　王景澤,「중국 "변강 내지화" 문제 연구(中國"邊疆內地化"問題研究)」2002년『토론회 논문집』

(2) 역대 변강 통치론(歷代邊疆治理論)

❸　李大龍,「교위에서 도호까지: 당대 동북 변경 민족관리기구 변천(由校尉到都護: 唐代東北邊疆民族管理機構的演變)」2002년 토론회 발표 논문

❹　程妮娜,「당조 동북 기마부주에 대한 통할 관계 -발해정권의 귀속문제를 논함(從唐朝對東北羈縻府州的統轄關係 -論渤海政權的歸屬問題)」

⑭　程妮娜,「동북 민족 구역 설치 연구(東北民族區域設置研究)」

❺　武玉環,「요조의 발해이민 정책(遼朝的渤海移民政策)」

㉒ 武玉環, 「발해 이민 통치와 귀속 연구(渤海移民的治理與歸屬研究)」

❻ 張傑·王虹, 「명나라 초 주원장의 철령 이북 옛 원나라 옛 강토 경
영 시말·명과 고리의 국경 교섭도 아울러 논함(明初朱元璋經營鐵
嶺以北元朝舊疆始末·兼論明與高麗的界務交涉)」

㉓ 張傑, 청대 압록강 유역 봉금과 개발 연구(淸代鴨綠江流域的封禁
與開發研究)

(3) 동북 변강 민족·문화편

❼ 孟古托力, 「고죽국 석론(孤竹國釋論)」 2002년 『토론회 논문집』

❽ 宗岩, 「조선의 기자릉과 단군릉(朝鮮的箕子陵與檀君陵)」

❾ 李春燕·王卓, 「한족 문화가 만주 변경에서 변강 문화로 발전하는 과정에서 생긴 역사 작용
(漢族文化在東北邊疆文化發展中的歷史作用)」

❿ 邴正, 「이 시대 사회발전과 치나 만주 사회 구조의 변천(唐代社會發展與中國東北社會結構的
變遷)」

㉖ 邴正, 「만주 변강 다민족의 문화 교류와 융합(東北邊疆多民族文化交流與融合)」

(4) 고구리 역사편

⓫ 姜維東, 「고구리 연구에 있어서 몇 가지 문제(高句麗研究的若干問題)」 2002년 토론회 논문

⓬ 祝立業, 「남북조시기 고구리 왕국의 내외정책(論南北朝時期高句麗王國的內外政策)」

⓭ 孫玉良, 「당의 고구리 정복 동기와 효과(唐征高句麗的動機與效果)」

⑬ 孫玉良, 『간명 고구리사(簡明高句麗史)』

⓮ 孫玉良·孫文範. 「신중국의 고구리 고고에서 얻은 몇 가지 수확에 대한 약술(簡述新中國高句
麗考古的幾點收穫)」

⓯ 魏存成, 「고구리의 주요 유적과 분표(高句麗的主要遺跡與分布)」 2002년 『토론회 논문집』

⓰ 徐日範, 「압록강 이남 고구리 산성의 분포와 그 방위체계(鴨綠江以南的高句麗山城分布及其
防禦體系)」

㉔ 徐日範, 『압록강 이남 고구리 유적 조사연구(鴨綠江以南的高句麗遺址調査研究)』

(5) 주변 지구와 중화인민공화국 동북과의 관계 편(周邊地區及與中國東北關係篇)

⑰ 李德山,「삼한고(三韓考)」

⑱ 劉子敏,「"공험진 위치 재고증에 관하여-어떤 한국 학자의 관련 견해를 중심으로 (關于"公嶮鎮"位置的再考證 - 以與某些韓國學者的相關說法)」

⑱ 劉子敏, 朴燦奎,『삼국사기』주석 및 연구 (『三國史記』詳注及研究)」

⑲ 劉爲,「종번관계에서 공사(貢賜)와 무역 - 청대 중조 조공무역 연구(II)(宗藩關係下的貢賜與貿易—清代中朝朝貢貿易研究之二)」

⑳ 胡玉海,「중일 만주철도 '평행선'교섭에 대한 분석(中日滿鐵"平行線"交涉評析)」

⑪ 胡玉海, 민국 시기 동북 지방 정부 변경통치 연구(民國時期東北地方政府治邊研究)

㉑ 王慶祥,「偽滿時期東北邊境紛糾的態勢和原因述略」

㉗ 王慶祥, 만주국 시기 동북의 국경 충돌과 국경 교섭 연구(偽滿時期東北邊界衝突與界務交涉研究)

㉒ 王文峰,「새로 발견한 일본의 중화 침략 범죄증거 — '건국신묘'터 발굴 및 '천조대신'(日本侵華罪證的新發現—"建國神廟"遺址的發掘及"天照大神")」

이상 2003년에 발표한 2002년 선정과제를 분석해 보면 2002년에 선정한 27개 과제 가운데 ① 경철화(耿鐵華),『호태왕비1580년 추모』, ⑧ 위국충(魏國忠),『발해국사』, ③ 이덕산(李德山),『중화인민공화국 동북 옛 민족 발전사』 같은 3가지 주제가《동북변강연구》총서로 출간되었다. 그 가운데 『발해국사』는 3년이나 늦게 출간되었으며, 2002년 선정과제에서 비슷한 주제인 ⑧ 주국침(朱國忱), 「발해사론(渤海史論)」도 『발해국사』로 통합되어 공동 저자가 되었다. 그렇게 보면 4가지 선정과제가 3권의 책으로 나왔다고 할 수 있다.

논문으로 제출해서『중국 동북 변강 연구』에 실린 과제는 10편이다. 대부분 제출했던 과제 이름과 달리 변경한 주제들이었고, 저자는 같지만, 완전히 다른 내용을 쓴 일도 있다. 보기를 들면 ⑬ 손옥량(孫玉良),『간명 고구리사(簡明高句麗史)』의 경우는 이미 한국에서 출판된 책을 번역하려고 하였던 것으로 보이나 실패하고 결국은「당의 고구리 정복 동기와 효과(唐征高句麗的動機與效果)」라는 전혀 다른 논문을 제출하였다. 앞에서 연구과제 진행 보고에서 "일부 문제도 존재한다. 보기를 들면 일부 개별적인 성과는 원래의 연구계획과 매우 다르다. 또한 일부 개별 성과는 학술적인 질을 더 높여야 하며, 일부 개별 과제의 최종 성과는 《과제 관리 방법》·《협약서(責任 書)》·《편찬 및 조판 격식에 대한 통일규범》의 구체적인 요구를 잘 지키지 못하였다."라고 한 것처럼 수준이 높지 않은 신청과제는 중간 검사에서 탈락하였다는 것을 알 수 있다. 27과제 가운데 논문으로 10과제, 책으로 4과제가 통과되었으므로 나머지 13과제는 탈락한 것이다(일부 연기된 것도 있다). 이는 처음 실행하는 프로젝트에 갑자기 신청하면서 연구 수준이 높지 않은 결과가 나왔다고 볼 수 있으며, 중간심사도 까다로웠다고 볼 수 있다. 새로 실린 11개 과제는 7월에 있었던 중간발표에서 우수한 논문이 더 뽑힌 것으로 보인다.

결과적으로 2002년도 「동북공정」 선정과제 22편은 다음과 같이 분류되었다.

① 치나(Cīna) 강역 이론편 : 2편
② 역대 변강 통치편 : 4편
③ 동북 변강 민족·문화편 : 4편
④ 고구리 역사편 : 6편
⑤ 주변 지구와 치나(Cīna) 동북과의 관계편 : 6편

뜻밖에도 고구리 역사문제는 5분의 1도 안된다. 한국 학계에서 동북공정을 고구리사 왜곡으로 범위를 너무 좁게 잘못 보았다는 것을 알 수 있다.

6. 동북공정 1단계 역사침탈의 완성『중국 고대 고구리 역사연구 속론』

1) 2003년 동북공정 최대의 성과『중국 고대 고구리 역사연구 속론』

동북공정 1단계(2002~2003)에서 거둔 성과 가운데 가장 큰 것은『중국 고대 고구리 역사연구 속론』[41](이하『속론』으로 줄임)을 출판한 것이다.『속론』은 동북공정 실시를 주도하는 중국변강사지연구 중심 연구원들이 맡은 위탁과제 5개 가운데 전문가위원회 주임 마대정이 직접 주관하는 프로젝트의 결과물이다.

> (50) 馬大正 주관,「高句麗歷史續論」,"東北工程" 委託項目, 2002. 8.~2003. 6.[42]

이 책은 고구리 역사침탈의 완결판이라고 할 수 있다. 1차 역사침탈 기간(1996~2000)에『고대 중국 고구리 역사 총론』(이하『총론』으로 줄임)으로 1차 고구리사 침탈을 마친 뒤 이어서『속론』으로 마무리한 것이다.

『속론』은 마대정이 주관하여 이대룡, 경철화, 권혁수, 화립이 집필하였는데, 그 가운데 권혁수는 조선족 학자로 주로 남북한의 고구리 연구 경향을 썼고, 화립은 일본의 고구리 연구현황을 썼으므로 실질적인 내용은 다음 3명이 나누어 썼다.

마대정 : 머리말, 연구편(2장), 꼬리말
이대룡 : 이론편, 역사편 상(1, 2, 3, 4장), 연구편(3장)
경철화 : 역사편 상(5장), 역사편 하, 연구편(1장)

---

41) 馬大正 主編,『古代中國高句麗歷史續論』中國社會科學出版社, 2003-10. (서길수 옮김,『동북공정 고구리사』사계절, 2006). 이하 내용은『동북공정 고구리사』첫머리에 나오는 옮긴이 해설「동북공정 고구리사의 내용과 성격」을 간추린 것이다.

42) 李國强,「在探索中開拓中國邊疆史地研究的新局面—中國邊疆史地研究中心20年來科研成就綜述」『中國邊疆史地研究』2003-3, 24~25쪽.

『속론』   『속론』번역본

이하 그 내용을 간추려 보고, 그들이 고구리사를 어떻게 침탈해 갔는지 보기로 한다.

2) 마대정 : 고구리 연구는 정치가 아닌 학술로 접근해야 한다

이 책의 머리말을 대신해서 쓴 「고구리사 연구 문제에 대하여 다시 논한다」는 13쪽밖에 안 되는 내용이지만 동북공정을 진행하는 당사자들의 비판과 제언이라는 측면에서 눈여겨볼 필요가 있다.[43]

① 동북공정을 실시하는 초기에 비해 상당히 자신감이 있는 표현들이 많이 나오고 있다. 보기를 들어 "한반도의 남북학계가 고구리사가 치나(Cīna) 고대 역사의 일부분임을 부인하는 것에 대해 분명히 반대한다. 그러나 상대방이 우리의 관점을 받아들이도록 강요해서는 안 되며 학술적 규범과 국제관례에 부합하는 정상적인 학술교류와 논쟁을 전개해야 한다."라고 하며 학술교류와 논쟁을 제안하고 있다.

② 폐쇄적인 연구 경향을 벗어나 적극적인 연구와 대처 방법을 예고하고 있다. 사진이나 도판

---

43) 이하 馬大正 主編, 『古代中國高句麗歷史續論』 中國社會科學出版社, 2003-10(서길수 옮김, 『동북공정 고구리사』, 사계절, 2006), 1~13쪽 참고.

공개를 극히 꺼리던 중화인민공화국이 스스로 도록을 발행한다고 한다. 이것도 자신감을 표시한 것이다.

③ 사전과 교과서에 나오는 고구리에 관한 내용을 새롭게 고치겠다는 의지를 분명히 표시하였다.

④ 이처럼 이미 고구리사에 대한 침탈을 마치고, 이를 기정사실로 만들기 위해 학술적 해결을 주장한다. 국내에서는 중국공산당을 주축으로 정치적 1차 침탈을 마치고 대외적으로는 학술적 교류를 포장해 이미 훔쳐 간 역사를 기정사실화 시키려는 것이다. 이처럼 교류와 논쟁을 제안한 것은 고구리 연구에 대한 상당한 자신감을 표시한 것이다. 그리고 실제로 2004년 한국에 학술교류를 요청한다.

한반도 남북 양국의 역사문화 전통과 민족 감정을 존중하고, 한반도 학계의 고구리사 연구가 우리나라 학계와는 다른 입장과 다른 관점이 있다는 사실을 인정해야 한다. 우리는 한반도의 남북학계에서 고구리사가 치나(Cina) 고대 역사의 일부분임을 부인하는 것에 대해 분명히 반대한다. 그러나 상대방이 우리의 관점을 받아들이도록 강요해서는 안 되며 학술적 규범과 국제관례에 부합하는 정상적인 학술교류와 논쟁을 전개해야 한다. 고구리사 문제에 있어 우리 학계와 한반도 남북학계의 엇갈린 주장(分岐)과 논쟁은 학술과 역사의 문제로 보아야 하며 정치화는 피해야만 한다. 우리는 냉정하고 객관적인 태도를 유지해야 하며 학술연구와 정치문제 그리고 역사연구와 현실 관계를 분리하는 원칙을 견지해야 한다. 차분하게 연구하고 과학적인 연구 결론들을 국제 학계에 제공함으로써 고구리사 연구를 주진하고 심화시켜야 할 학자의 책임을 다해야 한다.[44]

3) 이대룡 : 고대 치나(Cina)의 번속(藩屬)이론

2년 전에 나온 『총론』에 비해서 『속론』이 갖는 가장 큰 특징은 지금까지 역사연구에 초점을 맞추었는데, 고구리사를 연구하는 분명한 잣대를 만들어 발표했다는 것이다. 먼저 고대 치나(Cina)의 번

---

44) 馬大正 主編, 『古代中國高句麗歷史續論』, 中國社會科學出版社, 2003-10(서길수 옮김, 『동북공정 고구리사』, 사계절, 2006), 13쪽.

속이론을 만들고, 그 번속이론을 바탕으로 고구리가 중화인민공화국의 역사라는 것을 증명하였다.

(1) 고대 치나의 번속(藩屬)이론

고구리사가 치나의 역사라는 것을 정당화하기 위한 이론이다. 소위 번속이론이란 이 세상 한가운데는 한족(華夏)만 문명하게 살고(中華), 주변에는 모두 미개한 오랑캐들인데, 이 오랑캐들은 중원의 한족에게 번속(藩屬)되어 있었다는 것이다. 그런데 이 책에서는 전통적인 화이사상(華夷思想)과는 달리 오랑캐라는 말을 전혀 쓰지 않고 소수민족이라는 표현을 쓰고 있다. 옛날의 화이사상이 중앙과 주변을 차별하기 위해 존재하였다면, 이번 화이사상은 주변의 소수민족을 중화민족 안으로 끌어들여 하나로 만들어야 한다는 통일적다민족국가라는 목적 아래 진행되었기 때문이다. 언뜻 보기에는 옛날보다 매우 민주화된 사상으로 보이지만 이런 사상을 바탕으로 주변국들의 역사를 마구잡이로 삼키고 있어 당하는 국가들의 입장에서 보면 그 무자비함이 오히려 교묘하고 옛날보다 더 위험하다고 하지 않을 수 없다. 1980년 이후 중화인민공화국의 통일적다민족국가론은 "몇백 년이라고 해도 좋고 몇천 년이라고 해도 좋다. 이 범위 안(청나라 영토)에서 활동한 민족은 모두 치나 역사상의 정권"이라고 주장하고 있다. 다시 말해 소수민족들의 역사는 모두 치나의 역사이며, 소수민족과 연관된 주변 국가의 역사도 치나 역사가 되는 상황에 놓인 것이다.

(2) 고구리국의 귀속

먼저 치나 역대 왕조의 고구리 귀속에서 고구리 연원을 은인(殷人), 즉 상인(商人)으로 보는 것은 집필자 경철화의 주장이 실린 것이고, 결론은 고구리는 705년 동안 중원의 각 왕조의 번속국으로 모두 소수민족 지방정권이라고 못을 박는다.

한편 고구리가 치나의 강역 형성에 공헌한 점을 높이 평가하는 논조가 눈길을 끈다. 이것은 지금까지 고구리가 한쪽에서 땅을 나누어 차지하였다(割據)고 부정적으로 평가해 왔기 때문에 오히려 치나 역사가 아닌 것처럼 보이는 어려움을 극복하기 위한 것이다. 치나 변경의 역사는 분열, 통일, 재분열, 통일의 역사이기 때문에 한때 분열되었다 통일된 것이지 할거(割據)가 아니라는 것이다. 우리는 우리 역사에서 고구리가 가장 넓은 영토를 넓혔다고 자랑할 때 치나는 고구리가 치나의 영토를 넓혀주었다고 평가하는 아이러니가 벌어지고 있다. 그 결과 고구리가 대동강으로, 한강으로 내려갈수록 치나의 영토가 넓어지는 것이다.

여기서 우리가 가장 눈여겨보아야 하는 것은 치나가 고구리를 일방적으로 예속시킨 것이 아니라 고구리도 치나와 같은 인식이었다는 부분이다. 이 책에서는 그 예로 고구리인 스스로 한족의 선조 가운데 하나인 고양씨(高陽氏)의 후손이라고 했다는 황당한 설을 주장한다. 그 증거로 고구리 출신인 북연의 모용운(慕容雲)이 한 말을 인용하였는데, 그렇다면 고씨의 본고장인 고구리에서는 왜 한 번도 그런 기록이 없는지에 대해 대답을 해야 할 것이다.

4) 이대룡·경철화 : 역사편(상)

이 책을 기획할 단계부터 객관적이고 학문적인 저서를 내기보다는 역사침탈에 적합한 논리를 만들어내기 위한 것이 목적이었기 때문에 오랫동안 연구해 온 기존 연구자들을 빼놓고 국책 연구기관에서 서남공정이나 서북공정을 진행했던 학자들을 동원해 책을 집필하였다. 그러므로 이 책의 내용을 자세히 보면 아주 기초적인 정리에 그친 것도 있고, 어떤 것은 기존 연구를 완전히 무시하고 극히 소수의 재야 의견 같은 것을 과감하게 채용한 것도 있다. 고구리가 상나라(商人)의 후예라는 논리 같은 것이 그 대표적인 예이다.

(1) 한사군 연구

한사군 연구는 고구리가 한사군 가운데 현도 땅에 세워졌다는 것을 강조해 결국은 '고구리는 치나의 한나라 땅에 세워졌기 때문에 치나의 역사다'라는 논리의 일환이다. 더 나아가 현재 북한지역도 한나라의 낙랑 땅이기 때문에 평양지역 고구리도 바로 치나의 역사라고 주장한다. 한편『속론』의 한사군 연구는 이대룡이라는 젊은 학자가 쓴 것으로 아주 기초적인 연구에 그쳐, 이러한 중화인민공화국 학자들의 연구에 훨씬 못 미치기 때문에 더 언급할 필요가 없다.

(2) 고대 치나 정권과 고구리의 상호 정책 연구

이 장은 이대룡이 쓴 것인데, 한나라에서 당나라까지 중원왕조가 고구리에 대해 취한 정책을 3단계로 나누었다.

① 양한(兩漢) 시기 : 직접 관리하여 속박통치 방식으로 변화하는 시기.

② 위진남북조(魏晉南北朝) 시기 : 속박상태에서 실시한 서로 다른 정책의 시기.

③ 수당(隋唐) 시기 : 다시 직접 관할을 구축하기 위해 노력한 시기로 당이 고구리를 멸망시킴으로 해서 비로소 치나(Cina) 통일 대업을 완성하였다고 보았다.

이 장에서 지은이가 주장하고 있는 것은 고구리는 705년간 계속 중원왕조에 조공하고 책봉을 받아 신하로서 활동한 지방정권이지 독립된 국가가 아니라는 것이다.

(3) 고구리와 중원지역의 경제 문화 교류 연구

고구리의 경제와 문화는 중원의 영향을 받아 성장하였고, 그 결과 중화문명을 형성, 발전시키는 데 밑거름이 되었다고 주장하여 고구리의 독자적인 특성이나 발전을 전면 부정하는 논리 전개이다.

(4) 고구리 활동 영역의 변천 연구

우선 고구리 건국 초기의 활동 영역은 한나라 현토군 관할 아래 있다는 것을 분명히 하고, 한나라 현도군과 추모(주몽)가 세운 나라가 다르다는 주장이 틀렸다는 것을 증명하는 데 집중하였다. 이 장의 궁극적인 목적은 고구리 멸망 뒤 고구리 인의 이동과 영토 변화에 대한 것이다. 또한 치나의 지방정권인 고구리가 확장했던 한반도 북부의 땅을 어떻게 해서 빼앗겼는지를 쓰고 있다. 이러한 주장은 우리의 상상을 초월한 것으로 이미 몇몇 치나 학자들이 주장했던 것을 옮긴 것이다.

(5) 고구리 문화연구(경철화 집필)

그동안 자신이 썼던 논문을 바탕으로 한 것인데 "중원의 선진적인 경제 문화의 영향을 받아 끊임없이 사회경제의 발전과 진보를 촉진함과 동시에 스스로 민족 특색이 있는 문화를 창조하였다"라는 것이 기본 관점이었다.

고구리 문화와 중원문화의 상호 교류가 있었기 때문에 중원의 영향을 받은 문화가 있다는 것은 아주 자연스러운 것이다. 그런데 "기자신(箕子神)에 대한 제사는 고구리인이 상나라 사람으로부터 비롯되었다는 것과 관련 있다."[45]라고 한 주장은 치나 학자들에게도 인정을 받지 못하는 아주 독단적인 주장으로 학자적인 양심을 의심하게 한다.

5) 경철화 : 역사편(하)

(1) 구리고(句麗考)

고구리, 구리, 고리가 같은 나라를 부르는 다른 이름이라는 것을 증명하는 내용이다. 이것은 다분히 고구리 이전 이미 구리(句麗)라는 옛 고구리가 있어 고구리 건국을 200년 이상 끌어올린 북한의 학설에 대한 반박으로 보인다.

(2) 고구리 건국 시기 고찰(高句麗建國時間考)

이 장을 쓴 목적은 마지막 절인 '건국 전설에 나타난 한문화(漢文化)의 본체'에서 드러난다. 즉 "고구리의 건국 전설은 그 본원이 염황(炎黃) 씨족의 한(漢) 문화 계통에서 유래하였다."라는 것이다. 곧, 추모(주몽)를 비롯한 왕족들만 부여에서 왔지, 고구리족은 치나의 상나라 때부터 현지에 살고 있었다고 주장한다. 지은이는 한 걸음 더 나아가, 부여도 고구리와 마찬가지로 은상 씨족에서 나온 민족이라고 주장하고 있다. 그 이유로 "북방 홍산문화는 상나라 이전의 문화로서 치나 고대 문명의 원류 가운데 하나이다. 북방 민족의 형성과 발전에 중대한 영향을 미친 것은 두말할 필요가 없다"라고 주장하였다.[46]

국가기관인 중국사회과학원이 많은 고구리사 전문가들 가운데 경철화를 『속론』의 저자로 뽑은 것은 국가기관이 바로 '고구리 상인후예설과 염황문화설'을 선택한 것이다. 경철화는 2002년『중국고구리사』라는 저서를 냈는데 '고구리 상인후예설과 염황문화설'을 강력하게 주장하였고, 이 설은 국가기관의 목적과 부합된 것이었기 때문이다.

---

45) 馬大正 主編,『古代中國高句麗歷史續論』 中國社會科學出版社, 2003-10(서길수 옮김, 『동북공정 고구리사』 사계절, 2006), 194쪽.

46) 馬大正 主編,『古代中國高句麗歷史續論』 中國社會科學出版社, 2003-10(서길수 옮김, 『동북공정 고구리사』 사계절, 2006), 257쪽.

(3) 고구리 왕들의 재위 시기 고찰

이 장은 북한에서 고구리 건국을 서기전 277년으로 설정하며 광개토태왕 이전에 다섯 왕을 더 추가한 것을 비판한 것이다.

(4) 고구리의 국가부흥 활동 고찰

고구리가 멸망한 뒤 많은 국가부흥 활동이 있었고 결국은 발해의 건국으로 이어진다는 남북한의 연구에 대한 반론이다.

(5) 고구리 5부(五部)에 대한 고찰

지은이는 고구리 5부의 형성을 "고구리 건국 이전인 서기전 2세기 말쯤, 즉 한 무제가 현토군에 고구리현을 설치한 시기다."라고 보았다. 결국은 한나라의 영향 덕분에 고구리가 성립되었다고 주장하였다.[47]

6) 경철화·마대정·이대룡 : 연구편

(1) 고구리 고고 연구 평론(경철화)

한·중·일 3국의 고고학적 연구 결과를 종합한 내용이다.

(2) 중국학자들의 고구리 귀속 연구 분석(마대정)

2000년까지의 귀속문제에 대한 종합은 이미 『총론』에서 언급하였다. 여기서는 2000년 이후의 연구성과를 종합한 것이다.

(3) 고구리 귀속 연구는 여전히 심화가 필요(마대정)

이 장에서 핵심을 이루는 것은 (고)조선에 관한 문제이다. 결론부터 얘기하면 (고)조선도 치나의

---

47) 馬大正 主編,『古代中國高句麗歷史續論』 中國社會科學出版社, 2003-10(서길수 옮김,『동북공정 고구리사』 사계절, 2006), 282쪽.

역사라는 것이다.

(4) 강역 이론 연구를 강화하는 것이 급선무다(마대정)

강역이론이란 소위 '통일적다민족국가론'이 핵심이다. 이 책에서는 이 '통일적다민족국가론'을 3단계로 정리하였다. 이런 문제를 해결하기 위한 이론으로 종번관계와 기미정책에 관한 이론 연구를 강화해야 한다고 주장.

(5) 이대룡 : 고구리와 조선반도 (왕씨)고리는 다른 나라이다 ― 치나의 정사도 잘못 기록하였다

이 장에서는 고구리와 고리(高麗)를 차별화하여 고구리는 치나사이고 고리(高麗)는 한국사라는 것을 강조하기 위해 5대(五代)에서 명나라까지의 정사를 비판하고 나섰다. 고구리 당시 장수왕 이후에는 255년간이나 나라 이름을 '고리(高麗)'로 불렀다. 그래서 중화인민공화국에서는 앞의 고리를 고씨고리(高氏高麗), 뒤의 고리를 왕씨고리(王氏高麗)라고 부른다. 바로 이 두 고리 사이의 계승관계를 끊으려는 것이 이 장의 목적이다. 문제는『구오대사』『신오대사』『송사』『요사』『금사』『원사』『명사』에서 "왕건이 고씨의 지위를 계승하였다(王建承高氏之位)"라고 인정하고 있다. 정사를 그대로 인정하면 고구리사가 한국사가 되어 버리기 때문에 정사까지 부정하고 나선 것이다.

지금까지 중화인민공화국이 한국의 고구리사 연구를 비학술적이라고 비판하지만, 중화인민공화국이야말로 비학술적이라는 것을 알 수 있다. 그리고 중국공산당(정부)과 만주 3성이 함께 참여하여 고구리사에 대한 역사침탈은 일차적으로 한 단락을 지은 것이라고 볼 수 있다. 그리고 2004년부터는 그렇게 침탈한 역사를 자기 것으로 기정사실로 만드는데 모든 국력을 쏟게 된다.

7. 중화인민공화국의 동북공정 공개와 한국의 거국적 규탄

1) 중화인민공화국의 과감한 동북공정 공개

(1) 2003년 중국공산당 기관지 광명일보, 「고구리는 중원왕조에 예속된 지방정권이다.」

2003년 6월 24일 중국공산당 학술기관지 광명일보에 변중(邊衆)이라는 필명으로 쓴 「고구리 역사연구의 몇 가지 문제에 대한 시론(試論高句麗歷史硏究的幾個問題)」이 실렸다. 그리고 다시 8월 11일 온라인판에 다시 실렸다. 이것이 중국공산당이 공식적으로 고구리가 중화인민공화국의 역사라고 주장한 발표다. 그러나 이 기사는 한국 학자들에게 큰 관심을 끌지 못했다. 광명일보를 보는 사람이 별로 없고, 우리처럼 고구리를 전문으로 연구하는 사람들은 이미 1993년부터 중화인민공화국 학자들이 고구리 역사를 자기 역사라고 주장하는 책들을 많이 보았기 때문이다.

그러나 나중에 변중이 중국사회과학원 중국변강사지연구중심에서 나오는 『중국변강사지연구』라는 학술지 편집부 총책임자인 이대룡(李大龍)이라는 사실을 알고 이때 광명일보에 이 논설을 실은 의미를 다시 새기게 되었다.[48]

이대룡은 9차 5개년 계획(1996~2000)에서 고구리 역사침탈을 마치고 쓴 『중국 고대 고구리 역사 총론』에서 「정치편」을 썼고, 동북공정 1단계를 완성하고 쓴 『중국 고대 고구리 역사 속론』에서 「역사편」을 쓴 핵심 인물이다. 이 논설을 발표할 당시 『속론』을 집필하고 있었고, 이미 이때는 고구리사침탈에 대해 자신감이 생기고 공론화해야 할 때가 왔다고 판단해서 발표했다.

(2) 2003년 7월 중앙일보 중국변강사연구중심 홈페이지 공개

광명일보 발표 20일 뒤인 2003년 7월 14일 국내 신문인 중앙일보가 중국변강사지연구중심의 홈페이지를 공개하였다.[49] 이 홈페이지 공개는 일반인에게는 큰 영향을 주지 않았지만, 학자들에게

---

[48] 이대룡(李大龍, 1964~)은 중국변강사지연구중심 기관지 편집장이지만, 동시에 영토와 국경 문제 연구에도 깊숙이 참여하여 대형 프로젝트를 담당한다. 그러므로 대내외적으로 글을 쓸 때는 이름의 용자를 따서 '용목(龍木)'이라는 별명을 쓰거나 이 논설처럼 변강(邊疆)의 대중(大衆)에서 따낸 변중(邊衆)이란 별명을 쓴 것이다. 이 변중이 이대룡이라는 것은 다음 책에 나온다. 李樂營·李淑英 編著, 『中國高句麗學者與硏究綜述』, 吉林文史出版社, 2006, 237쪽.

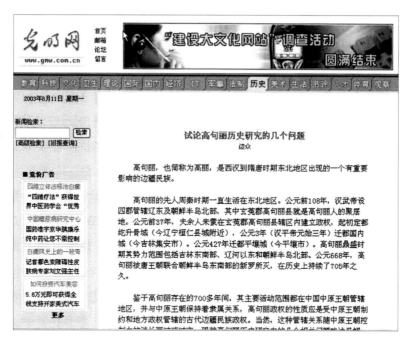

「광명일보」2003년 8월 11일자. "고구리는 지방정권이다."

중국사회과학원 변강사지연구중심 홈페이지 '동북공정' 소개

는 큰 관심을 일으켰고, 특히 고구리사를 연구하는 학자들에게는 큰 충격을 주었다.

중앙일보 기사에 대한 반응은 역사를 연구하는 학자들의 역사 왜곡으로 보는 사람이 많았다. 그러나 홈페이지는 국책으로 동북공정이라는 프로젝트를 실시하고 있고, 그 목적과 의의, 진행상황(大事記), 선정 과제 목록 같은 모든 사항을 공개하고 있었다. 은밀히 진행되던 역사전쟁에서 선전포고가 되었고, 중화인민공화국의 최전선에 중국사회과학원 중국변강사지연구중심이 배치되어 있다는 사실이 밝혀졌다. 1993년 선전포고 이후 10년 만에 전면전이 벌어졌다.

(3) 『신동아』 9월호에 「광명일보」 논설문 전문 번역 공개

중앙일보 보도 뒤 한 달쯤 뒤인 8월 16일 발행된 『신동아』 9월호에 「광명일보」에 실린 논설문 전문이 번역되어 실렸고, 이정훈 기자가 〈동북공정은 역사문제가 아닌 정치문제〉라는 기사를 덧붙였다. 이어서 8월 20일 자 동아일보에 〈중화인민공화국 당보(黨報),《광명일보》가 '고구리는 치나사'라고 주장하고 있다〉는 박스 기사를 실었다.[50]

이런 보도는 동북공정이 차츰 알려지도록 하는 데 도움이 되었지만, 역사에 관심이 많은 사람을 빼놓고는 별 관심을 보이지 않았다.

(4) 2003년 10월 12일 KBS 〈일요스페셜〉 한·중 역사전쟁 – 고구리는 치나사인가?

동북공정 문제가 거국적이고 국민적인 관심사로 떠오르게 한 것은 KBS 〈일요스페셜〉이었다. 당시 글쓴이는 예년과 마찬가지로 4월 11일부터 고이산성 지표조사를 하던 중 현지 기관의 추적 때문에 조사를 다 하지 못하고 귀국하는 일이 일어났다. 그때 이미 공항부터 글쓴이의 동선은 조사되고 있었다. 그 뒤 현지에서 환인과 집안에 대대적인 공사가 벌어지고 세계문화유산에 등록하기 위해 많은 예산을 들여 유적을 정비하고 있다는 소식이 들어왔다.

8월부터 KBS 〈일요스페셜〉이연식 PD와 고구리 유적 세계유산 등재 문제를 집중적으로 파헤치는 프로를 진행하고 있었다. 글쓴이가 가면 바로 노출되기 때문에 촬영팀이 가서 현지 그림을 가

---

49) 「중앙일보」 2003년 7월 14일자. 〈중국의 변강사지연구중심(邊疆史地研究中心)이 2002년 2월 동북공정이라는 프로젝트를 내놓았다〉.

50) 이정훈, 『발로 쓴 反동북공정』 지식산업사, 2009, 38쪽.

KBS 역사스페셜　　　　　　　　　　　얼마 전 다녀온 현장을 이야기하는 서길수(오른쪽)

능한 한 같은 곳에 모으고, 글쓴이는 9월 20일부터 9일간 고구리 유적지를 직접 가지 않고 하얼빈, 만주리 같은 곳을 방문한 뒤 마지막에 집안과 환인에 들러 현지 상황을 파악하였다. 집안에서는 사진을 찍지 못하고, 환인 취재는 가능하였다. 결국은 모든 것이 동북공정과 맞물려 돌아가고 있었다. 돌아와서 현장 소식을 녹화하고 10월 12일 일요일 저녁 8시에 방영되었다. 당시만 해도 일요일 저녁 〈일요스페셜〉은 국민 대부분이 시청한다고 할 정도로 시청률이 높은 프로였다. 그 프로의 구성은 다음과 같다.

① 고구리의 400년 수도, 집안에서는 지금 무슨 일이 벌어지고 있나? ― 세계문화유산 등록 준비상황
② 중화인민공화국, 북한 고구리 고분의 세계문화유산 등록을 막는다.
③ 고구리 역사에 대한 한국과 중화인민공화국의 입장은 무엇인가?
④ 고구리는 중국 것 ― 중화인민공화국의 대규모 프로젝트

이 방송을 본 국민들의 충격은 대단했다. 단 한 번도 '고구리 역사가 중화인민공화국 역사다'라고 생각해 본 적이 없었기 때문이다. 일요스페셜이 나간 뒤 온 나라가 갑자기 중화인민공화국의 역사 침탈을 규탄하는 목소리로 들끓었다.

2) 한국의 거국적 규탄과 동북공정에 대한 대응 작업 시작

(1) 가장 먼저 들고 일어난 시민단체

가장 먼저 들고 일어난 것은 시민단체였다. 10월 19일 역사문제연구소 같은 87개 시민단체 연합 모임인 일본교과서바로잡기운동본부는 중화인민공화국의 역사 왜곡과 교과서의 한국사 관련 오류 문제가 매우 중요하고 긴급한 사안이라고 판단, 청와대와 교육인적자원부, 외교통상부에 정부 입장과 향후 대응책 등을 밝히라고 요구하는 질의서를 제출했다.[51]

특히 언론들은 압록강 이북의 고구리 유적을 세계문화유산에 등재 신청한 사실을 우려하는 기사들이 많이 나오기 시작했다. 「국제신문」 10월 20일 자 '대책 없는 한국 정부'에서 "담당 부서인 문화재청은 직제 개편으로 전담부서가 달라져 갈피를 못 잡고 있고, 교육부나 외교통상부 역시 이렇다 할 대책 발표 없이 침묵을 지키고 있다."라고 질타했다.

이어서 일본교과서바로잡기운동본부는 10월 31일 오후 「치나 역사 왜곡 긴급 공개토론회」를 개최했다. 나눔문화연구소 세미나실에서 학계, 시민단체, 정부 관계자 등 40명쯤 모여 「한·중 역사전쟁 "고구리가 침략당하고 있다"」라는 주제로 토론회가 있었다.[52]

앞에서 KBS가 역사전쟁이란 이름을 붙인 뒤 중화인민공화국의 역사침탈에 대한 두 나라의 대립을 '역사전쟁'으로 부르기 시작하였다.

(2) 한국고대사학회 등 공동대책위원회 규탄 성명 발표

12월 9일 한국고대사학회(회장 이문기) 등 17개 한국사 관련 학회가 모인 '중국의 고구리사 왜곡 공동대책위원회(공동회장 최광식·한규철)'는 서울역사박물관에서 중화인민공화국의 역사 왜곡에 대한 규탄 성명을 발표했다. 이들은 성명에서 "중화인민공화국은 '동북공정(東北工程)'이라는 동북지방에 대한 연구사업을 추진하면서 고구리사를 비롯해 (고)조선사와 발해사를 왜곡해 고구리사를 일방적으로 중화인민공화국사로 귀속시키는 한편 고구리의 활동 무대였던 한반도 북부까지 중화인민공화국 고유영토였다고 강변하고 있다."고 지적하였다.

---

51) 「한국일보」 2003. 10. 19.

52) 일본교과서바로잡기운동본부(상임공동대표 서중석·이남수·이수호)에서 보내온 초청장 참조.

이들은 또 이 문제를 해결하기 위한 공식기구로 한·중 양측이 참여하는 '한·중 역사공동위원회' 구성을 정부에 제안했다.

대책위는 이날 '올바른 한·중 관계 정립을 위한 한국사 관련 학회 공동성명'에서 "중화인민공화국이 '동북공정(東北工程)이라는 국책 프로젝트를 통해 고구리사와 (고)조선사, 발해사를 자의적으로 왜곡하고 있어 많은 우려를 자아내고 있다"라며 이를 즉각 중단하라고 촉구했다.

대책위는 정부에 대해 ▲외교통상부는 중화인민공화국의 고구리사 왜곡에 대해 엄중 항의하고 시정을 요구할 것 ▲교육인적자원부는 고구리사를 비롯한 고대 동북아시아 역사를 체계적으로 다룰 연구센터 설립을 적극 추진할 것 ▲문화관광부는 북한이 유네스코에 신청한 북한지역의 고구리 고분군이 세계문화유산으로 등록될 수 있도록 북한 당국을 적극 지원할 것 등을 촉구했다.

대책위는 가칭 '한·중 역사공동위원회'가 구성될 때까지 한시적으로 중화인민공화국의 고구리사 왜곡 움직임에 학술적으로 대응할 논리를 개발하고 이를 저지하기 위한 활동을 펴나가기로 했다.[53]

(3) 정부의 고구리 역사 왜곡에 대처 의지 발표

이와 같은 시민단체와 학술계의 강력한 요청에 따라 정부에서도 움직이기 시작하였다. 12월 12일 정부가 중화인민공화국의 고구리 역사 왜곡에 대해 범정부적으로 대처하기로 하였다고 발표한다.

> 정부 당국자는 12일 "고구려사 왜곡에 제대로 대처하기 위해서는 우선 민간차원의 충실한 연구와 함께 학계-민간-정부간 유기적 협조가 중요하다고 보고 정부가 이를 전면 지원하기로 방향을 정했다."고 밝혔다. 정부는 이러한 작업의 일환으로 우선 수승 대사관을 상대로 중국 학계가 "고구려사는 중국사에 포함되며 고구려의 활동 무대였던 한반도 북부까지 중국의 고유영토였다"고 강변하고 있는 이른바 '동북공정'(東北工程) 프로젝트에 대한 정확한 정보수집에 나서기로 했다. ……
> 정부는 또 교육인적자원부와 정신문화연구원에 고구려사를 포함한 고대사를 체계적으로 연구할 수 있는 한·중 역사공동연구회를 각각 설립하고[54] 남북한, 중국, 일본, 몽골 학자가 참여하는 동북

---

53) 「동아일보」 2003. 12. 09.

54) 처음에는 정신문화연구원에 한·중 역사공동연구회를 설립하려고 하였다는 것을 알 수 있다. 정신문화연구원은 이미 역사침탈에 대비하기 위해 연구소를 설립하고 준비하였으나 고대사 연구자들 사이 벌어진 밥그릇 싸움으로 무산되었다.

아역사공동연구위원회도 만들기로 했다.

정부는 특히 내년 6월 중국 장쑤(江蘇)성 소주(蘇州)에서 열리는 제28차 세계유산위원회에서 북한의 고구려 벽화고분이 세계문화유산으로 등재되도록 주(駐)유네스코 대표부를 통해 북한 측의 등재 노력을 측면 지원하는 한편 이 문제의 협의를 위해 남북간 사회·문화 분과위원회를 개최하는 방안도 고려하고 있다.

정부는 또 교육부, 문화재청, 한국국제교류재단 주관으로 고구려사와 관련한 국제학술대회 개최, 인적교류를 통해 중국 학계의 일부 왜곡된 시각을 바로 잡도록 노력하기로 했다.

정부는 지난달 27일 교육부, 문화재청, 국정홍보처, 한일역사공동위원회, 국제교류재단, 정신문화연구원 관계자가 참석한 가운데 외교통상부 문화외교국장 주관으로 '중국의 역사 왜곡에 관한 관계부처 회의'를 개최한 바 있다.[55]

그러나 그 발표문 안에 정부는 "그러나 최근 중국 내의 고구려사 왜곡이 일부 학자들에 의해 주도되고 있다고 보고, 한·중 당국 간 문제로 비화되는 것은 차단한다는 방침이다. 정부는 조만간 외교통상부를 통해 '중국 학계의 고구려사 왜곡이 자칫 양국관계에 부정적인 영향을 미칠 수 있다'라는 수준의 '우려'를 중국 측에 전달할 것으로 전해졌다."라고 해서 동북공정을 고구리사 왜곡이 일부 학자들에 의해 주도되고 있다고 보아 첫 대응부터 잘못 시작되고 있었다.

3) 고구리 벽화 세계문화유산 등재를 맞은 국제학술대회

〈일요스페셜〉에서 강조했던 것은 동북공정이라는 역사침탈 프로젝트에 관한 사실을 폭로하고 그 구체적인 작업을 중화인민공화국 경내에 있는 고구리 유적을 세계문화유산으로 등록하는 현장을 국민에게 그대로 보여주는 것이었다. 따라서 고구리 유적의 세계문화유산 등재에 관한 관심이 높았지만, 한국에서는 아직 어떤 과정을 통해서 두 나라가 신청을 했고, 어떤 유적을 신청했는지 잘 모르고 있었다.

---

55) 『연합뉴스』 2003. 12. 12.

「고구리 벽화의 세계」 발표자   Ariane P. 「평양 세계유산 신청」 발표

　10월 22일부터 열린 고구리연구회 9회 고구리 국제학술대회 「고구리 벽화의 세계」[56]에서 첫 발표를 한 프랑스의 아리안 뻬렝(Ariane Perrin)이 「북한 고구리 고분군의 세계유산 지명 과정」이란 논문을 발표하면서 자세하게 알려지게 되었다. 뻬렝은 유네스코에서 일하고 있었으므로 두 나라의 고구리 유적 등재 신청 내용을 자세히 파악할 수 있었고, 이 발표를 통해서 우리도 그 사정을 정확하게 밝힐 수 있었다.

　10월 22일부터 10월 24일까지 3일간 열린 고구리연구회 9회 고구리 국제학술대회(세종문화회관 컨퍼런스홀·소회의실)에서는 「고구리 벽화의 세계」란 주제로 모두 36편의 논문이 발표되었다. 고구리연구회는 이미 1997년 3회 고구리 국제대회를 일본의 재일조선역사고고학협회·일본 학습원대학 동양문화연구소와 공동으로 일본 동경에서 열어 북한 학자까지 참여한 14편의 논문을 발표하였다. 이런 연구성과를 바탕으로 고구리연구회는 대대적인 학술대회를 통해서 고구리 벽화가 한국사의 연구대상이고 문화라는 사실을 대외적으로 알렸다. 1997년 대회 발표 논문이 한국 4편, 조선민주주의인민공화국 4편, 중화인민공화국 3편, 일본 3편인데 반해, 2003년에는 한국 28편, 중화인민공화국 4편, 일본 4편, 러시아 1편, 프랑스 1편으로 양적으로나 질적인 면에서 대폭 확대되었다는 것을 알 수 있다.

---

56)　10월 22~10월 24일 고구리연구회 9회 고구리 국제학술대회, 「고구리 벽화의 세계」(세종문화회관 컨퍼런스홀·소회의실), 3일 동안 모두 19편의 논문이 발표되었다.

대회가 진행되는 10월 23일 윤덕홍(尹德弘) 교육부총리는 23일 중화인민공화국의 고구리사 왜곡 및 중화인민공화국사 편입 움직임과 관련, "외교통상부·문화관광부 등 관계부처와 공동대처 필요성을 느끼고 있어 이미 논의를 시작했다"고 발표하였다.[57]

4) 고구리연구회 학술발표회 : '고구리=중화인민공화국사', 중화인민공화국의 논리는 무엇인가?

12월 17일, 고구리연구회 29차 정기학술발표회가 프레스센터 기자회견실에서 열렸다. 이 발표회는 KBS 〈일요스페셜〉이 나간 뒤 한일역사공동연구위원회 실무진(교육부)들과 협의하여 특별히 동북공정에 대한 주제를 가지고 한 달 전부터 준비한 학술대회였다. 한일역사공동연구위원회는 2001년 10월 한일정상회담에서 역사 문제에 대한 한일공동연구가 합의되어 발족되었다. 이 당시 중화인민공화국이 역사를 침탈하기 위해 〈동북공정〉을 실시하고 있지만 한국에서는 '황당하다'는 태도였고, '말도 안되는 짓'이라고 규탄할 뿐 그들이 어떤 논리를 가지고 어떻게 동북공정을 진행시키는지 전혀 감을 잡지 못하는 상태였다.

당시 고구리연구회는 국내에서는 유일한 고구리 연구 관련 학술단체였고, 10년간 중화인민공화국 현지를 답사하고 현지 학자들과 교류했었기 때문에 그들의 논리에 대한 기본적인 연구가 축적되어 있었으므로 1달도 안 되어 「고구려=중국사', 중국의 논리는 무엇인가?」라는 학술대회를 열 수 있었다. 발표 내용은 다음과 같다.

1. 10:00~10:30   고구려=중국사이다. 중국의 논리와 국가 프로젝트 "동북공정"
                    발표 : 서길수(서경대)

2. 10:30~11:00   고구려와 수·당전쟁은 중국의 국내전쟁인가?
                    발표 : 윤명철(동국대)

3. 11:00~11:30   고구려족=중국 소수민족, 그 논리는 무엇인가?
                    발표 : 서영수(단국대)

---

57) 「조선일보」 2003. 10. 23.

고구리연구회 학술발표(2003. 12. 23.)

4.　11:30~12:00　　　　발해=중국사, 중국의 논리는 무엇인가?

　　　　　　　　　　　　발표 : 한규철(경성대)

종합토론

13:00~17:00　　　　사회 : 박성봉(경북대)

정구복(정문연 한국학대학원 원장)

최광식(고려대 교수, 중국의 고구려사왜곡 공동대책위원장)

김육훈(전국역사교사모임 회장)

이부영(국회의원, 통일외교통상위원회 위원)

황우여(국회의원 교육분과위원)

문병호(중앙일보 시사미디어 대표)

김지하(시인)

김현욱(국제평화외교안보포럼 이사장)

임진택(연출가, 세계통과의례페스티발 집행위원장)

변종호(우리역사바로알기시민연대 사무국장)

이 대회는 큰 반향을 일으켰다. 중화인민공화국의 역사침탈은 중화인민공화국 나름대로 학술적 논리를 가지고 오래전부터 시작되었다는 사실이 알려졌고, 나름대로 분명한 논리를 가지고 진행하고 있다는 것을 밝히므로 해서 국민들이 중화인민공화국의 저의를 처음으로 알게 된 학술대회였다.

5) 고구리연구회 학술발표 〈중화인민공화국의 고구리 유적 세계유산 등재 신청 과정과 현황〉

12월 23일, 고구리연구회 30차 정기학술발표회가 국회의원회관 소회의실에서 열렸다. 이 발표회에서 동북공정과 같은 선상에서 가장 논쟁거리가 된 점은 세계문화유산 등재에 관한 것으로 유네스코 후원을 받아 ICOMOS와 공동으로 주최하였다.

1부 연구발표

사회 : 윤명철(동국대, 고구리연구회)

1. 14:00~14:30   유네스코 세계유산의 결정 절차와 현황

　　　　　　　　　　발표 : 허권 (유네스코 한국위원회)

2. 14:30~15:00   북한의 고구려 유적 세계문화유산 등재 신청 과정과 현황

　　　　　　　　　　발표 : 이혜은 (ICOMOS 한국위원회, 동국대)

3. 15:30~16:00   중화인민공화국의 고구려 유적 세계문화유산 등재 신청 과정과 현황

　　　　　　　　　　발표 : 서길수 (고구리연구회, 서경대)

2부 종합토론

16:15~18:00   사회 : 서영수 (단국대)

　　　　　　　　　　2004년 세계유산위원회에서 고구려 유적 등재에 대한 대책

이융조(ICOMOS한국위원회 위원장, 충북대)

한규철(경성대 교수, 중국의 고구려사 왜곡 공동대책위원장)

조웅규(국회 통일외교통상위원회 위원)

김성호(국회의원, 국회 문공분과위원회 위원)

이호성(외교통상부 문화협력과 과장)

엄승용(문화재청 문화재정보과 과장)

이 발표회는 실제로 2004년 6월 말 발표될 고구리 유적 등재에 대한 대책을 논의하는 학술발표회로 국회와 정부 관계자까지 참석하여 실속있는 발표회가 되었다.[58]

동북공정 1단계(2002~2003) 기간에 중화인민공화국은 큰 성과를 거두었지만, 동북공정이 노출되면서 한국도 거국적으로 반격하게 되어 이른바 역사전쟁이 시작된다.

8. 한국 사회의 고질적인 '밥그릇 싸움'

1) 정신문화연구원 동아시아연구소 이야기

"서 교수님입니까? 정신문화연구원 부원장 유광호(兪光浩)입니다."

2003년 10월 22~24일 고구리연구회 국제학술대회(주제 : 고구려 벽화의 세계) 때문에 한참 정신이 없는 순간에 전화가 왔다. "정신문화연구원이 동북아고대사연구소를 설립하고자 하는데, 서길수 교수를 소장으로 초빙하고 싶은데 의사가 어떠한가?"를 묻는 전화였다. 나는 일단 바쁘니 대회가 끝나고 만나서 이야기하자고 하였다. 당시 조선과 중화인민공화국이 경쟁적으로 고구리 벽화를 세계문화유산에 등록하여 한국에서는 최고의 뉴스가 되는 때였고, 북한 벽화를 실사하기 위해 갔던 담당자도 나와서 발표하기 때문에 인터뷰 요청이 많아 그야말로 일생일대 최대의 바쁜 나날이었다.

나는 가족회의를 열었다. 이제 정년퇴직까지 6년밖에 남지 않았고, 사회활동 하는데도 불편하지 않은데, 갑자기 새로운 곳에 가서 어려운 일 맡아 고생할 필요가 있는가 하는 의견과 예산과 조직이 확보된 곳에 가서 마지막 뜻을 펴보는 것이 좋겠다는 의견이 반반이었다. 그래서 대회 끝나고 가서

---

58) 12월 27~30일에는 9차 고구리 역사유적 답사(월간 중앙과 공동) 24명 중화인민공화국에서 신청한 세계문화유산 현장을 갔으나 입장 불허로 제대로 답사하지 못했다. 그러나 고구리연구회가 입수하고 연구한 관련 내용을 꾸준히 발표하였다. 2004년 1월 27일 31차 정기발표회에서도 「중화인민공화국의 세계유산 등재를 위한 새로운 고고학적 발굴과 성과」(서길수)를 발표하여 현황을 정확히 연구발표하고 국민이 관심을 갖도록 홍보하였다.

들어보고 결정하기로 했다.

"새로운 연구소는 서 교수가 새로 와서 마음대로 조직과 예산을 세울 수 있다."

"와서 정관도 만들고, 사람을 뽑는 것도 완전히 위임한다."

"예산이 이미 5억이 확보되어 있고, 확보된 예산만큼 삼성전자에서 추가한다."

돌아와서 3일 동안 연구소의 성격과 앞으로 몇 년간 연구소가 나아갈 연구계획서를 만들어 가지고 찾아가서 이런 것이 받아들여진다면 바로 취임하겠다고 하였다.

"이것이 바로 우리가 바라던 바이다."

장을병 원장은 그 자리에서 모든 것을 받아들이고, 모든 것을 완전히 맡기겠다고 약속하였다. 그래서 일은 급물살을 탔다. 점심을 먹으면서 유광호 교수와 나눈 대화 가운데 나를 추천한 것은 바로 연구처장을 맡은 권 처장이라는 것을 알았다. 유광호 교수는 함께 경제사학회 회원으로 자주 발표회에서 만났기 때문에 잘 아는 사이라, 유 교수가 나를 추천한 줄 알았다. 그런데 사실은 인사 담당 권의영 처장이 학술진흥재단에서 연구자들을 검색하여 가장 적임자라고 추천한 것이 나였다는 것이다. 유 교수도 깜짝 놀라, "서교수는 내가 잘 아니 내가 연락하겠다."라고 했다는 것이다. 사실 나는 권 교수와 개인적으로 잘 모르기 때문이다.

"1주일 안에 발령을 끝내야 합니다. 안 그러면 원내 교수들이 배타성이 강해서 힘듭니다."

그래서 대학원 졸업증명서와 성적을 비롯하여 몇 가지 꼭 필요한 서류만 갖추어 며칠 만에 준비가 끝났다.

"내일 인사위원회 마치면 바로 발령 내겠습니다. 마지막으로 소속이 대학원이 되기 때문에 대학원장에게는 인사를 드리는 것이 좋겠습니다."

그래서 당시 대학원장이던 정구복 교수를 만나 인사를 나누었다. 논문과 저서를 통해서 서로 많이 알고 있는 처지지만 직접 인사를 나누는 것은 처음이었다. 그리고 그것이 이 사건의 끝이었다. 다음날 만난 유광호 민족문화연구소장(부원장)은 정말 난감한 표정으로 이번 인사는 어렵게 되어버렸다는 결과를 전했다. 대학원장을 만난 뒤 몇 시간도 안 되어 ㅅ대학에서 전화가 오고, 학회에서 전화가 오고, 여기저기서 압력이 밀려오는데, 감당하기가 어렵다는 것이다.

이렇게 해서 내가 10년 이상 만주벌판에서 고구려 산성을 찾아다니며 구상했던 고구려사 회복의 장대한 계획은 물거품이 되었다. "장기 전략이 필요합니다. 5년만 시간을 주면 동아시아의 역사를 다시 쓸 것입니다." 내 계획을 들은 원장과 부원장은 깜짝 놀랐고, 무조건 밀어주기로 했다. 그러나 원장도, 부원장도, 그 누구도 새로 만드는 연구소 소장 하나 마음대로 앉히지 못했다. 학계에 무슨 메커니즘이 있어 그런지 자세히는 모르지만 참으로 안타까운 일이었다. 서길수가 어떤 계획을 내놓았고, 어떤 비전을 가졌는가는 아무 문제도 안 된다. 다만 어느 대학을 나왔고, 어떤 라인에 서있는가가 중요한 사회의 한심한 결말인 것이다.

"유 교수, 걱정하지 마십시오. 나에게 이런 일은 이미 습관이 되어 있소. 가족들에게 좀 창피하지만 나는 벌써 내려놓았으니 우리 잊어버립시다."

나는 연구소 소장 자리가 하나도 탐나지 않았다. 새 자리가 월급이 더 좋은 것도 아니고, 명성이라면 이미 나는 소장 자리보다는 더 유명해져 있었다. 가장 안타까운 것은 대 프로젝트가 한순간에 사라져 버린 것이다. 만일 당시 내가 소장이 되었다면 지금은 동아시아의 새로운 질서를 만드는데 역사적 바탕이 될 신동아시아사(新東亞細亞史)의 메카가 되어 있었을 것이다. 중화인민공화국과 육지로 국경을 접한 14개국, 바다로 국경을 접한 6개국 등, 20여 개국의 전문가들이 숙식을 함께하며, 아시아의 평화를 위해서 바람직한 신동아시아사를 집필하고 있을 것이다. 20개국의 모든 국경사가 취합되고, 비교·연구되고, 이를 바탕으로 동북공정에 대한 대응 논리를 넘어선 아시아 각국 모두를 위한 상생의 역사관이 탄생했을 것이다.

2) 서길수 교수는 재야사학자다

위에서 본 정신문화연구원 소장 자리 하나를 두고 대학, 학계는 물론이고 신문까지 조직적으로 연결되어 저인망식 집중포화를 하고 있다는 것을 알았다. 다음은 「중앙일보」 2003년 12월 15일 자 문화면 기사 내용이다.

『고구려史 빼앗길 판에 '밥그릇 싸움'』
"정문연의 과욕인가, 생존전략인가."
최근 한국정신문화연구원(이하 정문연)이 '동북아 고대사연구소'(가칭)를 세우려는 것에 대해 역사
학자들이 보인 냉소적 반응이다.
지난 7월 15일 본지가 고구려 등을 중국사에 편입시키기 위한 중국의 대규모 프로젝트 '동북공
정'을 보도한 이후 그 파장은 대단히 컸다. 지난 9일 우리의 17개 역사연구 단체가 공동대책위원회

를 구성하고 중국의 역사왜곡 중단과 한국 정부의 적극적인 대응을 촉구하는 성명을 발표했고 급기야 정부까지 나섰다.

　　정문연의 동북아 고대사연구소 설립 움직임은 이런 가운데 나온 것이다. 정부가 배정한 5억 원의 예산을 연구소 설립의 일차 재원으로 삼을 예정이었다. 「문제는 연구소 소장에 재야사학자인 S씨를 앉히겠다는 사실이 알려지면서 불거졌다.」 학자들은 고대사 연구자조차 없는 정문연이 대목 만난 '고구려사'에 끼어들어 숟가락 하나 놓으려 한다고 비난의 목소리를 높이고 있다. 역사 연구에 대표성을 갖고 있지도 않은 정문연이 고대사 연구 프로젝트의 관리와 연구비 배분의 주도권을 갖는 것은 정당하지 못하다는 지적이다. (이하 생략)　　　　　　　　　　　　　　　　　　김창호 학술 대기자

이 기사를 쓴 김창호 기자는 바로 정신문화연구원에 전화를 했다는 ㅅ대학 출신이다. 나는 바로 대응하지 못했다. 앞에서 보았지만, 당시 나는 정말 많은 일 때문에 바빴기 때문이다.

① 　2003. 10. 24(금) : 「고구려 벽화의 세계」(9회 고구려 국제학술대회)
② 　2003. 12. 17(수) : 「고구려=중국사이다. 중국의 논리와 국가 프로젝트 "동북공정"」(29차 정기학술발표회)
③ 　2003. 12. 23 (화) : 「중국의 고구려 유적 세계유산 등재신청 과정과 현황」(30차 정기학술발표회)

그러나 이 기사만은 그만 덮어두고 넘어갈 수가 없었다. 그래서 2004년 1월 13일 한 달이 다 되어서야 언론중재신청을 냈다. 신청사유를 이렇게 썼다.

　　첫 번째 잘못된 부분은 "문제는 연구소 소장에 재야사학자인 S씨를 앉히겠다는 사실이 알려지면서 불거졌다."라고 해서 서길수가 재야사학자이며, 마치 전혀 자격이 없는 사람이 소장이 되려는 것처럼 오도한 것은 잘못된 보도라는 것이었다.
　　이어서 서길수는 재야사학자가 아니라는 논리를 제시했다.

가) 서길수는 재야사학자가 아니다

①　단국대학교 대학원에서 한국경제사로 석사, 박사학위를 받았다.

　　석사 논문 : 율곡의 경제사상 연구

　　박사 논문 : 개항 후 이자부 자본에 대한 사적 고찰

②　현재 서경대학교 경제학과에서 한국경제사를 강의하는 교수로 있다.

③　경제사학회 부회장을 역임했으며 지금도 이사로 있다.

④　현재 (사)고구리연구회 회장이다.

나) 서길수는 한국고대사의 연구와 연구기반 조성에 노력했다

①　서길수는 14년간 만주 현장을 누비며 130곳의 고구려 산성을 찾아내 조사했다.

②　현장에서 조사하며 촬영한 10,000장이 넘는 사진과 50시간이 넘는 비디오 기록은 중화인민공화국 학자들조차 인용하고 있으며, 정리 발표만 하는데도 앞으로 최소한 5년이 걸릴 것이다.

③　현장 조사를 바탕으로 쓴 고구려 발해에 대한 논문만 26편이다.

④　10년간 (사)고구리연구회를 꾸려가며 우리나라 고대사, 특히 고구리 연구를 위한 바탕을 만들었다. 국제대회 9회, 정기 학술지 16집(학술진흥재단 등재후보지) 등 국제적인 학회가 되었다.

　　두 번째 잘못은 "마치 고구려사 열기가 높아지자 정문연이 갑자기 재야사학자를 소장에 앉히고 정부 예산을 따 「고구려史 빼앗길 판에 '밥그릇 싸움'」 하는 판에 끼어든 것"처럼 보도했다는 것이다.

　　이 내용은 학계를 이간질하는 악의적인 기사이며, 스스로 '밥그릇 싸움'을 만들어 그 싸움의 한쪽 편을 드는 것이다.

가)　지금까지 고구리를 전문적으로 연구하는 단체는 (사)고구리연구회뿐이었다. 중화인민공화국이 고구리사를 자국의 역사로 편입하려는 사실이 문제화되자 정문연에서는 1년 전에 이

에 대응할 수 있는 연구소 설립을 기획하여 교육인적자원부를 통해 예산을 확보한 것이다. 어떻게 갑자기 5억이란 예산이 나오는가? 이러한 상황에서 정문연은 10년 이상 고구리를 전문으로 연구한 학자를 소장으로 선택한 것은 '밥그릇 싸움'하는 판에 끼어든 것이 아니다. 그동안 한국 학계에 어떤 '밥그릇 싸움'이 있었다는 것인가?

중앙일보 기자는 왜 이런 기사를 썼을까? 중화인민공화국의 고구리사 왜곡이 한창인 이때 왜 중앙일보는 마치 학계가 밥그릇 싸움이나 하는 것처럼 왜곡하고 있는 것일까? 지금까지 중화인민공화국 고구리사 왜곡과 관련하여 학계가 밥그릇 싸움을 하고 있다고 보도한 유일한 기사이다. 현재 학계는 나름대로 열심히 대응하고 있고, 정문연의 연구소 설립은 적극적인 대응이라고 할 수 있다. 정문연의 연구소 설립이 앞뒤를 다투는 비슷한 다른 단체에게 타격을 줄 수 있다는 점에서 기자는 그러한 단체의 편을 들며 밥그릇 싸움을 만들고 있다는 인상을 지울 수 없다.

중앙일보 기자는 해당 기사에는 그 '밥그릇 싸움'의 구체적인 사례로 제시한 '자격도 없는 재야사학자를 소장으로 앉히려고 했다'는 보도는 허위보도임과 동시에 정문연과 서길수에 대한 명예훼손 의도가 분명하다.

사실 서길수는 고구리 연구를 열심히 하지만 밥그릇과는 아무 상관이 없다. 학교에서는 '한국경제사'를 연구하고 강의하여 밥그릇은 해결했고, 고구리연구소를 창립하여 10년 끌면서 억대의 빚을 졌지, 이득 본 것이 없기 때문이다. 따라서 이 기사를 통해서 비로소 '밥그릇 싸움'이라는 것을 처음 터득하게 되었다.

나) 보통 오보가 날 때는 기자가 잘 모르는 상태에서 사실 확인을 하지 않고 기사를 써서 생긴 일이기 때문에 기자의 실수를 사과하면 된다. 그러나 이 기사는 기자가 모든 사실을 명확하게 알고 있으면서도 의도적으로 기사를 썼다는 점이 더 큰 문제이다.

담당 기자는 1998년 4월 서길수와 함께 '김영길 옹 고구려 유물'에 대한 특종을 할 정도로 서길수가 재야사학자가 아니라는 것을 잘 알고 있으며, 고구리에 관한 것은 언제나 고구리연구회 서길수에게 확인할 정도였다. 그런데 왜 갑자기 안면을 바꾸어 정문연과 관련하여 서길수를 재야사학자로 만들었는가? 그것은 중화인민공화국의 고구리사 왜곡에 대한 대책을 위해 국가의 지원이 나왔을 때 그 지원금을 바라는 몇몇 단체들의 이해 상관과 무관하지 않다고 볼 수 있다. 그것은 복잡한 학연·지연과 연결된 한국 사회의 병폐이고 또 한국의 현주소이다. 다음에 나온 중앙일보의 기사만 보더라도 중앙일보 대기자가 서길수가 현직 교수라는 것을 모르고 재야사학자라고 하였다고 할 수 없을 것이다.

중앙일보에 난 서길수의 주요 기사(뉴스는 제외)

1997-05-20	중앙일보와 공동주최 : 고구려고분벽화 보존 심포지엄(국립민속박물관 강당)
1998-04-18	중앙일보와 공동주최 : 김영길 옹 유물 학술발표회(프레스센터)
2000-01-24	이헌익의 인물 오디세이 '고구려 연구가 서길수'
2002-12-10	내 마음의 고구려 평양서 온 유물 특별기획전 '고구려 첫 수도는 오녀산성'
2003-10-14	중국 '고구려사 편입' 현장 다녀온 서길수 교수
2003-12-27	월간중앙과 공동주최 : 고구려 역사유적 답사(중국 환인, 집안)

이런 악의적인 보도 때문에 받은 피해 사항을 다음 4가지로 들었다.

① 30년 이상 대학에서 학문을 연구한 학자를 한순간에 재야사학자로 몰아버렸다. 명예와 자존심이 생명인 학자에게는 이보다 더 큰 명예훼손은 없다.
② 경제사학회에서는 재야사학자를 부회장·이사로 둔 결과가 되어버렸다.
③ (사)고구리연구회는 재야사학자를 회장으로 둔 결과가 되어버렸다.
　(사)고구리연구회는 국내외 100명이 넘는 회원과 고구리사 연구로 박사학위를 딴 학자들만 8명(우리나라 전체 14명 정도)이나 있으며 학술진흥재단에 등록된 학술단체이다.
④ 현재 정부에서 추진하고 있는 '고구려연구센터' 같은 기구 설립 때 가장 적극적으로 참여해야 할 서길수와 고구리연구회에게 아주 부정적인 이미지를 심어주어 결정적인 타격을 줄 것이다. 이 기사는 바로 이런 것을 목표로 한 것이다.

마지막으로 중앙일보는 기사가 잘못되었다는 반론보도문을 내주라고 요구하였다.

본인은 재야사학자가 아니다. 역사연구(경제사)로 정식 학위를 받고 대학에 종사하고 있으며, (사)고구리연구회 회장을 하고 있는데 재야사학자라고 한 것은 명백한 명예훼손이다. 담당 기자(김창호)도 본인이 재야사학자가 아니라는 것을 잘 알고 있으면서 이런 기사를 쓴 것은 이해관계가 있는 학자들과의 야합을 통해 어떤 숨은 목적이 있었다고 볼 수밖에 없다. 이는 참다운 언론인의 자격이 없는 것이다.

드디어 언론중재위에서 중재하는 날이 왔다. 시간에 맞추어 프레스센터에 있는 언론중재위에 갔더니 뜻밖에 김창호 기자가 와 있었다. 원래는 기자보다 지위가 높은 책임자가 나와서 변론을 해야 하는데, 김기자가 직접 와서 통사정을 하였다.

"절대로 악의적인 뜻은 없었다."

"앞으로 명예를 회복할 수 있는 기사를 쓰겠다."

당시 나는 만일 언론중재위의 결정이 마음에 들지 않으면 행정소송까지 갈 마음이었지만 비굴하다는 생각이 들 정도로 사정하는 김기자 때문에 마음을 바꾸어 먹었다. 무엇보다도 당시 나는 너무 바빠서 이제 내 의사는 표현이 되었기 때문에 될 수 있으면 이런 일에 신경을 쓰지 않는 방향으로 일을 결정했다.

'4월에 고구리연구회 10주년이 되면 특집을 내준다.'라는 구두 약속을 하고 합의하는 데 동의하였다. 그러나 4월이 지나도 단 한 줄의 기사도 안 썼다. 전화해서 왜 약속을 안 지키느냐고 물었더니 "말단 기자가 그럴 권리가 있습니까?"하고 미꾸라지처럼 빠져나갔다. 그러나 이처럼 정치적이고 기회주의자인 그는 얼마 뒤 국가홍보처 장관이 되었고, 정부 부처 기자실을 폐쇄하는 총대를 멨다. 그는 나에게 한국 학계의 '밥그릇 싸움'을 뼈저리게 알려준 대(大) 기자였다.

셋째 마당

역사침탈 3단계(2001~2009)

2차 국책 역사침탈(동북공정) 추진과 완성(2)
- 동북공정 2단계(2004~2007. 1) -

I. 2004년 동북공정 3차년도 진행과 한·중 간의 첨예한 대립

1. 한국의 거국적 반발과 중화인민공화국의 학술적 해결 제안

1) 한국의 반발과 한국 정부의 무지한 인식과 학계의 반발

2003년 후반기 우리나라는 갑자기 고구리 열풍이 불어왔고, 온 국민이 분노에 떨며 연초부터 동북공정에 대한 시위는 계속되었다. 1월 5일 시민단체 회원들이 서울의 중화인민공화국대사관 앞에서 고구리사의 중화인민공화국사 편입 중단을 촉구하는 시위를 벌였다. (사진 참조)

이처럼 국민의 시위가 이어지자 신년을 맞이하여 〈이창동 장관, 신년 간담회 (1월 7일)〉[1] 〈박홍신(朴興信) 외교부 문화외교국장 1월 9일 기자간담회〉 같은 공식 자리에서 당시 문제가 되는 중화인민공화국의 고구리사 왜곡 문제에 대해 정부 측의 입장을 발표하였다. 그러나 정부의 발표 내용은 국민의 열망과 달리, 마치 중화인민공화국이 발표하는 입장 같았다.

---

1) 「서울경제」 2004. 1. 7. 〈[동정/광장] '중·일 역사 왜곡 문화 교류로 극복'〉

중공대사관 앞 시위(오마이뉴스)　　　　　　　　대규모 시민 규탄대회

(1) 문화관광부 이창동 장관 : "정부는 드러나지 않는 게 바람직"

이날 간담회에서 가장 크게 쟁점이 되었던 것은 '중화인민공화국의 고구리사 편입 문제'에 대한 이 장관의 생각이었다. 이 장관은 "정부 차원에서 공식적인 대응은 문제를 푸는 데 도움이 되지 않는다"며 "정치적으로 강하게 나오는 중국의 태도에 우리마저 정치 쟁점화한다면 그 태도만 강화하게 될 것"이라고 우려하였다.

이에 '정부 차원의 고구리사 문제 대응을 포기하는 것인가'라는 공격적인 질문이 나왔고, 이에 이 장관은 "단지 순수 민간차원에서 학계 토론 등을 통해 해결하는 것이 바람직하다는 것"이라며 "물론 정부가 손을 놓고 있는 것이 아니라 단지 드러나지 않게 하는 것이 좋다고 생각한다, 내 주관으로 학자들과의 회의도 있었다."라고 설명하였다.

이 장관은 또 "고구려사 왜곡 문제를 고구려 벽화의 유네스코 문화유산 등록과 연계시키는 것 또한 바람직하지 않다"라며 "벽화는 인류 공동 유산이자 자산이기 때문에 이와 관련 북한이 적극적으로 노력하지 않는다면 우리라도 중·일 등의 협력을 얻어 성사되도록 할 것"이라고 말했다. 이러한 정부의 의지는 북에 이미 전달됐다고 밝혔다.[2]

① 정치적으로 나오는 중화인민공화국에 우리가 공식적으로 정치 쟁점화하는 것은 문제를 푸는 데 도움이 되지 않는다.
② 순수 민간차원에서 학계 토론을 통해 해결하는 것이 바람직하다.

---

2) 「오마이뉴스」 2004. 1. 7. 「중국의 고구리사 편입에 대한 이 장관의 생각 "정부는 드러나지 않는 게 바람직"」

③ 고구리사 왜곡 문제를 고구리 벽화의 유네스코 문화유산 등록과 연계시키는 것은 바람직하지 않다.

(2) 박홍신 외교부 문화외교국장 : "정부 차원 의도적 왜곡 판단 어려워"

박홍신(朴興信) 외교부 문화외교국장은 이날 외교부 청사에서 기자간담회를 하고 "주한중국대사에게 지난해 말부터 지금까지 몇 차례 자연스러운 기회를 잡아 이 문제가 양국관계에 부정적 영향을 미칠 수 있다는 우려를 표명했다."라며 "중국 측은 이에 대해 학술적 문제인 만큼 정부가 개입, 정치 문제화하는 것은 바람직하지 않다는 태도를 밝혔다."라고 전했다.

박 국장은 "우리 공관원들이 접촉한 바에 따르면 중국 소장 역사학자들이 변방사를 정리하려는 프로젝트를 냈고 중국 정부가 이를 승인한 것"이라며 "보도된 것처럼 중국 정부 차원에서 역사 왜곡 의도를 갖고 시작했던 것으로 판단하기는 어렵다."라고 말했다.

박 국장은 "사회주의 체제하의 연구기관이 정부 체제하에 있는 것은 사실이지만 그렇다고 학자들이 정부 정책 통제하에 있는 것 같지는 않다."라며 동북공정(東北工程) 프로젝트에 중화인민공화국 중앙 및 지방정부 관계자가 포함된 데 대해서는 "정부 지원 연구프로젝트일 경우에는 정부 관계자가 참여하지 않아도 이름을 넣어주는 것으로 알고 있다."라고 설명했다.

그는 중화인민공화국이 한국인의 고구리 고분 접근을 금지했다는 보도와 관련, "중국이 고구려 고분의 세계문화유산 등재를 위해 보수작업을 추진하면서 한국뿐 아니라 모든 관광객의 접근을 금했다."라며 "지난해 북한이 고구려 고분 세계문화유산 등재에 실패한 것도 중국의 방해 때문이 아니라 몇 가지 기술적 요인 때문이었다."라고 말했다.

그는 향후 대응 방향에 대해 "어느 나라이든 자기네 역사를 연구하고 발표할 자유가 있는 만큼 우리가 이에 대응할 수 있는 능력을 갖춰야 한다."라며 "중국이 정부 차원에서 주장하기 전에는 외교 문제화하기 어렵다."라고 말했다.[3]

① 지금까지 몇 차례 자연스러운 기회를 잡아 이 문제가 양국관계에 부정적 영향을 미칠 수 있다는 우려를 표명했다.

---

3) 「연합뉴스」 2004. 1. 9. 〈中에 '고구리사 편입 우려' 전달, "정부 차원 의도적 왜곡 판단 어려워"〉;「세계일보」 2004. 1. 9. 〈"中에 고구리史 편입 우려 전달"〉;「세계일보」 2004. 1. 9. 〈"中에 고구리史 편입 우려 전달"〉

② 중화인민공화국 측은 이에 대해 학술적 문제인 만큼 정부가 개입, 정치 문제화하는 것은 바람직하지 않다는 입장을 밝혔다.

③ 중화인민공화국 소장 역사학자들이 변방사를 정리하려는 프로젝트를 냈고 중화인민공화국 정부가 이를 승인한 것이며, 보도된 것처럼 중화인민공화국 정부 차원에서 역사 왜곡 의도를 갖고 시작했던 것으로 판단하기는 어렵다.

④ 사회주의 체제하의 연구기관이 정부 체제하에 있는 것은 사실이지만 그렇다고 학자들이 정부 정책 통제하에 있는 것 같지는 않다.

⑤ 중화인민공화국이 정부 차원에서 주장하기 전에는 외교 문제화하기 어렵다.

(3) 정부의 발표에 대한 고구리연구회 입장

위와 같은 정부의 입장에 대해 고구리연구회는 즉각적으로 문제를 제기하고 의견서를 내서 조목조목 반박하였다. 고구리연구회 서길수 회장은 12일 외교통상부 홈페이지(www.mofat.go.kr)의 '전자민원청구' 코너의 '정책질의' 난에 '중국의 고구려사 왜곡에 대해 최근 정부의 발표에 대한 의견서'를 올렸다. 서 회장은 "지난 7일 이창동 문화부 장관의 신년 간담회와 지난 9일 박홍신 외교통상부 문화외교국장의 기자간담회에서 중국의 고구려사 왜곡 문제에 대한 입장을 발표하였다."라며 "지난 9일 고구리연구회의 이사와 연구원들이 이 장관과 박 국장의 발표를 자세히 검토한 결과 사실과 다르거나 이해할 수 없는 점이 많아 전공학자로서 정부에 의견서를 제출하기로 결의했다."고 밝혔다. 그는 "나중에 중국 학계와 논쟁을 벌일 때 '한국 정부의 시각'을 내세워 한국 학계에 반론을 펼까봐 우리는 이에 분명히 반대했다는 자료를 남기기 위해 의견서를 제출했다."라고 동기를 설명했다.

의견서는 정부의 시각과 대응을 다음과 같이 비판했다.

① 박 국장이 "정부는 최근 중국 정부에 고구려사 편입 움직임에 대한 우려를 전달했다."라고 말한 데 대해, "한국 민간인들이 만주에 가서 '만주는 우리 땅'이라고 말했다고 중국 총리가 한국에 공식적으로 항의한 적이 있다."라며 "한국이 공식적인 대응을 하지 않고 '요인들을 만나는 과정에서 자연스럽게(?) 우려를 전달'한 것은 문제다. 왜 우려만 전달하는가"라고 반문했다.

② "중국 측은 학술적 문제인 만큼 정부가 개입, 정치 문제화하는 것은 바람직하지 않다는 의견

이며, 중국이 정부 차원에서 제기하기 전에는 외교 문제화하기 어렵다"라고 말한 것에 대해서도 반박했다. 의견서는 "중국사회과학원은 중국 정부의 공식기구이다. 사회과학원의 '변강사지연구중심'은 순수한 학술단체가 아니다. '동북공정' 전문위원회는 이 프로젝트의 첫째 의식으로 정치의식을 강조하였다."라고 지적했다.

③ "중국 소장 역사학자들이 변방사를 정리하려는 프로젝트를 냈고 중국 정부가 이를 승인한 것"이라는 우리 정부의 주장에 대해, 의견서는 "이 프로젝트는 정부 연구기관인 중국사회과학원과 동북 3성(길림성, 요령성, 흑룡강성)이 공동으로 추진하는 것"이라고 비판했다.

④ 이어 "중국이 고구려 고분의 세계문화유산 등재를 위해 보수작업을 추진하면서 한국뿐 아니라 모든 관광객의 접근을 금했다"라는 정부의 해명에 대해 의견서는 "세계유산 등재를 위한 보수작업이 끝나고 지난해 10월 1일 전면 개방했다"라며 "지난해 12월 27일 갑자기 접근을 금지하는 것은 공사 때문이 아니다"라고 설명했다.

⑤ "지난해 북한이 고구려 고분 세계문화유산 등재에 실패한 것도 중국의 방해 때문이 아니라 몇 가지 기술적 요인 때문이었다"라는 정부의 해명에 대해서도 "북한이 고구려 고분의 세계문화유산 등재를 신청한 뒤 갑자기 중국이 자국 안의 고구려 유적의 등재를 신청하는 등 중국이 방해할 수밖에 없는 이유가 분명하다"라고 지적했다.

⑥ "고구려 지역이 통일신라 시대 이후에는 계속 중국 변방 영토 안에 있었던 것이 사실인 만큼 중국이 자국 영토 역사를 연구하고 발표할 자유는 있다"라고 박 국장이 말한 것에 대해 "백 보를 양보해도 고구려 멸망 뒤 북에는 발해, 남에는 신라가 병존하는 남북국시대가 되었다는 것은 모든 국사 교과서에 기재되어 있고 그렇게 가르치고 있는 내용"이라며 "다른 나라가 이 대목을 왜곡했을 경우 적극적이고 공식적으로 항의해야 할 외교부가 우리 역사를 스스로 부정하는 발표를 한다는 것은 도저히 있을 수가 없는 일"이라고 비판했다.[4]

한편 이날 '고구려 역사 지키기 범민족시민연대 준비위원회'(공동위원장 박원철 흥사단 민족통일운동본부장)도 성명을 내고 "중국 논리를 대변하는 외교부는 공식으로 사과하고, 정부는 총리실 산하에 '역사 정체성 바로 세우기 특별대책기구'를 만들어라"고 촉구했다.[5]

2) 정부의 신중하지 못한 발표와 정치 외교적 실기

정부의 이러한 발표는 중국공산당(정부)이 1996년부터 국책으로 추진한 역사침탈과 2002년부터 본격적으로 시작한 동북공정을 학자들의 단순한 '역사 왜곡' 정도로 인식하고 있었다는 것을 볼 수 있다. 정부의 이러한 인식은 역사적 사실에 대한 진실성 여부를 떠나 안이한 외교적 대처만을 내세운 것이다. 이러한 정부의 태도는 이미 2003년 말 정부 대책회의에서도 엿볼 수 있다. 이 회의에 참석한 임효재 교수는 회고담서 이렇게 말했다.

> "중국의 동북공정과 관련해 상황이 다급하게 돌아가자 학계가 아우성을 쳐 2003년 12월 말 회의가 열리게 됐다. 이창동 당시 문화관광부 장관 주재로 외교통상부·교육인적자원부·문화재청 담당자들과 학계 인사 등이 참석했다. …… 외교부 장관을 대리해 참석한 담당 국장이 '이 문제(동북공정)에 시비를 걸면 중국은 물론 미국과도 갈등을 일으킬 수 있다'라며 문제 삼지 말자고 말했다. 당시 정부는 북핵 문제 해결을 위한 6자회담에서 중국의 역할을 기대하는 입장이었다. 외교부 국장은 '중국 농산물에 대한 무역 의존도도 높고, 북한이 고구리 고분벽화를 유네스코 세계문화유산으로 등재하려 하는 만큼 주변국인 중국의 동의를 받아야 한다. (중국을)도와 줘야 한다'라고 주장했다."[6]

이어서 임효재 교수는 "'중국의 심기를 건드려선 안 될 상황이므로 도와야 한다'고 강력히 제안했다"라고 주장했다. 그는 "당시 정부의 저자세가 오늘의 사태를 만든 것"이라고 비판했다.

2006년 고구려연구재단이 사라지고 동북아역사재단이 들어설 때 외교부의 동북공정에 대한 대처의 문제점을 지적하면서 첫 번째 '중화인민공화국 눈치 보기와 미온적 대응'을 지적하며 그 보기로 임효재 교수의 증언을 들고 있다. 그리고 끝으로 이렇게 비판한다.

---

4) 「오마이뉴스」 2004. 1. 12. 「고구리연구회, "정부 정신 차려라" 의견서 제출」부: 의견서 전문. https://news.naver.com/main/read.naver?mode=LSD&mid=sec&sid1=111&oid=047&aid=0000041022 ; 「한국일보」 2004. 1. 12. 〈"정부는 중국 역사 왜곡 잘못 이해" 고구리연구회, 정책질의서 제출〉 ; 「동아일보」 2004. 1. 12. 〈고구리연구회 "고구리사 관련 정부 발언은 中 외교부 성명 같아"〉

5) 「동아일보」 2004. 1. 12. 〈고구리연구회 "고구리사 관련 정부 발언은 中 외교부 성명 같아"〉

6) 「중앙일보」 2006. 9. 6. 〈[뉴스녹취록] 외교부 국장 "중국 심기 건들지 마라"〉 https://www.joongang.co.kr/article/2439367

■ 신중치 못한 공식·비공식 발언들 : 사태 초기인 2004년 1월 박홍신 당시 외교부 문화외교국 장은 "중국 정부 차원에서 역사 왜곡 의도를 갖고 시작한 것으로 판단하기 어렵다 …… 양국 학자 간 교류와 연구를 통해 해결할 문제"라고 했고, 지난 7일 외교부 당국자는 "중국 연구기관의 연구에 대해 우리 정부가 나서서 외교적으로 중단을 요구하는 것은 무리"라는 비공식 브리핑을 했다. 그러나 외교부는 지난해 10월 국회에 보낸 자료에서 "(동북공정은) 중국 국무원 산하 사회과학원이 변강사 지 연구중심을 통해 역사연구를 빙자한 '조직적 프로젝트'"라고 규정, "(중국이) 왜곡 현상을 심화하고 있는 실정"이라고 설명한 것으로 뒤늦게 드러났다.

공식·비공식 대응법이 다르다는 게 외교부 측의 주장이고, 6자회담·반기문 장관의 유엔 사무 총장 선거 등에 중화인민공화국을 고려한 '수읽기'가 필요하겠지만 현 상황을 초래한 책임의 상 당 부분이 외교부에 있다는 점을 부인하기는 어려울 것 같다.[7]

2. 고구려연구재단 설립과 다른 연구기관의 배제

1) 고구리연구센터 설립준비위원회

글쓴이가 처음으로 동북공정에 대응하기 위해 정부 측 모임에 참석한 것은 1월 12일이다.

때 : 2004년 1월 12일 15:00
곳 : 정부중앙청사 교육인적자원부 대회의실(1616호)

글쓴이는 이날 10년간 현장을 답사하고 고구리연구회를 운영하면서 얻은 경험을 바탕으로 동북 공정에 대응할 한국 측 전략에 대해서 의견을 발표하였다.[8]

글쓴이는 이 모임에 참석한 뒤 1월 30일 홍사단이 주최한 강연회에서 나름대로 방안을 제시하였고, 이어서 2004년 2월 4일 설립준비위원회에서 "고구리연구센터에 대한 고구리연구회의 견해"를 제출하였다. 이 견해는 앞으로 진행될 고구려연구재단의 설립과 동북아역사재단의 설립과 관계되

---

7) 「경향신문」 2006. 9. 8. 이상민 기자 〈정부 '동북공정 대응' 일 터지면 허둥지둥 '無備有患'〉

어 '왜 역사전쟁 도중 단체가 바뀌어야 했는가?'라는 의문에 대한 대답이 되므로 길지만 모두 싣기로 한다.

〈 고구리연구센터 설립에 대한 (사)고구리연구회의 견해 〉

(1) 동북공정은 고구리사만 연구하는 프로젝트가 아니다.

그러므로 새로 설립되는 연구센터는 고구리만 연구하는 단체가 되어서는 안 된다. 고구리 문제를 소홀히 해서는 안 되지만 동북공정에는 (고)조선, 부여, 발해, 만주족을 포함한 청나라의 문제, 간도문제를 포함한 한·중 국경 문제, 러시아와의 국경 문제 같은 광범위한 주제를 포괄하고 있다는 사실을 주목해야 한다.

(2) 새로 설립되는 재단은 '동북공정'을 상대로 하는 작은 재단이어서는 안 된다.

동북공정은 2002년 2월부터 2007년까지 5년간 한시적으로 운영하는 프로젝트로 이미 2년이 지났다. 앞으로 3년밖에 지속하지 않을 동북공정을 상대로 거국적인 재단을 설립한다는 것은 논리에 맞지 않는다. 우리가 목표로 해야 하는 것은 한시적 프로젝트를 방어하는 연구센터 건립이 아니라 중화인민공화국이 장기적으로 수립하고 있는 중화주의에 대항하기 위한 적극적인 연구센터여야 한다. 그러기 위해서는 100억이나 200억 정도의 소규모 재단으로는 뒤쫓아갈 수가 없다. 그러므로 고구리 왜곡에 대한 국민적 대응이라는 새로운 에너지를 바탕으로 장기적이고 거국적인 역사연구센터를 발족해야 한다. 보기를 들면 대만의 중앙연구원이나 중화인민공화국의 사회과학원과 맞먹는 연구기구가 설립되어야 한다.

(3) 동북아 고대사 전체를 다루는 종합적인 연구가 진행되어야 한다.

그러기 위해서는 재단의 이름을 고구리연구센터나 고구려연구재단처럼 고구리에 한정하지 말고 "동북아 고대사 연구재단"이나 "동북아 고대사 연구센터"가 바람직하다고 본다. 아울러 "동북아 고대사 연구재단(센터)"에는 '고구리연구소', '발해연구소', '(고)조선·부여연구소', '한족(중국)연구소', '북방연구소' 같은 전문연구소를 설치하여 종합적으로 운영하여야 할 것이다. 중화인민공화국이 우리 역사를 철저하게 분해하여 연구하고 있으므로 우리가 그러한 연구에

---

8) 이 모임에서 동국대학교 철학과 홍윤기 교수와 자료를 공유하고, 반크 박기태 단장을 만나 의견을 교환한 기억이 난다.

소극적으로 방어만 해서는 결코 해결될 수 없다. 우리도 중화인민공화국과 그 주변의 역사를 철저하게 연구하여 우리 눈으로 중화인민공화국을 포함한 동북 아시아사를 다시 쓰지 않으면 앞으로 더욱 팽창하게 될 중화사상을 벗어날 수 없다. 그러므로 한국 고대사를 연구하는 학자는 물론 한족사(중국사), 몽골 시베리아 중앙아시아를 포함한 북방사를 연구하는 학자들도 모두 참여하는 대단위 연구센터이어야만 한다. 예산 관계로 모든 방면에 대한 전문가를 채용할 수 없을 때는 개방형 연구체제를 도입해 프로젝트에 따라 각 대학이나 연구기관이 파견근무를 하는 형태도 바람직할 것이다.

(4) 새로운 재단은 이미 있는 하드웨어를 활용해야 한다.

보도에 따르면 총리실에서 100억 원을 들여 고구리연구센터를 설립한다고 하였다. 그러나 100억 원이란 금액은 기본적으로 꼭 필요한 하드웨어(건물과 시설)를 조성하는데도 턱없이 부족한 금액이다. 그러므로 시세에 따른 단발성 공약으로 그칠 가능성이 크다. 옛날부터 해오던 연구비 분배기관이 되어 몇몇 학자들에게 연구비를 지급하여 그 결과를 발표하는 수준의 기관이 되어서는 안 된다. 그런 면에서 이미 있는 기관을 새롭게 재편해서 그 기관에 집중적이고 지속해서 예산을 투입하는 것이 최선이다. 다시 말해서 이미 존재한 하드웨어를 활용하고 100억 원은 바로 소프트웨어를 개발하는 데 쓰자는 것이다. 그래야 현실적으로 이른 시간 안에 깊이 있는 연구 결과를 낼 수 있다.

(5) 현존하는 기관으로 정신문화연구원이 최선의 대안이다. [9]

정문연의 하드웨어를 활용하고 총리 산하의 독립재단으로 할 것인가, 정문연 산하에 새로운 연구센터를 만들 것인가? 하는 것은 앞으로 토론의 대상이 된다. 그러나 어떤 형태로든 정문연을 활용해야 한다. 정신문화연구원의 설립 목적은「주체적 역사관과 건전한 가치관 정립」[10]에 있으며, 1년에 100억 원이 넘는 예산(2003년 167억 원)을 쓰고 있다. 그런데 이런 기관에서 이런 사업을 해내지 못한다면 정문연은 존재 의의가 없는 것이다. 정신문화연구원은 자료수집, 대학원 같은 기본적 하드웨어를 갖추고 있다. 그런데 같은 목적을 가진 사업을 가

---

[9] 1월 30일 모 학회 학술대회에서 이와 같은 내용의 발언을 했는데 저녁 식사 때 고구리사 왜곡 공동대책위원장 최광식이 "서길수가 정문연 연구소장으로 확정되었기 때문에 그렇게 이야기했다"라고 여러 사람에게 알렸다고 한다. 정문연 연구소장 문제는 이미 12월 중순에 완전히 끝났는데 그 사실을 이용해 자신들의 목표와 다른 의견을 공격한 것이다. 이른바 밥그릇 싸움의 한 면이 드러난 것이다.

지고 또 천문학적 예산이 들어가는 하드웨어를 다시 설립한다는 것은 국가적 낭비이다.

한 번 정문연으로 결정했다가 시민단체의 반대로 다시 원점으로 돌아갔다는 것으로 알고 있다. 이것은 지금까지 국민들이 정신문화연구원에 갖는 이미지를 그대로 나타내 주는 것이라는 점에서 이해한다. 그러나 문제가 있으면 개혁해야지, 또 비슷한 기관을 만든다는 것은 국가 예산의 낭비이고 비효율적인 투자가 된다는 것도 함께 생각해 보아야 할 것이다.

2) 2월 12일, 고구려연구재단인가, 동북아사연구재단인가?

(1) 공청회는 동북아사연구재단, 그래도 고구려연구재단

2월 4일 고려대 인촌기념관 대회의실에서 (가칭)고구려사연구재단 설립준비위원회가 열렸다. 이 모임 초청장에 초청자가 국사편찬위원장 이만열, 한국정신문화연구원장 장을병, 고려대학교 교수 김정배로 되어있고 회의 당일에는 12월 24일에 새로 부임한 안병영 교육부 장관도 참석하였다. 이 모임은 교육부 김만곤 교육과정 정책과장과 이충호 교육부 장학관도 참석했는데, 김정배가 제안하여 고려대학교에서 열린 것이다.

이 자리에서 재단설립 추진총회 소위원회를 구성하기로 하여 12명이 뽑혀 2월 6일 소위원회가 열렸다. 소위원회 위원 12명은 다음과 같다.

① 역사학계 : 여호규(한국외대, 고구리사), 이문기(경북대, 한국고대사학회 회장), 최광식(고려대, 한국고대사)

② 유관분야 : 서길수(서경대, 고구리연구회 회장), 안휘준(서울대, 한국미술사), 이융조(충북대, 한국고고학)

③ 시민단체 : 박원철(변호사, 범민족시민연대 준비위원장), 안병우(한신대, 역사교육연대 상임공동대표)

④ 사회원로 : 김성훈(중앙대, 전 농림부장관), 도영심(한국문화관광정책연구원 이사장), 오재희(사명당기념사업회장, 전 주일대사)

---

10) 「한국 문화의 정수를 깊이 연구하여 새로운 창조의 기반으로 삼아, 주체적 역사관과 건전한 가치관을 정립함으로써 미래 한국의 좌표와 그 기본원리를 탐구하며, 민족중흥을 위한 국민정신을 드높이고 민족문화 창달에 기여함을 목적으로 한다.」

⑤　정부대표 : 이수일(교육인적자원부 학교정책실장)

　　회의에서 가장 크게 문제가 되는 것은 새로운 단체의 명칭, 범위, 성격이었다. 그러나 이미 정관 초안에 "이 법인은 고구려사·상고사 등을 포함한 한국사의 ……"로 시작하고, 교육부 장관이 "고구려 쪽에 초점을 맞추어 달라"고 했다는 식으로 회의가 일방적으로 진행되었다.

　　글쓴이가 새로운 예산을 하드웨어에 많이 쓰는 것보다 이미 운행되고 있는 기관에 설립되면 새로운 예산은 모두 소프트웨어에 쓸 수 있다며 정문연을 다시 언급하였다. 그랬더니 고대사 측에서 이야기했다.

　　"정문연에 누가 있는데요?"

　　고구리사 전공자가 없다는 것이다. 앞에서 보았지만 이미 연구소도 있고 1년에 100억 예산을 쓰며, 도서관 등도 이미 갖추어 있으니 새로운 예산으로 연구원들을 얼마든지 새로 늘릴 수 있는데, 정문연은 무조건 부정적으로 보았다.[11]

　　2월 12일 고구려연구재단(가칭) 설립추진을 위한 공청회가 프레스센터에서 열렸다.

개회사 :　김정배(설립추진위원장)

발표 :　　여호규(한국외대 교수)

토론 :　　이문기(경북대 교수, 한국고대사학회 회장)

　　　　　박원철(변호사, 고구려역사지키기범민족시민연대 대표)

　　　　　서길수(서경대 교수, 고구리연구회 회장)

　　　　　안병우(한신대 교수, 아시아평화와역사교육연대 교과서 위원장)

　　발표자 여호규의 설립취지문은 결연했다.

　　　　중국의 고구려사 왜곡을 방치한다면, 한국사의 근본 체계가 흔들리고 민족 정체성마저 상실할 위

---

11) 지난해 12월 글쓴이는 이미 밥그릇 싸움에 휘말려 낙마했는데, 그 사실을 너무 잘 아는 고대사 전공자들이 내가 정문연에 가게 되어 정문연을 내세운다고 흑색선전을 했다고 한다.

험이 높다. 민족사와 민족 정체성의 상실은 결국 민족의 존립마저 위협할 것이다. 더욱이 중국의 고구려사 왜곡은 단순한 학문적 동기가 아니라 중국 조선족의 동요와 한반도의 정세변화에 대비하고 나아가 우리 민족의 미래를 가로막을 수도 있는 중대한 사안인 것이다.

그렇지만, 우리 학계는 체계적으로 수집하는 연구기관조차 없는 열악한 형편이다. 이에 2003년 12월 9일 한국고대사학회를 비롯한 한국사 관련 17개 학회가 '중국의 고구려사 왜곡 대책 학술발표회'를 개최해 공동성명서를 발표하면서 '교육인적자원부는 고구려사를 비롯한 고대 동북아시아 역사를 체계적으로 연구할 연구센터 설립을 적극적으로 추진하라'고 요구했던 것이다.[12]

동북공정이 민족의 존립을 위협하고 민족의 미래를 가로막는 중대한 사안이라는 것과 이를 막기 위해 한국고대사학회를 비롯한 17개 학회가 공동으로 대처한다는 것이다. 글쓴이가 이 부분을 미리 강조한 것은 그런 중대 사안이 지금은 어떻게 되었고, 이때 결연하게 나선 학자들과 학회들은 고구려연구재단을 만들어 지금 동북공정은 어떻게 되었으며, 그들은 지금 어디서 무엇을 하는가, 하고 묻고 싶기 때문이다. 뒤에서 왜 2년 만에 고구려연구재단은 사라지고, 2009년에 중화인민공화국이 동북공정의 성공을 선포한 사실조차 모르고 있는 현실을 밝히면서 그들의 활동을 찬찬히 돌아보기 위해서다.

공청회 내용은 신문 기사를 통해서 보기로 한다.

여호규(한국외대 교수, 고구려사)가 발제를 맡아 조직체계를 행정지원부, 연구기획부, 연구정보부를 두고, 연구기획부 아래 6개 연구팀을 두었다. ① 고구려 역사 연구팀, ② 고구려 문화 연구팀, ③ 상고사 연구팀, ④ 발해사 연구팀, ⑤ 한·중관계사 연구팀, ⑥ 민족문제 연구팀.

시민단체와 외부 학자들은 '동북아연구재단' 같은 포괄적인 명칭을 요구했다. 고대사 연구학자들은 '고구려연구재단'이란 명칭을 고집했다. 토론자인 박원철 고구려역사지키기 범민족시민연대 대표와 서길수 서경대 교수(고구리연구회장), 안병우 한신대 교수(한국사)는 '동북아연구재단', '동아시아 역사연구재단' 같은 포괄적인 명칭을 주장했다.

참석자 대부분이라고 할 정도로 고구려연구재단을 반대하는데도 고대사 연구자들은 끝까지 기

---

12) 여호규, 「고구려연구재단(가칭)의 설립방향」, 『(가칭) 고구려연구재단 설립추진을 위한 공청회』, 2004. 1. 12., 3쪽.

존 안을 고수하였다.

고대사를 전공한 교수들은 고구려연구재단을 강력하게 주장하였다. 이문기 한국고대사학회장은 "국민적 열기가 높은 지금은 별문제가 아니다"라며 "그러나 국민의 지속적인 관심과 지지를 유도하기 위해서는 고구려연구재단으로 해야 한다"라고 주장했다. 조법종 우석대 교수는 "이름에 '세종'이 들어 있다고 세종연구소가 세종대왕에 관한 연구만 하는가?"라며 "고구려라는 이름은 상징적인 것"이라고 반론을 폈다.

학계는 대체로 '고구려 안'을 찬성하는 분위기였다. 그러나 12일 열린 공청회에서 방청객 가운데 발언을 한 사람들의 80~90%는 '동북아 안'을 찬성했다.[13]

사실 고대사는 물론 근대사까지 아우르는 조직에 '고구리'라는 한 시대의 이름을 붙이는 것이 논리적으로 옳지 않았으나 고대사 연구자들은 집요하였다. 공청회가 끝난 뒤 10명이 참석한 소위원회에서도 사실은 명칭 문제 결론이 쉽게 나지 않았다. 그런데 어떻게 해서 고구려연구재단으로 결론이 났는지 글쓴이는 잘 기억이 나지 않는다. 그런데 김정배 선생이 책에서 그 답을 기록해 주었다.

"정부 입장에서는 고구려라는 말이 들어가지 않으면 정부의 지원 문제가 어려울 수 있다는 이야기를 듣게 되자 위원 한 사람 한 사람의 의견을 경청하며 견해를 좁혀 갔다. 결국 '고구려연구재단'이라는 이름이 태어났다."[14]

새로운 재단 이름은 무조건 고구리라는 이름이 들어가야지, 그렇지 않으면 정부가 지원하지 않는다? 이것은 일반 상식으로는 이해가 가지 않지만 이미 교육부와 대책위원회는 이런 최후의 수단까지 준비한 것이다.

---

13) 「오마이뉴스」 2004. 2. 15. 김태경 기자 <'고구려연구재단' 이름짓기 힘드네…. >.

14) 김정배, 『한국과 중국의 북방사 인식』 세창출판사, 2018, 169쪽.

2004년 2월 20일 고구려연구재단 설립을 위한 공청회

(2) 공청회는 거쳐 가는 요식행위에 불과하였다

경향신문 기사에 보면 끝에 이런 내용도 있다.

이날 공청회에 참여한 한 인사는 "일부 학계에서는 특정 대학 출신이 연구재단 설립을 주도하고 있다는 얘기가 떠돌고 있다"라면서 "이렇게 되면 다른 학교 출신들이 소외되는 것 아닌가 하는 우려도 있다"고 말했다.

공청회 발언 중에는 정부출연연구기관이면서도 한국사 연구에서 제 역할을 하고 있지 못하는 한 국정신문화연구원에 대한 비판이 수 차례 제기됐다. 한 인사는 "소수 고대사 연구가들이 연구재단의 헤게모니를 장악하려고 한다"라면서 "중국의 동북공정에 대한 본질을 왜곡하면서 왜 또다시 정신문화연구원 같은 단체를 만들고 있는지 모르겠다"라고 말했다.[15]

이런 기자의 언급은 나중에 대부분 사실로 드러났다. 2018년 김정배 선생이 쓴 회고담에서 그 내용이 고스란히 담겨 있다.

---

15) 「경향신문」, 2004. 2. 20. 〈간도 문제 도외시하고 동북공정 대응할 수 있나〉.

① 최광식 교수, 여호규 교수, 임기환 교수, 송기호 교수, 공석구 교수, 조법종 교수, 박경철 교수, 전호태 교수, 한규철 교수 등이 '중국의 고구려사 왜곡 대책위원회'를 만들어 최광식 교수와 한규철 교수가 공동대표를 맡게 되었다.

② 2003년 ○○○교수가 필자를 찾아와서 '동북공정' 이야기를 하다가 이에 대처하는 학술단체를 만들게 될 때 책임을 맡으셨으면 한다는 의견을 조심스럽게 밝혔다.

③ 2004년 1월 19일 안병영 교육부총리가 필자에게 전화해서 논의가 많은 고구려연구센터 건을 도와 달라고 요청하였다.

④ 1월 27일 안 부총리와 조찬이 예정되어 있어 중앙청 국무위원 식당으로 갔다. 이 모임에는 장을병 한국정신문화연구원 원장, 그리고 이만열 국사편찬위원도 참석하였다. 안병영 부총리의 이야기는 다음 세 가지로 요약할 수 있다. 첫째는 고구려연구센터는 민간기구로 한다는 것이다. 둘째, 이 기구를 한국정신문화연구원이나 국사편찬위원회에 두지 않는다는 것이고, 셋째, 필자를 지명하면서 책임을 맡아 달라는 부탁이었다.

⑤ 2월 4일 2시에 고려대학교에서 고구려연구센터 추진위원회 총회가 개최되었다. 안병영 부총리가 교육부의 관계자와 함께 참석하였다. 이성무 전 국사편찬위원장이 필자를 추천하였고 이융조 교수가 동의해서 만장일치로 추진위원장을 선임하였다.

⑥ 2월 12일 오후 2시에 재단 공청회가 한국언론재단 20층 국제회의장에서 개최되었다.[16]

국가에서 세우려는 기관은 이미 고대사 연구자들이 접수하여 모든 준비를 마친 상태에서 공청회를 열었는데, 그것을 모르는 근대사나 민족사 연구자들은 격하게 반대했다. 고대사 연구자들은 김정배의 정치력을 바탕으로 교육부를 뚫고, 최광식, 여호규, 조법종 등이 실무를 맡아 이미 12월부터 완벽하게 준비하여 승리하였다.

이처럼 고구려연구재단 설립을 주도했던 대책위원회(주로 한국고대사학회)에서는 국무총리가 발표한 '고구려 연구를 위한 100억 지원'에 대한 주도권 쟁탈전을 연상케 하는 작업을 거쳐 고구려연구재단 이름을 채택했지만, 다음과 같은 3가지 부정적인 결과를 낳았다.

---

16) 김정배, 『한국과 중국의 북방사 인식』, 세창출판사, 2018, 165~168쪽.

1. 이름을 '고구려'로 함으로 해서 중화인민공화국에서는 협상 대상을 '고구리'로 제한하고, 나머지 (고)조선, 부여, 발해, 간도문제, 백두산 문제는 상대적으로 편하게 침탈을 진행할 수 있게 했다.

2. 당시 국민이 '동북공정=고구리 역사 왜곡'이라고 잘못 알고 있는 상황을 이용해 고구려연구재단을 만듦으로 해서 결국은 국민이 동북공정의 숨겨진 뜻을 알 수 없게 만들었다. 동북공정이 어떤 것인지 국민에게 솔직히 알려야 했는데 그것을 포기한 것이다. 그 결과는 지금까지도 이어지고 있다.

3. 결국 2년도 못 가서 그 이름과 그에 따른 운영 때문에 한일관계사를 전공하는 현대사 연구자들에게 자리를 빼앗기게 되었고, 그 결과 동북공정 대응은 동력을 잃어버리게 되었다.

3. 고구려연구재단의 출범과 정책 방향의 함정 - 밥그릇 싸움

1) 근대사 연구를 제외한 고구려연구재단의 출범

3월 1일 오후 프라자호텔에서 고구려연구재단 출범식을 가졌다. 출범은 했지만, 체제를 갖추는데 몇 달이 걸렸다. 4월 24일에 1차 이사회를 열어 50억 6천만 원의 예산 책정을 의결하였고, 5월 22일에는 연구직 17명을 뽑았다.

(고)조선사 :   장석호, 오강원

고구리사 :   임기환, 김일권, 김현숙, 이인철

고구리 문화 :   박아림, 고광의

발해사 :   김은국, 임상선

동아시아 관계사 :   배성준, 최덕규, 구난희

민족사 :   노기식, 장세윤, 윤휘탁

그러나 위의 조직표나 연구원에 한·일 관계사를 연구하는 팀은 완전히 빠져 있다. 공청회에서 박원철 변호사가 토론에서 역사연구팀, 사료조사팀, 관계사팀을 두고 관계사팀에 대중관계, 대러관계, 대일관계를 두고 일본과 러시아도 연구할 것을 강력하게 주장하여 글쓴이도 찬성발언을 하였다. 그 뒤 공청회 소위원회에서 분명히 한일관계사도 함께 연구한다고 하고, 설립취지문에도 "역사연구는 실사구시의 학문 자세가 기본이고, 따라서 정치적 목적이 역사연구의 정당성을 합리화할 수도 없다. 일본의 역사 왜곡, 중화인민공화국의 역사 훼손은 실사구시의 학문 자세가 결여된 반지성의 표본이며, 선린우호의 평화를 파괴하는 반역사적 자세이다. 우리가 고구려연구재단을 설립한 것은 세계 역사 속에서 우리나라 역사의 엄정한 체계를 수립하여 이웃한 국가의 역사와 비교 검토하면서 역사 발전의 객관적인 동인(動因)을 탐구하려는 데 목적이 있다."고 해서 일본의 역사 왜곡도 대처해야 한다고 했으나 실제로는 완전히 배제된 것이다. 그리고 역사전쟁이라고 강조하면서 교육부 차관은 들어 있으나 일선에서 싸워야 할 외교부 측은 한 사람도 이사명단에 들어가지 않았다. 바로 이점이 고구려연구재단의 운명이 2년도 못 가고 사라지는 원인이 된다.

2005~2006년 상황을 검토할 때 자세히 보겠지만, 현재 동북아역사재단에 근무하는 연구원들의 전공만 봐도 바로 드러난다.

6월 10일에야 재단 사무실을 정신문화연구원에서 시내로 옮겨 본격적인 업무에 들어간다.

2) 밥그릇 싸움 (1) - 고구려연구재단 정책 방향의 함정 : 한국은 고구리 연구자도 적고 수준도 미미하다

(1) 한국에는 고구리 연구자가 적고 전문 연구기관도 없다

고구려연구재단이 고대사 연구자들 위주의 설립을 합리화하기 위해 설립단계부터 마치 우리나라 고구리 연구는 초보 단계도 아니라는 식으로 고구리 연구자들을 깎아내렸다.

2003년 12월 9일, 한국사 관련 17개 학회가 「중화인민공화국의 고구리사 왜곡대책 학술발표회」(주관 : 한국고대사학회, 후원 : 교육인적자원부)를 열고 4개 항목의 공동성명을 발표하였다. 이 발표회에서 「'동북공정'의 배경과 내용 및 대응 방안」을 발표한 최광식은 이렇게 말했다.

중화인민공화국의 경우 수백 명의 연구자가 이 프로젝트에 참여하고 있는데 우리의 경우 고구리

를 주제로 박사학위를 취득한 연구자와 고구리에 대한 논문을 발표한 연구자 모두 해도 수십 명의 연구자를 넘지 못하고 있다.

한 달 뒤, 한국고대사학회 2004년도 기획발표회 「중국의 고구려 유적 정비 현황과 고구려사 왜곡에 대한 대응 방안」의 2부 종합토론 「중국의 고구려사 왜곡에 대한 대응 방안」(여호규)에서도 같은 내용이 발표되었다.

> 중국의 고구려사 왜곡은 학문적 동기가 아니라 한반도를 비롯한 동북아 정세변화에 대하려는 정치적 목적 아래 진행되고 있음. …… 그런데도 우리 학계는 이에 체계적으로 대응할 만한 역량과 조직체계를 갖추고 있지 못함. 무엇보다 고구려사 전문 연구자가 너무 적고, 기초자료를 체계적으로 수집하는 초보적인 연구기관조차 없는 상태임.[17]

결국 우리나라는 고구리사 전문 연구자가 너무 적다는 것이다. 이런 내용은 매스컴을 타고 전국에 알려졌고, 국민은 걱정을 넘어서 '결국 해 보았자 중화인민공화국은 못 당한다'라는 자조의 말이 나왔다. 심지어는 국민의 열화와 같은 성화의 결과로 설립된 고구려연구재단의 이사장도 이렇게 대답했다.

> 우리가 고구려 역사, 고구려 문화, 벽화·고분과 관련해서 지정과제로 응모하게 했는데 지정과제들이 들어오지 못했습니다. 그것은 왜 그런가, 사람 수가 적기 때문에 다섯 사람이 한 팀이 되어서 들어와야 하는데 고구려연구재단에 사람이 없다 보니까 구성하기가 매우 어려운 입장입니다. 그 정도로 맨 파워가 약하다 ……해방 후에 고구려 역사로 박사학위를 받은 사람은 모두 14명 있습니다. 해방 후 지금까지 14명입니다. 그러니까 우리가 고구려 역사를 연구하고 대처하는 과정에 맨파워가 얼마나 부족한가 하는 것을 이해하시리라고 믿습니다.

---

17) 같은 내용이 공청회에서도 발표되었다.

(2) 한국의 고구리 전문 연구자는 중화인민공화국보다 몇 배 많다

그러나 이 모든 현상은 한·중 고구리 연구자의 현황을 제대로 파악해 보지 않고 피상적으로 한 주장들이 가져온 결과이며, 그것은 결국 전 국민을 패배주의적 포기상태로 빠트리고 있었다. 언뜻 보기에는 고구리 연구단체를 만들고 지원을 받기 위해 한 방편처럼 보이지만, 국민에게 주는 역효과는 엄청나게 크고, 이미 10년 이상 고구리 연구를 전문으로 해온 단체나 학자들에게는 결정적인 타격이 되는 것이다. 무엇보다도 앞에서 본 고대사 연구자들이나 고구려연구재단의 주장은 잘못된 것이라는 점이다.

한국의 고구리사 연구는 중화인민공화국에 비해서 월등하게 앞서 있었다.

〈표 3〉 한·중 고구리 전공 학위 취득 현황

	박사학위	석사학위	합계
한국	32	198	230
중화인민공화국	2	12	14

중화인민공화국은 고구리사를 전공으로 하는 박사학위 취득자가 단 2명(1명은 한국에서 학위 취득)이고 석사학위 취득자도 12명에 불과하다. 한국의 박사 32명과 석사 198명에 비교하면 비교도 안 되는 숫자이다. 그뿐 아니라 이러한 학위 취득자도 중화인민공화국의 사회적 특성상 크게 활동하고 있지 못하고 있다. 특히 두 명의 박사는 모두 조선족이고, 석사 12명은 대부분 최근에 학위를 취득한 젊은 사람들이라 연구성과도 많지 않고 중화인민공화국 사학계에서 목소리를 낼 수 있는 위치에 있지 않다. 고구리 연구자들 가운데 논문 6편 이상을 쓴 26명의 학자도 절반 정도는 이미 일선에서 물러난 학자들이고, 동북공정에 직접 참여하는 학자들도 사실상 몇 명 안 된다는 것을 알 수 있다. 반면에 한국의 고구리 연구는 괄목할만한 성장을 이루었다.[18]

지난 10년 동안 국제학술대회에서만 208편의 논문이 발표되었고 430명의 학자가 발표와 토론에 참여하였다.[19]

---

[18] 서길수, 「한·중 고구려 연구의 현황과 고구리연구회」 고구리연구회 32차 정기학술발표회 논문집, 『고구리연구회 10년의 성과와 방향』 2004. 9. 10.

〈표 4〉 고구리 국제학술대회의 성과

주최단체	논문 편수	발표자 수	토론자 수 (토론 사회자 포함)	총 참여 연인원 (발표 및 토론자)
고구리연구회	183	188(공동 4편)	195	383
백산학회	8	8	11	19
한국고대사학회	17	17	11	28
계	208	213	217	430

한편 한국에는 고구리 연구만 전문으로 다루는 학술지『고구리연구』를 비롯한 논문집에서 중화인민공화국과 비교해서 완성도가 아주 높은 논문들이 발표되었다.[20]

〈표 5〉 년도 별 학술지발표 '고구리' 논문 현황

	고구리연구회	한국고대사학회	백산학회
1995	6	4	1
1996	20	1	4
1997	19	2	2
1998	6	2	0
1999	19	1	1
2000	19	5	7
2001	25	4	2
2002	19	5	0
2003	28	8	20
2004	13	9	2
합계	174	41	39

---

19) 박찬규,「高句麗 國際學術大會 成果와 高句麗研究會-최근 10년간 國內에서의 대회를 중심으로-」『고구리연구회 10년의 성과와 방향』 2004. 9. 10.

20) 김용은,「최근 10년 고구리 국내 학술대회 성과와 고구리연구회」『고구리연구회 10년의 성과와 방향』 2004. 9. 10.

그렇다면 왜 "중화인민공화국에서는 수백 명의 학자가 동북공정에 참가하는데 우리는 박사가 14명밖에 안 된다."라고 자조하고 두려움을 가져야 했는가? 사실 동북공정이 사회문제가 되고 한·중 역사전쟁으로까지 비화하였을 때 가장 뼈아픈 반성을 해야 하는 사람들은 바로 고대사나 고구리사를 연구하는 학자들이었다. 고구리사 왜곡 문제는 이미 1993년 집안에서 열린 국제학술대회에서 크게 문제가 되었고 국내 신문에도 크게 보도되었다. 그렇지만 전공학자들은 '한국의 열악한 연구 환경'을 핑계로 이에 대한 반론 개발에 게을리하였다.

그런데 고구리 문제가 사회에서 크게 이슈화되자 그들은 매우 민첩하게 움직였다. 성명서를 내고, 학술대회를 열면서 중화인민공화국보다 우리 학계가 얼마나 연구자가 없는지를 열심히 강조하였다. 그러나 거기에는 단 한 번도 두 나라 간의 고구리 연구의 성과를 제대로 평가한 적이 없었다. 마치 지금까지의 성과에 대한 면죄부를 받기 위한 것처럼 '중화인민공화국은 많고, 한국은 적다'라는 발표를 계속했다. 그리고 그런 발표는 그대로 매스컴을 통해 국민에게 전달되어 "결국 중화인민공화국에는 안된다."라는 패배 의식을 심어주었다.

한 걸음 더 나아가 국가에서 100억을 내놓는다는 설이 나오자 그 연구비를 고대사가 아닌 다른 학자나 단체에 빼앗기지 않기 위해 총력을 기울였다. 고대사나 고구리사를 전공하는 사람들이 그 혜택을 입기 위해서는 우선 '고구리 연구는 되어 있지 않다'라고 그간의 연구를 완전히 무시해야 했고, 여러 발표에서 새로 발족할 단체는 고구리사와 고대사 연구에 국한해야 하고, 어느 단체에도 속하지 않는 독립단체여야 하고, 명칭은 '고구리'가 들어가야 한다고 강조하였다. 그렇게 해서 발족한 것이 「고구려연구재단」이다. 물론 여기에는 국민의 성화를 잠재울 수 있는 단체를 빨리 만들어야 한다는 교육인적자원부의 바람과도 일치하였다. 즉, 학술연구는 물론 시민단체, 재야단체의 모든 요구를 다 잠재울 수 있는 슈퍼 학술단체를 만들어 낸 것이다. 도대체 어떻게 학술단체가 이런 모든 것을 해낼 수 있으며 정부가 만든 단체가 어떻게 순수 학술단체가 될 수 있는가?

우리가 이런 부끄러운 학계의 대응 방안을 돌아보고 우리 학계가 다음과 같이 당당하게 나왔으면 재단도 제대로 구성되었을 뿐만 아니라 국민 역시 믿음을 가지고 안심했을 것이다.

"우리나라도 고구리 연구자가 많고 연구 결과도 탄탄합니다. 다만 중화인민공화국은 고구리사가 중화인민공화국 것이라는 것을 주장하기 위해 「귀속문제」에 중점을 둔 논문이 많지만, 한국에서는 순수 학술적인 연구가 중화인민공화국의 몇 배 이상 많습니다. 한국의 학자들은 고구리사가 당연히 한국사이기 때문에 고구리사가 우리 것이라는 연구를 하지 않았을 뿐입니다. 지금까지의 연구 역량과 기초연구를 바탕으로 고구리의 정체성을 연구한다면 쉽게 중화인민공화국의 논리를 누를 수 있습니다. 다만 중화인민공화국은 사회과학원이라는 거대 국가 연구기관에서 동북공정을 추진하고 있으므로 우리나라에서도 그에 따르는 막강한 연구재단을 세워 이에 맞서야 할 것입니다."

이런 발상을 가지고 연구기관을 세웠다면 지금까지의 연구성과나 연구자들을 모두 포용하고 힘을 합하여 1, 2년이면 고구리사 왜곡에 대한 부분은 충분히 극복할 수 있었다. 그러나 기존의 연구를 부정하며 출발한 단체에서는 그 기조를 계속 유지하기 위해 기존 연구단체나 성과를 인정하지 않게 되는 것이다. 이러한 사실은 현실로 드러나고 있다. [21]

(3) 결국은 밥그릇 싸움이었다

재단 설립을 추진했던 일부 고대사학자들이 지난날 모든 시간과 열정을 다 해 난관을 뚫고 연구에 전념해 온 학자와 단체의 연구성과를 무시했던 것은 자기들이 새로운 역사를 새로 써야 한다는 성과를 보여주기 위해서였다. 김정배는 '고구려연구재단 정책 방향'에서 이렇게 말했다.

한정된 인원과 재원으로 동북공정에 대응하며 성과물을 내려면 선택과 집중의 정책을 택하지 않을 수 없다. 모든 분야가 어려움을 겪듯이 한국 고대사도 연구 인원이 적고 더구나 고구려사 전공자는 손으로 꼽는 수에 불과하였다. 서울대 노태돈 교수, 한국외대의 여호규 교수, 울산대 전호태 교수, 동국대 강현숙 교수, 강남대 박경철 교수, 뒤에 자리를 옮긴 임기환 교수 등이 무거운 짐을 어깨에 메고 학문 활동을 했다. [22]

---

21) 서길수, 「한·중 고구리사 연구현황과 국내 학계의 문제점」 단군학회 발표논문, 2004. 9. 3.
22) 김정배, 『한국과 중국의 북방사 인식』 세창출판사, 2018, 178쪽.

다음에 보겠지만 고구리 연구회가 기획한 「고구리 정체성」에 관한 국제학술대회 발표자 36명을 보면 김정배의 말이 얼마나 틀렸는지 알 수 있다.

그렇다면 왜 고대사 연구자 위주로 짜인 고구려연구재단은 그처럼 '고구리'라는 이름에 집착하고, 고구리 연구는 전혀 되어있지 않은 것처럼 한국 학계를 비하했는가? 이 사실이 궁금한 글쓴이는 고대사학회 발표회에서 공개적으로 "한국도 고구리 연구가 상당히 진행되었는데 왜 자꾸 아무런 연구도 안되었다고 하느냐"고 질문했다. 이 질문에 대해 공개적인 답은 듣지 못했으나 대회가 끝난 뒤 당시 대회를 주도한 최광식 교수와 여호규 교수가 나에게 당당하게 이야기했다.

"연구가 되었다고 하면, 지원금이 현대사하는 사람들에게 돌아가니 그렇게 얘기해야 한다."

나는 이 솔직한 정답을 듣고 나서야 사태를 파악할 수 있었다. 두 사람은 나도 고대사 연구자라 동지 의식을 가지고 이야기했는지 모르지만 내 머리에는 바로 떠오르는 생각이 있었다.

"밥그릇 싸움이었구나."

3) 중화인민공화국이 보는 한국 고구리사 연구현황

한국의 고구리 연구는 이미 북한의 연구를 넘어섰다(초과 달성했다)는 것이 중국변강사지연구중심의 평가였다.[23] 상대국에서 지금까지의 고구리 연구를 어떻게 평가하고 있는지 내용을 냉철하게 직시하고 기존 연구성과를 받아들여 더욱 발전시켜야 했으나 고구려연구재단은 아랑곳하지 않았다. 그런데 중화인민공화국은 동북공정을 추진하기 위해 상대국의 전력을 철저하게 평가하였다.

---

23) 서길수, 「한·중 고구려 연구의 현황과 고구리연구회」 32차 정기학술발표회, 2004. 9. 10.

(1) 2000년, 『고구리 귀속 문제 연구』[24]

　　1990년대에 와서 한국의 사학계는 고구리를 연구하는 붐이 일어났다. 중화인민공화국과 북한 사학계의 연구성과를 대량 번역하여 출판하고 소개하였다. 그리고 여러 차례 고구리에 관한 각종 학술 세미나를 개최하였고, 고구리의 역사문화재, 고고자료 전시회를 개최하였으며, 대형 도록들을 출판하였다. 특히 주목되는 것은 사단법인 고구리연구회이다.[25]

(2) 2001년 『고대 중국 고구리 역사 총론』
이 책에서도 1990년대 이후 고구리 연구 붐에 대해 다음과 같이 쓰고 있다.

　　이 시기(1990년대) '고구리 연구 붐'이 나타나게 된 또 하나의 지표가 1994년 6월 일부 연구학자 들이 설립한 "고구리연구소"인데, 2년 뒤인 1996년 "사단법인 고구리연구회"가 된다. 이 연구회는 고구리 연구와 조사 활동을 기획하고, 국제학술대회를 열고, 학술지 『高句麗研究』를 발행하는 활동 을 벌이는 등, 현재 한국에서 가장 두드러지게 활약하고 있는 고구리 연구단체이다.[26]

(3) 2003년, 『고대 중국 고구리 역사 속론』
이 속론은 동북공정 초기의 성과를 집약한 것으로 눈여겨볼 만하다. 특히 중국변강사지연구중심 은 "한국의 고구리사 연구는 북한 학계의 성과를 초과 달성했다."고 평가하고 있다.

　　지금까지 한국 학계의 연구 조건과 환경(자유롭게 조선과 중화인민공화국 학계의 연구성과를 이용할 수 있고 직접 조선, 중화인민공화국 학계와 교류하고 심지어 직접 조선을 방문하는 것 등을 포함하여)에는 커다란 개선이 있었고 한국 사회 내에 '고구리 붐'이 한창이다.
　　한국 학계의 고구리 연구는 이미 꾸준히 발전해 왔고, 앞으로도 더 세찬 발전 추세를 보일 것이

24) 楊春吉·耿鐵華, 『高句麗 歸屬問題 研究』 吉林文史出版社, 2000.
25) 孫金花, 「韓國高句麗研究會及其研究狀況」 『高句麗歸屬問題研究』 吉林文史出版社, 2000, 405~423쪽.
26) 權赫秀, 『韓國史學界的高句麗研究』 『古代中國高句麗歷史叢論』 黑龍江教育出版社, 2001, 363~389쪽.

다. 일찍이 한국 사회에서 일었던 '재야사학' 풍파의 국수주의 사학 세력들도 한국 사회의 '고구리 붐'을 더욱 고조시킬 수 있는 무시하지 못할 역량을 가지고 있다.

사회 전 범위에서 '고구리 붐'을 일으키고 있는 국제적인 영향력을 놓고 말할 때, 한국 학계의 고구리사 연구는 조선 학계의 성과를 이미 초과 달성하였다. 그리고 정계를 포함하여 한국 사회 각계에서 고구리사 연구에 대해서 관심을 보이며 참여하고 있다. 비록 형식적으로 조선과는 다른 것 같지만 그 목적(고구리사의 한반도 역사성의 강조, 중화인민공화국 역사성의 부정)과 작용(정치화, 사회화에 이어 국제화에 이르기까지)들은 크게 다르지 않은 효과를 거두고 있으며 그 강도는 오히려 조선보다 강하다.[27]

한편 한국의 대표적인 고구리 연구단체로 백산학회와 고구리연구회를 집중적으로 분석하고,[28] 고구리연구회 간행『高句麗研究』1~11집에 수록된 주요 논문을 평가하였다. 백산학회는 주로『고구리 남진 경영사의 연구』(1995년),『고구리사 연구』(1995년),『고구리 산성과 해양 방어체제 연구』(2000.8)에 대한 평가를 자세하게 하였다. 고구리연구회에 대해서는 "현재 한국에서 가장 두드러지게 활약하고 있는 고구리 연구단체다"라고 평가하고 무려 45쪽을 할애하여 철저하게 분석하고 있다.

이상에서 본 바와 같이 동북공정을 이끌어가고 있는 중국변강사지연구중심을 비롯하여 지방 대학 연구소까지도 한국의 고구리 연구현황을 아주 찬찬히 그리고 솔직하게 분석하고 있다는 것을 알 수 있다. 이러한 중화인민공화국의 주도면밀한 분석과 달리 한국에서 그 침탈을 막기 위해 설립된 고구려연구재단의 구성원과 시원하는 교육부 관리들은 중화인민공화국에서는 언급도 하지 않는 단체와 진지를 구축하고 나머지 모든 단체와 연구자를 없는 것으로 만들어버렸다. 나중에 보겠지만 중화인민공화국은 한국 측의 이러한 미세한 상황도 치밀하게 파악하여 전략 전술에 활용한다. 한국 측은 막강한 군단이 없는 것으로 알고 자기들(고구려연구재단)만 소총 들고 탱크에 달려드는 꼴이 되었고, 중화인민공화국에서는 한국이 최고의 병기를 흙 속에 묻어버리니 그야말로 손 안 대고 코 푸

---

27) 마대정 외,『고대 중국 고구리 역사 총론』, 흑룡강교육출판사, 2001.

28) 『고대 중국 고구리 역사 총론』, 439~484쪽(45쪽) 權赫秀,「한국학계의 고구리 연구 평가 — 백산학회와 고구리연구회를 중심으로」

는 격이 되었다.

나중에 역사가 고구려연구재단을 평가한다면 자기 공을 만들기 위해 지금까지 쌓아온 모든 연구 성과를 없애버렸다는 점을 가장 혹독하게 평가할 것이다. 문제는 밥그릇 싸움에 빠져 그것이 역사에 무슨 죄를 짓고 있는지도 모르고 있었다는 점이다.[29]

4) 밥그릇 싸움 (2) - 동북공정 대응은 고구려연구재단만 가능하다

(1) 경쟁 국가기관의 제거

교육부 장관이 김정배 이사장을 임명할 때 국사편찬위원회와 정신문화연구원 원장들을 한자리에 모아놓고 이루어졌다는 것을 보았다. 이것은 앞으로 동북공정에 관한 일은 두 단체에서는 손대지 말라는 것을 알리는 식장이었다. 정신문화연구원에서도 동북아고대사연구소를 만들어 나름대로 동북공정에 대응하는 연구를 진행하고 있었고, 예산도 5억이 이미 책정되어 있었다는 것은 앞에서 보았다. 그러나 고구려연구재단이 생기면서 그 예산도 모두 새로운 재단으로 넘어가 다음 해부터 정신문화연구원 동북아고대사연구소에서는 손을 놓을 수밖에 없었다고 한다.[30]

국사편찬위원회도 정신문화연구원 못지않게 중화인민공화국의 역사침탈에 대응할 하드웨어와 인력을 가지고 있고, 아울러 역사와 전통도 있다. 만일 두 단체가 자국의 역사가 적의 침략으로 누란(累卵)의 위기에 처해 있는데 대응하지 않고 가만히 있었다면 이것이야말로 군법회의에 넘겨 사형에 처해야 할 것이다.

---

[29] 김정배는 나중에 한국학중앙연구원 원장을 거쳐 국사편찬위원회 위원장이 되어 국정교과서 출판에 앞장 선 것을 보면 알 수 있다.

[30] 정신문화연구원은 동북아고대사연구소를 만들고, 2003년 3월 1일 자로 강원대학교 사학과 신종원 교수를 소장으로 영입하여 개소하였다. 그 뒤 예산 5억 원을 바탕으로 연구실장 김창겸, 연구원 윤수희, 문은순을 보강하였으며 행정과 예산을 담당할 정원석 행정서무과장까지 두었다. 그러나 발표하고 난 뒤 10일이 지나 12월 24일 교육부 장관이 바뀌고 고대사 전공자들이 새로운 고구려연구재단을 만들면서 주도권을 빼앗기게 된다. 글쓴이도 그때 마침 정신문화연구원 원장과 부원장이 나를 초빙하여 연구소를 맡기고 싶다며, 기획, 예산, 인사에 관한 모든 권한을 줄 테니 마음껏 뜻을 펴라고 해서 처음 창립되는 줄 알았다. 얼마 전에야 신종원 선생과 통화하면서 이미 연구소가 저작물도 내고 일 년간 운행되었다는 것을 알았다. 그러니까 밥그릇 싸움에 나도 모르게 어느 밥그릇 속 밥 한 숟갈이 되어 있었던 것이다.

그런데 새로운 부대를 창설하는 대장이 막강한 두 군단을 무장 해제시킨 꼴이 되어버렸다.[31] 고구려연구재단이 10년을 가도 그 규모나 역량에서 절대로 두 기관을 따라갈 수 없다. 그러므로 두 단체와 함께해도 부족할 터인데, 그 두 단체가 나서는 것을 밥그릇 싸움으로 몰아 손도 못 대도록 한 것은 역사전쟁을 하려는 장수에게 치명적인 결함이었다. 중국변강사지연구중심이 중국공산당과 권력을 이용해 만주 3성의 공산당 조직과 모든 대학·연구기관을 한데 모아 동북공정에 참여하게 하였다면, 김정배는 개인의 정치력을 발휘해서 장관을 움직여 모두 꼼짝 못 하게 묶어놓고 혼자서 오합지졸 신병 몇 명을 데리고 세계대전에 참전한 꼴이 되었다. 문제는 그렇게 해놓고도 자기가 무슨 일을 하는지 모르고 있다는 것이다.

(2) 같은 연구단체는 모두 경쟁 대상

앞에서 중화인민공화국 측이 한국의 고구리 전문단체를 중시하고 깊이 분석한 것은 중화인민공화국이 그만큼 한국의 연구성과에 주목하고 있다는 것이다. 그러나 한국에서는 이런 단체들이 국가에서 50억, 60억이란 비용을 투자하여 「고구려연구재단」을 설립하면서부터 상대적으로 어려움을 겪었다.

첫째, 사회나 단체에서 연구비의 지원을 받기 어려워졌다. 실제로 고구리연구회는 학술진흥재단이나 사회단체에서 모집하는 연구비 지원을 한 번도 받지 못했다. 고구리연구회를 후원하는 개인이나 기업에서 행사비를 지원받는 형식을 취했는데 "국가에서 100억을 내놨는데(사회에서는 국무총리가 매년 100억을 출연한다고 해서 그렇게 알고 있다) 또 지원해 달라고 하느냐?"며 후원을 하지 않는다.

둘째, 독점적 거대 기업이 하나 탄생하면 중소기업이 힘들어지는 것과 마찬가지다. 고구리연구회의 활동을 보면 거대 기업 못지않은 활동을 하고 있지만, 재정적 규모로 보면 소기업도 되지 못한다. 중소기업을 살리기 위해서는 대기업과 중소기업의 계열화를 추진해야 하는데 골목상권까지 다 잡아먹은 것이다.

셋째, 연구자들은 연구비를 많이 주는 고구려연구재단에 열심히 연구계획서를 제출하여 논문을

---

31) 교육부장관이 김정배 이사장을 임명할 때 그 자리에 이만열 국사편찬위원장과 장을병 정신문화연구원장을 배석시키고, 고구려사연구재단 설립준비위원회 초청장을 발송할 때 설립준비위원으로 김정배 고려대학 교수와 두 원장의 이름이 나간 것도 모두 두 단체를 잠재우기 위한 절차였다는 것을 알 수 있다.

발표하지, 연구비를 주지 못하는 고구리연구회는 외면하게 될 것이고, 그렇게 되면 자연히 재정적으로 어려운 단체는 퇴조하게 되어 있다.

2004년 국내에서 가장 큰 고구리 학술대회에 대한 보기를 들어 보자.

10회 고구리 국제학술대회

주제 :　　　고구리의 정체성(The Identity of Koguryo)

일시 :　　　2004년 6월 28~6월 30일(3일간)

장소 :　　　세종문화회관 컨퍼런스홀·소회의실

발표논문 :　36편

① 행사 한 달 전에 이미 「고구리 국제학술대회」의 계획서를 제출하고 후원 요청을 했다. 요청서는 학술지원을 전문으로 하는 학술진흥재단의 양식을 그대로 따랐다.

② 신청서 접수 직후 상임이사인 최광식 교수가, "명칭만 사용하면 되는가?" 하고 물었다. 재정적 지원이 주된 요청 사항이며 소요 예산을 첨부했다는 사실을 밝혔다. 이때 상임이사가 마치 명칭만 사용하는가, 재정적 지원을 할 수 있는가를 결정할 수 있는 위치에 있는 것 같은 인상을 주어 고구려연구재단의 의사결정 기관에 문제가 있다는 생각이 들었다. 내용을 심사하고 그에 따른 상응한 결정을 내려야 하지 내용을 읽어보지도 않고 이런 식으로 대답하는 것은 이해가 가지 않는 태도이다.

③ 6월 초, 인쇄물을 만드는 마지막 시한이 되어 인쇄물에 고구려연구재단을 후원단체로 넣을 수 있는지 묻자 최광식 상임이사가 "아직 정확한 기준이 확정되어 있지 않아 지원 여부를 결정할 수 없으니 고구려연구재단 명칭을 넣지 말아 달라"고 해서 넣지 않았다. 이때 아직 한 달 정도 남았으니 그때까지 기준이 마련되는 대로 지원금을 결정하겠다고 하였다.

④ 6월 25일, 대회 전날(26, 27일은 재단 휴일이다) 갑자기 담당실장이 전화하여, 서류를 제출하라고 한다. 아직 규정이 확실하게 정해지지 않았으나 특별하게 지급하려고 하므로 얼마를 요청하는지 다시 서류를 내라는 것이다. 우리는 이미 예산과 모든 서류를 제출한 상태인데 우리가 요청한 금액을 다 주겠다는 것이냐고 했더니 그것은 아니라고 한다. 그렇다면

재단에서 줄 금액을 정해야지 금액을 요청하라고 한 것은 앞뒤가 맞지 않다고 했더니, 많은 말이 오간 뒤 "신청 금액 가운데 '제 잡비' 정도만 지원할 수 있다"라고 하였다. 전체 비용 71,160,000원에서 제잡비 7,960,000원으로 10분의 1에 해당하는 부분이다. 고구리연구회에서는 이러한 지원을 거절하였다. 고구려연구재단이 창설된 뒤 다른 기관의 후원을 받지 못하는 처지에서 10분의 1 금액을 받고 '마치 고구려연구재단의 후원'으로 행사를 치른 것처럼 보이면 앞으로 고구리연구회의 행사는 다른 단체나 기업의 후원을 받기가 사실상 힘들어지기 때문이다.

⑤ 6월 26일, 최광식 교수는 예산이 3,000만 원인데 4개의 학술회의가 신청되어 그렇게밖에 되지 않는다는 것이다. 내가 이사회에서 예산 심의할 때 본 예산안은 '국제회의 지원 2건 : 1,500만 원×2건=3,000만 원'으로 되어있었다. 국제회의의 성격과 내용은 검토해 보지도 않고 총액을 4로 나누어 지급하겠다는 것이다. 그렇다면 앞으로 다른 단체에서 또 신청하면 다시 나누겠다는 것인가?

⑥ 6월 27일, 김정배 이사장에게 전화했더니 더욱 놀라운 사실이 밝혀졌다. 고구리연구회에서 후원을 신청하지도 않아 행사 팸플릿을 받고 나서야 이사장이 지원을 지시했다는 것이다. 그렇다면 두 가지 가운데 하나이다. 하나는 이사장이 서류를 보고도 못 보았다는 것이고, 아니면 한 달 전에 신청한 후원 신청 서류를 이사장에게 보고도 하지 않았다는 결론이 나온다. 후원 신청한 지 1달이 지난 서류를 월요일 출근하여 챙겨보겠다는 얘기로 끝났다.

고구려연구재단이 기존 고구리 연구단체를 의도적으로 홀대하고 있다는 또 다른 증거로 고구리연구회가 주최하는 행사 초청에 고구려연구재단 이사장이 단 한 번도 응하지 않았다는 것이다. 2004년 4월에 열린 '세계유산 고구리 특별전' 개막식에 참가를 부탁했을 때 "외국 손님이 와서 불가능하다"라고 했는데, 그 다음 열리는 '고구리 국제학술대회('고구리의 정체성」)'에 초청해도 "외국 손님이 와서 불가능하다"라고 하였으며, 6월 30일 '고구리연구회 창립 10주년' 축사도 거절하였다. 도대체 고구려연구재단 이사장에게 고구리 국제학술대회에 참가한 외국 손님이나 학자보다 더 중요한 외국 손님이 어디 있는가?

(3) 고구려연구재단 — 서길수는 시민단체(고구리연구회) 대표다.

2004년 3월 1일 고구려연구재단이 설립되었을 때 서길수는 새로 생긴 고구려연구재단의 15명 이사 가운데 한 명이었다. 그러나 김정배 이사장과 최광식 상임이사는 의식적으로 고구리연구회를 배척하고 마치 무슨 경쟁단체인 것처럼 인식해, 나와 좀 가까운 재단의 연구원은 전화도 연구실 밖에서 받아야 할 정도였다. 그 전에 고구리연구회 각종 학술행사에서 왕성하게 활동하던 학자들이 고구려 연구재단에 들어간 뒤 고구리연구회와 접촉하는 것은 큰 금기사항처럼 되어버렸다. 이런 분위기는 이사장과 상임이사의 분위기를 읽어 행동하는 연구원들이 대부분이었기 때문에 벌어진 웃지 못할 현상이었다.

"고구려연구재단은 동북공정에 대응하여 논리를 개발하기 위해 생긴 단체입니다. 그러므로 그 분야에서 특별히 노하우를 가지고 가장 많은 활동을 하는 고구리연구회는 특별히 후원해주어야 합니다."

내가 이사회에서 제안했더니, 김정배 이사장이 그 자리에서 대답했다.

"우리는 3,000개의 학회를 상대로 하고 있어 고구리연구회를 특별히 취급할 수 없습니다. 지원 사업이 발표되면 거기에 원서를 내면 검토하겠습니다."

실제 국무총리가 고구리 연구를 위해서 100억을 내놓겠다고 한 뒤, 그동안 매년 1,000만 원씩 행사비를 지원하던 현대자동차나 태평양화장품의 후원비는 끊겼다. 이제 국가에서 돈이 나오니 기업체에 손 벌리지 말라는 것일 것이다. 그러나 고구려연구재단에서는 모든 학회가 똑같이 1년 1회에 한 해 행사비 일부를 지원한 것 빼놓고 특별히 '고구리 연구단체'라고 해서 더 지원받은 것은 한 푼도 없다고 한다. 오히려 고구리연구회 행사에는 고구려연구재단의 연구원들이 참석하지 못하는 것이 불문율로 되어 버렸다. 자연히 연구하는 학자들 사이에 반목이 생기고 말로 할 수 없는 분위기가 형성되었고, 그때 형성된 못된 분위기는 나중에 동북아역사재단까지 이어졌다.

사실 고구려연구재단의 책임을 맡은 김정배 이사장과 최광식 상임이사는 1년에 고구리 논문을 한 편도 쓰지 않았다. 그리고 단 책임을 맡았을 때 적어도 10년 이상 관계된 학회를 운영한 고구리 연구회와 어느 정도 의사를 나누고 힘을 합쳐 동북공정에 대처할 줄 알았다. 그러나 그것은 꿈에 불과했다. 고구리연구회를 의식적으로 피하고, 없었으면 좋을 단체처럼 생각했다는 것은 재단과 연구회에 조금이라도 관련이 있는 사람은 다 안다. 학자끼리 진정한 대화나 토론은 없고 현란한 말솜씨로 정치인 뺨치는 행정가들이란 것을 알고는 글쓴이는 거의 포기한 상태였다. 솔직하게 말하면 고구려연구재단이 생기면서 고구리연구회는 너무 힘들고 고된 행군이 시작된 것이다. 여기서 두 가지 에피소드만 남기려 한다.

① 이사회를 마치고 '대장금'이란 음식점에서 식사하며 포도주로 축하를 하는데, 한 끼 밥값이 500만 원이라고 한다. '이 돈이면 학술대회를 한 번 할 수 있는데!'라는 생각에 갑자기 처량한 고구리연구회 생각을 하며 눈물이 나오려 했다.

② 서길수(고구리연구회 회장)는 시민단체 대표이다.

고구려연구재단 안내 책자 이사회 명단(29쪽)을 보면 서길수는 시민단체 대표로 되어 있다. 재단이 창립된 지 반년이 지나 새로운 안내 책자에도 똑같은 잘못을 반복했다. 아무리 바꾸어 달라고 해도 바꾸어주지 않아 공문을 보냈더니 "교육부에서 넘어올 때 그렇게 되어 있었다"라고 했다. 교육부에 공문을 보냈더니, "착오가 있는 모양인데, 고구려연구재단과 상의해서 고쳐보도록 노력하겠다."라고 하였다.

고구려연구재단이 생기고 나서 고구리연구회는 정말 힘들었다. 결국 국가에서 돈 나와 봤자 돈 타 먹는 꾼들이 따로 있고, 그냥 지나면 좋은데 이쪽저쪽 편 갈라서 심지어 연구원들끼리도 반목이 생기니, 함께 힘을 합쳐도 부족한 힘을 이처럼 분산시키는 책임은 누가 질 것인가? 글쓴이가 2004년 고구리연구회 회장직을 물러난 것이 전적으로 그런 분위기 때문은 아니지만, 상당히 많은 영향을 미쳤던 것도 사실이다.

결국 연구 인원도 많지 않은 고구리 연구 학계에 복잡한 기류만 만들어 놓고 고구려연구재단은 2년 6개월 만에 동북아역사재단에 흡수되고 만다. 그들은 떠났지만 아무도 책임을 지지 않았다.[32]

---

32) 그리고 한 3년 뒤 다시 다른 정부 기관 단체장을 맡았다. 한국학중앙연구원 원장이 되었는데, 고구려연구재단 연구원이었던 2명을 신규 채용하는 과정에서 큰 반발을 샀다. 그리고 2015년 국사편찬위원회 위원장이 되어서는 '국정교과서' 사건에 앞장서서 거국적 물의를 일으켰다.

4. 한국의 동북공정 대응과 중화인민공화국의 공식 선전포고

1) 한국 학술단체의 동북공정 대응 활동

(1) 고구리연구회 : 고구리 유적 세계유산 등재 기념 세계유산 고구리 특별전

기간 : 2004년 3월 22일~10월 30일, 09:30~17:30(야간 개장 21:30)

장소 : 서울랜드 제1전시실

주최 : (사)고구리연구회, 서울랜드

주관 : (사)고구리연구회

후원 : 문화재청, 유네스코한국위원회, (사)한국청년회의소

6월 말이 되면 중화인민공화국과 북녘에 있는 고구리 유적이 세계유산에 등록된다. 중화인민공화국 만주 지역에서 처음 등재되는 세계문화유산이고, 북녘에서는 역사상 처음 갖는 세계문화유산이 된다. 이처럼 우리 민족사의 뼈대를 이루고 우리 민족문화의 바탕이 된 고구리 문화가 세계문화유산이 되는 것은 자랑스러운 일이고 우리 민족의 기쁜 축제다.

그러나 우리 국민은 자랑스러운 그 고구리 유적은 어떤 것인지, 어디에 있는 것인지 모르고 있다가 6월 말에 온 세계가 떠들썩하면 그때야 허둥지둥 유적을 찾아보지만, 우리 역사인데도 가볼 수 없는 곳에 있다는 사실을 알고 실망할 것이다. 그래서 10년간 고구리 연구를 해온 고구리연구회에서 그동안 현장을 찾아 찍은 사진과 자료를 바탕으로「세계유산 고구리 특별전」을 열었다.

실제로 이 전시회는 고구리 유적 세계문화유산 등재에 관련한 최초의 전시회였고, 6월 말 전시된 모든 유적이 등재되었으며, 등재된 뒤 바로 모두가 사진으로나마 세계유산이 된 고구리 유적과 벽화들을 직접 볼 수 있었다.

고구리 역사가 진정으로 우리 것이 되기 위해서는 고구리 역사가 우리 것이라고 부르짖는 것으로 충분하지 않고 고구리 역사를 잘 알고, 고구리 문화가 우리 생활의 한 부분이 되어야 한다. 그런 뜻에서 이 전시는 온 국민이 고구리 역사를 바로 알고, 고구리 문화를 생활화하는 데 기틀이 되었다고 할 수 있다.

(2) 고구리사 왜곡 공동대책위원회 학술회의 — 고구리의 역사와 문화유산

이 대회는 고구려연구재단 출범에 공이 큰 고구리사 왜곡 공동대책위원회 이름으로 열렸지만 사실상 한국고대사학회가 모든 것을 주관한 것이다. 대회는 고구리의 정체성과 고구리 벽화에 관한 것이다. 고구리 정체성에 대해서는 고구려연구재단 이사장 김정배가 직접 발표하였다. 고구려연구재단 출범에 가장 큰 공이 있는 공동대책위원회의 위상에 걸맞은 대회였다.

주최 : 중국 고구려사 왜곡 공동대책위원회(17개 학회)

주관 : 한국고대사학회, 시정개발 연구원

후원 : 국제교류재단, 서울특별시

장소 : 서울역사박물관

일시 : 2004년 3월 26~27일

1부(기조 발표) 고구려의 역사적 정체성

①　고구려 역사의 정체성 : 김정배(고려대)

②　동북아시아 상 고구려문화의 위치 : 안휘준(서울대)

③　한국사에 있어서 고구려의 위치 : 미하일 박(러시아 모스크바대)

④　중화인민공화국의 고구려사 연구의 현황 : 孫進己(중화인민공화국 심양동아연구중심)

⑤　고구려 광개토왕비에 대한 러시아 학계의 사관 - 짜를가시노바 교수의《금석학으로 보는 한민족의 발생과 민족사》를 중심으로 - : 뻬레젠고(러시아 모스크바대)

2부 고구려 고분벽화의 세계

①　고구려 고분벽화의 도상 구성 : 미나미 히데오(南秀雄 ; 일본 오사카 문화재협회)

②　고구려 벽화의 풍경 : 아즈마 우시오(東潮 : 일본 도쿠시마대)

③　5세기 고분벽화로 본 고구려 문화 : 전호태(울산대학교)

④　중국 고분벽화와 고구려 고분벽화의 비교 연구 : 박아림(미국 UPEN)

⑤　5세기 고구려 벽화고분에 나타난 천문관과 천문학 : 김일권(정신문화연구원)

3부 고구려의 문화 유산

①　고구려 고분의 구조적 특징 : 강현숙(동국대)

②　남한의 고구려 유적과 유물 : 최종택(고려대)

③　3~7세기 집안과 평양지역의 벽화고분 : 孫泓(심양동아연구중심)

④　세계문화유산 지정관리정책과 고구려 벽화고분 : Perin(필라델피아박물관)

⑤　고구려 고분군 세계문화유산 등재 상황 : 이혜은(동국대)

(3) 국제학술대회「고구리 정체성」— 고구리연구회

　이 대회는 고구리연구회 창립 10주년을 맞이하여 10번째 여는 국제학술대회로 동북공정에 대응하여 고구리의 정체성을 전방위로 밝히는 대회였다. 이 대회에는 한국 학자 24명, 중화인민공화국 학자 3명, 일본 학자 4명, 러시아 학자 2명, 몽골·터키·미국에서 1명씩 참가하여 국제대회의 면모를 완전히 갖추었다. 주제도 ① 사서에 나타난 고구리의 정체성 ② 연구사를 통해서 본 고구리 정체성 ③ 한국사에 나타난 고구리 정체성 ④ 대외관계를 통해서 본 고구리 정체성 ⑤ 고고미술사를 통해서 본 고구리 정체성처럼 모든 주제가 고구리의 정체성에 관한 것이었다.

　발표 주제의 구성이나 발표자의 선정에 많은 공을 들였고, 중화인민공화국 학자도 참여하여 마음대로 자신의 논지를 펴도록 해서, 현재 중화인민공화국의 학자의 논리는 무엇인지 한국 학계에서 알도록 했다. 일본은 물론 러시아, 터키, 몽골은 모두 동북공정의 대상이 되는 나라들이기 때문에 그런 나라의 대표가 참석한 것은 앞으로 공동연구나 공동대처를 위해서도 꼭 필요한 것이었다. 먼저 전체 발표자와 주제를 둘러보고 그 의의를 보기로 한다.

고구리연구회 창립 10주년 기념

제10회 고구려 국제학술대회「고구려의 정체성」

때 :　　　　2004년 6월 28~30일, 3일간

곳 :　　　　세종문화회관 컨퍼런스홀·소회의실

공동주최 :　사단법인 고구리연구회·사단법인 한국청년회의소

후원 :　　　한국학술진흥재단

제 I 편 : 사서에 나타난 고구려의 정체성

① 「중국 사서에 나타난 고구려의 국가적 정체성」(金裕哲)

② 「고구려와 중·조(한국)의 관계 및 귀속」(孫進己)

③ 「한국 사서에 나타난 고구려의 정체성」(徐永大)

④ 「일본 고대 사료에 보이는 倭王權·日本律令國家와 고구려」(平野卓治)

⑤ 「북방민족사에서 본 고구려의 정체성」(姜仙)

⑥ 「몽골과 한국의 관계에 대하여」(A.Ochir)

⑦ 「"삼국사기" 러시아어 번역본과 고구려 정체성」(朴俊浩)

제 II 편 : 연구사를 통해서 본 고구려 정체성

① 「한국의 연구사를 통해서 본 고구려 정체성 문제」(朴性鳳)

② 「북한의 고구려史 연구와 역사의식」(李成制)

③ 「고구려 귀속에 관한 중화인민공화국 학자들의 종합적 연구에 대하여」(孫泓)

④ 「근대 일본의 고구려사 연구」(井上直樹)

⑤ 「해결되지 않는 과거와 현대사의 딜레마」(Mark E. Byington)

⑥ 「고구려 귀속문제에 대한 중화인민공화국학자의 관점」(張榮)

⑦ 「제의를 통해서 본 고구려의 정체성」(朴承範)

⑧ 「고구려에 유입된 중국계 인물의 동향」(孔錫龜)

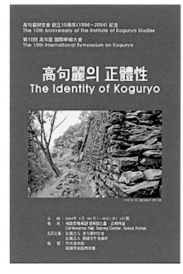 

| 대회 소책자 | 발행 논문집 |

제Ⅲ편 : 한국사에 나타난 고구려 정체성

① 「예맥·부여와 고구려의 정체성에 관한 연구」(朴京哲)

② 「삼국의 상호관계를 통해 본 고구려 정체성」(李道學)

③ 「고구려의 계승성을 통해 본 발해국의 정체성」(韓圭哲)

④ 「고려의 고구려 계승의식」(朴漢卨)

⑤ 「조선시대의 고구려 인식」(鄭鎭憲)

제Ⅳ편 : 대외관계를 통해서 본 고구려 정체성

① 「고구려 조공과 책봉의 성격」(金鍾完)

② 「중원왕조의 조공사례 연구」(金渭顯)

③ 「1~7세기 왜와 중국의 조공·책봉 관계의 성격에 대하여」(古畑徹)

④ 「월·중 관계에 관한 연구」(宋正男)

⑤ 「뚜르크(突厥)의 중국에 대한 조공과 책봉의 성격」(Ahmet T.)

⑥ 「고대 한국인들과 사얀-알타이 민족들 간의 민족문화적 관계에 대하여」(Abaev N.V.)

⑦ 「고구려와 수·당 전쟁의 성격에 관한 해석」(尹明喆)

제V편 : 고고미술사을 통해서 본 고구려 정체성

① 「토기로 본 고구려의 정체성」(東潮)

② 「축성법을 통해서 본 고구려의 정체성」(徐吉洙)

③ 「묘제를 통해서 본 고구려의 정체성」(池炳穆)

④ 「5세기 평양권 고분벽화로 본 고구려 문화의 정체성」(全虎兌)

⑤ 「고구려의 철기 제작기술 체계에 관한 연구」(朴長植)

⑥ 「불상을 중심으로 한 고구려의 정체성 연구」(鄭永鎬)

⑦ 「벽화 천문도를 통해서 본 고구려 정체성」(金一權)

⑧ 「서체를 통해서 본 고구려 정체성」(高光儀)[33]

위에서 본 35가지 주제는 모두가 고구리의 정체성을 다루었는데 특별히 동북공정을 추진하고 있는 중화인민공화국 학자들과 그들의 관점을 제대로 다루기 위해 3명의 학자가 그들의 주장을 숨김없이 발표해 주어 한국학계가 동북공정의 내용을 파악하는 데 큰 도움이 되었다. 특히 손홍의 「고구리 귀속에 관한 중화인민공화국 학자들의 종합적 연구에 대하여」는 관계 논문목록을 모두 수록하여 지금까지도 참고하는 사람들이 많다.

정체성의 대상도 고구리의 정체성만 본 것이 아니라 예맥·부여, 삼국과 고구리, 발해, 고리(高麗), 조선시대까지 우리나라 역사 전체를 다루었다.

고구리 정체성에서 가장 중요한 이른바 '소수민족 지방정권론'에 대한 반론을 위해서 각 시대는 물론 월남과 돌궐의 관점도 발표되었으며, 중화인민공화국에서 국내 전쟁이라고 주장하는 수·당전쟁의 성격에 대해서도 해석을 시도하였다.

고구리연구회가 10년간 쌓은 실적과 문제의식을 그대로 적용한 것으로 고구리 정체성을 논할 때 어떤 주제를 고르고, 어떻게 진행해야 할지 본보기를 만들었다고 평가할 수 있다.

---

33) 고구리연구회 편, 『고구려 정체성』 고구리연구회; 『高句麗研究』 18집, 학연문화사, 2004.

2) 2004년 4월 22일, 한·중 외교 합의의 파기와 공식 선전포고

앞에서 보았듯이 2004년 2월 15일 한·중 외교차관회담에서 양국 학계 간 '공동학술회의'를 개최하여 고구리사 문제를 협의토록 하고 양국 정부는 고구리사 문제가 양국관계를 손상하지 않도록 향후 긴밀히 노력하기로 하였다.[34]

3월 29일, 한·중 외교장관회담 때 한국 측은 양국 학계 간의 공동연구가 진행되는 과정에서 중화인민공화국의 교과서나 사전 등에 중화인민공화국 측의 일방적인 입장이 반영되는 일이 없도록 중화인민공화국 정부에 노력을 요청하였고, 중화인민공화국 측은 한국 측 견해에 동감을 표시하며, 고구리사는 학술적인 문제로서, 언론 등에서 떠들썩하게 보도하여 양국의 우호 협력관계에 부정적인 영향이 미치지 않도록 노력해 주길 바랐다.

4월 22일, 그러나 한 달도 못 가서 중화인민공화국은 한·중 간의 합의를 어기고 외교부 홈페이지 '한국 개황' 부분 고대사 기술내용에서 '고구리(高句麗)'를 지워서 없애버렸다.

〈 2004년 4월 22일 이전 〉

서기 1세기 뒤에 조선반도 일대에 신라, **고구리**, 백제라는 서로 다른 정권 형식과 소속 관계의 **3개 국가**가 형성되었다.

〈 2004년 4월 22일 이후 〉

서기 1세기를 전후하여 조선반도 일대에는 신라, 백제 같은 **할거정권**이 출현하였다.[35]

이 사건은 아주 중대한 한·중 외교 문제로 등장했다. 지금까지 중화인민공화국 정부는 동북공정이 단순한 학자들의 연구라고 핑계를 댔는데, 국가가 공식적으로 역사침탈을 감행했기 때문이다. 지금까지 중화인민공화국의 주장에 따라 '단순한 학자들의 연구'라고 주장하던 한국 외교부도 난감

---

34) 외교통상부, 2004년 「고구려사 관련 주요일지 및 현황」

35) 박준우(외교통상부 아태국장), 「중국의 고구리사 왜곡과 우리의 대응」 국가경영전략연구원, 수요간담회 459차 발표요지. 2004. 9. 15. http://www.nsi.or.kr/

하기는 마찬가지였다.

4월 22일 결과를 학술적으로 분석해 보면 다음 2가지 점에서 국가가 공식적으로 역사침탈을 감행한 것이다.

첫째, 22일 이전에는 한반도에 '고구리(高句麗)·신라(新羅)·백제(百濟)'라는 '삼국(三國)'이 있었다는 지금까지의 역사 인식을 잘 보여주었으나, 22일 이후에는 고구리(高句麗)가 사라지면서 아울러 '세 나라(三國)'도 빠졌다. 고구리가 중화인민공화국의 역사로 들어가 '삼국'에서 빠지면서 동아시아 역사에서 오랫동안 인정하던 이른바 '해동삼국(海東三國)'이 없어진 것이다.

둘째, 고구리는 중화인민공화국의 역사이고, 한반도에는 대동강 이남의 신라와 백제만 있었는데, 신라·백제도 나라(國)가 아니라 '할거정권(割據政權)'이라는 것이다.

할거정권이란 한국 역사학계에서는 낯선 용어지만 중화인민공화국에서는, 특히 역사를 왜곡하고 침탈할 때 많이 쓰는 용어다. 중화인민공화국의 일반인들이 가장 많이 찾는『百度百科』사전에 보면 이렇게 나온다.

할거정권(割據政權)은 역사학에서 명사로 보통 어떤 나라 고유의 판도 안에서 한구석을 점령하고 있으나 아직 중앙정권의 유효한 관할 범위에 포함되지 않은 지방 세력을 가리킨다.

할거정권의 구성요건은 두 가지다.

첫째, 할거하고 있는 핵심구역이 할거가 출현하기 전이나 없어진 뒤에 어떤 나라(某國)의[36] 고유한 판도에 속하는 것이다.

둘째, 역사적 관점에서 볼 때 그 정치적 운명은 반드시 할거상태가 없어지기 전이나 뒤에 어떤 나라 중앙정권의 관할로 돌아간다. 이런 요건에 들어맞는 것은 모두 할거정권이라 할 수 있는데, 보기로 서진(西晉) 말기에 일어난 구지저족(仇池氐族) 양씨정권(楊氏政權), 당나라 말~오대(五代) 시기의 번진할거정권(蕃鎭割據政權), 명나라 말~청나라 초의 정씨대만(鄭氏臺灣) 따위를 들 수 있다.[37]

---

36) 이 어떤 나라(某國)를 치나(Cina)로 해석하면 쉽게 해석이 된다.

37)『百度百科』「割據政權」

할거는 쉽게 군웅할거(群雄割據)한 세력을 말하는 것으로 국가로 인정하지 않는 것이다. 이러한 중화인민공화국의 외교부의 공식적인 행위는 기획된 절차에 따라 진행된 것으로 역사전쟁 선전포고와 같은 것이다.

앞에서 본 바와 같이 1996~2000년까지 1차 국책 역사침탈을 마치고 2000년 말에 중국공산당 중앙에서 만주의 3성 공산당위원회에 동북공정의 지시가 내려갔다. 글쓴이가 앞에서 2000년에 고구리 역사에 대한 1차 국책 역사침탈을 마쳤다는 결정적인 증거로 제시한 것이 바로『중국 고대 고구리 역사 총론』이었다. 지금 중화인민공화국 외교부가 역사전쟁의 최일선에서 실시한 홈페이지 제거 내용은 바로 그 책의 내용과 완전히 일치한다.

첫째, 고구리는 치나(Cīna, China) 중앙정부의 소수민족 지방정권이다.
둘째, 백제는 치나의 소수민족인 부여가 내려가 세웠고, 당이 멸망시켜 번속국가가 되었다.
셋째, 신라는 진나라 유민이 세웠고, 당나라가 기미통치한 속국이다.[38]

2001년 동북공정이 시작되고 2003년 1차 총결산으로 앞에서 본『중국 고대 고구리 역사 총론(叢論)』에 이어 고구리사 침탈 논리를 완성한『중국 고대 고구리 역사 속론(續論)』이 나온다. 2001년 동북공정의 시작으로 역사전쟁은 사실상 공식적인 작전에 들어갔으며, 그리고 2002년 2월 전투에 들어가 2003년 중국공산당 기관지인 광명일보에 공개적으로 고구리는 중화인민공화국 역사라는 것을 그동안 만든 이론적 체계를 바탕으로 공포한 것이다. 그리고 그러한 이론을 바탕으로 역사전쟁 최전방 일선에서 장거리 미사일을 쏘아 올린 것이 바로 외교부 홈페이지에서 고구리를 지워 자기 역사로 만들고 신라와 백제를 국가도 아닌 할거정권으로 만든 것이다. 이러한 중국공산당의 공개 도발은 대한민국과 조선민주주의인민공화국에 역사전쟁을 알리는 선전포고와 같은 것이었다.

---

38) 마대정 지음, 서길수 옮김,『중국이 쓴 고구리 역사』, 여유당, 2007, 37~45쪽.

3) 갈팡질팡하는 한국의 공식적 대응

(1) 먹혀들지 않는 외교적 항의

이와 같은 중화인민공화국의 선전포고에 조선민주주의인민공화국은 어떻게 대응했는지 자료가 없어 분석할 수 없다. 그러나 대한민국 정부의 대응은 갈팡질팡하여 효과적인 대응을 하지 못했다. 앞에서 보았듯이 2003년 후반기부터 온 국민이 들고일어나 중화인민공화국의 역사침탈을 규탄하였으나 2004년 정부 관련 부처의 입장은 "학술적인 것이라 정부는 개입할 수 없다"였다. 중요한 부분이라 다시 그 고갱이가 되는 내용만 간추려 본다.

〈이창동 장관, 신년 간담회 (1월 7일)〉[39], 〈박홍신(朴興信) 외교부 문화외교국장 1월 9일 기자 간담회〉 같은 공식 자리에서 당시 문제가 되는 중화인민공화국의 고구리사 왜곡 문제에 대해 정부 측의 입장을 발표하였다. 그러나 정부의 발표 내용은 국민의 열망과 달리, 마치 중화인민공화국이 발표하는 입장 같았다.

① 문화관광부 이창동 장관 : "정부는 드러나지 않는 게 바람직"
   ㉮ 정치적으로 나오는 중화인민공화국에 우리가 공식적으로 정치 쟁점화하는 것은 문제를 푸는 데 도움이 되지 않는다.
   ㉯ 순수 민간차원에서 학계 토론을 통해 해결하는 것이 바람직하다.
② 박홍신 외교부 문화외교국장 : "정부 차원 의도적 왜곡 판단 어려워"
   ㉮ 중화인민공화국 측은 이에 대해 학술적 문제인 만큼 정부가 개입, 정치 문제화하는 것은 바람직하지 않다.
   ㉯ 중화인민공화국 소장 역사학자들이 변방사를 정리하려는 프로젝트를 냈고 중화인민공화국 정부가 이를 승인한 것이며, 보도된 것처럼 중화인민공화국 정부 차원에서 역사 왜곡 의도를 갖고 시작했던 것으로 판단하기는 어렵다.
   ㉰ 사회주의 체제하의 연구기관이 정부 체제하에 있는 것은 사실이지만 그렇다고 학자들

---

39) 「서울경제」 2004. 1. 7. 〈[동정/광장] '중·일 역사 왜곡 문화 교류로 극복'〉

이 정부 정책 통제하에 있는 것 같지는 않다.

㉑　중화인민공화국이 정부 차원에서 주장하기 전에는 외교 문제화하기 어렵다.

'중화인민공화국 소장 역사학자들이 변방사를 정리하려는 프로젝트를 냈고 중화인민공화국 정부가 이를 승인한 것이며, 보도된 것처럼 중화인민공화국 정부 차원에서 역사 왜곡 의도를 갖고 시작했던 것으로 판단하기는 어렵다'고 판단했던 정부도 중화인민공화국 외교부가 공식적으로 역사침탈을 감행하자 손을 놓고 볼 수가 없었다. 우리 정부는 각종 외교채널을 통해 강력히 항의하며 원상회복을 요구하였고, 양국 외교부의 학술교류를 통해 해결한다는 합의를 믿고 기다리던 국민도 다시 일어나 거국적으로 규탄하였다.

국민의 규탄은 정부에 대한 큰 압력으로 작용하여 정부에서도 강력하게 홈페이지의 원상회복을 요구했지만, 중화인민공화국 측은 원상회복을 계속 늦추면서 '학술회의'를 개최하자는 입장만을 고수했다.[40]

여기서 우리는 중화인민공화국이 제시한 '학술회의'를 눈여겨보아야 한다. 그들은 왜 역사침탈의 해결책으로 '학술회의'를 내걸었을까? 2004년 4월 22일까지는 "소장 학자들의 연구에 불과한 것"이라는 전략을 써서 시간 벌기에 성공한 중화인민공화국은 이제 당당하게 '학술회의'를 통해 돌파하겠다는 자신감에서 나온 새로운 전략이었다. 1차 역사침탈에 이어 2차 역사침탈의 1단계에서 이미 고구리사는 중화인민공화국의 역사라는 이론적 체계를 완성한 그들은 이른바 '국제학술회의'를 통해 그들이 만든 논리를 선전하고, 그동안 몰래 진행했던 역사침탈을 한국이 인정하도록 이론적으로 설파하려는 전략이었다. 이는 그들이 그때까지 연구하고 준비한 논리에 자신을 가졌다는 것을 뜻한다. 그러나 그들은 학술회의를 통해서 결론을 내려는 목적이 아니었고, 결론이 날 것이라고 보지 않았다. 두 나라는 팽팽하게 자기주장을 내세우며 평행선을 달릴 뿐 해결될 수 없는 문제이기 때문이다. 한 걸음 더 나아가 이런 '학술회의'는 이미 이 주제가 공론화됨으로 인해서 하나의 외교적 카드가 생기고 외교적 회담의 주제가 되지 침략자처럼 피고가 되어 시달리지 않게 되는 효과를 거두게 된다. 궁극적으로는 학술회의에서 어떤 결론이 나든 지 몇 년 뒤 '상대방이 학술회의를 참석해 양국

---

40) 「대한민국 정책브리핑」 2006. 09. 27. https://news.v.daum.net/v/20060927145007815?f=o

이 서로 의견을 나누었다'라는 사실만 가지고 한국이 역사침탈을 묵인하고 승인하였다고 선전하기 시작할 것이다.

결국 중화인민공화국은 한국의 항의와 국민적 규탄이 이어졌으나 전혀 아랑곳하지 않고 준비된 일정대로 차근차근 역사침탈을 진행해 갔다.

① 2004년 6월 1일 : 중국국가지리(中國國家地理, National Geography 한어판) 2004년 6월호에서 고구리와 고리는 계승 관계가 없다는 내용 게재

② 2004년 6월 24일 : 광명일보(光明日報)와 차이나데일리(China Daily)에 '고구리사는 중화인민공화국 동북지방의 소수민족 지방정권'이라는 주장이 포함된 전문가 기고문 게재

③ 2004년 7월 1일 : 신화통신(新華通迅)은 중화인민공화국 내 고구리 유적의 UNESCO 세계문화유산 등재 관련 '고구리는 역대 치나(Cina) 왕조의 제약과 관할을 받은 지방정권'이라는 표현이 포함된 고구리 유적 설명 기사 보도.

④ 2004년 7월 2일 : 인민일보(人民日報)는 중화인민공화국 내 고구리 유적의 UNESCO 세계문화유산 등재 관련 '고구리는 중국 고대 변강의 소수민족 정권'이라는 표현이 포함된 설명 기사 게재[41]

7월 1일 중화인민공화국 영역 안에 있는 고구리 유적이 유네스코 세계문화유산에 등재되자 역사 침탈은 노골화되었다. 그 상황은 뒤에서 다시 한 꼭지로 다루겠다.

그리고 8월 5일 중화인민공화국 홈페이지는 '한국 개황'에서 현대사 이전(대한민국 정부 수립 이전) 부분을 완전히 삭제하였다. 이는 고구리사는 중화인민공화국의 역사라는 이론적 바탕을 두고 중국 공산당의 공식 프로젝트에 의해 삭제한 것이므로 절대로 되살릴 수 없다는 확고한 입장을 보인 것이다. 아울러 '조선민주주의인민공화국 개황'에서도 현대사 이전 부분을 삭제하였고, 한국이 제기한 한·일간 역사 기술과 관련된 문제에 대해서도 '일본 개황'에서 2차 세계대전 이전 부분을 모두 삭제해 버리는 강수를 두었다.

---

41) 「고구리사 관련 주요일지 및 현황-외교통상부 자료제공」 역사탐구위원회, https://cafe.naver.com/19101945/351

(2) 외교부와 고구려연구재단 사이 한·중학술회 논란의 경위

이러한 두 나라의 신경전을 맡은 기관은 당연히 양국의 외교부였다. 그러나 외교부 자체에서 그런 학술회의를 마련할 수가 없었다. 아직 제대로 대오가 갖추어지지는 않았으나 동북공정에 학술적으로 대응하기 위해 고구려연구재단이 설립되어 있었기 때문이다. 그러므로 외교부로서는 고구려연구재단이 설립되었으므로 학술대회는 고구려연구재단과 협의하여야 하였고 중공에 바로 대답할 수 없는 처지였다.

그러나 고구려연구재단은 3월 1일 출범한다고 했으나 6월이 되어서야 시내에 사무실을 열고 업무를 시작하였고, 구성원들도 아직 국제학술대회를 열 능력을 갖추지 못했으므로 준비가 되지 못했다. 그렇다고 이미 연구가 진행된 민간단체와 협력하여 빨리 반격할 의사도 없었다. 앞에서 보았지만 고구리연구회에서는 이미 중화인민공화국에 대응할 연구 인력과 성과를 확보하고 있었다. 그러나 고구려연구재단은 한국에는 연구성과가 없으므로 새로 출발해야 하고, 그 일은 고구려연구재단만이 할 수 있고, 해야 한다고 생각하고 있었기 때문이다.

그렇다면 동북공정에 대응할 한국의 최전선인 외교부와 교육부 산하 고구려연구재단은 어떻게 준비하고 있었을까? 관계기관에 정보 공개를 요청하였으나 받아들여지지 않아 자세히 알 수 없으나 두 기관이 서로 책임만 떠밀고 협력하지 않았던 것만은 분명한 것으로 보인다.

먼저 외교부 때문에 한·중 학술회의가 불발되었다고 폭로한 고구려연구재단 상임이사 최광식의 주장을 보자.

2004년 7월 말 고구려연구재단은 동북공정의 핵심 연구기관인 중국사회과학원 변강사지연구중심과 고구리사 연구와 정보수집을 목적으로 공동 학술회의를 하자고 제안했다. 그러나 그 회의는 불발로 끝났다.

최광식 교수는 "당시 연구원들의 인맥을 동원해 사회과학원과 접촉해 공동 학술회의 개최를 위한 실무회의를 하자고 제안했지만 한 달이 지나도록 아무런 답변이 없었다"며 "사회과학원에 어떻게 된 일이냐고 묻자, 얼마 전 학술회의 연기하자고 해놓고 무슨 엉뚱한 소리냐?는 항의를 받았다"고 말했다. 어떻게 이런 일이 벌어진 것일까?

중국사회과학원은 고구려연구재단의 제의에 대한 답장을 주중 한국대사관에 전했다. 문제는 거

기서 비롯됐다. 대사관은 이 문건을 외교부에 보고했고, 외교부는 외교 마찰이 우려된다는 이유로 사회과학원의 답신을 고구려연구재단에 전달하지 않았던 것이다.

최광식 교수는 "우리 외교부는 주중 한국대사관을 통해 사회과학원에 '고구려연구재단의 내부 사정으로 실무회의를 연기한다'는 메시지를 전한 것으로 뒤늦게 들었다."라고 말했다. 중화인민공화국의 동북공정에 대응하기 위한 고구려연구재단의 활동이 외교부의 개입으로 무산된 것이다.[42]

이에 대해 '외교통상부가 중국과의 외교 마찰을 우려해 고구려연구재단이 중국 사회과학원과 개최를 추진 중이던 한·중 공동학술회의를 무산시켰다고 보도한 『월간 중앙』 10월호 내용은 사실의 핵심을 왜곡한 것'이라고 반박하고 나섰다.

---

42) 최광식, 「외교부 외압에 고구려연구재단 좌초」, 『월간중앙』 2006년 10월호, 86~87쪽.

당시 이러한 상황 하에서 정부는 2004년 7월 제1차 관계부처실무협의회 등을 가지면서 기본적으로 중화인민공화국과의 외교 마찰을 우려해서가 아니라, 오히려 그 반대로 우리가 중화인민공화국 측이 내세우는 학술회의에 서두르는 인상을 줄 경우 중화인민공화국 측 의도에 말려들어 우리의 입장 관철이 어렵게 될 수 있다는 외교전략적 측면을 고려했다. 또 중화인민공화국 측과의 학술회의 개최를 위해서는 고구려연구재단 측의 자체 구상을 외교적 측면에서 우선 검토를 수행한 후에 검토해 나갈 필요가 있다고 판단했다.

외교부는 당시에 고구려연구재단 측에 한·중 간 공동학술회 개최를 위해 자체 구상하고 있는 계획서를 송부해 달라고 수 차례 요청했으나, 재단 측은 8월 중순 경에 가서야 계획서를 보내왔다.

외교부는 정부 방침 결정 과정에서 고구려연구재단 측과의 면담, 공문 등을 통해 수 차례 관련 내용을 설명한 바 있으며, 재단 측도 이에 대해 수 차례 양해를 표명함에 따라 한·중 학술회의 개최가 결국 보류되었던 것이다.

이후 2004년 8월 24일 '한·중 외교차관 간 구두양해사항' 합의가 이뤄짐에 따라 양해 합의 후속 조치의 일환으로, 제1차 한·중 공동학술회의(2004년 12월 21일, 북경), 제2차 한·중 공동학술회의(2005년 10월, 서울)가 비공개로 개최된 바 있다.[43]

외교부의 주장은 ① 너무 서둘러 상대국에 말려들어 갈 수 있어, ② 준비된 학술대회 구성에 대한 외교적 측면 검토가 필요했다고 했고, ③ 결국 어떻게 우리 주장을 관철할 것인가에 주안점을 두었다는 것이다. 그래서 고구려연구재단의 구상을 보내주도록 요청했으나 8월 중순에야 보내주었다고 했다.

좀 더 상황을 자세히 알기 위해 신문 기사를 하나 더 보자.

2004년 정부는 7월 19일 중국의 고구리사 왜곡과 관련, 올해 3월 설립된 고구려연구재단을 통한 한·중 학술회의 개최, 국제 학술교류 확대 등의 방법으로 고구려 역사 논란에 대비한 역량을 이른 시일 안에 갖춰 나가기로 했다.

---

43) 「대한민국 정책브리핑」 2006. 09. 27. https://news.v.daum.net/v/20060927145007815?f=o

정부는 7월 19일 이수혁 차관보를 위원장으로 하는 '고구려사 관련 실무대책협의회' 1차 회의를 열어 중국의 고구려사 왜곡 문제에 대한 대응 방안을 논의했다. 정부는 이날 오후 '고구려사 관련 실무대책협의회' 1차 회의를 열고 최근 중국 언론의 고구려사 왜곡 보도 및 중국 외교부 홈페이지에서 고구려 부분이 삭제된 것과 관련해 중국의 고구려사 왜곡에 대한 범정부 차원의 대책을 협의했다.

이번 회의는 지난 16일 총리 주재 국정 현안 정책조정회의에서의 결정에 따른 것으로 이수혁 외교부 차관보를 위원장으로 관련 부처 국장급 관계관들이 참석했다.

이 차관보는 회의에서 "최근 관영 언론 보도에 이어 외교부 홈페이지를 통한 중국의 고구려사 왜곡 시도가 심각한 수준"이라며 "특히 중국은 고구려사를 자국 역사에 편입시키기로 내부 방침을 정하고 단계적으로 상황에 따라 조처를 하는 것으로 관측돼 범정부 차원의 대책이 시급하다."고 밝혔다.

회의는 지난주 우리 정부가 중국 측에 심각한 우려 전달과 함께 성의 있는 조치를 강력히 요청한 데 따른 중국 정부의 향후 반응 정도에 따라 정부가 취할 수 있는 대책을 다각적으로 마련, 정부 차원에서 적극적으로 대처키로 했다.

한편 정부는 지난 14일 리빈 주한 중국대사를 통해 고구려사 왜곡 문제로 인해 한·중 관계의 미래에 부정적 영향이 초래되지 않도록 중국 정부가 충분한 주의와 성의 있는 조처를 해줄 것을 촉구한 바 있다.[44]

이 기사는 7월 19일 기사로 고구려연구재단이 중국변강사지연구중심에 학술회의를 제안한 시기보다 앞선다. 고구려연구재단이 직접 중국변강사지연구중심과 학술회의를 제안하기 전에는 당연히 외교통상부가 동북공정을 대처하는 주무 기관이었으므로 나름대로 대처방안을 세운 것이다.

① 7월 14일, 중화인민공화국 대사를 통해 성의 있는 조치를 촉구한다.
② 7월 16일, 국무총리 주재 국정현안정책회의에서 최근 중화인민공화국 측 외교부 홈페이지의 고구리 삭제 등 고구리사 왜곡 시도 움직임에 대해 깊은 우려를 표명하고, 정부 차원에서 적극 대처해 나가기로 했다. 그리고 이수혁 외교부 차관보를 '고구리사 관련 실무대책협의

---

44) 대한민국 정책 포럼 「학술회의 열어 고구려사 왜곡 대비」 naver news, https://news.naver.com/main/read.naver?mode=LSD&mid=sec&sid1=117&oid=078&aid=0000002436

회' 위원장으로 임명한다. 또한 지난 3월 구성된 고구려연구재단을 통해 한·중 학술회의의 개최, 국제학술 교류 등을 확대해 고구리 역사문제 분쟁에 대비한 역량을 조속히 축적해 나가기로 했다.

③ 7월 19일, '고구리사 관련 실무대책협의회' 1차 대응을 논의한다.

㉮ 고구려연구재단을 통한 한·중 학술회의의 개최, 국제 학술교류 확대 등의 방법으로 고구리 역사 논란에 대비한 역량을 빠른 시일 안에 갖춰 나간다. 이 부분은 이미 국정현안정책회의에서 하달된 지시이기 때문에 대책위원회에서는 대책을 세워야 했고, 주요 현안으로 등장한 것이다.

㉯ 최근 관영 언론 보도에 이어 외교부 홈페이지를 통한 중화인민공화국의 고구리사 왜곡시도가 심각한 수준으로 대책이 시급하다.

㉰ 특히 중화인민공화국은 고구리사를 자국 역사에 편입시키기로 내부 방침을 정하고 단계적으로 상황에 따라 조치하고 있는 것으로 관측돼 범정부 차원의 대책이 시급하다.

㉱ 중공 정부의 향후 반응 정도에 따라 정부가 취할 수 있는 대책을 다각적으로 마련, 정부 차원에서 적극적으로 대처키로 했다.

실무대책협의회가 대응을 준비하면서 첫 번째로 고구려연구재단을 통한 한·중 학술회의를 들고 있다. 그런데 이 대응 회의가 끝날 때쯤인 7월 말 고구려연구재단은 인맥을 동원하여 독자적으로 학술회의를 준비했고 그 과정을 외교부에 알리지 않았다. 반면에 지금까지 외교적 문제 해결의 창구인 외교부는 회의 계획안을 보고 협의하기 위해 계획안을 보내달라고 여러 번 요청하였으나 고구려연구재단은 보내주지 않았다. 그 결과 두 기관은 완전히 엇박자를 낳았다. 외교부는 국제학술회의는 고구리사 대책협의회의 업무라고 보고, 고구려연구재단은 한·중 학술회의는 순수 학술적인 것으로 정치적으로 접근해서는 안 되기 때문에 정치적인 간섭을 받지 않고 독자적으로 진행해야 한다는 입장이었다. 이런 인식의 차이로 결과적으로 학술대회는 무산되었다.

전체적인 맥락으로 볼 때 고구려연구재단은 당시까지 공식 창구였던 외교부나 고구리사 대책협의회와는 사전 협의 없이 진행하였고, 외교부는 중화인민공화국으로부터 전혀 몰랐던 학술회의에 대한 대답을 받고도 고구려연구재단과 협의하지 않았다. 결론적으로 급박한 역사전쟁에서 외교부와 교육부 산하 단체인 고구려연구재단은 서로 힘을 합쳐 대처해도 턱없이 부족한 상황에서 불협화음을 내고 있었던 것이 분명하다. 중화인민공화국은 중국공산당을 정점으로 모든 부처가 일사불란하게 대처하고 있는데, 한국에서는 시작부터 불협화음이 나고 있다는 것이 드러났고, 한국의 상황을 예의주시하고 있던 중국변강사지연구중심과 외교부는 그것을 100% 이용하였다.

최광식은 앞의 『월간중앙』 인터뷰에서 "갈 길이 먼데, 집안싸움으로 해 저무는 줄 몰랐다"라고 회상했고, 고구려연구재단 이사장 김정배도 "중국 측과 접촉하는 문제에 대해서 우리 쪽의 기관 사이에도 찬반이 있었고, 또 일부 부서에서는 면담의 가능성에 대해 회의적인 반응과 시각을 갖기도 하였다. 필자의 평소 지론에 따르면 일은 부딪치면서 헤쳐나가고 해결해 가는 과정이므로 잠시도 쉬지 않고 활로를 개척하였다."라고 하였다. 그가 외교부와의 문제를 해결하기 위해 개척한 활로를 보기로 한다.

〈2004년 8월 11일〉 총리공관에서 조찬으로 국정조정회의가 열렸다. 필자는 고구려연구재단을 대표해서 '동북공정'에 대한 대처방안을 간략하게 보고하고 의견을 나눈 후 정부 부서의 입장을 파악하였다. 이해찬 총리와 정동영 장관이 잘 부탁한다며 인사를 나누었다. 회의실에 들어갈 때 문재인 수석은 이런 모임에 이사장님이 오신 것은 이례적이라며 웃는다. 뒤에 안병영 부총리에게는 중국과 북한의 관계기관과 교섭하는 중이라고 하자 아주 놀라는 표정으로 일이 벌써 그렇게 진행되고 있느냐고 반문한다. 일의 진행 상황을 보아 바로 연락하겠다고 말하고 혹시 다른 부서에서 이해하지 못하면 협조해 달라고 부탁하였다.[45]

외교부에서 한·중 학술회의 구상을 알려달라고 계속 요청했으나 내답이 없다가 8월 중순쯤에야 계획서를 보내왔다고 했다. 외교부에 회의 계획서를 보내기 이전 이미 교육부와 고구려연구재단은 총리실에 한·중 학술회의를 보고함으로써 사실상 외교부가 끼어들 수 없게 만든 것이다. 그리고 외교부는 총리실에서 고구려연구재단을 통해서 추진하라는 지시가 있었기 때문에 고구려연구재단이 한·중 학술대회를 열도록 지원하려고 하였으나 고구려연구재단은 그런 대책위원회와 협의가 없이 스스로 활로를 찾았다.

---

45) 김정배, 『한국과 중국의 북방사 인식』 세창출판사, 2018, 201쪽. 이 기사를 보면 국가의 핵심 인물과 교육부 장관이 모두 동북공정에 대응하는 사령탑으로 김정배라는 한 인물을 믿고 일을 맡긴 것을 알 수 있다.

먼저 자신을 전폭적으로 믿고 도와주는 교육부 장관을 통해 국무총리실 공관에서 열리는 국정조정회의에서 보고를 마치고 외교부보다 더 높은 기관의 힘을 이용해 외교부의 간섭을 배제하려 했다. 그리고 나서야 외교부에 계획서를 보냄으로써 대책위원회에서는 고구려연구재단과 구체적으로 협의하거나 조절할 수 없게 되었다. 대책위원회에는 교육부에 소속된 위원도 있었으나 교육부도 외교부와 미리 상의하지 않았기 때문에 두 부처 간에도 불협화음이 생겼을 것이다. 교육부는 고구려연구재단에 구난희 대외협력실장, 김조영 운영실장 등을 파견하여 김정배 이사장과 함께 일을 추진하였기 때문에 김정배 이사장은 이들과 진행하는 사업은 그것이 곧 정부와의 사업이라고 보았고, 외교부는 고구리 역사 문제가 처음부터 외교부의 일이었고, 실제로 중요한 외교적 현안이기 때문에 외교부 차관을 위원장으로 하는 대책위원회까지 구성되었는데 고구려연구재단과는 전혀 협의가 안되는 상황이라 불만을 가질 수밖에 없었다.

앞 마당에서 동북공정은 중국공산당(정부)에서 중국공산당 길림성·흑룡강성·요령성위원회 선전부에 지시를 하달하고, 중국공산당에서 가장 막강한 힘을 쓰는 선전부가 각 성의 사회과학원과 대학 및 연구기관을 움직여 사회과학원의 중요한 연구소가 총동원되고, 만주 3성의 공산당 선전부와 사회과학원이 모두 참석하는 전문가위원회가 모든 것을 결정하여 일사불란하게 진행된다는 것을 보았다. 그러나 이미 2년 반이 지난 뒤에야 그에 대응하기 위해 추진하려 했던 한·중 학술회의 추진 상황을 보면 한국의 두 기관은 서로 협력하지 않고 비판하며 제 갈 길을 찾고 있었으니 이 역사전쟁은 시작부터 기울어진 운동장이었다.

지금까지 검토한 일정을 바탕으로 보면 외교부가 고구려연구재단이 추진한 한·중 학술회의를 무산시켰다고 한 것은 무리한 해석으로 보인다. 한·중 학술회의에 대한 계획안이 8월 이후에야 준비되어 보고되었고, 8월 24일 한·중 외교차관이 5개 항을 구두합의하면서 학술회의가 본격적으로 추진되었기 때문이다. 그러므로 초기에 외교부가 고구리역사재단이 중국변강사지연구중심과 교류하는 데 방해가 되었는지 모르지만 회의를 무산시켰다고 할 수는 없을 것 같다.

외교부와 교육부의 알력 싸움은 그 뒤로도 계속된다. 한 달 뒤인 9월, 고구려연구재단이 중화인민공화국의 고구리사 왜곡에 반박하는 학습자료를 각급 학교에 배포하려다 중단하는 사태가 일어난다.

지금 생각해도 절로 한숨이 나오는 일입니다. 그 일은 원래 교육부가 2004년 7월 동북공정으로 세상이 떠들썩해지면서 교육자료로 사용하기 위해 재단에 의뢰한 것입니다. 중화인민공화국이 고구리사를 자국 역사로 왜곡하려는 배경과 이유, 그리고 구체적 왜곡 사례에 대한 반박을 알기 쉽게 만들었습니다. '역사를 빼앗기면 미래도 없다'라는 제목도 정했고, 제작도 마쳤습니다. 그런데 2004년 8월 24일(한·중 간 5개 항의 구두양해가 이뤄진 다음 날) 저와 외교부·교육부 관계자가 참석한 회의가 열렸습니다. 외교부가 이 자료를 배포하는 것에 제동을 걸더군요. 외교부는 이 학습자료가 중화인민공화국을 자극할 수 있는 내용이기 때문에 안 된다는 것이었습니다.[46]

외교부에서는 동북공정 문제가 외교의 골칫거리라고만 생각하고 될 수 있으면 문제가 생기지 않도록 단속하는 입장이고, 교육부와 고구려연구재단은 학술적으로 해결하기로 했으니 외교부에서는 간섭하지 말라는 완전히 다른 관점에서 접근하고 있었다. 따라서 뒤에서도 보겠지만 외교부와 교육부의 이러한 알력은 그 뒤로도 계속되고, 이러한 두 부처 간의 알력은 독도문제가 터지고 외교부가 주도권을 잡으면서 결국 고구려연구재단이 2년 만에 사라지게 되는 원인이 된다. 그리고 이런 밥그릇 싸움 때문에 역사침탈에 대해 제대로 대응도 못하고 끝나버리는 결과를 가져온다.

---

46) 최광식, 「외교부 외압에 고구려연구재단 좌초」, 『월간중앙』 2006년 10월호, 88쪽.

5. 고구리 유적 세계문화유산의 등록과 역사전쟁의 격화

1) 학술적 해결 합의 이후에도 계속되는 동북공정

한국이 동북공정 대응 최일선에서 서로 밥그릇 싸움을 하는 동안 중화인민공화국의 동북공정은 차질 없이 진행되고 있었다.

2004년 2월 16일, 중국변강사지연구중심 전체 직원회의를 열고 이국강이 공작 회의 내용을 전달하고, 진규원(陳奎元) 원장의 공작보고와 '중앙 3호 문건'을 학습하였다. 이어서 2월 17~18일, 북경 동북에 있는 밀운(密雲)에서 열린 중국사회과학원 학술위원회를 열어 '중앙 3호 문건' 관철을 위한 좌담회를 열고, 마대정이 변강 연구에서 '중앙 3호 문건'의 정신을 어떻게 실현할 것인가에 대하여 발표하였다.

2004년은 동북공정을 추진하는 과정에서 한국의 반대라는 큰 변수를 맞이한 중국공산당(정부)은 그해 2월 왕의(王毅) 외교부 부부장 방한 때 '고구리사 문제는 정부가 아닌 학술 차원에서 다루자'고 합의했다. 그리고 이러한 변화와 학술적 차원에서 다룰 실질적인 기관 중국사회과학원에 중앙당 차원에서 중대한 지시를 내린 것이 '중앙 3호 문건'일 가능성이 크다. 중국사회과학원에서 한국과 학술적 차원에서 어떻게 대처할 것인지 그 구체적인 방안을 이때부터 준비하였다고 할 수 있다.

앞에서 보았듯이 4월에 외교부끼리 학술회의를 통해 해결하기로 한 합의를 깨고 외교부 홈페이지에서 고구리를 삭제하자 동북공정을 둘러싼 한국 내 반중감정이 급격하게 확산하였다. 그러나 그 뒤 홈페이지는 다시 복원되지 않았고, 동북공정은 쉬지 않고 계속되었다.

6월 7일, 려성이 교육부에서 유네스코 중국위원회가 소집한 28회 세계문화유산 준비 연락원 회의 준비상황에 관한 토론에서 연설하였다. 6월 8일, 려성이 중국사회과학원 부원장 왕락림(王洛林)과 함께 국무위원 진지립(陳至立)이 주최한 문화유산 공작소조 2차 회의에 참가하였다. 6월 말에 고구리 유적이 세계문화유산이 등재되면 학술적인 면이나 그 선전을 어떻게 전개할 것인가 하는 문제에 대한 논의가 있었을 것으로 보인다.

2) 세계문화유산 등재와 중화인민공화국의 고구리사 자국화 선전

7월 1일 유네스코에서 중화인민공화국과 조선민주주의인민공화국에서 동시에 신청한 고구리 유적을 세계문화유산 리스트에 등재하였다고 발표하자 중화인민공화국은 미리 준비한 갖가지 방법으로 이 사실이 고구리사가 중화인민공화국 역사라고 인정하였다는 증거로 선전하기 시작한다.

(1) 학술적 반응

세계문화유산이 발표되고 첫 번째 발행된 『동북사지』 앞면에 특집으로 집중 조명한다. 먼저 신문의 사설에 해당하는 〈동북사지 논단〉에 「만주 지구 세계유산에 관한 연구를 심화하자」[47]는 논설을 싣고, 이어서 조선민주주의인민공화국에서 등재한 고구리 벽화도 중화인민공화국의 역사라는 점을 강조한 「고구리 유적의 '세계문화유산' 등재와 고구리 역사의 귀속 문제」[48]라는 논문을 실은 뒤, 세계문화유산에 등재된 유적들을 자세히 소개하는 논문이 이어진다.[49]

유적 소개는 빼고 논단과 논문을 간단히 보기로 한다.

① 세계유산 등재 : 고구리 문화가 중화문화의 구성 부분임을 증명.

이 논설에서 논자는 고구리 유적이 세계유산에 등재된 것은 고구리 문화가 '중화문화'의 한 부분이면서 세계유산이 되었다는 의미를 부여하며, 이 유적과 동북의 역사와 영토에 관계된 연구를 해야 한다고 강조한다.

> 2004년 7월 1일 우리나라 소주(蘇州)에서 열린 28차 세계유산대회에서 우리나라 고구리 왕성·
> 왕릉 및 귀족무덤의 '세계문화유산 명단' 등재가 만장일치로 통과되었다. 이는 우리나라 30번째 세
> 계유산이며, 아울러 우리나라 만주 지역에서 처음으로 단독 등재된 세계유산이다. 이 세계유산은

---

47) 本刊評論員,「深化對東北地區世界遺産的研究」『東北史地』 2004-7.

48) 耿鐵華「高句麗遺跡列入《世界遺産名錄》與高句麗歷史歸屬問題」『東北史地』 2004-7.

49) 秦升陽,「高句麗王城, 王陵及貴族墓葬」『東北史地』 2004-7.

모두 43곳의 문화경관이 길림성과 요령성에 분포되어 있다. ……이번 호에는 두 편의 글을 실어 고구리 왕성·왕릉 및 귀족무덤에 대하여 기본적인 정황을 소개하고, 아울러 관련된 학술 문제를 연구·토론하려 한다.

고구리 왕성·왕릉 및 귀족무덤의 '등재' 성공은 고구리 문화가 중화문화의 유기적 조성 부분이고, 동시에 세계문화의 빼어난 유산이라는 것을 나타낸다. ……'등재'에 성공한 것은 세계유산의 보호라는 임무가 더욱 무거워졌고, 동시에 관련 문제에 대한 학술연구도 하나의 새로운 요구로 제시되었다. ……바꾸어 말하면, 우리는 세계유산이라는 각도에서 이와 관련된 동북 역사와 영토에 존재한 몇 가지 문제에 대한 이론을 연구하고 탐색해야 한다.

소주에서 열린 28차 세계문화유산 회의

이어서 중화문화의 특성이 모자이크 문화라며, 고구리 문화도 그 모자이크를 이루는 한 부분이니 새로 등재된 고구리 유적에 관한 연구를 심화시켜야 한다고 주장한다.

어떤 학자는 문화란 지역적 특성을 가진 것으로 세계유산은 특정한 지역에서 형성된 것이라고 이야기하고, 어떤 학자는 다른 지역 문화를 육성하는 과정에서 이루어진 것이라고 한다. 점점 늘어나는 고고학적 성과는 긴 역사를 가진 중화문화(中華文化)는 사실상 갖가지 삶터(聚落)의 모자이크(象嵌)라는 것을 증명한다. 치나(Cīna) 전체로 보면 '하위문화(亞文化)의 모자이크(mosaic of subculture)'라고 할 수 있는 것으로 하모도문화(河姆渡文化)·양제문화(良諸文化)·용산문화(龍山文化)·이리두문화(二里頭文化)·삼성퇴문화(三星堆文化)·홍산문화(紅山文化)·장백산문화(長白山文化) 따위를 말한다. ……'고구리 왕성·왕릉과 귀족무덤'은 우리나라 고대 동북 변강 민족문화의 뛰어난 대표다. 고구리 문화에 관한 깊은 연구는 반드시 고구리 왕성·왕릉 및 귀족무덤, 곧 세계유산에 관한 연구를 심도 있게 연구해야 한다.[50]

② 평양 천도 이후 고구리 역사도 중화인민공화국 역사다.

논설에 이어 첫 번째 논문으로 실린 경철화의 논문은 세계문화유산이 등록되면서 지금까지와는 다른 새로운 시각에서 문제를 제기하고 그에 관한 주장을 편다. 첫째, 고구리 역사가 중화인민공화국의 역사라는 것은 이미 세계가 인정하였다. 둘째, 동시에 세계문화유산에 등재된 조선민주주의인민공화국의 고구리 유적도 또한 중화인민공화국의 역사라는 것으로, 바로 이 점이 이 논문의 연구목적이다. 경철화는 논문 첫머리에 나오는 '논문요약'에서 이미 이점을 분명히 하고 시작한다.

이 논문은 치나(Cīna) 고구리 왕성·왕릉 및 귀족무덤과 조선 고구리 옛 무덤떼가 따로 《세계문화유산》에 등재된 뒤 고구리 역사의 귀속 문제가 새롭게 직면한 도전과 전개에 관한 연구다.
고구리 유산은 현대의 국경선에 따라 신고된 것으로 문화재와 유적의 귀속과 역사의 귀속 두 가지는 완전히 다른 개념이다. 고구리 역사의 귀속은 반드시 그 기원·건국에서 멸망에 이르는 역사에서 출발해야 하며, 역사 문헌과 고고 자료를 충분하게 연구하여야 하며, 그 신속(臣屬)·조공·중원으로 받은 책봉 같은 정황을 논증해야 한다. 아울러 고구리 민족과 국가가 생존·활동한 지역의 역사에 대한 귀속도 분명하게 해야 한다. 결론은 고구리는 중화인민공화국 동북의 고대 민족이고, 고구리

---

50) 本刊評論員,「深化對東北地區世界遺產的研究」『東北史地』 2004-7.

왕국은 중화인민공화국 동북 역사상 지방정권이다. 427년 고구리가 평양으로 천도한 것을 고구리 역사가 중화인민공화국·조선에 귀속하는 경계로 삼는 것은 고구리 역사의 완전성을 깨트리고, 역사적 사실에 어긋나는 것이며, 바람직하지 못한 것이다.[51]

그리고 다음 4가지 점을 자세히 다루어 자신의 논지를 구성해 나간다.

㉮ 중화인민공화국과 조선 두 나라 국경 안에 있는 고구리 유적이 세계문화유산에 등재된 것은 현재의 국경선에 따른 고구리 문화재의 소유권을 명확히 하는 것일 뿐이며, 이는 우리가 연구하고자 하는 고구리 역사의 귀속과는 완전히 다른 것이다.

㉯ 고구리 역사의 귀속에 중요한 것은 고구리 국가 건국부터 멸망할 때까지 705년간 정권의 속성이다. 관련된 사료를 역사적, 객관적으로 연구하고 신속(臣屬)·조공과 책봉을 정확하게 다루어야 정확한 결론을 얻을 수 있다.

㉰ 고구리 역사 귀속 문제를 연구할 때 강역의 귀속이 지극히 중요하다. 고구리는 건국에서 멸망까지 그 생존 활동과 영토확장 범위가 처음부터 끝까지 한사군의 땅을 벗어나지 않았다.

㉱ 일부 학자들은 427년 고구리가 도읍을 평양으로 옮기는 것을 경계로 하여 고구리 역사의 귀속을 나누는데, 고구리 역사의 완전성을 깨뜨릴 뿐만 아니라 오늘날의 국경을 기준으로 역사를 확정하는 것은 역사유물주의 원칙에 어긋난다.

사실 위와 같은 논지는 이미 현지 학자들에 의해 많이 논의된 것이지만 이번 세계유산 등재를 계기로 확실하게 못을 박는 논문을 쓴 것이다. 그리고 이렇게 결론을 내린다.

더 설명이 필요한 것은 중화인민공화국과 조선이 따로 자기 나라 안에 있는 고구리 유적을 세계문화유산에 신고했다는 것이다. 427년을 경계로 해서 뜻풀이를 하는 사람이 있는데 사실 그것은 큰 잘못이고 완전히 틀린 것이다. 문화재와 유적의 귀속과 문화재가 지닌 역사의 귀속은 두 개의 개념으로 완전히 다르므로 뒤섞어서는 안 된다. 문화재와 유적은 그 물질성과 존속성 때문에 그것이 속

---

51) 耿鐵華 「高句麗遺跡列人《世界遺産名錄》與高句麗歷史歸屬問題」『東北史地』 2004-7.

해 있던 역사가 없어진 뒤에도 독립적으로 존재하고 귀속이 바뀔 수 있지만, 없어진 역사는 영원히 그 시간대에 머물러 변하지 않으므로 오늘날 국경의 변화에 따라 바뀔 수 없다.[52]

지금까지 중화인민공화국에서는 고구리의 정체성, 곧 귀속 문제는 ① 조선의 역사다 ② 중화인민공화국 역사다 ③ 한 역사 두 나라 함께 쓰기(一史兩用) 같은 3가지 주장이 있었는데, 세계문화유산 등재를 계기로 고구리는 중화인민공화국의 역사임을 강력히 강조함과 동시에, 조선에서 등재한 고구리 유적들도 중화인민공화국의 역사에 들어간다고 확정 짓는 논문이다. 이 논문이 동북공정의 기지인 『동북사지』의 첫 논문에 실렸다는 점에서 이미 3년간 추진한 동북공정의 성과를 반영한 것으로 동북공정 결과에 대한 자신감이 배어 있다. 결과적으로 세계문화유산 등록을 계기로 세계가 고구리 역사라는 것을 인정하였다는 점을 강조하고 고구리 정체성에 대한 논의에서 '고구리 역사는 중화인민공화국의 역사다'라는 것을 확정하여 발표한 논문이다.[53]

(2) 세계문화유산 등록을 계기로 펼친 고구리 역사 왜곡 사례

① 　요령성 환인현 「오녀산산성사적진열관」에 전시된 고구리사 왜곡 사례

오녀산성이 세계문화유산으로 등록된 뒤 우리나라의 읍에 해당하는 환인현이 마치 새롭게 태어난 도시처럼 바뀌었다. 거리와 주요 건물에는 「고구리 수도의 유적을 보호하고, 중화민족의 찬란한 역사를 전시하자(保護高句麗都城遺跡 展示中華民族輝煌歷史)」, 「오녀산산성 세계문화유산 등록 성공을 열렬히 경축한다(熱烈慶祝五女山山城申報世界文化遺産成功)」는 현수막들이 걸려 있어 고구리 유적의 세계유산 등록에 대한 이곳 현지의 열기를 바로 느낄 수 있다.

환인에서는 세계유산 등재가 확정되기 이전인 6월15일부터 이미 경축 행사가 시작되어 7월15일까지 계속되었다고 한다. 행사를 위해 정부에서 200만 위안(3억원)이 지원되었다. 이 지원금으로

---

52) 耿鐵華 「高句麗遺跡列人《世界遺産名錄》與高句麗歷史歸屬問題」, 『東北史地』, 2004-7, 9쪽.

53) 세계문화유산 등재 발표가 7월 1일인데, 7월호에 이 논문이 실린 것은 7월 이전에 논문이 준비되어 있었다고 본다. 바로 이런 논문이 동북공정의 응용논문일 것이다.

환인현에서는 고구리와 오녀산성을 주제로 한 그림 전시회와 춤·노래 공연이 한 달간이나 계속되었다. 농촌 각 마을에서 참석한 공연팀과 요령성에서 파견된 공연팀들이 한 달 내내 대축제를 벌인 것이다. 조선족들도 우리 춤을 추며 참가했다고 한다. "순리대로 한다면 환인이 고구리 첫 수도이니 평양보다 먼저 신청해야 하는 것 아닌가?" 순진한 한 조선족 노인의 질문이 가슴을 때린다.

혼강 가의 축하 행사장에는 '고구리 문화예술 주(周) 오녀산의 여름—고구리 첫 왕도 환인 오녀산성'(주최 : 중국공산당 환인만족자치현위원회, 중화인민공화국 환인만족자치현; 후원 : 중국공산당 환인만족자치현위원회 선전부, 중화인민공화국 환인만족자치현 문화국)이라 쓰여 있었다. 세계유산에 등록된 뒤 환인현의 현장, 부현장 등 3명은 1등 공(功), 선장부장, 문화국장 등 3명은 2등 공, 부선전부장 등 3명은 3등 공으로 9명이 표창을 받았다고 한다. 중화인민공화국이 세계유산 등록에 얼마나 많은 공을 들였는지를 알 수 있는 대목이다.

심각한 역사 왜곡은 환인현이 세계유산을 신청하면서 만든 「오녀산산성 사적진열관(史跡陳列館)」에서 볼 수 있었다. 진열관은 세계유산 심사를 받기 한 달 전인 2003년 7월 초에 시작하여 8월 11일까지 급조, 같은 달 30일 개관하였다. 전시 출토유물 202점과 복제유물 145점을 전시하였는데 화살촉 같은 유물을 빼놓고는 대부분 복제유물이다. 그러나 발굴 당시의 평면도와 시대별로 분류한 유물 전시를 통해 오녀산성의 발굴 결과를 입체적으로 확인할 수 있는 유일한 곳이다. 이 진열관에는 고구리가 중화인민공화국 땅에서 건국되었음을 집중 부각시키기 위한 노력이 곳곳에 보였다.

㉮ 머리말(前言)에 나타난 고구리사 왜곡

고구리를 세운 고구리가 치나의 소수민족이었고, 오녀산성은 치나의 축성법을 이어받았으며, 결국 치나 건축사를 빛냈다는 내용으로 이 글을 보는 관람객들은 처음부터 고구리가 치나의 역사로 인식하도록 한 것이다.

오녀산산성 사적진열관 바깥 모습(2004)

　　"문헌에 흘승골성이라고 기재된 오녀산성은 요령성 환인현 오녀산 위에 자리 잡은 치나(Cīna) 만
주 지구의 고대 소수민족 고구리가 창건한 초기의 수도이다. …… 오녀산성은 치나(Cīna) 북방 선주
민들이 구축한 산성의 전통을 계승하고, 성터의 선택, 성 지역의 포국, 성벽 쌓는 방법 및 석재 가공
같은 방면에서는 위대한 창조력을 발휘하여 일종의 아주 특수한 산성 건축형식을 형성하였다."

　㉯　연표에 나타난 고구리사 왜곡
　바로 옆에 있는 고구리사 연표는 중원왕조기년 / 고구리 왕계 및 재위기간 / 중요 사실로 나누어
만든 표인데, 맨 앞머리에 치나(Cina)의 왕조에 따라 고구리사를 분류하고, 그 치나사에 따라 고구
리의 왕과 재위 기간을 쓴 뒤, 중요 사실은 치나와 관련된 사실만 뽑아 적었다.

　㉰　전시물의 고구리사 왜곡 ― 고구리는 한나라 영토에 세워졌다
　전시장 안에 걸려 있는 「고구리 건국」과 「현토군과 고구리 건국」이라는 두 설명문을 보면 고구리
는 한나라 땅에서 건국된 것으로 되어 있다.

㉑ 치나의 지방정권을 다시 한번 강조한 '맺는말(結束語)'

전시장 입구에서 고구리가 치나의 지방정권이라는 것을 분명하게 한 전시장은 전시를 마감하는 맺는말에서도 다시 한번 고구리가 치나의 소수민족이고 지방정권이라는 사실을 강조한다.

② 길림성 집안시 「집안시박물관」에 전시된 고구리사 왜곡 사례

집안박물관은 전시물의 90%가 바뀔 정도로 완전히 새 단장을 하였다. 전시물뿐 아니라 전시장도 새로워졌다. 한쪽에 있던 상점을 없애고 전시장을 넓혔을 뿐 아니라 전시도 깔끔하게 하였고 벽 한 면은 대형 위성사진을 이용하여 집안 사람은 자기 집을 짚어낼 수 있을 정도이다. 집안박물관이 새 단장을 한 것은 유물만이 아니고 모든 설명문도 완전히 새로 바꾸었는데 그 내용이 모두 고구리사 가 치나사라는 점을 강조하기 위해 작성한 것들이다.

㉮ 박물관 머리말과 유물의 연대

박물관 가운데에 있는 입구를 들어서자마자 천장까지 닿는 대형 광개토태왕비 탁본이 걸려 있 고 그 앞에는 1.5m쯤 되는 돌 모양의 표지판에다 박물관을 안내하는 머리말(前言)이 쓰여 있다.

고구리는 중화인민공화국 동북지방의 고대문명 발전과 생산과정에 큰 영향을 끼친 중화인민공 화국 동북 지방의 소수민족이며 지방정권 가운데 하나이다

㉯ 「고구리 역사에 대한 중요한 기술(高句麗歷史重要記述)」

제목은 고구리 역사이지만 모두가 고구리 건국에 관한 내용이다. 한서, 후한서, 삼국지, 태왕비, 위서 같은 사서들을 인용하여 "고구리는 한나라가 세운 현도에서 일어났으므로 치나 역사라는 것을 부각시켜 놓았다. 현도군의 고구리현은 아직 추모(주몽)의 고구리가 성립되기 이전의 역사인데 마 치 고구리가 한나라의 1개의 현인 것처럼 왜곡하고 있으며 모르는 사람은 마치 고구리 전체가 중원 의 한 현인 것처럼 오해할 수 있도록 했다.

집안시 박물관 전면(2004)

㉠ 고구리 조공·책봉 조견표(高句麗朝貢受封簡表)

조공과 책봉 문제는 한·중간의 역사 인식에서 가장 크게 차이 나는 사실이다. 중화인민공화국은 고구리 705년 동안 계속 치나의 중원왕조에 조공을 바치고 벼슬은 받아(冊封) 고구리를 다스렸기 때문에 국가가 아니고 치나(Cina) 변방의 소수민족 지방정권이라고 주장한다.

㉡ 고구리 유민(遺民)의 정착 현황(高句麗流民遷度情況)

집안박물관 동쪽 방에 고구리가 멸망한 뒤 고구리 유민들이 어떻게 흘러갔는지 사서에 나온 내용을 뽑아서 전시하고 있다. 고구리가 멸망한 뒤 고구리 사람들은 대부분 치나(Cina)로 들어갔다는 것을 보여주기 위한 것이다. 이 주장은 중화인민공화국 학자들이 고구리가 치나 역사라는 것을 증명하기 위해 자주 사용하는 논리다.

③ 중화인민공화국의 현지 기념품과 출판물에 나타난 고구리사 왜곡 사례

2004년 7월 1일 고구리 유적이 세계유산에 등록이 되자 중화인민공화국은 그동안 준비된 엄청난 물량을 풀어 고구리가 치나 국사이고 고구리는 치나의 지방정권이라는 선전작업에 들어갔다. 고구리 문제를 학술적으로 풀기로 약속하고 6개월도 안 된 시점이었다. 박물관이 학문적 성과를 많이 반영한 것이라면 이러한 기념품이나 잡지들은 그보다 한발 앞선 일반화 작업에 들어갔다고 할 수 있는 것이다. 이러한 결과는 중화인민공화국에 있는 고구리 유적이 세계유산에 등록된 것을 '마치 온 세계가 고구리사는 치나 국사라는 것을 인정한 것'처럼 최대한 선전하고 나선 것이다. 이러한 모든 행위는 한·중 정부 사이에 '고구리 문제를 학문적으로 풀기로 약속한' 것에 어긋난 것이다.

㉮ 세계유산 기념 메달
고구리 첫수도 홀본(오녀산성) 입구에서 팔고 있는 메달의 뒷면에 이렇게 새겨져 있다.

주몽 : 기원전 37년 오녀산에서 치나 소수민족 고구리 첫 도읍을 세웠다.
朱蒙 : 公元前三十七年在五女山建立中國少數民族高句麗第1個都城

㉯ 고구리 유적 세계유산 등록 기념패
고구리 첫수도 홀본(오녀산성) 입구에서 팔고 있는 작은 기념패 뒷면에도 똑같은 내용이 새겨져 있다.

주몽 : 기원전 37년 오녀산에서 치나 소수민족 고구리 첫 도읍을 건립하였다.

㉰ 중국문화유산(中國文化遺産) 2004년 여름호(국가문물국 주관, 중국문물보사 발행)
전체 114쪽 가운데 62쪽을 할애하여 「고구리 왕성, 왕릉 및 귀족무덤」이란 특집을 내고 있는데 그 첫머리에 고구리는 치나의 소수민족 정권임을 분명히 하고 있다. 고구리가 국가였다는 사실조차 완전히 부인하고 종족, 치나의 현(縣), 정권을 뜻한다고 쓰고 있다. 705년간 동아시아를 호령했던 강대국을 이제 국가로 취급하지도 않겠다는 것이다.

기념메달 '주몽'

기념패 '주몽'

"고구리는 민족 명칭이고 또한 정권의 명칭이다. 그 사이에 (치나) 중원정권이 설치한 지방 기구인 현의 명칭이기도 하다. 족(族)의 이름 → 현(縣)의 이름 → 정권의 이름으로 이어지는 것이다. 고구리 민족은 만주 지구의 옛 소수민족 가운데 하나이다."

㉮　집안(길림성) 시민 수첩에 나타난 중화인민공화국의 고구리사 왜곡(2004년 3월 발행)

집안시 정부에서 발행하는 시민 수첩은 각 호텔과 접객업소에 반드시 비치하도록 하는 한편 시민 들에게도 널리 퍼트린 100쪽짜리 수첩에 "고구리에 대한 이해"라는 항목이 있다.

집안 땅에는 일찍이 강대한 중화인민공화국 동북 지방의 소수민족 정권인 고구리가 존재하였다. 고구리가 존속하는 동안 자신의 역량에 따라 강할 때도 있고 약할 때도 있었다. 다만 중원과

『중국문화유산』

북방, 심지어는 강남 정권의 책봉을 끊임없이 받았고, 중원의 각 왕조에 신속(臣屬)하여 조공을 바쳤다.

㉮ 기념우표에 나타난 중화인민공화국의 고구리사 왜곡

세계유산 등록을 기념하기 위해 발행한 우표에도 어김없이 고구리가 치나의 소수민족 정권임을 분명하게 밝히고 있다.

> "중화인민공화국 동북 지방의 소수민족 고구리와 그 (민족이) 세운 고구리 정권은 동북아 역사 발전 과정에서 중요한 영향을 끼쳤다."
> 中國東北少數民族高句麗及其建立的高句麗正權, 在東北亞歷史發展進程中產生過重要影

집안시 시민수첩

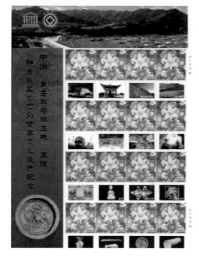
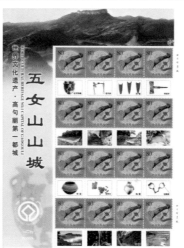

기념우표

6. 8월 9~10일, 한·중 학술대회 준비를 위한 '고구리 역사문제 학술토론회'

1) 중화인민공화국이 준비한 구동존이(求同存異)와 화이부동(和而不同)

7월 7~10일, 4차 동북공정 전문가회의가 요령성 남쪽 섬인 장해현(長海縣)에서 열리고, 2004년 신청과제 가운데 6개 과제가 비준되었다. 7월 13일 려성, 이국강, 마대정이 연변대학 교장 김병민, 전 교장 박문일을 방문하여 동북공정 추진에 대한 구체적인 논의를 하였다. 여기서는 특히 8월에 열리는 학술토론회를 마지막으로 점검하였다. 그리고 8월 9일~10일 연길에서 '고구리 역사 문제 학술 연구토론회'를 열었다.

중국사회과학원 동북공정 행정실과 연변대학 중조한일관계사연구소가 주최하고 중조한일문화 비교연구중심이 주관한 이 대회는 동북공정과 연관하여 두 번째 연길에서 열리는 학술대회로, 「고구리의 귀속」 문제가 주된 주제였다. 이 대회는 지금까지 열린 국내대회와 다르게 참석자 모두가 「고구리 귀속 문제」에 집중되어 있다.

이 대회는 한국의 반발을 의식한 발언이 려성의 연설에서 감지되고, 전례 없이 고구리 역사가 한국사임을 강력하게 강조하는 박문일 교수의 논문도 발표되었다.[54]

려성(중국사회과학원 중국변강사지연구중심 주임)은 동북공정에 관한 한국의 거센 반발을 의식하여 "우리는 조선과 한국 국민의 '고구리 애착'을 이해하며, 또한 조선과 한국에서 역사를 존중하는 전제 아래 본국, 본 민족의 역사와 고대 고구리를 서로 연결하는 것을 반대하지 않는다."라고 한다거나 "중화민족과 대한(조선) 민족은 모두 위대한 민족이고 모두 유구한 역사 발전을 하고 있다."라고 해서 일부 유화적인 어법을 구사하고 있으나 고구리를 비롯한 고대 역사의 정체성이나 동북공정의 진행은 조금도 양보하지 않는다는 것을 분명하게 한다. 이하 연설문에서 중요한 몇 가지 관점을 간추

---

[54] 劉炬, 「高句前屬史問題學術研襯會在延吉舉行」, 『東北史地』 2004-6, 64쪽. 참석자 : 朴文一, 朴眞奭, 劉子敏, 耿鐵華, 李國强, 李大龍, 孫啓林, 朴燦奎, 李忠勳, 鄭永振, 趙永春, 張福有, 姜維公, 劉炬, 孫泓 등. 이 회의에서 마대정과 려성, 그리고 연변대학 공산당위원회 서기 김희정(金熙政)이 인사말을 하였다. 이 대회에서 발표된 논문은 다음해 출간되었다. 厲聲·朴文一 主編, 『高句麗歷史問題研究論文集』, 延邊大學出版部, 2005. 3.

려 보면 다음과 같다.

张福有　摄影

金熙政书记致辞　　　马大正研究员致辞　　　厉声研究员致辞

연변대 공산당위원회 서기 김희정, 마대정, 려성 (『동북사지』)

(1) 동북공정은 티베트와 신강 위구르족 문제와 함께 진행되는 국가 프로젝트라는 것을 밝

힌다

'동북공정'은 근년에 중화인민공화국 철학사회과학계에서 진행하고 있는 규모가 큰 편인 변강지

역 연구과제로, '동북공정'이 선정된 뒤 2003년과 2004년에 또 각각 5년 기한으로 완성할 '티베트

역사 연구항목'(중국티베트학연구중심에서 주관, 연구비 1,500만 위안)과 '신강 역사와 현황 종합 연구항

목'(중국사회과학원 주관, 연구비 3,000만 위안) 프로젝트가 있다.

(2) 동북공정은 '고구리 역사'만이 주된 목적이 아니다

2002년부터 2004년까지 선정된 항목 가운데 고구리 역사 연구과제는 8개로서 총 94개 항목 가운

데 8.5%를 차지하므로 국외의 일부 사람들이 말하는 '동북공정'은 바로 '고구리 역사를 빼앗기' 위해

만들어진 프로젝트라는 설은 정황 파악을 하지 못한 것이고 또한 단면적(片面的)인 것이다.

동북공정을 추진하는 중국변강사지연구중심 주임이 한국에서 '동북공정=고구리 역사 빼앗기'라

고 하는 것은 정황을 제대로 파악하지 못한 것이라고 했는데, 아주 우리의 아픈 곳을 정확하게 찌른 것이다. 그러나 려성 주임이 이 문제에 대해 불만이 있거나 불평하는 말이 아니라 한국 측의 분석이 너무 어처구니가 없다는 것을 표현한 것이다. 앞으로 한·중 학술회의에서 보겠지만 중국변강사지연구중심은 바로 이런 한국의 맹점을 100% 활용해서 오로지 고구리 문제만 다룬다. 만일 고구리 문제가 8.5%고 나머지 (고)조선, 부여, 발해, 간도문제, 백두산 문제, 국경 문제, 러시아 문제가 91.5%인데, 한국이 러시아 문제를 빼더라도 나머지 문제를 모두 들고나오면 정말 골치 아프고 난감한 문제일 것이다. 그런데 한국의 상대 팀은 이름도 '고구려연구재단'이고 오로지 고구리 역사문제만 들고나오고, (고)조선, 부여, 발해, 간도문제, 백두산 문제는 들고나오지 않으니 뒤로는 너무 편안하고 상대하기 쉬웠을 것이다.

(3) 동북공정이 시작된 1년 만에 비학술적인 요소에 부딪혔다

2003년 후반기부터 한국에서 들고일어난 사실을 비학술적이라고 비판한 것이다. 그에 대한 대처방안을 다음과 같이 제시한다.

① 역사문제를 현실화하고 학술 문제를 정치화하는 것에 반대한다.
② 동북공정은 과제계획에 따라 차분하게 규범화된 학술연구를 진행한다.
③ 고구리 역사연구를 학술연구 범주에 한정한다. …… 관련 학자들은 반드시 상호존중, 성실한 교류, 공동탐구, 구동존이(求同存異)라는 정신에 따라 학술 쟁점을 대해야 한다.
④ 고구리 역사연구라는 쟁점을 이용하여 부정적 측면에서 중화인민공화국 학술연구, 심지어 중화인민공화국 정부에 대해 근거 없이 의심하고 공격하는 것을 반대하며 나아가 국가 간의 우호 관계에 영향을 주는 일부 작태와 현상을 용납할 수 없다.

려성은 고구리의 정체성에 대해서 2003년 6월 24일에 이대룡이 『광명일보』에 발표한 「고구리 역사연구에 있어서 몇 가지 문제에 대한 시론」을 그대로 강조하면서 그 논리를 심화하는 과정에서 일부 관점상 변화가 생기는 것은 정상적이라고 하였다. 그리고 그런 것은 학술교류를 통해서 해결해야 한다고 했다. 앞에서 이미 보았지만 한·중 학술교류는 중화인민공화국에서 먼저 제기하였다.

2) 한·중 학술회의에 대비한 기본 전략

려성은 "최근에 중국사회과학원은 이미 한국 고구려연구재단과 직접적인 관계를 건립하고 지금 쌍방의 학술교류를 위하여 적극적인 준비를 하고 있다."라고 말해, 앞으로 한·중 학술대회가 있을 것을 예고하고, 다음과 같은 대처 방향을 제시한다.

현재 고구리 역사연구 문제에 나타난 비학술적인 요소를 과장하고, 이로 인해 분출된 편파적인 극단 정서는 비정상적이다.

현 단계에서 쌍방의 고구리 역사연구에서 나타난 관점 상의 쟁점을 빠른 시일 안에 해결한다는 것도 현실적이지 못하다.

우선, 고구리 역사연구 및 관점에서 생긴 쟁점을 빠른 시일 안에 학술 규범화로 돌리고, 빠른 시일 안에 비학술적인 요소의 방해와 과대포장을 배격하여 곧 진행하게 될 한·중 쌍방의 학술교류를 위해 우호적인 분위기를 마련하는 것이다.

그다음 학술 범위 내에서 한·중 학자들이 평등하고 상호 존중하는 원칙에 따라 질서 있게 진정한 학술교류를 전개해야 한다. ① 관점을 밝히고, ② 쟁점을 좁히며, ③ 같은 점은 찾고 다른 점을 보류하거나(求同存異), 화목하면서도 다른 점은 보류하자(和而不同)는 것이다.[55]

여기서 가장 중요한 것은 앞으로 중국변강사지연구중심과 고구려연구재단 사이의 학술교류 원칙을 발표했다는 것이다. 이 부분은 마지막에 가서 다시 정리해 보겠다.

3) 중국변강사지연구중심이 뽑은 한족 학자들의 고구리 정체성에 대한 견해

이 학술대회는 고구리의 정체성, 곧 고구리가 조선·한국의 역사인가, 중화인민공화국의 역사인가?를 논의하는 이른바 그들이 말하는 '귀속(歸屬)'에 관한 것을 집중적으로 다룬 학술대회이다. 이

---

55) 厲聲, 「동북공정과 고구리역사 연구에 대한 몇 가지 견해」, 厲聲·朴文一 주편, 『고구리 역사문제 연구 논문집』, 고구려 연구재단, 2005, 31쪽.

학술대회에서 발표되는 논문들을 보면 한족 학자들과 조선족 학자들의 논지가 완전히 다르다는 것을 알 수 있다.

(1) 조영춘(趙永春) :「치나 역사영역을 인식하는 몇 가지 원칙」

조영춘(1953~)은 길림대학 역사학과 교수로 2004년 당시 국가철학사회과학기금을 받아「치나 역사강역 문제 연구」를 주관하고 있었다. 이 논문은 2002년 발표한「치나 역사상 강역 문제에 대한 몇 가지 문제에 관하여」(『중국변강사지연구』 2002-3)와 2003년 발표한「북방민족사연구에 있어서 몇 가지 문제」(『흑룡강민족총간』 2003-3)를 바탕으로 한 '역사적 영토'를 규정하는 이론을 구축하는 논문이다. 이 논문은 2004년 길림성 6차 사회과학 우수성과 3등 상을 받을 만큼 주목받은 논문이다.

치나의 역사상 강역은 1개의 근본원칙과 3개의 구체적 원칙으로 확정된다.

> 치나의 역사상 강역에 대한 인식은 반드시 오늘날 치나 강역 안에 있는 모든 민족을 출발점으로 하여, 거슬러 올라가 치나 각 민족의 역사와 강역을 포괄해야 한다. 무릇 오늘날 중화인민공화국 강역 안에서 생활하는 민족, 역사상 오늘날의 중화인민공화국 강역에서 생활하거나 지금은 이미 없어진 민족, 모두가 중화민족을 만드는 부분이다. 그들의 역사(외래 민족이 오기 전의 역사는 따로 논한다)는 모두 치나 역사를 만드는 부분이고, 그들이 역사상 활동한 지역 및 그들이 세운 정권의 강역도 모두 치나 역사상 강역을 만드는 부분이다.[56]

3가지 구체적인 원칙은 ① 최초 발견과 점유의 원칙 ② 행정 관할의 원칙 ③ 민족의 발전과 변화의 원칙이다.

(2) 손진기(孫進己) :「고구리의 토지, 인민, 문화에 대한 동북아 각국의 계승」

손진기(1931~2014)는 만주지역 학자 가운데 가장 먼저 고구리사 정체성 문제를 들고나온 학자다. 그러나 담기양의 영향을 받아 '한 역사 두 나라 함께 쓰기(一史兩用)'를 주장하여 국책 역사침탈이 시작된 '고구리는 중화인민공화국 역사'라는 흐름과 차이가 나서 국가나 학계에서 빛을 보지 못

---

56) 趙永春,「認識中國歷史疆域的幾個原則」,『高句麗歷史問題研究論文集』, 延邊大學出版社, 2005, 54쪽.

했다. 그 뒤 논지가 약간 변화하면서 이 논문에서는 '고구리를 어느 나라가 계승하였는가?'라는 관점에서 접근하여, 중화인민공화국·조선·한국·몽골·러시아가 이어받았는데, 그 가운데 중화인민공화국이 제일 주요한 계승자라고 강조한다. 손진기는 한국에도 많이 알려진 학자로, 한중간의 중간 입장을 대변할 필요가 있을 때 내보낼 카드였다.

(3) 유거(劉炬) : 「치나 역사상 소수민족정권 성격의 규정(界定) 기준에 대하여-고구리 정권의 성격을 겸하여 논함」

유거(1962~)는 길림성사회과학원 고구리연구소 연구원이면서 동북공정의 성과를 발표하는 『동북사지』 부주편이다. 소장학자로서 주로 당 태종과 고구리 연개소문의 전쟁에 관해 연구하였다. 이번 논문은 동북공정 선정과제로 『동북사지』에도 실렸다.[57]

유거는 고구리가 독립 국가가 아니고, 중원왕조 통치하의 지방자치 정권도 아니고, 중원왕조 통치하의 지방할거(地方割據) 정권이라고 주장한다.

(4) 이대룡(李大龍) : 「한·당 번속체제에서 본 고구리 정권의 귀속」

이대룡(1964~)은 2000년에야 중국변강사지연구중심에 들어와 영토 문제를 다루는 연구성과를 싣는 『중국변강사지연구』 주편을 맡았고, 1차 역사침탈의 결과인 『고대 중국 고구리 역사연구 총론』과 2차 역사침탈인 '동북공정'의 초기 연구성과를 완결한 『고대 중국 고구리 역사연구 속론』에 모두 필자로 참여한 역사침탈의 핵심 인물이다. 이대룡은 2002년 동북공정의 이론적 체계를 완성하기 위해 『한·당 번속체제 연구』라는 위탁과제를 맡아 연구를 진행하였는데, 이 논문은 바로 그 결과를 고구리의 정체성과 연결하여 쓴 논문이다. 『한·당 번속체제 연구』는 후기에 2004년 10월에 탈고했다고 했으나 책은 2006년에 〈동북변강연구〉 시리즈로 출판되었다.[58]

---

57) 劉炬, 「論中國歷史上少數民族政權性質的界定標準 - 兼談高句麗政權的性質」, 『東北史地』, 2004-5.

58) 李大龍, 『漢唐藩屬體制研究』, 中國社會科學出版社, 2006.

앞에서 본 논문들도 고구리의 정체성을 논의할 때 나름대로 이론을 개발하여 논리를 전개하고 있지만, 이대룡은 한나라와 당나라의 번속체제를 바탕으로 고구리의 귀속 문제를 논하였다.

(5) 유자민(劉子敏) : 「중화천하질서 속의 고구리-책봉, 조공 및 할거 문제를 겸하여 논함」

유자민(1938~2011)은 연변대학 교수로서 처음 '한 역사로 두 나라 함께 쓰기(一史兩用)'를 주장했다가 다시 고구리는 중화인민공화국의 역사라고 주장한 한족 교수다. 유자민은 연변대학 기존 교수들에게는 불편한 존재였고, 동북공정을 실시하는 기관에서는 꼭 필요한 전위부대였다. 유자민의 천하란 처음에는 국내에서 시작했지만, 나중에는 외국까지 확장되었다. 유자민도 전통적인 방법인 책봉과 조공을 바탕으로 하고 있지만, 동북공정과 이번 학술대회에서 내세운 강력한 무기인 '할거정권'과 연결하고 있다는 것이 특징이다. 지금까지 군현제냐? 책봉제냐? 가지고 한 논의에서 '그 정권의 강역이 원래 치나의 영토인가, 그 백성이 중화민족의 일원인가에 따라야 한다'라는 것이다. 그 나라나 정권이 '자치'냐? '독립'인가? 하는 것도 별개의 문제라는 주장이다.

(6) 장복유(張福有) : 「고구리의 평양, 신성과 황성」

장복유(1950~)는 역사 전공자가 아니지만 2003년 중국공산당 길림성위원회 선전부 부부장이 되어 동북공정 전문가위원회 위원이 되고 동시에 길림성사회과학원 부원장, 『동북사지』 사장 같은 중책을 맡으면서 고구리 유적이 있는 집안박물관 직원들을 데리고 만주를 누비며 현장을 답사하여 자신의 연구성과로 만든 것이 많다. 그 가운데 하나가 바로 자신의 고향인 양민(良民)이 고국원왕 4년(334)에 쌓은 평양성이라는 것이고, 이 논문의 중심내용이다. 그의 연구목적은 고구리의 중요한 유적이 조선에 있지 않고 모두 현재 중화인민공화국 경내에 있도록 하는 것이다. 그 결정판이 『고구리 왕릉 통고(高句麗王陵通考)』[59]에서 427년 고구리가 평양으로 천도한 뒤 세상을 뜬 모든 왕의 무덤도 현재 집안(集安)에 있다는 주장이다. 아무런 근거도 없이 현재 집안에 있는 무덤들을 연결하여 무리한 비정을 하여 이미 비판적 연구가 나왔다.[60]

---

59) 吉林省長白文化研究會 集安市博物館, 「集安良民高句麗遺跡調查」 『東北史地』 2004-04; 張福有, 「高句麗第一個 平壤城在集安良民卽國之東北大鎮― 新城」 『東北史地』 2004-04; 張福有·孫仁傑·遲勇, 「高句麗王陵通考」 『東北 史地』 2007-4; 張福有·孫仁傑·遲勇, 『高句麗王陵通考』(全3冊) 香港亞洲出版社, 2007. 12.

60) 서길수, 「중국 학자의 고구려 왕릉 비정에 대한 비판적 고찰」 『高句麗研究』 29, 2007.

(7) 손진기·손홍(孫泓) : 「고구리와 동북아 여러 나라 여러 민족의 관계」

손홍(1973~)은 일찍이 아버지 손진기와 함께 심양동아연구중심에서 일하면서 1999년부터 대외활동을 했고 이미 2001년에 한국 고구리연구회 초청으로 한국에서도 논문을 발표하였다. 2003년에 요령대학에서 석사학위를 받고 바로 중요한 대회에 참석하기 때문에 아버지와 공동 저자로 발표한 것이다. 발표자 가운데 가장 나이가 어린 손홍은 고구리와 다른 여러 민족과의 관계를 연구하여 "치나와의 관계는 주로 신하로서 복종(臣服)하고 (중앙정부에) 귀속하는 형태였고, 신라와 백제는 침략과 굴복을 강요하는 관계였으며, 일본과는 평등한 내왕(來往) 관계였다."라고 했다.

(8) 강유공(姜維公) : 「남조와 북조의 고구리 정책에 대한 비교연구」

강유공(1962~)은 길림성역사학회 상무이사고, 『동북사지』 편집위원이며, 동북공정에 참여하여 「역대 한족 이민의 고구리 경제에 대한 영향」[61]같은 주요 과제를 맡아 진행하고 있었다. 이 논문은 『변강사지연구』에 실렸던 논문이다. 이 논문의 결론은 "남북조는 모두 고구리를 속국으로 간주하였으며 책봉할 때 크게 우대하였다."라고 하였다. 당시 고구리는 남과 북의 적대관계를 이용하여 책봉과 조공으로 등거리외교를 하였다. 그리고 한 나라가 두 나라에 예속이 되어있다는 것은 말이 안 된다. 그래서 강유공도 '속국으로 간주하였다'라는 결론밖에 낼 수 없었을 것이다.

(9) 묘위(苗威) : 「김부식의 고구리 관에서 본 고구리 정권의 서역과 그 역사 귀속」

묘위(1968~)는 사평사범학원을 나와 연변대학에 근무하면서 당시 대학원 학생이었다. 묘위는 동북공정 이전에는 거의 실적이 없었으나 동북공정 이후 정년이 돼 퇴임한 한족 학자 유자민의 뒤를 이을 한족 학자로 크게 중용된다. 2004년만 해도 이 논문을 비롯하여 「낙랑군과 삼한」,[62] 「기자조선연구」[63]가 동북공정 과제로 선정되어 모두 『동북사지』에 실린다. 묘위는 통화에서 열린 국제학술대회 때 연변대학 조선족 사학자들이 참석하지 않을 때 유자민과 함께 참석하였고, 「기자조선 연구」도

---

61) 「漢代漢族移民對高句麗經濟的影響」『東北史地』 2004-4;「南朝與北朝高句麗政策的比較研究」『中國邊疆史地研究』 2004-4;「從古代假髮盛行看新羅貢髮的作用」『東北史地』 2004-10;「南朝與北朝高句麗政策的比較研究」『高句麗歷史問題研究論文集』 延邊大學出版社, 2005-4.

유자민과 공동 이름으로 발표하였다. 연변대학에서 유자민이 길러낸 한족학자이고 동북공정이 만들어낸 젊은 학자다.

남북한 학자들이 『삼국사기』의 「해동삼국」론을 들어 자주국임을 주장하는 것에 대한 반론을 연구한 것이다. 묘위는 김부식의 고구리 관점은 "통일된 치나 중원 영역에 건립된 하나의 변방 군 안에서 생겨나 성장한 지방정권으로서 민족 자신이 용감하고 전쟁을 잘하고, 땅이 외진 곳에 있어 중앙이 관할 못하는 기회에 무력으로 한나라 군의 영토를 쳐들어가 약탈하고 영토를 조금씩 먹어들어가 세운 나라고, 날로 강대해지고 당대적으로 독립성이 있는 지방할거정권이다."[64]라고 해석하였다.

위에서 본 모든 논문이 모두 '고구리는 한나라 땅을 점령하여 할거(割據)한 정권'이라고 주장하는 논지라는 것을 알 수 있다.

(10) 경철화(耿鐵華) : 「고구리 유적의 세계문화유산 등재와 고구리 역사의 귀속문제」

경철화(1947~)는 집안박물관에서 근무하다 1995년 통화사범학원에 고구리연구소가 설립되면서 교수가 된다. 경철화는 중화인민공화국 전체 학자 가운데 고구리에 관한 저서와 논문이 가장 많은 최고 전문가이고, 1993년 집안에서 열린 고구리문화 국제학술대회에서 고구리가 중화인민공화국의 역사라고 처음 공개적으로 주장하였다. 이 논문은 이미 7월에 고구리 유적이 세계문화유산으로 등재되자마자 『동북사지』에 발표했던 것을 다시 발표한 것이다. 앞에서 자세히 봤으므로 내용은 간추리지 않는다.

(11) 왕면후(王綿厚) : 「고이·구리·고구리와 서한 현도군의 변천 및 귀속 관계에 대한 역사적 지위 규정을 논함」

왕면후(1945~)는 요령성 박물관 관장으로 있으면서 주로 고구리 성(城)에 대해 많이 연구하였다. 1987년 「고구리 족칭 탐원」[65]이란 논문을 썼으나 그 뒤 계속 고구리 성을 고고학적 측면에서 연구하다가 동북공정이 시작된 2002년부터 15년 전에 썼던 주제를 다시 연구하기 시작한 것이 「고이

---

62) 苗威·劉子敏, 「樂浪郡與三韓」, 『東北史地』, 2004-6.

63) 苗威, 「箕子朝鮮硏究」, 『東北史地』, 2004-8.

64) 苗威, 「從金富軾的高句麗觀看高句麗政權的性質及其歷史歸屬」, 『中國邊疆史地硏究』, 2004-4.

65) 王綿厚, 「古代高句麗族稱探源」, 『遼海文物學刊』, 1987-2

고구리 역사문제 학술토론회 (『동북사지』)

(高夷)·예맥과 고구리 ― 고구리 족원의 주체는 선진시대의 '고이'와 요동 '2강' 맥부(貊部)라는 설에 대한 재론66)이다. 그 뒤 관계된 논문을 몇 편 더 발표한 뒤 이번 논문을 발표한 것이다.67) 이 논문은 추모(주몽)가 북부여에서 내려와 '졸본부여'를 세웠는데 동한이 '고구리후'를 '고구리왕'으로 책봉할 때 비로소 '고구리'라는 명칭이 쓰였다는 주장이다. 이 논문은 앞에서 본 논문들과 달리 역사해석에서 문제는 있지만 대놓고 역사를 침탈하는 내용이 아니라 맨 마지막에 넣어 편집하였다. 그런데 다음에 자세히 보겠지만 바로 그런 평이한 논지 때문에 나중에 한·중 학술회의 발표자로 선정되는 일이 일어난다.

---

66) 王綿厚, 「高夷·濊貊與高句麗―再論高句麗族源主體爲先秦之'高夷'旣遼東'二江'貊部說」, 『社會科學戰線』, 2002-5.

67) 王綿厚, 「論高夷·句麗·高句麗與西漢玄菟郡遞變與歸屬關係的歷史定位」, 『高句麗歷史問題研究論文集』, 延邊大學出版社, 2005. * 발표 논문과 제목이 약간 차이가 난다.

4) 조선족 학자들의 '고구리=조선사'와 '한 역사 두 나라 함께 쓰기(一史兩用)' 사이

동북공정 이전 1차 역사침탈 기간에 이미 연변대학 사학자들은 고구리의 정체성에 대한 논의 때문에 많은 압박을 받았다. 당시까지 연변대학에서는 고구리는 조선·한국의 역사라고 가르쳤고, 그때까지만 해도 아직은 그 논지가 만주 역사학계의 대세였으므로 큰 문제가 없었다. 그런데 1996년 국책으로 고구리 역사를 중화인민공화국 역사로 편입시키려는 프로젝트가 진행되면서 연변대학으로서는 이전의 논지를 그대로 이어가기 어렵게 되었다. 그래서 많은 고심 끝에 1999년 강맹산 교수가 '한 역사 두 나라 함께 쓰기(一史兩用)'로 방향을 바꾼 논문을 발표하였다. 그러나 이런 강맹산 교수의 논지도 한족 학자들이 비판하고 나섰고, 특히 동북공정이 시작되고, 고구리 유적이 세계문화유산에 등록되면서 학계에서는 '한 역사 두 나라 함께 쓰기(一史兩用)'마저도 흔들리게 되었으며, 대놓고 주장하기 어려운 분위기로 흘러갔다.

그러나 2003년 후반기부터 한국 학계와 국민이 중화인민공화국의 역사침탈에 대한 규탄이 심해지고 외교 문제로 번지자 중화인민공화국에서도 이에 대한 새로운 대응이 필요하였다. 특히 2004년 두 번에 걸쳐 한·중 간에 고구리 문제는 학술적으로 해결한다는 구두합의를 한 상황에서 계속 옛날처럼 자기주장만 할 수 없었다. 여기 제 2안을 마련한 것이 바로 '한 역사 두 나라 함께 쓰기(一史兩用)'다. 두 나라 사이에 고구리 역사를 서로 자기 역사라고 주장하여 평행선을 그을 때 내놓을 대책이었다. 또한 연변대학 조선족 학자들도 이런 기운을 이용하여 나름대로 논리를 당당하게 내세울 기회를 얻게 되었다. 이렇게 해서 작고한 강맹산 교수 이후 5년 만에 보다 진전된 논지를 발표하게 된다.

(1) 박문일(朴文一) : 「역사에서 '안(中)'과 '바깥(外)'의 나누는 문제에 대한 초보적 견해」

박문일(1932~)은 1986년부터『중국조선족 역사 족적』8권 총서 발행을 주관하고,『조선 약사(朝鮮簡史)』를 냈으며, 1979~1998년 연변대학 교장과 당서기를 지냈다. 연변대의 여러 역사학자 가운데서 박문일 교수가 직접 발표하는 것은 사안이 중대하고, 연변대학 조선족 역사학자의 견해를 대표한다는 상징성이 컸다.

■ 국내외를 가르는 기준

박문일이 제목에서 들고 있는 '안(中)'과 '바깥(外)'이란 국별사(國別史)에서 나라 안(國內)과 다른 나라(外國)를 가르는 기준을 뜻한다. 그 기준을 3가지로 이야기한다.

① 현재의 국경을 기준으로 범위를 정해야 한다.

② 현재 국경을 표준으로 하되 역사상 강역과 활동 영역의 변화도 고려해야 한다.

③ 역사상 정권의 성격과 귀속을 근거는 무엇으로 할 것인가? 이 문제에서 조공과 책봉 문제가 기준이 되어서는 안 된다는 것을 분명히 한다. 그리고 귀속문제는 그 나라가 주권과 독립권이 있는가 없는가를 보고, 제3국이 인정해야 한다고 주장하였다. 그리고 "적지 않는 학자들이 '칭신납공'과 '책봉조공'을 고구리가 중원왕조의 관할 아래 있었다는 '기본 근거'로 삼는데 설득력이 없다고 본다"라고 결론 짓는다.

■ 고구리 나라가 중앙정권의 소수민족 지방정권이 아닌 사료적 뒷받침

① 국제법에서 국가는 주민, 영토, 정부, 주권이 있어야 한다. 장수왕 이후는 주권이 있는 자주 국가가 되었다.

② 그 시대 사람들은 '고구리관'으로 정치적 귀속을 정해야 한다. 그런데 당나라 왕제나 원나라 최고 관료들은 모두 고구리를 조선반도 3국의 하나로 인식하였다. 또한 치나 역사 사서에 고구리전을 백제전, 신라전과 함께 외국전에 넣었다.

③ 고구리와 (왕건) 고리의 계승성을 보아도 고구리사는 조선사의 주요 체계 안에 있다.

④ 조선 삼국시대 당사자의 자아 관념 및 취향을 봐도 고구리는 조선 중세 삼국에 들어간다.

⑤ 고구리 문화풍속으로 봐도 조선민족 문화계열에 귀속시켜야 한다.

■ '한 역사 두 나라 함께 쓰기(一史兩用)' → '한 역사 여러 나라 함께 쓰기(一史多用)'

박문일의 '한 역사 여러 나라 함께 쓰기'란 논지는 양국이 자국 역사로 주장하는 상황과 절충주의라고 비판받는 '한 역사 두 나라 함께 쓰기(一史兩用)'를 뛰어넘는 매우 수준 높은 논리였다. 박문일은 세계사의 갖가지 보기들을 들어 자신의 주장을 펴나갔다.

① '한 역사 여러 나라 함께 쓰기(一史多用)'라는 관점이 국사 연구 범위의 표준과 인류문

명 교류사의 객관적 규칙을 확정하는 데 부합된다.

② 이 관점에서 연구해야 각국 국사의 완전성과 계통성을 보장할 수 있다. 실제 유럽을 비롯한 많은 지역이 이 원칙으로 역사를 기록하고 있다는 것을 뒷받침한다.

③ 이 관점은 앞으로의 세계사 연구 발전 추세에도 부합된다.

그리고 다음과 같이 결론을 맺는다.

역사연구에서 '한 역사 여러 나라 함께 쓰기(一史多用)'라는 관점을 지키는 것은 사실 새로운 관점이 아니라 역사발전에 대한 객관적 규율을 사실적으로 나타낸 것이다. 만일 정확한 관점과 방법으로 국별사 연구에 이용한다면 연구하는데 절대로 혼란이 없을 것이며, 반대로 나라와 나라 사이, 민족과 민족 사이에 전통적인 우호 관계를 맺는 촉매제 역할을 할 것이다.[68]

■ 앞으로 연구에 대한 몇 가지 건의

① 모든 것을 토론할 수 있다는 방침을 견지하고 민주적 학술 기풍을 발휘해야 한다. …… 역사상 강역 문제를 현실의 영토주권과 직접적으로 연결하지 않아야 한다. 역사상 '국내(中)'와 '국외(外)'의 강역 문제에 관한 토론은 가능하고 필요하지만, 잘 준비하여 국내외 학자들이 수시로 함께 앉아서 우호적인 분위기 속에서 학술토론을 해야 하고 피해서는 안 된다.

② 역사유물주의를 견지하고 황권주의(皇權主義) 사관과 좁은 민족주의 사관을 조심하고 방지해야 한다.

③ 참되고 엄밀한 학풍을 견지해야 한다.

이 논문은 고뇌에 찬 노교수가 오랜 경륜과 학문적 양심을 가지고 어려운 환경 속에서도 당당하고 소신 있게 쓴 것이다. 이 논지는 중화인민공화국의 학자들은 물론 남북한 학자들도 반드시 한 번 읽어보고, 그 논지를 이해하고, 더 나아가 보강했으면 한다.

---

68) 박문일 「역사에서 '안(中)'과 '바깥(外)'의 나누는 문제에 대한 초보적 견해」, 厲聲·朴文一 주편, 『고구리 역사문제 연구 논문집』, 고구려연구재단, 2005, 50쪽.

(2) 박진석(朴眞奭) : 「치나 국내외 고서에 기재된 고구리의 역사적 지위에 관한 시론」

박진석(1926~)은 1952년 연변대학 역사학과를 졸업하고 바로 연변대학에서 고구리사를 연구한 연변대 최고의 고구리 전문학자다. 일부 산성에 관한 연구도 있었지만, 특히 광개토태왕비 연구에서는 국내외에 널리 알려진 석학이다. 1991년 정년퇴직하고서도 광개토태왕비 연구에 전념하던 박진석이 78세인 2004년 조공과 책봉 문제를 다루고,[69] 이 학술대회에서 고구리의 역사적 지위 문제를 다룬다.[70] 이 논문 첫머리에 "이 문장의 집필 과정에서 사상해방, 백가쟁명, 실사구시의 정신을 주의 깊게 견지하였고, 엄격하게 정치와 학술, 역사와 현실 같은 사학 연구의 기본원칙을 구별하였다."고 해서 당시 노학자의 각오와 심지를 읽을 수 있다. 모든 사서 원문을 정리하고 그 원문의 뜻에 따라 역사해석에서 문제가 있는 부분을 하나하나 분석하여 고구리사가 조선사라는 것을 밝힌다.

■ 치나 역대 고서에 나타난 고구리의 역사적 지위에 대한 기록과 분석.

① 고구리와 (고)조선 관계 : (고)조선은 이미 기원전 7세기 이전에 꽤 발달한 나라였다. (추모가 세운 고구리 이전의) 고구리는 한나라가 4군을 설치할 때 이미 존재하였고, (고)조선의 한 부분이었을 가능성이 크다.

② 고구리와 한사군의 관계 : 고구리현은 기원전 107년 무제가 4군을 설치할 때가 아닌 기원전 82년 현도군의 치소를 서쪽으로 옮기는 과정에서 설치하였다고 본다. 그 뒤 기원 4세기 초에 낙랑군과 대방군을 병탄함으로서 400년 남짓 한군(漢郡) 조선반도 북반부에 대한 통치를 마감하고, 고구리, 백제와 신라를 중심으로 하는 삼국 대치의 새로운 국면을 맞이한다.

③ 고구리와 부여 및 조선반도 각국 사이의 관계 : 추모는 부여에서 남쪽으로 내려와 홀본 지역에 나라를 세우고, 고구리의 왕자 온조는 조선반도 서남부에서 백제를 세웠다. 이는 부여-고구리-백제가 밀접한 관계가 있다는 것을 뜻한다.

『구당서』에 '신라의 풍속, 형법, 의복이 고리, 백제와 거의 비슷하다'고 했고, 당 고종이

69) 朴眞奭, 「試論四~五世紀東北亞世界的朝貢冊封體系 — 以高句麗爲中心」, 『高句麗渤海歷史問題研究論文集』, 延邊大學出版社, 2004.

70) 朴眞奭, 「試論中外古書關于高句麗歷史地位記載」, 『高句麗歷史問題研究論文集』, 延邊大學出版社, 2005.

세 나라를 해동 3국이라 했으며,『삼국사기』는 세 나라를 삼국으로 삼아 책을 편찬하였다. 모두 삼국이 밀접한 관계가 있다는 것을 증명한다.

④ 고구리와 왕씨고리의 관계 :『구오대사』『오대사』『송사』『원사』『신원사』『명사』『고리도경(高麗圖經)』같은 많은 사서에 왕씨고리가 고구리를 계승하였다고 증명하였다.

⑤ 고구리의 역사적 지위 :『후한서』『삼국지』부터『신·구당서』에 이르기까지 모두 고구리를 독립국가로 처리하였다.『구오대사』이후『명사』까지도 '외국전'에 (고)조선 -삼국시대-고려-이씨조선이라고 기술하였다.

■ 조선 고서에 나타난 고구리의 역사적 지위에 관한 기록 -『삼국사기』를 중심으로.

① 『삼국사기』는 책 이름 자체가 고구리가 조선 고대 삼국시기의 한 나라로 보았다.『삼국유사』『동국통감』『동국여지승람』같은 역대 고서들이 모두 고구리를 조선 고대 국가로 보았다.

② 태봉국과 고리왕조의 고구리 계승의식 :『삼국유사』『고리사』등에 태봉국과 고리시대 조선반도 사람들이 강렬한 고구리 계승의식을 가지고 있었으며, 이는 치나 역대 기록과 일맥상통한다.

박진석은 이처럼 고구리가 조선·한국의 역사라는 것을 분명히 하고 이렇게 결론을 내린다.

기원전 108년부터 기원전 107년까지 한 무제가 '조선을 멸하고 고구리를 현으로 하여 현도군에 귀속'시켰고, 기원전 82년에 한 소제가 '임둔, 진번을 폐하고 현도를 구리로 옮겼다'라고 하였다. 그 뒤 고구리는 현도군 아래 속현이 되어 통치를 받았는데, 약 100년 가까이 지속되었다.

그 외, 현대 중조 국경선으로 보면 고구리는 치나 동북지역에서 기원하였고 그의 영역이 지금의 국경을 가로지르고 있기에, 즉 치나 동북지역에도 포함되고, 조선반도 북반부도 포함되어, 그 통치의 중심(수도)이 전기에는 지나 동북에 있었고, 후기에는 조선반도 북반부로 이전하였다.

상설한 사실로 보아 고구리는 조선의 고대 국가의 하나이면서도 동시에 치나 만주지방사의 중요한 구성 부분이다. 위에서 보는 바와 같이 고구리사에 반드시 '한 역사 두 나라 함께 쓰기(一史兩用)'를 적용하는 것이 역사적 실제에 부합된다고 할 수 있다.[71]

앞에서 나온 내용은 고구리사=조선사라는 것을 밝혔지만 '한 역사 두 나라 함께 쓰기(一史兩用)'로 결론을 맺은 것은 현실적 상황이 반영된 것이라고 보인다.

■ 『일본서기』에 나타난 고구리의 역사적 지위에 대한 기록

『일본서기』에 신라가 433차, 백제가 407차, 고구리가 188차의 기록이 나오고, 세 나라를 통틀어 삼한이라고 한 기록 등을 들어 "고구리 역사적 지위에 대한 기록은 얼마 되지 않지만, 치나 고서와 조선 고서의 관련 기록과 일맥상통한 점이 있다고 했다.

실제 『일본서기』를 보면 불교를 전하는 과정이 자세히 나오고 국가 간의 외교관계를 읽을 수 있는 부분이 많고, 고리국(高麗國)이나 고리 국왕(高麗國王)이란 기록도 8번이나 나오는데 자세하게 밝히지 못한 점은 좀 아쉽다.

(3) 이종훈(李宗勳) : 「한국의 고구리 연구와 그 사관」

고구리사 연구를 ① 건국~1980년대 말, ② 1980년대 말~1990년대 초, ③ 1990년대 중기~2002년, ④ 2002~지금으로 나누어 소개하고 있다. 결론에서 한국사학회 고구리 연구 총평에서 한 다음 말은 한국 학계에서도 귀를 기울일 만하다.

건국 초기의 정치제도, 산성, 고분 벽화 같은 실증적 연구에서 성적이 뛰어나며 처음 시작한 고구리사 연구 영역이 비교적 넓고 많은 우수 작품이 나왔다. 그러나 연구 방법을 보면 역사철학, 문화시각, 국제정치학의 각도에서 문제를 분석하고 개괄적인 결론과 제시를 하는 면이 부족한데, 이는 전

---

71) 박진석, 「국내외 고서에 기록된 고구리의 역사적 지위에 관한 시론」, 厲聲·朴文一 주편, 『고구리 역사문제 연구 논문집』, 고구려연구재단, 2005, 101쪽.

체 한국 사학계에 보편적으로 존재하는 문제점이라 할 수 있다. 그러므로 고구리 귀속 같은 문제에 대해 진지한 사고를 할 수 없다.[72]

실제로 한국 사학계는 어떤 사실을 추적하여 논리적으로 밝히는 기술적 작업에 능하지만 뚜렷한 역사철학이나 세계사적 안목에서 한국사를 자리매김하려는 시야들이 없다. 그저 전통적으로 내려오는 학교에서 배운 연구방법론으로 접근하는 한국 학계에 대한 좋은 시사점이다.

다만 한국의 고구리 연구를 민족주의 사관으로 이름 붙이고 비판하는 것은 역시 객관적이지 못했다.

> 민족주의 사관은 진정한 학문과 어긋나기에 객관적이고 합리적인 결론을 얻어낼 수 없다. 그 표현의 하나가 바로 중화인민공화국에서 실시한 '중화인민공화국 동북 역사와 현상에 관한 계열연구공정(동북공정)'에 대해 정확히 인식하지 못하고 덮어놓고 비판을 진행하였으며, 개혁개방 이후 중화인민공화국 학계에 나타난 고구리 문제의 새 관점에 대하여 진지한 사색과 연구를 거치지 않고 단순히 고구리사에 대한 왜곡이라고 말하고 있다. 그러므로 한국 학자들과 중화인민공화국 학자들의 학술교류는 예전의 그 어느 시기보다 더욱 필요하다.[73]

이종훈이 한국의 민족주의 사관이 동북공정을 정확히 인식하지 못하고 덮어놓고 비판만 한다고 한 것은 중화인민공화국의 입장에서 할 수 있는 비판이라고 본다. 다만 동북공정이 밝혀진 첫해에 나온 한국 학계의 충격에 대한 고려가 없이 민족주의 사관으로 본 것은 학술적 자세가 아니고, 3월에 열린 한국고대사학회의 학술대회나 6월에 열린 고구리연구회 「고구리 정체성」에 대한 대대적인 학술대회에 대한 분석은 2004년 발표에서도 빠졌고, 2005년 분석에서도 빠졌다. 두 나라의 학술교류를 촉진하기 위해 그랬다고 이해할 수도 있지만, 중화인민공화국 측에서 중화민족이나 통일다민족국가론을 바탕으로 새로운 역사를 만들어가는 역사관이 민족주의 사관보다 몇 배 더 비학술적이

---

72) 이종훈(李宗勳):「한국의 고구리 연구와 그 사관」, 厲聲·朴文一주편,『고구리 역사문제 연구 논문집』, 고구려연구재단, 2005, 260쪽.

73) 이종훈(李宗勳):「한국의 고구리 연구와 그 사관」, 厲聲·朴文一주편,『고구리 역사문제 연구 논문집』, 고구려연구재단, 2005, 261쪽.

라는 점에 대해서는 현지에서 살기 때문에 무디어졌지 않았는가 하는 생각이 든다.

5) 대회의 성격과 목적

(1) 한·중 학술대회 기본원칙 준비

앞에서 한·중 학술대회에 대해 첫머리에 중국변강사지연구중심의 주임이 발표한 내용을 정리하면서 중국변강사지연구중심과 고구려연구재단 사이의 학술교류 원칙을 발표했다고 하였다. 려성이 준비한 두 나라 학술교류의 순서는 다음 3단계다.

① 서로의 관점을 밝힌다.
② 서로 관점이 다른 쟁점을 좁혀간다.
③ 이견이 좁혀지지 않을 때는 구동존이(求同存異)하고 화이부동(和而不同)한다.

이것은 중국변강사지연구중심이 고구려연구재단과의 교류 때 진행할 방향을 밝힌 것으로 ①과 ②는 학술교류에서 당연히 가야 할 진행 방향이고, ③은 바로 중화인민공화국 측의 전략과 전술이다. 보기를 들어 보자.

① 서로의 관점을 밝힌다.
　　한국 측 : 고구리는 독립국이고 한국의 역사다.
　　중화인민공화국 측 : 고구리는 치나의 소수민족 지방정권이다.
② 쟁점을 좁혀간다.
　　한국 측 : 치나가 옛날에는 고구리를 한국사로 인정했다. 그러니 '소수민족 지방정권론'을 철회하라
　　중화인민공화국 측 : 그것은 연구가 부족한 것이고, 소수민족 지방정권이 분명하다.
③ 당연히 쟁점은 좁혀지지 않을 것이다. 그런 경우 구동존이(求同存異), 다른 것은 미뤄 놓고 서로 통하는 것으로 넘어가자. 그리고 화이부동(和而不同), 서로 다르지만 잘 지내자는 것이 전략이다. 그렇게 되면 이미 훔쳐 간 역사는 그대로 중공의 역사가 되면서 한국 측은 구동존

이 하면서 화이부동 해야 하니 항의를 하거나 외교적인 문제를 일으키지 않게 된다.

위에서 본 바와 같이 이런 식의 학술교류는 결국 땅을 다 빼앗기고 휴전하는 것과 같다. 더 큰 문제는 뒤에서 보겠지만 한·중 학술교류는 ① ②를 한국 측이 양보하고 ③만 진행했다는 것이다.

(2) 한·중 학술대회 발표자 선정

중국변강사지연구중심에서는 8월에 구두합의하고 열리는 첫 학술대회를 여는 것이기 때문에 1단계, 곧 〈① 서로의 관점을 밝힌다〉는 대회로 상정하여 준비하였다. 그래서 먼저 11명의 발표자를 내세워 토론한 뒤 한국 측의 발표 주제나 발표자에 따라 융통성 있게 바꿀 예비후보까지 준비한 것이다.

첫 발표에서는 중국변강사지연구중심이 학술회의 진행 방법을 제안하고, 이어서 중화인민공화국의 관점을 밝힐 때는 첫 5명이 발표하면 중공측 입장을 정확히 제시할 수 있다고 보고 준비한 것이다.

① 조영춘(趙永春) : 「치나의 역사상 강역을 인식하는 몇 가지 원칙」

② 손진기(孫進己) : 「고구리의 토지, 인민, 문화에 대한 동북아 각국의 계승」

③ 유거(劉炬) : 「치나 역사상 소수민족 정권 성격의 규정(界定) 기준에 대하여 - 고구리 정권의 성격을 겸하여 논함」

④ 이대룡(李大龍) : 「한·당 번속체제에서 본 고구리 정권의 귀속」

⑤ 유자민(劉子敏) : 「중화 천하 질서 속의 고구리-책봉·조공 및 할거(割據) 문제를 겸하여 논함」

⑥ 장복유(張福有) : 「고구리의 평양, 신성과 황성」

⑦ 손진기·손홍(孫泓) : 「고구리와 동북아 여러 나라 여러 민족의 관계」

⑧ 강유공(姜維公) : 「남조와 북조의 고구리 정책에 대한 비교연구」

⑨ 묘위(苗威) : 「김부식의 고구리관에서 본 고구리 정권의 서역과 그 역사 귀속」

⑩ 경철화(耿鐵華) : 「고구리 유적의 세계문화유산 등재와 고구리 역사의 귀속문제」

⑪ 왕면후(王綿厚) : 「고이·구리·고구리와 서한 현도군의 변천 및 귀속 관계에 대한 역사적 지위 규정을 논함」

한편 한·중 학술회의에서는 상대방인 한국 측에서 어떤 관점을 제시할지 미리 보는 것도 중요한 준비사항이 된다. 바로 그런 예행 연습을 할 수 있는 곳이 연변대학이다. 박문일과 박진석이 '고구리사=조선·한국사'라는 관점을 거의 완벽하게 서술하고 있다. 이러한 내용을 발표하고 책으로 낼 수 있다는 것은 중국공산당이 내세우는 '모든 것을 다 다루지만(百家爭鳴) 내보는 것에는 기율이 있다(宣傳有紀律)'로 보았을 때 중국공산당의 프로젝트가 아니면 발표하기 어렵다. 아울러 이종훈의 논문을 통해 한국의 연구 현황과 사관을 파악하고 있다. 한국의 연구 진행이나 상황은 이미 통화사범학원이나 『고대 중국 고구리 역사 총론』과 『고대 중국 고구리 역사 속론』에서 다루었지만, 최신 경향을 정확히 파악하고 한·중 학술대회의 전략을 짜는데 필요한 사항을 얻기 위해 특별히 이종훈에게 그 과제를 준 것이다.

① 박문일(朴文一) : 「역사에서 '안(中)'과 '바깥(外)'의 나누는 문제에 대한 초보적 견해」
② 박진석(朴眞奭) : 「치나 국내외 고서에 기재된 고구리의 역사적 지위에 관한 시론」
③ 이종훈(李宗勳) : 「한국의 고구리 연구와 그 사관」

글쓴이가 이 학술대회를 이렇게 자세하게 다루는 것은 나중에 볼 한국 측의 준비상황과 비교해 보기 위한 것이다. 이른바 역사전쟁이라고 부르며 국가적 차원에서 대응하기 위해 고구려연구재단을 설립하고 '학술적 해결'을 위해 여는 첫 한·중 학술토론회를 양쪽이 어떻게 준비하였는가를 보는 것은 그 결과가 바로 실전에서 맺은 열매가 되기 때문이다.[74]

---

74) 뒤에서 다시 자세히 보겠지만 한·중 학술교류는 ① ②를 거치지 않고, 바로 ③으로 넘어가므로 해서 결국 땅을 다 빼앗기고 휴전하는 것과 같은 결과를 낳는다. 그래서 미리 그 준비상황을 찬찬히 뜯어본 것이다.

7. 1차 한·중 고구리 학술토론회의 진행과 역사적 평가

1) 고구려연구재단의 한·중 학술토론회의 추진 상황

(1) 연변대학을 통한 중국변강사지연구중심과의 접촉

고구려연구재단은 국가지도자들은 물론 국민이 모두 바라는 동북공정의 학술적 해결이라는 중대한 임무를 가지고 출발하였다. 더구나 외교부와 불화로 교육부와 고구려연구재단의 힘만으로 한·중 학술회의를 반드시 이뤄내야 하므로 의무와 책임감이 더 커졌다. 총리실까지 올라가 보고한 뒤 힘을 얻은 김정배 이사장은 과감하게 독자적으로 한·중 학술회의를 추진하였다.

> ② 필자는 연변대학의 박문일 전 총장과 오랜 교류 관계를 유지해 왔기 때문에 '중화인민공화국의 변강사지연구중심'과 협의하거나 논의할 일이 있으면 허심탄회하게 이야기하고 하였다. …… 10월 7일 박문일 전 총장이 박찬규 교수와 함께 방문하였기에 산유화에서 저녁을 먹으며 '동북공정' 이야기를 하였다. ……이 자리에서 박 총장은 '동북공정'이 우리가 아는 대로 동북지방의 욕구불만에서 시작되었지만, 양국의 견해차가 있으므로 공동노력도 필요하다는 뜻을 피력하였다. 필자는 현재까지 나온 중화인민공화국 쪽의 주장은 잘못된 것이며 관변 학자들의 논지가 빈약하고 한국과 중화인민공화국의 선린우호에도 부작용이 크다는 점을 들어 학술회의에서 서로의 의견을 놓고 토론할 것을 언급하였다.[75]

고구려연구재단은 연변대 박문일 총장을 통해 중국변강사지연구중심과 직접 교류하는 길을 튼 것으로 외교부와는 전혀 다른 루트가 생긴 것이다. 중화인민공화국으로서는 고구려연구재단이 비공식적으로 접촉해 온 것이 뜻밖의 전리품이었다. 외교부를 통해서 공식적으로 접촉할 때는 홈페이지 복원이나 동북공정의 중단을 요구하였고, 학술대회를 열어 해결하자고 했으나 저의를 의심하고 받아들이지 않아 골머리를 앓고 있었는데, 교육부에서 따로 만든 민간학술단체인 척하는 고구려연구재단이 접촉해오니 얼마나 반가웠겠는가?

---

75) 김정배, 『한국과 중국의 북방사 인식』 세창출판사, 2018, 202~203쪽.

고구려연구재단은 공식적으로나 비공식적으로 늘 학술단체라고 했으나 실제 재단의 최고 실무자인 세 실장 가운데 두 명이 모두 교육부 직원이라는 것은 중국변강사지연구중심에서 이미 잘 알고 있었기 때문에 고구려연구재단이 '학술적'인 것을 강조할 때마다 그것을 잘 활용했을 것이다.

중국변강사지연구중심은 고구려연구재단과 학술회의를 논의하는 것 자체가 한국의 외교부를 따돌리고 골치 아픈 현안 외교분쟁을 '학술적'이라는 함정에 묶는 데 성공한 것이었다. 그런데다 협상 파트너가 오히려 더 학술회의를 강력하게 요구해 온다는 것도 이미 간파하고 있었다.

첫째, 중화인민공화국이 동북공정의 해결을 위해서 꾸준히 학술적 해결을 요구해 왔기 때문이다. 2004년 2월 중화인민공화국 외교부 부부장 왕의(王毅)가 한국을 방문하여 한·중 양국이 외교교섭을 통해 학술적으로 해결하기로 합의하였다. 이렇게 합의하고 두 달도 안 된 4월 중화인민공화국 외교부 홈페이지 한국 안내문에서 고구리(高句麗)를 삭제한 사실이 발견되면서 큰 외교 문제가 발생하였다. 그런데 중공은 홈페이지를 복원하지 않고 '학술회의'를 하자고 제안하였다. 그리고 8월 24일 한·중 외교차관 간 '구두양해사항' 합의가 이뤄짐에 따라 한·중 학술회의는 필수적인 후속 조치가 되었다.

둘째, 외교부 루트를 무시하고 교육부총리를 통해 총리실에 직접 보고하고 신임을 받았지만 그만큼 상대적으로 큰 부담이 될 수밖에 없었다. 당시 외교부에서는 외교전략 측면에서 중화인민공화국 측 의도에 말려들지 않으려고 학술회의를 받아들이지 않았다. 그것은 중화인민공화국 측이 이미 당당하게 자기 논리를 펴기 위해 학술회의를 주장하고 있었는데 단순히 외교적으로 밀고 당기는 전략으로만 본 것은 당시 중화인민공화국의 동북공정에 대한 제대로 된 인식이 부족했다고 볼 수 있다. 그렇지만 교육부와 고구려연구재단이 외교부와 협의와 협력을 하지 않고 독자적인 준비를 한 것은 적에게 적진 분열이라는 약점을 노출했고, 실제로 외교부에서 힘을 쏟아야 할 현안인 중화인민공화국 외교부 홈페이지 복원 같은 문제는 학술회의에서 문제로 제기되지도 않았다.

셋째, 이미 오랫동안 역사를 연구해온 국사편찬위원회, 정신문화연구원, 고구리사를 전문으로 연구한 고구리연구회 등을 물리치고 단독으로 올라선 고구려연구재단으로서는 무엇인가 반드시 성과를 보여주어야 한다는 급박함이 있었다. 다른 쟁쟁한 기관들이 많은데 왜 고구려연구재단이 존재해야 하는지를 보여주어야 하는 재단의 생존 문제와도 연결되어 있었고, 그 탈출구가 중화인민공화국과의 학술회의를 성사시켜야 하는 것이었다.

앞에서 본 바와 같이 중화인민공화국 외교부 홈페이지 사건 이후 7월에 들어와서는 그보다 몇십 배 중대한 사건이 일어난다. 7월 1일 중화인민공화국에 있는 고구리 유적이 유네스코 세계문화유산에 등재되면서 고구리사가 중화인민공화국 역사라고 대대적인 선전을 시작하자 한국에서는 다시 거국적인 규모로 규탄대회가 일어난다. 당시 새로 생긴 고구려연구재단은 아직 이러한 거국적·국민적 저항 에너지에 대답할 수 있는 '학술대회'를 기획할 능력을 갖추지 못했다. 그런데 '학술회의라는 함정'에 빠진 고구려연구재단이 무리하게 회의를 성사시키려고 하는 바람에 중화인민공화국의 책략에 말려들었다는 것은 앞으로 학술회의의 진행 과정에서 자세히 밝히겠다. 결국 정부와 고구려연구재단·동북아역사재단은 '동북공정 철회', '역사 왜곡 철회'라는 '해결' 목적에 대한 인식이 부족했고, 다만 국민의 규탄을 가라앉히는데 한국이 더 적극적이었다.

(2) 중국변강사지연구중심과의 본격적인 협의

고구려연구재단이 중국변강사지연구중심과 어떤 과정을 거쳐 한·중 학술회의를 갖게 되었는지 자세한 사정을 알고 싶어 재단의 서류들이 보관되어있는 동북아역사재단에 정보 공개를 청구했으나 각하 당해 볼 수 없으므로 당시 상황을 자세히 알 수 없었다. 다행히 고구려연구재단 전 이사장 김정배가 당시 상황을 회고담 식으로 자세하게 발표하여 크게 도움이 되었다.

2004년 11월 8일[76] 필자는 중국사회과학원 변강사지연구중심과 학술 협의를 하기 위해 재단의 임기환·고광의·김조영 선생과 함께 북경으로 출발하였고, 구난희 실장은 일본에서 북경으로 와 합류하였다. 변강사지연구중심의 이국강 선생이 미리 와서 우리 일행이 편하도록 배려하며 안내를 해주었다. 9일에 비가 내리는데 이 선생이 왕부징에 있는 사무실로 우리와 함께 가서 려성 주임 등 일행과 인사를 나누었다.

---

76) 원문에는 2005년 1월 8일로 되어 있으나 앞뒤 문맥으로 보아 2004년 11월로 바꾸었다.

필자는 우리가 중국에 온 것은 고구려 영토를 찾으러 온 것이 아니고 중국에 있는 고구려의 훌륭한 유적들을 보고하고 잘 관리해 달라는 부탁을 하러 왔다고 말하고 고구려 역사문제가 정치적으로 흐르지 않게 학문적으로 논의할 것을 주문하였다. 려성 주임은 따뜻하게 우리 일행을 맞이하였으며 학술토론 제의에 긍정적인 자세를 취하였다. 필자는 서울에서 이국강 선생을 만났음을 언급하면서 저간에 일어났던 일련의 사정들을 설명하였다. 려성 주임도 중국의 입장을 간단하게 이야기하고 정치성을 떠나 학술토론은 좋다고 하였다.

세부적인 일정이나 발표자, 토론자 등은 협의를 통해 조정하기로 합의하였다. 고구려연구재단과 변강사지연구중심 간의 학술회의를 개최한다는 합의가 이와 같은 과정으로 결정되었다. 중국 측은 우리에게 적어도 보름 동안에 명단이 확정되고 서로 문서로 교환될 때까지 보안 유지를 요청하였고, 언론에 이 사실이 나가지 않도록 협조를 부탁하였기에 약속을 끝까지 지켰다.[77]

고구려연구재단이 중국변강사지연구중심과 실질적인 협의를 한 것은 11월 8일이다. 이 재단의 이사장을 비롯하여 임기환(연구기획실장, 연구원), 구난회(교육부 파견 대회협력실장), 김조영(교육부 파견 운영실장) 실장 같은 세 실장 전원과 현지 안내를 위해 유학한 경험이 있는 고광의 연구원이 참여하였다. 7월에 한·중 학술대회 계획안을 국무총리실에 제출했다고 했는데, 실제로는 4개월이 다 지나는 동안 진전이 없었다는 것을 알 수 있다. 그러므로 한국 측에서는 해를 넘기기 전에 빨리, 그리고 반드시 학술대회를 관철해야 하는 상황이었다. 중국변강사지연구중심은 이점을 십분 이용하여 11월에 들어가서야 협의를 시작하였고, 보름 안에 명단이 확정되어야 한다고 다그치므로 해서 한국의 고구려연구재단에 충분히 준비할 시간을 주지 않았다.

두 기구의 대표들이 "고구리 역사문제가 정치적으로 흐르지 않게 학문적으로 논의하자"라고 입을 모았는데, 앞에서 보았지만, 중화인민공화국의 '학문적'이라는 의미가 한국과 큰 차이가 나지 않는다는 것을 생각하면 우리가 먼저 이 점을 강조한 것은 협의에서 이미 한 단계 아래에서 시작한 것이다. 이 회의는 동북공정에서 생긴 문제를 해결하기 위한 것이고, 동북공정은 순수 학술적인 것이 아니다. 그러기 때문에 중화인민공화국에서 먼저 학술적 해결을 주장했을 때 이미 그 제안에 함정이 있었던 '학문적'이라는 말을 극히 조심해서 써야 했다.

---

77) 김정배, 『한국과 중국의 북방사 인식』 세창출판사, 2018, 203~204쪽

귀국한 뒤 12월 21~22일 학술대회를 하기로 하여 양국이 동시에 발표하였다.

다음 날 귀국할 때 필자는 우리 재단의 실무자들에게 학술회의에서 발표할 학자들은 훌륭한 업적을 이룬 연구자 가운데서 선정해 주라고 부탁하고 회의 일정을 중국 쪽과 빠르게 상의해서 확정할 것을 당부하였다. 이것은 필자가 북측과 만나 논의해야 할 일정과 맞물려 있기 때문이다. 우리나라와 중국의 두 기관 사이에 협조가 잘되어 발표자 명단이 확정되고, 학술회의 날짜도 12월 21일과 22일 양일간에 개최하기로 하였다. 필자는 원 변강사지연구중심과 합의한 사안을 안 부총리한테 전화로 알려 드렸고, 두 기관은 11월 23일 오전 10시 30분 기자회견 때 공식 발표하기로 한 점도 언급하였다. 따라서 그때까지 교육부도 보안을 지켜 달라고 부탁하였다. ……11월 23일 10시 30분 기자회견을 열고 중국사회과학원 변강사지연구중심과 12월 21~22일 양일간 북경에서 학술회의를 개최한다고 발표하였다. 중국도 동시에 발표하였다.[78]

김정배 이사장이 교육부장관에게 전화로만 보고하고, 실제 전권을 가지고 일을 진행했다는 것을 알 수 있다. 당시 안병영(安秉永) 교육부 장관은 그 중차대한 일을 전화로 보고받을 정도로 김정배를 믿고 모두 맡겼으며, 또 일 자체가 그렇게 급박했다는 것을 알 수 있다.

발표자들을 선정해서 발표자들이 논문을 준비하는데 한 달 반밖에 남지 않았다. 선정하고, 또 논문을 한어(漢語)로 번역하여야 하므로 사실상 한 달 안에 이 중차대한 국제회의 논문을 써야 했다. 그러므로 이 대회에서 처음부터 질적으로 높은 논문을 기대하기 어렵게 되었다.

---

78) 김정배, 『한국과 중국의 북방사 인식』, 세창출판사, 2018, 203~205쪽.

2) 1차 한·중 학술토론회의 성격

(1) 한·중 학술토론회를 대비해 준비한 중화인민공화국 측의 전략

한·중 학술토론회의 성격을 보기 위해서는 이미 앞 장에서 보았던 '고구리 역사문제 학술 연구토론회'(8월 9일~10일, 연길)에서 준비했던 대처방안을 다시 살펴보아야 한다. 이 대회는 전적으로 고구리의 정체성(귀속문제)만 다루었고, 연변대 교수들을 동원하여 한국 측이 공격해 올 논리까지도 파악하였다. 그리고 중국변강사지연구중심의 주임인 려성은 "최근에 중국사회과학원은 이미 한국 고구려연구재단과 직접적인 관계를 건립하고 지금 쌍방의 학술교류를 위하여 적극적인 준비를 하고 있다."라고 말하고 다음과 같은 대처 방향을 제시하였다.

① 서로의 관점을 밝힌다.
② 서로 다른 쟁점을 좁혀 간다.
③ 이견이 좁혀지지 않았을 때 구동존이(求同存異)하고 화이부동(和而不同) 한다.

앞에서도 이미 언급했듯이 한·중 학술교류는 ① ②를 한국 측이 양보하고 ③만 진행했다는 것은 서울까지 쳐들어온 적장과 담판을 하러 보냈더니 지금까지 점령한 모든 영토를 떼어주고 휴전협정에 조인한 것과 같은 결과였다.

이 학술회의는 고구리사를 비롯한 우리 역사를 침탈해가는 동북공정이 두 나라 간의 첨예한 외교문제가 되어 그 문제를 풀기 위해 두 나라가 공식적으로 합의하여 열리는 학술토론다. 그러므로 주제는 당연히 동북공정에서 야기된 문제가 되어야 한다. 중화인민공화국에서는 이미 8월 24일 구두합의하기 직전인 8월 9일 1단계인 〈① 서로의 관점을 밝힌다〉를 대비하여 모든 준비를 완료했고, 2단계인 〈② 서로 다른 쟁점을 좁혀 간다〉를 대비해서 '한 역사 두 나라 함께 쓰기(一史兩用)', 더 나아가 '한 역사 여러 나라 함께 쓰기(一史多用)'까지 준비했다. 그런데 한국 측이 먼저 '서로 통하는 것만 하고 견해가 다른 것은 다루지 말자'라는 '구동존이(求同存異)'를 들고나온 것이다.

이번 학술회의의 큰 제목으로 논란이 야기되는 정치 분야보다는 논쟁이 다소 적은 문화예술

쪽으로 방향을 잡은 것도 처음 상면할 때부터 서로 의견 충돌을 가능한 한 피하기 위해서였다.[79]

보통 국제외교에서 의제와 협의 과정을 협상하는 데 몇 개월이 걸리고, 몇 년이 걸릴 수도 있으며, 서로 의견이 맞지 않으면 그 회담이 결렬될 수도 있다. 정확한 의제와 그 의제를 어떻게 끌어갈지를 정하는 것 자체가 성패를 좌우하기 때문이다. 아주 쉽게 보면, 현재 미국과 조선민주주의인민공화국이 벌이고 있는 기 싸움이 바로 그런 문제다. 그런데 고구려연구재단은 우리 스스로 가장 중요한 의제인 1단계와 2단계를 다 버려버리고 3단계를 제안한 것이다. 무조건 만나자는 것이었다. 실제 고구려연구재단에서는 민감한 의제를 내세우면 합의가 곤란할 것이므로 피하자고 했다고 한다. 그 점은 앞에서 인용한 김정배 이사장의 회고문에서 뚜렷하게 드러난다.

이는 참으로 어처구니없는 일이다. 〈① 서로의 관점을 밝힌다〉고 하지만 다른 관점은 이미 다 드러나 있고, 바로 그 점 때문에 분쟁이 생겼으며, 그 문제를 학술적으로 해결하자고 구두 합의를 한 것이다. 따라서 문제를 해결하기 위해 어떤 문제가 있는지 양국이 서로 다른 견해를 밝히는 것은 지극히 자연스러운 것이다.

만일 문제가 없다면 만나서 무엇을 풀고 무엇을 해결한다는 것인가?

문제가 무엇인지 밝히지 않고, 문제가 무엇인지 모른다면 만나서 무엇을 하겠다는 것인가?

학술적으로 해결한다고 하는데 학술적으로 어떤 관점이 다른지 이야기하지 않고 어떻게 학술적인 해결을 한단 말인가?

1단계에서 서로 다른 관점을 서로 분명히 밝히는 것은 너무 당연한 순서이고, 그것을 알고 있는 중국변강사지연구중심은 구두합의하기 직전에 이미 10명의 발표자를 뽑아 준비를 마쳤다. 만일 중화인민공화국이 이런 과정을 받아들이지 않으면 회의가 시작도 될 수 없고, 그렇게 되면 구두 합의를 위반한 것이 된다. 그러므로 고구려연구재단이 당당하게 이런 주제를 제시하고 일정도 정확히 밝혔다면 한두 번 반대했을지도 모르지만, 틀림없이 받아들였을 것이다. 자신들은 이미 모든 준비가 다 되어있어 자신이 있었기 때문이다. 그러나 한국 측은 한 달 반 만에 그런 주제들을 다룰 사람을 뽑아 준비하기 어려우리라는 것도 계산하고 있었다. 그런데 한국 측의 제안을 받아보니 뜻밖에 1단계, 2단계를 모두 생략하고 (또는 순서를 바꾸어 뒤로 돌리고) 3단계로 가자는 것이다. 싸우지 않고도

79) 김정배, 『한국과 중국의 북방사 인식』 세창출판사, 2018, 208쪽.

이미 이겼는데 선발된 군대를 쓸 필요도 없었다.

끝으로 한 가지 더할 것은 김정배를 비롯한 고구려연구재단 관계자들은 재단을 학술단체로 오해하고 있었거나 학술단체인 척하므로 해서 길을 잘못 들어선 것이다. 예산도 100% 국가에서 나오고, 실장을 비롯하여 실세들이 교육부 직원들이었다. 상대는 이런 사실을 잘 알고 있었지만 '학술적'이란 말을 부르짖는 상대를 학술단체로 대접해준 척했다는 것을 알아야 한다.

(2) 한·중 학술회의의 목적 '화이부동(和而不同)'과 '구동존이(求同存異)'

북경에서 열린 한·중 학술토론회 개막식에서 동북공정을 기획하고 진행했던 마대정은 중화인민공화국의 학술회의 목적을 정확하게 드러냈다.

마대정 : 2004년 12월 北京에서 열린 〈高句麗 文化의 역사적 가치 - 中韓學術討論會〉 개막식에서 저는 화이부동(和而不同), 구동존이(求同存異)라는 주제로 학술 발언을 하였습니다.[80]

김정배 : 마대정 선생은 종래와 같은 입장에서 의견을 말하면서 화이부동(和而不同)과 구동존이(求同存異)의 학문 자세를 제기하였다.[81]

① 화이부동(和而不同)

『논어』의 「자로편」에 나오는 "군자(君子)는 화이부동(和而不同)하고, 소인(小人)은 동이불화(同而不和)한다."에서 나온 말이다. 군자는 다른 사람과 생각이 달라도(不同) 화목(和)하게 지내고, 소인은 같은 생각을 하는 사람(同)과도 화목하지 못하다(不和)는 뜻으로, 소인의 세계와 대비시켜 군자의 철학이 인간이 추구해야 할 덕목이라는 것을 강조한 공자의 주장이다.

이것은 중화인민공화국과 한국이 고구리를 비롯한 옛 역사에 대한 인식이 다르지만, 그 다른 것을 인정하고 화목하게 지내야 한다는 것을 강조한 것이다. 지금까지 중화인민공화국이 옛 조선·고구리·부여·발해의 역사를 자기 것이라고 하여 한국과 인식이 다르지만, 그래도 화목하게 지내야 한

---

80) 고구려연구재단·중국사회과학원, 『고구리 문화의 역사적 의의』, 고구려연구재단, 2005, 12쪽. 〈2004年12月在北京召開的"高句麗文化的歷史價値中韓學術討論會"開幕式上, 我曾做了題爲和而不同, 求同存異的學術發言。〉

81) 김정배, 『한국과 중국의 북방사 인식』, 세창출판사, 2018, 209쪽.

다는 것이다. 다시 말해 이미 훔쳐 간 역사를 인정하라는 것이다. 그래야 군자가 된다는 것이다.

② 구동존이(求同存異)

그렇다면 3000년이 넘는 역사를 중화인민공화국이 자국 역사로 만들어버렸는데 어떻게 화목하게 지내자는 것인가? 라는 질문에 그 구체적인 해결책과 행동 원칙을 답으로 제시한 것이 구동존이(求同存異)다. 이 구동존이는 중화인민공화국이 외국과 협상할 때 늘 쓰는 대표적인 외교전략이고 주무기다.

1955년 4월에 인도네시아의 반둥에서 1회 아시아·아프리카 회의가 열렸다. 이때 세계는 미국과 소련 두 나라의 힘겨루기가 한창이었을 때였고, 아시아와 아프리카에 속한 힘이 없는 나라들은 양쪽 진영에서 서로 자기 편에 서라는 압력과 강요를 받았던 때였다. 그래서 아시아와 아프리카는 미국과 소련의 소리에 맞추어 사는 것이 아니라 우리끼리 목소리를 내자는 취지로 29개국이 모인 자리였다.

이 자리에서 중화인민공화국 대표로 연설한 주은래(周恩來) 총리가 내놓은 원칙이 '구동존이(求同存異)'였다. 아시아와 아프리카 나라들은 대부분 오랫동안 식민지지배를 받아왔기에 서로를 쉽게 이해할 수 있으니 서로를 대적하지 말자는 것이었다. 그 뒤 중화인민공화국 외교에서는 "큰 틀에서 상대방도 나와 같은 생각이니 지엽적인 문제는 뒤로하고 공통점을 찾아 먼저 진행하자."라는 뜻으로 해석해서 제1원칙으로 준수되고 있다. 특히 대만 통일문제를 논의할 때 전면에 내세우는 구호다(海峽兩岸要統一必須要堅持求大同存小異的原則).

일반 외교에서 서로 다른 관점을 가진 문제는 거론하지 않고 미래의 문제만 다루자는 의미에서 '구동존이'는 문제의 해결에 도움이 될 수 있다. 그러나 3000년이 넘는 한국 역사를 훔쳐 가 자기 역사로 만들고 그 문제를 논의하기 위한 자리에서 내세우는 '구동존이'에는 치명적인 함정이 존재하고 있다. 이미 훔쳐 간 역사에 대해서는 논의하지 말고, 인정하고, 기정사실로 하고, 이야기하지 말고, 논의하지 말고, 토론하지 말고, 서로 의견이 같은 것만 이야기하자는 주장이다. 이는 동등한 사이에는 간계이고, 약자에게는 협박이 되는 외교용어다.

만일 한국 측에서 이런 원칙을 받아들인다면 동북공정을 중단시키기 위해, 학술적으로 해결하기 위해 갖는 학술회의에서 관점이 다른 것은 이야기할 수 없으므로 그들이 훔쳐 간 역사에 대해서는 언급하지 않아야 하는데(存異), 이것은 바로 그 침탈을 묵인하고, 인정하는 결과를 낳는 무서운 음모가 숨어 있다.

이것은 다른 사람 건물을 불법적으로 점거한 사람이 법정에서 그 건물이 누구 것인가는 이야기하지 말고(存異), 그 건물이 몇 층이고, 방이 몇 개고, 지붕 색깔이 무엇인가에 대해서만 이야기하자(求同)는 것과 똑같은 논리다. 그런데 재판에서 빼앗긴 건물주가 소유권을 주장하고, 그에 따른 증거물을 제시하고, 상대방이 저지른 불법을 폭로해야 하는데, 훔쳐 간 상대방과 완전히 다른 입장인 소유권에 대해서는 전혀 언급하지 않고, 상대방과 뜻이 같은 건물 색깔이나 이야기하고 끝난다면, 결국 판사는 나름대로 불법이 아니라는 것을 제시한 상대방의 승소를 인정하지 않을 수 없을 것이다.

이와 마찬가지로 중화인민공화국은 옛 조선·부여·고구리·발해 역사를 훔쳐다가 쓰면서 그 역사가 누구 것인가는 말하지 말고(存異), 그 역사가 어떻게 훌륭하고, 어떤 내용인지에 대해서만(求同) 이야기하자는 것이다. 그렇게 재판이 진행되면 마지막에 '두 나라가 훌륭하게 논의하여 서로 양해하였다'는 결론에 이를 것이다.

앞으로 이른바 '학술적 해결'을 위해 열린 한·중 학술회의를 평가하는 기준은 바로 그 역사의 정체성(중화인민공화국은 歸屬이라 한다)에 관한 문제를 다루는가? 아니면, 그런 본질적인 문제를 피해 형식적인 논의만 하는 가를 파악하는 데 있다. 그렇다면 동북공정에서 고구리사의 정체성(귀속문제) 문제는 어떤 것이 있는가? 동북공정의 '학술적 해결'을 위한 구체적인 주제는 무엇인가? 이 문제는 많이 알려지고 두 나라에서 이미 많은 업적이 나왔으나 한·중 학술대회 한국 측 발표자를 이끌고 가 총지휘를 한 김정배 이사장이 간추린 내용을 보기로 한다.

① 고구리는 치나 경내에서 건국하였다.
② 고구리민족은 중국 고대의 한 민족이다.
③ 고구리는 독립 국가가 아니라 치나의 지방정권이다.
④ 수·당과 싸운 고구리와의 전쟁은 국내 전쟁이다.
⑤ 왕씨 성의 고리는 고구리를 계승한 국가가 아니다.
⑥ 우리나라 북부인 북한의 평양지역도 치나의 역사이다.[82]

---

82) 김정배, 『한국과 중국의 북방사 인식』 세창출판사, 2018, 189쪽.

한중학술토론회(비디오 캡처)　　　　　　　　1차 한중학술토론회(비디오 캡처)

　위의 6가지 주제에 대한 중화인민공화국 학자들의 논문은 동북공정 기간뿐만 아니라 그 이전에
도 아주 많이 나왔고, 동북공정에서는 논문과 저서의 편수가 급격하게 늘어났다. 바로 그런 논저
에 대해 얼마나 문제를 제대로 제기했고, 그에 대한 우리 측 반론을 정확하게 제시하였는지 보기
로 한다.

　위의 6가지 가운데서도 핵심적인 문제는

①　　고구리는 태생이 한나라 현도군에 세워졌으므로 한나라 땅에서 할거한 정권이라는 것과

②　　고구리는 중앙정부와 조공·책봉으로 예속된 소수민족 지방정권이라는 주장이다.

　만일 이 두 문제에 대해 문제 제기가 되지 못하고, 그에 대한 우리의 우월한 논리 제시가 안 되었
다면, 우리 측에게 동북공정 문제 해결을 위한 한·중 학술회의는 의미가 없다.

3) 한·중 학술토론회의 주제와 학술적 평가

(1) 한국 측 발표 논문에 대한 간단한 분석과 평가

① 　정광(고려대학교 교수) : 「한국어 계통과 문자사용에서 본 高句麗의 言語와 文字」

정광은 고려대학교 문과대학 교수(1990~2006)로 국어사를 전공하였다.

이 논문은 한자의 차자표기법 연구를 통해서 지금까지의 남북한 학자들의 연구가 "고구리어가 중세 한국어의 밑층(低層)을 이루고 있었고, 신라가 한반도를 통일하여 한때 신라어가 공용어가 되었으나 고리(高麗)의 건국으로 고구리어는 다시 중세한국어의 근간이 되었다."라고 정리한다. 그리고 오늘날의 한국어는 고구리어를 밑층(低層)으로 하고 신라어를 위층(上層)으로 하여 새롭게 형성된 중세 한국어로부터 발달한 것이라는 이기문(1961, 국어사개론)의 설을 그대로 받아들인다. 이 중세 한국어가 오늘날 한국어의 모태가 되었으므로 고구리어는 한국어에 계승되었고 따라서 고구리어는 한국어의 조상언어가 되었다고 결론짓는다. 고구리 말에 대해서는 아직 연구성과가 많지 않아 앞으로 많은 논의가 더 진행되어야 할 것이다.

다만 이 한·중 학술회의의 목적이 동북공정에 대한 학술적 해결을 목적으로 한 것이니 3년간 진행해 온 동북공정에서 그들이 왜곡했던 부분에 대해 문제를 제기하고 그에 대한 반론을 펴야 하는데 참고서적에 한어(漢語)로 된 논문이 한 편도 인용되지 않았다. 이것은 이 논문이 이번 한·중학술회회의의 취지와는 동떨어진 것이라는 것을 말해 준다.

② 　강현숙(동국대학교 교수) : 「고구려 적석총의 역사적 추이에 대하여」

1994년 「고구려 석실봉토분의 변천에 대하여」라는 연구부터 고구리 적석총에 대해서 꾸준히 연구하여 연구실적을 쌓았고, 그런 연구를 바탕으로 역사적 추이를 정리한 논문이다.

그러나 이 논문은 앞에서 본 동북공정의 역사침탈 주제와 전혀 관련이 없다.

③ 　김일권(고구려연구재단 연구원) : 「고구리 고분벽화의 천문사상과 체계」

김일권은 고구리의 북극 삼성좌(三星座)와 수·당의 북극 오성좌(五星座)를 비교하여, 두 성좌가 뚜렷하게 구별되고 고구리의 삼성좌는 고대 동아시아에서 가장 오래되었다는 것을 밝혔다. 그리고

"高句丽文化的历史价值"
中韩学术讨论会
고구려 문화의 역사적 가치
한·중공동학술회의

1차 한중학술회의 발표논문집

이런 독특한 천문학은 왕씨 고리(高麗)로 이어졌다고 주장하였다.

그러나 이 논문은 앞에서 본 동북공정의 역사침탈 주제와 전혀 관련이 없다.

④   전호태(울산대학교 교수) : 「6~7세기 고구려 고분 벽화와 중국 남북조 미술의 사신도」

고구리와 서녘의 남북조, 그리고 남북조를 이은 수·당의 사신도로 비교하여 서로 밀접한 문화교류와 상호영향 관계가 유지되었지만, 각 문화 주체가 만들어낸 문화 산물들에는 각자의 개성이 배어들어 있다고 보았다. 고구리 사신의 특성을 강조한 것이다.

그러나 이 논문은 앞에서 본 동북공정의 역사침탈 주제와 전혀 관련이 없다.

⑤   오강원(고구려연구재단 연구원) : 「요동 동부지역에서 초기 고구려 문화의 형성과정과 문화적 배경」

요동 동부지역의 청동기시대~초기철기시대(BC 2~1세기)의 유물과 유적을 4단계로 나누어 분석하고, 초기 고구리 문화는 거시적인 면에서 볼 때, 중원문화와는 차별적인 성격을 띠고 있고, 광의로는 북방문화의 문화지대, 좀 더 좁게는 내·외몽골, 길림성 서부, 흑룡강성 등과는 차별적인 비파형동검문화(중세형동검 포함) 지대의 틀 속에서 형성된 것이라고 주장하였다.

그러나 이 논문은 앞에서 본 동북공정의 역사침탈 주제와 전혀 관련이 없다.

앞에서도 보았듯이 이 한·중 학술토론회는 동북공정 문제를 해결하기 위해 두 나라 정부가 합의하여 열린 토론회이므로 반드시 동북공정에서 중화인민공화국이 왜곡한 6가지 사항을 집중적으로 다루어야 한다. 그런데 위의 5편 논문들은 2002~2004년 3년간 동북공정 선정과제로 뽑혀 연구한 논문이 아니고, 연구한 논문은 한 편도 인용되지 않았다. 당연히 문제 제기 자체가 되지 않았다.

(2) 중화인민공화국 측 발표

① 　위존성(魏存成: 길림대학 교수) : 「중화인민공화국 국내 고구리 무덤의 발견과 연구」

② 　박진석(朴眞奭: 연변대학 교수) : 「태왕릉 무덤 주인에 관한 새로운 고찰」

③ 　왕면후(王綿厚: 요령성박물관 연구원) : 「요령지구 3좌 중요한 옛 성의 고고학적 발굴과 그 학술 가치」

④ 　이낙영(李樂營: 통화사범학원 교수) : 「고구리 무덤 벽화의 시공 조합과 그 변천」

⑤ 　서건신(徐建新: 중국사회과학원 세계역사연구소 연구원) : 「고구리 호태왕비 초기 묵본(墨本)에 대한 새로운 발견 - 1884년 반조음(潘祖陰) 소장본에 대한 기초 조사」

동북공정에 관한 문제가 전혀 없는 것처럼 평이한 논문을 발표한 것은 중화인민공화국 측도 마찬가지다. 중화인민공화국 측이야 한국의 반대를 무마하기 위해 연 토론회이므로 당연하다고 할 수 있다. 한국 측이 거국적으로 들고 일어나 반대한 것을 무마하기 위한 토론회이므로 한국 측에서 엄청난 공세를 해올 것으로 준비했는데 뜻밖에 한국 측이 먼저 문제가 되지 않는 주제를 제의하니 반대할 이유가 없었을 것이다. 중화인민공화국이 안심하고 대회를 하고 있었다는 것은 다음과 같은 사실에서도 볼 수 있다.

> 우리가 예상했던 바와 같이 차분하고 조용하게 토론이 전개되어 보기 좋았다.……전날 밤에 려성 주임이 와서 원고에 수정할 부분이 있으면 말해 달라고 하였으나 그대로 하자며 신경을 쓰지 않도록 하였다. 다만 합의문 작성에는 소홀함이 없도록 관심을 가졌다. 려성 주임은 왕면후 선생의 원고에 '동북소수민족'이라는 표현이 있는데 이것은 없애겠다고 하기에 그렇게 하라고 동의를 하였다. 우리 측에 많은 배려와 신경을 쏟고 있었다. 만찬 후에 밖의 호숫가를 걸으면서 마대정 선생은 필자와 만나 많은 이야기를 한 것이 너무 좋았다며 손을 꼭 잡는다. 내년에 서울에서 만나자며 바로 초청장을 준비하겠다고 말했다.[83]

---

83) 김정배,『한국과 중국의 북방사 인식』, 세창출판사, 2018, 210~212쪽.

왕면후의 원고에 문제가 되는 곳은 이렇다.

從高句麗的"五部"開始, 中經渤海和遼·金民族政權的 "五京"制度, 在中國東北少數民族的政權發展史上, 應當具有先後繼承的遞變關係和深刻的文化傳承.……可以說開創於五女山山城時代的高句麗政權的"五部"制, 發展到渤海和遼·金的"五京"制度, 在中國北方少數民族政權發展史上, 具有將漢文化的"五方"分野觀念, 上升到民族國家政權建置制度的尊基性開創意義 其歷史底蘊和文化內涵的價值應當是深厚的.

고구리 '오부(五部)'에서 시작해 발해와 요·금 같은 민족정권으로 발전한 '오경(五京)'제도는 치나 동북 소수민족 정권의 발전사에서 앞뒤로 계승한 변천 관계와 깊은 문화 전승이 있을 수밖에 없었다.……오녀산 산성 시대의 고구리 정권 '오부'제가 발해와 요·금의 '오경'제도로 발전하여 치나 북방 소수민족 정권 발전사에서 한문화(漢文化)의 오방(五方) 분야 관념을 민족국가 정권 통치제도까지 끌어 올린 기반을 열었다는 의의가 있으며, 그 역사적 기반과 문화적 내용의 가치는 아주 깊다고 할 수 있다.[84]

중화인민공화국 측에서 "원고에 수정할 부분이 있으면 말해 달라고 하였으나 그대로 하자며 신경을 쓰지 않도록 하였다"라고 하였다. 상대방이 신경을 쓰지 않도록 배려한 군자의 모습(和而不同)을 보인 것이다. 한국 측에서 하도 군자(君子) 행세를 하니 답답한 상대편 대표가 "우리 측에 '동북 소수민족'이라고 쓴 것은 없애겠다"라고 하자 "그러면 그렇게 하시라"라고 허락한 것처럼 한다. 도대체 이 군자 행세는 어떤 배짱에서 나온 것인가? 첫째, 한국 측에서는 상대방 원고에 대한 검토가 없었다는 것을 나타낸다. 둘째, 거꾸로 상대방이 문제가 되는 문구를 들고 와 스스로 없애겠다고 하는 사건이 벌어진다. 이 얼마나 한심한 일인가? 역사전쟁을 하러 간 장수가 적군의 무기나 작전도 분석하지 않고 휴전만 꿈꾸고 있는 꼴이다.

끝으로 현재 동북아역사재단 자료실에서 열람과 복사를 할 수 있는 발표논문집 왕면후 논문에는

---

84) 王綿厚, 「遼寧地區三座重要高句麗山城的考古發現及其學術價値」 『高句麗文化的歷史價値』 中韓學術討論會』 北京, 2004. 12, 41쪽.

'치나 동북 소수민족'이란 대목이 지워지지 않고 그대로 나온 것을 보면, 실제로는 한국 대표단을 떠보려는 것이지 지우려는 목적은 아니었다고 보인다.

(3) 기타 양국의 참석 인원[85]

■ 중화인민공화국 측 참가자 명단(발표자 제외)

⑥ 마대정(馬大正 : 중국변강사지연구중심 연구원)

⑦ 양보륭(楊保隆 : 민족연구소 연구원)

⑧ 박문일(朴文一 : 연변대학 교수)

⑨ 이대룡(李大龍 : 중국변강사지연구중심 편집심사자 編審)

⑩ 려성(厲聲 : 중국변강사지연구중심 주임)

⑪ 이국강(李國強 : 중국변강사지연구중심 부주임)

⑫ 황평(黃平 : 중국사회과학원 국제합작국 국장)

⑬ 김향(金香 : 중국사회과학원 국제합작국 부처장)

⑭ 정영순(丁英順 : 중국사회과학원 국제합작국 프로젝트 관리자 項目官員)

⑮ 류위(劉爲 : 중국변강사지연구중심 종합처 부처장)

⑯ 이대로(李大路 : 중국변강사지연구중심 종합처 부처장)

⑰ 어봉춘(於逢春 : 중국변강사지연구중심 부연구원)

⑱ 정영진(鄭永振 : 연변대학 교수 특별초청 통역)

⑲ 이종훈(李宗勳 : 연변대학 교수 특별초청 통역)

■ 한국 측 참가자(발표자 5명 생략)

⑥ 노태돈(서울대학교 교수)

⑦ 여호규(한국외국어대학 교수)

⑧ 문명대(동국대학교 교수)

---

85) 동북아역사재단 자료실 소장 녹화자료

⑨　김정배(고구려연구재단 이사장)

⑩　최광식(고구려연구재단 상임이사장)

⑪　임기환(고구려연구재단 연구기획실장)

⑫　구난희(고구려연구재단 대외협력실장, 교육부 파견 인원)

⑬　김조용(고구려연구재단 행정지원실장, 교육부 파견 인원)

⑭　고광의(고구려연구재단 연구위원)

⑮　이나영(고구려연구재단 행정직원)

(4) 빼앗긴 역사와 역사침탈을 묵인해 준 결과를 낳은 한·중 학술회의

결국 정부 측에서 볼 때 국민의 염원인 '동북공정 철회', '역사 왜곡 철회' 같은 주제와는 거리가 먼 그야말로 한국의 반대를 무마시키기 위한 보여주기식 학술토론회였다는 것을 알 수 있다. 한국 측과 달리 중화인민공화국 대표단에서는 이 대회를 진행하면서 아주 중요한 목적을 달성하고 있었다. 바로 이 숨겨진 이유를 읽지 못한 한국 대표단은 그들의 목적을 위해 들러리를 섰다. 그 숨은 목적은 바로 한국의 학자들과 학술적 토론을 통해 자기들이 저지른 역사침탈을 정당화하고 합법화하는 지름길이 되기 때문이다. 서로 다투지 않고 앉아서 화기애애하게 토론하고(求同存異) 몇 년 지나면, 자신들이 침탈한 역사를 한국의 학자들이 묵인하고, 인정하고, 합의해 준 결과를 낳기 때문이다.

좀 더 범위를 넓혀서 보자. 거란의 소손녕이 쳐들어왔을 때 성종은 이몽전을 보내 화친을 요청하였으나 거절당하였다. 이몽전이 돌아오자 성종은 여러 신하와 이 일을 의논하였는데, "임금이 개경으로 돌아가 중신들로 하여금 군사를 거느리고 항복하게 하자"고 하는 신하도 있고, "서경 이북의 땅을 떼어주고 황주(黃州)에서 절령(岊嶺, 지금의 자비령)까지를 국경으로 삼자"고 주장하는 신하도 있었다.

이에 서희는 "식량이 충분하면 성을 지킬 수 있고 싸움도 이길 수 있는 것입니다. 싸움에 이기고 지는 것은 (군대가) 강하고 약한 것에만 있는 것이 아니라 (적의) 허점을 찾아내 움직이는 데 있는 것인데, 왜 서둘러 버리려고만 하시나이까."라고 아뢰고 직접 적진에 가서 소손녕과 담판하였다.

소손녕이 서희에게 "당신 나라는 신라의 땅에서 일어났고 고구리 땅은 우리가 차지했는데 당신 네가 이를 조금씩 먹어 들어 왔고, 또 우리나라와 땅이 이어져 있는데 바다를 건너 송나라를 섬기기 때문에 오늘의 출병이 있게 된 것이니, 만일 땅을 떼어서 바치고, 황제에게 알현하고 사신을 보내면 무사할 것이요"라고 하였다. (이에) 서희는 "그렇지 않소, 우리나라가 바로 고구리의 옛땅이요. 그러므로 나라 이름을 고리(高麗)라고 하였고, 평양에 도읍하였소. 만약 국경을 따진다면 귀국의 동경도 모두 우리 국경 안에 있던 것인데 어찌 조금씩 먹어 들었다고 할 수 있습니까?"라고 해서 거란을 무찔렀다.[86]

중화인민공화국이 우리 역사를 침탈한 것은 거란이 쳐들어와 항복하라는 것과 같고, 고구려연구재단 이사장 김정배가 북경에 간 것은 서희가 적진에 들어간 것과 같다. 서희는 적의 허점을 찾아내라고 했는데, 김정배는 스스로 허점을 노출하였고, 서희는 고구리 역사가 거란의 역사라는 소손녕의 주장을 당당하게 논리적으로 반박하여 결국 요나라 군대가 물러나게 하여 나라를 구했는데, 김정배는 적진에 들어가 고구리를 비롯한 (고)조선, 부여, 발해 같은 3000년 역사가 중화인민공화국 역사라는 주장의 부당함을 논박하여 무찌르기는커녕 "고구리 영토를 찾으러 온 것이 아니고 중화인민공화국에 있는 고구리의 훌륭한 유적을 보호하고 잘 관리해 달라고 부탁을 하러 왔다고 말하고 고구리 역사문제가 정치적으로 흐르지 않게 학문적으로 논의할 것을 주문하였다." 결국은 동북공정 문제나 역사침탈 문제는 꺼내지도 않고 화기애애하게 고구리의 문화만 이야기하다 돌아오므로 해서 결과적으로는 그들의 역사침략을 합리화시켜주는 면죄부만 주고 왔다.

김정배는 자신이 어떤 일을 하고 있는지도 모르고 "마대정 선생이 참석하는 저녁 만찬에 나가 서로 인사를 나누었다. 이미 학술회의를 하기로 합의해 놓았기 때문에 아주 부드럽고 화기애애한 가운데 덕담하며 이야기를 나누고 건배하였다.……마대정 선생과 여러 번 잔이 오갔으며 다양한 화제로 이야기를 많이 하였다."라고 자랑을 하고 있다. 서희 경우와 비교해 보자.

86) 『고리사』 권 93, 열전 권 제6, 서희전; 서길수, 「徐熙의 家系 研究」 고구리연구 학술총서(2) 『徐熙와 高麗의 高句麗 繼承意識』 고구리연구회, 1999, 22쪽.

말하는 기세가 의분에 차 있는지라 억지로 누를 수 없다는 것을 안 소손녕이 드디어 본국에 상주하니, 거란 황제는 "고리가 이미 화해를 청하였으니 싸움을 중지하라"라고 하였다. 소손녕이 잔치를 베풀어 서희를 위로하고자 하자 서희는 "우리나라가 비록 도리를 어긴 것이 없다고는 하지만, 상국(上國)이 수고로이 군사를 내 멀리 오게 되고 위아래가 황급하여 창칼을 들고 여러 날 노숙하게 하였는데 어찌 차마 잔치를 즐길 수 있으리요."라고 하였다. 소손녕은 "두 나라 대신이 서로 만났는데 기쁨을 나누는 예가 없어서 되겠습니까"라며 굳이 청하므로 서희가 받아들여 더할 나위 없이 즐기고 마쳤다. 서희가 거란 진영에 7일 동안 머무르다 돌아오니 소손녕은 낙타 10마리, 말 100마리, 양 1,000마리, 비단 500필을 선물하였다.[87]

똑같이 적장과 술을 마시고 돌아왔으나 너무 많이, 너무 크게 달라 비교하는 것 자체가 민망하다. 김정배도 말년에 쓴 회고담에서 동북공정이 학술이 아닌 정치적인 책략이라는 것을 알고 있었다는 것을 고백한다.

우리나라와 국민에게 역사 정통성에 충격을 던진 '동북공정'은 학술도 학문도 아닌 정치적 책략으로 나타났다. 우다웨이 부부장이 말했다. "한국에서 간도가 조선 땅이라고 주장하지 않는다면 우리도 고구려가 중국의 소수민족국가였다고 주장하지 않을 것입니다."[88]

이런 정치적 책략을 다른 모든 기관과 단체의 활동을 중단해 놓고, 스스로는 아무런 준비도 없이 가서 '학술적'으로만 강조하다 돌아왔다. 앞에서도 보았지만, 김정배가 고구려연구재단이 마치 순수 학술연구단체인 척하면서 스스로의 행동반경을 완전히 줄여버리고, 하나의 목적, 곧 한·중 학술회의를 성사시키는 데만 총력을 기울였다.

---

87) 『고리사』 권 93, 열전 권 제6, 서희전; 서길수, 「徐熙의 家系 硏究」 고구리연구 학술총서(2) 『徐熙와 高麗의 高句麗 繼承意識』 고구리연구회, 1999, 22쪽.

88) 김정배, 『한국과 중국의 북방사 인식』 세창출판사, 2018, 285쪽.

8. 2004년 중화인민공화국의 동북공정을 통한 학술적 성과

1) 동북공정에 대한 한·중 간 5개 항 구두합의 이후의 동향

위에서 본 것처럼 중화인민공화국은 한국 고구려연구재단과 한·중 학술대회를 협의하고, 나아가 그 학술대회를 철저하게 준비한 15일 뒤, 2004년 8월 23일 중화인민공화국은 우다웨이(武大偉) 외교부 부부장을 파견하여 우리 정부와 5개 항 구두 합의를 통해 정치적으로 개입하지 않으며 학술교류를 위해 노력하기로 하였다. 구두합의이지만 말로만 한 것이 아니라 두 나라 말로 작성한 문서가 있다. 그런데 중화인민공화국이 반대해, 작성한 문서에 두 나라가 사인을 하지 않고 발표한 것이 이른바 구두합의다. 당시 한국어로 된 합의문은 다음과 같다.

2004.8.23.(월) 중국의 우다웨이 외교부 부부장의 방한 계기에, 최영진 외교부 차관은 중국측 우다웨이 부부장과 고구려사 문제 해결을 위하여 아래와 같이 협의하였다.

중국측은 고구려사 문제가 양국간 중대현안 문제로 대두된 것에 대해 유념하겠다는 뜻을 표명하였다.

양국정부는 또한 향후 역사문제로 인해 한중간 우호협력이 손상받지 않도록 상호 노력해 나간다.

한중 양국은 1992.8월 한중 수교공동성명 및 2003.7월 양국 정상간 공동성명의 원칙에 따라, 「전면적 협력 동반자관계」의 발전을 위해 공동노력해 나간다.

양국 정부는 이러한 한중간 협력관계의 큰 틀 아래서 고구려사 문제의 공정한 해결을 도모하도록 한다.

양측은 필요한 조치를 취해서 고구려사 문제가 정치화되지 않도록 한다는데 인식을 같이 하였다.

중국측은 한국측이 정부 차원에서의 고구려사에 대한 기술에 대해 표시한 관심에 이해를 표명하고, 필요한 조치를 취함으로써 문제가 더 복잡해지지 않도록 노력한다.

양국정부는 고구려사 문제와 관련, 양측간 학술교류를 빠른 시일내 개시하도록 노력한다. 그리고 이러한 교류가 양국 국민의 우의와 이해 증진 그리고 양국 우호협력 관계 발전에 유리하도록 한다.

전체적으로 7가지 사항이라는 것을 알 수 있다. 그런데 발표 당일 외교부 담당자가 기자들에게 배포한 보도자료에는 5가지로 줄여서 발표하여 '5개항 구두합의'라고 알려지게 되었다. 위 발표문을 한국 쪽 동북공정 대응 기관인 동북아역사재단 홈페이지에 올려진 5개 항과 비교해 보면 다음과

같다. (❶~❼은 원문, ①~⑤는 요약발표문)

❶ 중국측은 고구려사 문제가 양국 간 중대 현안 문제로 대두된 것에 대해 유념하겠다는 뜻을 표명하였다.

① 중화인민공화국 정부는 고구려사 문제가 양국 간 중대 현안으로 대두된 데 유념한다.

❷ 양국정부는 또한 향후 역사 문제로 인해 한중간 우호 협력이 손상받지 않도록 상호 노력해 나간다.

❸ 한·중 양국은 1992. 8월 한중수교 공동성명 및 2003. 7월 양국 정상 간 공동성명의 원칙에 따라, 「전면적 협력 동반자관계」의 발전을 위해 공동노력해 나간다.

② 역사 문제로 한·중 우호협력 관계의 손상 방지와 전면적 협력동반자 관계 발전에 노력한다.

❹ 양국 정부는 이러한 한중간 협력관계의 큰 틀 아래서 고구려사 문제의 공정한 해결을 도모하도록 한다.

❺ 양측은 필요한 조치를 취해서 고구려사 문제가 정치화되지 않도록 한다는데 인식을 같이 하였다.

③ 고구리사 문제의 공정한 해결을 도모하고 필요한 조치를 취해 정치 문제화하는 것을 방지한다.

❻ 중국측은 한국측이 정부 차원에서의 고구려사에 대한 기술에 대해 표시한 관심에 이해를 표명하고, 필요한 조치를 취함으로써 문제가 더 복잡해지지 않도록 노력한다.

④ 중화인민공화국 측은 중앙 및 지방정부 차원에서의 고구리사 관련 기술에 대한 한국 측의 관심에 이해를 표명하고 필요한 조치를 취해 나감으로써 문제가 복잡해지는 것을 방지한다.

❼ 양국정부는 고구려사 문제와 관련, 양측간 학술교류를 빠른 시일내 개시하도록 노력한다. 그리고 이러한 교류가 양국 국민의 우의와 이해 증진 그리고 양국 우호협력 관계 발전에 유리하도록 한다.

⑤ 학술교류의 조속한 개최를 통해 해결한다.

위의 간추려 보면 다음 3가지로 볼 수 있다.

첫째, 고구리사 문제는 공정하게 해결한다.

둘째, 한국이 관심을 가지고 있는 고구리사 기술에 대해 필요한 조치를 취한다.

셋째, 고구리사 문제에 관한 양국 학술교류를 빠른 시일 안에 시작한다.

이 구두합의는 '고구리사를 공정하게 처리하기 위해 중화인민공화국은 필요한 조치를 취하고, 학술교류를 통해서 해결한다는 막연한 내용을 담고 있다. 그런데 같은 날 다음과 같은 기사가 났다.

■ 中 '교과서·정부 차원 왜곡 시도 않겠다.' 표명

중화인민공화국 정부는 내년 가을학기에 사용될 초·중·고교 역사 교과서 개정과정에서 고구리사 왜곡 내용을 싣지 않고, 중앙·지방을 불문하고 정부 차원에서 왜곡 시도를 하지 않겠다는 뜻을 우리 정부에 밝혔다.

한·중 양국은 23일 두 차례 외교차관 회동 등 외교채널을 총가동, 9시간 30분가량 '릴레이 협상'을 갖고 이러한 중화인민공화국 측의 전향적 조치를 전제로 이수혁 차관보–왕의(王毅) 부부장 간의 지난 2월 합의에 따라 고구리사 문제를 더 이상 정치화하지 않고 학술교류 등을 통해 다뤄나가기로 했다고 정부 당국자가 24일 전했다.[89]

이 기사를 앞의 구두합의문과 조합해 보면 다음과 같이 연결된다.

③ 고구리사 문제의 공정한 해결을 도모하고 필요한 조치를 취해 정치 문제화하는 것을 방지한다.

중화인민공화국 정부는 내년 가을학기에 사용될 초·중·고교 역사 교과서 개정과정에서 고구리사 왜곡 내용을 싣지 않고, 중앙·지방을 불문하고 정부 차원에서 왜곡 시도를 하지 않겠

---

89) 「연합뉴스」 2003년 8월 24일자. 「한·중 고구려사 왜곡 5개항 구두양해(종합2보)」

다는 뜻을 우리 정부에 밝혔다.

⑤ 학술교류의 조속한 개최를 통해 해결한다.

고구리사 문제를 더 이상 정치화하지 않고 학술교류 등을 통해 다뤄나가기로 했다.

연합뉴스의 기사는 구두합의보다 구체적이고 희망적인 내용을 포함하고 있다. 결론적으로 다음과 같이 간추릴 수 있다.

① 초·중·고교 역사 교과서 개정과정에서 고구리사 왜곡내용을 싣지 않는다.

② 중앙·지방을 불문하고 정부 차원에서 왜곡 시도를 하지 않겠다.

③ ①, ②를 전제로 고구리사 문제를 더는 정치화하지 않고 학술교류 등을 통해 다뤄나간다.

각 신문에 난 이런 기사를 본 국민들은 일단 정부의 대처를 믿고 맡기면서 고구리 문제는 완전히 수면 아래로 가라앉아버렸다. 중화인민공화국이 왜곡하지 않고 학술적으로 해결하겠다고 했기 때문이다.

그러나 겉으로는 사태를 무마하여 '학술적 해결'을 내세웠지만, 뒤로는 외교부 홈페이지 고구리도 복원하지 않았고, 동북공정 진행도 멈추지 않고 계속되었다.

11월 27일에는 「길림성 제3차 장백산 문화 연구토론회」가 통화 동산호텔에서 열렸다. 토론회에는 50명쯤 참석했는데 66편의 논문이 제출되었다. 연구토론회에서는 11편의 논문에 관한 토론이 이루어졌으며, 회장 장복유(張福有)의 발표에 따르면 동북공정 기간 『장백산 문화』출간 준비를 마무리했다고 한다.[90]

그리고 가장 큰 성과는 역시 한·중 국제학술대회를 통해서 한국의 반발을 잠재우는 데 성공하였다. 그렇다면 원래 계획했던 동북공정은 어떻게 진행되었을까? 동북공정 때문에 한·중간의 많은 사건이 있었으나 동북공정은 계획대로 조금도 흔들림 없이 진행되었다. 그리고 지난 2년의 동북공정과는 전혀 다른 방식으로 진행되었다. 다음 장에서 자세히 보기로 한다.

---

90) 樂齊,「吉林省第三次長白山文化硏討會在通化紹介」『東北史地』2004-11, 64쪽.

2) 한국의 항의를 비껴가는 새로운 동북공정 추진

(1) 2004~2009년 발표된 동북공정 연구성과와 『동북사지(東北史地)』의 정체

앞에서 보았듯이 2002년 선정하여 2003년에 발표한 동북공정 연구 결과는 『동북변강연구(東北邊疆研究)』 총서 6권으로 출판되었는데, 그 가운데 논문으로 제출된 것은 모두 『중국 동북 변강 연구(中國東北邊疆研究)』라는 총서에 실었다. 그렇다면 2004년 이후 동북공정의 성과는 어떻게 발표되었는가? 결론부터 이야기하면 2004~2009년도 나온 성과물은 『동북사지』라는 특수목적의 학술지를 창간하여 2004년 1월부터 싣기 시작하였다.

지금까지 국내 학술계에서는 『동북사지』가 '여러 학술지 가운데 고구리 문제를 많이 다룬 하나의 잡지'라는 정도로 보았지, 그 학술지가 동북공정의 결과물을 실으려 특수한 목적을 띠고 창간되었다는 사실을 알아차리지 못했다. 그러므로 먼저 『동북사지』가 동북공정 성과물의 출판기지였다는 것을 밝히려고 한다.

『동북사지』는 길림성사회과학원에서 이미 1999년부터 발간하고 있던 『학문(學問)』이란 잡지를 2004년 갑자기 학술지로 승격시켜 발간하였다. 2002~2003년의 초기 동북공정 성과물을 출판하고, 그 뒤를 이어 새로운 발표의 장을 만들기 위해 새로운 학술지를 창간하였으며, 또 한국에서 동북공정이 알려지며 역사전쟁이 시작되자 지방으로 동북공정의 집행을 이관하면서 그 임무를 새로 맡은 길림성사회과학원에서 발행하도록 하여 안정적인 동북공정의 진행을 꾀한 것이다.

이 논문집의 성격을 보기 위해 『동북사지』 첫 호(2004년 1월)의 「동북사지 논단」을 보면 그 성격이 뚜렷해진다.

> 동북은 우리나라에서 살기 좋은 곳으로, 우리나라와 동북아시아에의 역사발전 과정에서 아주 중요한 지위를 차지하고 있고, 휘황찬란한 문화를 창조하는 데 중요한 작용을 하고 있으며, 중화문화의 중요한 부분을 이루고 있어 특별히 중요한 가치를 가지고 있다. (공산)당의 16대 정신을 전면적으로 관철하면서 동북의 오랜 공업기지를 진흥시키는 새로운 노정 가운데, 우리는 『학문(學問)』을 『동북사지(東北史地)』로 바꾸어 동북의 역사(史)와 영토(地)를 연구하는 전문학자와 독자들의 요구에 호응하며, 고구리 및 동북의 역사와 영토(東北史地)에 관한 학술 문제를 주요 연구대상으로 하고, 선진 문화의 전진 방향과 마르크스주의 역사관, 조국관, 민족관을 견지하면서, 동북 역사, 대지, 문화, 민

족, 문박(文博), 고고같은 연구와 아울러 특히 고구리 연구를 적극적으로 펼쳐간다. 학술성, 권위성, 지식성과 가독성(可讀性)을 갖추게 하고, 과학연구성과를 교류하고, 자료 정보를 제공하고, 학술토론회의 장을 마련하게 하고, 전문학자들이 동북 변경의 역사와 영토에 관한 연구에 박차를 가할 수 있도록 하며, 국가 주권과 영토 보전, 사회과학의 영예, 사회안정과 경제발전을 위하여 복무한다.[91]

이 「동북사지 논단」은 '본간 평론원(本刊評論員)'이란 이름으로 쓰는데, 정치적이고 관료적 냄새가 물씬 풍기는 이 발간사에는 동북의 역사와 영토(東北史地), 특히 고구리 연구가 아주 중요한 목표로 제시되어 있다.

이 학술지의 편찬위원회를 보면 그 성격을 쉽게 알 수 있다. 먼저 중국변강사연구중심의 마대정(馬大正)이 전체 고문을 맡았는데, 마대정은 동북공정 영도소조(領導小組) 부조장이며, 실질적으로 동북공정을 이끌어가는 동북공정 전문가위원회 주임이다. 편집위원회 주임 빙정(邴正)은 길림성사회과학원 원장으로 동북공정 전문가위원회 위원이다.

여기서 주목할 만한 인물이 『동북사지』 사장 장복유(張福有)다. 장복유는 고구리·발해사를 전공한 전문가가 아니다. 중국공산당 중앙위원회 당교(中央黨校) 대학원을 수료하고 연구원으로 있다가 고향인 집안시(集安市)와 고향에서 가까운 백산시(白山市) 공산당위원회에 근무하게 된다. 여기서 장백산문화연구회 회장직을 맡아 활동하던 1998년 6월 26~28일에 통화시에서 열린 제1차 전국 고구리 학술토론회에서 「중화 시사(詩詞) 가운데 고구리와 관련된 시문에 관한 고찰(中華詩詞中有關高句麗的詩文考略)」이라는 논문을 처음 발표하면서 마대정 같은 동북공정 관련자들과 인연을 맺는다. 그는 "『시경』에 예맥이 나오므로 고구리 문화의 본래 머리는 시경이다"라고 했고, 황조가를 비롯한 고구리 시는 중화 시의 걸작이며, 본 고장인 장백산 시에 속한다는 엉뚱한 결론을 낸다. 그리고 "고구리는 자기 연호가 없어 계속 중원왕조의 연호를 썼다"라고 한 것을 보면, 이때는 고구리 역사에 대한 기초가 거의 없었다는 것을 알 수 있다.[92]

그런데 2003년 말 중국공산당 길림성위원회 선전부 부부장이 되면서 동시에 길림성사회과학원

---

91) 吉林省社會科學院, 『東北史地』 2004-1, 1쪽.

92) 吉林省社會科學院 高句麗研究中心·通化師範學院 高句麗研究所, 『全國首屆高句麗學術研討會論文集』 1999, 2~3쪽.

부원장을 맡아 사실상 동북공정을 주도한다. 길림성 선전부 부부장은 동북공정 전문가위원회 당연직 위원이 되기 때문이다. 2003년 후반기 동북공정이 한국에 알려지면서 '한·중 역사전쟁'이라는 이름이 붙을 정도로 거세게 성토하자 중화인민공화국 중앙사회과학원은 외교적으로 한국을 무마하고, 실질적인 동북공정의 진행은 중국공산당 길림성위원회 선전부와 길림성사회과학원이 맡게 된다. 그러므로 2004년부터는 모든 동북공정 업무를 중국공산당 길림성위원회 선전부와 길림성사회과학원이 맡고, 동북공정에서 선정된 연구과제의 성과는 모두『동북사지』에 발표하기로 정책을 완전히 바꾼 것이다. 따라서『동북사지』는 동북공정의 성과를 한데 모으는 큰 기지 역할을 하였다고 할 수 있다.

(2) 만주 지역 학자들의 고구리 연구에 대한 비판과 새로운 지침

『동북사지』첫 호인 2004년 1기 첫 논문이 마대정의「중화인민공화국 학자의 고구리 귀속 연구 비평(評釋)」이다. 동북공정의 영도소조 부조장이고 전문가위원회 주임인 마대정은 이 논문에서 '고구리 연구를 심화할 때 고구리의 귀속 문제가 처음부터 끝까지 주의를 기울여야 할 열점(熱點)'이라고 강조하고, 당장 고구리 귀속 문제를 연구하는데 필요한 것은 계속 시야를 확대해야 한다며 구체적으로 두 가지를 들고 있다.

● 기자조선과 위씨조선에 대해서 역사와 활동 지역에 관한 연구가 필요하다.

● 치나 고대 강역 이론을 전개하는 것이다. 강역 이론을 연구할 때는 종번(宗藩) 관계와 '기미(羈縻)' 정책 같은 과제에 더욱 힘을 기울여 연구해야 한다.

이 내용은 동북공정의 연구 방향을 읽을 수 있는 중요한 내용이기 때문에 더 자세하게 보기로 한다.

① 고구리 귀속 연구는 이미 고구리 역사연구의 열점(熱點) 가운데 하나가 되었다.
　　고구리 귀속, 특히 일사양용(一史兩用) 문제에 대한 연구사를 정리하고, 고구리 연구에서 가장 중요한 문제는 귀속 문제라는 것을 강조한다. "고구리 민족은 우리나라 동북의 고대 민족이고, 고구리 국가는 우리나라 역사상 소수민족 정권이라는 것은 이미 중화인민공화국학자

들에게 학술적으로 공인된 것이고, 어떤 사람은 이미 중화인민공화국 학자의 주류인식이 되었다고 한다.["93)]라고 못을 박는다.

②　고구리 귀속 연구는 아직 더 심화해야 한다.

●　기자조선과 위씨조선 역사와 활동 지역 연구

"서력기원전 1세기 후기, 고구리는 서한 현도군 고구리현에서 일어났다. 이 지방 최초의 귀속은 고구리 귀속을 확정 짓는 전제가 된다. 그리고 현도군 지방이 원래 귀속된 역사를 인정하는 전제(조건)는 기자조선과 위씨조선의 귀속 문제다."라고 강조하고 지금까지 교과서, 통사류, 연구 논문에서 (고)조선,[94)] 고구리, 발해가 조선의 역사에 들어가 있었던 사실을 모두 정리하고 이제는 이전 조선 역사로 기록한 (고)조선, 고구리, 발해 역사를 중화인민공화국 역사로 바꾸어야 한다는 지침을 분명하게 내린다. 그리고 고구리의 귀속을 확정 짓기 위해 먼저 (고)조선의 귀속을 확정해야 한다는 논리는 서덕원(徐德源)의 논지로 요약한다.

> "기자조선 역사와 강역의 귀속은 고구리 왕국 역사와 강역의 귀속을 확정하는 간접적인(遠因) 조
> 건이다.……위씨조선 역사와 강역의 귀속은 고구리 왕국의 역사와 강역의 귀속을 확정 짓는 직접적
> 인 전제(조건)이다."[95)]

이로써 새로운 동북공정을 시작하면서 중화인민공화국 학자들이 1950년대 이후 1990년대까지 (고)조선과 고구리가 조선의 역사로 되어있는 것을 마음 놓고 비판하고 중화인민공화국의 역사로 과감하게 집필할 수 있는 지침이 내려진 것이다.

이 문제는 고구리 역사침탈을 위해 (고)조선의 역사까지 침탈하므로 해서 한·중 역사전쟁의 전선은 705년에서 3000년으로 확대되었다는 것을 뜻한다. 아주 중대한 문제가 생긴 것이다. 아직도 한

---

93) 馬大正,「中國學者的高句麗歸屬研究評析」『東北史地』 2004-1, 5쪽.

94) 당시 나라 이름은 '조선(朝鮮)'이었고, '고조선'이 아니었기 때문에 '(고)조선'이라고 쓴다.

95) 馬大正,「中國學者的高句麗歸屬研究評析」『東北史地』 2004-1, 6쪽; 徐德源,「高句麗歷史與疆域歸屬問題補議」『社會科學戰線』 2001-5.

국 정부나 학계는 이 문제가 얼마나 크고 중요한 것인지 깨닫지 못하고 '동북공정=고구리 역사침탈'이라고 인식하고 있다.

● 치나 고대 강역 이론 연구

'고대 강역 문제와 관련된 이론은 바로 변강 지구의 민족과 정권의 귀속 문제다.'라는 점을 분명하게 하였다. 동북공정이 역사문제를 다루는 것 같지만 사실은 그 역사를 통해서 강역 문제, 영토 문제, 영토의 귀속 문제를 확실히 하는 것이 최종 목표라는 것을 분명하게 한 것이다.

지금까지 고구리의 귀속과 강역 문제를 다룬 연구사를 정리하고 일사양용(一史兩用)에 대해서 장벽파(張碧婆)의 논리에 힘을 실어준다.

장벽파는 「역사상 민족 귀속과 강역 문제에 관한 재검토에 관하여 - '일사양용'사관도 평론함(關于歷史上民族歸屬與疆域問題再思考―兼評'一史兩用'史觀)」에서 '하나 역사 두 나라 함께 쓰기(一史兩用)'에 대한 이의를 제기하였다. 논문에서 먼저 이렇게 지적하였다. "중화의 강역은 역사적 상대적 개념이므로 민족과 민족 귀속 및 정치·경제·문화·지리 같은 요인을 종합적으로 고려했을 때만이 기본적으로 정확한 결론과 표준을 얻을 수 있다." "중화민족이 다원통일체(多元統一體) 역사를 형성하는 과정에서 중화 강역은 소장(消長)·변화·형성이라는 역사적 과정을 거쳤는데, 우리의 임무는 이러한 역사적 과정에서 역사적 실제에 부합하는 연구를 해내는 것이고, 아울러 이런 연구를 바탕으로 중화 강역의 표준을 확정하는 것이다."

논문은 "'일사양용'을 제안한 것은 우리나라 사학계 연구의 잘못된 영역으로, 그 근원은 민족 귀속과 강역의 범주를 확정하면서 착각하여 잘못한 데서 온 것이다. 그들은 먼저 중화 강역을 '1840년 이전'의 강역이나 '현재의 국경을 기준'으로 고정하여 복잡한 강역 문제를 획일적으로 적용하고 옛날의 사례를 가지고 현재의 문제를 해석하여 고구리(高句麗)를 '이웃 나라(隣國)'로 분리하여 귀속시켰으나 고구리 귀속 문제를 완전히 해결할 수 없다."라고 보았다. 장벽파는 "이러한 '일사양용' 사관이나 사학의 원칙이 사실은 사학 영역의 절충주의"라고 지적하면서 이렇게 결론을 내렸다. "고구리는 '무엇보다 먼저 치나사'일 뿐만 아니라 427년에 수도를 평양으로 옮겼지만, 평양은 한의 낙랑군 강역 안에 있어 한나라 왕의 '외신(外臣)'이었고, 속국 위씨조선 강역 안에 있었으며, 주(周)·진(秦)의

신하가 되어 복종한 기자조선 강역 안에 있었기 때문에 중화역사 강역 안에 있었다고 할 수 있다. 고구리가 평양으로 수도를 옮긴 것은 중화역사 강역 안에서 정치·문화의 중심을 동으로 옮겼으므로 결국 중화민족의 지방구역 정권에 속했다고 말할 수 있다. ”[96]

결국 이 지침으로 인해 고구리가 조선·한국사라는 일부 논리는 물론 고구리 역사는 두 나라가 함께 공유해야 한다는 ‘일사양용’ 논리는 완전히 자리를 잃게 되었다.

마대정은 고구리의 귀속 문제에 대한 원칙으로는 손진기(孫進己)의 원칙을 내세웠다.

● 고구리의 치나 중앙 황조에 대한 예속관계에 관한 인식의 분기는 칭신·납공·책봉을 가지고 예속인가? 아닌가?를 셈한다.
● 고구리가 어느 나라 강역 안에서 세워졌는가?
● 왕씨고리(高麗)와 고구리의 관계.
● 민족 귀속과 정권 귀속의 관계.
● 각국 역사상 연구 범위와 정권·민족에 대하여 역사상 귀속에 구별이 없고 다른 인식이 있다. 이른바 ‘일사양용’에 관한 것이다.
● 역사와 현실·정치와의 학술적 관계를 어떻게 처리할 것인가?[97]

③ 강역 이론 연구를 더욱 강화하는 것이 가장 급한 일이다.

현재 동북 강역에 관한 이론 연구에는 뚜렷하게 모자란 것이 있다. 첫째, 투입된 역량이 크게 부족하여 (강역) 연구를 깊이 있게 진행하는 데 영향을 미치고 있다. 동북 강역 역사는 시작이 늦지는 않았는데도 발전이 늦어진 것은 정치적 요인에서 받은 제약이 아주 중요한 요인이다. 금지영역이

---

96) 馬大正, 「中國學者的高句麗歸屬研究評析」, 『東北史地』, 2004-1, 9쪽; 張碧波, 「關于歷史上民族歸屬與疆域問題再思考—兼評‘一史兩用’史觀」, 『中國邊疆史地研究』, 2000-2, 8쪽.

97) 馬大正, 「中國學者的高句麗歸屬研究評析」, 『東北史地』, 2004-1, 10쪽; 孫進己, 「高句麗研究綜述」, 『社會科學戰線』, 2001-2.

존재하는 것은 많은 학자에게 오랫동안 전문적·실증적·미시적으로 구체적 사실(史實)을 깊이 연구하는 데 있어서 연구 방향을 바꾸려 하지 않고, 감히 이론상 '모험'을 하지 않게 했다. 둘째, 이미 나온 강역 이론 문제는 아직 폭이 넓지 못하고, 전문가들의 견해가 전혀 완비되거나 계통이 서지 않았다. 이런 상황은 동북 강역 이론 연구가 부실하다는 현실을 정확하게 보여주는 것이다. 셋째, 제시된 영토이론의 문제는 아직 광범위하지 않으며 다양한 전문가의 의견이 완전하고 체계적이지 않다. 이러한 상황은 동북 지역의 이론적 연구가 부실한 현실을 반영하고 있다.

구체적으로 말하면 치나(주로 동북) 강역이론 연구에서는 다음과 같은 약점이나 빈 곳이 있다.[98]

이어서 두 가지 연구해야 할 강역 이론을 제시한다. 중화인민공화국 자체 강역 이론을 완성하여 그 이론을 바탕으로 역사를 기술해야 하는데, 다음 두 가지를 요구한다. 곧 모든 연구가 종번관계와 기미관계라는 잣대를 가지고 진행되어야 한다는 것이다.

● 종번(宗藩) 관계

이것은 치나 강역 이론의 핵심 문제다.……역사에 나타나는 국제관계의 구조와 국제관계의 원칙, '국제'라는 이념까지도 모두 현대의 국제관계와 다르다. 역사에서 동양의 국제관계는 여러 가지 면에서 서양과 다르다. 당시 동아시아에 존재했던 종번(宗藩) 관계를 국내외 학자들이 국제관계라고 볼뿐 아니라 심지어 현대 국제관계의 구조·원칙·관념을 가지고 고대 동아시아지역의 연구에 쓰고 있는데, 이것은 잘못된 부분이다.……역사 시기에 따라 종번 관계의 내용도 같지 않기 때문에 우리는 하나의 틀을 만들 수가 없다. 따라서 종번관계 문제를 해결하지 않으면 치나 고대 강역 이론 연구도 나아갈 돌파구를 만들지 못할 것이며, 이는 변강사를 깊이 연구하는 데 영향을 미친다. 현재 우리나라 학술계는 이 관건이 되는 문제를 관여는 하고 있지만, 전문적인 연구가 부족하고 학술적인 저술은 거의 '간단한 언급' 수준이다.[99]

---

98) 이하 馬大正, 「中國學者的高句麗歸屬研究評析」, 『東北史地』 2004-1, 10~11쪽.

99) 馬大正, 「中國學者的高句麗歸屬研究評析」, 『東北史地』 2004-1, 10~11쪽.

● 기미(羈縻) 정책

기미정책 문제와 종번관계 문제는 관련이 있으나 차이가 있다. 치나 고대 왕조의 기미 대상은 국내의 변강 소수민족이었지만 후기에 들어가면, 보기를 들어 원·명·청 시기처럼 기미정책의 지도 사상이 주변 국가의 관계에서도 구체적으로 드러난다. 변강지구에서 기미정책을 시행할 때 주요한 문제는 '현지 습속에 따라 다스린다(因俗而治)'[100]는 것이다.……안타깝게도 당나라와 청나라를 제외하고 우리나라 학술계는 봉건 시기의 기미정책과 '현지 습속에 따라 다스린다(因俗而治)' 및 '변강내지화(邊疆內地化)'에 대한 것은 모두 깊은 연구가 부족하다.

● 해외에서 치나 강역과 민족을 연구하는 학자 가운데 많은 잘못된 관점이 있다

우리나라 학자들이 이에 관해 소개하고 있으나 적지 않은 문제가 있다. 하나는 이러한 관점에 대해 전면적이고 계통적인 소개가 부족하여 우리가 그런 관점에 관한 내용을 모두 아는 방법이 없다. 둘째, 그런 각종 관점에 관해 표적 분석·연구를 진행할 조직 역량이 없다는 것이다.

끝으로 마대정은 "치나 고대에 나온 이러한 개념은 오늘날에 와서는 확연히 다른 것으로 '이금예고(以今例古)'를 막기 위해 반드시 연구·해결해야 할 문제"라고 가름하고 있다.

이로써 2001년에 나온 『고대 중국 고구리 역사 총론』과 2003년 발행된 『고대 중국 고구리 역사 속론』으로 고구리 연구의 기초를 완성한 중국변강사지연구중심은 두 책을 바탕으로 2004년부터 시작되는 고구리 연구의 '심화'를 위한 확고한 새 지침을 내린 것이다.

---

100) 「인속이치(因俗以治)」는 통치지역의 습속을 그대로 인정하며 다스리는 것으로 보기를 들면, 거란이 각 종족의 풍속에 따라 통치한다는 원칙에 따라 유목 부족은 전통적인 부족을 통해, 한인과 발해인은 주현제를 통해 제국을 운영했고, 만주족의 청나라가 중원을 통치하기 위해 명나라 때의 제도와 습관을 그대로 이용하여 통치한 것을 말한다. 여기서는 당이 발해를 기미통치한 것을 목표로 한 것으로 보인다.

3) 2004년『동북사지』에 실린 동북공정의 성과 분석

　〈표 6〉를 보면 2004년에는 우리 역사와 관계된 논문이 변강이론 12편, (고)조선 5편, 고구리 53편, 발해 5편, 고리(高麗)·조선 12편, 백두산·간도문제 12편 등 모두 99편이다. 전체적인 논문을 분류만 하고 아직 검토가 안 되었으므로 고구리 연구에 대해서만 간단히 보기로 한다.

　2004년에는 고구리에 관한 논문이 53편이다. 2004년도 53편의 논문 성과는 2003년의 10배나 되는 엄청난 결과물을 쏟아낸 것이다. 의욕적으로 매달 한 호씩 냈기 때문에 내용이 많고 분류주제가 다양했다. 본기관주(本期關注)란 '이번 호의 관심 논문'쯤으로 옮길 수 있을 것이다. 2004년도에는 특별하게「세계유산」에 관한 논문이 2편 들어있다. 2004년 국내성을 비롯한 고구리 유적들이 유네스코 세계유산에 등록되었을 때 나온 논문들이다. 그리고 대부분의 고구리 논문들은 전문가논단(專家論壇)·전문주제 연구(專題研究) 같은 여러 이름으로 분류하고 있다. 그 가운데 고고학과 광개토태왕비를 비롯한 비문에 관계되는 것도 22편이 있다. 『산수지간』은 유적지에 관계된 것이다.

〈표 6〉 동북공정 결과 발표지『東北史地』전체 연구과제 진행 통계

연도	국책 역사침탈(동북공정) 기간						
	2004	2005	2006	2007	2008	2009	소계
변강이론(邊疆理論)	12	3		1	1	6	23
(고)조선	5	4	5	5	5		24
고구리(高句麗)	53	23	27	17	19	21	160
발해	5	5	8	4	6	5	33
고리(高麗)·조선	12	3	4	10	5	5	39
백두산·간도문제	12	4	2	1	4	8	31
합계	99	42	46	38	40	45	310

앞으로 많은 전문가가 분야를 나누어 집중적으로 논의해야지 혼자 할 수 없는 작업이다. 그래서 전체적인 내용을 훑어볼 수 있도록 논문 제목만 분류해서 싣는다.

(1) 본기관주(本期關注)

1. 馬大正, 「中國學者的高句麗歸屬研究評析」, 『東北史地』 2004-1.

2. 劉子敏, 「關于高句麗歷史研究的幾個問題」, 『東北史地』 2004-2.

3. 姜維公, 「歷代漢族移民對高句麗經濟的影響」, 『東北史地』 2004-3.

4. 李成·張淑華, 「高句麗貨幣經濟研究」, 『東北史地』 2004-3.

5. 祝立業, 「簡論唐麗戰爭中的唐羅同盟與麗濟同盟問題」, 『東北史地』 2004-3.

(2) 전문가 논단(專家論壇)

6. 孫玉良·孫文範, 「高句麗向朝鮮半島擴張始末」, 『東北史地』 2004-01.

7. 魏存成, 「高句麗政權的建立與發展」, 『東北史地』 2004-01.

8. 厲聲·李方, 「隋唐征伐高句麗當議」, 『東北史地』 2004-02.

9. 李健才, 「再論高句麗遷都到國內以前有無漢代縣城的問題」, 『東北史地』 2004-06.

10. 都興智, 「關于高句麗史研究中的幾個問題」, 『東北史地』 2004-06.

11. 劉子敏, 「"高句麗縣"研究」, 『東北史地』 2004-07.

12. 孫仁傑, 「通溝高句麗墓地的分布與排列研究」, 『東北史地』 2004-09.

(3) 학술열점(學術熱點)

13. 王綿厚, 「關于確認高句麗歷史地位的三要素」, 『東北史地』 2004-1.

(4) 쟁명원지(爭鳴園地)

14. 曹德全, 「"新國"與"故國"簡析」, 『東北史地』 2004-3.

(5) 세계유산(世界遺産)

15. 耿鐵華, 「高句麗遺跡列入《世界遺産名錄》與高句麗歷史歸屬問題」, 『東北史地』 2004-7.

16. 秦升陽,「高句麗王城, 王陵及貴族墓葬」,『東北史地』2004-7.

(6) 학술원지(學術園地)

17. 傅朗雲,「東北邊疆歷史分期芻議(續)」,『東北史地』2004-04.

18. 楊軍,「高句麗名義考」,『東北史地』2004-05.

19. 劉炬,「論中國歷史上少數民族正權性質的界定標准-兼談高句麗政權的性質」,『東北史地』2004-05.

20. 姜維東,「論中原王朝對高句麗政策的思想基礎」,『東北史地』2004-05.

21. 薛海波,「試論兩漢魏晉時期的玄菟郡」,『東北史地』2004-06.

22. 田子馥,「"闖關東"的由來及其歷史貢獻」,『東北史地』2004-07.

23. 高福順,「高句麗官制中的"加"」,『東北史地』2004-08.

24. 楊志紅,「淺析乙支文德對隋軍的軍事策略」,『東北史地』2004-09.

(7) 고구리 연구(高句麗研究)

25. 孫私,「高句麗文化的主體」,『東北史地』2004-12.

26. 卑琳,「高句麗城址出土陶器研究」,『東北史地』2004-12.

27. 姜維東,「中原王朝對高句麗的封冊制度研究」,『東北史地』2004-12.

28. 鄭春穎,「淺談正史《高句麗傳》的設立」,『東北史地』2004-12.

(8) 동북역사(東北歷史)

29. 王德忠,「日本舊東洋史學關于中國東北歷史研究的發展歷程」,『東北史地』2004-07.

(9) 민족연구(民族研究)

30. 趙玉敏,「好太王碑載高句麗族源神話考」,『東北史地』2004-10.

(10) 민족탐미(民族探微)

31. 金延齡,「也談高句麗民族的起源」,『東北史地』2004-8.

(11) 민족탐원(文化探源)

32. 王紀·王純信,「高句麗璧金鏤空馬飾圖案藝術解析」,『東北史地』 2004-1.

33. 翟立·偉仇起,「吉林市的城市起源—兼論龍潭山城的始建年代」,『東北史地』 2004-9.

34. 黃嵐,「從考古學看高句麗民族的飮食習俗」,『東北史地』 2004-9.

(12) 도성내외(都城內外)

35. 李殿福,「高句麗的都城」,『東北史地』 2004-1.

36. 李健才,「關于高句麗中期都城幾個問題的探討」,『東北史地』 2004-1.

37. 耿鐵華,「高句麗遷都國內城及相關問題」,『東北史地』 2004-1.

38. 耿鐵華,「集安作爲高句麗都城的考古學證明」,『東北史地』 2004-2.

39. 周向永,「從紇升骨到國內城:人地關系的歷史思考」,『東北史地』 2004-06.

(13) 고고신론(考古新論)

40. 張福有,「集安禹山3319號墓卷雲紋瓦當銘文識讀」,『東北史地』 2004-1.

41. 王從安·紀飛,「卒本城何在」,『東北史地』 2004-2.

42. 李新全·梁志龍·王俊輝,「關于高句麗兩座土城的一點思考」,『東北史地』 2004-3.

43. 吉林省長白文化研究會·集安市博物館,「集安良民高句麗遺跡調查」,『東北史地』 2004-4.

44. 張福有,「高句麗第一個平壤城在集安良民即國之東北大鎭—新城」,『東北史地』 2004-4.

45. 吉林省長白山文化研究會·白山市文管辦·集安市博物館,「鴨綠江上游右岸考古調查」,『東北史地』 2004-5.

46. 張福有,「高句麗平壤東黃城考」,『東北史地』 2004-5.

(14) 왕릉연구(王陵研究)

47. 寧會學,「桓仁米倉溝將軍墓所葬何人」,『東北史地』 2004-4.

(15) 비갈석각(碑碣石刻)

48. 方起東,「好太王碑碑文解說」,『東北史地』 2004-1.

49. 叢文俊, 「好太王碑書法及其相關問題略論」, 『東北史地』, 2004-1.

50. 方起東, 「好太王碑釋讀一見」, 『東北史地』, 2004-2.

51. 徐德源, 「好太王碑銘文三個地名今址考析」, 『東北史地』, 2004-3.

52. 梁啟政, 「略述中外學者對好太王碑未記載好太王時期高句麗攻略遼東一事的研究」, 『東北史地』, 2004-6.

(16) 산수지간(山水之間)

53. 高補茂, 「沸流國探秘」, 『東北史地』, 2004-3.

II. 동북공정 4년 차 2005년의 진행 상황과 연구성과 검토

1. 2차 고구리 역사·문화 학술토론회와 중화인민공화국 교과서 개편

1) 고구리 역사·문화 학술토론회(高句麗歷史與文化學術討論會)

때 :　　2005년 8월 4~5일

곳 :　　길림성 연길시

주최 : 중국사회과학원 동북공정 행정실·연변대학 중조한일관계사연구중심

　　2003년, 2004년에 이어 중국사회과학원에서 동북공정을 담당하는 행정실과 연변대학 중조한일관계사가 공동으로 주최하는 고구리 역사와 문화 학술토론회에는 모두 12편의 논문과 5편의 보고서가 발표되었다. 개막식에서 동북공정 전문가위원회 주임인 마대정과 연변대학 총장 김병민(金炳瑉)의 연설이 있었다. 마대정은 동북공정의 추진 상황을 간략하게 보고하고 마르크스 유물사관의 지도로 실사구시 원칙을 굳게 지니고, 광범위하고 충분한 학술토론을 전개할 것을 지시하였다. 중국공산당의 학술대회에서 기계적으로 나오는 지시사항이다. 이어서 고구리 역사연구에서 생기는 일부 논쟁거리를 전제조건으로 제시하였다.

(1) 역사와 현실을 분리하고 학술과 정치를 분리해야 한다.

학술이 학술로 돌아와야 하고 정확한 태도와 방법을 택해야 하는데 다음과 같다.

① 연구심화(研究深化) 백가쟁명(百家爭鳴)

② 화이부동(和而不同) 구동존이(求同存異)

(2) 상호 이해와 교류를 ……

위의 마대정 연설에서 나온 고구리 역사연구에서 나타난 논쟁거리에 대한 전제조건은 두 달 뒤에 열린 한·중 고구리 학술토론회에서 한 연설 내용과 같다. 이것은 이 고구리 역사와 문화 학술토론회가 바로 한·중 국제학술토론회의 준비 모임이라는 것이 그대로 드러난다. 뒤에서 다시 자세히 보기로 한다.

(3) 발표 논문

2004년 발표 논문은 고구리의 정체성, 곧 귀속 문제에 집중하였으나 2005년에는 그런 긴장감이 많이 사라지고 다양한 논문이 발표되었다. 특별히 고구리 연구방법론이라는 주제에 3명이 발표했으나 고구리 정체성을 가릴 수 있는 연구방법론은 발표되지 않았다. 논문 주제는 차이가 나지만 두 달 뒤에 열린 한·중 고구리 학술토론회에 발표자 5명 가운데 이번 발표자 4명이 선정되었다.

① 고구리 연구방법론

● 孫進己, 「'국사' 범위의 확정에 대하여」

● 劉子敏, 「사학관, 방법론 및 기타 연구 - (고)조선, 한사군 및 고구리를 중심으로」

● 李宗勳, 「한국 사회의 고구리 인식과 우리의 연구 방법」

② 고구리 역사

● 朴眞奭, 「발기(拔奇)와 발기(發岐)의 몇 가지 문제에 대한 초보적 인식 - (고)조선, 한사군 및 고구리 연구를 중심으로」

● 李大龍, 「고구리 초기 역사에 대한 몇 가지 문제에 대하여」

- 李德山,「수의 고구리 정벌 원인에 관한 시론적 분석」

- 姜維公,「삼국사기 신라본기로 본 김부식의 해동삼국 계년(系年)에 대한 배치」

- 祝立業,「왕국오부화(王國五部化)에서 '오부일체화(五部一體化)'」

③ 고구리 고고와 문화

- 耿鐵華,「치나 고구리 고분벽화 연구사 정리」

- 王綿厚,「서한시기의 고구리 '5부'와 '제2현도군'」

- 張福有·趙振華,「낙양·서안에서 출토된 북위와 당의 고구리인 묘지 및 천씨 묘지」

- 武玉環,「발해와 고구리의 족속(族屬)·족속(族俗) 비교연구」

2) 중화인민공화국 교과서 개편

가끔 신문을 통해 중화인민공화국이 겉으로는 학술적 해결을 내세우면서 실제로 현지에서는 동북공정이 계속 진행되고 있다는 사실이 보도되면 국민들은 분노했지만, 정부가 학술적으로 해결하고 있다고 믿었기에 직접적인 행동은 없었다. 한·중 학술회의가 열리고 있는 10월에 국내 신문에서는 다음과 같은 보도가 있었다.

〈中 지린성 옌볜자치구 교과서 한국 前근대사 아예 삭제〉

중화인민공화국 길림(吉林)성 연변(延邊)조선족자치구 학생들이 배우는 한글판 '세계력사' 교과서에서 고구리사를 비롯한 한국의 전(前)근대사 내용이 완전히 삭제된 것으로 드러났다. 지난 9월 신학기부터다. 지난해 8월 중화인민공화국 외교부가 인터넷 홈페이지에서 1948년 이전의 한국사를 모두 삭제한 것과 같은 식이다. 최근 중화인민공화국을 방문한 유기홍(柳基洪) 의원(열린우리당)은 10일 "연변교육출판사의 새 중학교 교과서 '세계력사'에서 삼국시대에서 조선시대까지의 한국사 부분(기존 교과서에서는 2쪽 분량)을 모두 빼 버린 것을 확인했다"며 교과서를 공개했다. 이 같은 행동은 지난 8월 고구리사 왜곡내용을 교과서에 수록하지 않겠다는 한·중간 '5개항 구두 양해'의 기본 정신에 어긋나는 것으로, 고구리를 '세계사'가 아닌 '치나 역사'에 포함하는 교과서를 내기 위한 사전 포석

인 것으로 해석된다.[101]

동북공정 연구과제는 기초연구와 응용연구가 있는데, 응용연구는 아직도 발표하지 않아 내용을 알 수가 없다. 바로 이처럼 현장에서 정책적으로 응용하는 방안들이다.

2. 2005년 동북공정의 성과 분석

중국사회과학원을 앞세워 한국과 1년에 한 번 학술회의를 통해 학술적 해결을 하는 척하면서 동북공정은 길림성사회과학원을 위주로 변함없이 진행되었다. 그 결과 2005년에 변강이론 3편, (고) 조선 4편, 고구리 23편, 발해 5편, 고리(高麗)·조선 3편, 백두산 및 간도문제 4편 같은 42편의 기초연구 결과가 발표되었다. 그 가운데 고구리 관계 논문 23편을 보면 다음과 같다.

(1) 전문가 논단(專家論壇)

① 張碧波, 「從百濟,高句麗滅國到渤海建國—公元663-713年間東北亞政治格局走向的歷史解讀」, 『東北史地』, 2005-01.

② 趙永春, 「"炎黃子孫"與中華各族心理認同」, 『東北史地』, 2005-01.

③ 史未央, 「高句麗與百濟新羅的爭霸」, 『東北史地』, 2005-03.

④ 耿鐵華, 「晉封高句麗官印考略」, 『東北史地』, 2005-03.

⑤ 張福有·趙振華, 「洛陽·西安出土北魏與唐高句麗人墓誌及泉氏墓地」, 『東北史地』, 2005-04.

⑥ 孫仁傑, 「從泉氏墓誌墓地看高句麗的回葬」, 『東北史地』, 2005-04.

⑦ 梁志龍, 「泉氏家族世系及其事略」, 『東北史地』, 2005-04.

⑧ 徐德源, 「漢字標記高句麗語語音地名字詞漢譯選釋」, 『東北史地』, 2005-05.

⑨ 王綿厚, 「西漢時期的高句麗"五部"與"第二玄菟郡"—關于高句麗早期歷史的若干問題之三」, 『東北史地』, 2005-06.

---

101) 「조선일보」 2005년 10월 11일자.

⑩　姜維公·許立勳,「從《三國史記新羅本紀》看金富軾對海東三國系年的安排—以高句麗建國時期爲中心」,『東北史地』2005-06.

(2) 학술원지(學術園地)

①　梁志龍,「也說三韓」,『東北史地』2005-01.

②　秦升陽·李樂瑩,「高句麗自然宗教信仰活動及俗制的解析」,『東北史地』2005-01.

③　王臻,「高句麗同新羅,百濟的戰和關系」,『東北史地』2005-01.

④　陳陶然,「關于高句麗好太王征服東夫餘的幾個問題」,『東北史地』2005-04.

⑤　祝立業,「從"王國五部化"走向"五部一體化"的發展歷程 — 兼論高句麗王權與部權的消長」,『東北史地』2005-05.

⑥　王紀,「高句麗壁畫繪制技藝解析與臨摹技法研究」,『東北史地』2005-05.

⑦　陳鵬·陳琳,「高句麗文化歸屬於中國東北"漢文化圈"」,『東北史地』2005-05.

⑧　劉素雲,「高句麗的發祥地 — 卒本川當今何地？」,『東北史地』2005-06.

⑨　鴻鵠,「高句麗國相制度研究」,『東北史地』2005-06.

⑩　華陽,「淺析褥薩的產生」,『東北史地』2005-06.

⑪　李英順,「從《三國史記》的記載看東北亞古族古國的"事大"理念」,『東北史地』2005-06.

(3) 산성상하(山城上下)

①　李龍彬,「石台子山城」,『東北史地』2005-01.

(4) 발굴보고(發掘報告)

①　吉林省文物考古研究所·集安市博物館,「通溝古墓群禹山墓區JYM3319號墓發掘報告」,『東北史地』2005-06.

　중화인민공화국 측은 이처럼 차질없이 동북공정을 실행하고 있을 때 대한민국은 역사전쟁에서 한국 측 전방부대라고 할 수 있는 고구려연구재단의 힘을 빼는 운동이 벌어지고 있었다. 정부가 2006년 1월 설립을 목표로 추진 중인 '동북아역사재단'(가칭)에 기존 고구려연구재단을 흡수·통합하기로 방침을 정한 것이다.[102] 역사전쟁 최전선에 싸우는 부대와 사령관을 바꾸는 사건이 벌어진 것으로 이처럼 시한부 장수가 적과 제대로 싸울 수가 없었다. 중화인민공화국 측에서도 이런 신문 기사를 보고 형식적으로 양국 국제학술대회에 참석하면서 뒤로는 동북공정을 흔들림 없이 진행하였다.

3. 동북아역사재단의 설립과 동력을 잃은 고구려연구재단

1) 한일관계의 악화와 바른역사기획단의 활동

비록 고구려연구재단 운영 방향이 동북공정이나 역사침탈을 당장 막지는 못했으나 장기적으로 학술단체 역할에 충실하게 하겠다고 장기전을 준비하던 고구려연구재단과 김정배 이사장의 꿈은 탄생 1년 만에 뿌리째 흔들리기 시작한다. 그 결과 2004년 1차, 2005년 2차, 이렇게 해마다 열려고 했던 한·중 학술회의가 2006년에는 열리지 않았고, 2007년에도 12월에 가서야 3차가 열리게 된다. 이는 이른바 한·중 두 나라의 역사전쟁 도중 한국의 전선에서 일선 전투부대 자체가 없어지는 위기가 닥쳤기 때문이다.

2004년에 동북공정 문제가 크게 떠올랐다면 2005년에 들어서면서 한일문제가 새로운 문제로 등장한다. 2005년 1월 17일 정부가 한일협정 청구권 관련 문서를 공개하고, 2월 23일에는 다카노 도시유키 주한대사가 "독도는 법적, 역사적으로 일본 영토"라는 발언과 함께, 3월 16일 일본 시마네 현 의회가 '독도의 날' 제정 조례안을 통과시켰다. 이에 맞서 한국은 3월 16일 독도 개방 방침을 발표하고, 17일에는 정부가 강경 대응을 천명하는 새로운 대일외교 기조를 발표한다. 일본 정부는 일제의 만행을 감추고 군국주의를 두둔하는 내용인 우 편향 교과서의 신청본을 접수하고, 2006년부터 사용할 교과서의 검정에 돌입한다.

이처럼 한일관계가 심각하게 치닫자, 노무현 대통령은 3월 21일 수석보좌관회의를 주재한 자리에서 "한일간의 역사문제와 독도문제 등에 대한 대책을 지속적으로 추진할 상설조직을 신속하게 구

---

102) 「한겨레신문」 2005년 9월 26일자, 〈내년 설립 '동북아 역사재단' 고구려연구재단 통합한다. 〉

김병준 단장 취임식　　　　　　　　　　　　반기문 외교부장관의 축하

성하라"라고 지시했다.[103] 3월 29일 나카야마 나리아키(中山成彬) 일본 문부과학상이 '학습지도요
령'에 독도와 센카쿠 열도(중화인민공화국명 댜오위다오)를 일본 영토로 명기할 것을 주장하고, 4월 5
일 일본 문부과학성이 역사 왜곡 교과서가 검정에 통과되었음을 발표하면서 독도와 교과서 문제는
시급한 한·일 외교 현안으로 떠오른다.

　한국에서는 4월 8일 역사문제를 종합적·체계적으로 대응하기 위해 대통령 소속으로 '동북아 평
화를 위한 바른역사 정립 기획단'(이하 바른역사기획단)이 대통령 훈령(제147호) 공포에 따라 법적인
체계를 갖추고 본격적으로 가동했다. 단장은 그동안 기획단 구성을 위한 태스크포스 팀장을 맡았던
김병준 대통령비서실 정책실장이, 부단장은 조중표 재외국민영사, 그리고 국제표기명칭대사에는
하찬호 전 국제연합대표부 공사가 맡았다. 또한 바른역사기획단은 산하에 재단설립팀, 역사대응팀,
독도대응팀, 국제표기명칭팀 같은 6개 팀을 두고 당면한 현안인 독도문제와 일본 교과서에 적극 대
응하면서 장기적으로 이 문제를 전담할 동북아역사재단(가칭)을 만들기로 하였다. 이를 위해 바른
역사기획단은 교육인적자원부, 외교통상부, 법무부, 기획예산처, 국정홍보처 등에서 파견된 공무원
과 민간전문가 등 30명의 실무 인력을 충원하며, 광화문 소재 세안빌딩에 새로운 사무실을 마련하
고 4월 20일 정식으로 발족했다.

---

103) SBS 2005년 3월 21일 8시 뉴스, 「노무현 대통령 독도대책 상설기구 신속 구성 지시」

2) 동북아역사재단에 흡수될 운명에 놓인 고구려연구재단

바른역사기획단은 바로 동북아역사재단 설립을 추진하여 8월에 '동북아역사재단법'(안)을 입법 예고한다. 그런데 이때 이미 새로 생기는 동북아역사재단이 동북공정을 대처하기 위해 세운 고구리 역사재단을 흡수한다는 뉴스가 나온다. 9월 26일 자『한겨레신문』기사를 보면 앞뒤 사정을 자세하게 알 수 있어 길지만 그대로 인용해 본다.

정부는 내년 1월 설립을 목표로 추진 중인 '동북아역사재단'(가칭)에 기존 고구려연구재단을 흡수·통합하기로 방침을 정한 것으로 전해졌다.

'동북아평화를 위한 바른역사정립기획단'(바른역사기획단 : 단장 김병준 대통령비서실 정책실장) 관계자는 (9월) 25일 "국회와 관련 학계·시민단체의 반응이 긍정적이어서 고구려연구재단 쪽과 협의 중"이라며 이렇게 밝혔다. 바른역사기획단은 지난 3월 노무현 대통령의 지시로 '동북아 역사 왜곡, 독도문제 등에 대한 장기·종합·체계적인 정책 수립과 연구를 위한 정부 출연 상설전담기구 설립'을 목표로 4월 20일 발족해 그동안 동북아역사재단 설립을 준비해 왔다.

정부는 26일 차관회의, 27일 국무회의 보고 등의 절차를 밟아 이런 방침을 최종 확정할 계획이다. 정부는 지난 8월 입법 예고한 '동북아역사재단법'(안)을 다음 달 초 정기국회에 상정할 예정이다. 국회의 법 제정 절차 등이 마무리되면, 중화인민공화국의 '동북공정'에 대응하는 차원에서 지난해 3월 1일 발족한 고구려연구재단(이사장 김정배)은 이사회 결의 등 관련 절차를 밟아 발전적으로 해소하게 된다.

동북아역사재단법안을 보면, 재단은 관련 부처의 공무원 및 학계 전문가 등이 참여하는 외교통상부 산하의 대규모 민·관 합동기관으로 출범하게 된다. 정부는 또 이 재단이 연구기능만 맡는 일반 재단과 달리 '연구-전략-실행'이 종합적으로 이뤄지는 '동북아 관련 전략 수립의 통합·조정기구'로 기능하도록 할 계획이다.

바른역사기획단은 애초 동북아역사재단을 고구려연구재단과 별도로 만들 계획이었으나, 예산 집행의 효율성을 높여야 한다는 주장이 제기되면서 역사학계·시민단체와의 논의 등을 거쳐 지난달 말 고구려연구재단을 흡수·통합하는 쪽으로 방향을 바꾼 것으로 전해졌다. 이와 관련해 고구려연구재단의 지휘·감독을 맡아온 교육인적자원부는 해마다 50억여 원의 예산을 지원해 왔으나, 내년에는

<u>관련 예산을 책정해놓고 있지 않다.</u>

신주백 서울대 사회발전연구소 책임연구원은 "동북아역사문제는 특정 국가가 아니라 동북아 전체의 안정 및 평화체제 구축과 연관된 것"이라며 "지금 한·중·일·대만, 그리고 남북문제를 아우르는 전략적 싱크탱크 기능을 할 기관이 꼭 필요한 만큼 '동북아역사재단'의 방향 설정은 옳다"고 평했다. 익명을 요구한 고구려연구재단의 이사도 <u>"고구려연구재단을 만들 때부터 '아시아평화와 역사교육연대' 등 많은 사람들이 동아시아·동북아 역사를 두루 다루는 연구기관 설립이 필요하다고 말해왔다"</u>며 "재단 내부에 일부 반대 의견이 있지만, 대체적 흐름은 통합 찬성 쪽"이라고 전했다.[104]

결국 고구려연구재단은 설립된 지 1년 만에 위기를 맞고, 1년 6개월 만에 생사 문제가 논의되고 있다. 그리고 고구려연구재단 만들 때 한일관계사를 비롯한 동아시아사를 두루 다루자고 했는데 고구리(高句麗)만 고집했던 결과가 이제 인과로 나타나고 있다는 것을 볼 수 있다.

김정배 고구려연구재단 이사장은 10월 11~12일 한·중 학술토론회를 마치고, 17일 기자간담회를 열어 "민간연구기관의 위상을 가진 고구려연구재단을 외교통상부 산하의 정책·연구 기관에 통합하는 것은 바람직하지 않다"라고 밝혔다. 내년 1월 출범을 목표로 한 동북아역사재단은 동북아 역사 왜곡 및 독도문제 등에 대한 장기·종합적 정책 수립과 연구를 위한 정부 출연 상설 전담 기구를 표방하고 있다. 재단설립 추진 과정에서 정부는 중화인민공화국 동북공정에 맞선 고구려연구재단을 여기에 흡수·통합하기로 내부 방침을 정했는데, 고구려연구재단이 이번에 공식 입장을 밝힌 것이다.

김 이사장은 "지난 9월 중순과 하순에 걸쳐 청와대 및 교육부 관계자 등을 만나 (흡수통합 방침) 이야기를 처음 들었다"라며 "그 자리에서 곧바로 (통합은) 잘못된 방향이라고 반박했다"라고 말했다. 다만 김 이사장은 "외교·안보 차원의 정책 수립을 위해 동북아시아 역사문제를 함께 다룰 필요가 있다면 그것은 외교부 산하에 따로 기구를 만들고, 고구리재단은 고구리 및 독도문제를 아우르는 민간차원의 학술연구기관으로 확대·재편하면 될 것"이라고 말했다. 정책기능과 연구기능을 구분하자는 것이다. 최광식 상임이사는 "역사문제를 외교부 아래로 끌고 가면, 민간차원에서 진행했던 중화인민공화국·북한 등과의 학술교류가 오히려 힘들어진다"라며 "많은 역사학자도 연구기관이 외교

---

104) 「한겨레신문」 2005. 9. 26. 〈내년 설립 '동북아 역사재단' 고구려연구재단 통합한다.〉

부 산하로 들어가는 것을 반대하고 있다"라고 덧붙였다.[105] 여기서도 외교부는 정부고 교육부는 민간차원의 학술연구라는 주장을 하고 있다.

이와 관련해 국회 고구리사왜곡대책특위(위원장 정의화)는 10월 19일 오전 의원회관에서 회의를 열어 관련 현안을 논의하였는데 동북아역사재단과 고구려연구재단의 통합문제가 주된 관심거리였다. 당시 특위에서 논란된 내용을 간단히 보기로 한다.

정병국 의원(한나라당)은 동북아역사재단의 설립부터 반대했다. "외교통상부는 국가 간 미묘한 문제를 전략적으로 조정하는 곳인데, 여기에 (동북아역사재단을) 두면 학술적 연구기능과 외교적 정책기능이 뒤섞인다"는 논리였다. "고구려연구재단 역시 큰 방향만 잡고 연구기능은 (대학 등) 외부로 넘겨줘야 한다"고 주문했다. "다양한 분야의 연구재단을 정부 외곽에 두고 그 결과를 활용해 외교부가 전략적으로 대응하면 된다."고 덧붙였다.

김영숙 의원(한나라당)은 두 재단의 통합에 반대했다. "두 재단이 합쳐져 외교부 산하로 들어가면, 학문적 연구 결과가 곧 정부의 입장이 된다"며 "여러 혼란을 불러일으켜 오히려 외교적 입지를 좁히는 위험을 감수하고 통합하려는 명분이 분명치 않다"고 지적했다.

한나라당 의원들을 중심으로 한 통합반대론에 대해 외교부·교육부 등에서 나온 당국자들은 시원한 답변을 내놓지 못했다. 이규형 외교통상부 차관은 관련 답변을 조중표 바른역사정립기획단 부단장에게 미뤘다. 조 부단장은 "국가전략의 테두리에서 역사문제를 연구해 상승효과를 내야 한다"며 두 재단의 통합 필요성을 설명했다. "고구려연구재단의 기능이 축소되는 일 없이 동북아역사재단 산하의 연구소 형태로 통합하기로 부처간 협의를 마쳤다"고 덧붙였다. 그러나 '정책과 학문의 분리' 논리에 대해서는 제대로 반박하지 못했다.

열린우리당 강창일 의원(열린우리당)도 "(두 재단을) 하나로 통합하는 것에 대해서는 공감하지만, 외교부 아래에 두는 것은 문제가 있다"며 "정부가 기금을 내는 민간재단으로 구실할 수 있도록 지혜를 짜야 한다"고 말했다.[106]

외교부 차관을 대신해 통합의 당위성을 설명한 조중표 바른역사정립기획단 부단장은 이미 통합

105) 「한겨레신문」 2005. 10. 17. 〈고구려연구재단 "동북아역사재단과 통합 반대"〉

하기로 부처 간 협의를 마쳤다고 했으나 한나라당에서는 반대하고 여당도 합치더라도 외교부 아래 두는 것은 문제가 있다고 하여 참석 의원들의 대세는 반대와 우려를 나타냈다.

김정배는 한 달 뒤 고구려특별위원회 위원들을 추운 북방의 겨울날인 11월 24~27일 환인과 집안의 고구리 유적답사를 안내하고, 다음 해 4월 8일부터 11일까지 평양의 고구리 유적을 안내하는 등 국회의원을 상대로 모든 힘을 다해 로비했으나 뒤에서 보듯이 결국은 2006년 동북아역사재단에 흡수되고 만다. 김정배는 뒤에 적어도 재단이 외교부 산하에서 교육부로 옮기는 데는 성공했다고 자평했다. 그러나 동북아역사재단도 외교부에서 사무총장을 파견하기 때문에 사실상 교육부로 옮기는 것은 반만 성공한 것이다.

한·중 역사전쟁 최일선에서 싸우고 있던 고구려연구재단은 제대로 싸워보지도 못하고 소멸하게 될 운명에 놓이게 되었고, 그런 상황에서 중국공산당을 필두로 총력을 펼치는 동북공정에 효과적으로 대응할 수 없게 되었다.

이렇게 시작된 고구려연구재단의 소멸과 동북아역사재단의 활동 재개까지 2년 동안 역사전쟁은 힘 빠진 군대가 벌이는 형식적인 전투와 후속부대의 늦은 배치로 한·중 역사전쟁은 한국 측에 결정적인 패배를 가져다주는 원인 가운데 하나가 되었다.

4. 사형선고 받은 고구려연구재단이 준비한 2차 한·중 학술토론회

1) 2차 한·중 고구리 역사와 문화 연구토론회 준비상황

2004년에 자세히 보았지만, 한·중 학술회의는 두 나라가 동북공정 문제를 해결하기 위해 합의하여 열린 회의이므로 한국 측에서는 가장 중요한 것이 중화인민공화국의 동북공정을 중단하도록 하는 것이 목적이었고 빼앗긴 우리 역사를 찾는 것이 목적이었다. 그런데 한국 측은 고구려연구재단의 설립 목적과 다르게 학술단체 노릇을 하면서 동북공정에 대해서는 문제 제기도 하지 않아 동북

---

106) 「한겨레신문」 2005. 10. 19. 〈고구려연구재단, 동북아역사재단 흡수통합, 국회 특위 의원도 대부분 "반대"〉

공정 중단이 목표가 아니고 학술대회가 목적이 되었다는 것을 알 수 있으며, 그것은 중화인민공화국 측의 전략적 함정에 빠진 결과를 낳았다. 동북공정 자체가 정치적임에도 불구하고 정치성을 떠난 학술대회를 주장하는 것은 중화인민공화국의 '화이부동'과 '구동존이' 전략에 말려 들어간 것이었다. 사실 단순한 학술회의나 주제가 다른 토론회는 특별히 만든 고구려연구재단이 아니라 하더라도 다른 기관도 있고 순수 학술단체도 많다. 고구려연구재단은 분명히 동북공정을 막아야 하는 특수 목적을 위해 창립된 것이다. 그런데 그런 목적과 전혀 다른 방향으로 움직였다. 모든 회의와 진행 상황이 비밀로 진행되고 있었으므로 국민이나 전공하는 학자들도 어떻게 돌아가는지 알 수가 없었고, 동북공정은 차츰 국민들의 관심 밖으로 밀려나면서 역사전쟁은 동력을 잃어가고 있었다. 그리고 고구려연구재단도 사라질 위기에 놓인 것이다.

이런 와중에서 고구려연구재단은 한·중 학술회의 준비를 위해 6월 12~16일 제주도에서 중국사회과학원 측과 준비회의를 가졌다.[107] 그리고 2005년 10월 10~12일 2차 한·중 학술대회를 개최해야 했다. 장소를 수원대학교 인근의 화성 라비돌리조트로 하였는데, "중화인민공화국 측이 보안을 요청하기 때문에 서울에서 회의를 개최한다는 것은 어렵다고 보았다."라고 하였다.

이렇게 극진한 대접을 받은 마대정은 10월 7일 고구려연구재단 사무실에 와서 김정배에게 다음 같은 3가지 질문을 했다.

① 재단의 연구원 수와 상근 여부를 묻고 연구원들의 질적인 문제와 대학과의 관계는 어떠한지를 궁금해하였다.
② 고구려연구재단이 민간기구인데 정부의 지원에 문제가 없는지를 문의하였고,
③ 동북아역사재단과의 관계는 어떠한지를 궁금해하였다.[108]

①번 질문에 재단의 연구원 수는 이미 신문에 났기 때문에 다 파악하고 있을 것이다. 연구원의 질 문제와 대학과의 관계는 고구려연구재단의 연구 능력을 묻는 것이다. 변강사지연구중심은 오랫동

---

107) 김정배, 『한국과 중국의 북방사 인식』 세창출판사, 2018, 232쪽.
108) 김정배, 『한국과 중국의 북방사 인식』 세창출판사, 2018, 213쪽.

안 전문적으로 국경과 영토 문제를 연구하는 연구원들이 있고, 공산당 조직을 이용해 전국의 연구자들을 동원할 수 있는데 고구려연구재단은 어떠하냐는 질문이었다. 고구려연구재단은 정신문화연구원이나 국사편찬위원회 같은 역사가 깊고 능력 있는 기관과 고구리연구회 같은 전문 연구단체와 협력하지 않는다는 것을 알고 물은 것이다.

②번 문제도 고구려연구재단이 100% 정부지원금으로 운영되고 대외협력실장 구난희나 행정지원실장 김조용이 모두 교육부 출신이라는 것을 다 아는데 민간기구인 척하는 것을 비꼰 것이다.

③번 질문에 대해 김정배는 "사실 세 번째 질문을 듣고 내심 깜짝 놀랐다. 당시 동북아역사재단을 만드는 문제로 정부 내에서 여러 의견을 나누는 중인데, 마대정 선생은 중화인민공화국에서 이 소식을 듣고 나에게 질문한 것이다."라고 회고하였다. 이것은 중화인민공화국 공산당 조직을 몰라서 한 소리다. 마대정이나 려성은 모두 공산당 당조 주임을 역임하였거나 당시 역임하고 있었다. 그리고 한국에 와서 활동할 때는 매일 주한 대사관과 공조하여 작전회의를 한다. 글쓴이가 1981년 브라질에서 열린 국제대회에서 처음 중화인민공화국 대표단을 만났는데 당시 민간단체 대표였지만 모두 중화인민공화국 대사관에서 자고 대사관 차로 출퇴근하여 중화인민공화국 대표들과 대화를 하기 어려웠던 점을 기억한다. 앞에서 보았듯이 고구려연구재단이 동북아역사재단에 흡수·통합된다는 것은 이미 9월 26일 자 신문에 발표되어 모두 알고 있는 사실이고, 이 중요한 사실을 대사관이 마대정에게 이야기해 주지 않았을 리 만무하다. 이처럼 적의 상황을 자세히 알고 있는 마대정은 이미 상대 팀의 장수가 시한부라는 것을 알고 맥을 짚어서 이야기하였는데, 이와 같은 상황에서 어떤 장수가 전투에서 적을 제압하고 승리할 수 있겠는가? 따라서 시한부 고구려연구재단이 중화인민공화국과의 역사전쟁에서 주도권을 쥐고 이기는 길은 멀어지고 있었다.

김정배는 중화인민공화국 측 마대정을 제주도까지 모셔 극진히 대접하였다.

> 정식회의에 앞서 필자는 마대정 선생을 초청해서 재단에서는 회의하고 제주도를 탐방하며 우리 나라의 문화를 혼자 조용하게 살필 기회를 갖도록 하였다. 책임자들은 각각 초청하는 것이 예의에 맞고 대화를 하기에 불편함이 없도록 배려 차원에서 결정한 것이다.[109]

마 선생은 사실 세 가지를 보고 싶다고 하였다. 첫째는 재단을 방문하는 것인데 이것은 바로 안내해서 해결하였고, 두 번째는 『조선왕조실록』과 『비변사등록』을 구매하고 싶다는 문제이며, 세 번째는 장안동의 공동상점을 방문하고자 한다는 것이다. 고광의 연구원과 동행시켜 필요한 일은 협조하도록 하였다.

필자는 8일부터 2박 3일 일정으로 제주도를 역사 위주로 살펴볼 수 있게 일정을 마련하였다. 필자는 마대정 선생이 역사를 전공한 학자이기 때문에 가능한 한 우리나라 역사를 조금이라도 이해할수 있는 곳이나 문화의 숨결이 배어 있는 곳을 안내했다. 가급적 조용한 곳을 골라 산책하며 많은 대화를 나누어 서로를 이해하는 데 유익한 시간이 되었다. 파라다이스호텔 옆에 있는 이승만 대통령의 전시실이나 추사 김정희 선생의 추사관, 삼성혈 그리고 하멜이 표류해 온 곳의 하멜박물관을 보고, 한라산의 일부를 산책하는 등 제주도의 역사를 이해하는 데 도움이 되도록 하였다.

한 번은 식사를 하다가 우리나라의 짜장면을 먹고 싶다고 해서 점심때 주문해서 먹는데, 맛이 좋다며 웃는다. 때때로 마 선생은 본인이 신강지역에서 근무하였기 때문에 양고기 이야기를 하면서 필자를 신강에 초청해서 양고기를 특색 있게 대접하겠다고 몇 번이나 말한다. 사실 필자는 육류를 선호하는 편이 아니고 냄새에 민감하지만, 마 선생한테는 고맙다고 대답을 하였다.[110]

2009년 동북공정을 마무리하는 마지막 해에 동북공정의 연구성과를 발표하는 기지인 『동북사지』 4호(8월호) 첫머리 『명가풍채(名家風采)』라는 특별 난에 〈중국변강사지연구중심 마대정 연구원 방담〉 기사 「천리마로 10,000리 달리니 뜻은 더욱 군고(驥行萬里志彌堅) 평생 포부는 변강에 있어라(半生抱負在邊疆)」가 실린나. 동북공정으로 촉발한 한·중 역사전쟁 최일선에서 뛴 마대정은 동북공정이 진행되는 동안 한국 측 수장인 고구려연구재단 김정배(2004~2006)와 동북아역사재단 김용덕(2006~2009)의 면모와 전술·전략을 비교해 볼 수 있는 중요한 인물이다. 우선 김정배가 마대정과의 '의견이 달라도 친하게 화합한다(和而不同)'를 실천한 군자의 덕목이 마대정에게는 어떻게 받아들여졌는지 간단히 보기로 한다. 마대정은 학문을 하며(治學) 실천 경험에서 마음 깊이 깨달은 것(心得)을 5가지 들었다.

---

109) 김정배, 『한국과 중국의 북방사 인식』 세창출판사, 2018, 213쪽.
110) 김정배, 『한국과 중국의 북방사 인식』 세창출판사, 2018, 214~215쪽.

첫째, 역사학에 종사하는 사람은 반드시 자신의 사회적 책임을 염두에 두고 연구 결과가 세 가지 이익을 달성하기 위해 노력해야 합니다. 곧, 학문 분야(學科) 건설이라는 총체적 발전을 목표로 이득이 되어야 하고, 자기 연구성과의 생명력을 늘이는데 이득이 있어야 하고, 역사를 거울로 삼는 사회적 공증에 이득이 되어야 합니다.

둘째, 진(眞)을 추구하고 실(實)을 추구하는 것이 치나 변강을 연구하는 훌륭한 전통이라는 것입니다. 이른바 진(眞)을 구한다는 것은 역사적 진실을 추구하는 것으로, (중국공산당의 최고 준칙인) 실사구시(實事求是)를 영원(永遠)히 연구의 원칙으로 삼아야 할 준칙입니다. 이른바 실(實)을 추구한다는 것을 연구자들이 발로 현지를 답사하고 현실과 맞닥뜨리는 것으로 저는 이해합니다. 치나 변강에 대한 연구대상은 현실감이 특별히 강하여 연구자가 반드시 강렬한 사명감과 책임감을 가져야 합니다.

셋째, 자료수집이 연구의 근간이므로, 모든 방법을 다 동원하여 관련된 문헌·공식문서(檔案), 당사자의 기술과 동시대인의 기록 같은 (직접적인 증거다.) 1차 자료를 장악해야 합니다. (다른) 민족 문자의 기록은 국경 연구에서 특히 중요한 의미가 있고, 자료의 감별은 바로 연구의 시작이므로 어떠한 자료를 대하더라도 믿지 않아서는 안 되고 완전히 믿어도 안 되며, 비교하는 것이 진짜와 가짜를 가려내는 믿을만한 방법입니다.

넷째, '10,000권의 책을 읽고 10,000리 길을 걷는다'라는 것이 변강연구를 하는 연구자에게 전해 내려오는 이야기입니다. 현지 조사가 가장 중요한 것으로 변강지역에 가서 한 발이라도 걸어보고, 하나라도 보고, 한 소리라도 듣는 것이 연구를 심화하는 데 유리합니다.

다섯째, 연구 관점을 정확하게 고르는 것이 연구를 이루기 위한 중요한 담보입니다. 연구할 때는 미시적 연구와 거시적 연구를 모두 고려해야 합니다. 미시적 연구는 연구의 도입이고 거시적 연구는 연구를 한 단계 끌어올리는 시작입니다. 작은 주제로 큰 문장을 쓸 수 있지만 큰 주제를 작게 쓸 수는 없습니다. 연구할 때는 전체 국면을 염두에 두고 자기 연구성과를 나누어 쓰고 나중에 합해서 책을 내도록 온 힘을 쏟아야 합니다.[111]

학문을 하며 깨달은 다섯 번째에서 '연구 관점을 정확하게 고르는 것이 가장 중요하다'고 하였다. 그러므로 한·중 학술대회에서는 토론 주제를 정확하게 고르는 것이 가장 중요했을 것이다. 그런 면에서 마대정은 자신의 목적에 부합한 주제를 관철하는 데 성공했고, 김정배는 적을 돕는 주제를 골랐다고 볼 수 있다. 한편 마대정은 사명감을 가지고 현장에 가서 하나라도 보고, 듣는 것이 중요하다고 강조하였다. 마대정의 이 인터뷰는 길림성사회과학원 고구리연구소 연구원인 축립업(祝立業)이 했지만, 앞뒤 표지 안쪽에 마대정이 변강 연구를 어떻게 하였는지를 보여주는 사진을 가지고 특집을 만들었다. 중국공산당 길림성위원회 선전부 부부장 장복유가 꾸민 것으로 장복유가 마대정을 직접 모시고 다니며 찍은 것들이 많다.

2005. 10. 10. 경복궁 앞 마대정

① 2007년 9월 28일, 단동 중·조 국경 경계비 앞

② 2007년 9월 29일, 단동 압록강 끊어진 철교 앞

③ 2006년 9월 16일, 혼춘 방천(防川) 권하(圈河)에 있는 (북한 가는) 출입국관리소(口岸)

④ 2006년 9월 13일, 『동북사지』 사장 장복유 연구원과 블라디보스톡에서

⑤ 2005년 10월 10일, '한·중 고구리 역사와 문화 연구토론회'에 참가, 서울 경복궁 앞

⑥ 2005년 7월 6일, 『동북사지』 사장 장복유 연구원과 비를 무릅쓰고 장백산 서파에서 천지 올라감

111) 祝立業, 「驥行萬里志彌堅 平生抱負在邊疆」, 『東北史地』, 2009-4, 4쪽.

⑦　1996년 6월, 신강 찰포사이(察布査爾) 석백족(錫伯族)자치현의 중·카자흐스탄 국경비

⑧　2002년 5월, 신강 하밀시 과벽탄(哈密戈壁灘)

　　마대정이 직접 변경으로 가서 한 걸음이라도 걷고 하나라도 보고, 한 소리라도 들은 곳은 위구르족 문제가 큰 신강지역, 몽골과의 국경지대와 가까운 하밀, 그리고 반드시 수복해야 한다고 생각하는 연해주 블라디보스톡, 그리고 다섯 군데가 모두 한반도와의 국경이다. 단동의 압록강 국경, 두만강의 방천 국경, 백두산, 그리고 바로 김정배가 초청한 서울이다(사실은 초청하지 않아도 토론회에 당연히 올 것이지만). 제주도는 빠졌으나 제주도에서 김정배와 대화하면서 한국과 어떻게 대처해야 할지 깊이 생각했을 것이다.

　　글쓴이는 김정배의 제주도 초청 무용담을 읽으면서 바로 당 태종이 보낸 진대덕의 고구리 방문이 생각났다.

　　(영류왕) 24년(641)에 황제는 우리 태자가 입조하였으므로 직방낭중(職方郎中) 진대덕(陳大德)을 보내어 답례하였다. 진대덕이 국경에 들어와서 이르는 성읍마다 관리들에게 비단을 후하게 주고 말하기를 "내가 산수를 좋아해서 이곳에 경치가 뛰어난 곳이 있으면 보고 싶다."라고 하였다. 관리들은 그를 인도하기를 좋아하여 여러 곳으로 놀러 돌아다니며 가지 않는 곳이 없었다. 이로 말미암아 그 지리의 세세한 곳을 다 알게 되었다. 화인(華人)으로 수(隋) 말기에 군에 갔다가 숨어서 남게 된 사람들을 보면, 친척들의 생사를 말해주니 사람들마다 눈물을 흘렸다. 그런 까닭에 이르는 곳마다 남녀가 길이 비좁게 그를 보았으며 왕은 경비병을 성대하게 하여 사신을 만나 보았다. 진대덕이 사명을 받들고 온 것을 기회로 나라의 허실을 엿보았으나 우리나라 사람들은 알지 못하였다. 진대덕이 돌아가서 아뢰니 황제가 기뻐하였다. 진대덕이 황제에게 말하기를 "그 나라가 고창(高昌)이 망한 것을 듣고 매우 두려워하여, 객사에서 접대가 보통 이상으로 은근합니다." 하였다. 황제가 말하기를 "고구리는 본래 사군(四郡)의 땅이다. 내가 병졸 수만을 내어 요동을 공격하면 저들은 반드시 나라를 기울여 이를 구하려 할 것이다. 별도로 수군을 보내 동래(東萊)에서 출발하여 바닷길로 평양으로 가서 수군과 육군이 합세하면, 이를 빼앗는 것은 어렵지 않다.[112]

---

112) 『삼국사기』 권 20, 「고구리본기」 제8, 영류왕 24년.

2) 2차 한·중 학술회의의 성격

— 연구심화(深化研究)·백가쟁명(百家爭鳴)·화이부동(和而不同)·구동존이(求同存異)

주제 : 「고구리 문화의 역사적 의의」

일시 : 2005년 10월 11~12일

장소 : 화성 라비돌리조트

주최 : 고구려연구재단·중국사회과학원[113]

한국에서 열린 2차 한·중 학술대회에서도 중화인민공화국 측의 발언은 2004년과 마찬가지로 마대정이 맡았다. 여기서 발언(發言)이란 강화(講話)란 뜻이 있고 담화·연설 같은 뜻이 있는데 '개회 연설'쯤으로 옮길 수 있다.

> 2004년 12월 北京에서 열린 〈高句麗 文化의 역사적 가치 – 中韓學術討論會〉 개막식에서 저는 화이부동(和而不同), 구동존이(求同存異)라는 주제로 학술 발언을 하였습니다.
>
> 이번에는 '공동노력을 통한 연구의 심화(共同努力, 深化班究)'라는 주제로 저의 개인적인 견해를 말 씀드리니 회의에 참석하신 여러 선생님의 가르침을 바라는 바입니다.
>
> 고구리 역사연구의 심화는 우리 연구자들의 책임이며, 어떻게 하면 고구리 역사연구를 심화시킬 수 있는지에 대해 다음의 세 가지 사항을 제안합니다. 두 가지 원칙을 지켜 학술 문제는 학술적으로 풀어야 합니다.
>
> 첫째는 연구하는 가운데 역사와 현실, 학술과 정치를 분리하자는 원칙입니다. 고구리 역사연구를 역사화, 학술화라는 정상적인 학문연구의 궤도에 확실하게 올려놓아야 합니다. 고대 치나 역사에서 흥망성쇠를 거듭하였던 수많은 고대 민족과 그 정권 형성에 대한 중화인민공화국 학계의 성숙한 연 구 방식을 빌어서 연구를 심화해야 합니다.
>
> 둘째는 고구리 역사는 이미 학술연구의 영역이기 때문에 연구를 심화하고(深化研究), 여러 학자가 서로 열띤 토론을 하고(百家爭鳴), 서로 생각이 다르더라도 화목하고(和而不同), 같은 것은 취하고, 서

---

113) 고구려연구재단·중국사회과학원, 『고구리 문화의 역사적 의의』 고구려연구재단, 2005.

<u>로 다른 것은 놔두고 논의하지 않는(求同存異) 원칙을 중시하고 따라야 합니다.</u>[114]

먼저 1차 때 화이부동(和而不同), 구동존이(求同存異)라는 주제로 학술 발언을 했으며, 이어서 '공동노력을 통한 연구의 심화(共同努力, 深化班究)'라는 주제로 발언한다는 것을 강조한다. 그러나 따지고 보면 두 번째 연설도 1차 때의 주장을 더 깊이 있게 다듬은 것이다.

(1) 첫째 동북공정은 학술 문제이고, 학술 문제는 학술적으로 풀어야 한다. 그 구체적인 내용은 중화인민공화국이 처음부터 주장하는 ① 역사와 현실의 분리, ② 학술과 정치의 분리라는 멋진 구호와 그런 학문연구의 심화는 ③ 중화인민공화국학계의 성숙한 연구 방식을 통해서 해야 한다는 것이다. 한국의 연구 방식은 ① 역사와 현실이 분리되지 않았고, ② 학술과 정치가 분리되지 않았으므로 미숙한 연구 방식이라는 뜻이 된다. 실제로 중화인민공화국 학자들은 한국의 연구 자세를 비판하면서 위의 두 가지 문제점을 지적하고 있다. 두 번째 회의에서 이미 중화인민공화국 학계의 성숙한 연구 방식으로 연구를 하는 것이 연구를 심화하는 것이라고 대놓고 요구한 것이다.

(2) 둘째는 연구 심화할 때 필요한 원칙인데, 모든 문제를 털어놓고 논의하되(百家爭鳴) 1차에서 주장한 ① 서로 생각이 다르더라도 화목하고(和而不同), ② 같은 것은 취하고 서로 다른 것은 놔두고 논의하지 않는다(求同存異)는 것이다.

이는 이미 침탈해간 역사에 대해서는 논의하지 말고(存異), 서로 인식을 같이한 것만 논의하자(求同)는 것으로 실제 1, 2차에 논의한 학술논문을 보면 중화인민공화국의 의도대로 진행되었고, 마대정이 주장하는 대로 실천에 옮겨졌다. 동북공정의 중단이나 역사침탈의 중지 같은 것은 말도 꺼내지 못하고 있어, 구두합의에서 언급한 '학술적 해결'과는 완전히 다른 방향으로 가고 있다. 우리가 문제를 제기하지 않으므로 해서 그들의 역사침탈을 묵인하고 있다는 것을 한국의 전문가들은 모르고 있었거나 알면서도 정치적 실적을 위해 묻어두는 그야말로 '구동존이'에 충실했다.

---

114) 馬大正, 「공동 노력을 통한 연구의 심화(共同努力 研究深化)」『고구리 문화의 역사적 의의』 고구려연구재단, 2005, 9쪽.

이 연설은 앞에서도 보았지만 두 달 전 연변에서 열린「고구리 역사·문화 학술토론회」에서 한 것과 같은 내용이다. 마대정이 동북공정에서 내세운 일관된 2005년도 논지라는 것을 알 수 있다.

3) 한·중 발표 논문에 대한 분석

(1) 한국 측의 논문 5편

① 　노태돈(서울대),「당 이현(李賢) 묘 예빈도의 조우관 쓴 사절과 고구려」

　　노태돈의 이 논문은『예빈도에 보인 고구려』(서울대학교 출판부, 2003)를 간추린 것으로 결론에서 "고구려 멸망 뒤에도 당 천하의 주요 구성 부분을 나타내는 당대의 불교 관계 그림에 고구려를 상징하는 조우관 쓴 이가 등장함을 볼 수 있는데, 이를 통해 당인들의 의식에 깊이 각인되어 있는 고구려에 대한 인식의 일단을 찾아볼 수 있다. 즉 고구려를 동방을 대표하는 유력한 국가로 여김이 그것이다."[115]라고 고구리가 독립 국가였다는 것을 이야기했다.

　　그러나 이 논문도 1차와 마찬가지로 앞에서 본 동북공정의 역사침탈 주제와 전혀 관련이 없고, 동북공정에서 연구된 논문도 전혀 인용되지 않았다.

② 　김상현(동국대),「고구려의 미륵신앙」

　　"도솔천에 대한 이해나 동경은 종래 고구려 왕실의 천손의식과 쉽게 연결되는데, 도솔천에서 천손이 함께 만날 것을 발원했던 금동관의 명문은 이 점을 잘 말해주고 있다."[116]라고 해서 천손의식이 있다는 점을 강조했지만, 이 논문은 동북공정과 전혀 상관이 없다.

③ 　고광의(고구려연구재단),「고구러 서체의 형태 변천 연구」

　　이 논문은 동북공정과 전혀 상관이 없다.

④ 　최종택(고려대),「고구려 토기 편년 연구」

　　이 논문은 동북공정과 전혀 상관이 없다.

⑤ 　강우방(이화여대),「고구려 고분벽화의 영기문(靈氣文)의 양상(樣相)과 그 전파」

　　이 논문은 동북공정과 전혀 상관이 없다.

---

115) 노태돈,「당 이현(李賢) 묘 예빈도의 조우관 쓴 사절과 고구리」『고구리 문화의 역사적 의의』, 고구려연구재단, 2005, 44쪽.

116) 김상현,「고구리의 미륵신앙」『고구리 문화의 역사적 의의』, 고구려연구재단, 2005, 196쪽.

(2) 중화인민공화국 측의 논문 5편

①　이신전(요령성문물고고연구소), 「오녀산 산성과 주변의 고구려 초기 유적」

②　이대룡(중국변강사지연구중심), 「고구려 건국 신화에 내포된 역사 진실」

③　경철화(통화사범학원), 「집안 출토 권운문(卷雲紋) 와당 연구」

④　강유공(장춘사범학원), 「실전된《고려기(高麗記)》의 발견과 수집 및 고증」

⑤　이종훈(연변대), 「고구려 책성(柵城) 유적에 관한 판별과 분석(辨析)」

　　중화인민공화국 측의 논문 가운데 경철화가 권운문 와당 연구를 통해서 그 와당이 고구리 통치구역 안에서 생활하던 한족(漢族) 사람들이 만든 것이라고 주장하고, 한 걸음 더 나아가 '고구리 통치구역 안의 민족 구성을 이해하고 인식하는 데 아주 중요한 자료다.'[117]라는 문장이 나오지만, 고구리에 한족들이 살았다는 것은 이미 일반화된 이야기다.

　　그 밖의 논문들도 모두 동북공정과 관계가 없는 주제들이다.

(3) 발표 논문에 대한 분석

　　위에 나온 논문 10편을 자세히 분석해 본 결과 한국 측의 논문 가운데 동북공정 문제를 다룬 논문은 한 편도 없었고, 동북공정 4년 동안 역사를 왜곡한 많은 논문 가운데 단 한 편의 논문도 인용하지 않은 완전히 비동북공정(非東北工程) 주제로 채웠다. 우선 주제를 보면 그럴 수밖에 없다.

1차 : 고구리 문화의 역사적 가치(高句麗文化的歷史價值)

2차 : 고구리 문화의 역사적 의의(高句麗文化的歷史意義)

　　앞에서 보았듯이 양측이 일부러 논쟁점이 없는 주제를 선정하다 보니 2년의 주제가 거의 차이가 없다. '가치'와 '의의'만 다른데, 도대체 무슨 차이가 있는지 모르겠다. 문제점이나 논쟁점이 없는 주제를 선정했으니 논쟁이 없을 수밖에 없었고, 논자들 대부분이 이미 발표한 논문을 간추려 발표하는 수준이라 학술가치 또한 높지도 않았다. 동북공정 때문에 여는 한·중 학술회의이므로 동북공정

---

117) 耿鐵華, 「集安出土卷雲紋瓦當研究」, 『고구려 문화의 역사적 의의』 고구려연구재단, 2005, 296쪽.

2차 한·중 학술회의 발표논문집

에 제기된 문제점과 논쟁점을 서로 당당하게 내놓고 그에 대한 깊은 토론을 통해 학술적 해결을 해야 했는데, 처음부터 문제가 없고 논쟁점이 없는 문제만 다루었으니 논쟁도 없고 해결도 없는 '보여주기 식' 토론회를 한 것이다.

김정배의 기본 관점은 "민감한 주제를 내세우면 합의가 어려울 것이고, 학술회의가 성립되지 않는다." "따라서 민감한 것은 피하고 우선은 개괄적으로 해야 한다."라는 것이었다. 여기에 어떤 방법으로든지 회의를 성사시켜야 한다는 긴박감이 엿보이고, 이를 간파한 노련한 마대정은 미리 준비한 3단계에서 1·2단계를 생략하고 바로 3단계로 넘어가는 쾌거를 올린 것이다.

그렇다면 여기서 아주 중대하고 커다란 질문거리가 생긴다.

"그렇다면 무리하게 동북공정의 민감한 문제들을 제시해서 상대방이 받아들이지 않는다면 회의가 깨지는데, 회의가 무산되어도 좋단 말인가?"

대답은 "그렇다"이다. 학술토론회는 중화인민공화국이 먼저 제의했고, 양쪽이 첨예하게 대립할 것을 상정해 3단계로 준비했으므로 민감한 문제를 제기해도 당연히 받아들이고, 그다음 우리의 문제 제기에 대해 학술토론회에서 치밀하게 반론을 폈을 것이다. 만일 동북공정 문제를 해결하기 위해 여는 학술토론회에서 동북공정에 제기된 문제를 토의할 수 없다고 한다면 우리는 당당하게 그 사실을 발표하면 된다. 그래야만 이 문제는 그대로 살아남아 있을 것이고, 정치·외교적으로 큰 카드를 살려놓을 수 있었다.[118] 그런데 김정배가 역사적으로 큰 오산을 하여 그들이 바라는 대로 주제와는 아무 상관이 없는 형식적인 학술회의를 받아들여 진행함으로써 그들의 역사침략을 묵인하고 토론을 통해 합의한 것처럼 빌미를 제공한 것이다. 그들이 두 번 학술회의를 할 때마다 시내에서 멀리 떨어져 기자들이 오기 어려운 장소를 택하고, 비밀을 강조했던 것은 바로 이런 배경에서 온 것이다. 국민적 관심사를 등에 업고 나간 대표가 그들에게는 모든 것을 드러내 보이고 국민에게는 철저하게 비밀로 하였으니 이게 어떻게 역사전쟁에 임한 우리 측 장수인가?

당시 고구려연구재단 이사였던 글쓴이도 어떻게 진행되었는지 알 수 없었고, 최근 20년이 다 되어가는 세월이 흘러 자료가 보관된 동북아역사재단에 정보자료 청구를 했으나 기각되었다. 중화인민공화국은 동북공정을 마치고, 포털에서 검색하는 백과사전까지 다 고쳤는데, 한국은 아직도 학술토론회 진행 상황을 비밀로 하는 사대(事大)와 갑질을 하고 있다. 나중에 보겠지만 이런 고구려연구재단과 동북아역사재단의 대국 눈치 보기는 고대사를 연구하는 일반학자들에게도 전염되어 젊은 학자들도 중화인민공화국의 눈치를 보며 학문을 하는 계기가 되었다.

철저한 화이부동(和而不同)·구동존이(求同存異)였고,

연구 심화(深化研究)·백가쟁명(百家爭鳴)은 없었다.

적과는 화이부동(和而不同)하고 아군과는 동이불화(同而不和)하고,

적과는 구동존이(求同存異)하고 아군과는 구이존동(求異存同)했다.

발표 주제와 대상에서 동북공정의 핵심 주제를 빼버리므로 해서

연구심화(深化研究)는 해보았자 헛것이고,

백가쟁명(百家爭鳴)은 하지도 않았지만 해도 쓸모가 없었다.

동북공정 시작한 지 4년이 지났지만 외교부로서는 귀찮은 외교 문제였고,

고구려연구재단은 아무도 접근하지 못하게 비밀독점하면서

---

118) 보기를 들어 지금처럼 미·중 사이에 패권 경쟁을 할 때 우리가 중화인민공화국 편에 서기 어렵다는 것을 내세울 때 쓸 수 있는 엄청나게 강력한 외교 카드다. 곧 "그래도 미국은 우리 역사를 침탈하지는 않는다"라는 카드다.

화이부동(和而不同)·구동존이(求同存異)했다.

그리고 국민은 그런 두 세력을 믿고 전쟁이 끝난 것으로 착각하고 천천히 잊어갔다.

결국 적군과 친화하려고 노력하는 동안 국내에 있는 아군 세력에 밀려나 고구려연구재단은 사라질 위기에 처하고, 그것을 잘 아는 중화인민공화국의 수장 마대정은 그런 상황을 최대한 이용하여 동북공정을 학술적으로 해결하는 척하는 쇼를 멋지게 연출하고 돌아갔다.

2005년 12월 6일 국회 유기홍 의원 등 23명이 『동북아역사재단 설립 운영에 관한 법률안』을 발의함으로써 고구려연구재단은 풍전등화의 처지에 이른다. 그러나 그 법안은 야당인 한나라당이 사학법과 연계시켜 반대하여 통과되지 못해 새로운 재단의 탄생은 계속 늦어졌다. 고구려연구재단은 존재감에 대한 불안에 적극적인 활동에 제약을 받았고, 동북아역사재단은 출범하지도 못해 동북공정에 대한 대응은 표류하기 시작한다.

4) 간도학회 이일걸 회장의 한·중 학술회의에 대한 오해

고구려연구재단 김정배 이사장의 동북공정 대응에 대해 가장 큰 불만을 가진 단체가 간도학회였다. 고구려연구재단이 설립된 직후부터 이일걸 회장은 고구려연구재단에 대해 문제를 제기하였다.

김정배 이사장이 취임하였지만, 고대사를 전공해서인지 모든 사업이 고구려사에 치우친 면이 많았으며, 간도문제를 소홀히 다루었다. 더구나 조선일보와의 인터뷰 기사 중 "우리나라 사람들이 백두산 일대에서 만주는 우리 땅이라 외치고 다니는 것과 일본인이 서울에 와서 서울은 우리 땅이라고 한다면 어떻게 할 것인가?"라는 비유가 적절하지 않다는 평이었다.……더구나 2004년 8월 중국의 고구려사 왜곡사태에 대하여 "5개 항의 한·중 구두양해"에 양국이 합의한 이후 고구려연구재단의 대응 전략은 "학술적 해결" 이외의 다른 방법이 없었다. 중국이 한중 역사분쟁을 "학술적 해결"을 천명하고 "간도문제 언급의 자제"를 우리 정부에 요청한 탓인지는 그 징후가 나타나기 시작하였다.

…… 윤휘탁은 9월 21일 중앙일보에 "지금 간도문제를 꺼내는 건 부적절"이라는 제목으로 기고하였으며, 배성준은 4일 후인 9월 25일 경향신문에 "간도문제에 대한 환상"을 기고하였다. 윤휘탁

은 동북공정의 진의를 "남북통일 후 재중동포의 동요와 이탈을 막고 불거질지 모르는 영토문제에 대응하는 것"이라고 기술하였다. 즉 중국의 역사왜곡의 궁극적인 목적이 "간도문제"에 있음을 인식하면서도 윤휘탁은 "간도협약의 무효화 결의"는 부적절하다는 것이다. 간도문제의 제기는 중국의 역사왜곡 시정을 어렵게 하고 중국의 강경대응을 야기할 뿐만 아니라 분단 상황을 고착시켜 남북통일을 어렵게 한다는 것이다. 따라서 간도문제는 통일 이후에 제기하여 분쟁지화 할 수 있다고 주장하였다. 이와 같은 윤휘탁의 주장은 중국의 동북공정의 목적과 중국의 대한반도 정책, 국제법상 영토의 취득시효 문제를 잘 파악하지 않고 있음을 말하고 있다.[119]

이처럼 한국 정부가 '학술적 해결'이란 중화인민공화국의 전략에 말려 간도문제를 희생시키자 격분한 간도학회 회장은 이렇게 비판하였다.

> 지난해 8월 고구려사 왜곡 문제가 대두되자, 무대위(武大偉) 지나(支那) 외교부 차관이 내한하여 반기문 장관, 이종석 안보회의 차장, 최영진 차관과의 면담 및 협상 결과 5개 항의 구두양해라는 외교 관례에 없는 희한한 합의를 하였다.……반기문 장관 부임 후 고구려사 문제는 학술 문제로 해결한다고 합의를 하였으며, 지나의 동북공정은 간도 영토공정인데도 불구하고 명칭부터 논란이 된 "고구려연구재단"을 출범시켰다.……<u>국가의 녹을 받아먹으면서 제 국가의 역사를 찬탈하는 저들의 의도를 막지 못하고 수수방관하였으니 녹만 축내는 도적이 아니면 무엇이며, 그 지은 죄가 얼마나 큰가. 우리 역사의 찬탈은 전쟁해서 영토를 빼앗는 것보다 더 사악하여 우리 민족의 정신을 영원히 빼앗기는 것이며, 그 해악이 후손 만대에 이어진다. 나는 이들을 동북공정 7적이라 불러 역사에 길이 새겨두고자 한다.</u>[120] <u>즉 노무현, 김원기, 이해찬, 천정배, 임채정, 반기문, 이종석이 이에 해당한다.</u>[121]

이일걸의 이와 같은 과격한 평가는 당시 국내에서 일어나고 있는 간도문제에 대한 여론을 무시하고 간도문제를 한중외교회담에서 제기하지 않은 것에 대한 역사적 해석이었다. 실제로 간도문제는

---

119) 이일걸, 「間島協約 締結 100년의 回顧와 展望」, 『백산학보』 85, 42쪽.

국회에서도 크게 문제 삼고 있었다.

중국의 고구려사 왜곡이 밝혀지자 여야 의원 46명이 "중국의 고구려사 왜곡 및 중국 역사 편입 시도 중단 촉구 결의안"을 제출하였다(2004.8.6.). 김원웅 의원은 7개월 후에도 "간도협약의 원천적 무효 확인에 관한 결의안"을 제출하였다. 제안 이유로는 중국이 고구려사 왜곡과 동북공정을 통해 간도영유권을 확보하려는 의도가 있음을 간과할 수 없다고 하였다.

2006년 중국의 동북공정 문제가 다시 불거지자 9월 국회 본회의에서 진영의원이 발의한 동북공정 등 중국의 역사 왜곡 중단 및 시정 촉구 결의안"을 출석의원 228명 중 227명의 찬성으로 채택하였다.[122]

이런 국민적 규탄을 생각한다면, 이 문제를 한중학술회의에서 문제를 제기해야 했었다. 그러나 고구려연구재단이 고구리 문제만 내걸고 영토 문제인 간도문제를 한중학술회의에서 언급조차 하지 않은 사실을 뒤에 이일걸 회장은 김정배 이사장의 매국 행위 6가지를 들었다. 그 가운데 다음과 같은 행위가 들어있다.[123]

---

120) 이일걸의 동북공정 7적론은 을사늑약 7적과 비교한 것이다. 李日傑, 「간도 분쟁과 동북공정 칠적론」, 『우리 땅 간도』, 2005. 9, 4쪽. 〈을사늑약에 찬성한 을시오적은 이완용, 이지용, 이근택, 처음에 반대했던 박제순과 권중현은 의결과정에서 찬성한 기회주의자였다. 그리고 기생의 아들로 태어나서 일진회를 만들어 한일합병을 촉구했던 송병준과 이완용의 비서인 이인직을 합쳐 을사칠적이라고 부른다지만 을사늑약의 책임이 이들에게만 있는 것이 아니다. 실제 송병준과 이인직보다 더 큰 책임은 고종과 한규설에 있다고 보아야 하며 이 둘을 합쳐 신을사칠적이라고 불러야 옳다. 결국 이들에 의한 을사늑약으로 간도협약이 체결되고 간도 지역이 청의 영토가 되어 버리니 간도칠적(間島七賊)이기도 하다.〉

121) 李日傑, 「간도 분쟁과 동북공정 칠적론」, 『우리 땅 간도』, 2005. 9, 5쪽.

122) 이일걸, 「間島協約 締結 100년의 回顧와 展望」, 『백산학보』 85, 228쪽

123) 이일걸, 「김정배 고구려역사재단 이사장 시 매국 행위」, 〈다음카페 역사의병대〉 https://cafe.daum.net/his-militia/g7y9/4

김정배 고구려역사재단 이사장 시절 매국 행위 :

고구려연구재단 이사장으로서의 매국 역할 담당(2004. 3~2006. 8)

이일걸(간도학회 회장)

김정배는 중국학자들과 수차의 비밀학술회의를 개최하였지만, 간도문제 제기에는 회의적인 시
각을 갖고 있었다. 당시 국회에 "간도협약의 무효화 결의안"이 2월과 9월에 제출된 상태였으며, 중
국의 우다웨이 부부장이 방한하여 "간도 땅의 요구"를 하지 말아 달라고 요청하였다. …… 동북공정
에 대응하기 위해 만든 고구려연구재단의 김정배 이사장은 중국의 "학술적 차원의 해결" 전략에 말
려들어 2년 반 동안 동북공정을 막기보다는 오히려 중국의 동북공정 이후 추진한 '백두산공정', '장
백산문화론', '요하문명론', '만리장성연장론'을 방조하여 우리의 역사와 혼을 중국에 빼앗기는 결과
를 초래하였다.

그런데 당시 이일걸 회장은 한 가지 크게 오해를 한 사항이 있었다. 곧, 김정배가 이끄는 고구려
연구재단이 동북공정 문제를 학술적으로 풀기 위해 중화인민공화국과 한·중 학술회의를 하면서 '간
도문제만 뺀 것이 아니라, 중화인민공화국이 침탈한 (고)조선·부여·고구리·발해에 대해서도 어떤
문제를 제기하지 않았다'라는 사실을 모르는 상태에서 평가한 것이다. 이런 점은 이일걸 회장뿐 아
니라 국민 대부분이 모르고 있는 사실이다. 만일 이일걸 회장과 국민이 이 사실을 알면 어떻게 평가
할까?

III. 동북공정 5년 차 2006년의 동북공정 진행과 연구성과

1. 2006년 동북공정의 성과 분석 1 : 《동북변강총서》 3권

이처럼 한국 측의 전열이 흐트러져 있을 때 중화인민공화국은《동북변강총서》 3권을 펴내는 등 괄목할만한 성과를 낸다. 중국변강사지연구중심 홈페이지에서 처음 동북공정을 발표할 때 2002년 2월부터 2007년 1월까지 5년 계획이라고 발표하였다. 2007년은 1월뿐이므로 큰 의미가 없고 실질적으로는 2006년 말까지다. 그러므로 그동안 나오지 못하고 연기되었던 연구성과가 한꺼번에 나왔다.

먼저 2006년에 동북변강총서로 발행된 3권의 책부터 간단히 보기로 한다.

1) 『한·당 번속체제 연구(漢唐藩屬體制研究)』

이 주제는 「동북공정」에서 특별히 따로 중국변강사지연구중심 임원들에게 위탁한 과제 5가지 가운데 하나다. [124] 동북공정(2002~2007)을 시작한 첫해에 선정한 과제로 2003년에 완성하게 되었는데 3년이나 늦게 나온 것이다. 이 책은 그만큼 어렵고 중요한 과제였다는 것을 보여준다. 현대의 국제사회가 있지만, 고대에는 치나와 번속국으로 이루어진 종속관계만 존재하였다는 전제를 이론적

1994년 국제고구리문화학술대회 때 환도산성(맨오른쪽이 이일걸)

으로 정립한 과제다.

　서한 시기 번속 체제는 번신(藩臣)·외신·적국이 있는데 위씨조선은 외신(外臣) 관계라고 했다.[125] 고구리와 관계된 부분은 이미 2003년 발행된『고대 중국고구리 역사 속론』「이론편」에 자세하게 썼다.[126] 그리고 "당 왕조와 발해의 번신 관계의 건립은 중종 즉위년(705)부터 시작되었다."[127]라고 해서 발해는 번신 관계라고 못 박았다.

　이『한·당 번속체제 연구(漢唐藩屬體制研究)』는 이른바 만주 강역 이론의 결정판으로 만주 학자들

124) www.chinaborderland.cass.cn(현재 폐쇄), 課題管理/(發布時間 : 2004-6-4 9:56:2) :「1987-2002年度院, 所重點課題完成情況」40. 李大龍主持,『漢唐藩屬研究』("東北工程"委托項目), 2002年立項,2003年完成.

125) 李大龍,『漢唐藩屬體制研究』中國社會科學出版社, 2006-5. 60쪽.

126) 馬大正 主編,『고대 중국 고구리 역사 속론(古代中國高句麗歷史續論)』 2003-10, 1~80쪽; 서길수 옮김,『동북공정 고구리사』 사계절, 2006.

127) 李大龍,『漢唐藩屬體制研究』中國社會科學出版社, 2006-5. 392쪽.

의 고대사 연구에 중요한 지침이 되었다고 볼 수 있다.

2) 『발해국사(渤海國史)』

『발해국사』는 〈2002년 동북공정 선정 과제번호 5〉의 결과물인데 예정보다 3년이나 늦게 출판되었다. 간지경(幹志耿)과 손진기(孫進己) 두 사람이 쓴 서문은 모두 2002년 11월로 되어있는 것을 보면, 이 책의 원고는 이미 2002년 말 탈고되었으나 3년 이상 출판되지 못한 것은 동북공정 전문가위원회의 검열에서 문제가 있어 보류되었었다고 볼 수 있다.[128] 따라서 현재의 내용은 많은 수정이 있었다고 본다. 간지경은 서문에 이 책을 이렇게 칭찬하였다.

　　작자는 고고학 자료와 일본 고적에 나오는 '말갈국'에 대한 논술을 바탕으로 '말갈국'이 바로 발해국이라는 것을 논증하였다. 아울러 발해 정권이 '발해국'으로 나라 이름을 확정한 것을 논증하는 과정에서 발해 왕실 및 주체 민족이 말갈이라는 것을 정확히 논증하였다. 이것은 발해국사와 발해민족사 연구에서 얻은 핵심적 성취다.

　　『발해국사』는 발해국과 당 왕조의 관계 문제를 정확하게 논술하였고, 발해국은 당조의 발해군, 곧 발해도독부이고, 당조 중앙정부에 예속된 지방 민족 정권이고, 또한 발해는 당조 관할 아래 있던 기미주부(羈縻州府)라는 것을 명확하게 지적해 냈다.[129]

3) 『고구리 민족과 국가의 형성과 변천』

양군(楊軍)은 1967년생으로 다른 학자들에 비해 젊고, 길림대학에서 정식으로 석박사 과정을 밟은 엘리트다. 2000년 이후 고구리 5부와 고구리족의 연원에 대해 꾸준히 연구해 온 것을 합쳐서 낸 과제다. 고구리족의 원류는 꽤 복잡하여 몽골초원 동부의 맥인·구리(句麗)인·진번인, 그리고 중원에서 온 한인(漢人) 등이 녹아서 고구리족이 되었다고 보았다.

---

[128] 이 책은 2007년 지인으로부터 받았다. 그때 이 책은 서점에 나가지 않았다는 이야기를 들었다.

[129] 魏國忠·朱國忱·郝慶雲, 『渤海國史』 中國社會科學出版社, 2006, 2쪽.

고구리 정권 전성기 관할 구역은 넷으로 나눌 수 있다. 혼강 유역과 압록강 중류 지구, 대동강 유역, 제2송화강 유역, 요동반도 지구다. 상(商) 말기 이전에는 4개 지구의 토착민은 모두 동이(東夷) 사람이었다. 동이 사람들은 부족들이 많았으나 풍속과 문화는 많은 부분 공통성이 있었다. 상나라 말 은나라 유민이 대동강 유역으로 옮겨오고, 서주 말 맥(貊) 계가 몽골초원에서 제2송화강·혼강유역과 압록강 중류 지구로 옮겨와 이런 지구에 중원문화와 몽골 초원문화의 영향을 주었으며, 아울러 각 지에서 태어난 다른 유형의 민족이 융합하여 위에서 본 3개 지구에서 서로 다른 민족의 변천과정을 거쳤다.

전국시대 요동반도에 연국(燕國)의 통치범위에 들어가며 중원의 이민이 대량으로 이 지구에 들어와 요동반도를 하화(夏華)화 시켰고, 아울러 한족의 발원지 가운데 하나가 되었다.

진(秦) 말에 대한이 일어나 중원 이민들이 요동반도를 넘어 대량으로 조선반도 북부로 들어가 대동강 유역이 하화(夏華)화 되었다. 이에 따라 위에서 본 4개 지구가 계속해서 다른 민족의 변천 과정을 거쳐 전부 고구리 정권의 통치 아래 들어가 공동으로 녹아들어 고구리 족을 형성하였다.[130]

고구리 옛땅에 동이족이 있었지만 상나라 말, 진나라 말 중원 사람들이 들어와 하화족으로 만들어 한족의 발원지가 되었고, 일부 몽골초원 동쪽에서 온 맥족과 함께 고구리족을 형성하였다는 것이다. 요동이 한족의 발원지가 되었다는 부분은 통일다민족국가 이론을 바탕으로 한 관점이라는 것은 쉽게 알 수 있다.

길림대학의 고복순(高福順)은 서평에서 "이전의 고구리 역사에 대한 학술 저서와 다른 점이 있다.……비록 많이 부족한 점과 아쉬운 점이 있지만 고구리 역사에 있어서 하나의 새로운 저작이다."라고 평가하였다.[131]

---

130) 楊軍, 『高句麗民族與國家的形成和演變』 中國社會科學出版社, 2006. 4쪽.

131) 高福順, 「『高句麗民族與國家的演變』評介」 『東北史地』 2기, 2007 90쪽.

2. 2006년 동북공정의 성과 분석(2) :『동북사지』

2006년『동북사지』에 우리 역사와 관련하여 모두 46편의 논문이 실렸는데, (고)조선이 5편, 고구리가 27편, 발해가 8편, 고리와 조선이 4편, 백두산과 간도문제가 2편이었다. 고구리 논문은 27편인데 주로 전문가논단과 학술무대(學術園地)에 실렸다.

1) 전문가 논단(專家論壇)

1. 張福有·孫仁傑·遲勇,「朱蒙所葬之"龍山"及太王陵銅鈴"峻"字考」,『東北史地』2006-01.

2. 徐德源,「漢樂浪郡屬縣今地考定質疑」,『東北史地』2006-02.

3. 張福有·孫仁傑·遲勇,「豆谷, 豆谷離宮及琉璃明王陵」,『東北史地』2006-02.

4. 李殿福,「國內城始建於戰國晚期燕國遼東郡塞外的一個據點之上」,『東北史地』2006-03.

5. 張福有·遲勇·孫仁傑,「集安篙子溝墓地調査與東川王陵考」,『東北史地』2006-03.

6. 李德山,「再論高句麗民族的起源」,『東北史地』2006-03.

7. 劉壹堂,「參加古代壁畫臨摹的回憶與體會」,『東北史地』2006-03.

8. 史長樂,「曾鞏對高麗世次十問」,『東北史地』2006-03.

9. 李大龍,「關于高句麗早期歷史的幾個問題」,『東北史地』2006-04.

10. 劉子敏,「關于高句麗第一次遷都問題的探討」,『東北史地』2006-04.

11. 耿鐵華,「潘祖蔭藏好太王碑早期拓本當議」,『東北史地』 2006-04.

12. 楊軍,「高句麗人口問題研究」,『東北史地』2006-05.

13. 王綿厚,「遼東"貊系"青銅文化的重要遺跡及其向高句麗早期文化的傳承演變—關於高句麗早期歷史的若干問題之四」,『東北史地』2006-06.

14. 史長樂,「王建爲何定國號爲高麗」,『東北史地』2006-06.

15. 耿鐵華,「跋高句麗金銅佛造像」,『東北史地』2006-06.

16. 姜維公,「從傳統民族觀與正史體例來看正史四夷傳的部族前史兼論族源族屬問題」,『東北史地』2006-06.

2) 학술원지(學術園地)

17. 劉偉, 「儒家思想在高句麗前期的傳播原因及影響」, 『東北史地』 2006-01.

18. 於波, 「漢文化對高句麗文化的影響」, 『東北史地』 2006-02.

19. 王昭, 「集安出土靑銅車轄的初步討論」, 『東北史地』 2006-05.

20. 蔣戎, 「東漢時期 "柔道行之", 治邊思想及其在東北地區的影響」, 『東北史地』 2006-05.

21. 趙紅梅, 「略析玄菟郡的多元民族結構」, 『東北史地』 2006-06.

22. 通化市文管會辦公室, 「通化江沿遺跡群調查」, 『東北史地』 2006-06.

23. 王貴玉·王堵·王志敏, 「通化江沿遺跡群所在地當卽卒本夫餘初居地」, 『東北史地』 2006-06.

24. 〔韓〕琴京淑 撰 馬彥 編譯, 「高句麗前期地方統治考」, 『東北史地』 2006-06.

3) 고고신론(考古新論)

25. 大連市文物考古硏究所, 「大連城山山城 2005年調査報告」, 『東北史地』 2006-04.

26. 張福有, 「集安出土趙國陽安君靑銅短劍及相關問題再探」, 『東北史地』 2006-05.

4) 산수지간(山水之間)

27. 王叢安·王俊輝·趙金付, 「沸流王故地在桓仁」, 『東北史地』 2006-02.

3. 2006년 내부 분열로 역사전쟁을 포기한 한국 : 길잃은 동북공정 대처 문제

1) 동북아역사재단의 성립과 단명한 고구려연구재단

정부는 2005년 9월 동북아역사재단의 감독기관을 외교통상부로 하는 법안을 국회에 제출했다. 그러나 법안 심의과정에서 역사·영토 문제에 소극적인 외교통상부를 감독기구로 하면 활동이 위축

될 수 있다는 비판으로[132] 2005년 12월 감독기관이 교육인적자원부로 바뀌면서 의원 입법안으로 국회에 제출됐다. 하지만 사립학교법을 둘러싼 여야 대치로 통과되지 못하고 결국 2006년 1월 출범은 늦어지게 되었다. 우리는 앞장에서 여기까지 보았다.

중화인민공화국의 고구리사 왜곡과 일본의 역사교과서 왜곡, 야스쿠니(靖國)신사 참배, 독도해역 수로 조사 파문 등 일련의 역사 및 영토 논란에 대한 체계적으로 대응하기 위한 법을 제정하기 위해 국회에서 제출한 법안은 정권으로부터의 독립성, 주관 부처를 어디로 할지, 다른 연구기관과의 중복 문제 등에 따른 논란이 계속되면서 재단의 구체적 위상과 활동 내용을 뒷받침하는 법안은 반년 넘게 오랫동안 표류하다가 2006년 5월 2일에야「동북아역사재단 설립 운영에 관한 법률안」이 국회 본회의를 통과하였다.

법안은 통과됐지만, 동북아역사재단은 자체 예산을 확보하지 못해 예비비로 설립지원금을 받아야 했다. 바른역사정립기획단이 2006년 초 재단 출범을 예상해 설정한 예산안은 340억 원이었다. 재단법에 따라 법안이 공표되고 30일 안에 7인의 설립추진위원회를 구성하고, 국무회의를 거쳐 5월 19일「동북아역사재단 설립 운영에 관한 법률」(법률 제7955호)을 제정하여 공표하였다.

그러나 재단설립 문제는 몇 가지 문제 때문에 지연되었다. 먼저 이사장을 비롯한 인선 문제가 크게 대두되었다. 이사장 등의 선임이 정권의 전형적 '코드인사'로 이뤄지면 재단의 위상이 흔들릴 수밖에 없고, 국민적 관심이 높고 외교적으로도 민감한 사안들의 조타수가 될 이들이 정치권의 풍향에서 벗어날 수 없으면 국내외적 권위에 손상이 가기 때문이다. 그런데 재단 이사장을 임명해야 할 교육부 장관이 더 문제였다. 2004년 고구려연구재단을 전폭적으로 밀어주고 김정배에게 모든 전권을 위임했던 안병영 장관부터 고구려연구재단이 없어지는 2006년 8월 말까지 2년 반 동안 무려 5명의 장관이 바뀌었다. 고구려연구재단 이사장의 동북공정 대응도 문제지만 그것을 총지휘해야 할 장관이 이처럼 자주 바뀌면서 무슨 감독을 하고 전략을 세울 수 있겠는가?

---

132) 조선일보 2006. 5. 8.「매머드급 '동북아역사재단' 어디로 가나」에서는 외교부 산하로 설치하려 했으나 "어용 기관을 만들려 하는 것이 아니냐"는 여론의 역풍을 맞았고, 우여곡절 끝에 교육부 산하로 바뀌었다.

안병영 : 2003. 12. 24~2005. 01. 04.

이기준 : 2005. 01. 05~2005. 01. 10

김진표 : 2005. 01. 28~2006. 07. 20

김병준 : 2006. 07. 21~2006. 08. 08

김신일 : 2006. 08. 09~2008. 02. 28

2006년 7월 김진표 장관이 물러나고, 바른역사기획단을 이끌던 김병준이 교육부총리 겸 교육인 적자원부 장관으로 임명되었지만, 곧 당시 한나라당에서 캐낸 제자의 논문 표절 논란에 휩싸였고, '논문 중복보고·중복게재' 사실이 드러났다. 또한 두 딸이 각각 대원외고와 대일외고에 편법으로 전·편입했다는 의혹도 제기되었다. 논란이 계속 이어지자 결국 취임한 지 14일 만에 사퇴하였다. 그리고 8월 9일에 새로 김신일 장관이 취임하였다. 김신일은 서울대학교에서 교육연구소 소장으로 있다가 장관이 되었고 비로소 같은 서울대 동양사학과 교수 김용덕이 이사장으로 임명되었다.

두 번째 문제는 고구려연구재단 합병 문제였다. 교육부 산하 연구기관인 고구려연구재단도 중화 인민공화국의 동북공정(東北工程)뿐 아니라 한·일 역사 및 독도문제까지 아우르고 있기 때문이다. 5월까지만 해도 바른역사정립기획단 측은 "일단은 병행하는 구도로 가다 보면 자연스럽게 통합 분 위기가 조성되지 않겠느냐"고 밝혔고, 고구려연구재단 김정배 이사장은 "시공간이 다른 문제를 뭉 뚱그려 놓으면 개별 사안에 전체 연구가 휩싸일 수 있다"라며 "고구려연구재단은 중화인민공화국 문제, 동북아역사재단은 일본 문제에 집중해 별도로 가는 게 옳다고 본다"라고 서로 기 싸움을 했 다.[133] 그러나 8월 17일 동북아역사재단 시행령이 제정(대통령령 제19648호)되고 8월 22일 동북아 역사재단이 설립되면서 고구려연구재단은 사라지게 된다.

9월 1일 김용덕 이사장이 취임하고 9월 22일 동북아역사재단 설립 등기를 마친 뒤, 9월 28일 외 교부가 파견하는 유광석 초대 사무총장 취임하면서 동북아역사재단이 출범했다.

이로써 역사전쟁 일선에서 싸우던 부대는 자국의 명령에 따라 사라지고, 간신히 생명을 부지한 연구원들이 새로 온 부대에서 역사침탈과 동북공정에 대응하는 팀으로 명맥을 유지하게 되었다.

---

133) 동아일보 2006. 5. 9. 「동북아역사재단 8월께 설립 ……역사 왜곡 대응 궤도 오를까」

2) 고구려연구재단에 대한 평가

(1) 고구려연구재단은 많은 성과를 냈다

고구려연구재단이 합병되는 8월에 그동안 재단이 한 성과를 묶어서 47쪽짜리 「고구려연구재단 사업성과 보고서」를 냈다.

이 보고서에는 그동안 했던 활동이 잘 정리되었기 때문에 자세하게 보지 않겠다. 다만 간단히 전체적으로 보는 데는 「사업구성」을 보면 광범위한 활동을 하였다는 것을 알 수 있다. 실제 남북학술회의 발굴 같은 괄목할만한 성과를 낸 것도 사실이다. 그래서 고구려연구재단은 많은 성과를 냈다고 평가한다.

(2) 고구려연구재단에 대한 궁극적인 평가

앞에서 고구려연구재단이 많은 성과를 냈다고 했다. 그러나 궁극적인 평가는 고구려연구재단이 설립된 취지에 맞는 성과를 냈는가, 못 냈는가로 보아야 한다. 대한민국 국군이 해군은 핵잠수함, 공군은 최신 스텔스 전투기, 육군은 대륙간 탄도탄으로 무장한 성과를 얻었다고 하더라도 그런 무기를 써보지도 못하고, 전선에 배치도 하지 않고 압록강 전투에서 밀려 국토의 절반을 내주었다면 그런 무기들은 성과가 아니다. 왜냐하면 국군은 싸워서 나라를 지키는 것이 목적이지 화려하게 무장하더라도 전쟁에서 패배하면 그런 무기는 쓸모가 없기 때문이다.

고구려연구재단은 동북공정에 대응하라는 특수목적이 주어진 국책기관이었다. 그러므로 이 재단의 성패에 대한 궁극적인 평가는 동북공정을 막았는가, 못 막았는가, 동북공정을 막는 데 이바지했는가, 면죄부를 주었는가, 라는 데 있다. 사업구성에 나온 갖가지 사업은 고구려연구재단이 아니더라도 다른 국책기관이나 대학에서도 얼마든지 할 수 있기 때문이다. 만일 2년에 100억이라는 예산을 준다면 적어도 고구려연구재단의 2배 이상 성과를 낼 수 있다. 첫째 이미 도서관이나 건물 같은 하드웨어가 있으므로 시간과 비용을 절약할 수 있고, 둘째, 이미 연구 역사와 연구 인력, 행정력 같은 소프트웨어를 가지고 있으므로 필요한 인원과 예산이 뒷받침되면 기존 팀과 시너지 효과를 내며 큰 성과를 낼 수 있다. 그러므로 고구려연구재단의 성패를 평가할 때는 바로 동북공정의 최일선에서 양국이 '학술적 해결'을 하기로 합의하고 맡긴 한·중 학술회의를 성공시켰는가, 아니냐에 초점을 맞추어야 한다.

고구려연구재단 사업성과보고서를 보면 47쪽 가운데 1쪽이 한·중 학술회의에 관한 것이다. 이 보고서는 한·중 학술회의에 대해 스스로 이렇게 평가하였다.

> 중국의 동북공정을 주도하는 중국사회과학원과 이에 대응하는 한국의 대표 연구기관인 고구려 연구재단과의 정례 학술회의는 그 의미가 깊다. 이는 역사를 정치와 분리하여 역사적 사실을 통해 중국 역사 논리의 허위를 공략할 수 있기 때문이다. <u>고구려연구재단은 중국사회과학원과의 학술교류를 통해 이들이 가진 역사 왜곡의 오류를 깨닫게 하고, 한국 고대사로 번져가고 있는 한국사 왜곡에 대해 능동적으로 대처하였다.</u>[134]

첫째, 역사를 정치와 분리하여 역사적 사실을 통해 중화인민공화국의 역사 논리의 허위성을 공략할 수 있다. 그러나 한·중 학술회의에서는 우선 그 역사 논리의 허위성 문제를 꺼내지도 않았다. 그런데 어떻게 허위성을 공략할 수 있겠는가?

둘째, 학술교류를 통해 그들이 가진 역사 왜곡의 오류를 깨닫게 했다고 했는데, 이는 사실이 아니다. 국제 학술회의 때문에 오류를 깨닫고 수정한 적이 한 번도 없기 때문이다. 아니 그 오류를 논의조차 안 했는데 어떻게 그들이 깨닫는단 말인가?

---

134) 「고구려연구재단 사업성과보고서 2004. 3~2006. 8」, 고구려연구재단, 2006. 8., 36쪽.

고구리역사재단 자신들의 평가와는 달리 중화인민공화국의 동북공정은 성공리에 끝났으며, 고구려연구재단은 한·중 역사전쟁에서 진 패장이며, 한 걸음 더 나아가 그들의 학술적 오류를 지적하거나 거론조차 하지 않고 함께 앉아 회의하므로 해서 침탈을 묵인하는 결과를 낳았다.

이처럼 한·중 학술대회에 대한 평가를 성공한 것으로 기록한 것은 동북공정 전체에 대한 이해가 부족하기 때문이었다. 2018년에 낸 김정배의 저서『한국과 중국의 북방사 인식』에는 이렇게 이야기하였다.

> 주지하는 바와 같이 2002년 동북공정을 발표하면서 이번에는 고구려가 중국 역사이고 소수민족 지방정권이라고 결론을 지었다. 일부 학자들이 설혹 동의하지 않았더라도 이 동북공정은 중앙정부의 지원과 동북 3성 한국사 관련 학자들의 공동작업 형태로 추진되었다. <u>동북공정을 동북 3성 학자들의 불만을 잠재우기 위해 소위 동북진흥정책과 쌍벽을 이루며 진행시켰지만, 고구려사를 중국사로 편입시키려는 중국의 의도는 실패하였다.</u>
> 중국 당국이나 변강사지연구중심이 고구려사 문제를 다루었지만, <u>고구려사를 연구하고 천착하는 학문의 깊이는 우리나라 학자들의 업적이 월등하게 뛰어났다.</u>[135]

만일 김정배의 주장이 맞는다면 고구려연구재단은 동북공정을 막는 데 이바지했다고 볼 수 있다. 그러나 다음 마당에서 자세히 보겠지만 2009년 동북공정은 성공했다고 발표했고, 그 결과 현재 중화인민공화국 최대 포털인 '백도(百度)'의 백과사전에까지 (고)조선·부여·고구리·발해는 이미 중화인민공화국의 역사로 편입이 완료되었다. 그렇다면 중화인민공화국의 동북공정은 실패하지 않았고, 그들이 성공했다면 한국의 대응은 실패한 것이다.

김정배의 이런 오산은 위의 인용 글에서만 보아도 두 가지를 잘못 보고 있기 때문이다.

첫째, 동북공정의 목적이 만주 3성의 불만을 잠재우기 위한 것으로 보는 관점이다. 동북공정의 목적은 중화민족과 통일다민족국가라는 국가적 체제와 사상을 만들어내기 위한 국가적 역사 만들기 프로젝트의 하나이지, 만주 3성의 불만이나 한국인이 '간도는 우리 땅'이라고 해서 시작된 것이

---

135) 김정배,『한국과 중국의 북방사 인식』, 세창출판사, 2018, 282쪽.

아니다. 그런 것이 없었어도 동북공정은 시작되었다.

둘째, 한국의 고구리사 연구는 그 깊이와 업적에서 중화인민공화국보다 월등하게 뛰어났다고 보는 것이다. 동북공정 이전에는 그랬다. 그러나 중국공산당(정부)이 총력을 기울여 연구를 촉진하고, 학자를 길러내 지금은 역전이 되었다고 해도 과언이 아니다. 특히 그들은 변강이론, 국경이론, 영토이론, 번속이론, 기미론 같은 이론에서 강하다. 그것이 옳으냐, 그르냐의 문제가 아니라, 그들은 만들어서 적용하여 학문연구에 실천하고 있고, 한국은 그 점에서는 거의 개발되지 않고, 중공에서 개발한 이론에 대한 반박 논리도 아직은 시도단계에 불과하다. 역사전쟁을 보기로 들면, 한국은 탱크나 미사일 같은 많은 무기를 생산하지만, 적과 싸우는 전쟁에서는 유효한 무기가 될 수 없는 것과 같다. 그들은 전투용을 만들어 직접 작전에 투입하고, 한국은 방어용으로 만들어 전투에 쓰지를 못했다.

셋째, 한국 학자들의 업적이 뛰어났으나 그 업적을 모두 모아서 역사전쟁에 투입하는 전술도 전략도 없었다. 중화인민공화국은 공산당 조직을 활용하여 정년퇴직한 학자까지도 모두 끌어모아 화력을 집중하였으나 한국은 고구려연구재단 이외의 기관과 단체, 그리고 전문가들을 활용하지 않고 모든 공과를 독점하려 하였다. 그 결과 좁은 역사학계 인력은 분열되고 결국은 고대사가 근대사에 쫓겨나는 상황에 이르렀다.

끝으로 검색을 하다가 김정배를 아주 혹평하는 기사가 있어 소개하면서 고구려연구재단에 관한 평가를 마치려고 한다. 그에 따르면 김정배는 고구려연구재단을 물러난 뒤 고려중앙학원 이사장, 문화재위원장, 한국학중앙연구원장, 국사편찬위원장으로 승승장구하면서 가는 곳마다 문제를 일으켰다고 한다. 특히 국사편찬위원장 시절 국정교과서 편찬에 앞장선 것을 비판하면서 이렇게 결론을 맺는다.

역사교과서 국정화를 둘러싼 적폐 청산 작업에서 김정배는 그 복판에 위치하는 인물이라 해서 지금은 유배형을 받은 형국이다. 하지만, 이것으로써 김정배가 완전히 죽었다고 보지 않는다. 그는 등소평을 능가하는 오뚝이이며, 어느 시절 어떤 모습으로 다시 부활할지 모른다.

단군조선 이래 역사학도로 이만큼 혁혁한 승리를 구가하며 권력 정점에 선 인물은 없다. 중국사에 견준다면, 그와 비견할 인물은 오직 현대 중국 출범 이래 죽을 때까지 줄곧 권좌를 지킨 곽말약이

있을 뿐이다.[136]

3) 새로 설립된 동북아역사재단에 대한 평가

동북아역사재단은 설립 초기부터 논란에 휩싸였다. 그러나 설립 당시 상황을 기록한 것이 없으므로 당시 문제를 보도한 두 신문의 기사 내용을 보면서 나름대로 평가를 정리해 나가려고 한다.

(1) 한겨레신문 「동북아 역사재단' 흔들기 그만」

먼저 당시 비교적 여당 색을 가진 한겨레신문의 보도를 보자.[137] 이 기사는 「동북아 역사재단' 흔들기 그만」[138]이라는 제목에서 보듯이 동북아역사재단의 고구려연구재단 흡수를 긍정적으로 보려고 했는데 내용을 보면 양쪽 의견을 소개하는 형식으로 전개해 당시 상황을 보는 데 도움이 된다. 기사에 당시 상황만 이야기했지만 16년이 지난 오늘의 눈으로 결과를 검토해 보면 더 정확하게 평가할 수 있다.

① 고구려연구재단을 통폐합한 게 잘못이다?

기사 내용

중화인민공화국은 동북공정을 직접 겨냥한 고구려연구재단은 최근 동북아역사재단의 출범에 맞춰 통폐합됐다. 이에 대해 일부 학자 및 언론은 "한국 정부가 중국 동북공정에 소홀히 대처하려는 것"이라고 비판하고 있다.

윤휘탁 동북아역사재단 박사는 "고구려연구재단은 연구기관으로서 고조선·고구려·발해 등의 역사에 대한 연구를 꾸준히 진행해 적지 않은 성과를 냈고, 이는 동북아역사재단에서도

---

136) 김태식, 『역사문화라이브러리』 「고래심줄 김정배」 https://historylibrary.net/entry/%EA%B3%A0%EB%9E%98%EC%8B%AC%EC%A4%84-%EA%B9%80%EC%A0%95%EB%B0%B0

137) 이때 어떻게 된 일인지 동북공정이나 한일관계가 여야의 정쟁 대상이 되고, 신문들도 마찬가지로 그 성향에 따라 관점이 달라지기 시작하였다.

138) 한겨레신문 2006-09-08 「동북아 역사재단' 흔들기 그만」

계속 이어갈 것"이라고 말했다. 윤 박사는 고구려연구재단 출신이다. 고구려연구재단에서 일했던 연구원 18명과 행정직·기능직 9명은 모두 동북아역사재단으로 자리를 옮겼다. 연구원 18명 가운데 10명은 중화인민공화국 문제를 전담하는 연구 2실에 배치됐고, 나머지 인원은 전략기획실·교류홍보실 등으로 배치됐다. 동북아역사재단은 보도자료를 통해 "대외전략 수립의 시너지 효과를 높이기 위해 중국 연구자들을 재단의 각 부서에 고루 배치한 것"이라고 설명했다.

신주백 서울대 사회발전연구소 책임연구원은 "그동안 고구려연구재단의 '연구성과'가 적지 않았지만, 실제 동북공정에 대한 실효적 대응이 미진해 보이는 것 자체가 바로 동북아역사재단이 출범해야 하는 이유"라고 말했다. 고구려연구재단은 연구기관의 성격이 강했다. 동북아역사재단은 학술연구와 대외전략의 통합 효과를 의도하는 민관 합동기관이다. 연구성과를 대외전략으로 이어갈 통합기관이 이제 막 출범하는 셈이다.

평가

고구려연구재단 출신 가운데 윤휘탁은 근대사를 전공했기 때문에 고대사 위주의 고구려연구재단보다 동북아역사재단을 더 긍정적으로 평가했을 것이다. 그러나 그 뒤 동북아역사재단은 시너지효과를 내지 못했다.

신주백이 고구려연구재단 자체가 주된 목적인 동북공정에 대한 실효적인 대응을 제대로 하지 못해 흡수합병의 원인을 제공했다는 것은 정확한 지적이다. 그리고 고구려연구재단은 연구기관이었으나 동북아역사재단은 연구성과를 대외전략에 활용하게 될 것이라는 희망 사항을 이야기했다. 그 희망 사항에 대해서는 앞으로 자세히 보겠지만 동북공정에 효과적으로 대응하지 못한 것은 고구려연구재단이나 마찬가지였다.

② 일본에만 치중한다? 지금도 중화인민공화국통 더 많고 인력확충 때 보완

기사 내용

이사장을 비롯한 임원진을 제외하고, 실질적으로 동북아역사재단을 이끌어갈 연구진 등의 직원은 모두 56명이다. 이 가운데 '중국통'으로 통하는 고구려연구재단 출신이 모두 27명이

다. 이 가운데 연구진이 18명이다. 반면 동북아역사재단 출범을 그동안 준비해왔던 '바른역사기획단' 출신은 모두 29명이다. 이 가운데 행정지원 공무원이 13명이고 16명만 연구직이다. 주로 '일본통'이 많다. 개별 전공까지 따져 들어가면 일부 차이가 나긴 하지만, 현재 동북아역사재단 연구 인력의 절반이 중국 전공자, 나머지가 일본 전공자인 셈이고, 오히려 중국 전공자가 조금 더 많다고 평가할 수도 있다. 재단 관계자는 "현재 50여 명의 직원 규모를 장기적으로는 100여 명 이상으로 늘릴 계획"이라며 "설사 특정 영역의 전문가가 다소 부족하다 해도 인력확충 과정에서 충분히 보완할 수 있다"라고 말했다.

김용덕 이사장이 일본사 전공자라는 점을 들어 '일본 편향'을 지적하는 목소리도 있다. 서울 주요 대학에서 한국사를 가르치고 있는 한 소장 학자는 "학제로 볼 때, 일본사로 박사학위를 땄더라도 중국사, 한국사를 함께 공부할 수밖에 없다"라며 "최종 학위 박사논문을 이유로 일본사만 아는 사람이라고 평가하는 것은 무식한 이야기"라고 말했다. 동북아역사재단의 이사회는 이사장을 포함해 20명의 이사로 구성된다. 동북아역사재단 관계자는 "현재 이사 선임이 진행 중인데, 이 과정에서 학계 안팎의 다양한 분들을 모실 수 있을 것"이라고 설명했다.

평가

출발할 때 고구려연구재단 출신이 많은 것은 사실이다. 그러나 그 뒤 다른 기관으로 자리를 옮긴 사람 대신 뽑은 인원 빼놓고는 인원이 전혀 늘지 않았다. 그러나 한일관계사를 전공한 사람은 대대적으로 늘었다. 독도체험관을 비롯하여 한일관계사가 주류를 이루었기 때문이다. 현재는 고구리사 전공자 3명에 발해사 1명으로 그야말로 명맥만 유지하고 있다. 동북아역사재단이 동북공정을 제재로 대응하지 못했다는 것은 다음 마당에서 자세히 보겠다.

③ 진짜 문제는 따로 있다. : 연구성과 대외전략 이어가려면 시민 참여 늘려야

기사 내용

문제는 이런 정치 공세 때문에 동북아 역사분쟁을 중장기적으로 지휘할 동북아역사재단의 진짜 문제들이 가려지고 있다는 점이다. 동북아역사재단의 관건은 정부, 학계, 민간으로 이어지는 역량이 조화를 이루는 데 있다. 그런데 이사장 선임 과정 등을 둘러싼 학계 안팎의

한겨레「동북아역사재단 흔들기 그만」

앙금이 아직 남아 있다. 아시아평화와 역사교육연대는 최근 성명을 내고 "'민관협력모델'이라는 애초 취지에 비춰 시민사회의 참여가 지나치게 협소하다"고 밝혔다. 진보 성향으로 평가되는 한 국사학자는 "역사분쟁 등에 대해 깊은 관심을 갖고 나름의 활동을 해온 분들이 많은데, 왜 '무색무취' 한 분을 책임 있는 자리에 앉혔는지 이해되지 않는다"고 말했다. 특정 대학 출신 교수들이 주도권을 쥐고 있다 해서 고구려연구재단이 입질에 오른 적이 있는데, 동북아역사재단 역시 역사학계 내부, 역사학계와 사회과학계, 나아가 학계와 관료 사이의 긴장을 품고 있다.[139]

평가

민관협력모델은 성공하지 못했다. 특정 대학 출신 문제와 "동북아역사재단 역시 역사학계

---

139) 한겨레신문 2006-09-08 「동북아 역사재단' 흔들기 그만」

내부, 역사학계와 사회과학계, 나아가 학계와 관료 사이의 긴장을 품고 있다."에서 특정 대학 출신 문제는 다음 기사에서 보기로 하고, 학계 사이, 학계와 관료 사이의 긴장 문제는 나중에 현실로 드러났다.

(2) 『주간동아』 「벌써 한숨 나오는 동북아역사재단」

2006년 9월 28일 동북아역사재단이 공식 출범한 직후의 상황에 대해 야당 색깔이 짙은 『주간동아』는 「벌써 한숨 나오는 동북아역사재단」[140]이라는 제목으로 심층 깊게 분석하고 있다. 한겨레신문에 비해 문제점을 많이 찾아서 드러낸 기사다.

① 동북아역사재단은 교육부와 외교부의 밥그릇 싸움

기사 내용

「이사들은 비전문가·관료 출신이 재단 장악……

중·일 역사 왜곡 올바른 정책 창출 걱정」

"재단 이사에 한 명 정도라도 고구리나 고대사 전문가가 포함되어야 하는 것 아닌가요?"

"큰일입니다. 한·중 관계에 대한 정책 방향을 제대로 잡을 수 있을지 걱정되네요."

9월 28일 오전 동북아역사재단(이하 재단) 출범식장 한쪽에 모인 몇몇 교수와 연구원들이 주고받은 대화다. 이날 출범식에는 노무현 대통령을 포함해 김신일 교육인적자원부총리, 김용덕 동북아역사재단 이사장, 학계 및 시민단체 관계자 등 각계 인사들이 참여함으로써 그만큼 이 재단에 대한 기대가 크다는 사실을 여실히 보여줬다. ……명단을 보면 상근이사에는 유광석 바른역사정립기획단 부단장이 임명됐으며, 이사에는 김형국 중앙대 국제관계학과 교수, 안병우 한신대 국사학과 교수, 안병준 한국개발연구원 국제정책대학원 초빙교수, 오금성 서울대 동양사학과 교수, 유홍준 문화재청장, 이장희 한국외대 부총장, 이태진 서울대 인문대학장, 정현백 성균관대 사학과 교수 등이 임명됐다.

---

140) 『주간동아』 2006. 10. 16. 「벌써 한숨 나오는 동북아역사재단」 https://weekly.donga.com/3/all/11/80399/1

주간동아(2006. 10. 16.) 「이사들은 비전문가」

재단 안팎의 우려대로 고구리사나 고대사 전공자는 한 명도 포함돼 있지 않다. 김 이사장과 함께 재단을 이끌어갈 유광석 상근이사(사무총장 겸임)는 외무고시 출신으로, 주일대사관 공사를 거쳐 주싱가포르대사관 대사를 지낸 인물이다. 역사학과는 전혀 무관한 경력을 가지고 있는 것이다.…… 재단 연구원들이 지적하는 더욱 근본적인 문제점은 운영 인력의 비전문성이다. 특히 고대사 및 고구리사 전문 연구원들은 인적 구성이 일본 편향으로 치우치고 있다는 점을 문제 삼는다.

평가

고구려연구재단 때 글쓴이도 이사 가운데 한 명이었지만 실제 이사진들은 거수기에 불과하다. 여기서 중요한 것은 교육부에서 임명한 김용덕 이사장과 외교부에서 파견한 유광석 사무총장이다. 두 사람이 모두 한일관계 전문가라는 문제점도 있지만, 근본적으로 이사장은 동북공정에 대해 무지하고 관심이 없었으며, 외교부에서 파견된 사무총장은 한·중 문제는 무조건 조용해야 한다는 소방수 역할을 하였다.

앞에서 2004년 신년기자간담회에서 외교부가 발표한 동북공정에 대한 인식을 보았다. 그런데 2년 6개월이 지난 동북아역사재단 출범 당시에도 하나도 변하지 않았다. 2006년 9월 7일 국회 통일외교통상위 회의 때 당시 외교부 차관은 이렇게 발언하였다.

"중화인민공화국의 동북공정은 다민족국가인 중화인민공화국이 소수민족에 대한 관심을 갖고 연구를 계속하는 관점에서 나온 게 아닌가 생각한다."

"<u>학자들의 단순한 계획에 대응하는 것은 좀 어렵다.</u>"

"중화인민공화국 정부가 고구리사 문제와 관련한 2004년의 합의를 지키려고 노력했다."

"연구기관의 연구에 우리 정부가 나서 중단을 요구하는 것은 합의를 넘어선다."

"중화인민공화국 역사교과서에 왜곡한 고구리사를 싣는 등 중화인민공화국 정부가 공식화할 때야 문제를 제기할 수 있다."

이에 대해 당시 역사왜곡 특별위원회 위원이었던 박찬숙 의원의 질의를 보면 외교부의 의견은 확실히 한국 외교부의 의견이 아니었다.

질문 1 : 지난 9월 5일 외교부가 국회에 제출한 자료에 따르면 동북공정의 주관기관을 〈중국사회과학원 '변강사지연구중심'과 만주 3성의 사회과학원, 대학의 연구소들〉이라고 명시하고 있는데, 어제 정부당국자의 답변이 맞나? 아니면 국회에 제출한 것이 맞나?

답변 : 중화인민공화국 당국의 공식입장이 아니라는 것을 설명드린 것임.

질문 2 : 그렇다면 변강사지연구중심의 18개 존지가 중국 정부의 공식 입장이 아니라는 뜻으로밖에 볼 수 없는데, 국회에 거짓 자료를 제출했나?

답변 : 아시아 정상회의 총회 참석차 방한 중인 류윈산 중국공산당 선전부장은 "<u>학자들 개인의 문제이지 중화인민공화국 정부의 입장이 아니다.</u>"라고 말했고, 중국변강사지연구중심의 핵심연구원은 "한국의 반응을 이해하지 못하겠다"고 말함.

질문 3 : 본 위원은 중화인민공화국 정부 당국자와 동북공정의 핵심 관계자들의 발언과 장

(차)관의 발언이 별반 차이가 없다고 보는데, <u>우리 외교통상부는 중화인민공화국의 외교부인가?</u>

질문 4 : 동북공정은 우리 민족의 정체성을 흔드는 중대사안임. 누구보다 대통령이 이 문제에 적극적으로 나서야 함. 외교장관은 유엔사무총장을 추진하기 전에 우리 외교나 아시아 외교나 먼저 챙겨야 하지 않나?¹⁴¹⁾

이 내용을 보면 당시 이사진에 비전문가가 많은 것보다 사무총장을 당연직으로 외교부가 파견하는 것이 더 문제였다는 것을 알 수 있다. 본디 외교부 산하 단체로 출발하여 교육부 기관인 고구려연구재단을 흡수하려다가 외교적 문제가 발생할 수 있다고 해서 교육부로 주관 부처를 바꾸었다. 결국 교육부와 외교부의 밥그릇 싸움이었는데, 교육부는 이사장, 외교부는 사무총장을 나누어 갖는 형태로 적당한 선에서 마무리된 것이다. 겉으로 보기는 교육부는 연구를, 외교부는 실제 외교 부분에 활용하는 시너지를 바랐지만, 앞에서 본 것처럼 시각의 차가 커서 동북공정을 대응하는 데는 역효과가 났다고 볼 수 있다.

② 동북아역사재단은 전투기 없는 거대한 항공모함

기사 내용

연구원들에 따르면 재단은 김 이사장과 유 사무총장 휘하에 운영기획실, 전략기획실, 홍보교류실, 제1연구실, 제2연구실, 제3연구실 등 6실로 나뉘어 운영된다. 알려졌다시피, 김 이사장은 일본 근대사 전문가다. 유 사무총장도 일본 게이오대학에서 연구원으로 일한 바 있고, 주일본대사관 공사를 역임한 지일파. 또 각 실의 실질적인 책임자인 실장은 대부분 각 행정부처에서 파견 나온 행정관료들이다. 운영기획실장과 연구1실장을 겸임하고 있는 이 모 씨는 교육부 국장 출신이고, 전략기획실장과 연구2실장을 겸임하고 있는 또 다른 이모 씨는 외교부에서 파견 나온 행정관료다. 또 연구1실장인 김모 씨는 국정원, 연구3실장 김모 씨는 국방대학 교수 출신이고, 홍보교류실 조모 씨는 국정홍보처에서 차출됐다.

---

141) 〈역사왜곡 특위 질의서 : 국회의원 박찬숙〉

연구 방향을 결정하는 결정권 라인에 역사 전문가는 물론, 동북공정에 대비하기 위한 고대사나 고구리사 전문가는 눈을 씻고 찾아봐도 없다. 그런데도 현재 재단의 연구는 연구실장의 지시 아래 이뤄지고 있는 실정이다.

한 연구원은 "연구 1, 2, 3실을 포함해 국장급인 각 실장을 차후 공모를 통해 새로 선출할 계획인 것으로 안다. 그런데 신청 자격 기준이 고위 관료 출신들에게 유리하게 돼 있어서 이후에도 크게 달라질 것은 없어 보인다"며 안타까워했다.

이처럼 관료 출신들이 재단을 장악하다 보니, 운영 시스템상 크고 작은 부작용도 나타나고 있다. 당장 연구원들의 인력배치에서부터 문제가 제기되고 있다. 연구1실은 한-일 관계를 다루는 팀이고, 연구3실은 독도문제 전담팀이다. 반면 동북공정 등 한-중 문제를 다루는 곳은 연구2실뿐이다. 한-중 문제에 비해 한-일 문제에 더욱 큰 비중을 두고 있는 셈이다. 연구원들에 따르면, 예산도 독도문제에 대한 연구지원비가 가장 많이 책정돼 있다고 한다. 발등의 불인 동북공정 문제는 상대적으로 소외되고 있다는 지적이다.

평가 1

결국 한·중 역사전쟁 도중 한·일 역사전쟁이 일어나니, 두 전선을 커버할 수 있는 큰 군단을 새로 창설하면서 압록강 전선에서 싸우고 있는 사단을 후퇴시키고, 2년 동안 대형 항공모함을 건조하여 한일해협에 배치하고, 압록강에 보내려고 하니 전쟁은 이미 패배한 뒤가 된 꼴이 되었다. 실제로 동북공정이 2007년 1월 말에 끝난다고 했지만 2006년 말이면 끝나버리기 때문이다. 다음 장에서 보겠지만 동북공정은 그 뒤 3년간 계속되었고, 계속되었다는 것도 모르는 연구원들도 효과적인 대응책을 찾기 어려웠다. 그런데다 압록강 전선에 투입하기 위해 새로 뽑은 반병률 연구2실장은 정말 신임 장교에다 전공도 근대사여서 육군부대에 해군 장교를 배치한 것과 같았다. 반병률 교수는 외국어대학 사학과 교수로 해외한인(이주)사와 한국독립운동사 같은 근대사를 전공하고 한·중 학술회의 주제가 되는 (고)조선·부여·고구리·발해에 관한 논문은 단 한 편도 없다. 물론 간도문제나 백두산 문제, 한·중 국경문제에 대해서도 연구성과가 전혀 없다. 그 뒤를 이은 차웅환 교수도 대만에서 「항일전쟁 전 북경·천진 지식인의 일본의 중국 침략에 대한 반응 연구(1931-1937)」로 학위를 받은 중국 근대사 전공자로 한국 고대사하고는 거리가 멀다.

그런데 새로 생긴 동북아역사재단의 편제는 김용덕 이사장은 중국사회과학원 원장과 동급이고, 반병률 연구2실장은 중국변강사지연구중심의 마대정·려성과 상대를 해야 하는 자리다. 반병률은 일생을 변경과 국경이론을 연구하고 동북공정 이전부터 역사침탈을 계획하고 중국공산당을 이용해 추진해 왔던 마대정·려성과는 처음부터 상대가 되지 않는다. 전국에 수없이 많은 사학과 교수를 뽑는 것이라면 모르지만 동북공정을 비롯한 중화인민공화국의 역사침탈을 막아야 하는 수장을 뽑는 인사는 상대가 누구이고, 당사자는 역사침탈에 대한 어떤 전략과 전술이 있는지 자세하게 검증하여 뽑아야 했는데, 결국 이기려고 뽑는 것이 아니라 지려고 뽑은 인사가 되어버렸다.[142]

평가 2

2021년 3월 1일 고구리-고리연구소가 주최한 「중화인민공화국이 침탈한 우리 역사 되찾기 3·1선언」에 참여한 한 인사가 보내온 동북아역사재단 이야기를 소개한다.

> 제가 재단에 갔을 때는 각 부처 공무원들이 재단을 완전히 포위(?) 장악하고 있었습니다.
> 외교부와 교육부 인사가 이사장과 더불어 재단의 삼각 수뇌부를 구성하고, 검사, 해경, 국정홍보처 등에서 온 사람들이 모자이크처럼 자리를 나누어 가지고 있었습니다. 이 즐비한 공무원 점령군 가운데 정작 일부 파견인력은 없었는데, 그때 든 생각이 한국 사회가 중화인민공화국의 동북공정이 기도하는 바를 거의 유념하지 못하고 있다는 것이었습니다. 아마 교수님 말씀대로 이는 지금도 마찬가지일 것입니다.
> 지금은 외교부 출신 사무총장 외에는 거의 원대 복귀하여 정돈된 상태입니다만, 교수님 말씀대로 官이 學을 지배하는 이와 같은 체제는 내생적으로 전략적 취약점을 안을 수밖에 없다는 생각이 듭니다. 저도 공무원 생활을 해봐서 압니다만 외교부든 교육부

---

142) 두 실장이 모두 김용덕 이사장의 제자라는 이야기를 들었다. 꼭 필요하지 않아 확인하지 못했지만 만일 그것이 사실이라면 김용덕 이사장은 동북공정 대응에 실패한 최고의 수장으로 기록될 것이다. 되돌아보면 결국 한국 학계의 밥그릇 싸움이 한중역사전쟁에서 적을 막지 못한 중요한 이유라는 것을 알 수 있다.

든 '에이스'를 결코 재단에 보내지는 않을 것입니다. 재단이 결국 외교부 인사 적체 해소 혹은 위로 인사의 출구가 될 위험성도 크다고 보여집니다. 국회에서 여러 차례 문제 제기가 있었지만 아무런 개선책이 없고, 이런 걸 보면 정부는 재단을 전략적으로 활용하기 위해 무슨 고민을 하고 있는지 제 짧은 알음알이로는 도무지 알 길이 없습니다.

그보다 제가 교수님 말씀에 크게 공감하고 가르침을 받고 싶은 것은 재단의 연구전략이 사실상 없거나, 있다고 해도 각론적 대응에 치우쳐 사론이나 역사정책 담론을 만들어내지 못하고 있다는 점입니다.

중화인민공화국은 고도의 전략과 전술을 가지고 역사전쟁을 도발하고 수도권까지 쳐들어왔는데 우리는 문제가 있을 때마다 소총 몇 발 쏘는 식으로 대응하다가 결국은 그 상태에서 휴전협정에 조인하고 결국은 역사침탈을 기정사실화하는 결과로 가고 있다는 위기감을 버릴 수 없다. 이런 상황은 앞으로 볼 동북공정 3단계에서 그대로 드러난다.

③ 결국은 고대사와 일본 근대사 연구 학계의 밥그릇 싸움
고구려연구재단 = 고대사, 바른역사정립기획단 = 근대사

기사 내용

바른역사정립기획단은 동북아역사재단을 설립하기 위해 만들어진 임시기구. 동북아역사재단의 출범은 곧 바른역사정립기획단의 해체를 의미한다. 이곳의 연구원들은 주로 일본의 역사왜곡과 독도문제에 치중해왔다.

문제는 이들 두 기관에서 동북아역사재단으로 자리를 옮긴 연구원 중 일부가 지금도 전문성 부분에서 의심받고 있는 것. 이는 선발 당시 전문성과 무관하게 특정 학맥이나 인맥으로 사람을 뽑았다는 의혹과 관련된다.

고구려연구재단 출신 연구원들의 경우는 김정배(66) 이사장과 최광식(53) 상임이사의 학맥, 인맥과 관련 깊은 것으로 알려졌다. 김 이사장은 고려대 사학과를 졸업하고 고려대 대학원에서 고대사 전공으로 석·박사 학위를 받았으며, 최 이사는 김 이사장이 고려대 사학과 교수 시절 그 밑에서 같은 경로를 거쳤다. 김 이사장과 최 이사는 오래전부터 사제지간으로 끈끈

한 관계를 유지해 온 것으로 알려져 있다.

그런데 고구려연구재단에서 동북아역사재단으로 옮겨간 연구원 18명 중 5명이 고려대 학부 또는 대학원 출신으로, 30%에 육박한다. 하지만 실제 김 이사장과 최 이사와의 개인적인 친분 관계가 있는 연구원들까지 합하면 절대다수라고 한다.

최광식 이사는 이에 대해 "객관적으로 타당성 없는 이야기"라며 반론을 폈다. "학위 소지자를 원칙으로 전공 분야의 적합성을 제일 중요시했다. 다만 전체 연구원 중에 절반 정도는 (이전부터) 알던 사람이었는데, 고대사학회 회장까지 지낸 내가 그 정도도 모르겠느냐."

동북아역사재단의 또 한 축인 바른역사정립기획단도 문제가 있기는 마찬가지. 선발 과정부터가 투명하지 않았다. 기획단 한 관계자는 "기획단 설립 당시 일본 독도문제가 현안으로 떠올랐는데, 한-일 문제에 대해 정책적인 연구 인력이 필요하다고 판단해서 학계의 추천을 받아 뽑았다"라고 해명했다.

이렇게 뽑힌 일부 연구원들의 석·박사논문을 보면 실질적인 연구 분야와 상당한 차이를 발견할 수 있다. 기획단 내 특정인과의 인맥이 결정적으로 작용했을 것이라는 의구심이 사라지지 않는 이유다. 동북아역사재단 측 관계자들도 이런 문제를 어느 정도 인정한다. 다행스러운 점은 과거 고구려연구재단이나 기획단처럼 자체 연구에 집착하지 않고 외부 전문가들과의 네트워크를 통해 외부용역 연구를 늘리면서 정책을 연구하는 방향으로 목표를 정했다는 것.

고구려연구재단의 경우 오랜 기간 고구리 역사를 연구해온 '고구리연구회' 또는 간도문제에 정통한 '백산학회' 등 민간 학술단체나 연구기관과 교류하지 않은 채 자체 연구만 고집해 안팎에서 많은 비판을 받았다.[143]

평가

최광식 교수의 말이 맞다. 앞 마당에서 이미 보았듯이 고구려연구재단은 고대 출신이 많았다는 것도 맞지만, 더 정확하게 말하면 고대사학회를 중심으로 한 한국고대사를 전공한 학자들이 세운 단체이다. 그들은 공청회 때 명칭을 고구려연구재단이라고 하며 '한일관계사'

---

143) 『주간동아』 2006. 10. 16. 「벌써 한숨 나오는 동북아역사재단」 https://weekly.donga.com/3/all/11/80399/1

도 넣기로 했지만 결국 넣지 않았다. "한국 고대사 연구한 사람이 고구려연구재단 연구비 받지 못한 사람은 바보다"라고 할 정도로 고구려연구재단은 교육부를 등에 업고 2년간 100억 예산으로 고대사 잔치를 벌였다.

이런 잔치에 가장 배가 아픈 것은 바로 근대사 연구자들, 그 가운데서도 한일관계사를 전공하는 학자들이었다. 그런데 1년 뒤 한·중 역사전쟁에 이어 한·일 역사전쟁이 일어났고, 대통령이 이에 대응할 단체를 만들라고 지시하자 청와대가 직접 나선 것이 바른역사기획단이다. 교육부(고구려연구재단)가 2년이 넘도록 동북공정 대응에 성과를 못 낸 것에 반해 외교부가 앞장선 바른역사기획단에서는 『독도자료집』을 내는 등 동북아역사재단 성립 이전에 이미 성과를 보여주었다. 이처럼 빠른 시일 안에 성과를 낸 것은 바로 고구려연구재단에서 푸대접받던 한일관계사 전공자들이었고, 이들이 모두 나중에 동북아역사재단으로 들어왔다. 앞에서 통합할 때 고구려연구재단에서 고대사 연구자들이 근대사 하는 사람들보다 더 많이 들어왔다고 하지만, 동북아역사재단 이사장이 한일관계사를 하는 사람이고, 사무총장이 외교부에서 직접 파견한 사람이므로 전세가 완전히 바뀌어 한일관계사 전공자들이 활개를 치고 고대사 전공자들은 찬밥신세가 된 것이다.

고대사 전공자들이 처음 단체를 만들 때 '고구리'라는 이름을 고집하지 않고 많은 사람이 제안했던 '동북아역사연구재단'을 설립하여 고대사와 근대사 전공자들을 모두 품었다면 고구려연구재단 흡수합병이라는 비참한 최후를 맞지 않았을 것이다. 앞의 신문 기사에서 보면, 고구려연구재단이 근대사 하는 학자들만 푸대접한 것이 아니라 "오랜 기간 고구리 역사를 연구해온 '고구리연구회' 또는 간도문제에 정통한 '백산학회' 등 민간 학술단체나 연구기관과 교류하지 않은 채 자체 연구만 고집해 안팎에서, 많은 비판을 받았다."라고 했다. 모든 것을 고대사학회를 비롯한 일부 세력들이 독점하면서 기존 전문가들을 제외해 끝내 동북공정 대응에 실패하는 역사적 실책을 범했다. 그러므로 고구려연구재단이 단명하게 사라지는 것은 결국은 자승자박이고 인과응보였다고 평가할 수 있다.

결국은 고대사와 근대사 연구자들 사이의 밥그릇 싸움이었고, 교육부와 외교부의 밥그릇 싸움이었다.

4. 한·중 역사전쟁 동북공정을 포기한 동북아역사재단

그렇다면 새로 거대한 항공모함을 차지한 근대사 연구자들은 재단 안의 고대사 연구자들과 재단 밖의 전문가들을 활용하여 고구려연구재단의 단점을 거울삼아 한·중, 한·일 역사전쟁을 잘 수행하였는가? 앞에서 동북아역사재단의 조직적 문제점에 대해서 보았다. 고구려연구재단이 비록 방향 설정이 잘못되었지만, 그래도 이사장과 사무총장·3실장 위주로 일사불란하게 일을 추진해 갔다고 보면, 동북아역사재단은 각종 이해단체가 모여들어 일관된 목표도 설정하지 못하고 제 길을 갈 수도 없었다고 본다. 그뿐 아니라 고구려연구재단과 똑같이 전문단체와 힘을 합치지 못하고 그야말로 밥그릇 싸움만 했다.

9월에 새로 출범한 동북아역사재단은 아직 동북공정에 대응해야 할 의도도 전략도 없었기 때문에 아무런 대처도 없었고 1년에 한 번씩 형식적으로나마 있었던 학술토론회마저도 없었다. 고구려연구재단과 다음 해도 학술회의를 하기로 약속했던 중국변강사지연구중심은 이런 상황을 찬찬히 바라만 보고 즐기며 학술토론회를 하자고 조르지 않았다. 안 하는 것이 이기는 것이기 때문이다. 5년이라는 동북공정 기간에 2년을 이렇게 허둥지둥 보내면서 싸움은 이길 수 없는 방향으로 기울고 있었다. 그리고 모든 사람이 그렇게 알고 있듯이 2007년 1월, 사실상 동북공정은 막지 못하고 끝나버렸다.

왜 '학술적 해결'을 하기로 합의했는데 학술회의를 열지 않았는지 발표한 사항이 없어 사정을 알수 없지만, 한국 측에서는 이미 2년에 걸쳐 탐색전을 했던 '학술적 해결' 팀이 해체되고 새로운 팀이 태어나면서 상대를 감시하지도 싸우지 못하는 상황이 이어지고 있었다고 본다.

재단이 바뀌면서 그 성격도 바뀌어 외교부 관리가 사무총장을 맡았고, 새로 사령탑을 맡은 초대 이사장도 한·중 관계나 고구리사 연구가 아니라 한·일 관계를 전공한 학자이기 때문에 중화인민공화국의 파트너인 마대정이나 려성 같은 전략가들과는 처음부터 상대가 되지 않았다는 점은 앞에서도 보았다. 결과로 보면 역사전쟁 도중 조직과 사령관을 바꿔 역사전쟁에서 사실상 전력이 약화하기에 이르렀다. 그런데다 앞에서 본 바와 같이 일선 사령관도 육군부대에 해군장교를 지휘관으로 보내놓았으니 그 결과는 보지 않아도 뻔하다. 외교부에서 파견한 역대 사무총장들도 그저 조용히 보내는 데 힘을 썼지 동북공정에 대처하지 않은 것은 이사장과 같은 공범이다.

이처럼 새로운 실무팀이 들어선 9월 11일 노무현 대통령은 한·중 정상회담에서 이 문제를 거론하여 구두 합의 이행을 강하게 요구한다.

노무현 대통령은 원자바오 중화인민공화국 총리와 회담에서 중화인민공화국의 동북공정에 대해 유감을 표시했습니다. 학술연구기관 차원이라고 하지만 양국 관계에 부정적 영향을 미칠 수 있다고 말했습니다. 그러면서 중화인민공화국 정부가 한국 정부와 합의한 바에 따라 필요한 조처해달라고 요청했습니다.

이에 대해 원자바오 총리는 양국 간 합의 사항을 존중한다며 양국 관계에 부정적 영향을 미치지 않게 이 문제를 잘 다루도록 관련 학술연구기관에 지시했음을 설명했습니다. 그러면서 중화인민공화국 정부 차원에서 필요한 조치를 다 해나가겠다고 말했다고 윤태영 청와대 대변인이 전했습니다.[144)

노무현 대통령은 또 10월 13일 후진타오 국가주석과 베이징 인민대회당에서 단독·확대 정상회담을 갖고 구두 합의 이행 문제를 요청하였다.

한중 고대사 문제, 후 주석 "2004년 8월 5개 항 구두양해 합의안 이행"
노 대통령은 동북공정 등 한·중간 고대 역사 문제에 대해, 중화인민공화국 측이 이 문제에 대해서 양국 관계에 부정적인 영향을 주지 않도록 사려 깊은 조처를 해 달라고 요청했고, 이에 대해 후 주석은 2004년 8월 한·중 양국이 합의한 구두양해 사업이 반드시 이행되도록 하겠다는 약속을 했다. 2004년 8월 중화인민공화국의 동북공정이 외교 갈등으로 비화하자 양국은 고구리사 문제를 정치 문제화가 아닌 학술적 견지에서 해결해나가기로 하고, 이에 대한 5개 항의 구두양해에 합의한 바 있다.[145)

대통령이 이처럼 외교무대에서 직접 문제를 제기하고 구두 합의를 이행하도록 강력하게 요구하였고, 중화인민공화국의 지도자들도 직접 관련 기관에 지시까지 했지만 2006년에는 해마다 열리던

---

144) KBS 2006년 9월 11일 9시 뉴스.
145) 「오마이 뉴스」 2006년 10월 13일

한·중 학술회의 마저 열리지 않았다. 정상회담에서 원자바오 총리와 후진타오 주석이 구두합의를 이행하겠다고 약속했는데 한국 측에서 지금까지 한·중 학술회의를 진행해 온 고구려연구재단을 흡수·통합한 동북아역사재단이 앞에서 보았듯이 항공모함이 대한해협에 머물고 압록강으로 출발도 안 했기 때문이다.

넷째 마당

역사침탈 3단계(2001~2009)

2차 국책 역사침탈(동북공정) 추진과 완성(3)
- 동북공정 3단계(2007. 2~2009) -

I. 2007년 동북공정 6년 차 역사침탈의 진행과 한국의 대응

1. 동북공정은 2007년에 끝나지 않고 2009년까지 3년 연장하였다

1) 동북공정은 10년 계획안에서 탄력적으로 운영하였다

앞에서 본 바와 같이 중화인민공화국은 1996년부터 2000년까지 1차 고구리 역사침탈을 완료한 뒤 2000년 말에 동북공 입안해서 하달하였고, 2001년에 6월에 이미 동북공정을 공식 발표하고 공개논의를 하였다는 것을 보았다. 그러나 우리는 동북공정은 2002년 2월부터 시작하여 2007년 1월에 끝나는 5년 프로젝트라고 알고 있다. 한국에서 동북공정이 추진되고 있다는 것을 처음 안 것은 초기 동북공정 2년이 마무리되어 가는 2003년 10월에 변강사지연구중심의 홈페이지가 공개되면서부터다.

그런데 그 홈페이지에 공북공정은 2002~2007년의 5개년 계획이라고 되어있어 그 기간이 굳어져 버렸다. 그리고 한국과의 역사전쟁이 시작되자 홈페이지는 폐쇄되어, 한국에서는 그 뒤의 진행은 알아낼 수가 없었다. 그러므로 한국에서는 일반 국민은 물론 학자들도 대부분 2007년에 끝난 것으로 알고 있다. 한편 많은 사람은 2004년 한·중 두 나라가 구두 합의를 해서 '학술적으로 해결'하기로 했다고 알고 있어, 학술적인 해결이 되었거나 아직도 두 나라 간의 학술적 해결을 위한 협의가 계속 진행되고 있는 것으로 알고 있다.

그러나 동북공정은 2007년에 끝나지 않고 연장되었다. 이 사실은 이미 국내 신문에서 보도되었다. 2007년 4월 25일 연합뉴스에 다음과 같은 기사가 났다.

> 中 '동북공정' 5월말 종료. 정부 재정지원도 중단, 지방 차원에서 자체 연구활동은 계속
>
> (선양=연합뉴스) 조계창 특파원[1]
>
> 중화인민공화국 정부가 2002년부터 진행돼온 동북공정 연구를 오는 5월 말로 공식 종료하고 연구비 지원도 중단하는 대신 지방 차원에서는 계속 연구를 추진할 것으로 알려졌다.
>
> 중화인민공화국 학계의 한 소식통은 24일 "중앙정부에서 지원해 온 동북공정 연구는 2월 말이 아니라 5월 말에 종료된다"며 "6월부터는 중앙정부의 연구비 지원이 중단될 것"이라고 밝혔다.
>
> 이와 관련, 중국사회과학원 중국변강사지연구중심 이국강(李國強) 부주임은 지난 16일 요녕(遼寧) 성과 길림(吉林)성의 대학과 연구기관을 방문해 종료를 앞둔 동북공정에 대한 막바지 점검작업을 벌이고 미완성 연구과제를 조속히 마무리하도록 독려한 것으로 알려졌다.

이 소식통은 "이런 조치는 사실상 중앙정부가 동북공정 연구에서 손을 떼겠다는 의미를 가진 것"이라며 "하지만 각 지방정부 또는 대학, 연구기관은 자체적으로 계속 연구 활동을 진행할 계획"이라고 설명했다.

다만 중앙정부의 재정지원이 중단된 가운데 자체적인 재원 확보가 여의치 않을 경우 연구 활동이 다소 위축될 가능성도 있다고 그는 전망하였다.

---

1) 중화인민공화국에 많은 특파원이 파견되어 있으나 '동북공정이 계속된다'는 기사를 쓴 것은 조계창 기자가 유일하였다. 그러나, 이 기사가 얼마나 큰 특종인지 아는 사람은 거의 없었다. 글쓴이는 이 기사를 보고 바로 심양으로 전화를 걸어 통화하였다. 중앙의 동북공정이 5월까지 연장된 것도 뉴스지만 2탄 기사에 동북공정 기초연구와 응용연구를 계속한다는 소식은 한국전쟁 중 중공군이 개입한다는 소식을 알아낸 것만큼 큰 뉴스였다. 한 달 뒤인 2007년 5월 24일 글쓴이는 대련 공항에서 입국 금지를 당해 중화인민공화국 당국에 의해 추방되면서 그 뒤 5년간 중화인민공화국을 가지 못하였다. 그래서 가끔 궁금한 곳이 있으면 취재를 부탁했다. 만리장성 끝으로 둔갑한 고구리 박작성 취재를 부탁한 것도 그 가운데 하나이다. 그러나 조 기자는 2008년 12월 연길에서 눈길에 차가 미끄러져 험지에서 세상을 떠났으니 그때 나이 겨우 36세였다. 그는 참 의식 있는 기자였다. 한국기자협회와 연합뉴스가 공동 제정해 올해 11회째를 맞은 '조계창 국제보도상'이 제정되었다.

이 같은 언급은 중화인민공화국 정부가 한국 등의 반발을 의식해 공식적으로 동북공정 간판을 내리기는 하겠지만 각 지방정부와 대학, 연구기관 등은 그간 축적된 연구성과 및 연구역량을 바탕으로 기존의 동북공정 연구가 맡았던 영역을 더욱 세분화해 심화 연구를 진행하겠다는 의도를 담고 있는 것으로 풀이된다.

이 소식통은 동북공정 보고서 출간과 관련, "연구성과를 공개 보고서 형태로 출간할 계획을 갖고 있었던 것은 사실이지만 한국 등의 반발을 감안해 내부 보고서 수준에서 마무리하는 쪽으로 방침이 바뀌고 있다."고 덧붙였다.

하지만 중화인민공화국 정부는 북한경제, 북중 접경지역 안전 문제, 만주 3성의 대북(對北) 변경 무역, 탈북자, 북핵문제, 동북아경제협력, 대(對)러시아 변경무역 등 7개 핵심과제 연구는 동북공정과 분리해 계속 추진할 방침인 것으로 알려졌다.

이 소식통은 지난달 24일 연변(延邊)대에서 현판식을 가진 '중국사회과학원 동북변강지구 국정(國情)연구조사기지'와 관련, "중화인민공화국은 각 성별로 성정(省情) 연구소를 하나씩 설치해두고 있으며, 연구소 설립도 이런 흐름의 일환일 뿐 명칭이 국정이라고 해서 중앙정부와 연계시키는 것은 무리"라고 반박했다.

이번 국정연구조사기지 현판식에는 중국사회과학원 중국변강사지연구중심의 리성 주임과 리 부주임, 왕정(王正) 중국사회과학원 과학연구국 부국장 등 고위 인사가 대거 참석해 중화인민공화국이 간판만 바꿔 계속 동북공정 연구를 진행하려고 하는 것이 아니냐는 의혹을 불러일으킨 바 있다.[2]

한국의 반대 때문에 외교적으로 어려움이 있었던 동북공정을 지방정부로 이관하고 중앙정부는 손을 뗀다는 내용이다. 그러나 이미 2004년부터는 표면적으로는 중앙정부가 길림성사회과학원에서 주관하는 것으로 보이도록 하였다는 점은 이미 앞에서 자세히 살펴 보았다. 본디 1월 31일 동북공정이 끝난다고 했지만 5~6월이 되어서야 이야기가 흘러나왔다. 무언가 변화를 주려는 노력이 있었다는 감이 든다. 그리고 역시 동북공정은 계속되었다. 같은 기자가 9일 뒤 후속기사를 올렸다.

이 작업을 주도해 온 중국사회과학원의 변강사지연구(邊疆史地研究)센터는 '11.5 (11차 5개년 :

---

2) 「연합뉴스」 2007. 04. 25.

2006~2010년) 사업발전 계획'이란 제목의 자료집을 내고 앞으로도 "동북과 신장(新疆) 등 변경 지역의 역사에 대한 기초연구와 응용연구를 계속한다."는 방침을 밝혔다.

이처럼 변경지역에 대한 지속적인 연구 방침이 확인되기는 이번이 처음이다. 동북공정은 그동안 한국 등의 강한 반대에 부닥쳐 일부 연구기능이 지방으로 이전되고 있는 것으로 알려져 왔다.

특히 센터는 11.5 계획 확정을 위한 논증 보고에서 "역대 종번(宗藩 : 주종 관계) 연구는 치나와 한반도, 베트남과의 관계사에 집중되었다."라며 "연구자들이 역사상의 주종 관계 형성과 변화를 정확하게 밝히고, 그 성질과 특징을 분석해 역사의 진실을 복원하는 데 주력하고 있다"고 강조하였다.

이 자료집은 "역사적으로 다양한 민족으로 구성된 치나 변경지역의 정치. 경제. 사회 발전과 변천에 관한 이론체계 구축이 연구의 근본 목표"라며 "11.5 기간의 연구는 '치나 역사 영역의 법률적 지위'와 '변경의 안정 및 발전'이 그 중심"이라고 규정하였다.[3]

앞 마당에서 중국변강사지연구중심은 이미 2001년부터 10차 5개년 계획(2001~2005)과 11차 5개년 계획(2006~2010)에 역사침탈 10년 계획을 세워 그 기간은 탄력적으로 운영하였다는 것을 보았고, 2001년부터 2003년까지 동북공정 첫 단계에 고구리 역사침탈은 1차를 마무리하였다는 것도 보았다. 그 뒤 2004년부터 새로운 5년으로 연장하였고, 2009년 완료하게 된다. 기간을 10년 기간 안에서 탄력적으로 운영하였다고 볼 수 있다. 위의 신문 기사에 나온 〈11.5 (11차 5개년 : 2006~2010년) 사업발전 계획〉에서 11차 5개년 계획 기간에도 동북공정을 계속한다는 것은 당연하다.

2)『동북사지』발표 논문을 통해서 본 동북공정의 기간 연장과 성과

앞에서 보았듯이 신문 기사에 분명히 동북공정을 연장하였다고 발표하였으나 정확하게 몇 년까지 연장하였고, 어떻게 진행되었고, 어떤 성과를 거두었는지 알 수가 없었다. 그러므로 글쓴이도 2007년 동북공정 논문을 쓰면서 기간이 연장되었다는 사실을 밝힐 수가 없었다.[4] 그 당시 분석대

---

3) 「연합뉴스」 2007. 05. 04.

4) 서길수, 「중화인민공화국 동북공정 5년 성과와 전망」, 『高句麗硏究』 29, 학연문화사, 2007.

상으로 삼았던『동북사지(東北史地)』에는 연구비를 받은 논문들이 계속 발표되고 있었기 때문이다. 그리고 2009년 9월 글쓴이의 입산으로 구체적인 분석은 중단되었다.

10년이 지난 2017년 시진핑 주석이 트럼프 미국 대통령에게 "Korea는 사실상 China의 일부분이다."라는 역사 강의를 했다는 보도를 접하고 그 진의를 파악하기 위해 다시 동북공정을 면밀하게 분석한 결과 2003년까지 동북공정 첫 단계를 마친 뒤 바로 2004년부터는 2009년까지 동북공정에서 연구된 결과는 모두 길림성사회과학원에서 낸『동북사지』에 실렸다는 사실을 확인하였다. 이는 2003년 후반기 동북공정이 한국에 알려지면서 거국적인 반대에 부딪히자 앞으로는 한국과 학술교류를 통해서 해결하는 척하면서 뒤로는 길림성사회과학원으로 옮겨 동북공정은 조금도 흔들림 없이 계속하였다는 사실을 알려준다. 지금부터는『동북사지』분석을 통해서 그 사실을 밝히려고 한다. 글쓴이가 2007년 분석 때는 그 사실을 알 수 없었으나 근년에『동북사지』전체를 시계열 분석해 본 결과 2009년에 동북공정이 끝났다는 것을 밝힐 수 있었다.

『동북사지』는 2004년 창간되어 첫해에는 월간으로 발간되었으며, 2005년부터는 격월간으로 발행하였고, 2016년 3기부터는 다시『학문』으로 제호를 바꾸어 2016년 4기와 2017년 1기를 펴낸 뒤 폐간된다.『동북사지』를 창간하기 이전에『서북사지(西北史地)』(蘭州大學歷史系, 1980~1999, 19년간)[5]가 발간되어 서쪽의 위구르·카자흐스탄, 북쪽의 몽골·흉노·선비·유연·돌궐·위구르·몽골사를 연구한 뒤 목적한 프로젝트가 끝나자 폐간되었다.『동북사지』도 동북지역의 역사와 영토에 대한 목적 사업이 끝나자 폐간된다. 이 특수목적의 학술지들은 임무를 마치면 폐간되는 것이 특징이다. 다른 말로 바꾸어 보면 이 특수 학술지가 폐간되는 때가 목적이 완료되는 시점이 된다.

동북공정 기간 고구리에 관한 연구 결과가 모두 160편이 나왔는데, 그 밖에 우리 역사와 관계있는 (고)조선 관련 논문이 24편, 발해 관련 논문이 33편, 왕건의 고리(高麗)와 조선시대 관련 논문이 39편, 백두산과 간도문제 논문이 31편이고, 역사침탈을 위한 무기라고 할 수 있는 변강이론 23편이 발표되었다. 모두 310편 가운데 고구리 논문이 160편, 다른 논문이 150편으로 고구리가 아닌 다른 논문의 비중도 적지 않다는 것을 알 수 있다.

한편 동북공정을 마친 뒤 2010년부터『동북사지』가 폐간되는 2017년 2월까지 7년간에도 고구

---

5) 계간으로 발표되었는데 1999년 4기까지 모두 74기의 논문집이 발간되었다. 발표논문 목록은 다음 사이트 참조. https://site.douban.com/widget/notes/17109570/note/365310330/

리 연구 85편을 비롯하여 우리 역사 관련 논문이 177편이나 발표되었다는 것을 보면 동북공정이 끝나고도 동북공정의 논리를 뒷받침하기 위해『동북사지』가 큰 역할을 했음을 알 수 있다.

〈표 7〉 동북공정 결과 발표지『東北史地』전체 연구과제 진행 통계

연도	국책 역사침탈(동북공정) 기간							역사침탈 마무리 기간									
---	2004	2005	2006	2007	2008	2009	소계	2010	2011	2012	2013	2014	2015	2016	2017	소계	합계
변강이론(邊疆理論)	12	3		1	1	6	23		3		7	5	3		1	19	42
왕검조선(古朝鮮)	5	4	5	5	5		24	3	3			2	4	4		16	40
고구리(高句麗)	53	23	27	17	19	21	160	13	8	8	12	9	16	15	4	85	245
발해	5	5	8	4	6	5	33	5	1	4	2	9	3	3		27	60
고리(高麗)·조선	12	3	4	10	5	5	39		3		4	5	3	5		20	59
백두산·간도문제	12	4	2	1	4	8	31	4			2	3	1			10	41
합계	99	42	46	38	40	45	310	25	18	12	27	33	30	27	5	177	486

위의 표에서는 국책 역사침탈인 동북공정 기간과 그 뒤 보완·마무리 기간의 통계를 보았는데 이 통계로는 동북공정이 2009년에 끝났다는 사실이 드러나지 않는다. 그래서 위의 표 가운데 고구리 관계 논문 통계만 뽑아서 『동북사지』에서 만든 발표항목별로 정리한 것이 〈표 8〉이다.

〈표 8〉을 분석해 보면 2009년을 기준으로 논문을 실은 주제 항목이 뚜렷하게 달라진다. 동북공정의 선정과제로 연구한 논문들은 주로 전문가논단, 전문주제연구, 학술쟁점, 학술논단 같은 항목으로 나누어 싣다가 2010년부터는 거의 「고구리발해논단」이나 「동북사론」이란 다른 항목을 만들어 싣고 있다는 것을 알 수 있다. 이 2009년에 동북공정에 어떤 커다란 변화가 왔다는 것을 뜻한다. 다음 Ⅲ장에서 보겠지만 2009년 7월 동북공정을 마무리하고 자축하는 대회가 열린다. 바로 그 대회와 이 표에서 2009년의 변화가 맞아떨어지면서 동북공정이 2009년까지 연장되었다는 것을 확정할 수 있었다. 따라서 동북공정이 3년 연장되어 2009년에 끝났다는 것은 이 마당의 Ⅲ장에서 동북공정 완료대회를 분석할 때 다시 한번 자세히 보겠다.

	국책 역사침탈(동북공정)기간						역사침탈 보완·마무리 기간								소계	총계
	04	05	06	07	08	09	10	11	12	13	14	15	16	17		
本期關注	5														5	
專家論壇 專題研究 學術熱點 爭鳴園地	9	10	16	10	6	7									58	
世界遺産	2														2	
學術園地 學術論壇	8	11	8	7	13	5									52	
古代史研究 學術交流						8									8	
高句麗研究 東北歷史 民族研究 民族探微 文化探源	10														10	160
都城內外 山城上下 考古新論 發掘報告 王陵研究 碑碣石刻	18	2	2			1									23	
山水之間	1		1												2	
高句麗渤海 (問題)研究								3	7	10	9	16	13	4	62	
東北史論 東亞史							11	5		2			1		19	85
學術探討 史學探索 東北民族							2		1				1		4	
	53	23	27	17	19	21	13	8	8	12	9	16	15	4	245	245

2. 한국 측 동북아역사재단이 파악한 동북공정 기간(2002~2007)

1) 문제의 제기 : 동북공정은 8년간(2001~2009년) 계속되었다

동북공정은 2003년 중국변강사지연구중심이 동북공정의 전모를 밝힌 홈페이지가 한국에 알려지면서 한·중 사이에 외교분쟁으로 번졌고 이른바 한·중 역사전쟁이 표면으로 드러났다. 그러나 중화인민공화국은 '학술적 해결'을 주장하며 이른바 구두합의가 이루어졌고, 얼마 뒤 중국변강사지연구중심의 홈페이지가 비공개로 되면서 한국 측에서는 중화인민공화국이 동북공정을 어떻게 진행하는지 알 수 없는 상황에 이르렀다. 따라서 한국 정부나 학자들은 홈페이지에 공고했던 2002~2007년이라는 동북공정 기간이 지나자 동북공정이 끝났다고 보았고, 그런 인식 아래 많은 논의가 이어졌다.

그러나 앞에서 보았듯이 동북공정은 2001년에 이미 시작하였고, 2009년까지 8년간 계속되었다. 그러므로 글쓴이는 동북공정을 다음 3단계로 나누어 한 마당에 1단계씩 정리하여 보고 있다.

1. 2001~2003 :   동북공정 1단계, 전반기 동북공정
2. 2004~2007. 1 : 동북공정 2단계, 후반기 동북공정
3. 2007. 2~2009 : 동북공정 3단계, 연장된 동북공정

이와 같은 단계 구분은 2가지 측면에서 기존 연구와 다르다. 첫째, 지금까지 모든 연구는 동북공정 기간을 2002~2006년 또는 2002~2007년으로 보았지만, 글쓴이는 2001~2009년으로 잡았다는 점이다. 둘째, 지금까지 응용연구에 대해서는 단 한 가지도 발표한 것이 없어 글쓴이를 포함해서 아무도 그 내용을 파악하지 못했다는 것이다. 그러나 글쓴이는 지금까지 중화인민공화국에서 일어난 현장 상황을 통해서 응용연구를 추적해보았다.[6]

---

6) 서길수, 「중국의 역사 왜곡 현장에 관한 사례 분석」(『고구리연구』 20, 학연문화사, 2005)을 통해서 이미 발표했지만, 당시는 이러한 사례들이 동북공정의 응용연구 주제였다고 확신하지 못했다. 그러나 최근 다른 사례들을 연구하는 과정에서 그와 같은 현장 사례들이 바로 응용연구의 결과라는 확신을 갖게 되었다.

2) 한국의 정부 기관과 학계의 인식에 대한 분석

동북공정이 2007년에 끝났다고 보는 것과 3년 연장되어 2009년까지 이어졌다고 보는 것은 동북공정의 진행과 성과를 분석하는 데 결정적으로 중요하다. 그리고 동북공정이 끝나고 보완 기간을 거쳐, 그 성과를 바탕으로 중화인민공화국 국사로 전환하는 과정을 분석하는데 뗄 수 없는 자료를 제공한다. 그런 면에서 글쓴이는 이 책을 쓰는 동안 여러 차례 시대구분을 바꾸어서 역사침탈 전체에 대한 역사적 인식체계를 구성해 보았다.

한국에서 이미 중국변강사지연구중심 홈페이지에 공고했던 동북공정 기간이 끝나는 2007년부터 지금까지 동북공정의 진행과 성과에 대한 여러 분석이 있었다.

1. 이희옥, 「동북공정의 정치적 논란에 대한 비판적 해석」, 『동아연구』 53, 2007.
2. 서길수, 「중화인민공화국 동북공정 5년의 성과와 전망」, 『高句麗研究』 29, 2007.[7]
3. 윤휘탁, 「한·중 역사논쟁과 역사화해」, 『중국사연구』 51, 2007.
4. 윤휘탁, 「포스트 동북공정: 중국 동북변강전략의 새로운 패러다임」, 「역사학보」 197, 2008.
5. 김승일, 「동북공정 이후 중국학계의 한국사 연구동향」, 『한국근현대사연구』 55, 2010.
6. 동북아역사재단 편, 『중국 '동북공정' 고구리사 연구논저 분석』, 동북아역사재단, 2010.
7. 한국고대사학회·동북아역사재단, 『중국의 동북공정과 한국고대사』, 주류성, 2012.
8. 송기호, 「중국의 동북공정, 그 후」, 『한국사론』, 2012.
9. 김현숙, 「동북공정 종료 후 중국의 고구려사 연구 동향과 전망」, 『동북아역사논총』 53, 2016.
10. 동북아역사재단, 『동북공정 이후 중국의 고구려사 연구 동향—분석과 비판 2007~ 2015』, 역사공간, 2017.
11. 동북아역사재단 편, 『동북공정 이후 현황과 동북아 역사 문제』, 동북아역사재단 연구총서 123, 2020. 12. 21.

이상의 연구성과 가운데 동북공정에 대응하기 위해 설립된 동북아역사재단에서 기획하여 낸 책

---

7) 당시 동북공정 성과는 10차 경제사회5개년계획 기간인 2005년까지만 분석하였고, 동북공정이 언제 끝나는지에 대한 정보가 없어 글쓴이도 제대로 된 시대구분을 하지 못하였다.

들을 중심으로 동북공정 실시기간을 어떻게 보았는지 분석해 보기로 한다. 이러한 분석은 동북아역사재단을 비롯한 한국 학계가 동북공정에 대해 어떤 기초 정보와 인식으로 대처했는지를 보여주는 지표가 되므로 아주 중요한 분석이다.

(1) 2010년, 동북아역사재단 편, 『중국 '동북공정' 고구리사 연구논저 분석』[8]

이 책은 동북공정이 끝난 뒤, 동북공정이 시작된 2002년 이후 중화인민공화국에서 발행된 저서들을 분석·비판하는 책이다.

① 동북아역사재단 이사장 정재정, 「발간사」 4쪽.

　　중국사회과학원 중국변강사지연구중심이 <u>2002년부터 5년</u>간 진행했던 동북변강역사여현상계열연구공정은 중화인민공화국의 만주 3성, 곧 랴오닝성, 지린성, 헤이룽장성 지역의 과거사와 앞으로 일어날 수 있는 일들에 대해 체계적으로 연구하기 위해 실시한 사업이다. (4쪽)

② 「책머리에」 <u>2002년 2월에 시작된 '동북공정'은 5년 만인 2007년 1월 종료되었다.</u> 그것은 '동북지방'에 대한 1) 기초 연구와 응용연구, 2) 외국 서적의 번역, 3) 관련 문서(檔案)의 수집·정리 등으로 나뉘어 진행되었다. (9쪽)

③ 조인성, 『고대중국고구리역사속론』에 대한 비판적 검토』

　　<u>2002년 2월에 시작된 동북공정은 2007년 1월로 5년 만에 종료되었다.</u> 하지만 동북공정 식의 고구리사 연구는 계속되고 있으며, 다만 그 주체가 만주 3성으로 바뀌었다. (192쪽)

④ 최종택, 『고구리왕릉통고』에 대한 비판적 검토

　　중화인민공화국은 <u>2002년부터 2007년까지 실시된 '동북공정'</u>을 통하여 고구리사를 중국사의 일부로 편입하기 위한 각종 연구성과들을 내놓았다. (199쪽)

이 책에서는 이사장의 발간사와 책머리 글에 모두 2002~2007년을 동북공정 기간으로 보았기 때문에 동북아역사재단은 공식적으로 동북공정이 2007년에 끝난 것으로 보고 있다는 것을 알 수

---

8) 동북아역사재단 편, 『중국 '동북공정' 고구리사 연구논저 분석』 동북아역사재단, 2010.

있다. 아울러 집필에 참여한 조인성(경희대학교 교수), 최종택(고려대학교 교수) 같은 학계의 전문가들도 그렇게 인식하고 있다는 것을 볼 수 있다.

(2) 2012년, 한국고대사학회·동북아역사재단, 『중국의 동북공정과 한국고대사』[9]

이 책은 한국고대사학회와 동북아역사재단이 공동으로 2012년 7월 20~21일 대구 팔공산온천 관광호텔에서 「동북공정 이후 중국의 변강정책과 한국고대사 연구동향」이란 주제로 공동 세미나를 개최하고 그 결과를 모아서 책으로 낸 것이다.

〈표 9〉 『중화인민공화국의 동북공정과 한국 고대사』 필자들의 동북공정 기간 인식

	쪽수	글쓴이	논제	동북공정
1	3	이영호 고대사학회 회장	간행사	2007년 끝남
2	5	김학준 동북아재단 이사장	축사	2002~5년간
3	15	임기환 서울교대 교수	동북공정과 그 이후, 동향과 평가	2002.2~2007.2
4	79	이천석 영남대 강사	중국 변강정책의 변화와 동북지역	2002~2007
5	119	김현숙 재단 책임연구원	2007년 이후 한·중 언론의 동북공정 관련 보도 양상	2002~2007
6	155	조법종 우석대 교수	동북공정 이후 한국의 역사교육 —교육과정 및 교과서, 기관 활동을 중심으로	2002.1~2007.2
7	183	송호정 한국교원대 교수	중국 동북지방 문명의 형성	2007년 마무리

---

9) 한국고대사학회·동북아역사재단, 『중국의 동북공정과 한국고대사』, 주류성, 2012.

8	215	박준형 연대 박물관 학예사	동북공정 이후 중국학계의 (고)조선·부여·예맥 연구 동향	2002. 2~2007. 1
9	251	조영광 국편 편사연구사	동북공정과 그 이후 중국의 고구려사 연구 동향 —문헌사를 중심으로	2002. 2~2006. 12
10	295	정원철 서해문화재연구원	동북공정 이후 중국의 고구리·발해 고고학 연구 및 조사 동향	2007년 초 완료
11	333	김종복 성대 박물관 학예사	동북공정과 그 이후 중국의 발해사 연구 동향	2002~2007

〈표 9〉『중국의 동북공정과 한국 고대사』 필자들의 동북공정 기간 인식에서 보면 동북아역사재단이나 참여 학자 대부분 동북공정의 기간이 2002~2007년으로 인식하고 있는데 조영광만 2006년 12월이라고 했다. 동북공정을 시작한 기점을 조법종은 2002년 1월이라고 했으나 3명은 2002년 2월이라고 중국변강사지연구중심의 발표를 인용하고 있다. 끝나는 시점에 대해서는 의견이 꽤 다르다. 단순히 2007년 완료되었다고 한 학자도 있고, 박준형은 2007년 1월, 임기환, 조법종은 2007년 2월이라고 했으며, 앞에서 보았듯이 조영광만 2006년 12월이라고 했다.

동북공정이 끝나는 해와 달이 통일되지 않은 것은 중화인민공화국이 동북공정 완료 시기를 공식적으로 발표하지 않았기 때문이다. 다만 동북아역사재단 이사장이 "2002년에 시작되어 5년간 진행된 이 프로젝트는 ① 연구 기간이 종료되었음에도 불구하고, ② 지금도 계속 진행되고 있다고 보고 있습니다."라고 한 것은 ①은 종료되었고, ②는 계속되고 있다는 앞뒤가 맞지 않은 표현을 하고 있다. 이것은 동북공정에 대한 성격 규정이 정확하지 않았기 때문에 생긴 것으로 역사침탈 전체를 제대로 시대 구분하지 않고 동북공정이라는 용어를 쓴 데서 온 부작용이다.

여기서 주목할만한 것은 역사침탈을 동북공정이라고 통칭하고 있으므로 동북공정이 끝나버린 시점에서 계속되는 역사침탈을 어떻게 부를 것인가? 하는 문제가 제기된 것이다. 동북아역사재단 책임연구원은 이런 제안을 하였다.

2002년 2월부터 실시한 '동북공정'은 5년 계획의 연구사업이었으므로 2007년에 이미 종료되었다. 그러나 2007년 이후에도 중화인민공화국이 한국사를 왜곡하는 사안이 발생하는 경우, 우리나라 언론이나 방송계, 그리고 사회 일반에서는 이를 모두 동북공정이라고 통칭하고 있다. 엄밀한 의미에서 '동북공정' 기간이 만료되었으므로, 혼동을 피하기 위해 그 이후 발생한 중화인민공화국의 통일적 다민족국가론에 의한 역사 왜곡 문제는 적절한 다른 용어로 표현할 필요가 있을 것 같다. 역사학 분야의 사안이라면 '동북공정' 대신 '동북공정식 인식', 혹은 '한·중역사갈등 문제'라고 하는 것도 혼동을 피하는 길이 될 수 있겠다.

그런데 문제는 '동북공정'이 원래 중화인민공화국 만주 3성 지역의 역사, 지리, 민족 등에 관한 문제를 집중적으로 연구하는 국가적 중점 사업으로서, 이 지역의 과거와 현대, 그리고 그로부터 파생될 미래의 일까지 모두 연구대상으로 한다는 점이다. 즉 역사뿐 아니라 정치, 경제, 문화, 군사, 국제관계 등 다른 분야까지 대상이 될 수 있다. '동북공정'의 범위가 광범위하다는 것은 그간의 과정을 통해 확인되었지만, '동북변강역사여현상계열연구공정(東北邊疆歷史與現狀系列研究工程)'이란 명칭 자체에도 이미 나타나 있다. 따라서 '한·중역사갈등 문제'라는 용어도 정확한 표현이라 하기는 어렵다.

현재 우리나라에서는 한·중간 갈등이 있는 사안에 대해 모두 동북공정이라 칭하고 있다. 마치 보통명사처럼 사용되고 있는 것이다. 이 때문에 2007년으로 '동북공정'은 모두 종료되었다고 하는 중화인민공화국 측과 한국 측 사이에 혼동이 생기고 있다. 이를 두고 한국 내 일부 세력이 자신의 이해관계에 따라 '동북공정'을 활용하기 위해 문제를 더 확대시키고 있다고 보는 비판적인 시각도 있다. 이런 점들을 통해 볼 때, 동북공정이란 용어 문제에 대해 본격적인 논의가 있어야 할 것 같다.[10]

이 제안에는 이미 1980년대부터 시작된 역사침탈을 전체적으로 보지 않고, 동북공정을 기점으로 한 데서 생긴 문제로, 실제 현장에서 이 문제를 다루고 있는 동북아역사재단의 난감한 입장이 고스란히 나타나 있다.

① 이런 문제는 동북공정에 대한 정확한 기간과 성과에 대한 정확한 분석 연구와 보고가 없었

---

10) 김현숙, 「2007년 이후 한·중 언론의 동북공정 관련 보도 양상」, 『중국의 동북공정과 한국고대사』, 주류성, 2012, 119~120쪽.

기 때문이다. 만일 '동북공정은 이렇게 끝났다'라고 정확히 밝히고, '동북공정은 그만두거나 중단되지 않았다', '동북공정 성과는 이렇고, 동북공정 이후는 어떻게 하기로 했다.'라고 정확하게 분석 발표를 했다면 국민이 이해하고 그에 따른 대처를 할 것이다. 그러나 지금까지 그런 정확한 발표는 없었다.

② 문제의 소재가 동북공정 문제는 단순한 역사학이나 학술적 문제가 아니고, 다시 말해 필자가 말한 '역사 갈등'이 아니라 정치·경제·문화·군사·국제관계 모든 분야에 걸쳐있는 국가와 국가의 역사와 영토 싸움이라는 사실을 토로하였다. 그러나 돌이켜보면 우리나라 정부와 학계는 중화인민공화국의 '학술적 해결'이라는 덫에 걸려 역사전쟁이나 역사침탈이라는 정확한 용어를 쓰지 못하고 있었고, 실제로 동북공정이 끝나버리고 나니 난감한 문제에 부딪힌 것이다. 결론적으로 '한·중 역사 갈등 문제'는 스스로 부정하였듯이 올바른 해결이 아니다.

③ '동북공정식 인식'도 해결책이 아니다 동북공정이 끝나고도 동북공정과 같은 역사침탈이 계속되므로 '동북공정식'이라고 했는데, 그렇다면 동북공정 이전에 있었던 역사침탈은 어떻게 설명할 것인가?

글쓴이가 머리말에서 역사침탈 40년을 시대구분한 것은 바로 이런 모든 문제에 대한 대답이다. 역사침탈 문제가 우리나라에서 크게 문제로 등장한 것은 2003년 10월 12일 KBS 일요스페셜 「한·중 역사전쟁 ― 고구리는 치나사인가?」였다. 당시 이연식 담당 PD와 작가는 제목에 '동북공정'을 넣자고 하였으나 마지막 순간에 글쓴이가 설득하여 '한·중 역사전쟁'이란 제목을 붙였다.

(3) 2017년, 동북아역사재단, 『동북공정 이후 중국의 고구려사 연구 동향 — 분석과 비판 2007~2015』[11]

이 책은 2016년 당시 동북아역사재단 한·중 관계연구소 김현숙 소장이 신진학자 6명을 연구팀으로 구성하여 동북공정이 종료된 2007년 이후 중화인민공화국 학계의 고구리사 연구성과를 주제별로 나누어 자료를 수집하고 분석한 것이라고 했다.

〈표 10〉『동북공정 이후 중국의 고구려사 연구 동향』 필자들의 동북공정 기간 인식

	쪽수	글쓴이	논제	동북공정
1	4	김도형 동북아역사재단 이사장	발간사	2007년 종료
2	22	김현숙(동북아역사재단) 한·중 관계연구소 소장	1장 동북공정 후 중국의 고구리사 연구	2002.2~2007
3	71	조영광 국사편찬위원회 연구사	2장 초기고구리사	2007년 끝남
4	133	안정준 경희대 학술연구교수	3장 고구리 유이민사	2007년 끝남
5	136	이준성 국사편찬위원회 연구사	4장 고구리 대회관계사	2002~2007
6	164	이정빈 충북대학교 교수	5장 고구리 문헌사료 및 사학사	2007년 끝남
7	194	정동민 한국외국어대학교 강사	6장 고구리 전쟁사	2002.2~2007.1
8	249	이승호 동국대학교 강사	7장 고구리 종교·사상사	2007.1 끝남

---

11) 동북아역사재단, 『동북공정 이후 중국의 고구려사 연구 동향 — 분석과 비판 2007~2015』, 역사공간, 2017.

이 책에서도 동북아역사재단이나 학자들 모두 동북공정이 2007년에 끝났다는 인식에 변화가 없다. 다만 2017년 시점에서는 동북아역사재단이 사실상 공식적으로 '동북공정식 역사인식'이란 용어를 쓰고 있다는 것을 알 수 있다.

① 동북아역사재단 김도형 이사장의 「발간사」

> <u>동북공정 사업은 형식적으로 2007년에 이미 종료되었습니다.</u> 그러나 2007년 이후에도 중화인민공화국의 한국사 왜곡은 계속되고 있어서, 우리나라 언론이나 방송계, 그리고 사회 일반에서는 이를 모두 '동북공정으로 통칭하고 있습니다. <u>그래서 동북공정은 지금도 끝나지 않았고 여전히 계속되고 있다고 할 수 있습니다.</u>
> 학문적인 측면에서 보아도 이는 틀리지 않는 진단입니다. 비록 연구사업으로서의 '동북공정'은 종료되었지만, 통일적 다민족국가론에 의거하여 자민족 중심으로 역사를 해석하는 '동북공정식 역사인식'은 여전히 계속되고 있기 때문입니다.[12]

이어서 이렇게 이야기한다.

> ❶ 역사 전문가들의 손을 떠나 일반인들에게 확산된 동북공정식 역사 인식은 비학문적·비상식적인 방향으로 변화할 가능성이 높습니다. ❷ 동북공정으로 야기된 역사 갈등 문제는 학술적으로 해결할 수밖에 없습니다.[13]

여기서 ❶은 동북공정식 역사 인식이 부작용을 낳는다는 것이다. 보기를 들면 만리장성 동쪽 끝에 대한 논란이라거나, 백두산 문제나, 요즘 많이 문제가 되는 한복공정, 김치공정 같은 두 나라 사이의 논란이 비학문적이거나 비상식적이라는 걱정이고, ❷는 학술적으로 해결해야 한다는 것이다. 앞에서 이미 보았듯이 김현숙은 동북공정이 단순히 역사학이나 학술적인 것이 아니라는 점을 강

---

12) 동북아역사재단, 『동북공정 이후 중국의 고구려사 연구 동향 — 분석과 비판 2007~2015』, 역사공간, 2017, 4쪽.
13) 동북아역사재단, 『동북공정 이후 중국의 고구려사 연구 동향 — 분석과 비판 2007~2015』, 역사공간, 2017, 4쪽.

조하였다. 실제로 동북공정이건, 동북공정 이전의 역사침탈이건, 동북공정 이후 동북공정식이건 모두 학술적이 아니다. 동북공정은 기초연구와 응용연구로 나뉜다. 기초연구도 학술적이 아니라 김현숙이 "중화인민공화국에서의 한국고대사 연구의 결론은 사실 이미 정해져 있다고 해도 과언이 아니다."라고 하였듯이 중국공산당이 결정한 지시에 따라 역사를 훔쳐 가는 작업이다. 거기다 우리나라에서는 단 한 건도 파악하지 못하고 있는 '응용연구'는 100% 정치적인 것이다. 그런데 2017년 현재까지도 동북아역사재단 이사장이 '학술적'이란 이야기를 하니 참 한심한 생각이 든다.

② 동북아역사재단 한·중 관계연구소 소장 김현숙, 「1장. 동북공정 후 중국의 고구려사 연구」

이사장의 발간사에 '동북공정식 인식'이 나온 것은 앞에서 보았듯이 김현숙이 제안했던 용어다. 이번 책에서 그 용어를 공식적으로 쓴다고 하였다.

동북공정은 중국사회과학원에 소속된 변강사지연구중심에서 <u>2002년 2월부터 2007년까지 5년간 실시한 연구사업이다.</u> ……사업 진행 도중 고구리사를 둘러싸고 한·중 간 갈등이 격화되었고, 그것을 완화하기 위해 두 나라 정부에서 직접 간여했기 때문에 이 프로젝트는 처음 기획했던 대로 순조롭게 진행되지는 못했다.

그럼에도 사업은 5년간 진행되었다. 하지만 이때 표출되어 문제가 되었던 중화인민공화국의 한국 고대사 인식은 여전히 지속되고 있다는 점에서 흔히 동북공정은 분명 종료된 프로젝트이므로, <u>이후 나오는 중화인민공화국의 자국 중심주의적 역사관에 의한 한국사 왜곡 문제는 '동북공정식 역사인식' 혹은 '한·중 역사갈등 문제' 또는 다른 적절한 용어로 지칭하는 것이 옳다.</u> 이에 이 글에서는 편의상 프로젝트 이름을 동북공정, 중화인민공화국의 자국 중심적 한국사관은 <u>'동북공정식 역사인식'</u>으로 구분하여 칭하기로 한다.[14]

편의상 쓴다고 한 것을 보면, 2012년에 제안하고 난 뒤 5년 동안 이에 대한 논의가 전혀 없었다는 것을 알 수 있다.

한편 두 나라 정부의 간여로 동북공정이 처음 기획했던 대로 순조롭게 진행되지 못했다고 보았는데, 앞으로 보겠지만 한 해도 멈추지 않고 3년을 연장하여 스스로 성공하였다고 선언하였다. 동북아역사재단에서 동북공정의 진행과 완성 과정을 파악하지 못하고 있었다는 것을 알 수 있다.

③   충북대학교 역사교육과 조교수 이정빈, 「5장. 고구려 문헌 사료 및 사학사」

이정빈은 같은 책에서도 김현숙이 제안한 '동북공정식 역사 인식'이란 용어를 쓰지 않고 '포
스트 동북공정'이란 용어를 썼다.

2007년 이후 중화인민공화국 역사학계는 이른바 번속이론을 바탕으로 전통 시대 중원왕조와 동
아시아 여러 나라의 관계를 이해하고 있다. ……포스트 동북공정에서도 고구리사는 여전히 핵심과
제에 속하는데,[15] 이전보다 관련 연구자와 연구기관이 확대되었고, 주제도 다각화되었다.[16]

'포스트 동북공정'이란 필자가 주를 달았듯이 윤휘탁이 제안한 용어다.

결론적으로 거시적 관점에서 볼 때, 최근의 동북공정은 분명 이전과는 다른 패러다임을 보이고
있다. 다시 말해 최근의 동북공정 패러다임은 종래와 같은 특정 왕조의 귀속권 논쟁을 벗어나, 변강
이론 체계를 구축해서 전통시대 주변 국가와의 관계를 확정하고 동북변강 강역의 국제법적 지위를
확보하는 쪽으로 방향을 잡아가고 있다. 이와 동시에 동북공정의 두드러진 역할도 중앙에서 지방으
로 옮겨가면서 동북공정 논리가 자연스럽게 확산·심화되고 있다. 게다가 만주 3성에서는 각종 역사
문화유적을 관광자원으로 활용하여 경세적 수익을 창출하고 있다. 또한 그 유적을 중화인민공화국
국민 생활의 일부분으로 만들어나가 해당 역사문화유적을 중화인민공화국의 것으로 각인시켜나가
고 있다. 이러한 동북공정의 새로운 패러다임은 분명 역사성·경제성·문화성·長期性을 유기적으로
결합시킨 새로운 타입임에 틀림없다.
필자는 이와같이 새로운 패러다임 속에서 추진되고 있는 동북공정을 종래의 동북공정과 구별하

---

14) 동북아역사재단, 『동북공정 이후 중국의 고구려사 연구 동향 – 분석과 비판 2007~2015』, 역사공간, 2017, 22~24쪽.

15) 윤휘탁, 「포스트 동북공정 : 중국 동북변강전략의 새로운 패러다임」, 『역사학보』 197, 2008.

16) 동북아역사재단, 『동북공정 이후 중국의 고구려사 연구 동향 – 분석과 비판 2007~2015』, 역사공간, 2017, 164~165쪽.

여 '포스트(Post) 동북공정'으로 규정하고자 한다. 이때 '포스트 통북공정'이란 단순히 '동북공정의 후속사업' 혹은 '후기 동북공정'을 의미하지는 않는다. 여기에서 말하는 새로운 패러다임이란 기본적으로 종래의 동북공정사업과정신을 계승하면서 양적질적으로 동북공정논리를 심화시키고 추진효과를 극대화하는 것이다. 동시에 그것은 중앙보다도 지방이 주체가 되어 역사문화유적의 관광자원화를 통해 경제적 수익을 창출하고 문화적으로 향유하는 행태 속에서 역사문화유적의 중화인민공화국화를 꾀하고 동북변강의 안정과 민족단결을 추구해나가는 동북변강 전략을 의미한다.[17]

윤휘탁은 2007년 동북공정이 끝났다는 전제 아래 2007년을 기점으로 그 뒤를 '포스트(Post) 동북공정'이라고 이름 지은 것이다. 그러나 다음 본문에서 보겠지만 동북공정은 2009년까지 계속되었고, 윤휘탁이 새로운 패러다임이라고 하는 것은 응용연구의 결과를 말하는 것이다.

(4) 2020년, 동북아역사재단 편, 『동북공정 이후 현황과 동북아 역사문제』[18]

이 책은 2020년에 나온 책으로 28명이란 필진을 동원하여 ① 최근 20년간 중화인민공화국의 한·중 역사문제 연구, ② 한국 학계의 동북공정 대응 주요 성과, ③ 서구 학계가 보는 동아시아 역사문제로 나누어 집필하였다.

---

17) 윤휘탁, 「포스트 동북공정 : 중국 동북변강전략의 새로운 패러다임」, 『역사학보』 197, 2008, 126~127쪽.

18) 동북아역사재단 편, 『동북공정 이후 현황과 동북아 역사 문제』, 동북아역사재단 연구총서 123, 2020. 12. 21.

〈표 11〉『동북공정 이후 현황과 동북아 역사문제』 필자들의 동북공정 기간 인식

	쪽	글쓴이	논제	동북공정
1	9	이유표 동북아재단 연구위원	들어가며 - '동북공정' 그 후: 한·중 역사 연구의 현주소	2007년 마무리
2	25	이성제(동북아역사재단) 한국고중세사연구소 소장	동북공정 관련 연구 개요	2007년 마무리
3	67	이승호 경희대 학술연구교수	중국 학계의 초기 문명사 및 고조선사, 부여사 연구 동향 - 부여사 연구의 흐름과 이해	2007. 2 종료
4	91	조영광 전남대학교 교수	중국 학계의 동북공정기 고구려사 연구 동향	2002~2007년
5	127	임상선 동북아재단 책임연구원	중국 학계의 발해사 최신 연구 동향	2007년 종료
6	264	차재복 동북아재단 연구위원	한·중 관계: 동북공정 이후, 한·중 '전략적 협력 동반자' 관계의 도전과 과제	2007년 2 '외견상' 종료
7	277	이상민 충북대 사학과 강사	북중관계: 중국 학계의 북중 관계 연구 현황을 중심으로	2007년 마무리
8	407	이정빈 충북대 교수	한국 학계의 고구려사 연구성과	2007년까지 추진
9	424	윤재운 대구대학교 교수	한국 학계의 동북공정 관련 발해사 연구성과	2002. 2~2007. 2
10	652	박창건 국민대 일본학과 교수	시진핑과 트럼프 시대의 중미 관계	2002~2007년

이 책을 통해서는 동북공정의 시기와 그 성격에 대한 기존 인식의 변화가 없어 보인다. 동북공정의 시기를 언급한 10명은 모두 2002~2007년으로 보았기 때문이다. 최근 동북아역사재단과 학자

들이 동북공정과 그 뒤 이어지는 역사침탈을 어떻게 보고 있는가를 간단히 보기로 한다.

① 동북아역사재단 연구위원 이유표,
「들어가며 — '동북공정' 그 후: 한·중 역사 연구의 현주소」

❶ <u>동북공정은 2007년 공식적으로 마무리되었다.</u> 그러나 동북공정에서 제기된 역사 인식은 계속해서 확대 재생산되고 있다. (9쪽)

❷ 고구리와 발해를 중국 동북지역 '소수민족 지방정권'으로 인식하기도 하였다. 동북공정이 끝난 이후에는 고구리와 발해에 대해 '소수민족 지방정권'이 아닌 '종번 관계'라는 용어로 점차 표현을 바꾸고 있다. 곧 중국이 종주국이고 고구리, 발해 등 주변국은 번속국이라는 것이다. (12쪽)

❸ 양국 간에는 과거와 현재의 끊임없는 대화와 함께, 양자 간의 끊임없는 대화를 요하고 있다. 동북아역사재단은 "바른 역사 정립을 통한 동북아시아 지역의 평화·번영 기반 조성"을 비전으로, "역사 인식의 새로운 패러다임을 선도하는 역사·영토 연구의 중심 기관"을 비전으로 삼고 있다. (15쪽)[19]

❶ '동북공정에 제기된 역사 인식'이라고 해서 '동북공정식 인식'과 같은 내용이지만 김현숙이 제안한 용어를 쓰지는 않고 있다. 시대구분과 그에 따른 정확한 학술용어가 정해지지 않은 결과이다.

❷ 이 문제는 면밀하게 검토해야 할 문제이다. 응용연구 편에서 보겠지만 현재 선전하고 있는 결과는 (고)조선·부여·고구리·발해는 중화인민공화국의 역사로 탈바꿈시켰고, 후기 신라-고리(高麗)-조선으로 이어지는 역사만 우리 역사이다. 그렇지만 신라-고리-조선은 번속국이라고 하였다. 현재 일반인들이 가장 많이 검색하는 『백도백과』에서는 반식민지라고 해설하고 있다.

---

19) 이유표, 「들어가며 - '동북공정' 그 후: 한·중 역사 연구의 현주소」 동북아역사재단 편, 『동북공정 이후 현황과 동북아 역사 문제』 동북아역사재단 연구총서 123, 2020.

❸ 동북아역사재단의 비전은 평화적이고 시대를 앞서가는 것처럼 보인다. 그러나 (고)조선·부여·고구리·발해는 이미 중화인민공화국 국사로 탈바꿈하여 일반화시키고 있는데 대화니, 평화니, 학술이니 미사여구만 내세우고 있으니 한심하다는 생각이 든다.

② 동북아역사재단 한국고중세사연구소 소장 이성제, 「동북공정 관련 연구 개요」[20]

❶ 5년 동안 진행된 동북공정의 과제 규모는 110개였으나, 현재까지 그 결과가 공개되지 않은 과제가 대다수를 차지한다. 한국과의 역사분쟁이 그 요인의 하나일 것으로 짐작된다. (23쪽)

❷ 그 결과 중국사회과학원의 변강사지연구중심이 주체가 된 동북공정이 2007년 마무리된 이후, 고구리동북민족연구중심은 만주 3성의 주요 연구기관이 되었고, 이들이 주축이 되어 이후의 연구를 이어 나갈 수 있는 학술적 기반을 마련해 나갔다. (25쪽)

❶에서 제시한 110개 연구과제는 중국변강사지연구중심의 홈페이지에서 나온 89개와 이인철 동북아역사재단 연구위원이 정리한 114개를 이야기하는 것으로 보인다.[21] 동북아역사재단에서는 2005년 이후의 과제를 파악하고 있지 못하다는 것을 알 수 있다. 이 문제는 이 책에서 2004년부터 『동북사지』에 실린 논문을 연도별로 밝히고 있지만, 실제 한국과의 역사분쟁은 동북공정의 진행에 큰 영향을 미치지 않았다.

❷ 글쓴이는 고구리동북민족연구중심은 들어본 적이 없는 기관이다. 이 기관에 대한 설명이 필요하다. 앞으로 상대해야 할 연구기관이기 때문이다.

③ 전남대 역사교육과 교수 조영광, 「중국 학계의 동북공정기 고구려사 연구 동향」[22]

---

20) 이성제, 「동북공정 관련 연구 개요」 동북아역사재단 편, 『동북공정 이후 현황과 동북아 역사 문제』 동북아역사재단 연구총서 123, 2020.
21) 서길수, 「중화인민공화국 동북공정 5년의 성과와 전망」 『동북공정과 한국학계의 대응논리』 여유당, 18~23쪽.
22) 조영광, 「중국 학계의 동북공정기 고구려사 연구 동향」 동북아역사재단 편, 『동북공정 이후 현황과 동북아 역사 문제』 동북아역사재단 연구총서 123, 2020.

<u>동북공정이 공식적으로 진행되던 2002~2007년 1월까지는</u> 중화인민공화국의 고구리사 연구에서 획기적인 시기였다. 동북공정 주관기관이던 중국사회과학원의 변강사지연구중심에서 선정한 동북공정 과제 항목 중 고구리사 관련 주제는 다음과 같다. (91쪽)

<u>동북공정이 공식으로 끝난 2007년 1월 이후</u> 현재에 이르기까지 중화인민공화국 학계의 고구리사 연구 현황은 양적으로 보았을 때 그 이전과 비슷한 수준이다. (111쪽)

우선 동북공정의 실시기간을 2007년 1월을 중심으로 보고 있으므로 동북공정에서 선정한 주제나 성과를 정확하게 파악할 수가 없었다. 그러므로 이 필자는 전반적인 고구리 연구 결과를 중심으로 논리를 전개해 나갈 수밖에 없었을 것이다.

④ 충북대학교 역사교육학과 이정빈 교수, 「한국 학계의 고구려사 연구성과」와 국민대학교 일본학과 박창건 교수는 2007년을 중심으로 그 이후를 윤휘탁의 '포스트 동북공정'이라는 용어를 사용하였다.

이상에서 본 바와 같이 한·중 역사전쟁 일선에서 대처했던 동북아역사재단 연구원들이나 각 대학에서 역사를 전공하면서 동북공정을 다루는 학자들은 대부분 동북공정이 2002년 시작하여 2007년에 끝났다고 보고 있으며, 그 뒤 계속되는 역사침탈을 설명하기 위해 '동북공정식 역사 인식'이나 '포스트 동북공정' 같은 용어를 쓰고 있다는 것을 알 수 있다.

동북아역사재단과 한국 학계의 이런 역사 인식은 마치 전쟁은 계속되는데 전쟁이 끝난 줄 알고 휴가를 즐기는 군인과 마찬가지다. 앞에서 보았듯이 상대는 동북공정은 3년간 연장하였고, 앞으로 이 사실을 계속 논증해 가겠지만 만일 동북공정이 연장된 사실을 모르고, 역사전쟁 최전방에서 동북아역사재단 연구원들이나 한국 학자들이 한가로이 노닐고 있다면 이건 정녕 큰일이 아닐 수 없다. 더구나 어떤 병사가 전쟁이 아직 끝나지 않았다고 보고했는데 그 병사를 쫓아 내버렸다면 그 부대는 참화를 면하지 못할 것이다. 그런데 실제 그런 상황이 벌어졌다. 글쓴이가 올해 논문 두 편을 써서 투고해 보았다. 한편은 동북아역사재단 논문집에 바로 동북공정이 2009년까지 연장되었다는 사실을 밝히는 논문을 냈는데 심사위원들이 '게재 불가' 판정을 내렸고, 이의신청도 편집위원회에서 받아들여지지 않았다. 다른 한 편은 중화인민공화국 최대 포털에서 서비스하는 『백도백과』에서 한국사를 '중화인민공화국 국사'로 편찬한 부분을 모아 분석한 논문이다. 이 논문은 '수정 후 게재'가 나와 수정해서 제출했지만, 편집위원회가 '게재불가' 판정을 내렸다. 자세한 것은 꼬리마당에서 자세히 보겠지만 모두가 동북공정은 2007년에 끝났다고 주장하는 학자들이다.

3) 일반 국민의 동북공정에 대한 인식

(1) 동북공정의 해결이란 무엇인가?

위에서 동북공정을 일선에서 대응하는 동북아역사재단과 동북공정을 연구하는 학자들의 동북공정에 대한 인식을 보았다. 이 장에서는 동북공정에 대한 일반 국민의 인식에 대해 보기로 한다. 동북공정은 동북아역사재단이나 학자들만을 위한 연구 주제가 아니라, 온 국민이 거국적으로 나서서 성토했던 문제이기 때문이다.

동북공정 문제를 해결한다는 것은 무엇을 해결한다는 것인가? 이 문제는 앞에서 이미 중국변강사지연구중심과 한국의 고구려연구재단이 공동으로 주최한 1차 2차 한·중 학술토론회를 보면서 자세하게 검토하였다. 그러나 학술토론회에서는 동북공정 문제는 다루지도 않았고, 구두합의는 지켜지지 않았고, 동북공정은 중단되지 않고 계속되었다.

그렇다면 국민이 정부에 주문한 동북공정의 해결이란 무엇인가?

그것은 중화인민공화국이 역사침탈을 중단하고 옛날처럼 (고)조선, 부여, 고구리, 발해를 우리 역사로 인정해주도록 하는 것이었다. 그리고 실제로 우리 국민은 동북공정은 중단되었고 중화인민공화국이 역사침탈을 접은 것으로 알고 있다.

(2) 동북공정에 대한 국민의 인식

① 동북공정은 한국의 지속적인 항의로 2007년 정식으로 중단되었다.

동북공정은 한국이 항의하고 반대하여 결국 중단했다고 보는 국민이 꽤 많다. 네이버 블로그에 나온 인식을 하나 본다.

대개 중화인민공화국의 영토 내에서 일어나 방해를 크게 받지 않았던 기타 공정들과는 달리, 동북공정은 한국의 지속적인 항의로 인해 2007년 정식으로 중단되었다.[23]

② 중화인민공화국은 동북공정 사업을 접었다.

이와 같은 국민들의 인식은 지성인들이나 정치인들도 마찬가지다. 가장 극적인 것이 2021년 2월, 국회본회의장에서 진행된 발언을 보면 알 수 있다.

2007년, 우리 정부의 노력과 베이징 올림픽을 앞두고 국제사회의 눈치를 보던 중화인민공화국은 동북공정 사업을 접었습니다.[24]

우리 정부의 노력으로 중화인민공화국이 역사침탈 프로젝트인 동북공정을 접었다고 보는 것이다. 접었다는 것은 그만두었다는 것으로 역사침탈을 포기했다고 보는 국민이 있다.

③ 동북공정은 아직도 진행 중이다.

그리고 앞에서도 보았지만, 동북아역사재단이나 학자들은 동북공정은 아직도 진행중이라고 했다. 이런 인식은 포털에서 찾을 수 있는 백과사전에도 마찬가지다.

중화인민공화국은 2001년 6월에 동북공정에 대한 연구를 추진하기로 하고, 8개월간의 준비 기간을 거쳐 이듬해 2월 18일 정부의 승인을 받아 공식적으로 동북공정을 추진하기 시작하였다. 연구는 중국 최고의 학술기관인 사회과학원과 길림성[吉林省]·요녕성[遼寧省]·흑룡강성[黑龍江省] 등 동북삼성[東北三省]의 성 위원회가 연합하여 추진하였다.

2006년까지 5년을 기한으로 진행되었으나, 그 목적을 위한 역사 왜곡은 지금도 진행중이다. 궁극적 목적은 중화인민공화국의 전략지역인 동북지역, 특히 고구리·발해 등 한반도와 관련된 역사를

---

23) 「동북공정, 그리고 문화 동북공정」 네이버 블로그 『나의 우주』 2021. 2. 21. https://blog.naver.com/0301_0/222 251676515

24) 허은아 의원 국회 본회의 '5분 자유발언' 2021.02.26.

중화인민공화국의 역사로 만들어 한반도가 통일되었을 때 일어날 가능성이 있는 영토 분쟁을 미연에 방지하는 데 있다.

(네이버 지식백과[두산백과] : 동북공정[東北工程])

이와 같은 인식은 동북공정이란 프로젝트는 끝났지만, 역사침탈은 계속된다는 것을 강조하는 것인데 '동북공정은 끝났지만, 동북공정은 계속된다'라는 아주 비합리적인 논리가 전개되는 것이다.

동북공정은 정식으로 중단된 것인가?

중화인민공화국은 동북공정을 접었는가?

동북공정은 공식적으로 끝났지만, 아직도 계속되고 있는가?

이러한 문제의 제기에 대한 글쓴이의 대답이 첫머리에서 보았던 역사침탈 시대구분이다.

1. 역사침탈 1단계(1980~1995, 15년) : 역사침탈 논리의 형성과 기초연구 단계

2. 역사침탈 2단계(1996~2001, 6년) : 1차 국책 역사침탈(9차 5개년계획) 추진과 완성기

3. 역사침탈 3단계(2001~2009, 8년) : 2차 국책 역사침탈(동북공정) 추진과 완성기

4. 역사침탈 4단계(2010~현재) : 동북공정 연구 보완과 침탈한 역사 국사화 시기

먼저 1980년 이전에는 우리 역사라고 인정했던 (고)조선, 부여, 고구리, 발해 역사를 송두리째 중화인민공화국 역사를 만든 것은 명백하게 역사침탈이다. '침탈(侵奪)'이란 침범하여 빼앗는 것이다. 그러므로 학술적으로도 '역사를 빼앗아가는 것'을 역사침탈이라고 하는 것은 아주 딱 들어맞는 용어라고 할 수 있다. 그리고 40년 전체 역사침탈 역사를 4단계로 나누면 동북공정이 끝난 뒤의 역사침탈은 물론 동북공정 이전의 역사에 대한 특성도 뚜렷하게 나타낼 수 있다. 그러므로 역사를 '시대구분'하는 것은 곧 역사를 바로 인식하는 것이라고 했다.

4) 동북아역사재단의 동북공정 대응 의식

(1) 동북아역사재단 제2실의 동북공정 대응 의식

앞에서 2006년 9월 고구려연구재단의 고대사 연구자들이 동북아역사재단으로 흡수합병되면서 중화인민공화국의 동북공정을 대응할 팀은 제2연구실에 배당되었다는 것을 보았다. 2006년은 동북공정이 끝나는 마지막 해였으므로 동북공정 대응에 대한 최종 결산을 해야 하지만 아직 자리도 못 잡은 팀들은 그런 대책을 세울 겨를이 없었다. 더구나 제2연구실을 이끌어나갈 실장도 없었기 때문에 방향을 잡지 못할 때이다.

이때 민간 연구단체인 (사)고구리연구회에서 동북공정의 결과를 분석·평가하는 학술대회를 열었다.

■ 특별기획 동북공정 대응 학술발표 1

때 :　　2006년 9월 14일(목) 10:00~17:00

곳 :　　국회 헌정기념관

주최 :　(사)고구리연구회, KTF

주제 :　중화인민공화국의 동북공정 연구성과에 대한 분석과 평가

1.　동북공정의 연구 주제 선정 과정과 성과 (서길수)

2.　동북공정의 고구리 연구 결과에 대한 평가 (서길수)

3.　동북공정의 (고)조선·부여 연구 결과에 대한 평가(서영수)

특별기획 동북공정 대응 학술발표

4. 동북공정의 발해 연구 결과에 대한 평가(한규철)

5. 동북공정의 고구리 옛 땅 민족사 연구 결과에 대한 평가(김위현)

6. 동북공정의 근현대사 문제 연구 결과에 대한 평가(박선영)

(사)고구리연구회가 이처럼 분석·평가를 할 수 있었던 것은 동북공정에 대처할 수 있는 대응 논리 개발을 위해 연구하는 프로젝트를 진행하고 있었기 때문이다. 고구리 문제뿐 아니라 발해 문제를 비롯하여 근대에 이르기까지 동북공정에서 다룬 대부분 주제를 모두 나무고 있으며, 우선 중화인민공화국 학자들의 연구 결과를 수집하여 분석하는 작업을 진행하고 있는 중이었다.

그리고 동북공정이 끝나는 마지막 달인 2007년 1월 29일 두 번째 동북공정 대응 학술발표회를 가졌다.

■ 특별기획 동북공정 대응 학술발표 2

때 :   2007년 1월 29일(월) 오후 2시~6시

곳 :   국회 의원회관 소회의실

주최 :   (사)고구리연구회

후원 :　KTF, 백산학회, 올바른 역사교육을 위한 국회의원 모임,

주제 :　「중화인민공화국의 동북공정 5년(2002. 2~2007. 1) 그 성과와 한국의 대응」

1.　중화인민공화국 동북공정 5년의 성과와 전망 - 역사침탈은 계속된다. (서길수)
2.　동북공정에 대한 한국의 대응과 반성. (반병률 동북아역사재단 제2실장)

이때는 글쓴이와 동북아역사재단 반병률 제2실장이 발표를 하였다. 반병률 제2실장은 2006년 12월에 부임하여 1달도 안 되었으므로 동북공정의 성과와 대응이란 주제를 발표할 시간도 능력도 없었을 것이다. 그러므로 그가 발표하는 것은 바로 동북공정에 대응하고 있는 동북아역사재단 제2실의 견해라고 봐야 한다. 논문형식이 아니고 국회나 정부에 보고하는 식의 발표문에서 몇 가지를 뽑아서 발표하였다. 한국 측 동북공정 대응팀이 동북공정에 대해 어떤 견해와 해결책을 가지고 있었는지 보기로 한다.

가. 동북공정에 대한 인식 – 동북공정의 목적에 대한 상반된 인식 존재

1.　중국사회과학원 산하 변강사지연구중심에서 실시한 연구지원 프로젝트라고 보는 입장.
　　- 학문적인 차원에 국한된 학술사업일 뿐 정치적 의도나 목적은 없다.
　　- 중화인민공화국 정부의 공식 입장, 국내 일부 연구자들도 동의.

2.　만주 3성 학자들의 주장이라는 입장
　　- 북경을 비롯한 대부분 중화인민공화국 역사학자들의 주장과는 관련이 없는 일부 지방학자들의 주장으로 취급.
　　- 의미축소.
　　- 국내 일부 학자들도 비슷한 견해를 가지고 있음.

3.　만주 3성 지역의 상황변화에 대비하고자 하는 중화인민공화국의 국가적 전략이라고 보는 입
　　- 이 경우 다시 다음 셋으로 나눠짐.
　　①　남한 주도의 흡수 통일이 이루어질 경우 만주 3성 지역의 조선족이 동요하게 될 것에 대한 대비 → 중화인민공화국의 다른 소수민족에게 미칠 파장 고려.

② 북한 정권의 붕괴 시 북한지역에 대한 역사적 연고권을 주장, 북한지역에 대한 소유권 주장 가능성 및 한반도 문제에 대해 개입할 명분 축적용.

③ 북한 정권 붕괴 시 동북지역의 안전을 도모하기 위한 방어적 차원의 대응책.

나. 평가

동북공정 5년이 끝나는 순간까지 동북아역사재단 대응팀은 아직 동북공정에 대한 정확한 파악이 되어있지 않다는 것을 알 수 있다. 그리고 신문에 나와 있는 수준의 3가지 부정확한 인식만 나열하였다. 지금까지 이 책을 읽은 분들은 이 3가지가 얼마나 겉만 보는 견해인지 알 수 있을 것이다. 우선 발표 자체가 일반적인 인식을 모아 나열하는 식이지 대응팀에서는 어떻게 파악하고 있는지 알 수 없다. 만일 대응팀이 이 3가지 인식 속에서 왔다 갔다 하거나, 위 3가지 전부가 맞는다고 한다면 역사전쟁에서 싸워야 할 적도 모르고 있는 것과 같다.

다. 반성

1. 초기대응 시의 문제점 : 동북공정의 목적을 '중화인민공화국의 고구리사 빼앗기 작전' 정도로 파악, 동북공정의 내용, 목적, 파급효과(결과) 등에 대한 정확한 파악 및 대응책 마련에 차질을 빚음.

   즉흥적, 즉물적 대응 : 중화인민공화국에서 관련 연구물발표나, 유적조사 보도 나오면 언론에서 집중 보도 → 시민궐기대회 → 학술회의나 토론회 개최 등.

2. 편향적, 과도한 민족주의적 성향에 입각한 단기폭발성, 일회성 반응이 많았음.

3. 학계의 경우 : 동북공정에 대한 정확한 파악 아래 모처럼 고조된 역사에 대한 관심을 올바른 방향으로 이끌지 못하고, 대중영합적인 자세를 보인 점.

   - 중화인민공화국 측이 제시한 논리들에 일대일 대응적 반박 논리에 그친 점.

   - 초창기에 나온 대응 논리의 반복이 많았고, 새로운 논리 개발에 미진했던 점.

4. 정부의 경우 : 6자회담, 북핵 문제 등과 연관된 중화인민공화국과의 관계와 국민들의 분노 사이에서 우왕좌왕하는 모습을 보인 점.

   - 향후의 동북아 및 국제적 상황을 고려한 가운데 장기적, 미래지향적 문제해결 방안 및 재발 방지 방안을 강구하기보다 현안 처리에 급급했던 점.

라. 전망(대응 방안)

1. 장기적, 체계적, 종합적인 동북아의 역사연구 및 정책 마련 (방어적, 대응적 차원에서 벗어나 우리 주도의 아젠다와 전략 수립 필요).

2. 주변국과의 역사 갈등을 해소하기 위한 올바른 역사상과 역사 인식의 수립 필요.

3. 역사교육 강화, 연구자 지원, 양성 및 국제교류로 역사갈등 해소에 필요한 역량 강화.

4. 시민을 위한 교육, 홍보, 시민단체 활동의 성숙화 방안 모색 필요.

5. 동북아 공동의 평화와 번영을 위한 보편적 이론의 정립 필요 (세계사적인 시각과 국제적 안목에 근거한 보편적이고 타당한 이론, 사론의 정립).

6. 중화인민공화국이 아닌 세계역사학계, 국제 NGO와의 네트워크 형성과 협력을 통한 국제적 지지 기반(국제적 post) 구축.

반성과 전망은 나름대로 여러 가지 정리를 하고 있지만 실제로 동북공정을 어떻게 대응했고, 구체적으로 어떻게 하겠다는 방침이 없이 '현상을 이렇게 파악하고 있다'라는 정도의 발표였다.

(2) 민간학술단체가 제시한 동북공정 대응 방안

참고로 당시 필자가 제시한 동북공정에 대한 한국의 대응과 대안을 간추려 보려고 한다. 아직도 유효한 방안들이기 때문이다.

동북공정, 이제 우리는 이 단어를 잊고 '중화인민공화국의 역사침탈'이라고 해야 한다. 그리고 동북공정이 아니라 중화인민공화국의 역사침탈을 경계하고, 파악하고, 대비하고, 그에 대한 대응 논리와 전략을 개발해야 한다.

지금까지 본 여러 가지 반반세기(25년) 중화인민공화국의 역사 창조 작업을 보면, 한국에서 아무리 규탄한다고 해도 역사침탈을 중단하리라고 보기는 어렵다.[25] 결국 동북공정처럼 여러 가지 방법을 동원하여 계속할 것이다. 그러므로 우리는 그들의 역사침탈을 강력하게 규탄함과 동시에 우리의 체질을 강화해야 한다. 즉, 어느 때 토론하고, 공동연구하고, 공동 교과서를 만들더라도 당당하게 내

---

25) 이 관점은 아주 중요하다. 이에 대한 대응책은 여기서 제시하지 않았다.

놓을 수 있는 한국적 사관과 논리를 정립하는 것이 시급하다.

지난 5년간 한국은 효과적으로 중화인민공화국의 역사침탈을 막아냈다고 보기는 어렵지만, 역사가 과거의 문제가 아니고, 현실의 문제이고, 또 미래의 문제라는 것을 뼈저리게 느꼈다. 온 국민이 역사에 대한 새로운 인식을 가질 수 있었던 것은 그나마 다행이라고 할 수 있다. 이런 국민적 공감대를 바탕으로 앞으로 국가와 학계를 비롯한 국민 모두가 장기적으로 대처해 나가야 할 것이다.

(가) 첫째, 국가에서는 국경 문제, 민족사 문제의 중요성을 깊이 인식하고 장기적으로 대응해야 한다. 그러기 위해 다음 두 가지 논제를 반드시 실행해야 한다

① 중국사회과학원, 대만 중앙연구원을 능가하는 대형 연구소를 설립해야 한다

전문적으로 국경 문제와 민족사를 연구하는 대형 연구소를 설립해야 한다. 물론 현재도 비슷한 목적을 가진 단체가 두 개나 있다. 그러나 이 두 단체를 가지고 대처하기에는 그 규모가 너무 작다. 그리고 두 단체의 성격도 분명하지 않다. 결론적으로 말하면, 한 단체는 국경 문제나 민족사를 전문적으로 연구하고 연구인력을 키워내는 기관으로 하되 지금보다 몇 배 더 큰 규모여야 하고, 다른 한 단체는 그곳에서 나온 연구성과를 가지고 국가정책에 활용할 수 있는 전략을 짤 수 있는 단체여야 한다.

현재 중화인민공화국에서는 이 두 가지 역할을 한 기관이 맡고 있다. 학술적인 연구는 사회과학원에서 맡고, 정책적인 연구는 변강사지연구중심에서 맡고 있다. 사회과학원이 학술적인 연구를 맡고 있는데 그 규모가 한국과는 비교가 되지 않는다.

1977년 5월 설립된 사회과학원(CASS)은 현재 연구소가 31개, 연구중심이 45개인데, 중요한 연구소를 간추려 보면 다음과 같다.

1. 경제연구소	2. 공업경제연구소
3. 재무경제연구소	4. 농업발전연구소
5. 수량경제와 기술경제연구소	6. 인구와 기술경제연구소
7. 법학연구소	8. 사회학연구소
9. 민족연구소	10. 新聞과 傳播연구소

11. 맑스레닌주의모택동사상연구소	12. 철학연구소
13. 세계종교연구소	14. 문학연구소
15. 소수민족문학연구소	16. 외국문학연구소
17. 언어연구소	18. 고고연구소
19, 역사연구소	20, 근대사연구소
21, 세계역사연구소	22, 세계경제와 정치연구소
23. 동유럽중앙아세아연구소	24. 유럽연구소
25. 서부아세아·아프리카연구소	26. 中南美 연구소
27. 亞太 연구소	28. 미국연구소
29. 일본연구소	30. 대만연구소
31. 중화인민공화국 변강사지연구중심	
32. 성시발전과 환경연구중심.	

한편 사회과학원에는 전체 직원 4,200여 명 가운데 교수 요원과 연구원이 3,200여 명이나 되는 방대한 조직이다. 사회과학원은 대학이나 마찬가지로 300개에 가까운 학과가 있고, 그 가운데 중점 학과가 120개나 된다. 한국은 적어도 민족연구소, 역사연구소, 미국연구소, 일본연구소, 중화인민공화국연구소, 러시아연구소 같은 전문연구소가 포함된 규모를 갖추어야 한다고 본다.

중화인민공화국에서는 국경과 민족문제를 정책적으로 연구하는 변강사지연구중심을 사회과학원 안에 두고 있다. 변강사지연구중심은 직원까지 포함한 전체 인원이 22명밖에 되지 않지만 중요한 프로젝트를 운영하고 있다. 변강사지연구중심이 적은 인원 가지고 그처럼 중요한 프로젝트를 해내는 것은 두 가지 특징을 가지고 있기 때문이다. 하나는 마대정(馬大正), 려성(厲聲), 이국강(李國强)처럼 오랫동안 연구와 현장 경험이 있는 국경 문제 전문가들이 일관성 있게 계획을 수립하고 진행하기 때문이다. 다른 하나는 관계되는 프로젝트의 전문단체들과 유기적인 관계를 가지고 적극 지원하고, 센터에서는 그 연구 결과를 전략적으로 정책화하는 데만 집중한다는 것이다. 한국에서도 이처럼 2원화할 필요가 있다. 다만 우리나라에서는 전략을 세우는 기관은 학술기관에 함께 있으면 안되고 적어도 총리실 아래 있어야 한다. 어느 부처 밑에 있으면 부처 간의 이해관계 때문에 효과적인 활동을 할 수 없기 때문이다.

② 역사교육을 강화해야 한다

역사교육을 강화하는 것은 국민들에게 역사의식을 강화해 주는 효과가 있지만, 그보다 더 큰 효과는 역사 연구자들에 대한 수요가 늘어난다는 것이다. 역사를 연구하는 사람이 취업을 할 수 있어야 전공자가 생길 텐데 대학에서 역사 과목을 선택으로 하고, 한국사는 현재 수능에서 절대평가로 시행되는데, 그 수준은 예전에 비해 매우 낮아졌고, 5급 고시에서 한국사능력검정시험으로 대체되는 등 효과적인 역사교육에 미흡한 상황이다. 자연히 역사를 소홀히 하게 되고, 전공자들도 갈 자리가 없어지는 것이다. 그렇게 되면 역사 연구가 활성화 될 수 없다.

(나) 학계는 대응 논리도 중요하지만, 한국 자체의 논리 개발이 시급하다

① 새로운 강역·국경이론 정립이 필요하다

한국인들은 국경 의식이 별로 없다. 중화인민공화국은 20개 나라와 국경을 접하고 있으므로 일찍 국경 문제에 대한 경각심을 가지고, 깊은 연구를 한 데 반해 한국의 국경은 삼팔선 하나뿐이었다. 그러나 독도 문제가 터지면서 일본과의 국경 문제가 심각하다는 것을 알게 되었고, 동북공정이 터지면서, 백두산을 비롯한 압록강 두만강의 국경 문제를 인식하게 된다. 한국인들은 거의 중화인민공화국과 국경을 맞대고 있다는 인식을 갖지 않았다. 그런데 이어도 문제가 터지자 갑자기 한중 간의 국경 문제가 바로 코앞에 있다는 것을 알게 된다. 이제 우리도 나름대로 강역과 국경에 관한 이론을 정립할 때다. 독도 문제, 이어도 문제, 백두산 문제, 간도 문제 같은 모든 문제를 정확한 잣대로 측정하여 대응할 수 있는 우리 논리를 개발해야 한다.

② 새로운 역사관이 필요하다

한국은 학문적인 자유를 가지고 넓은 연구 층을 가지고 있고, 연구 능력을 갖추고 있다. 반면에 우리 역사를 하나로 꿸 수 있는 역사관이나 틀(패러다임)이 없다. 미시적인 연구는 많지만 큰 틀을 만드는 연구가 거의 없다는 것이다. 특히 한국적 논리 개발, 즉 우리 역사의 틀을 짤 수 있는 이론 개발이 거의 없었다. 우리 사학계는 아직도 식민사

관이나 사대주의 사관이 상당 부분 지배하고 있고, 그 식민지사관을 비판하는 데 많은 시간을 보내 한국적, 더 나아가 최소한 아시아 전체에 보편타당성이 있는 역사관을 개발하는데 큰 장애가 되고 있다. 이번 기회에 우리 학자들이 이 부분을 자각하고, 솔직히 인정하고, 새로운 사관 정립과 한국사의 틀을 만드는 노력이 필요하다고 본다.

비록 우리보다 작은 나라지만 몽골은 나름대로 세계사적 왕조를 구성하였다. 현재 울란바타르 국립중앙박물관에 전시된 몽골의 시대변천을 보면 잘 알 수 있다.

흉노 → 선비 → 유연 → 돌궐 → 위구르 → 요 → 원 → 몽골공화국

모든 나라가 중화인민공화국 역사와 중복이 되는 왕조들이다. 만일 중화인민공화국의 사관에 동화된다면 몽골의 역사는 하나도 없다.

지금까지 우리 학계에서 동북공정에 대응했던 논리들을 다시 뒤돌아보고, 이제는 중화인민공화국의 역사침탈에 대한 장기적이고 전략적인 연구계획이 필요한 때이다. 만일 그렇지 않으면 머지않아 중화인민공화국이 만든 변강학이나 민족이론을 번역해서 학습이나 하는 한심한 사태가 벌어질 것이다.

(다) 국회 특위나 시민단체는 일과성 활동에서 전문적이고 장기적인 계획을 가지고 활동해야 한다.

국회는 정부에 비해서 대외적으로 자유롭게 외교를 할 수 있고, 정부에 대한 감사 권한도 있으므로 적극적으로 활동해야 한다. 문제는 특위에 걸맞는 전문가가 없어 장기적인 연구 검토를 할 수가 없다. 그러므로 특위를 만들면 동시에 전문가들로 위원회를 구성해서 정규적인 활동을 해야 할 것이다.

시민단체가 갖는 나라 안팎의 힘도 국회보다 결코 뒤지지 않는다. 그러나 시민단체도 대부분 전임 연구진을 둘 수 없으므로 전문단체와 유기적인 연관을 가지고 활동해야 할 것이다. 어떤 이슈가 생기면, 지속적으로 감시하고, 반드시 성과를 분석하는 시스템이 필요할 것이라고 본다.

5) 동북아역사재단 이사장의 동북공정 대응 인식

(1) 초대 김용덕 이사장 : 국민의 오해와 흥분을 막는 게 우리의 역할

동북공정이 끝났다고 판단하는 것과 아직 계속되고 있다고 볼 때와는 중화인민공화국의 역사침탈에 대응하는 자세가 완전히 다를 것이다. 그런데 앞에서 본 바와 같이 동북아역사재단을 비롯한 모든 학자가 2007년 동북공정은 끝났다고 보았다. 신문에 중화인민공화국은 동북공정을 지방기관을 통해서 계속 진행하고, 중앙에서도 11차 5개년 계획에도 계속 실행한다는 기사가 나왔지만, 우리의 정부 기관과 학자들은 관심을 두지 않았다. 그 사실을 보도한 것이 통신사인 「연합뉴스」이므로 다른 신문에서 다시 받아 분석해서 기사를 써야 하는데 그런 신문 기사도 없었다.

2006년 9월 고구려연구재단에서 동북아역사재단에 합류한 고대사 연구자들은 어수선한 1년 동안 새로운 재단에 적응하느라 눈치만 보고 2006년에 이어 2007년도 동북공정을 어떻게 대응해야 할지 제안을 할 수도 없고, 그런 분위기도 아니었다. 제대로 돌아가는 조직이라면 동북공정이 끝나는 해인 2007년 동북공정에 어떻게 대응했는지 자세히 국민에게 보고해야 하고, 동북공정 5년이 어떻게 진행되었고, 현주소가 어떤지 검토하는 대대적인 연구와 토론이 진행됐어야 했다. 그러나 동북공정 대응팀은 그럴 능력도 의욕도 없었다.

가장 중요한 것은 새로 부임한 이사장 김용덕이 동북공정에 대해 어떤 의식을 가지고 있는가 하는 것이다. 1주년을 기념하여 신문에 인터뷰한 동북아역사재단 이사장의 기사를 보면 뚜렷하게 드러난다.

■ 동북아역사재단 김용덕 이사장

① "국민들의 피상적인 역사에 대한 오해에 따른 흥분을 막는 게 우리의 역할이라고 봅니다. 우리가 세계 몇 대 경제대국이라고 하지만 문화적으로도 그에 맞는 수준을 보여줄 수 있어야 한다고 봅니다."
"2005년은 한·중·일의 역사 갈등이 극단으로 치달았던 때였습니다. 2006년에는 좀 잠잠해 졌고, 2007년도 현재로서는 큰일이 없는 것 같습니다. 이럴 때일수록 조용하게 차근차근 일 해나가는 것이 필요하고, 또 그렇게 해왔다고 생각합니다. …… 갈등의 문제에 대해 왜 좀

더 뚜렷하게 부각시키지 않느냐고 하는데, 우리가 국제적인 공신력을 갖기 위해서는 신중해야 합니다."

"국민들이 우리 역사에 관심이 많은 것은 고마운 일이고 고무적인 현상입니다. 정확한 역사 알기를 위해 역사책을 읽는다면 역사 드라마를 볼 때에도 자기 주견을 갖고 볼 수 있는 게 아니냐는 생각을 합니다. <u>우리 것이 소중한 만큼 다른 나라 것에 대한 평가도 할 줄 아는 열린 민족주의를 지향하는 것이라고 봅니다. 이것이 저희 재단이 가진 역사관이라고 봐도 됩니다.</u>" (2007. 09. 10. 경향신문)**26)**

② 고구려연구재단과 바른역사정립기획단의 후신으로 주변국과의 역사 갈등에 대한 연구와 정책개발을 맡기 위해 지난 9월 출범한 동북아역사재단이 27일 첫 기자간담회를 가졌다. 김용덕(金容德·사진) 이사장은 <u>"이제 '역사전쟁'이라는 인식을 벗어나 '역사 외교'로 나아갈 것"이라고 말했다.</u>
<u>김 이사장은 "전쟁이란 승패를 보겠다는 것인데, 학술적인 면에서 승패란 위험한 생각"</u>이라며 "서로의 역사를 이해하고 존중하는 것이 중요하다"고 말했다. (2006. 11. 28., 조선일보)

동북아역사재단 김용덕의 동북공정에 대한 인식은 ① 우리 국민이 역사에 대한 오해를 하여 흥분하고 있으므로 그것을 막는 것이 재단의 역할이고, ② 학술에서는 승패가 없는 것이므로 역사전쟁을 벗어나 역사 외교를 해야 한다는 것이다. 이러한 인식은 고구려연구재단이 교육부의 주도로 세워졌다면 동북아역사재단은 외교부의 힘이 크게 작용해 처음에는 외교부 산하 기관으로 기획했던 것과 무관하지 않다. 그리고 동북아역사재단 사무총장 자리는 외교부에서 차지한 것만 봐도 알 수 있다.

결국 새로 들어선 동북아역사재단은 역사침탈(동북공정)을 중지시키고, 빼앗긴 역사를 되찾는 일은 포기한다고 선포한 것이다. 그리고 모든 활동의 중심이 한·일 관계로 옮겨가게 된다. 앞에서 본 동북아역사재단의 연혁만 보아도 알 수 있다. 2007년 주요 사업 가운데 사이버독도역사관 오픈은 들어가 있지만 3차 한·중 학술대회는 끼지 못했다. 중요 행사가 아니었다.

---

26) 「경향신문」 2007년 9월 10일자, [경향과의 만남] 설립 1돌 맞는 동북아 역사재단 김용덕 이사장.

재단설립 축하연에 참석한 노무현 대통령과 인사말 하는 김용덕 이사장(2006. 9. 28.)

2007년

03월 05일 :   조환복 제2대 사무총장 취임

08월 14일 :   사이버독도역사관(http://www.dokdohistory.com) 오픈

09월 01일 :   출범 1주년 국제학술회의 개최

　　　　　　　　'동북아의 협력을 위한 모색—내셔널리즘과 보편주의의 조화'

09월 10~16일 : 출범 1주년 기념 '동북아역사주간'

09월 12일 :   출범 1주년 학술회의 개최 '상이한 역사인식 - 그 책임과 민족, 영토'

09월 14일 :   역사NGO 세계대회 개최

■ 동북아역사재단 역대 이사장들의 동북공정 대응 의식

동북아역사재단의 이러한 동북공정 대응은 그 뒤로도 계속되었고 동북공정은 명목만 이어갈 뿐 재단의 모든 힘을 한·일 관계 문제에 쏟았다. 그것은 역대 이사장들의 면모를 보면 알 수 있다. 김학준만 정치외교학을 전공하였고, 나머지는 두 사람은 정치학자이고, 나머지 4명이 모두 근대사 전공으로 한일관계사를 전공하였다.

①　초대 김용덕 (2006~2009) :　서울대 학사, 하바드 박사, 서울대학교 동양사학과 명예교수.

일본 근대사 전공.[27]

② 2대 정재정 (2009~2012) : 서울대 박사, 서울시립대 국사학과 명예교수. 일제 강점기 사회경제사 전공.[28]

③ 3대 김학준 (2012~2015) : 서울대 학사, 피츠버그대 박사, 국회의원. 서울대학교, 단국대학교, 명지대학교 정치학과 등에서 교수, 정치외교학 전공 (2003년 저서 『독도는 우리 땅』).

④ 4대 김호섭 (2015~2017) : 서울대 석사, 미시간대 박사, 중앙대학교 국제관계학과 교수. 일본정치, 한일관계, 일본외교정책 전공.[29]

⑤ 5대 김도형 (2017~2020) : 서울대 학사 연세대 박사, 연세대학교 사학과 교수. 한말 일제 강점기 전공.[30]

⑥ 6대 이영호 (2020~) : 서울대 박사, 인하대학교 사학과 명예교수. 개항기, 일제 강점기 전공.

고구려연구재단 이사장과 사무총장이 모두 고려대학교 출신에 고대사 전공이라면 동북아역사재단은 모두 서울대 출신이고 정치학자 한 명을 빼고는 모두 한일관계사 전공자라는 것을 알 수 있다. 그런 출신과 전공도 문제이겠지만, 3년에 한 번씩 바뀌는 임기로 무슨 전략과 전술로 한·중, 한·일 역사전쟁에 대응할 수 있겠는가? 중국변강사지연구중심에서 수십 년씩 근무하면서 영토와 국경 이론을 만들어내고, 역사침탈을 지휘하는 마대정, 려성, 이국강, 이대룡과 비교해 보면, 정말 한숨이 저절로 나온다.

(2) 외교부와 동북아역사재단에 대한 역사적 평가

2003년 후반기 동북공정이 알려진 뒤인 2004년 신년 기자간담회에서 한 외교부의 발언은 당시

---

27) 하바드大 일본연구소 연구원, 東京大 경제학부 객원연구원, (현) 일제강제동원피해자지원재단 이사장.

28) 1992 한일관계사학회 회장, 2005. 03~2006. 02 국제일본문화연구센터 객원교수.

29) 김 이사장은 한·일 관계 전문가로 국무총리실 납북피해자보상및지원심의위원회 위원장, 현대일본학회 회장, 한국정치학회 회장 등을 지냈으며 2013년부터 동북아역사재단 자문위원으로 활동해 왔다.

30) 한일역사공동위원회 위원을 역임. KCI 한국연구자정보에 나오지 않는다.

중화인민공화국의 동북공정을 잘 몰라서 그랬다고 하더라도 2006년이면 이미 동북공정이 국책으로 우리 역사를 침탈하기 위해 진행된다는 것이 다 알려진 사실이다. 그런데도 외교부가 국회에서 동북공정을 '중화인민공화국이 "학자들의 단순한 계획"이라고 보고한 것'을 보고하였다. 이것은 외교부가 중화인민공화국의 동북공정을 제대로 파악하지 못했거나 파악하고도 편한 외교를 하기 위해 실제 정황과 전혀 다른 의견을 국가와 국민에게 거리낌 없이 말하는 것이다. 이때 외교부장관은 반기문(潘基文, 2004. 01. 17~2006. 11. 10.)으로 2006년 유엔사무총장에 출마하여 한창 바쁠 때였다.

그리고 학술적 해결을 맡아 최전방에서 동북공정에 대응해야 할 김용덕 이사장은 쳐들어온 적이 잘못이 아니라 국민이 잘못 알고 동요하고 있어 그 흥분을 가라앉히는 것이 동북아역사재단의 목적이라고 하였다.

이런 외교부 장관 반기문과 동북아역사재단 이사장을 보면서 바로 임진왜란 직전인 1590년에 조선통신사로 일본을 방문한 황윤길과 김성일이 1년 뒤인 1591년 3월 1일 자 귀국하여 보고한 내용이 떠오른다.

부산으로 돌아와 배가 머무르자 (황)윤길(允吉)은 임금께 보고(馳啓)하면서 (일본에서 본) 실정과 형세에 대해 '반드시 전쟁의 재앙(兵禍)이 있을 것입니다(必有兵禍).'라고 보고하였다. 결과 보고할 때 임금이 불러서 보며 물어보니 황윤길은 앞에 보고한 바와 똑같이 대답하였다. (김)성일이 아뢰었다.

"신은 그런 정황을 보지 못하였습니다. 황윤길이 번거롭게 아뢰어 사람들 마음을 흔들어 움직이게 하니(搖動人心) 사리에 크게 어긋납니다."

임금이 물었다.

"수길이 어떻게 생겼던가?"

황윤길이 아뢰었다.

"눈빛이 반짝반짝하여 담과 지략이 있는 사람인 듯하였습니다."

김성일이 아뢰었다.

"그의 눈이 쥐같이 생겨 크게 두려워할 위인이 못 됩니다."

이는 김성일이 이처럼 말마다 다르게 한 것은 일본에 갔을 때 황윤길 등이 겁에 질려 체통을 잃은 데 화가 나서 그런 것이었다.

당시 (서인이었던) 조헌(趙憲)이 (일본과) 화친하자는 대책(和議策)을 세차게 공격하면서 "왜적이 반드시 쳐들어올 것"이라고 주장하였으므로, 모두 (황)윤길의 말을 주장하는 이들에 대해 "서인(西人)들이 세력을 잃었기 때문에 인심을 교란하는 것이다."라고 하면서 패를 갈라 배척하였으므로 조정에서 감히 말을 하지 못하였다.

유성룡이 김성일에게 말하였다,

"그대가 황윤길과 일부러 다르게 말하고 있는데, 만일 전쟁이 일어나면 어떻게 하려고 그러시오?"

김성일이 말했다.

"나도 어찌 왜적이 쳐들어오지 않는다고 단정하겠습니까. 다만 조정과 백성이 놀라서 갈팡질팡할까 두려워 그것을 풀어주려고 그런 것입니다."[31]

---

31) 『선조수정실록』25권, 선조 24년 3월 1일. 回泊釜山, 允吉馳啓情形以爲: "必有兵禍." 旣復命, 上引見而問之, 允吉對如前。誠一曰: "臣則不見如許情形. 允吉張皇論奏, 搖動人心, 甚乖事宜. " 上問秀吉何狀, 允吉言: "其目光爍爍, 似是膽智人也." 誠一曰: "其目如鼠, 不足畏也." 蓋誠一憤允吉等到彼恇怯失體, 故言相左如此. 時, 趙憲力攻和議策倭必來, 故凡主允吉之言者, 皆以爲西人失勢, 搖亂人心, 區別麾斥, 以此廷中不敢言. 柳成龍謂誠一曰: "君言故與黃異, 萬一有兵禍, 將奈何?" 誠一曰: "吾亦豈能必倭不來? 但恐中外驚惑, 故解之耳."

3. 동북아역사재단의 전문학술단체 공동연구 배제

1) 동북아역사재단의 (사)고구리연구회 지원 제의 : "될 수 있으면 많이 신청해라"

2006년 12월 21일 고구리연구회에서는 「중화인민공화국의 고구리사 침탈에 대한 대응 논리 개발 프로젝트」에 대한 2차 중간발표로 「중화인민공화국 측의 논리 발표」를 진행하고 있었다. 그런데 시외에 있는 먼 회의장까지 동북아역사재단 이균동 전략기획실장[32]이 찾아왔다. 동북아역사재단에 근무하는 김일권 박사의 안내로 동북공정 대응 논리를 개발하고 있는 단체가 있다고 해서 보러 왔다고 했다. 3개월 전 출범 당시 한·일 역사문제를 연구하는 제1연구실과 한·중 역사문제를 연구하는 제2연구실, 영토, 영해 관련 문제를 연구하는 제3연구실(후에 독도연구소로 정식 개소)이 있었고, 전략기획실장은 외교부에서 파견된 국장급이었다.

25명의 학자들이 용어 하나를 가지고도 집요하게 토론하는 현장을 본 기획실장은 외교관답게 입에 침이 마르도록 칭찬한다. 당시 새로 출범한 동북아역사재단으로서는 새로운 연구 아이템을 찾아야 했을 것이고, 2006년 예산을 다 쓰지 못하고 반납한 예에서 보듯이 무엇을 해야 할지 아직 갈피를 잡지 못했을 때이다.

"내가 최선을 다해서 두 단체가 큰 성과를 내도록 추진하겠습니다."

이렇게 약속하고 수없이 만나고 전화하고 했으나 다음 해인 2007년 3월이 되어도 아무 진전이 없었다. "우리 이사장님을 한 번 만나주세요"라는 부탁에 따라 3월 26일 이사장과 면담을 했다.

"고구리연구회는 고구리 발해에 대해 유일한 전문연구단체이고, 많은 프로젝트가 있으니 지원해 달라."고 부탁하자, 즉석에서 담당자에게 지원하도록 지시했다.

이에 따라 제안서를 준비하는데, "제출해도 다 해주지 않으니 될 수 있으면 여러 가지를 많이 신청하십시오. 그래야 그 가운데 몇 가지가 선택될 수 있습니다." 당시 이 실장은 〈 될 수 있으면 많이 〉를 수없이 반복하였다. 그래서 동북공정 대응 논리와 중화인민공화국 학자 연구성과 데이터베이

---

[32] 이균동(李均東) : 서울대학교 신문학과 학사, 미국 UC DAVIS 대학원 경제학과 수료, 외무고시 (13회), 주일본대사관 정무과장, 외무부 동남아과장, 주중화인민공화국대사관 참사관, 외무부 아태국 심의관, 청와대 정책실, 동북아역사재단 실장, 주중화인민공화국대사관 경제공사, 주나고야 총영사, 대구시 국제관계대사(2014.7). 출처 : 불교공뉴스 (http://www.bzeronews.com)

스 등 아주 중요한 장기 프로그램(3년)을 비롯하여, 몽골과의 공동학술회의, 러·몽·한의 공동 발굴 등 8가지를 모아서 〈가능한 한 많이〉 신청했다. 그 가운데 3년 계획으로 만든 '동북공정 대응 논리'만 보면 다음과 같다.

2) 동북공정 대응을 위해 제출한 연간 계획

Ⅰ. 중화인민공화국의 고구리·발해 연구 논문 수집 및 분석

2006년 : 그간 수집한 목록을 통해 가능한 많은 논문을 입수한다.

2007년 : 1945년 이후 나온 모든 논문을 입수하여 분석한다.

2008년 : 입수한 논문을 정리하여 DB로 만들어 연구자에게 제공한다.

Ⅱ. 중화인민공화국의 고구리·발해 연구 논문 번역

2006년 : 1차로 100편 이상의 논문을 선정하여 번역한다.

2007년 : 2차로 100편 이상의 논문을 선정하여 번역한다.

2008년 : 이상 번역한 논문을 윤문하여 출판한다.

　1권 : 동북공정과 통일적 다민족국가론

　2권 : 귀속 문제에 대한 종합적인 내용

　3권 : 중화인민공화국학계의 (고)조선과 한사군 연구

4권 : 중화인민공화국학계의 예맥·부여에 대한 연구(족원문제)

5권 : 지방정권(중원과의 관계, 조공과 책봉)

6권 : 지방정권(소수민족, 북방문제, 전쟁)

7권 : 지방정권(문화와 고고학)

8권 : 고구리 멸망 후 고구리 유민의 문제

9권 : 발해국의 성격 문제, 남북국시대론

10권 : 건국 주도 세력 및 종족 문제, 주민구성

Ⅲ. 중화인민공화국의 역사침탈에 대한 대응 논리 개발(3억 원)

2006년 : 1차연도에는 중화인민공화국의 연구사, 중화인민공화국의 논리를 분석한다.

2007년 : 2차연도에는 한국의 입장에서 적극적인 대응논리를 개발한다.

2008년 : 이상에서 나온 성과를 한글, 영문, 중문으로 출판한다.

Ⅳ. 2007 연구성과 발표 및 국제학술대회

국제학술대회는 국내 학자 20명 해외 학자 10명 정도의 대규모 행사로 우선 그동안 개발한 대응 논리를 국내외에 알리고, 아울러 외국 학자를 10명 남짓 초청하여 공동 논리를 개발하여 시너지효과를 높인다. 외국 학자는 중화인민공화국의 역사침탈과 직접 연관이 있는 몽골, 러시아, 터키, 인도 같은 주변 국가의 학자들을 초청한다.

Ⅴ. 2007 몽골 발굴 및 국제대회

1. 한·러·몽 합동 돌궐무덤 발굴(몽골알타이 하르야마트지역) - 고구리와 같은 시기의 북방문화를 알 수 있는 발굴.

2. 한·몽 국제학술대회 - 동북공정보다 먼저 역사침탈 문제를 겪은 나라와의 공동 대회.

3) 연구계획만 빼내고 한 푼도 지원하지 않은 동북아역사재단

이렇게 올리면, 적어도 연구성과를 영문과 한어로 발표할 비용을 후원한다든가, 이것이 다 안 되

더라도 나머지 단기 계획 가운데 한두 개라도 후원이 있을 줄 알았다. 그런데 한 달이 지나도 연락이 없고, 한 달 반이 지나도 연락이 없다. 몽골 발굴이나 한·몽 학술대회는 방송이나 신문사하고 합동으로 해도 가능하다. 1999년 조선일보와 KBS와 '광개토태왕 서북정복로 대탐사'를 한 경험이 있기 때문이다. 그러나 모두 정지상태였다. 재단 이사장이 지시했고, 기획실장이 직접〈될 수 있으면 많은 것을 신청하라고〉했기 때문이다. 6월에 발굴을 떠나야 하는데 50일이 다 되어도 가부간 연락이 없다. 그래서 공문을 보냈더니 다음과 같은 답이 왔다.

1. 생략.

2. 동북공정 관련 총 5개 사업은 매우 중요한 사업으로서, 본 재단에서도 상당 부분 수행하고 있음을 알려 드립니다.

3. 본 재단은 특별법에 의해 정부의 예산을 지원 받은 기관으로서, 재단의 운영과 관련된 제반 법규와 규정을 준수하면서 사업을 추진할 수밖에 없음을 이해해 주시기 바랍니다.

4. 향후 재단의 사업 공보 시에 귀 연구회가 추진하려는 연구사업을 신청해주시면 본 재단의 업관리규정에 따라 심사·검토하여 지원을 결정해 갈 것입니다.

이렇게 해서 지원은 한 푼도 안 해주고, 고구리연구회의 사업계획은 완전히 파악하는 천재적인 기량을 발휘했다.

"이사장이 전혀 말을 들어주지 않는다."

이것이 기획실장의 고백이다. 나중에 한규철 회장에게 들으니 이사장은 이렇게 얘기했다고 한다. "한 단체가 턱도 없이 8억을 신청했다."

기획실장은〈될 수 있으면 많이 신청해야 디스카운트할 수 있다〉고 하고, 이사장은 그래서 많이 신청한 액수 가지고 뒤통수치는 한심한 쇼를 벌인 것이다. 결론을 내리려고 한다.

돌이켜보면 글쓴이가 너무 순진했었다. 최근 동북아역사재단 초대 김용덕 이사장과 현재 이사장이 나눈 대담기사를 보면 알 수 있다.

이영호(왼쪽)와 김용덕(오른쪽)

[이영호] : 재단설립 초기는 '전략'을 굉장히 중시한 시절이어서 연구 결과를 정책과 전략 개발에 많이 응용했던 것 같습니다. 이는 사실 고구려연구재단과 바른역사정립기획단이 확보한 연구 인력을 재단이 흡수했기 때문에 가능했던 일이고, 그 인적 자원은 우리 재단이 현재까지 오게 한 힘이라고 생각합니다.

그런데 과연 우리는 지금의 동북아 역사문제를 해결할 전문적 권위를 갖고 있는가, 이것이 제가 부임하면서 느낀 과제 중 하나입니다.

[김용덕] : 저는 연구위원은 물론, 행정직원도 모두 연구사가 돼서 재단이 하는 일에 대해 알아야 한다고 생각했어요. 그래서 연초에 그해의 연구과제를 한 가지씩 제출하게 했고, 후반기에는 그 내용을 발표하라고 했지요. 매주 '수요포럼'이라는 이름으로 내부 세미나를 열었어요. 연구 주제를 명확히 하고, 연구의 지속성이 쌓이면 재단에 저력이 생깁니다.

어느 누가 어떤 질문을 하더라고 즉각 답할 수 있게 됩니다. 물론 우리의 역량이 부족한 부분은, 어떤 분야를 오래 연구한 외부 전문가에게 의뢰하는 게 당연하겠지요. 하지만 그 역시도 우리 재단이 컨트롤해야지, 외부에 연구비를 지급한다고 해서 끝나는 것이 아닙니다. 연구 방향은 우리 재단

이 설정해야 합니다. 그것이 우리가 전문성과 권위를 확보하는 방법입니다. [33)]

최일선에 투입되어 동북공정에 대응해야 할 부대를 신입사원 연수하듯이 처음부터 시작하고 있었다. 또 "전문가에게 과제를 의뢰하더라도 연구 방향은 재단이 설정해야 한다."라고 하였다. 처음부터 전문가나 전문단체와 협업하여 연구를 나누어 진행하고 정책을 개발할 의도가 없었다.

1. 동북공정 관련 사업은 재단에서 수행하면 안 된다. 중화인민공화국의 국가기관인 사회과학원이 동북공정을 한다고 온 나라가 나서서 비판하고, 중화인민공화국의 외교부 부부장이 와서 간신히 수습하였다. 그런데 이제 우리나라에서 국가기관이 똑같은 짓을 하고 있다. 중화인민공화국에서는 2004년 이후 고고학은 '길림대 변강고고연구소', 통화사범대의 '고구리연구원', 길림성사회과학원의 '고구리연구중심' 같은 연구기관으로 분산해서 진행하는데, 우리는 힘들게 연구하는 민간 연구기관들 주눅 들게 하면서 국가기관(특별법에 의해 정부의 예산을 지원받는 기관)이 당당하게 모든 일을 독점해서 하고 있다. 어느 날 외교적으로 크게 발목 잡힐 일이 있을 것이다. (물론 발목 잡혀도 발표하지 않을 것이다. 이미 잡혔는지도 모른다.)

2. 이 재단은 연구지원을 목적으로 하지 후원금을 제공하는 기관이 아니라고 하였다. 우리는 후원금을 달라고 한 적이 없다. 위에서 신청 당시의 연구계획을 보면 알 것이다. 무슨 소리인지 알 수 없다.

3. 앞으로 사업 공모 시 신청하란다. 자기들이 하는 사업에 하수인으로 참여하라는 것이다. 그렇게 해서 창의적인 해결책이 절대 나타날 수 없다. 돈 준 만큼만 연구해서 바칠 것이다. 그리고 엄청난 물량을 쏟아낼 것이다. 그러나 그런 데이터를 활용할 소프트웨어는 전문가만이 만들 수 있다. 언젠가 고구리 역사가 중화인민공화국 국사로 확고하게 자리를 잡을 때 그 많은 실적은 그다지 많지도 중요하지도 않다는 것을 알게 될 것이다.

4. 한마디로 동북아역사재단은 그 태생적 한계성 때문에 중화인민공화국의 역사침탈에 대응할 수 없다. 여기서 공개적으로 말할 수 없지만, 동북아역사재단이 한 몇 가지 데이터만 중화인민공화

---

33) [대담] 김용덕, 재단 초대 이사장·이영호, 재단 제6대 이사장. 〈재단 15주년 기념 특집 / 인터뷰〉 과거를 돌아보며 미래를 기획하다. 동북아역사재단, 2021. 9. 8. https://blog.naver.com/correctasia/222498948719

국이 제시해도 한국 외교관이 그것을 방어할 논리도 자료도 없어 꼼짝할 수 없는 상태가 될 것이다. 그들은 조용히 그 자료를 축적해가고 있었다.

5. 전문가는 하루 이틀에 만들어지지 않는다. 직접 지원하지 못할 사정이 있으면 의견이라도 들어야 한다. 나는 두 단체가 생겨서 지금까지 직접 의견을 듣기 위해 단 한 번도 연락을 한 것을 보지 못했다. 오히려 독일 대사관에서 찾아와 "동북공정과 북한 붕괴와는 어떤 관계가 있는가?"라고 전문가 의견을 물어온 적은 있지만 우리나라는 자기들이 1~2년만 되면 스스로 전문가가 되어 전문가를 찾지 않는다. 나는 대단한 전문가는 아니지만 그래도 현장에 관한 한 20년간 한결같이 조사했고, 자료도 나름대로 가지고 있다. 그래서 중화인민공화국에서는 '입국 금지'를 하고 있는데, 한국 학계나 재단에서는 '접근금지'가 되어 있다.

6. 이제 학문의 세계를 떠나며 마지막으로 남기고 싶은 말이 있다.

"나는 중화인민공화국과 싸우는 것보다 국내에서 기득권을 가진 학자나 재단들과 싸우는 것이

---

34) 참고로 당시 느낌을 쓴 글을 주에 남겨 둔다. 〈나는 고구려연구재단이 없어지는 것을 바라지 않았다. 퇴직하는 상황에서 무언가 전문기관이 있어야 하기 때문이다. 그런데 결국은 연 400억이라는 천문학적 예산을 쓰는 동북아역사재단이 들어서면서 단명하게 소멸되고 만다. 2006년 9월 28일 동북아역사재단이 고구려연구재단을 흡수통합하면서 양쪽의 파워게임은 끝났고, 재단은 사실상 교육부에서 외교부로 넘어갔다. 솔직히 나는 동북아역사재단에 대해 기대를 걸었다. 궁극적으로는 중화인민공화국의 사회과학원처럼 정신문화원도 통합해서 전문가도 키우고 밀도 있는 연구를 해갈 수 있으리라고 믿었기 때문이다. 그러나 그것은 큰 오산이었다. 외교부의 성격상 '동북아 평화' 운운하며 중화인민공화국의 눈치를 보지, 중화인민공화국의 역사침탈을 학술적으로 대응하려는 의도 자체가 없기 때문이다. 어떤 재단이 생기건, 하나 분명한 것은 한국에서는 진짜 전문가들이 설 자리가 없다는 것이다. 예를 들면 내가 20년 가까이 고구리 산성을 130개 정도 찾아서 자료를 수만 장 가지고 있다. 그런데 재단의 한 젊은 연구원이 사진사 데리고 가서 사진 찍어 가지고 책으로 내고 끝났다. 절대 전문가를 찾지 않는다. 전문가가 나타나면 자기들 밥줄이 끊어진다고 생각하는데 어떻게 전문가를 찾겠는가? 그러나 성산산성을 비롯하여 이미 원형을 잃어버린 산성의 사진은 의미가 없다. 그뿐만 아니라 사진을 찍어도 사진사와 전문가는 근본적으로 시각이 다르다. 그 알량한 책 한 권 내놓고(8,000만 원이 들었다고 한다), 그다음부터 이 문제는 거론도 할 수 없게 된다. 동북아역사재단이 들어선 뒤 2008년 '하가점하층문화 연구'라는 연구비를 신청했다. 고구리 석성의 시원을 찾는 연구였는데 받아들여지지 않았다. (고)조선학회에서 발표하면서 보니 청동기학회에서 본격적으로 다룬다고 한다. 이미 연구비를 탔고, 한 번 가볼 것이라고 한다. 가서 한나절 보고 나서 무엇을 얼마나 깊이 쓸 수 있겠는가? 글쓴이는 이미 요서지방에서 나온 하가점하층문화 지표조사를 마치고, 발굴 현장을 몇 년 다니면서 조사하였으며, 발굴보고서 나오기 전에 산성의 평면도를 그려 쓴 논문이 나와 있었다(『고구리 축성법 연구』에 「고구리 석성의 시원편」으로 출간). 하가점하층문화는 바로 (고)조선과 같은 시대로 (고)조선과 고구리의 계승성과 정체성을 밝히는 중요한 연구였다. 심사위원들이 하는 일이라고 변명하지만, 전문가는 설 자리가 없었다. 〉

몇 배, 몇십 배 더 힘들었다."[34)]

위의 글은 2009년 정년퇴직할 때 낸 개인사『대한민국 대학교수』(여유당, 2009, 581쪽)에 실린 글이라 현재 보면 시제와 어법이 좀 이상한 곳이 있다. 마지막으로 당시 전략기획실장의 노력은 진심이라고 본다. 동북아역사재단에서 두 번에 걸쳐 전 직원들에게 강의를 부탁하기도 하고 첫 전략기획실장으로서 아직은 자체 조직으로서 불가능하다고 판단하고 새로운 기획을 하고자 했다고 본다. 그러나 앞에서 보았듯이 자기 조직이 해야지 남이 하면 안 된다는 이사장의 인식에 막혀 뜻을 관철하지 못한 것이었다.[35)]

4) 현실 — 역사전쟁에 동참한 기업과 발을 뺀 기업

위에서 본 바와 같이 고구리 전문 학술단체를 경쟁 상대로 보는 국가 연구기관의 지원을 받아 연구하기는 불가능하였다.[36)] 민간학술단체인 (사)고구리연구회를 경쟁 대상으로 보기 때문이다. 이 점은 고구려연구재단이나 동북아역사재단이나 같은 것으로 우리가 역사전쟁에서 이길 수 없는 첫 번째 이유다. 일사불란하게 쳐들어오는 적을 분열된 아군이 어떻게 막을 수 있겠는가?

국가 예산으로 살아가는 세력이 있으니 그 안에 들지 못한 연구자는 연구를 계속하기 어렵다. 그러나 당시 몇몇 기업이 (독립)자금을 대겠다고 나섰다. 앞으로 역사 독립을 위해서도 국가보다는 국민의 협력이 더 효과적이므로 몇 가지 보기를 남기려고 한다.

(1) 동북공정과 삼성·naver.com

2004년 동북공정 문제가 국가적 이슈로 사회문제가 되자 갑자기 주요 기업들이 국내에서 유일한 고구리 연구단체인 고구리연구회를 돕겠다고 찾아오기 시작하였다. 눈코 뜰 새 없는 일정에도 나는 각 회사에서 찾아오는 사람들은 진지하게 대했다. 그리고 이제 고구리연구회 재정문제는 완전히 해결되었다고 내심 기뻐했다. 가장 큰 회사가 가장 발 빠르게 찾아왔다. 삼성에서는 소비자가 한

---

35) 1944년생으로 80을 바라보는 나이에 김용덕은 아직도 일제강제동원피해자지원재단 이사장(2018.08~)직을 맡아 벼슬을 이어가는 정치학자다.

36) 다음에 다시 보겠지만 2007년에 새로 들어온 한 연구원은 "동북아역사재단에서는 고구리연구회에서 나온 논문을 인용하지 말자"라고 제안할 정도로 고구리연구회를 견제하였다고 한다.

번 클릭할 때마다 500원씩을 적립하여 그 돈으로 고구리연구회를 지원하고, 애니콜이 한 대 팔릴 때마다 내가 출판한 책 한 권씩을 사은품으로 기증하겠다는 계약을 하였다. naver.com에서 찾아와 고구리연구회 돕는 모금 운동 코너를 만든다며 사진 50장을 가져갔다. 그리고 삼성은 시작한 지 한 달, naver.com은 시작도 하지 못하고 중단되었다.

"위에서 중화인민공화국과의 계약 건이 있어서 잠깐 중지하고 연기하라고 합니다."

이것이 이유다. 실무자들은 정말 좋은 이슈고 동북공정에 대응할 수 있는 단체를 도와야 한다는 명분이 좋은 멋진 아이템을 찾았으나 고위 정책팀에서는 중화인민공화국의 눈치를 보는 것이다. '만일 독도문제에도 그랬을까?' 아니다, 유독 중화인민공화국에 대해서만은 모든 기업이 이렇게 단숨에 발을 빼버리는 것이다. 물론 이것은 중화인민공화국이 국가이익에 반하는 기업은 바로 보복한다는 것을 단적으로 보여주는 것이기도 하다. 그래서 나는 그해 한국 최대 기업에서 한 달 뒤 300만 원이라는 거금을 받았고, 전화하기조차 미안해하는 naver.com 담당자가 보내는 조기 한 상자를 받았다.

(2) 동북공정과 기업은행의 고구리지킴이통장

2004년 이후 '고구리' 붐을 타고 모금에 성공한 보기가 기업은행의 「고구리지킴이통장」과 KTF의 「고구리요금제」이다.

기업은행은 고구리연구회와 연관 지어 이벤트를 한 것은 아니지만 두 번에 걸쳐 시원을 받았다. 그러나 결과적으로 너무 힘들었고, 도움을 받았다는 생각은 전혀 나지 않는다. 물론 기업이란 자기 이익을 위해 하는 것이지만 이렇게 수준 낮게 마케팅하는 회사는 처음 보았다.

모금된 기금으로 고구리 역사유적 답사단을 현장에 보내는데, 고구리연구회가 그 행사를 맡았다. 나는 역사 교사들을 선정해서 보내자고 했는데, 은행에서는 각 지점에서 추천하는 교장이나 행정 책임자들을 추천했다. 다시 말해 기업은행을 거래하는 고객에게 보너스를 주는 행사로 써먹은 것이다. 나는 지금까지 수십 번 고구리 역사유적 답사를 했지만, 이 교장 팀처럼 공부 안 하고 대접만 받으려는 사람들을 본 적이 없었다. 그들은 답사를 온 것이 아니라 은행거래의 대가로 대접을 받으러 왔기 때문이다. 정말 한심했다. "교육부 장관도 우리한테 어르신들 수고하신다고 하는데, 서길수는 너무 건방지다."라는 것이었다. 내가 고구리 유적을 잘못 안내하거나 설명을 잘못했다고 지적한다면 좋지만 '대접해주지 않는다'라고 하니 참 어처구니가 없는 일들이었다.

힘든 과정을 거쳐 국제학술대회 후원을 한 번 더 받았다. 이때는 더 가관이다. 고구리연구회 임원들은 모두 기업은행 통장과 카드를 만들어야 하고, 대회 때 협정을 맺는 쇼를 연출해야 하는 등 학자들로서는 너무 힘든 과정을 거쳐야 했다. 그래서 예금 유치를 얼마나 했는지 모르지만 기업은행의 이미지는 완전히 엉망이 되었다.

(3) 동북공정과 KTF의 고구리요금제

우리에게 가장 큰 도움을 준 것은 KTF의 고구리요금제이다. 나중에 홍보실로 넘어가 기업홍보와 연관되어 어려운 점도 있었지만 그래도 이 기금은 엄청난 프로젝트를 완성하였다.

(사)고구리연구회에서는 (주)케이티프리텔의 연구비 지원을 받아, 2006~2007년 2년 동안 전국의 전문학자 25명이 참여하여, 중화인민공화국의 역사침탈에 관한 철저한 연구와 이에 대한 대응논리를 개발하였다. 대응 논리 개발 프로젝트는 다음과 같은 3가지로 나누어 진행되었다.

(사)고구리연구회,
2008. 07. 20. 여유당, 1,423쪽

〈프로젝트 1〉: 중화인민공화국에서 1945~2006년 발표된 논문 모음 사업

〈프로젝트 2〉: 중화인민공화국에서 발표된 주요 논문 번역 사업

〈프로젝트 3〉: 동북공정 대응 논리 연구개발 사업

Ⅰ 그룹. 중화인민공화국 역사침탈의 기본 시각에 대한 기초연구

1. 서길수(서경대): 중화인민공화국의 동북공정 5년의 성과와 전망

2. 우실하(항공대): 중화인민공화국의 '통일적 다민족국가론'의 전개와 적용

3. 정병준(동국대): 중화인민공화국의 번속 이론에 대한 연구

4. 김지훈(성균관대): 중화인민공화국 역사 교과서에 나타난 고구려·발해사 서술

5.   송용호(강남대) : 중화인민공화국의 고구려사 왜곡과 일사양용에 관한 연구

II 그룹. 고구려의 淵源에 관한 연구 - 고구려는 중화인민공화국 땅에 세웠다?

6.   박선미(서울시립대) : 동북공정에 나타난 고조선사 인식 논리와 문제점

7.   기수연(단국대) : 현도군과 고구려의 건국에 관한 연구

8.   이도학(한국전통문화학교) : 삼국(고구려, 백제, 신라)에 관한 주변 국가의 인식에 관한 연구

III 그룹. 고구려는 중화인민공화국의 소수민족 지방정권이 아니다?

9.   강선(숙명여대) : 고구려와 북방 민족에 대한 중화인민공화국의 견해

10. 김용만(우리역사연구소) : 고구려 후기 고구리, 수·당, 북방 제국의 대립 관계

11. 서영대(인하대) : 고구려의 천하관

12. 박아림(숙명여대) : 고구려 벽화를 통해서 본 고구려의 정체성 연구

13. 서길수(서경대) : 중화인민공화국 학자의 고구려 왕릉 비정에 대한 비판적 고찰

동북공정 대응논리 개발 프로젝트 참가 학자들

Ⅳ 그룹. 발해의 정체성

14. 정진헌(사회문화연구) : 중공의 남북국시대 반론에 대한 비판

15. 한규철(경성대) : 발해의 주민구성에 관한 연구

16. 이병건(동원대) : 고고학을 통해서 본 발해 건축문화의 정체성

17. 김위현(명지대) : 요대의 발해 유민 연구 -중공 학자들의 논저에 대한 토론-

18. 한규철(경성대) : 중화인민공화국의 발해사 연구 현황과 전망

Ⅴ 그룹. 고구려가 망한 뒤 고구려인은 모두 중국인이 되었다?

　　　　— 객관적인 관점에서 동아시아사를 보면 중국이란 나라는 없었다.

　　　(발해, 요, 금, 명, 여진, 청의 역사적 정체성)

19. 박승범(단국대) : 중화인민공화국 학계의 고구려 유민 연구 검토

20. 서병국(대진대) : 요제국 거란족의 한족 통치사

　　　　　— 한거(漢契)일체적 중화사상의 허구성 비판

21. 박원길(고려대) : 원나라는 몽골의 지배사인가, 중국사인가?

22. 남의현(강원대) : 명(明)과 여진(女眞)의 관계, 명은 압록강 북쪽을 다 차지하였는가?

23. 박한설(강원대) : 고려의 고구려 계승성

24. 박선영(포항공대) : 중화인민공화국 동북지구에 거주하는 조선족의 역사적 정체성

〈프로젝트 3〉의 결과를 묶어서 펴낸 책이『동북공정과 한국학계의 대응 논리』이다. 이 책이 가진 의의를 보면 다음과 같다.

1. 중화인민공화국의 역사 왜곡에 대한 한국 최초의 종합적인 대응 논리 개발이었다. 적어도 동북공정이 어떤 내용이고 어떻게 대응해야 하는지 그 본보기를 꾸며냈다고 할 수 있다. 그동안 중화인민공화국의 역사 왜곡이 국가에 의해 조직적으로 진행되었다는 점을 비판하였으나, 한국의 대응도 주로 정부 산하 기관에서 담당하였다는 점을 부정할 수 없다. 이 프로젝트는 민간 학술단체가 순수 학술적 관점에서 진행하였다. 특히 국민적 관심 속에서, 온 국민이 참여한 기금(케이티프리텔이 주관한 '고구리요금제')을 바탕으로 이루어진 프로젝트의 결과라는 데 큰 의의가 있다.

2. 한국사, 경제사, 치나사, 몽골사 같은 여러 분야의 학자들이 참여하고, 시대도 상고사에서 근대까지 다양한 전공자들이 참여하였다. 이처럼 다양한 관점을 종합하기 위해 2년이라는 장기계획을 가지고, 3회의 합숙훈련과 4회의 학술발표를 통해 깊이 있는 토론을 거쳤다. 비록 작은 연구비를 받았지만 참여하는 학자들은 사명감을 가지고 모든 프로젝트에 적극적으로 참여하였다. 중화인민공화국의 연구성과를 대부분 수집하여, 번역·연구한 뒤, 중화인민공화국 학자의 연구사와 논리를 정확히 파악하여, 그에 대한 대응 논리를 제시하였다.

3. 한·중 역사는 물론 몽골과 중앙아시아 관계 민족사들과의 연관관계를 연구하므로 해서, 강대국 위주의 역사 서술을 벗어나 동아시아사에 대한 새로운 사관과 역사적 관점을 정립하는 계기가 되었다.

4. 2007년, 3차 한·중 고구리 역사연구 학술토론회

(2007年中韓高句麗歷史研究學術討論會)

주제 : 「초기 고구리 역사연구」

일시 : 2007년 12월 17~18일

장소 : 북경, 九華山莊 九華國際會展中心

주최 : 동북아역사재단 제2연구실·중국사회과학원 중국변강사지연구중심

1) 3차 한·중 학술회의 개최 과정(2007)

2007년은 2002년 선포한 동북공정 5년이 1월에 끝나는 해이다. 그러나 동북공정을 마무리하는 한·중 학술회의는 아직도 열리지 않고 있었다. 2006년 고구려연구재단이 없어지고 새로 동북아역사재단이 설립되는 과정에서 동북공정에 대한 재단의 대응 활동은 거의 정지된 상태였지만 노무현 대통령은 한·중 정상회담에서 꾸준히 문제를 제기한다. 2006년 10월 1차 한·중 정상회담(北京)에서 원자바오 총리가 2004년 구두양해 사항 존중 입장을 표명했고, 후진타오 주석도 2004년 구두양해 사항 이행을 약속했지만 결국은 학술회의는 성립되지 못했다. 우리 측이 아직 준비되지 않고 있는 상황을 훤하게 들여다보고 있는 중화인민공화국이 먼저 학술회의를 제안할 이유가 없기 때문이다.

2007년 1월 14일, '아세안+3 정상회의'에서 대통령이 온가보 중화인민공화국 총리와 정상회담을 갖고 동북공정을 비롯한 양국 역사문제 해결을 위해 고구리와 발해 유적을 공동 발굴 조사해 역사문제에 대한 객관적인 사실 규명 작업에 나설 것을 중화인민공화국 측에 요청하였다.

2007년 1월 25일, 한·중 고위급 회담에서 역사문제에 대한 원만한 접근을 위해 동북아역사재단과 중국사회과학원이 상반기 중에 공동학술회의를 개최하기로 함에 따라 그동안 끊긴 한·중 학술회의의 불씨를 되살렸다.

2007년 4월에 온가보 총리가 한국을 방문해서 한·중 정상회담을 할 때도 온가보 총리는 "영토·역사문제는 정치와 학술, 현실과 학문을 분리해 접근해야 한다."라는 입장을 재확인하였지만 두 나라가 학술적인 해결을 위해서 갖기로 한 한·중 학술회의는 열리지 않았다. 동북공정 5년 동안 단 2

번 열리고 '학술적 해결'의 문이 닫힌 것이다.

12월에야 북경에서 열린 한·중 총리회담에서 "역사문제가 양국관계 발전에 장애가 되지 않도록 동북아역사재단과 중국사회과학원 간의 교류를 적극 추진키로 함"에 따라 연말에야 한·중 학술회의가 북경에서 열렸다. 이 회의는 2년 동안 열리지 못하다가 열린 동북아역사재단으로서는 첫 학술대회였다. 이 대회 역시 비공개였고 매스컴에 보도자료도 나가지 않았기 때문에 한국 측에서 어떻게 대처했는지 지금까지 전혀 알려지지 않았다. 얼마 전 이 사실을 알기 위해 동북아역사재단에 정보 공개요청을 했으나 거절당해 자세한 검토는 할 수가 없었다. 다만 대회가 끝나고 양국이 합의하여 발행한 발표문집 『초기 고구리 역사연구』에 나온 김용덕 이사장의 개회 인사에 준비과정이 조금 나와 있어 그대로 인용해 본다.

먼저 저희를 초청하여 주신 중국사회과학원 측에 감사를 드립니다.

동북아역사재단은 이전의 고구려연구재단과 일본 관계 연구기관 그리고 영토·영해 관계 연구자들을 모두 포함한 종합연구기관입니다. 동북아의 역사분쟁을 풀고 평화구축을 위한 기반을 마련하기 위하여 2006년 9월 출범했습니다. 재단 출범 이후 저희들은 이전의 고구려연구재단과 중국사회과학원 중국변강사지연구중심이 2004년부터 2005년까지 2회에 걸쳐 공동으로 개최한 학술회의를 계승하고, 향후 지속적인 학술교류를 하기 위하여 그동안 노력해왔습니다.

이번에 학술회의를 개최하게 되기까지의 경과를 간단히 살펴보고자 합니다.

그동안 한·중 학술회의의 중요성은 늘 강조되어 왔습니다. 2007년 1월 25일 북경에서 한국 외교통상부의 송민순 장관과 중화인민공화국의 이조성(李肇星) 외교부장이 회담을 갖고, 양국의 고대사 문제를 원활하게 해결하기 위해 동북아역사재단과 중국사회과학원 간의 학술교류를 추진하기로 뜻을 모았습니다.

한국 측에서는 동북아역사재단 이사장인 제가 중국사회과학원에 금년 중 학술회의를 할 것을 제안했습니다. 이에 중국사회과학원에서 저를 초청해주셔서 지난 4월 5~6일까지 2일간 천자구이 부원장을 만나고, 동북아역사재단의 관계자들과 중국사회과학원 관계자들이 서로 만나 학술 교류를 위한 회담을 한 바 있습니다.

지난 7월에는 동북아역사재단의 제2연구실장을 비롯한 실무자들이 변강사지연구중심을 방문하여 려성 주임과 2007년 학술회의 개최와 장기적인 학술교류 문제를 논의했습니다. 이후 양측에서 서로 의견을 주고받으면서 학술회의 개최를 위한 논의를 하였습니다.

11월 중순 이국강(李國強) 부주임 이하 세분이 서울에 와서 오늘 개최되는 학술회의에 관하여 구체적인 사항을 합의하였습니다.

이렇게 잠깐 돌아보니 이 학술회의를 위하여 두 기관이 서로 오랫동안 관심을 기울여 열심히 노력하여왔다는 생각이 듭니다.[37]

1월에 정상 간에 합의한 사항이 간신히 연말에야 실행되었다.

먼저 2007년 말에 진행된 이 학술회의는 동북공정이 끝났다고 보는 한국 측과 동북공정을 계속하고 있는 중화인민공화국 측의 회의라는 것을 상정해 보면 쉽게 정황을 파악할 수 있다. 중화인민공화국은 동북공정이 끝나는 2008년과 그 성과 발표가 있는 2009년까지 어떻게든 형식적으로 서로 대회를 하는 시늉을 해야 했고, 한국 측은 "2007년 학술회의 개최와 장기적인 학술교류 문제를 논의했다."라고 해서 장기적인 학술교류를 바라는 동상이몽의 협의였다.

인사말을 새로운 단체를 소개하는 것으로 시작하면서, 고구려연구재단을 승계했다고 했다. 상대방에서는 이미 다 알고 대처하고 있는데 공식적으로 복잡한 한국 측 사정을 보고하고 있다. 그리고 왜 이 자리에서 "학술회의를 개최하게 되기까지의 경과를 보고"하는지 모르겠다. '사회과학원 : 동북아역사재단', '중국변강사지연구중심 : 제2연구실'이란 구도를 보면 바로 한국의 허세가 엿보인다. 중화인민공화국은 이런 허세가 나쁠 리 없다. 먼저 급을 높여 국가전략 최고 학술기관인 중국사회과학원과 한국에서 새로 만든 국가전략 최고 학술기관 사이에 동북공정을 협의하여 진행하였다는 아주 좋은 구실을 주었기 때문이고, 변강사지연구중심으로서는 협상 상대가 연구원 10명을 가진 제2연구실이고, 새로 부임한 지 얼마 되지 않은 비전문가니 아무런 어려움 없이 이끌고 갈 수 있기 때문이다. 이런 장면을 국제관계를 조금이라도 아는 사람들이 보면 얼마나 허술한 전략인지 바로 알 수 있을 것이다.

위의 인사말에는 "지난 7월에는 동북아역사재단의 제2연구실장을 비롯한 실무자들이 변강사지연구중심을 방문하여 려성 주임과 2007년 학술회의 개최와 장기적인 학술교류 문제를 논의했습니

---

37) 동북아역사재단·중국사회과학원 편, 『초기 고구리역사 연구』 동북아역사재단, 2008, 10~11쪽.

다."라고 하였는데 국내 신문 인터뷰에서는 그 사실을 부인하거나 숨기고 있다.

— 그래도 지난 1년간 아쉬웠던 점이 있을 텐데요.

"중국사회과학원 원장은 만났지만, 동북공정을 추진했던 변강사지연구중심 분들은 아직 못 만났습니다. 그분들이 나오길 꺼리는 것 같았습니다. 대신 재단이 사회과학원과의 학술대회를 올해 중으로 열기로 했습니다. 예산도 이미 배정됐습니다. 그때 아마 그분들도 나와서 많은 대화를 할 수 있을 겁니다."[38]

이 인터뷰는 동북아역사재단 1주년을 기려 9월 10일 자에 이루어진 것이므로 두 달도 안 된 일을 잊었을 리 없는데 부정한 것이다. 이 인터뷰를 보면 7월에 간 팀이 국제학술대회에 대한 구체적인 합의가 전혀 없어 밝힐 수 없었을 것으로 보인다. 그리고 11월 중순에야 중국변강사지연구중심에서 한국에 와 대회에 대한 구체적인 합의를 한 것이다. 예상대로 1년을 거의 다 보내고 대회 한 달 전에야 급히 와서 최종 결정을 한다. 한국 측에 준비할 수 있는 시간을 주지 않기 위한 중화인민공화국 측이 늘 쓰는 전술이다.

2) 3차 한·중 학술회의의 성격

(1) 중국사회과학원 부원장이 다시 강조한 구동존이(求同存異)

만 2년 만에 북경에서 열린 한·중 학술회의에서 중국사회과학원 부원상 신가귀(陳佳貴)[39]는 치사에서 이렇게 강조한다.

---

38) 「경향신문」 2007년 9월 10일, [경향과의 만남] 설립 1돌 맞는 동북아 역사재단 김용덕 이사장.

39) 陳佳貴(1944~2013), 1964년 인민대학 계획통계학과를 나와 감숙성 방직공장에서 일하다가 1973년 공산당에 입당하고 1978년 중국사회과학원 현실경제학과에 들어가 석·박사학위를 받았다. 1981년부터 중국사회과학원에 근무하면서 홍콩중문대학에 가서 2년간 연구하고 돌아와 사회과학원 공업경제연구소 공산당 기관당위원회 서기 겸 부소장이 된다. 1991~1992년 콜로라도 대학 대학원에 가서 연수하고 돌아와 공업경제연구소 공산당 서기 및 소장이 된다. 1998~2009년 중국사회과학원 공산당 조직위원회(黨組) 위원 겸 부원장을 역임하였다. 2007년 학술회의에는 부원장으로서 대표단을 인솔한 것이다.

역사연구는 객관적·과학적 태도로 역사 발전 과정을 복원해야 하며, 그 과정에서 인류 문명의 족적을 찾아내야 합니다. 역사학자에게는 자연적 속성과 사회적 속성이라는 두 가지 속성이 있습니다. 따라서 역사학자의 역사 사실에 대한 인식은 각기 다른 수준의 주관성을 가지게 되며 불편부당하게 역사를 서술한다는 것은 거의 불가능한 일입니다. 서로 다른 민족, 다른 지역, 다른 언어 환경에서 생활하는 사람들이 진행하는 역사연구는 필연적으로 서로 다른 인식을 낳게 되고, 이는 인류가 역사를 인지하는 과정에서 피할 수 없는 현상입니다. 저는 학술적으로 서로 다른 관점이 존재한다는 것은 매우 정상적이고 학술발전의 기본적 규율에도 부합하는 것이라고 생각합니다.

학술적 인식의 차이 문제는 학자들 간의 진솔한 교류를 통해서만이 비로소 해소할 수 있으며, 비록 의견이 다르다 해도 같은 것은 취하고, 다른 것은 보류해 둘 수 있는 것입니다(求同存異). 역사와 현실을 구분하고(歷史與現實分岐), 학술과 정치를 분리하도록 하는 것이 바로 우리 양국이 공동으로 확인한 학술적 차이를 대할 때의 원칙입니다. 서로를 존중하고 진실을 추구하는 태도에 입각하여 적극적인 학술교류를 통해 관련 문제를 논의할 때 역사 사실에 대한 우리의 인식 수준은 높아질 수 있을 것입니다.[40]

중국사회과학원 공산당조직위원회(黨組) 위원이며 부원장인 진가귀는 역사학자가 아니고 경제학자였지만 발표하는 메시지는 앞의 두 번 대회에서 마대정이 했던 원칙과 일관되어 있다. 어떤 면에서는 한 걸음 더 나아가 (古)조선·부여·고구리·발해사에 대해 한국과 중화인민공화국의 관점이 다른 것은 매우 정상적이라는 점을 강조해 한국 고대사를 중화인민공화국에서 자기 역사라고 하는 것도 학술적 보편성에 부합된다는 점을 당당하게 이야기한다. 그리고 그러한 전제 아래 두 나라는 ① 견해가 다

---

40) 陳佳貴, 「2007年韓中高句麗歷史研究學術討論會致辭」, 고구려연구재단·중국사회과학원, 『초기 고구리역사 연구』, 서울, 동북아역사재단, 2007. 8쪽. 〈開展歷史研究不僅在於要客觀·科學地還原歷史發展的進程, 而且還在於從中探尋人類文明的足跡. 歷史學家有兩種屬性, 卽自然屬性和社會屬性, 因此在研究歷史時, 對歷史事實的認識程度不同地存在主觀性, 不偏不倚之描述歷史幾乎是不可能的. 不同的民族·不同的地域, 甚至不同語境下的人們, 對歷史的研究必定會産生不同的認識, 這是人類在認知歷史的過程中難以回避的表象. 我因爲學術尙存在不同的觀點是十分正常的, 是符合學術發展的基本規律的. 學術問題之有通過學者間的坦誠交流 才能逐步消除認識上的分歧 卽使意見暫時不能達成一致, 也可以求同存異 歷史與現實分開 學術與政治分開 是我們兩國共同確認的對待學術分岐的原則.〉

르다 해도 같은 것은 취하고(求同), 다른 것은 보류해 두고(存異), ② 역사와 현실을 구분하고(歷史與現實分岐), ③ 학술과 정치를 분리해야 한다는 원칙을 다시 한번 못박고 있다.

(2) 동북아역사재단 이사장 김용덕의 '역사연구와 현실 정치의 분리'

중국사회과학원은 고구려연구재단을 흡수하여 새로 생긴 한국의 동북아역사재단의 한·중 학술회의 팀을 북경에 불러놓고, 1, 2차 때 마대정(중국변강사지연구중심)보다 몇 배 높은 인물을 내세워 중공의 의도를 분명하게 밝힌 데 대하여 한국 측 동북아역사재단의 화답은 이러하였다. 우선 고구리 역사가 우리 역사라는 운을 뗀 것은 당연한 일일 것이다.

> 고구리의 역사와 문화는 오늘날에도 여전히 한국에 영향을 미치고 있습니다. 가장 단적인 예로 오늘날 한국의 영문 명칭인 KOREA가 고(구)려[41]에서 나온 것만 보아도 얼마나 깊게 연결되어 지금까지 내려왔나 하는 것을 알 수 있습니다. 그만큼 한국인의 역사적 뿌리가 고구리에서 시작된 것이 분명합니다. 상대방의 역사를 존중해야 자신의 역사도 존중받을 수 있습니다. 이러한 점은 오늘의 우리들이 깊이 새겨야 할 것이라고 봅니다.

이 인사말 마지막에서 이사장이 말한 한·중 학술회의의 의의를 보면 한국의 기본 전략을 알 수 있다.

> 오늘 우리는 2004년 이후의 학술교류에서 한 걸음 더 나아가 좀 더 진지하고 적극적인 교류를 시작할 수 있을 것으로 생각합니다. 고구리사 인식에 있어서 부분적으로 중화인민공화국과 한국 양측의 학자들 간에 차이점이 있습니다. 양국의 학자들은 상호 차이점과 그 차이의 원인을 허심탄회하게 논의할 필요가 있습니다. 역사연구는 역사의 실체를 밝히는 데에 목적이 있습니다. 그런 뜻에서 한·중 양국 간에 합의한 역사연구와 현실 정치의 분리라는 것은 역사학자인 우리가 모두 지켜 나아가야 할 지침입니다. 향후 양국의 학자들이 자주 만나 공동연구를 진행하고 이를 통하여 동북아시

---

41) Korea는 고구리(高句麗)가 아니라 고리(高麗)에다 나라를 뜻하는 라틴어 '-a'를 붙여서 만들었다. 고구리는 장수왕 이후 255년간 나라 이름을 바꾸어 고리(高麗)라고 썼으므로 당당하게 고리(高麗, Kori)라고 써야 한다.

아의 역사연구를 더욱 심화·발전시킬 수 있기를 바랍니다.

오늘날 한국 국민이 가장 호감을 가진 나라는 중화인민공화국입니다. 그 이유는 한국과 중화인민공화국이 역사적으로 가장 친밀한 두 나라였고, 이 전통이 지금도 이어져 오기 때문일 것입니다. 우리는 더욱 가까워질 수 있는 깊고 넓은 우정의 바다가 역사적으로 이어왔기 때문에 서로 이해를 깊이하여 갈수록 우리의 항해는 순조롭고 평화로워질 것입니다.[42]

1. 먼저 한·중 두 나라의 학자들 사이에 고구리 역사에 대한 차이가 있다는 것을 인정한다. 이것은 공식적으로 고구리 역사가 두 나라 역사라는 일사양용(一史兩用)을 인정한다는 인식을 주기 때문에 삼가야 했던 문구였다. 바로 이점은 중화인민공화국이 주장한 '화이부동(和而不同)'[43]과 '구동존이(求同存異)'에 화답하는 것이었다.

2. 한·중 양국 간에 합의한 '역사연구와 현실 정치의 분리'라는 것은 역사학자인 우리 모두가 지켜 나가야 할 지침이라는 것도 바로 중화인민공화국이 처음부터 바라는 동북공정 문제를 정치가 아닌 '학술적 해결'에 완전히 부합된 것이다.

3. '양측 학자'라던가 '역사학자인 우리가 모두'라고 해서 역사침탈과 동북공정이 학자 간의 연구에 국한된 것이라는 중화인민공화국의 마타도어와 외교부의 호응전략이 일치한 것이다.

4. "오늘날 한국 국민이 가장 호감이 가진 나라는 중화인민공화국입니다."라는 발언은 왜 이 자리에서 나왔는지 아무리 생각해도 이해가 가지 않는다. 동북아역사재단 이사장은 한·중 학술대회 장소가 역사침탈과 동북공정을 중단시키기 위해 2004년 양국이 합의한 회의라는 것을 완전히 잊고, 본인이 무슨 일을 하고 있는지 모르고 있었다는 것을 보여준다.

상국에 아부하는 사대주의를 한 것인지, 아무 생각 없이 입에 바른 소리를 하는 것인지 판단이 서지 않지만, 이 이야기는 사실과 다르다. 지난 2007~2014년 서울대학교 통일평화연구원 통일의식 조사를 보면 중화인민공화국을 가장 가깝게 느낀다고 생각하는 한국인 비율은 2007년 10.1%,

---

42) 김용덕, 「개회 인사」, 고구려연구재단·중국사회과학원, 『초기 고구리역사 연구』, 서울, 동북아역사재단, 2007, 10~12쪽.

43) 『논어』에 나오는 말로 남과 사이좋게 지내되 의(義)를 굽혀 쫓지는 아니한다는 뜻으로 곧, 남과 화목(和睦)하게 지내지만 자기(自己)의 중심(中心)과 원칙(原則)을 잃지 않는다는 뜻이다.

2008년 7.7%, 2009년 6.1%, 2010년 4.2%, 2011년 5.3%, 2012년 5.8%, 2013년 7.8%, 2014년 10.3%로 나타났다.[44]

3) 한·중 학술대회에서 발표된 논문 : 「초기 고구려 역사 연구」

(1) 한국 발표자 4편의 논문 내용

① 임기환, 「고구려 초기 5부의 형성과 변천」

임기환은 고구려연구재단에서 연구실장을 맡아 1차 한·중 학술회의를 성사시킨 장본인이다. 그러므로 이 논문에서도 그 당시의 원칙에 충실하여, 중화인민공화국 학자들의 논문을 단 한 편도 인용하지 않았다. 따라서 동북공정에 대한 문제 제기는 나올 수가 없다. 동북공정과는 아무 관련이 없는 논문이다.

② 윤용구, 「고구려와 요동 현도군 – 수당 군신의 '군현회복론' 검토」

머리말에서 고구리가 현도군에서 건국되어 계속 한과 예속관계를 가졌다는 문제를 제기하였다. 그리고 수·당이 고구리를 침략하기 위해 명분으로 내건 '한나라 군현을 회복한다'는 논리의 한계를 학술적으로 이끌어내 "그러므로 수당군신의 고구리 원정을 잃어버린 군현고지(郡縣故地)의 회복과정이라는 관점에서, 요동·현도군의 지배 아래 생겨난 고구리가 일시 통제를 벗어났다가, 수당 대 통합되었다는 중화인민공화국학계의 고구리 귀속 논의는 새로운 관점에서 재검토되어야 하겠다."[45]라고 결론을 내린다.

이 논문은 지금까지 1차, 2차 한·중 학술회의에서 발표한 논문과 달리 처음으로 동북공정의 논리를 거론하여 반박한 첫 논문으로, 소신 있는 논문 발표라는 의의가 있다.

---

44) 『한국경제』 2015.03.19., 「"한국인, 중국 호감도 낮아 한·중 동맹 어려워"」 https://www.hankyung.com/politics/article/2015031994058

45) 윤용구, 「고구리와 요동 현도군 – 수당 군신의 '군현회복론' 검토」 『초기 고구리역사 연구』, 서울, 동북아역사재단, 2007, 170~171쪽.

③ 김기흥, 「고구려 건국 신화에 보이는 주몽의 출자 계보
구조 — 단군 및 박혁거세의 경우와 비교하여」

고구리의 건국신화가 (고)조선의 단군신화와 신라의 시조신
화가 모두 천신과 지신에 대한 경외하는 사상을 바탕으로 하
여 동이의 공동문화적 특성이 있다고 보는 논문이다.

그러나 이 논문은 단군신화나 동명신화에 대한 중화인민공화
국의 연구성과를 단 한 편도 인용하지 않아 동북공정과는 상
관이 없는 논문이라는 것을 알 수 있다. 2001년 발표한 「고구
려 건국신화의 검토」(『한국사연구』 2001.6)를 바탕으로 한 논
문이다.

3차 한·중 학술회의 논문집

④ 조법종, 「고구려 초기 도읍과 비류국 연구」

같은 해 『백산학보』(77)에 발표한 「고구려 초기 도읍과 비류국성 연구」에 발표한 논문을 바
탕으로 한 논문이다. 졸본천=혼강, 비류수=부이강과 혼강이 합류한 지점 이후의 혼강, 졸본
부여=고리묘자촌, 용산=고리묘자촌 동쪽 산, 공천 이궁=하고성자, 비류국 도읍지=나합성으
로 비정하고, 비류국은 (고)조선계통의 세력이라는 결론이다.

그러나 이 논문은 동북공정과는 아무 상관이 없는 논문이다.

⑤ 노태돈, 「고구려인의 종족적 기원」(본인의 의사에 따라 수록하지 않았다).

고구리 사람의 종족에 관한 연구는 동북공정에서 아주 중요한 주제다. 기존의 예맥설을 뒤
엎고, 상인 후예설, 염제 후예설 등이 난무하고 있다. 그런 면에서 노태돈 교수의 견해는 관
심이 가는 내용이다. 그러나 어떤 까닭인지 모르나 책에 논문이 나오지 않아 그 관점을 알
수가 없다. 노태돈 교수는 1차 한·중 학술대회에서 총평을 했고, 2차에서도 발표를 하고, 이
번이 세 번째 참석하였으므로 동북공정에 대응하는 한국 측을 대변한다고 할 수 있다. 그런
면에서 3번의 회의가 동북공정을 막고 비판하지 못한 회의에 대한 자성에서 온 것일 수도
있으나 우리가 동북공정의 학술적 해결을 위해 어떻게 대응했는지 그 결과를 알 수 없게 한
점은 비판받아야 한다고 본다.

이상에서 한·중 학술회의 한국 측에서 발표한 논문들을 검토해 보았는데 윤용구의 논문을 빼놓고는 동북공정에 대응하는 논문이 아니었다. 윤용구의 논문 한 편이 오히려 별종이고 돌출현상이 된 결과이다. 윤용구의 논문은 고구려연구재단이었다면 절대 발표할 수 없는 논문이었다. 그런 면에서 같은 노선을 가진 김용덕 이사장은 전공이 아니므로 발표 논문을 점검하지 못한 것으로 보인다.

(2) 중화인민공화국 측이 발표한 논문은 다음 5편이다

① 왕면후(王綿厚), 「환인지역의 '망강루 적석총'과 '졸본부여'에 대한 시론-고구리의 기원과 초기문화의 내적 함의와 분포를 중심으로(試論試桓仁 "望江樓積石墓"與"卒本夫餘"—兼論高句麗起源和早期文化的內涵與分布)」

동북공정의 기본노선을 충실하게 반영한 논문을 발표하였다. 1차 때 '소수민족 지방정권'이란 표현을 써서 문제가 되었던 발표자로, 이번에도 내용에서는 그런 용어를 쓰지 않으려 노력했지만, 결론에 "'졸본부여'를 '고구리'로 바꾸어 부른 것은 고구리민족이 초기에는 변강민족정권이라고 자칭하다가 점차 한(漢) 중앙정권의 책봉을 승인하면서 현도군 소속인 '왕국'과 '후국'으로 변하게 되는 역사적인 변화를 말해준다. 이 변화가 완성된 시기는 유리명왕이 기원후 3년에 '졸본'에서 '국내'로 천도한 것이며, 이와 같은 변화는 '졸본부여'시대의 결론을 뜻한다."[46]로 했다. 추모가 고구리를 세운 것이 아니고 졸본부여로 있다가 AD3년 유리명왕이 국내로 천도할 때쯤 비로소 '고구리'라는 이름을 썼으며, 한(漢)나라 중앙정권의 책봉을 승인하면서 비로소 왕국이 되었다는 주장이다.

② 박찬규(朴燦奎), 「비류국 연구(沸流國考)」

박찬규는 앞에서 본 왕면후의 부이강설에 동조하며 특히 문헌사적으로 그를 뒷받침했다고 볼 수 있다. 동북공정과 관계된 역사 왜곡 요소는 없었다.

---

46) 王綿厚, 「試論試桓仁 "望江樓積石墓"與"卒本夫餘" -兼論高句麗起源和早期文化的內涵與分布)」, 『초기 고구리역사 연구』 서울, 동북아역사재단, 2007, 170~171쪽.

③ 위존성(魏存成), 「고구리의 흥기와 현도군의 관계(高句麗的興起及其與玄菟郡的關係)

동북공정의 기본노선을 가장 충실하게 반영한 논문을 발표하였다. 이 논문에서는 "고구리족과 고구리 정권이 세워진 뒤 일정 기간 계속 한나라 현도군이나 요동성의 관할 아래 있었으며, 중원 정권과 계속 종속관계를 맺고 있었다는 것"을 주장한다. 전체적으로 고구리 성립 이전부터 중원왕조에 속해 있었고, 고구리 설립 이후로도 오랫동안 중원왕조에 속해 있었고, 나중에는 중원왕조가 직접 책봉을 했다는 것을 고고학과 문헌으로 뒷받침하려는 논문이다.

④ 양군(楊軍), 「고구리 주몽신화 연구(高句麗朱蒙神話研究)」

이 논문은 논리 전개가 복잡하고 주제도 뚜렷하지 않아 간추리기도 어려웠다. 다만 마지막에 본문과 동떨어진 결론에서 그 의도를 읽을 수 있다.

이 밖에 추모신화에서 나타나는 부여 사람과 고구리 사람의 이름을 눈여겨볼 필요가 있다. 금와의 이름만 '아이는 금빛 개구리 모습(小兒金色蛙形)'이라고 해서 한어(漢語) 계통 이름을 볼 수 있고, 그 외에 해모수·부루·아란불·강력부처·주몽·대소·송양·부부노·유리 같은 이름은 한어 계통 이름이 아닌게 분명하다. 그러나 토착부락에 속하는 추모의 어머니 계통은 모두 한어계통에 속한다. 유화·훤화(萱花)·위화(葦花)·하백 같은 것이 그 보기다. 이런 현상은 이미 한(漢) 문화의 영향을 받은 표현으로 해석할 수 있다.[47]

⑤ 이신전(李新全), 「고구리의 초기 도성과 옮김(高句麗早期都城及遷徙)」

이신전의 논문은 새로운 주장이 없고, 지금까지 중화인민공화국 역사·고고학계에서 연구한 것을 종합한 것으로 한국 학자들도 이미 상식적으로 받아들이고 있는 내용이다. 내용을 간추리면 다음과 같고, 동북공정과는 관계가 없는 논문이다.

① 고구리 초기 도성은 환인현 오녀산성이다.

---

47) 楊軍, 「高句麗朱蒙神話研究」 『東北史地』 2009-6, 58쪽.

② AD 3년(유리왕 22년) 10월 도성을 국내(國內) 위나암성으로 옮겼다.

③ 국내는 오늘날 집안현 성 부근이며 천도할 때 쌓은 위나암성이 훗날의 환도산성이다.[48]

　

이상에서 본 중화인민공화국의 논문 가운데 왕면후와 위존성의 논문은 기존 동북공정의 논리를 그대로 발표했다는 점은 1차, 2차 한·중 학술회의와는 새로운 국면이다. 한국에서도 윤용구의 논문이 원칙(?)에 벗어났지만, 왕면후와 위존성은 의도된 도발이라는 것이 뚜렷하다. 이는 한국에서 동북공정이 끝났다고 보는 것을 떠보기 위한 것이고, 실제로 한·중 학술회의에서 양쪽의 상반된 의견을 제출했다는 증거가 된다. 다시 말해 동북공정은 한국 측과 충분히 협의하여 추진했다는 증거가 되는 것이다.

4) 중화인민공화국의 논문 발표와 논리의 강화

(1) 한·중 학술회의에서 발표한 논문을 동북공정 논리 추가하여 다시 발표

2007년 한·중 고구리역사 학술회의에서 발표한 왕면후의 논문은 2008년 한국에서 책으로 발표된 뒤 그 논문을 「요령성박물관학술논문집」에 그 내용을 그대로 싣는다.[49] 그리고 2009년 말에는 동북공정의 기지 역할을 하는 『동북사지』에 다시 발표한다. 그런데 이 논문에는 특별히 〈편집자 주〉가 달려 있다.

> 2007년 12월 17일부터 18일까지 중국사회과학원 중국변강사지연구중심과 한국 동북아역사재단 제2연구실은 베이징에서 「2007년 중·한 고구리 역사연구 학술토론회」를 공동으로 주최하였다. 중·한 두 나라는 각각 5명의 학자들이 회의에서 논문을 발표하였다. 회의에서 회의가 끝난 뒤 쌍방이 이번 토론회 학술논문집을 출판할 수 있도록 약정하였다. 한국 측에는 이미 2008년 11월 이번

---

48) 李新全, 高句麗的早期都城及遷徙, 『東北史地』, 2009-06, 45~49쪽.

49) 王綿厚, 「試論試桓仁 "望江樓積石墓"與"卒本夫餘" -兼論高句麗起源和早期文化的內涵與分布」, 『遼寧省博物館學術論文集』(1999~2008), 2008.

회의에서 발표한 논문을 모아 출판하였다. 본 편집부에서는 중국사회과학원 중국변강사지연구중심과 회의에서 발표한 중화인민공화국학자의 동의를 얻어 독자들을 위해 5편 중화인민공화국 학자들의 논문을 발표한다. 인쇄상의 문제로 저자의 동의하에 5편의 논문 모두 조금씩 삭제하거나 고쳤다.[50)]

이 짧은 편집자 주에서 몇 가지 사항을 알 수 있다.

① 중화인민공화국은 중국사회과학원 중국변강사지연구중심이, 한국에서는 동북아역사재단 제2연구실에서 주최하였다. ② 양쪽에서 각각 5명씩 발표하기로 했다. 그런데 한국 측 논문은 4편만 발표되었다. ③ 양측이 회의가 끝난 뒤 논문집을 내기로 합의하였다. ④ 저자 동의 아래 논문을 삭제하거나 고쳤다.

그리고 ③의 합의에 따라 한국에서 먼저 책이 나왔으나 중화인민공화국에서는 2년이 지난 뒤에야 『동북사지』에 「학술교류」라는 이름으로 싣는다. 그런데 ④번에서 보듯이 논문을 삭제하거나 고쳤다고 했다. 논문 매수 제한 때문에 발표 논문을 줄이는 것은 있을 수 있는 일이다. 그런데 저자의 동의 아래 내용을 고쳤다는 것은 검토가 필요한 부분이다.

(2) 동북공정 논리를 추가하여 새로 발표한 부분에 대한 분석

앞에서 중화인민공화국 측 논문 5편 가운데 왕면후의 논문과 위존성의 논문은 동북공정의 논리를 충실하게 반영하였다고 하였는데, 동북공정이 끝난 2009년 이 논문들을 『동북사지』에 실으면서 왕면후의 논문은 동북공정의 논리를 크게 보강하였다.

① 졸본부여 논리에 서한(西漢) 문화층 강조

앞에서 보았지만, 왕면후는 초기 추모가 세운 고구리를 부정하고 '졸본부여'를 내세운다. 그 졸본부여 지역에서 나온 고고학 유물을 설명해 '서한(西漢) 문화층'이란 것을 강조했다.

발표문집 : 간추리면 혼강 서안 '망강루적석묘'의 발견은 결코 고립적인 것이 아니다. 가까이 있

---

50) 王綿厚, 「試論試桓仁 "望江樓積石墓"與"卒本夫餘"-兼論高句麗起源和早期文化的內涵與分布」, 『東北史地』 2009-6, 34쪽.

는 무덤떼는 오늘날까지도 사도하자(四道河子)·이호래(二戶來) 같은 곳에 있는 혼강유역에 비슷한 고고 유적들이 발견되고 있는데, 이런 것은 모두 추모(주몽) 건국 초기 '졸본부여'의 역사유적 존재를 확인하는 중요한 실마리를 제공해 준다.

『동북사지』추가 문장 : 또한 이러한 초기 적석묘와 돌덮개무덤(石蓋墓)에서 나온 껴묻거리의 시대와 민족의 특징, 그리고 이미 발굴한 오녀산 산성의 고구리 조기 유적·유물도 비교검증이 가능하다. 오녀산성 위의 '4층' 문화층은 모두 서한(西漢)의 문화층에 해당한다. 질그릇은 모두 손으로 곱돌가루(滑石粉)를 섞어서 만든 협사조갈도(夾砂粗褐陶), 희귀한 서한 '오수(五銖)'는 서한(西漢) 만기 왕망시대 전후 '오수(五銖)'와 '화천(貨泉)'이 틀림없다.[51]

② '졸본부여'를 '고구리'로 바꾼 시기 고증에서 추가한 문장

발표문에서는 추모는 처음 고구리라는 나라를 세우지 않았고 나중에 이루어졌는데, 한나라가 고구리후(高句麗侯)라고 봉하면서 고구리를 쓴 것이고, 현도군에서 구리만이라고 부른 데서 비롯되었다는 점을 추가하였다. 지방정권론에 대한 강력한 이론적 뒷받침이다.

발표문집 : 만일 추모(朱蒙)가 남쪽 졸본천으로 내려와 바로 '졸본부여'라고 처음 부르기 시작한 BC 37년을 기점으로 셈하면, '졸본부여'에서 '고구리' 왕이나 후로 바꾸어 부른 것은 BC 37년에서 AD 8년까지 40년 사이에 이루어진 것이다. 이 40년이 바로 고구리 건국 초기의 추모(주몽)와 유리명왕 두 대의 초창기다.

『동북사지』추가 문장 : '졸본부여'에서 고구리로 이름을 바꾼 원인은 여러 사서에 기록 속에도 잘 나타나 있다. 앞의 '졸본부여'는 추모가 북부여에서 남으로 졸본천에 내려와 나라를 세운 뒤 스스로 부른 이름이고, 후자인 '고구리'는 응당 서한(西漢) 왕정(王庭)이 그를 '고구리왕'이나 '고구리 후'라고

---

51) 王綿厚,「試論試桓仁 "望江樓積石墓"與"卒本夫餘"-兼論高句麗起源和早期文化的內涵與分布」『東北史地』2009-6, 36쪽. 〈而且這幾個早期積石墓和石蓋墓的隨葬品時代和民族特徵, 與已經發掘的五女山城高句麗早期的遺跡, 遺物也可以比較印證. 從整個五女山城上"四層"文化層, 即相當於西漢的文化層看, 其陶器均爲手制摻滑石粉的夾砂粗褐陶, 出土的僅存的西漢"五銖", 應爲西漢晚期王莽時代前後的"五銖"和"貨泉"〉

정식으로 호칭을 봉했기(封號) 때문이었다. 그렇게 호칭을 봉한 근원은 마땅히 '현도군'에 '고구리현'을 세운 것과 같은 것으로, 『한서』에서 한인들이 전통적으로 현도군 경내의 토착 부족을 '구리 만이(句麗蠻夷)' 부족이라고 부른 데서 비롯된 것이다. [52]

③ 고구리 부족이란 이름은 일종의 통일행위였다.

이는 당시 남방에서 같은 시기에 출현한 '구장(句章)'·'구정(句酊)'·'구용(句蓉)' 같은 사이(四夷)의 족칭이 출현한 역사적 배경과 같은 의의다. 서한이 '고구리' 부족이라 이름 붙인 것과 '구장'·'구정'·'구용' 같은 남방 부족에게 이름을 붙인 것과 같음을 반영한 것이고, 결코 동북지구에만 특별히 적용한 것이 아니며, 서한 중안정권이 정식으로 사이(四夷)의 변군 부족에게 한어(漢語)로 부르는 일종의 통일행위다. [53]

한·중 학술대회 발표용 문장과 동북공정의 기지인 『동북사지』에 실린 논문이 다르다는 사실로 한·중 학술대회에는 대회용 발표문을 쓴 경우가 있다는 것을 증명한다. 동북공정 논리를 발표하되 강도를 조절하였다고 볼 수 있다.

---

52) 王綿厚,「試論試桓仁"望江樓積石墓"與"卒本夫餘" -兼論高句麗起源和早期文化的内涵與分布」『東北史地』2009-6, 38쪽.〈由"卒本夫餘",改爲"高句麗"的原因,從諸史的記載中也可以透露,前者"卒本夫餘",應爲朱蒙由北夫餘南下"卒本川"立國後的自稱 ; 而後者"高句麗",則應是西漢王庭冊封其爲"高句麗王"或"高句麗侯"的正式封號. 其封號的來源,應與在"玄菟郡"設"高句麗縣"一樣,源於《漢書》中由漢人稱謂的玄菟郡境的土著部族稱爲"句麗蠻夷"的傳統族稱.〉

53) 王綿厚,「試論試桓仁"望江樓積石墓"與"卒本夫餘" -兼論高句麗起源和早期文化的内涵與分布」『東北史地』2009-6, 38쪽.〈這與當時同時出現於南方的"句章", "句酊", "句蓉"等四夷族稱出現的歷史背景和意義相同. 反映了西漢對"高句麗"部族的命名,同對"句容", "句酊"等南方部族命名一樣,並不是孤立地針對東北地區, 而是西漢中央政權正式冊封四夷邊郡部族的漢語稱謂的一種統一行爲.〉

5. 2007년 동북공정의 성과 분석 : 『동북사지』

한편 중화인민공화국은 동북공정 5년이 끝나지만 중단하지 않고 계속 이어간다. 3월에 연변대에 중국사회과학원 중국변강사지연구중심의 동북변강지구 국정조사연구기지(東北邊疆地區國情調研基地)를 설립하고, 10월에는 통화사범대학 고구리 문화 연구기지와 연변대 발해 문화 연구기지가 길림성 중점연구기지로 확정되었다.

한국에서는 2007년 1월에 동북공정이 끝났다고 하였으나 2007년도에 『동북사지』 6권에서는 우리 역사 관련 논문이 38편이나 발표되었다. 변강이론 1편, (고)조선 5편, 고구리 17편, 발해 4편, 고리와 조선 10편, 백두산과 간도 문제 1편이다. 앞에서 정부가 한국과 줄다리기를 하는 동안 뒤에서는 중국공산당 길림성위원회와 길림성사회과학원을 주축으로 하여 동북공정은 중단없이 계속되었다.

(1) 전문주제 연구(專題研究)

1. 李大龍, 「高句麗與東漢王朝戰事雜考—以《三國史記·高句麗本紀》的記載爲中心」, 『東北史地』 2007-01.

2. 王成國, 「略論高句麗與中原王朝的關系」, 『東北史地』 2007-01.

3. 秦升陽·梁啟政, 「高句麗軍事問題述略」, 『東北史地』 2007-02.

4. 徐德源, 「高句麗南部地區地方行政建置及其今地考」, 『東北史地』 2007-03.

5. 張福有·孫仁傑·遲勇, 「高句麗王陵通考要報」, 『東北史地』 2007-04.

6. 耿鐵華, 「集安出土卷雲紋瓦當研究」, 『東北史地』 2007-04.

7. 劉矩, 「蓋蘇文抗唐政策的形成及起因」, 『東北史地』 2007-04.

8. 王綿厚, 「高句麗建國初期的"卒本夫餘"與"涓奴""桂婁"二部王族的興衰遞變—關于高句麗早期歷史的若干問題之五」, 『東北史地』 2007-5.

9. 姜維公, 「《高麗記》的發現_輯佚與考證」, 『東北史地』 2007-05.

10. 史長樂, 「金富軾的三國鼎峙說」, 『東北史地』 2007-06.

(2) 학술논단(學術論壇)

11. 祝立業, 「以王權爲中心的高句麗政治制度考察」, 『東北史地』 2007-01.

12. 肖景全·鄭辰, 「撫順地區高句麗考古的回顧」, 『東北史地』 2007-02.

13. 薛海波, 「高句麗早期"那部體制"探析」, 『東北史地』 2007-02.

14. 孫力楠, 「我國東北漢唐時期壁畫墓發現與硏究綜述」, 『東北史地』 2007-03.

15. 劉美晶, 「遼東半島第一城_旅順牧羊城城址」, 『東北史地』 2007-03.

16. 孫顥, 「高句麗的祭祀」, 『東北史地』 2007-04.

17. 趙紅梅, 「玄菟郡經略高句麗」, 『東北史地』 2007-05.

II. 2008년, 동북공정 7년 차 역사침략의 진행과 한국의 대응

1. 2008년 동북공정의 성과 분석 : 『동북사지』

2008년에도 동북공정의 기지 『동북사지』에는 우리 역사와 관련된 논문이 40편이나 실렸다. 변강이론 1편, 왕검조선 5편, 고구리 19편, 발해 6편, 고리·조선 5편, 백두산·간도 4편이다. 그 가운데 고구리 관련 논문 19편을 보면 다음과 같다.

(1) 전문주제 연구(專題研究)

1. 張福有·孫仁傑·遲勇,「集安古道新發現兩通石碑」,『東北史地』2008-01.

2. 劉子敏,「"新城"即"平壤"質疑—兼說"黃城"」,『東北史地』2008-01.

3. 李大龍,「《三國史記·高句麗本紀》史料價値辨析—以高句麗和中原王朝關系的記載爲中心」,『東北史地』2008-02.

4. 耿鐵華,「李雲從與好太王碑捶拓」,『東北史地』2008-04.

5. 王綿厚,「西漢時期的玄菟郡"幘溝婁"城與高句麗早期"南北二道"的形成—關于高句麗早期歷史文化的若干問題之六」,『東北史地』2008-5

6. 韓昇,「論魏晉南北朝對高句麗的冊封」,『東北史地』2008-06.

(2) 학술논단(學術論壇)

7. 李淑英·李樂營, 「高句麗民族禮儀初探」, 『東北史地』 2008-01.

8. 劉炬, 「高句麗政治制度的性質, 特點及成因」, 『東北史地』 2008-02.

9. 曹德全·肖景全, 「從《三國史記》中的"新城"談起」, 『東北史地』 2008-03.

10. 梁志龍·魏海波, 「高爾山城始築年代考辨」, 『東北史地』 2008-03.

11. 劉子敏, 「也談大武神王伐扶餘」, 『東北史地』 2008-03.

12. 王春燕·鄭霞, 「霸王朝山城的調査與研究」, 『東北史地』 2008-03.

13. 趙紅梅, 「略析《漢書·王莽傳》中的高句麗記事」, 『東北史地』 2008-04.

14. 楊雨舒, 「試論隋朝治理東北邊疆的思想及政策」, 『東北史地』 2008-04.

15. 李爽, 「試析高句麗食邑制度」, 『東北史地』 2008-04.

16. 楊龍, 「試論十六國時期前燕的人口管理」, 『東北史地』 2008-04.

17. 金輝, 「撫順漢城與玄菟郡西遷」, 『東北史地』 2008-06.

18. 馬彥, 「試論早期高句麗政權的性質」, 『東北史地』 2008-06.

19. 華陽, 「關于莫離支的幾種觀點及我見」, 『東北史地』 2008-06.

2. 2008년, 4차 한·중 고구리 역사연구 학술회토론회

(中韓高句麗歷史研究學術討論會)

2008년 11월에 한국 제주도에서 마지막 한·중 학술회의가 열렸다. 한국의 동북아역사재단과 중국사회과학원이 「졸본시기의 고구리 역사연구」라는 제목으로 학술대회를 열었으나 그 내용은 역시 알려지지 않았다.

1) 4차 한·중 학술대회 발표 논문

4차 한·중 학술대회가 한국에서 열렸다.

주제 :「졸본시기의 고구려 역사연구(卒本時期的高句麗歷史硏究)」[54]

일시 : 2008년 11월 11~13일

장소 : 한국 제주 신라호텔

주최 : 동북아역사재단 제2연구실·중국사회과학원 중국변강사지연구중심

(1) 베일에 싸인 한·중 학술대회

그러나 이 대회의 결과는 출판되지 않았고, 다만 동북아역사재단 홈페이지에서 발표 당일 발표논문집을 내려받아 검토해 볼 수 있었다.

이번 발표논문집에는 개막식에서 한 양국 대표의 인사말이나 축사가 실려 있지 않았다.

인사말 : 차웅환 (동북아역사재단 제2연구실장)
인사말 : 厲聲 (중국사회과학원 중국변강사지연구중심 주임)
축사 :　 김용덕 (동북아역사재단 이사장)

따라서 이 대회는 그 성사 과정과 대회의 성격에 대하여 분석할 수가 없어 생략하고 바로 발표 논문에 대한 분석에 들어간다.

(2) 한국 측 발표 논문

1. 임기환,「高句麗 初期 建國說話 관련 자료의 계통과 성격 – 졸본부여를 중심으로」
　임기환의 논문은 2007년 3차 한·중 학술대회 때 왕면후(王綿厚)가 발표한「환인지역의 '망강루 적석총'과 '졸본부여'에 대한 시론(試論試桓仁 "望江樓積石墓" 與 "卒本夫餘")」에 대한 반론으로 보인다. "졸본부여는 백제 측 전승자료에서만 나타나는 개념으로서 '졸본 땅의 부여'라

---

54) 〈발표자료집〉 동북아역사재단 홈페이지에서 다운.

는 뜻을 갖는 고구리 혹은 고구리의 기원지를 지칭하는 개념으로 추정하는 것이 현재 전해지는 관련자료로서는 가장 합리적인 해석이다. 따라서 주몽이 고구리를 건국하기 이전의 졸본 지역의 정치체를 '졸본부여'라는 용어로 부르는 것은 옳지 않다."고 해서 왕면후의 설을 전면적으로 부정하고 있다. 다만 졸본부여에 대한 기존연구를 전혀 언급하지 않고 "졸본부여라는 용어로 부르는 것은 옳지 않다."라고 하여, 누가 졸본부여라고 잘못 부르고, 그 논리가 무엇인지 전혀 알 수 없다. 이 논문에 졸본부여 논의가 되는 중화인민공화국의 논문을 한 편도 인용하지 않고 있는 지나치게 소극적인 논리 전개라고 볼 수 있다. 앞에서 보았듯이 왕면후는 졸본부여에서 고구리로 나라이름을 바꾼 것이 한나라의 책봉과 관계있다고 당당하게 발표하고, 나중에 한나라의 통일전쟁 일환이라고 고쳐서 발표한 것에 비하면 적극적인 논리 전개가 부족하였다고 본다.

2. 지병목, 考古資料를 통해 본 卒本時期 高句麗 文化의 性格

    지병목도 고고자료를 통해서 보았으나 결론은 왕면후의 졸본부여에 대한 비판이다. 졸본부여란 추모가 나라를 세우기 전 이름이고, 추모가 나라를 세운 뒤 '졸본시기 고구리' 또는 '고구리 졸본시기'라고 해야 한다고 주장한다.

    임기환이나 지병목이나 모두 졸본부여라는 명칭에 초점을 맞추었지만, 왕면후가 주장하고 있는 "'졸본부여'를 '고구리'로 바꾼 시기와 역사적 요인"이나 "서한이 고구리 부족이라 이름 붙인 것과 '구장'·'구정'·'구용' 같은 남방 부족에게 이름을 붙인 것과 같음을 반영한 것"이라는 문제에는 전혀 접근하지 않고 있다. 졸본부여라는 이름은 왕면후가 사료를 잘못 분석하였을 수 있지만, 졸본부여가 한나라의 영역 안에 있었고, 지배 아래 있었다는 것은 바로 동북공정의 논리이고 한국 측 발표자들은 이 점을 반박했어야 했는데 그 부분은 문제를 제기하지 않았다.

3. 여호규, 高句麗의 種族 起源과 濊[濊貊]

    중화인민공화국에서 동북공정 이전부터 이미 논란이 되었던 상인설이나 염제족 기원설을 비판하고 예맥이 세운 구리(句麗)가 고구리 건국의 모체라는 논지다. 맥족 이동설을 반박하는 과정에서 기존의 맥족설보다는 예(맥)족이 고구리를 세운 집단으로 보았다. 이 논문은 지난 1·2·3차에 비해 중화인민공화국 학자들의 연구사를 정리하고 반론을 제기하였다는 점에서 동북공정의 학술적인 해결이란 한·중 학술회의에 기여하였다고 본다.

4. 박경철, 高句麗 國家形成期 '卒本時期'의 歷史的 位置

고구리 사회가 기저집단(BC 3C) → 국지적집단(BC 3C~2C초) → 지역집단(BC 2C 초~1C) → 국가형성 (BC 1C~AD 1C)으로 발달되었다. 졸본시기(BC 37~AD 3, 유리왕 22)는 비록 짧은 시기지만 추모왕이 소수맥과 대수맥을 통합하는 등 고구리 국가 형성기에 고구리의 중핵지로서 구실을 하였다고 하였다. 연구사도 많이 정리하고 평소 지론도 설파했지만, 중화인민공화국에서 진행되고 있는 역사왜곡과 연결되는 부분이 없어 동북공정의 학술적인 해결이란 목적에는 직접 관련이 없는 논문이다.

5. 이인철, 卒本時期 高句麗의 對外關係

졸본시기를 기원전 75년 맥이 한의 현도군을 서쪽으로 몰아낸 시기부터 잡았다. 그 뒤 고구리가 현도군을 서쪽으로 밀어내는 과정에 있었기 때문에 졸본시기에는 서한에 신하로 칭하지도 않고 공물도 바치지 않았다고 하였다. 그러므로 졸본시기의 고구리는 독립된 영토와 주권을 가진 자주국가였다. 이인철의 논문은 중화인민공화국 학자들이 주장하는 고구리의 서한 현도군 설립설을 반박하는 논문으로 한·중 학술회의에 아주 적합한 발표였다.

1·2·3차 한·중 학술회의와 달리 4차는 분위기가 많이 달라졌다는 것을 알 수 있다. 여호규와 이인철의 논문은 동북공정의 논리를 잘 파악하여 나름대로 반론을 폈고, 임기환과 지병목은 3차 때 발표한 왕면후의 논문을 비판했으나 졸본부여라는 용어에 그치고 내용에 대한 적극적인 비판이 없었다. 박경철 논문은 국내학술대회에서 발표하는 논문처럼 한·중 학술회의에 맞는 논리 전개가 없었다.

(3) 중화인민공화국 측 발표 논문

1. 梁志龍, 「고구리 건국 초기 왕도에 대한 연구 — 졸본과 홀슬골성을 중심으로」
   건국초기부터 쌍성제도가 있어 산위의 홀승골성은 지금의 오녀산성이고, 초기 왕도인 졸본은
   고리묘자 골짜기다. 하고성자는 초기 도성이 아니고 유리명왕 때 지은 이궁일 것이다.

2. 姜維公, 「고구리 초기문화 비교연구」
   고구리 문화를 주변과 비교하여 두 가지 결론을 내린다. 첫째, 고구리는 농업국가이며, 그의
   변천 과정에서 한(漢) 문화가 주도적인 역할을 했다. 둘째, 고구리가 속속된 예맥족은 동북
   의 3대 민족 가운데서 무명 수준이 가장 높았는데, 이것 역시 한(漢) 문화가 동쪽으로 옮겨왔
   기(東遷) 때문이다. 결국 고구리는 한 문화권이라는 주장이다.

3. 李大龍, 「解明의 죽음을 통해서 본 高句麗 五部의 형성과 변천 -桂婁部를 중심으로」
   이대룡(1964~)은 중국변강사지연구중심의 젊은 연구원으로『고대 중국 고구리 역사 총론』
   과『고대 중국 고구리 역사 속론』의 저자로 참여하고, 이른바 번속이론을 만들어 낸 역사침
   탈 최고의 원흉 가운데 한 사람이다. 그러나 이번 발표에는 발톱을 완전히 숨기고 전혀 내색
   을 하지 않았다.

4. 魏存成, 「고구리 초기고분 적석묘의 유형과 특징」
   위존성은 고구리 고고학을 전공한 유일한 대학교수였다. 그래서 동북공정이 시작되면서 늘 일
   선에 서 있어야 했다. 그러나 이 논문은 동북공정 이전처럼 고고학적 관점에서 적석묘의 유형
   과 특징을 간추려 정리하였다. 물론 새로운 연구성과는 아니다. 때우기식 발표였다.

5. 朴燦奎, 「五族시기의 고구리와 현도군의 관계」
   박찬규(1963~)는 이 문제가 박사학위 논문 때부터 연구했던 과제라 중화인민공화국의 연구
   성과는 물론 남북한의 연구성과를 모두 섭렵하여 합리적인 결론을 내고 있다. 첫째, 고구리
   의 5족이 발전하여 5부가 되었다는 설을 지지하고, 5개의 혈연집단=5족으로 구성된 부족

연합 공동체로 '구리(句麗)'였다. 둘째, 제2현도군 때 구리 지역에 고구리현을 설치하여 관할하였지만, 추모가 세운 고구리가 발전하여 강성해지면서 현도군의 고구리현에 대한 관할은 약화되어 결국 관할과 피관할이라는 관계가 끝났다.

중화인민공화국 측의 논문은 이전의 대회와 마찬가지로 강유공의 논문을 빼고는 역사왜곡이나 역사침탈에 관한 내용이 전혀 없다. 강유공은 동북공정이 진행되던 2004년에야 박사학위를 받고 동북공정의 발표기지인 『동북사지』 편집위원을 맡았으며, 동북공정 중점 과제를 맡아 수행한 역사 침탈 최전선에서 복무하는 젊은 학자로서 고구리는 통일중화민족의 한 부분이고, 지방 할거정권이며, 중원과의 전쟁은 통일전쟁이라는 확고한 사관[55]을 가지고 출발하였다.

이대룡은 중앙의 젊은 학자로서, 강유공은 지방인 만주의 젊은 학자로서 학술대회에 참여하여 중앙은 의도를 숨기고, 지방학자가 고구리 문화는 중화민족의 문화라는 것을 확실히 하였다. 박찬규도 남북한의 연구 동향을 파악하는 데 큰 도움이 되는 젊은 학자로 전체적으로 철저하게 준비한 발표 팀이라고 볼 수 있다. 양지룡과 위존성, 두 고고학자는 때우기 위한 발표자였다.

(4) 비밀에 덮인 한·중 학술대회 진행과 성격

이번 학술대회는 한국에서 열리면서 1, 2, 3차와 달리 한국의 의견이 많이 반영되었다고 볼 수 있다. 대회도 발표 논문마다 발표 20분, 토론 10분, 발표자 답변 10분, 자유 토론 30분으로 정해 토론할 수 있는 시간을 가졌다는 것이 특징이다. 그리고 한국 측으로서는 처음으로 동북공정에 대응하는 논문들이 발표되기 시작하였다. 이것은 동북공정이 이미 끝났으니 정치적인 고려 없이 학술발표를 할 수 있다고 생각한 결과일 수도 있다.

그러나 중화인민공화국의 입장은 달랐다. 우선 논문에 보았듯이 끝까지 말썽이 없도록 젊은 학자가 최소한의 주장을 하는 선에서 관리했다는 것을 알 수 있다. 이는 동북공정을 아직도 진행하고 있었기 때문이다. 중화인민공화국 측의 의도는 대회를 마치고 양측이 결과를 종합하고 서명하는 대회기요(大會紀要)에서 드러났다.

한국에서는 2008년 대회에서 쟁점이 되었던 문제들을 비롯한 실제 대회에서 있었던 사실을 위

---

55) 李樂營·李淑英 編著, 『中國高句麗學者與研究綜述』 吉林文史出版社, 2006, 291쪽.

주로 작성했는데, 중화인민공화국은 간도 문제를 비롯하여 학술회의에서 전혀 거론되지 않은 내용을 언급하며 미리 준비된 초안을 관철하려고 하니 합의가 어려웠다고 한다. 결국 학술회의 위주로 작성된 합의문은 양국 언어로 번역본이 없다는 등 갖가지 이유로 서명을 거절해 떠나는 날 아침까지 실랑이를 벌였지만 결국은 합의하지 못하고 불발이 되었다.

중화인민공화국으로서는 이 대회가 마지막이었고, 한국으로서는 학문적 접근을 위해 장기적으로 학술토론을 요구했을 것이다. 그러나 중화인민공화국은 2008년으로 동북공정 과제 선정이 끝나 다음 해 성과를 발표하는 일만 남았는데 더 이상 끌려가며 대회를 할 필요가 없었을 것이다. 그들은 이미 5년 동안 '학술적 해결'이란 작전을 통해 한국의 거국적 여론을 잠재웠고, 그들의 역사침탈이 일방적이 아니라 한국과 서로 학술적 토론을 통해서 양해를 받았다는 구실을 만들어 성공했기 때문이다.

정리해 보면, 중화인민공화국도 비록 연구 결과는 2009년까지 나오지만, 연구과제 선정과 연구비 지급은 2008년에 끝난다. 그러므로 마지막으로 한국과 학술대회를 하므로 해서 한·중 사이에 마치 학술적으로 해결하는 것처럼 외교적 제스처를 쓴 것이다. 그러나 그들은 동북공정은 중단하지도 않았고, 학술적으로 해결하지도 않았다. 조금도 줄이거나 그치지 않고 계획대로 모든 공정을 마친 것이다. 그리고 2009년까지 연구성과를 발표하고 2009년 동북공정의 완성을 발표하게 된다. 그 성과에 대해서는 다음 장에서 자세히 보기로 한다.

글쓴이는 이 마지막 부분이 동북공정의 전체 흐름을 파악하는 데 아주 중요하기 때문에 좀 더 찬찬히 분석하기 위해 지난 8월 23일(2021년) 동북아역사재단에 학술대회에 대한 자료 공개 요청서를 냈으나 거절당했다. 글쓴이가 요청한 정보 공개 상황과 과정을 밝힌다. 그 이유는 다음과 같다.

첫째, 동북아역사재단이 스스로 동북공정 학술대회에 대한 종합적인 분석과 그에 관한 결과를 발행하라는 것이다. 동북공정 시작 20주년이 되었고, 온 국민이 거국적으로 들고 일어난 역사침탈 사건을 두 나라가 학술적으로 해결하기로 해서 만들어진 단체가 실시한 사업이므로 반드시 국민에게 보고를 해야 한다고 본다.

둘째, 동북아역사재단이 어떤 자세로, 누구를 위해 일하고 있는지 현황을 보여주기 위해서다.

셋째, 국회를 비롯한 정부 감시기관에서 자료를 요청하여 제대로 된 분석자료를 내놓기를 바란다.

넷째, 규모 있고 자금 있는 학술단체나 연구단체, 또는 시민단체에서 행정소송을 통해 관련 자료 확보로 제대로 된 평가가 이루어지기를 바라기 때문이다.

한·중 동북공정 학술대회에 대한 자료 공개 요청서

1. 요청 자료

   2004~2008년 개최된 한·중 학술대회 관련 아래의 자료

1. 1차 한·중 학술대회(중화인민공화국 北京, 2004) 관련 자료

① 회의 준비를 위한 양국과의 논의 과정에 대한 기록

　　※ 김정배 전 이사장 회고록에 일부 나와 있으나 당시 공식적으로 남긴 기록이 필요.

② 중화인민공화국 대표 馬大正과 한국 대표 김정배 이사장의 인사말 녹취록

　　※〈발표논문집〉에 빠져 있음.

③ 한국 측 노태돈 교수와 중화인민공화국 측 박진석 교수의 대회 총평 녹취록

④ 발표 논문에 대한 토론 내용 녹취록

⑤ 대회가 끝난 뒤 양국이 작성한 합의문(會議紀要)

　　※ 김정배 이사장의 회고에서 '합의문'을 작성했다고 했다.

⑥ 대회 이후 재단의 학술대회 보고서

⑦ 대회 사진 2장(대회 장면과 단체사진)

2. 2차 한·중 학술대회(한국 화성, 2005) 관련 자료

① 회의 준비를 위한 양국과의 논의 과정에 대한 기록

② 발표 논문에 대한 토론 내용과 총평에 대한 녹취록

③ 대회가 끝난 뒤 양국이 작성한 합의문(會議紀要)

④ 대회 이후 한국 측 재단에서 작성한 학술대회 보고서

⑤ 대회 사진 2장(대회 장면과 단체 사진)

3. 3차 한·중 학술대회(중화인민공화국 北京, 2007) 관련 자료

① 회의 준비를 위한 양국과의 논의 과정에 대한 기록

② 발표 논문에 대한 토론 내용과 총평에 대한 녹취록

③ 대회가 끝난 뒤 양국이 작성한 합의문(會議紀要)

④ 대회 이후 한국 측 재단에서 작성한 학술대회 보고서

⑤ 대회 사진 2장(대회 장면과 단체사진)

4. 4차 한·중 학술대회(한국 제주도, 2008) 관련 자료

① 회의 준비를 위한 양국과의 논의 과정에 대한 기록

② 발표 논문에 대한 토론 내용과 총평에 대한 녹취록

③ 대회가 끝난 뒤 양국이 작성한 합의문(會議紀要)

④ 대회 이후 한국 측 재단에서 작성한 학술대회 보고서

⑤ 대회 사진 2장(대회 장면과 단체사진)

5. 기타

① 4차에 걸친 한·중 학술대회에 대한 재단 자체의 검토와 평가에 대한 자료

② 4차에 걸친 한·중 학술대회에 대한 재단 외 다른 단체나 학회의 검토와 평가 자료

2. 요청 사유

1. 배경

● 2002년부터 시작된 동북공정이 2003년 후반기 한국에 알려지면서 역사전쟁이라고 불릴 만큼 큰 문제로 대두됨.

● 우리 정부는 2004년 7월 16일 이해찬 국무총리 주재로 국정현안정책 조정회의를 열어 중화인민공화국 측의 고구리사 왜곡 움직임에 대해 깊은 우려를 표명하고 정부 차원에서 적극 대처해 나가기로 함.

● 정부는 이를 위해 외교통상부 차관을 위원장으로 관련 부처 국장급으로 구성된 '고구리사 관련 실무대책협의회'를 구성함. 또 3월에 출범한 고구려연구재단을 통해 한·중 학술회의 개최와 국제학술교류 등을 확대해 고구리 역사문제 분쟁에 대비한 역량을 조속히 다져나가기로 함(YTN 2004-7-16).

● 외교적으로 크게 부담이 된 중화인민공화국도 2004년 8월 우다웨이 외교부 부부장을 보내 아래와 같이 우리 정부와 5가지 구두양해에 합의함.

1. 중화인민공화국 정부는 고구리사 문제가 양국 간 중대 현안으로 대두된 데 유념.
2. 역사 문제로 한·중 우호협력 관계의 손상 방지와 전면적 협력동반자 관계 발전에 노력.
3. 고구리사 문제의 공정한 해결을 도모하고, 필요한 조치를 취해 정치 문제화하는 것을 방지.
4. 중화인민공화국 측은 중앙 및 지방 정부 차원에서의 고구리사 관련 기술에 대한 한국 측의 관심에 이해를 표명하고, 필요한 조치를 취해 나감으로써 문제가 복잡해지는 것을 방지.
5. 학술교류의 조속한 개최를 통해 해결.

● 이 양해사항의 핵심은 학술교류를 통해 해결한다는 것임.
● 그 결과 2004년부터 4번의 한·중 역사연구 학술토론회를 아래와 같이 개최됨.

1차 한·중 학술토론회(중화인민공화국 北京, 2004)
주제 :「고구리 문화의 역사적 가치(高句麗文化的歷史價值)」
일시 : 2004년 12월 21~23일
장소 : 북경 頤生園
주최 : 고구려연구재단·중국사회과학원

2차 한·중 고구리 역사와 문화 연구토론회(中韓高句麗歷史與文化研討會)
주제 :「고구리 문화의 역사적 의의」
일시 : 2005년 10월 11~12일
장소 : 화성 라비돌리조트
주최 : 고구려연구재단·중국사회과학원

3차 한·중 고구리 역사연구 학술토론회(中韓高句麗歷史研究學術討論會)

주제 :「초기 고구리 역사연구」

일시 : 2007년 12월 17~18일

장소 : 北京, 九華山莊 九華國際會展中心

주최 : 동북아역사재단 제2연구실·中國社會科學院 中國邊疆史地研究中心

4차 한·중 고구리 역사연구 학술토론회(中韓高句麗歷史研究學術討論會)

주제 :「졸본시기의 고구리 역사연구」

일시 : 2008년 11월 11~13일

장소 : 한국 제주 신라호텔

주최 : 동북아역사재단 제2연구실·中國社會科學院中國邊疆史地研究中心

2. 자료 요청 이유

● 올해 2021년은 2004년 두 나라가 학술회의를 시작한 지 17년, 2008년 마지막 학술토론회를 가진 뒤 13년이 지났음.

● 그러므로 이제 그 중요한 한·중 학술토론회에 대한 평가가 이루어져야 한다고 보고 요청자는 4차에 걸친 토론회에 대한 분석을 시작했음.

● 중요한 한·중 학술토론회를 제대로 평가하기 위해서는 관련 자료를 확보하는 것이 첫걸음인 바 요청자는 지금까지 다음과 같은 자료를 확보하여 분석하고 있음.

1. 1차 한·중 학술대회 자료(동북아역사재단 자료실에서 복사)

① 〈발표논문집〉 고구려연구재단·중국사회과학원, 『고구리 문화의 역사적 가치』, 2004.

② 녹화자료 일부 : 중화인민공화국 측에서 녹화한 것으로 품질이 그렇게 좋지 않음.

2. 2차 한·중 학술대회 자료 (출판된 자료)

① 고구려연구재단·중국사회과학원, 『고구리 문화의 역사적 의의』, 고구려연구재단, 2005.

② 1·2차 동북공정 학술회의에 대한 전 김정배 이사장의 회고담 (김정배, 『한국과 중국의 북

	2021년 9월 2일 서길수 고구려발해학회 고문 고구리？고리연구소 이사장
심의회 개최여부	미개최 (사유 : 미대상)
비공개내용사유	1. 청구인의 정보공개 청구한 동북공정 학술대회에 대한 자료는 이미 지난번 비공개로 결정한 사유에서 알려드렸듯이 이는 비공개를 전제로 추진되었던 한중 양국의 학술대회 자료입니다. 2. 재단은 다음의 사유를 종합적으로 고려하여 청구인께서 요청하신 동북공정 비공개 학술회의 자료들에 대한 요청은 공공기관 정보공개에 관한 법률 제9조제1항2호(국가안전보장ㆍ국방ㆍ통일ㆍ외교관계 등에 관한 사항으로서 공개될 경우 국가의 중대한 이익을 현저히 해칠 우려가 있다고 인정되는 정보)에 해당함으로 해당 자료들을 공개할 수 없음을 다시 알려드리오니 양해해주시기 바랍니다. ① 「공공기관의 정보공개에 관한 법률」 제9조(비공개 대상 정보) 제1항에 따라 재단의 업무 성격을 고려하여 비공개 대상 정보의 범위에 관한 세부 기준(비공개 세부 기준)을 「동북아역사재단 정보공개운영규칙」 제8조(비공개 대상정보의 세부기준) 제1항 별표로 규정하고 있습니다. 이 중 청구인의 학술회의 자료 공개 청구는 재단의 「비공개 대상정보 세부기준」 제9조 제1항 2호의 '국가안전보장ㆍ국방ㆍ통일ㆍ외교관계 등에 관한 사항으로서 공개될 경우 국가의 중대한 이익을 현저히 해할 우려가 있다고 인정되는 정보'에서 '국가 간의 회의ㆍ회담ㆍ협의ㆍ협정 및 협약의 체결에 관한 계획ㆍ전략 수립ㆍ협상대책ㆍ의제 검토 및 이와 관련된 주요정보나 지침, 훈령, 지시, 연구보고 등 주요사항'과 '연구기관, 문제대책 협의회 등 정책대응 관련 사항'에 해당하는 사항으로 판단됩니다. ② 청구인께서 언급한 전 고구려연구재단 이사장은 해당 학술회의에 대한 개인적인 의견들을 『한국과 중국의 북방사 인식』에서 발표한 바 있습니다. 하지만 이것이 자료를 공개해야 할 사유로 보기는 어렵습니다. 3. 청구인께서는 정보공개와 관련한 재단의 결정을 받아들이지 못할 경우, 「공공기관의 정보공개에 관한 법률」 제19조(행정심판), 제20조(행정소송) 등에 따라 행정심판이나 행정소송을 제기하실 수 있습니다.
통지일시	2021.09.08

· 공개자료 확장자가 csd인 경우는, csd 뷰어를 설치하시기 바랍니다. [뷰어설치 ◉]

방사 인식』 세창출판사, 2018)

3. 3차 한·중 학술대회 자료 (출판된 자료)

① 동북아역사재단·중국사회과학원, 『초기 고구리 역사연구』, 동북아역사재단, 2007.

4. 4차 한·중 학술대회 자료 (동북아역사재단 공개 자료 다운로드)

① 〈발표논문집〉 동북아역사재단·중국사회과학원, 『졸본시기 고구리 역사연구』, 2008

● 관계된 자료를 분석하는 과정에서 학술대회 성과의 온전한 분석을 위해

● 학술대회를 주최한 두 나라 기관이 어떻게 대회를 준비하고 진행하였으며, 어떤 기본
시각으로 임했는지 그 자세한 과정과 내용에 대한 분석이 꼭 필요함.

● 한국 측에서 위 대회들을 준비해서 진행한 고구려연구재단과 동북아역사재단의 진행
과정과 기본시각을 반영하기 위해 상기의 자료가 꼭 필요해 정보공개를 요청함. 고구

려연구재단의 자료를 동북아역사재단에 요청하는 것은 동북아역사재단을 설립할 때 고구려연구재단을 흡수합병하면서 모든 자료를 인계받았기 때문임.

이상과 같이 당시 한국에서 어떻게 대응하였는지를 객관적으로 분석할 수 있는 자료 공개를 요청하니 동북공정 대응에 대한 역사적 평가가 제대로 이루어질 수 있도록 협조해주시기 바랍니다.

2021년 8월 23일

서길수 (고구려발해학회 고문, 고구리·고리연구소 이사장)

동북아역사재단의 비공개 결정통지에 대한 이의신청

1, 이의신청 사유 : 비공개
2. 이의신청의 취지 및 이유

본 건 한·중 동북공정 학술대회에 대한 자료 공개에 대해서 동북아역사재단이 비공개로 결정한 사유는 '공공기관 정보공개에 관한 법률 제9조 제1항 2호(국가안전보장, 국방, 통일, 외교 관계 등에 관한 사항으로서 공개될 경우 국가의 중대한 이익을 현저히 해칠 우려가 있다고 인정되는 정보)'에 의한 것으로 본 정보공개 대상은 한·중 양국이 진행한 학술대회 자료 가운데 이미 발간된 자료 가운데 일부 확인할 수 없는 자료이므로 위의 법률 조항에 해당되지 않음.

그 이유는

첫째, 대한민국 헌법 제22조 모든 국민은 학문과 예술의 자유를 가진다는 조항에 위배되며,

둘째, 한·중 양국은 이른바 '동북공정'과 관련하여 학술 연구에 대한 정치 문제화하는 것을 방지한다는 점에 인식을 같이 했으며(2004년 한·중 구두 양해 사항, 한겨레신문, 2004-08-25 https://www.hani.co.kr/arti/legacy/legacy_general/L7373.html),

셋째, 상기 구두양해에서 양국이 학술교류를 통해 상호 이해를 높이자는데 합의했음에도 2008년 이후 중화인민공화국의 '동북공정'은 여전히 현재 진행형으로서 양국의 구두양해가 사실상 그 효력을 상실하였으며,

넷째, 본 건 관련 학술대회 참가자이면서 당시 고구려연구재단 이사장이었던 김정배 전 고려대 총장의 경우 자주 동 학술대회에 대한 내용을 공공연하게 지면으로 발표해왔음에도 이와 관련해 연구자들의 동 학술대회에 대한 연구사적 연구를 위한 자료 접근은 어려운 상황이며,

다섯째, 본 건 공개요청 자료 중 공개되지 못한 학술대회의 환영사 및 토론총평과 토론에 대한 녹취록 및 재단 자체의 상기 학술대회에 대한 검토와 평가 자료는 본 건 비공개 결정 근거인 동법 제9조 제1항 2호에 해당되지 않음.
이와 같은 사유로 동 건에 대한 비공개 결정을 취소하고 공개함으로써 대한민국 헌법에서 보장한 학문과 예술에 대한 자유를 보장하고 관련 분야에 대한 학문적 발전을 위해 동 건에 대한 정보공개를 재청구하는 바임.

2021년 9월 2일

서길수 (고구려발해학회 고문, 고구리·고리연구소 이사장)

이처럼 진실을 알기 위해 노력했지만, 동북아역사재단은 응하지 않았다. 앞으로 동북아역사재단이 스스로 동북공정 백서를 발행하기 기대한다.

3. 2008년은 중화인민공화국은 백두산공정에 집중한 해

2008년에 들어와서 계속된 동북공정 과제 가운데 특히 백두산(장백산) 문제를 아주 깊이 있게 다룬 한 해였다. 백두산 문제는 국경 문제의 핵심 쟁점 부분이며 '백두산 문화'를 만주지역 전체의 문화로 만들려는 의도가 있기 때문이다. 앞에서 2000년에 이미 백두산 국경문제가 역사침탈 팀에서 심각하게 다루어졌다는 것을 보았다.

> 토론회는 이렇게 확인하였다.
>
> 장백산이란 이름의 변화와 내력은 중화민족의 선조가 장백산을 어떻게 인식하였는가 하는 것을 반영하고, 우리 통일된 다민족국가의 장백산에 대한 영속(領屬) 관계를 나타낸다. ……1909년 중·조 국경을 정식으로 결정할 때 비록 중화인민공화국 측이 목극등이 변경을 조사해서 세운 비를 기준으로 해서 많은 양보를 했으므로 조선의 변경이 북쪽으로 많이 옮겨졌지만, 장백산 주봉과 그 천지는 중화인민공화국 소유에 속하였다. ……장백산의 귀속 문제는 1960년대 이후에야 등장하였는데, 당시 정치형세의 필요에 따라 우리나라 정부가 조선민주주의인민공화국의 청구를 받아들여 장백산 남쪽 기슭의 천지와 그 주위 부분의 영토를 조선 판도에 편입시켰다. 이 일은 우리나라에서 아직 국제적으로 일반적인 법률 절차에 따른 비준 수속을 거치지 않았으므로 장백산 귀속 문제는 국가의 유관 부분에서 다시 심의할 것을 건의한다.[56]

그리고 이어서 1962년 조중변계조약(朝中邊界條約)에서 '조선의 청구에 따라' '정치적 필요에 따라' 백두산 남쪽을 조선에 편입시켰다고 주장하고, 1962년 조중변계조약(朝中邊界條約)을 아직 비준하지 않았기 때문에 장백산을 다시 중화인민공화국으로 뺏어오도록 다시 심의해 달라는 건의다. 이것은 중국공산당과 중화인민공화국 정부가 앞으로 일어날 일을 미리 학자들의 입을 빌려 이슈로 만들었다고 보았다. 이 때문에 동북공정에서 대대적으로 백

『동북사지』 표지, 유건봉 일행

두산 문제를 다루는 것은 눈여겨 봐야 할 일이다.

『동북사지』 5월호에는 「유건봉 장백산 답사 기념 100주년(紀念劉建封踏查長白山100周年)」 특집으로 4편의 글이 실려 있다.

1. 張福有, 「白山紀詠 並注」
2. 耿鐵華, 「《白山紀詠》中的歷史文化信息」
3. 王猛, 「"居然此處有桃源"—《長白山江岡志略》展現長白山原始風情」
4. 曹保明, 「走進百年記憶, 搶救挖掘長白山非物質文化遺產」

아울러 『동북사지』에 백두산에 관한 화보가 무려 16쪽이나 실렸는데, 『동북사지』 전체에 이처럼 많은 화보가 실린 적이 없다. 그 내용만 봐도 행사가 얼마나 컸는지 알 수 있다.

1. 목극등 비와 유건봉이 쓴 비문과 『장백산강강지략(長白山江岡志略)』 책
2. 유건봉(劉建封)·왕서상(王瑞祥)이 1908년에 찍은 사진과 현재 사진
3. 「유건봉 장백산 답사 루트 이어가기 답사」
4. 길림성 제5차 장백산문화 연구토론회 (7월 1일) 및 길림성장백산문화연구회 제2차 회원대표대회
5. 장백산 공항 준공 및 첫 비행(8월 3일)
6. 길림성 장백산문화연구회 연구기지 현판식.

그렇다면 100주년을 기념하는 유건봉은 누구인가? 1909년 청나라가 일본과 간도협약을 체결하기 전 해인 1908년 청나라가 대대적으로 백두산과 압록강·두만강에 대한 조사사업을 벌였는데, 유건봉은 바로 그 조사단을 이끈 우두머리다. 그들은 단순한 조사가 아니라 다음과 같은 사실을 날조하였다.

---

56) 劉厚生·李德山·李彦平·孫力楠, 「尊重歷史 正視現實—中國東北地方史學術討論會紀要」 『黑土地的古代文明 - 全國首屆東北民族與疆域問題學術研討會論文集』 遠方出版社, 2000, 12쪽.

1. 백두산정계비(穆石)와 십자정계비(十字界碑) 날조

2. 흙무지·돌무지는 각라오목눌(覺羅吳木訥)이 쌓았다는 날조

3. 차령산맥 주변 산과 강의 작명과 역사 왜곡

4. 청나라가 날조한 압록강 쪽 국경

5. 청나라가 날조한 두만강 상류 국경

6. 한·청 국경회담에서 대립된 홍토수가 청의 발상지(發祥地)란 날조[57]

길림성 5차 장백산문화 연구토론회(2008. 7. 1.) 〈동북사지 2008-5〉

2002년부터는 동북공정의 일환으로 백두산이 연구되면서 이 조사는 물론 조사를 담당했던 유건봉(劉建封)을 맹목적인 애국심으로 영웅을 만들고, 집체적인 연구에 총력을 기울이고 있었다. 그리고 그 중심에는 중국공산당 길림성위원회 선전부 부부장, 동북공정 전문가위원회 위원, 길림성사회과학원 부원장, 『동북사지』 편찬위원회 주임 및 사장, 길림성장백산문화연구회 회장 장복유(張福有)가 있었다.

---

57) 서길수, 「간도협약 직전(1908) 청국의 백두산 국경 날조 사건에 관한 연구」, 『백산학보』 83, 2009, 551쪽.

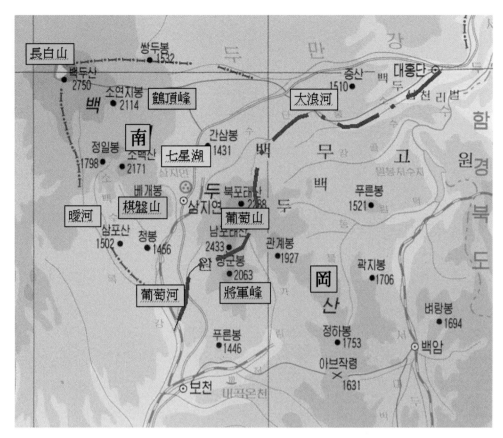

<지도 1> 현재 북한에서 사용하는 지도에 유건봉 일행이 날조한 지명과 국경을 대입해본 것이다.
현재의 삼지연군이 통째로 중화인민공화국 영토가 된다.

유건봉의 1908년 조사는 당시 청나라와 일본 간에 벌어지고 있던 간도문제에 대한 청나라의 새로운 대안을 만들기 위한 분명한 목적을 가지고 진행했던 작업이었다.

첫째, 목극등의 백두산정계비는 소백산에 있던 것을 옮긴 것이고, 소백산에서 훨씬 더 내려간 포태산 분수령을 중심으로 압록강에서 두만강까지 10개의 십자국경비(十字界碑)가 따로 있었다는 주장이다. 그러나 이런 주장을 뒷받침할 증거를 단 한 가지도 대지 못하였으며, 결국은 청국이 원하는 대로 선을 백두산에서 포태산으로 끌어내려 긋고, 거기에 맞는 이야기를 거짓으로 만들어 낸 것이다.

둘째, 백두산정계비에서 토문강으로 이어지는 흙무지·돌무지를 목극등 이전에 이미 각라오목눌(覺羅吳木訥)이 쌓았다는 주장은 너무 황당하여 웃음이 터져 나올 정도이다. 각라오목눌의 '봉장백

2008 年 6 月 1 日, 张福有（左三）、曹保明（左一）、周长庆（左二）、梁琴（左五）
等踏查于长白瀑布之下

산기(封長白山記)'를 한 번만 읽어보면 바로 거짓말이 드러나는데, 이런 것을 태연하게 주장하는 청국 조사관들의 태도가 참 안쓰럽기까지 하다.

셋째, 차령산맥 주변의 산과 강의 이름을 새로 짓고, 이름의 유래에 대한 역사를 왜곡하는 것은 청나라가 주변 국가의 영토를 침범하는 전형적인 방법이다. 즉, 이미 한국 땅에서 불리고 있던 한국 이름을, 예를들면 연지봉을 학정봉으로〈연지봉 → 학정봉〉,〈삼지연 → 칠성호〉,〈포태산 → 포도산〉,〈검천 → 포도하〉,〈애호강(愛滹江) → 애강(曖江)〉,〈천산 → 장군봉〉.〈대각봉 → 용산〉따위로 바꾸고 이어서 청나라 사람들을 그 땅으로 옮기는 것이다. 이 문제는 1907년 처음 국경 조사를 시작할 때의 주의사항 "⑥ 국경비 터를 조사하는 것은 백성을 옮기고 경비를 늘려 속히 설

치하는 것이 가장 중요하다."고 한 설정과 딱 들어맞는 수순이다.[58]

아울러 지명 두 곳(천산, 검산)에 1000년도 훨씬 넘은 당나라의 설인귀 전설을 덧붙인 것도 전형적인 수법이다. 만주를 다니다 보면 이런 설인귀의 전설이 수도 없이 많이 있다. 장백현의 발해 영광탑 앞, 대련 대흑산산성 등 설인귀는 도저히 갈 수 없는 곳에 고구리를 무찌르는 설인귀의 무용담이 버젓이 살아있다. 설인귀가 백두산을 왔다는 이야기는 스스로 역사를 희극으로 만드는 저급한 역사왜곡이다.

넷째, 1885년과 1887년 국경회담에서 첨예하게 대립되었던 홍토산과 원지(元池, 나중에 圓池)가 청나라 황제의 조상이 태어난 땅(發祥地)이란 날조는 어떻게 보면 이해가 가는 부분이 있다. 나라를 세우고 300년이 지나 멸망을 24년 앞둔 당시까지 아직도 발상지를 찾아내지 못한 청나라가 늦었지만, 황제 조상이 태어난 땅을 찾는 노력은 참으로 가상하다고 할 수 있다. 그러나 아무런 증거도 없는 호수와 산을 영토를 빼앗기 위해 발상지라고 황제의 선조까지 팔아먹는 일은 아무리 생각해도 씁쓸하다.

이상에서 본 1907년 청나라가 그린 시나리오의 핵심은 분수령을 포태산으로 하고, 그곳에서 "서위압록(西爲鴨綠) 동위토문(東爲土門)"을 만들어 내는 것이었다. 그렇게 되면 서위압록(西爲鴨綠)은 '남포태산의 물 → 서남쪽으로 흘러 3강(포태하·남계수·북계수) → 검천강 → 압록강'이 되고, 동위토문(東爲土門)은 '북포태산의 물 → 동쪽으로 흘러 3강(홍단하, 규운수, 반교수) → 대랑하(大浪河) → 도문강'이 된다. 그렇게 되면 당시 가장 큰 문제였던 토문강 문제도 해결되고, 한 발 더 나아가 '압록강 - 백두산 - 두만강'이었던 국경은 '압록강 - 포태산 - 두만강' 국경이 되어 백두산을 한국 영토에서 완전히 제외시킬 수 있었기 때문이다. 좀 더 정확하게 현재의 지도를 가지고 확인해 보면 백두산은 물론 연지봉, 소백산, 삼지연을 포함한 현재의 량강도 삼지연군이 몽땅 청나라 땅으로 넘어가 버리는 무서운 시나리오였다(지도 1. 참조).

---

58) 李廷玉,「長白設治兼分奉吉界線書」『中韓國界說』(楊昭全, 孫玉梅,『中朝邊界沿革及界務交涉史料滙編』吉林文史出版社, 1994, 557쪽) ⟨대체로 성수거 남쪽 40리 밖에는 한국민들이 적지 않고, 성수거 북쪽과 서쪽 50리 밖에는 사냥꾼 두 집뿐인데, 한 집은 신민둔(新民屯)에 사는 서영순(徐永順) - 별명은 서단자(徐單子)이다, 한 집은 소백산에 사는 서(徐) 씨 성을 가진 사람(서단자의 종가)이다. 현재 소백산에 사는 한 집은 일본 사람들이 한국 사람들을 쫓아내기 위해 여러 차례 집에 불을 지르는 등 몰래 돕고 있다. 포도산 아래 있는 십자정계비(十字界碑)가 한국인들에 의해 훼손되어 없어진 것은 사실 중국인들이 적기 때문에 생긴 것으로, 백성을 옮기고 경계를 늘리는 것은 변경에서 가장 먼저 해야 할 일이고 절대 미룰 수 없는 일이다.⟩

2002년 7월 24일, 「길림성 2차 장백산문화 연구토론회」 총결산 발언에서 바로 이 1907년 조사를 담당한 유건봉(劉建封)에 대한 새로운 역사적 가치 부여 작업을 시작한다. 다시 말해, 유건봉이 장백산을 답사한 정신과 역사적 의의가 무엇인지, 유건봉 정신의 시대적 의의는 어디에 있는지를 명확히 하는 것이 현재 중화인민공화국 학자들의 사명이라며, 다음과 같이 6가지 정신을 제출한다.[59]

1. 박학다재(博學多才)의 학문적 의지
2. 어려운 일을 몸소 부지런히 하는 태도
3. 변경 정세에 정통하고 두루 조사하는 자세
4. 백성을 걱정하고 바른 정치를 하는 관리의 인품
5. 한 치 땅이라도 반드시 싸우는 애국정신
6. 옛것을 거울삼아 오늘을 바라보며, 옛것을 바탕으로 새것을 세우는 기백

마치 고대 신라의 화랑들이 화랑 5계를 받는 것처럼 대단한 각오를 하고 있다는 것을 알 수 있다. 그리고 2008년 유건봉이 '인류 발생 이래 최초로 전면적이고 과학적으로 장백산을 답사한' 100주년을 기념하는 대대적인 기념사업을 펼친다. 유건봉이 후세에 남긴 귀중한 문화유산과 정신적 재산을 이어받기 위해 유건봉이 조사했던 루트를 답사하는 것이다.

기간 :   2008년 5월 28일~6월 28일(7일간)
참가자 : 길림성장백산문화연구회(吉林省長白山文化硏究會) 회장 장복유(張福有) 인솔,
　　　　부회장 조보명(曹保明), 비서장 양금(梁琴), 부비서장 주장경(周長慶)
행사 :   유건봉이 당시 장백산 노선을 따라가며 역사와 조사 상황을 회고한다.
　　　　'유건봉 장백산 답사 100주년 기념 연구토론회'를 준비한다.

---

59) 『社會科學戰線』(161期), 2008.

이처럼 현재 중화인민공화국에서는 1908년 백두산을 전면적으로 조사한 유건봉을 영웅으로 만들며, 집체적인 연구에 총력을 기울이고 있는데, 그 중심에는 길림성장백산문화연구회(吉林省長白山文化硏究會)가 있다.

목극등 → 유건봉 → 장복유[60]로 이어지는 맹목적 애국심을 바라보며, 한국 학계와 한국 정부는 백두산과 북방 국경 문제를 어떻게 해야 할 것인지 심중히 논의하고 대비하여야 할 것이다.

---

60) 회장인 장복유는 길림성 선전부 부부장이고, 동북공정 전문가위원회 위원이고, 길림성사회과학원 부원장이고 『동북사지』 사장이다. 자세한 것은 서길수, 「중화인민공화국 동북공정 5년의 성과와 전망」, 『고구리연구』 29, 2007, 27~29쪽 참조.

III. 2009년, 동북공정 8년 차 역사침략의 진행과 한국의 대응

1. 2009년 동북공정의 성과 분석 : 『동북사지』

동북공정은 2009년에도 계속되었고, 『동북사지』에 2008년 연구비 지급한 연구성과가 발표된다. 2009년 『동북사지』에는 우리 역사 관련 논문이 모두 45편이 실렸는데, 그 가운데 변강이론 6편, 고구리 21편, 발해 5편, 고리·조선 5편, 백두산·간도 8편이다. 그 가운데 고구리 21편을 주제에 따라 나누어 보면 다음과 같다.

(1) 전문주제 연구(專題硏究)

1. 李新全, 「遼東地區積石墓的演變」, 『東北史地』, 2009-01.

2. 曹德全, 「蘇子河並未叫過蘇克蘇護河」, 『東北史地』, 2009-01.

3. 張福有·孫仁傑·遲勇, 「五年間高句麗遺跡調査與文獻硏究中的新收獲」, 『東北史地』, 2009-02.

4. 付百臣, 「改革開放以來中國高句麗史硏究述評」, 『東北史地』, 2009-02.

5. 耿鐵華, 「改革開放三十年高句麗硏究成果統計與說明」, 『東北史地』, 2009-02.

6. 李大龍, 「由解明之死看高句麗五部的形成與變遷 — 以桂婁部爲中心」, 『東北史地』,

2009-03.

7. 王綿厚,「《漢書·王莽傳》中"高句麗侯騶"其人及其"沸流部" ― 關于高句麗早期歷史文化的若干問題之七」『東北史地』2009-05.

(2) 학술논단(學術論壇)

8. 宋娟,「長白山鼓吹樂初探 ― 以高句麗鼓吹樂爲中心」『東北史地』2009-01.

9. 姜維東,「高句麗卵生傳說研究」『東北史地』2009-03.

10. 馬彦,「二至三世紀時期的高句麗王權」『東北史地』2009-03.

11. 侯瑞,「論漢魏之際的公孫度與營州」『東北史地』2009-03.

12. 姜維東,「高句麗神馬傳說」『東北史地』2009-04.

(3) 고대사 연구(古代史研究)

13. 劉炬,「蓋蘇文家世考」『東北史地』2009-05.

14. 薛海波,「試論漢魏之際東北各民族的政治發展形態 ― 以部落酋豪爲中心」『東北史地』2009-05.

15. 宋卿,「唐代營州府行政職能略論」『東北史地』2009-05.

(4) 학술교류(學術交流)

16. 王綿厚,「試論桓仁"望江樓積石墓"與"卒本夫餘" ― 兼論高句麗起源和早期文化的内涵與分布」『東北史地』2009-06.

17. 魏存成,「高句麗的興起及其與玄菟郡的關系」『東北史地』2009-06.

18. 李新全,「高句麗的早期都城及遷徙」『東北史地』2009-06.

19. 朴燦奎,「沸流國考」『東北史地』2009-06.

20. 楊軍,「高句麗朱蒙神話研究」『東北史地』2009-06.

(5) 고고신론(考古新論)

21. 梁志龍·馬毅,「遼寧本溪市平頂山高句麗山城調査」『東北史地』2009-05.

2010년이 되어도 『동북사지』는 계속된다. 그러나 여기 나오는 (1) 전문주제 연구(專題硏究), (2) 학술논단(學術論壇) 같은 선정과제 이름이 사라진다.

2. 개혁·개방 이후 30년간 고구리 연구에 대한 종합 분석

중화인민공화국은 각 기관에서 10년마다 마지막 9년 차에 10년을 총결산하는 행사를 한다. 2009년은 바로 2000년대 첫 10년의 마지막 해였고, 개혁개방이 된 지 40년이 된 해다. 그리고 아울러 동북공정이 끝나는 해다. 앞에서 보았듯이 동북공정은 처음 2002~2007년 5개년 계획이었지만 다시 추가하여 2004년 1월부터 2008년 말까지 5개년으로 연장되었으며 2008년 선정된 과제들은 2009년까지 『동북사지』에 발표를 마친다. 그러므로 2002년에 시작한 동북공정은 8년만인 2009년에 끝난 것이다.

2009년 『동북사지』 2기(3~4월호)에는 동북공정 결과와 개혁개방 30년 이후 고구리 연구를 총정리한 3편의 논문이 〈 전문주제 연구(專題硏究) 〉란 주제 아래 발표된다.

1. 장복유·손인걸·지용, 「5년간 고구리 유적조사와 문헌 연구에서 거둔 새 수확」
2. 부백신, 「개혁개방 이래 중화인민공화국 고구리사 연구 논평」
3. 경철화, 「개혁개방 30년 고구리 연구성과 통계와 설명」

이 3가지 논문은 동북공정 마지막 해인 2008년 선정되어 2009년에 발표한 것이다. 세 논문을 간단히 간추려 본다.

1) 「5년간 고구리 유적조사와 문헌 연구에서 거둔 새 수확」

이 논문을 쓴 장복유는 동북공정 전문가위원, 중국공산당 길림성위원회 선전부 부부장, 길림성사회과학원 부원장, 동북공정 성과 발표기지인 『동북사지』 사장 같은 어머어마한 직책을 가지고 동북공정을 추진한 당사자다. 자신이 고구리사를 연구한 성과가 없으므로 2004년부터 연장된 동북공정 5년 동안(2004~2008) 집안박물관 연구원 2명을 대동하고 현장을 누비며 누구도 할 수 없는 일들을 해냈다. 이 논문 첫머리에 "2004년부터 2008년 5년간 우리는 문물유적 조사와 관련 문헌 연구를 결합하여 고구리를 비롯한 동북의 역사와 영토(東北史地)에 대한 중대한 문제 가운데 몇 가지 어려운 문제를 해결하였다."[61]라고 한 것이 바로 그 결과다.

(1) 문물유적과 관련하여 5년간 새로 발견한 10가지

1. 집안 우산 JYM3319 무덤 주위에서 발견된 막새기와(瓦當) 문자 완전 해독.

2. 집안 우산0호에서 끈무니(繩文)기와를 발견하여 해당 무덤이 왕릉급이라는 것을 확립.

3. 낙양 천씨(泉氏) 무덤을 찾아가 고고학적 증거를 가지고 고구리 귀족의 행방(流向)과 집안 다섯무덤(五盔墳)이 천씨(연개소문 가족) 귀족무덤이 아니라는 것을 증명하였다.

4. 집안 우산하무덤떼의 다섯무덤을 비롯하여 8좌 큰 무덤 기와들을 발견하여 고구리 왕릉에 쓰인 기와임을 밝혔다. 그리고 동대자유적은 궁전이나 황성이 아니고 고국양왕이 세운 국사(國社)와 종묘라는 것을 밝혔다.

5. 집안 마선구 석묘자(石廟子) 고구리 무덤떼 언저리에서 고구리 기와가 있는 석굴을 발견하였다. 이 석굴은 마선구 미천왕릉 구역의 5좌 왕릉에서 3~4㎞밖에 떨어지지 않아 고구리 4대 민중왕을 묻은 석굴과 관련이 있을 수 있다.

6. 집안 양민(良民) 일대에서 2,700좌가 넘는 옛 무덤을 발견하였다.

7. 집안 호자구(蒿子溝)에서 고구리 왕릉 1좌를 발견하였다.

8. 삼도구에서 옛 성터를 발견하였다. 성 쌓는 법이 고구리·발해·요·금과 달라 한 대(漢代)에 쌓은 성일 가능성이 있다.

9. 장백 21도구에서 13좌의 적단(積壇)을 발견하였다.

10. 집안 옛길(古道)에서 '락선호시비(樂善好施碑)'와 '동화령수도비(同和嶺修道碑)'를 발견하였다.[62]

---

61) 張福有·孫仁傑·遲勇, 「五年間高句麗遺跡調查與文獻研究中的新收獲」, 『東北史地』 2009-2, 3쪽.

62) 張福有·孫仁傑·遲勇, 「五年間高句麗遺跡調查與文獻研究中的新收獲」, 『東北史地』 2009-2, 3~6쪽.

(2) 문헌 연구에서 새로 거둔 수확

1. 문헌과 지명, 고고학을 결합하여 '두곡(豆谷)'이 통구(通溝)란 것을 밝혔다.

2. 진고구리솔선백장(晉高句驪率善佰長)·천장(仟長)·읍장(邑長) 같은 글자가 찍힌 도장(印模)을 현재 7장을 모았다.

3. 집안 양차(陽岔) 고대촌에서 발견된 조국(趙國) 양안군(陽安君) 청동단검의 양안군은 이제(李躋)다.

4. 태왕릉에서 나온 동령에서 읽어내지 못했던 글자는 '능(崚)'자다.

5. 호태왕비에 나온 평양성(平穰城)은 압록강 오른쪽 기슭 동에서 서로 배치된 성이다.[63]

(3) 주요 성과

저서

1. 張福有·許才山·劉維華·曲德敬, 『好太王碑』 吉林文史出版社, 2004. 10

2. 孫仁傑·遲勇, 『集安高句麗墓葬』 香港亞洲出版社, 2007. 12.

3. 張福有·孫仁傑·遲勇, 『高句麗王陵通考』 香港亞洲出版社, 2007. 12.

4. 張福有, 『高句麗王陵通鑒』 香港亞洲出版社, 2007. 12.[64]

논문 24편

(4) 평가

위에서 본 5년 동안의 성과는 장복유라는 한 인물의 노력과 리더쉽에서 나온 결과다. 만주지역에서 고구리를 연구하는 학자들은 대부분 만나보았으나 장복유는 2004년에야 나타난 인물이라 만난 적이 없다. 그러나 저서와 논문을 통해 꽤 찬찬히 연구해 보면서 글쓴이와 많이 겹치는 부분이 있었다. 첫째, 전공이 고구리사가 아니라는 것이다. 비록 글쓴이가 10년 이상 고구리사를 먼저 시작했지만 장복유는 빠르게 성장하였다. 둘째, 발로 뛰는 현장 위주의 연구라는 점이다. 글쓴이가 "종로에서 길은 잃어버려도 만주에서는 길을 잃지 않는다"고 큰소리를 쳤고, 만주의 학자들도 책에 글쓴이

---

63) 張福有·孫仁傑·遲勇, 「五年間高句麗遺跡調查與文獻研究中的新收獲」 『東北史地』 2009-2, 6~9쪽.

64) 張福有·孫仁傑·遲勇, 「五年間高句麗遺跡調查與文獻研究中的新收獲」 『東北史地』 2009-2, 9쪽.

의 사진을 썼는데, 글쓴이보다 만주를 더 많이 돌아다닌 팀이 바로 장복유다. 글쓴이가 자비로 모르는 길을 찾아다녔다면, 장복유는 공산당 조직과 부족함 없는 자금으로, 글쓴이가 가슴 조이며 유적을 답사했다면, 장복유는 현지 학자들의 안내를 받으며 마음대로 뜻을 펼 수 있어 솔직히 말하면 아주 부러운 인물이었다.

그러나 장복유가 조직을 활용해서 엄청난 성과를 쏟아냈지만 그만큼 문제도 많이 발생하였다. 그의 노력과 접근이 학술적인 목적이 아니라 중국공산당에서 목표로 하는 가설에 맞추어 추진하였기 때문이다. 앞으로 학계에서 많은 논란이 있겠지만 글쓴이가 2007년 쓴 논문을 통해서 문제를 제기하였다.[65] 바로 그가 가장 힘을 쏟은 『고구리 왕릉 통고(高句麗王陵通考)』에 대한 검토다.

이 책을 쓰기 위해 "40 수차례에 걸쳐 환인과 집안의 무덤들을 답사하고, 그 가운데 33기의 대형 무덤을 중점적으로 조사하였다. 그리고 1년간 집중적으로 조사하여 왕릉 27기와 석굴 1개를 선성하였다. 총계 210차 이상 이 왕릉을 고찰하고 대량의 1차 자료를 얻었다."고 하였다. 어떤 학자도 그런 시간과 돈을 지불할 수 없다. 이것은 큰 프로젝트이기 때문에 각종 관계기관의 도움을 받지 않으면 불가능하고, 그런 면에서 장복유가 가지고 있는 각종 직함들은 모든 문제 상황을 가능하게 만들었을 것이다.

이 책의 주된 내용은 각 사서에 나온 지명을 분석하고, 고고학적인 작업 결과를 가지고 나름대로 기준을 마련하여, 고구리 28대 왕의 모든 왕릉을 구체적으로 현존하는 무덤과 일대일로 비정(比定)한 것이다. "고구리 28대 왕릉은 모두 중화인민공화국 땅에 있다." "평양 천도 뒤 죽은 고구리 왕의 능도 모두 중화인민공화국 땅에 있다."라는 주장이다. 이와 같은 주장은 지금까지 수십 년간 논의된 몇몇 왕릉에 대한 비정을 넘어서 모든 왕릉의 위치를 다 비정했다는 점에서 큰 관심거리가 아닐 수 없다. 그러나 이처럼 졸속하게 모든 왕릉을 비정하다 보니 스스로 많은 모순에 직면하고 논리적 비약이 심했다는 것을 쉽게 알 수 있다. 거기에는 학술적인 문제가 아니고 정책적인 목표가 우선이기 때문이다. 학술적인 뒷받침이 중요한 것이 아니라, 주어진 목표를 달성하는 것이 문제였을 것이다. 목표는 간단하다. "고구리 왕릉은 모두 중화인민공화국에 있다. 그렇기 때문에 고구리는 치나 역사다."라는 결론을 이끌어가기 위한 장기 프로젝트 가운데 하나인 것이다.

그러나 이러한 비학술적인 접근은 결국 학문을 황폐화시키고, 한·중 양국의 학술교류, 나아가 양국

---

65) 서길수, 「중화인민공화국 학자의 고구려 왕릉 비정에 대한 비판적 고찰」, 『高句麗研究』 29, 2007.

의 선린관계에도 크게 나쁜 영향을 줄 것이다. 이에 대해 이미 1963년 당시 중화인민공화국의 총리
였던 주은래가 경고와 함께 대안을 내놓고 있어 양국의 학자들이 모두 경청할 만하다.

> 반드시 역사의 진실성을 회복해야지, 역사를 왜곡할 수는 없다. 도문강, 압록강 서쪽은 역사 이래
> 치나 땅이었다거나, 심지어 옛날부터 조선은 치나의 속국(藩屬)이었다고 하는 것은 황당한 이야기
> 다. 치나의 이런 대국국수주의가 봉건시대에는 상당히 심했다. 다른 나라에서 선물을 보내면 그들
> 은 조공을 바쳤다고 했고, 다른 나라에서 사절을 보내와 얼굴을 대하고 서로 우호적으로 교류할 때
> 도 그들은 조현(朝見, 신하가 임금을 뵙는 것 : 옮긴이 주)하러 왔다고 했고, 쌍방이 전쟁을 끝내고 강화할
> 때도 그들은 여러분이 신복(臣服, 신하가 되어 복종했다 : 옮긴이 주)한다고 말했으며, 스스로 천자의 나
> 라(天朝), 위나라(上邦)라고 불렀는데, 이것은 곧 불평등한 것이다. 모두 역사학자 붓끝에서 나온 잘
> 못이다. 우리는 이런 것들을 바로잡아야 한다.[66]

2) 「개혁개방 이래 중화인민공화국 고구리사 연구 논평」

『동북사지』 편찬위원회 부주임이며 주편(主編)인 길림성사회과학원 부백신(付百臣)은 「개혁개방
이래 중화인민공화국 고구리사 연구 평론(改革開放以來中國高句麗史研究述評)」에서 개혁개방 이래
30년의 고구리 연구를 다음 3단계로 나누어 기술하였다.

(1) 1980~1998 : 중화인민공화국 고구리사 연구의 부흥기

80년대 이후 개혁개방정책이 확립됨에 따라 학술분위기와 학술환경이 크게 개선되면서 한때 잠
잠했던 고구리 역사연구의 상황이 점차 바뀌었다고 했다. 그리고 1998년까지 18년간의 연구를
4가지로 나누어 분석하였다.

1. 고구리의 사회적 성격에 관한 토론 : 노예사회설, 반노예반봉권사회설, 전노예제후봉건제사

---

66) 周恩來 (서길수 옮김), 「주은래 총리의 중국-조선 관계 담화」(1963년 6월 28일, 주은래 총리가 조선과학원 대표단을 접
견할 때 말한 중국-조선 관계), 『고구리연구』(27), 189쪽

회설, 봉건사회설.

2. 고구리의 족원(族源)·족속 문제 : 고이설(高夷說), 예맥설, 부여설, 염제족계설, 상인설(商人 說)

3. 고구리와 중원왕조의 관계문제 : 이 시기에 중화인민공화국 학자들이 고구리와 중원왕조 관 에 대한 인식이 고구리 정권은 중원왕조 관할 아래 있던 지방정권이라는 인식이 기본적으로 달성되었다.

4. 개토태왕비 관련 문제 연구.[67]

이 시기에 중화인민공화국의 고구리사 연구는 크게 발전하여 기본적인 고구리사 연구의 새로운 체계가 세워졌다.

(2) 1998~2004 : 중화인민공화국 고구리사 연구의 발전기

부백신은 1998년을 시대구분의 기점으로 삼은 것이 1998년 6월에 열린 1차 전국 고구리 학술 연구토론회였다. 이 시기에 고구리 연구가 새로운 시기로 들어가는 표지가 되었다고 보았다.

이 시기에 중화인민공화국의 고구리사 연구의 특징은 과학연구팀이 빠르게 커지고 많은 학자들 이 이 대열에 가입하였는데, 그 가운데는 능력있고 자질을 갖춘 교수와 연구원이 있었고 참신한 젊 은이들도 두각을 나타냈다. 이런 학자들의 가입은 고구리사 연구팀의 피와 활력을 불어넣어 연구역 량을 높였다.

이 시기 고구리 연구에서 드러난 두드러진 특징은 학자들이 고구리 정권의 귀속 문제에 초점을 맞추었고, 고구리 민족 정권의 역사 귀속에 관한 문제를 다시 학술의 주된 논쟁거리(熱點)로 만들었 다는 것이다.

이시기 고구리 연구는 풍부한 성과를 거두어 잘못된 관점을 없애고 학자들이 많은 문제에 대해 공통적인 인식을 달성하였다.[68]

---

67) 付百臣, 「改革開放以來中國高句麗史研究述評」, 『東北史地』, 2009-02, 10~13쪽.

(3) 2004~2008 : 중화인민공화국 고구리사 연구의 심화기

① 2004년 하반기 이후 중화인민공화국에서 고구리사 연구는 차츰 저조한 상태에 빠진 것 같았다. 과학적 연구 결과 발표 및 출판의 어려움이 다시 나타났다. 일부 연구자들은 다른 연구 분야로 눈을 돌리기 시작했으나 여전히 고구리 연구를 견지하면서 고구리 학술 연구의 발전을 더 심화하고 자세하게 하고 체계적인 수준으로 발전시키는 학자 그룹이 있었다. 이 점은 특히 학술서적 방면에서 두드러진다.[69]

② 전반적으로 2004년 하반기 이후 고구리의 연구는 정밀하고 자세하게 되고 전문화되고 체계적인 발전의 길로 접어들면서 중화인민공화국의 고구리 연구 사업이 날로 성숙해지고 있음을 보여주고 있다.[70]

부백신이 2004년을 시대구분의 기준으로 삼은 것이 궁금했다. 그런데 앞의 인용문에서 ①과 ②가 앞뒤가 맞지 않았다. ① 고구리사 연구가 저조해졌다고 하고 ②에서는 날로 성숙해졌다고 하였기 때문이다.

한국에서는 동북공정이 2002년에 시작했다고 알고 있으므로 2002년을 중시하고 있다. 그러나 부백신은 1998년부터 2004년 전반기까지 6년간을 발전기로 보았다. 글쓴이가 1996년을 기점으로 본 것은 중국변강사지연구중심이 국책으로 고구리사를 연구하기 시작했기 때문이었는데 부백신은 중국변강사지연구중심이 연구를 시작하여 만주지역 연구자들을 모두 동원하여 전국대회를 연 해를 시작으로 보았다.

그렇다면 왜 2004년 후반기 고구리사 연구가 저조하기 시작했다고 보았는가? 이것은 2003년 동북공정이 한국에 알려져 한국이 거국적으로 규탄하면서 양국의 외교에서 아주 최대의 문제가 되었고, 2004년 8월 구두합의를 하면서 실제로 고구리 연구자들에게 타격이 있었다고 볼 수 있다. 그 타격이란 "과학적 연구 결과 발표 및 출판의 어려움이 다시 나타났다"라고 한 것을 보면 알 수 있다. 이 문제가 다음에 보는 학술회의에서도 제기된 것을 보면 한국의 거국적 규탄이 일정한 효과를 보았다

---

68) 付百臣,「改革開放以來中國高句麗史研究述評」『東北史地』 2009-02, 13~14쪽.

68) 付百臣,「改革開放以來中國高句麗史研究述評」『東北史地』 2009-02, 13~14쪽.

69) 付百臣,「改革開放以來中國高句麗史研究述評」『東北史地』 2009-02, 14쪽.

70) 付百臣,「改革開放以來中國高句麗史研究述評」『東北史地』 2009-02, 15쪽.

는 것을 뜻한다.

그러나 학술적으로 해결하기로 구두합의한 뒤 한국이 잠잠해지면서 ②에서 보는 "고구리 연구가 날로 성숙하였다."라는 단계가 되었다고 해석할 수 있다.

또 한 가지, 동북공정 연장 5개년 기간인 2004~2008년 기간을 "고구리 연구가 차츰 정세화(精細化)·전문화·계통화되는 발전의 길에 들어섰는데, 이는 중화인민공화국의 고구리사 연구 사업이 날로 성숙해 간다는 것을 보여준다."[71]라고 한 것을 보아 동북공정이 2008년까지 계속되었다는 것을 보여준다.

3) 경철화, 「개혁개방 30년 고구리 연구성과 통계와 설명」

1978년 12월 11차 중국공산당 삼중전회(三中全會)에서 개혁개방을 표방한 뒤 2008년 말까지 30년간의 고구리 연구성과를 계량 분석한 논문이다.

(1) 30년간 고구리 연구 저서 출판 상황

모두 77권이 나왔는데 크게 7가지로 분류하였다.

1. 역사 연구(민족, 문화, 사상, 전쟁과 개인 문집 등) : 16권
2. 고고 연구(조사발굴보고서, 고성, 무덤, 벽화 등) : 18권
3. 광개토태왕비 연구 (탁본 등) 11편
4. 문헌정리 (역사책 모음, 교감, 연구, 목록 등) : 11권
5. 논문집(회의·전문연구 및 개인 문집 포함) : 7권
6. 읽을거리(고사, 사화, 지식문답, 여행안내 등) 12권
7. 기타 (서법, 전각, 그림작품 등) 2권[72]

---

71) 付百臣, 「改革開放以來中國高句麗史研究述評」, 『東北史地』, 2009-02.

72) 耿鐵華, 「改革開放三十年高句麗研究成果統計與說明」, 『東北史地』, 2009-2, 17쪽.

(2) 30년간 고구리 관련 논문 발표 상황

모두 1169편이 발표되었는데 9가지로 분류하였다.

〈표 12〉 개혁개방 전후 논문 발표 통계표

	분류	개혁전논문	개혁30년논문	합계
1	고고 종합	6	53	59
2	역사연구	3	401	404
3	문헌연구		85	85
4	고성유적 연구	6	202	208
5	고묘 연구	5	95	100
6	벽화 연구	10	92	102
7	비문석각 연구	2	118	120
8	유물 연구		52	52
9	기타		71	71
합계		325	1169	1201

(3) 분석 결과에 대한 평가

① 고구리 연구의 전개가 불안정하다.

연구기구, 연구자, 출판기구가 모두 만주 3성에 집중되어 있고, 특히 길림성에 집중되었다. 구리 유적이 만주와 한반도 북부에 집중되어 있다는 것은 이해가 가지만 앞으로 고대 지역적 역사문화와 세계유산에 대한 연구를 위해서는 이런 연구팀과 연구기구의 분포는 합리성이 떨어진다.

② 고구리 연구팀이 너무 노화되고 후속 연구자가 부족하다.

고구리 논문 통계에서 30년간 1편 이상의 논문을 쓴 사람은 412명, 그 가운데 10편 이상의 논문을 쓴 사람은 30명, 5편 이상이 20명으로, 위의 50명이 고구리 연구를 하는 주요 학자다. 그 가운데 7명이 이미 세상을 떴고, 15명이 정년퇴직을 했다. 나머지 28명 가운데 50세 이상이 12명으로 노화가 심하며 청년 학자가 적다. 한국 고구려연구재단과 동북아역사재단이 낸 『한국 고구리사연구논문집』과 『동북공정 관련 한국학자 논문집』 가운데 85% 이상이 역사학 박사이고 70% 이상이 30~50세 사이의 청년들이다

③ 편안하고 공정한 학술환경을 조성해야 한다.

고구리 역사와 고고학 연구는 아주 일반적인 학술연구로서 국내외 학계는 평상심으로 연구해야 하고, 고구리 역사와 오늘날의 현실과 구분해야 하며, 학술연구와 현실정치와 구분해야 한다. 개혁개방 뒤 우리나라의 고구리 연구는 국내외의 비학문적 요인에 의해 여러 번 방해를 받아 왔다. 그 주된 이유는 관련 분야에서 고구리 역사와 연구 현황을 이해하지 못하거나 완전히 주관적인 의식을 바탕으로 판단하기 때문이며, 이러한 판단은 각층에 전달되고 늘어나면서 학계와 학술연구에 심각한 영향을 미치고 있다.

개혁개방 30년 고구리 연구의 성과를 돌이켜보면서 편안하고 공정한 연구 분위기를 기대하며, 학자들이 개혁개방으로 고구리 연구에 희망을 가져다주는 것을 진정으로 느낄 수 있기를 희망한다.[73]

③에서 경철화는 학술이 비학술적인 요인으로 흔들렸다고 보고 그런 방해 없이 편안하고 공정한 학술환경을 요구하였다. 실제로 중화인민공화국 학자들도 그런 분위기를 원할 것이다. 그러나 이것을 실제 순수학문을 추구하겠다는 것으로 받아들이기 어렵다. 중화인민공화국 학자들이 정치와 학술은 분리되어야 한다고 수업에서 이야기하지만, 그의 연구 방향과 논지는 늘 동북공정의 논리에 가장 충실했기 때문이다.

고구리 연구자가 가장 많은 기관은 연변대학이고, 고구리에 관한 저서와 논문을 가장 많이 쓴 사람은 책 11권과 논문 90편을 쓴 경철화 자신이라는 결론이 나왔다. 이것은 사실이다.

---

73) 耿鐵華, 「改革開放三十年高句麗研究成果統計與說明」 『東北史地』, 2009-2, 48쪽.

3. 2009년, 「동북공정」 8년 프로젝트의 완성과 강화 방안

1) 동북공정 완성 선언 : 「동북 변경의 역사와 문화에 관한 학술연구토론회」

2009년 7월 24~25일 중국사회과학원과 길림성사회과학원이 연합하여 주관하고, 요령성사회과학원·흑룡강성사회과학원이 공동으로 주최한 「2009년 동북 변경의 역사와 문화에 관한 학술 연구 토론회」가 길림성 장춘시에서 열렸다.

중국공산당 길림성위원회 상임위원·선전부장 순봉서(荀鳳棲), 중국사회과학원 부원장 무인(武寅) 연구원, 중국사회과학원 변강사지연구중심 주임 려성(厲聲) 연구원 등이 회의에 참석하였고, 요령·길림·흑룡강 3성 사회과학원의 임원과 60명에 가까운 전문가들이 회의에 참석하였다.

동북공정에 참여했던 모든 기관과 전문가들이 참석한 가운데 개혁개방 뒤 동북 변경의 역사·문화연구 분야에서 중화인민공화국 학계가 얻은 업적과 경험을 진지하게 통틀어 매듭짓고, 동북 변경 역사의 심층 발전을 계속 추진할 방안을 논의하였다.

이 회의에서는 2002년부터 2009년까지 8년간 계속된 동북공정이 두드러진 성과를 냈다는 사실을 인증하고 다음과 같이 발표하였다.

참석자들은 중국사회과학원과 만주 3성(옮긴이 주 : 길림성, 요령성, 흑룡강성)이 공동으로 주관한 중대한 과학연구 프로젝트인 「동북 변경의 역사와 현상에 대한 시리즈 연구공정(東北邊疆歷史與現狀系列研究工程 = 동북공정)」이 2002년부터 정식으로 시작한 이래 다양한 분야에서 우세한 역량을 집중하여, 역사에서 의문점이 있던 문제, 현실에서 논쟁거리가 된 문제, 이론적으로 어려운 문제들을 극복하고, 치나 고대 강역 이론, 동북 민족사와 지방사, 동북 변경지역의 문화, 왕검조선, 고구리(高句麗), 발해사 및 중(국)·조(선) 관계사 같은 방면의 연구에서 빠른 진전을 이루었고, 연구 수준도 꽤 크게 높아졌으며, 많은 성과를 얻어 동북 변경의 역사와 문화에 대한 연구가 무질서에서 올바른 길을 가도록 만들었다고 지적하였다.

또한 학술적으로 높은 가치가 있는 연구성과들을 출판하여 사회적으로 중대한 영향을 미쳤고, 예정된 임무를 거의 완성하여 기대했던 목표에 이르렀으며, 아울러 동북 변경지구의 사회안정과 경제발전을 이룩하는 데 이바지하였다.[74]

동북공정은 큰 성과를 내고 완성했다고 발표한 내용으로 간추려 보면 다음과 같다.

1. 2002년부터 정식으로 시작한 이래 다양한 분야에서 우세한 역량을 집중하였다.
2. 역사에서 의문점이 있던 문제, 현실에서 논쟁거리가 된 문제, 이론적으로 어려운 문제들을 해결하였다.
3. 중화인민공화국 고대 강역 이론, 동북 민족사와 지방사, 동북 변경지역의 문화, (고)조선, 고구리, 발해사 및 중(국)·조(선) 관계사 같은 방면의 연구에서 빠른 진전을 이루었다.
4. 연구 수준도 꽤 크게 높아졌으며, 많은 성과를 얻어 동북 변경의 역사와 문화에 관한 연구가 무질서에서 올바른 길을 가도록 만들었다.
5. 학술적으로 높은 가치가 있는 연구성과들을 출판하여 사회적으로 중대한 영향을 미쳤다.
6. 예정된 임무를 거의 완성하여 기대했던 목표에 이르렀으며, 아울러 동북 변경지구의 사회안정과 경제발전을 이룩하는 데 이바지하였다.

동북공정은 임무를 완성하고 목표를 달성했다는 선언을 한 것이다.[74]

2) 만주(동북) 변경의 역사와 문화 연구에 존재하는 문제

참가자들은 동북공정의 성공을 자축하고, 이어서 만주 지역의 국경과 영토를 연구하는 데 어떤 문제가 있는지 논의하였다. 논의한 뒤 그 결과를 발표한 것이기 때문에 중화인민공화국의 공식적인 인식이라고 볼 수 있다.

(1) 동북 변경 민족의 귀속(歸屬) 문제

귀속 문제는 민족과 국가, 두 가지가 어느 나라에 귀속하느냐 하는 것인데 국가 문제가 더 중요하고 그 핵심은 정치적 관계와 정치적 통치형식에 있다고 강조한다.

---

74) 글쓴이는 2004년부터 당시 고구리연구회에서 『동북사지』를 계속 구독·분석하면서 2007년 그 결과를 논문으로 발표하여 그 심각성을 지적하였다. 그러나 2009년 9월 입산하면서 2009년 12월에 나온 이 내용을 접하지 못해 "동북공정이 성공리에 끝났다"라고 마무리 짓는 상황을 인식하지 못했다. 그 뒤 2017년에야 시진핑이 "Korea는 사실상 China의 일부다"는 망언 이후 다시 검토하는 과정에서 이 문장을 발견하였다.

이른바 "한 역사 두 나라 함께 쓰기(一史兩用)"라는 설에 대해 다음 3가지로 나누고 있다.

① 427년 고구리가 수도를 평양으로 옮기기 전은 치나사이고, 427년 이후는 조선사라는 주장이다. 이것이 일사양용이다.
② 일사양용은 동의하지만, 중원왕조와 고구리 사이는 번속(藩屬) 관계라는 주장이다.
③ 고구리 역사는 처음부터 끝까지 중국사로서 427년 평양으로 수도를 옮긴 뒤도 여전히 치나의 역사적 강역 안에 있었다는 주장이다.

그러나 결론에서는 "고구리가 평양으로 수도를 옮긴 것은 당시 치나의 역사적 강역 안에서 옮긴 것이고, 정치적 속성도 변하지 않았으며, 여전히 중화민족의 지역 정권에 속했다. 그러므로 '한 역사를 두 나라 함께 쓰기(一史兩用)'라는 주장은 고구리 역사 문제에 부합되지 않는다."라고 확정한다. 물론 ① ② ③안에는 고구리 역사가 한국사라는 것은 아예 빠져 있다.

(2) 변경 민족 정권과 중앙왕조 사이에 일어난 전쟁을 어떻게 볼 것인가?

"역사에서 변경 민족이나 민족 정권과 중원왕조 사이에는 자주 전쟁이 일어났다. 이처럼 전쟁 상태에 있었던 민족의 귀속 문제는 어떻게 볼 것인가? 이와 관련하여 참가자들은 다민족 국가라면 민족 갈등이 존재할 수밖에 없으므로, 치나 동북의 역사에서 고구리·발해와 중원왕조 사이에 전쟁이 있었고, 또 여진·거란과 중원왕조와의 전쟁도 있었던 것이라고 여긴다. 이러한 전쟁은 선진(先秦) 시대 제후국 간의 전쟁이나 16국 시대의 정권 간의 전쟁과 성격이 같은 것이다." 결국 국내 전쟁이라는 것이다.

(3) 동북 지역 문화의 명칭

"동북 지역 문화에 대한 명칭은 대략 '동북구역문화(東北區域文化)', '관동문화(關東文化)', '송료문화(松遼文化)', '송막문화(松漠文化)', '요해문화(遼海文化)', '요하문화(遼河文化)', '장백문화(長白文化)', '용강문화(龍江文化)' 따위가 있다. 명칭이 통일되지 않은 것은 학자들의 인식 차이로, 실제로는 학술적 의견의 불일치이므로 앞으로 더 깊은 토의가 필요하다."

(4) 고구리(高句麗)와 발해(渤海) 역사연구에 관하여

동북공정 이후 고구리·발해 연구에 대해서 한국이 항의하는 것은 학술 문제를 정치화하고 역사 문제를 현실화한 것이라고 규탄한다.

참석자들은 동북공정이 시작된 뒤 고구리·발해사 연구가 매우 민감한 문제가 되었다고 지적했다. 외국 학자, 심지어는 그 나라 정치계·언론매체까지 제멋대로 도를 넘어 선전하고, 역사연구 범주를 넘어 영토 문제로 번져 국가 간의 관계로 고도화되었다. 외국 학술계가 마음대로 말하고 마음대로 이야기할 수 있다지만, (중화인민공화국) 국내 학술계는 정상적인 연구 활동이 외국 학술계·정치인, 심지어 대중의 시위와 '항의'를 반복적으로 겪어야 했던 것은 모두 비정상적이며 실제로는 학술 문제를 정치화하고 역사 문제를 현실 문제화한 것이다. 이런 배경 아래 최근 몇 년, 특히 지난 2~3년 동안 고구리·발해사 연구는 우리나라 동북 지방사 연구계를 괴롭히는 중대한 문제가 되었다는 것을 우리는 절실하게 느낄 수 있었다. 국내 학술계는 개별 간행물이 홀로 위기 국면을 헤쳐나가거나, 대담하게 고구리·발해사 방면의 논문을 발표하는 것 말고는 이미 저작물을 출판할 수가 없었고, 분쟁이 있는 문제·곤란한 문제·민감한 문제에 관한 논문은 발표하기 어려운 지경에 이르렀으며, 신문 매체도 "말만 들어도 두려워했다(談虎色變)". 그 결과 본디 이 분야 연구에 관심이 있던 많은 국내 동료들은 책을 낼 수 없고 글을 발표하기 어려워서 다른 연구로 눈을 돌리게 되었으니 사실상 스스로 손발을 묶고 있는 꼴이 되었다. 이러한 상황이 빨리 해결되지 않으면 인재 육성, 인재 상실, 후계자 부족 현상을 근본적으

로 개선할 수 없다. 이러한 점은 국내 학술계의 고구리·발해사 연구에 있어서 그 자체가 재난이다.[75]

동북공정에 대한 한국의 항의는 일정 부분 연구에 충격을 준 것은 틀림없는 것으로 보인다. 그러나 앞에서 본 바와 같이 한국의 항의에도 불구하고 동북공정은 성공적으로 완성하였다. 그것은 중국공산당이 한국과 외교적으로 '학술적 해결'을 무기로 안정시키면서 뒤로 중국공산당 길림성위원회와 길림성사회과학원을 이용하여 강력하게 추진하였기 때문에 가능했다는 것을 알 수 있다. 실제로 책을 내거나 논문을 쓰는 데 어려움이 있었을 것으로 보인다. 그것은 상대적으로 1996년부터 2003년까지는 아무런 제재 없이 거침없이 달려가다 약간의 제동이 걸려 상대적으로 불편했던 것을 나타낸 것일 수도 있다. 한편으로 보면, '이런 어려움에도 성공적으로 마쳤다.'라는 자랑으로 볼 수도 있다.

(5) '간도(間島) 문제'와 「두만강 중·한 국경 조약(圖們江中韓界務條款)」
간도 문제는 중·일간의 국제조약이라고 간단히 처리하고 있다.

> 참가자들은 '간도(間島) 문제'와 「두만강 중·한 국경 조약(圖們江中韓界務條款)」에 관련된 연구 상황을 소개하고, '간도 문제'는 치나와 한국 사이의 문제도 변경(邊界) 문제도 아니며 치나와 일본 간의 문제라고 보았다. '간도문제'는 러·일 전쟁 이후 일본이 중국에 대한 외교적 편취였다. 「두만강 중·한 국경 조약(圖們江中韓界務條款)」은 특수한 역사적 조건에서 생긴 것으로 비록 어떤 면에서는 불평등성을 가지고 있지만, 여전히 법적 외교 문서이며 기본적으로 국제조약이라는 성격을 가지고 있다.[76]

한국과의 논의 자체를 피했다는 것을 볼 수 있다. 실제로 외교협상 때 가장 먼저 요구한 것이 '간도 문제 들고나오지 않기'였다.

---

75) 楊雨舒, 「2009年東北邊疆歷史與文化學術研討會綜述」, 『東北史地』 2009-06, 90~91쪽.

76) 楊雨舒, 「2009年東北邊疆歷史與文化學術研討會綜述」, 『東北史地』 2009-06, 91쪽.

한편 무대위(武大偉) 부부장은 한국에 왔을 때 나에게 중화인민공화국이 왜 공북공정을 추진하는지 시사하는 발언을 했다. "한국에서 간도가 조선 땅이라고 주장하지 않는다면 우리도 고구리가 치나의 소수민족 국가였다고 주장하지 않을 것입니다." 중화인민공화국은 한국의 민족주의 정서가 연변조선족자치주에 미치는 영향을 우려하고 있으며 이에 대응해서 동북공정의 일환으로 고구리·발해를 억지로 자기 역사로 편입시키려고 하고 있다는 뜻을 내비친 것이다. 나는 대답하지 않았다. 굳이 대답할 내용도 없었다.[77]

『동북사지』에는 간도(間島)라는 낱말이 들어간 논문이 단 한 편도 없다. 그렇지만 동북공정을 끝내는 마당에서 간도 문제에 대한 기본입장을 분명히 하는 것은 간도문제가 그만큼 중요한 쟁점이라는 것을 말해 준다.

3) 동북 변경의 역사·문화연구를 강화하는 방안

(1) 학문 연구의 방향

참가자들은 동북 변경의 역사와 문화에 관한 연구는 하루아침에 이룰 수 있는 문제가 아니고 몇 세대의 장기간에 걸쳐 끈기를 가지고 끊임없이 노력해야 한다고 보았다.

1. 동북 변경 연구라는 업무에 종사하기 위해서는 시대적 사명과 책임을 어깨에 짊어져야 한다. 새로운 역사적 상황에서 우리는 역사적 기회를 포착하여 시대적 도전에 맞서아 한다. 사회적 현실 문제에 관하여 끊임없이 연구 아이디어를 개척해야 한다.

2. 더 높은 수준의 연구성과와 더 많은 인재를 배출해야만 국가와 국민의 기대에 부응할 수 있다. 우리는 과학발전관(科學發展觀)[78]을 고수하고, 주요 이론적 문제에 관한 연구를 끊임없이 강화하고, 미시 연구와 거시 연구를 유기적으로 결합해야 한다.

3. 연구 방법· 수단에서 연구이념 및 연구 시각 같은 방면에 이르기까지 끊임없이 새로운 관념을

---

77) 이종석, 『칼날 위의 평화』 개마고원, 2014.

78) 호금도(胡錦濤) 정권 시기부터 이어오고 있는 중화인민공화국의 정치이념.

갱신하고 학제적 연구 방법을 종합하여 다원화된 연구를 진행해야 한다.

4. 동북 변경의 역사와 문화에 관한 연구는 중화인민공화국 변경 연구의 전반적인 상황에서 고찰
해야 하고, 동북 변경의 주요 이론 문제에 관한 연구는 중화인민공화국 변경이라는 큰 배경 아
래서 전개되어야 하고, 기타 변경지구와 비교하는 연구가 진행되어야 하며, 규칙성 문제를 찾
아내야 한다.

5. 연구 분야를 더욱 넓혀 나가야 하는데, 동북 통사는 물론이고 단대사(斷代史)·전문 분야사(分野
史) 같은 영역에도 모두 아주 큰 연구 공간이 있다. 동북 역사·문화학의 건설은 중화인민공화국
동북학 건설의 하나의 방향이 되어야 하므로, 이를 위하여 동북 문화사·동북 문명사·동북아 문
화사 및 동북아 문화교류사 부문의 연구를 적극적으로 전개해야 한다.[79]

(2) 한국 및 외국에 대한 대응 전략 : 구동존이(求同存異)

동북공정을 진행하는 동안 될 수 있으면 드러나지 않도록 비밀리에 진행하던 태도에서 이제는 연
구한 결과를 가지고 상대국을 설득하고 공격적으로 선전하는 정책으로 바뀐다. 그리고 민감한 문제
를 어떻게 대처해야 할지 구체적인 방안을 제시한다.

동북 변경의 역사를 연구하는 데 있어서 많은 민감한 문제들을 적절히 처리해야 한다. 역사적 문제
를 현실화해서는 안 되고, 학술 문제를 정치화해서는 안 된다. 국제적인 학술교류를 강화하기 위해서
(그 나라에) 가서 참석하고 (국내 대회에) 초청해야 하는데, 특히 가서 참가하는 것이 중요하다. 국제 학술
무대에서 우리의 목소리를 내야 하며, 국가와 중화민족에 이익이 되는 중대한 학술 문제에 대해 발언
권을 놓쳐서는 안 된다. 우리는 더 나아가 외국에서 연구토론회를 주최하고 외국 학자들과의 교류를
강화하여, 우리의 견해를 밝히고 우리의 관점을 그들이 인정·이해 및 지지를 얻기 위해 힘써야 한다.[80]

첫째, 역사를 현실 문제에 적용해서는 안 되고, 학술 문제를 정치화해서는 안 된다.

동북공정 시작하기 전인 1996년부터 이미 중국공산당과 정부 당국이 중국사회과학원을 앞세워
역사침탈을 진행해 왔고, 이 문제는 학술적인 문제를 넘어 영토와 국경 문제라는 것은 이미 다 밝혀

---

79) 楊雨舒, 「2009年東北邊疆歷史與文化學術研討會綜述」, 『東北史地』 2009-06, 91쪽.

80) 楊雨舒, 「2009年東北邊疆歷史與文化學術研討會綜述」, 『東北史地』 2009-06, 91쪽.

진 사실이다. 그러나 앞으로도 끝까지 '학술문제'라는 무기를 내세워야 한다는 지침이다. 실제로 이런 작전은 한국과의 역사전쟁에서 대첩을 이룬 무기였다.

둘째, 적극적으로 국제학술대회에 참가하고, 외국 학자를 초청하여 동북공정을 통해 이룩한 논리와 관점을 밝히고 지지를 얻어야 한다. 동북공정을 실시하는 단계에서는 가능한 한 교류를 막고, 특히 중화인민공화국의 학자들이 외국에 가서 발표하는 것을 거의 허가하지 않았다. 이것이 '연구에는 성역이 없으나 선전에는 기율이 있어야 한다'라는 방어원칙에 따른 것이다. 그런데 8년간의 프로젝트에서 자신감을 가진 중화인민공화국은 이제 완전히 공격적으로 나오게 된 것이다.

셋째, 적극적으로 남북한 학자들을 초청하여 학술교류를 한다. 2016년 7월 통화사범대 고구리연구원 주최 「1차 중·한 고구리 신예 학자 학술회의」, 2017년 4월 5~7일 통화사범대 고구리연구원 주최 「중·조 학자 고구리·발해 역사와 고고 학술좌담회」가 좋은 사례다. 뿐만 아니라 2017년 9월 18~22일 한국 동북아역사재단 주최 「2차 한·중 고구리 청년학자 학술회의」에 경철화(耿鐵華), 이낙영(李樂榮), 유위(劉偉) 교수를 비롯하여 길림대학, 동북사범대학, 장춘사범대학, 연변대학, 중국사회과학원 고고연구소, 장춘 중의약대학 같은 기관에서 학자들을 대거 참석시켜 적극적으로 중화인민공화국의 논리를 주장하였다.[81]

中国社科院中国边疆史地研究中心
主任厉声作大会发言

吉林省委宣传部副部长、省高句丽研究
中心专家委员会主任张福有作大会发言

黑龙江省社科院历史所魏国忠研究员作
大会发言

《社会科学战线》主编刘信君作大会发言

吉林大学文学院程妮娜教授作大会发言

东北师大古籍所李德山所长作大会发言

---

81) 通化師範學院 사이트. 「高句麗研究院」참조 : https://ggl.thnu.edu.cn/show.asp?tid=158&xxid=830

이어서 구체적인 구호도 제시된다. 바로 '같은 점은 취하고 다른 것은 그대로 놓아둔다(求同存異)'라는 것이다.

> 이 과정에서 우리는 '같은 점은 취하고 다른 것은 그대로 놓아둔다(求同存異)'[82]를 견지하며 상호 교류를 통해 함께 발전해야 한다. 이와 함께 우리는 탄탄한 학문을 해야 하므로 깊이 있는 조사와 연구를 거쳐 우리의 진짜 사실을 내세우고, 우리의 진짜 실력을 내세우며, 우리의 훌륭한 연구성과를 내세워 도리를 말하고 논리로서 상대를 설득해야 한다. 또한 사실이 웅변을 이기는 것이기 때문에 사실을 말해야 한다.[83]

'같은 점은 취하고 다른 것은 그대로 놓아둔다(求同存異)'라는 전략은 이미 동북공정이 진행되는 과정에서도 계속 견지했던 태도다. 보기를 들어 '고구리 벽화는 훌륭한 유산이다' '고구리는 BC 37년에 추모가 세웠다' 같이 인정하는 것은 논의하고 토론하고 취하고(求同), '고구리는 중원의 지방 정권이다.', '고구리는 한(漢) 땅에 세워졌다.'처럼 견해가 다른 관점은 논의하거나 다투지 말고 그냥 그대로 놔두자(存異)는 고도의 전략·전술이다. 앞으로는 이미 동북공정을 통해 훔쳐 간 역사에 대해서는 일체 논의를 하지 말고 문제없는 주제만 교류하자는 것이다. 이 문제는 공식적으로 이 대회에서 외국 학술계에 요청한다. 여기서 외국이란 남북한을 뜻하는 것이다.

국제 학술교류에서 외국 학술계는 다음 몇 가지 점을 이해해주길 희망한다.

> 첫째, 고구리가 이미 역사 문제가 되었기 때문에 고구리 역사 문제를 전체로서 고려해야 한다는 점이다.
>
> 둘째, '같은 점은 얻고 다른 점은 그대로 놓아둔다(求同存異)'라는 것으로, 고구리 역사를 연구하는 데 각자 다른 학술 관점을 가질 수 있도록 양해해야 한다는 관점이다.
>
> 셋째, 학술을 통해서 신뢰를 구축하고, 학술 대등 원칙을 견지하며, 학술연구를 통해 차츰 인식의

---

82) 「중앙일보」 2016.09.05. [사설] 〈구동존이(求同存異)의 자세로 한·중 사드 갈등 넘어서야〉
83) 楊雨舒, 「2009年東北邊疆歷史與文化學術研討會綜述」 『東北史地』 2009-06, 91쪽.

일치를 이루어내야 한다는 점이다.[84]

실제로 2016년 9월 5일 중화인민공화국에서 열린 G20 회의에 참석한 박근혜 대통령과의 한·중 정상회담에서 시진핑 주석은 "한·중 양국이 구동존이(求同存異)에 노력해야 한다."라고 말하였다.[85] 문재인 대통령은 최근 2021년 4월 20일 아시아판 다보스포럼으로 불리는 보아오포럼(BFA·Boao Forum for Asia)에 영상 메시지에서도 "구동존이(求同存異)는 포용과 상생의 길이며 인류 공동의 위기인 코로나를 극복하는 데에도 중요한 가치이자 원칙"이라고 밝혔다.[86]

동북공정을 통해 (고)조선·고구리·발해 역사를 완전히 중화인민공화국 역사를 만들어버렸기 때문에 이 문제는 앞으로 몇천 년을 가도 두 나라 사이 이견(異見)으로 남을 것이다. 그런데 그렇게 다른 것(異)은 꺼내지 말고 서로 모른 척하자는 것이 '구동존이(求同存異)'라는 전략적 정책이다. 그러므로 우리나라가 '구동존이(求同存異)'라는 덫을 벗어나지 않는 한 중화인민공화국의 역사침탈은 계속될 것이며, 훔쳐 간 역사를 가공하여 선전하고 전파하는 데 거침이 없을 것이다. 바로 그 결과를 다음 다섯째 마당에서 자세히 보려고 한다.[87]

(3) 앞으로 계속 진행

참가자들은 동북공정이 괄목할만한 성적을 얻었다는 점을 확인하고, 앞으로 연구에도 만주 3성과 중국사회과학원이 꾸준히 지도하여 동북 지역의 역사와 문화에 대한 연구를 이어가게 해야 한다는 점을 강조한다.

이 연구 영역에서 우리는 동북 (길림성, 요령성, 흑룡강성) 3성의 자원과 역량을 끊임없이 통합하여 몇 가지 중요한 일을 함께 수행하고, 연계와 교류를 강화하고, 서로를 지지해야 한다. 중국사회과학원도 자신의 장점을 최대한 발휘하여 지도를 강화하고, 더 큰 역량을 투입하고, 만주 3성의 사회

---

84) 楊雨舒,「2009年東北邊疆歷史與文化學術研討會綜述」,『東北史地』, 2009-06, 91쪽.

85) 「중앙일보」 2016. 09. 05. [사설] 〈구동존이(求同存異)의 자세로 한·중 사드 갈등 넘어서야〉

86) 「조세일보」 http://www.joseilbo.com/news/htmls/2021/04/20210420421891.html

87) 동북공정의 성과 발표에 관한 것도 「동북공정(2002~2009) 8년의 진행과 성과에 관한 분석 연구」에서 자세하게 분석하였으므로 여기서는 다음 장을 끌어내기 위해 '구동존이(求同存異)'에 관한 문제만 간단히 보았다.

魏存成教授
介绍第一组
讨论情况

第一组讨论情况

武玉环教授
介绍第二组
讨论情况

第二组讨论情况

과학 일꾼들과 공동으로 노력하여 동북 변경의 역사와 문화 연구에 새로운 국면을 만들어야 할 것이다.[88]

그 뒤 실제로 동북공정에서 다루었던 문제들은 2017년 2월까지 『동북사지』를 통해서 꾸준히 발표되었다. 〈표 7〉에서 보듯이 고구리 관련 논문만 85편이 실렸고, (고)조선을 비롯한 논문들을 모두 합치면 177편의 논문이 계속 발표되었던 사실을 알 수 있다.

88) 楊雨舒, 「2009年東北邊疆歷史與文化學術研討會綜述」, 『東北史地』, 2009-06, 91쪽.

다섯째 마당

역사침탈 4단계(2010~현재)

동북공정 성과 보완과 침탈한 역사의 국사(國史) 전환

I. 동북공정 성과에 대한 보완과 지속적인 연구

1. 『동북사지』의 역사침탈 마무리 기간(2010~2017. 2)

앞에서 동북공정이 2007년 1월에 끝나지 않고 2009년까지 연장하였다는 것을 밝히기 위해 쓴 『동북사지』 고구리 연구과제 진행 통계표를 다시 한번 보기로 한다. 앞에서 보았듯이 특별히 동북 공정 성과물을 발표하기 위해 『학문』이란 잡지를 『동북사지』로 바꾸어 2004년부터 내기 시작하였 다. 그 뒤 2015년까지 12년간을 첫 해는 12회를 내고 그 뒤 한 해 6회씩을 냈다. 그리고 13년째인 2016년 3기부터는 다시 『학문』으로 제호를 바꾸어 2016년 4기와 2017년 1기를 펴낸 뒤 폐간된다. 여기서 우리는 동북공정이 끝난 2009년 이후에서 2010년부터 2017년 1기(1~2월)까지 동북공정을 마무리하는 임무를 다 완수하고 폐간되었다는 것을 알 수 있다. 그래서 2010년부터 2017년 2월까 지를 역사침탈 마무리 기간으로 보았다.

표를 보면 동북공정 과제를 진행할 때는 전문가논단이나 학술논단 같은 다양한 주제마당을 설치 하고 논문들을 분류하여 실었는데 동북공정이 끝나고 마무리하는 기간인 2010년부터는 모든 연구 를 '고구리발해연구'라는 새로운 주제마당을 마련하여 모두 한곳에 실었다는 것을 알 수 있다.

〈표 13〉 동북공정 결과 발표지 『東北史地』 고구리 연구과제 진행 통계

	국책 역사침탈(동북공정) 기간						역사침탈 보완·마무리 기간								소계	총계
	04	05	06	07	08	09	10	11	12	13	14	15	16	17		
本期關注	5														5	
專家論壇 專題研究 學術熱點 爭鳴園地	9	10	16	10	6	7									58	
世界遺産	2														2	
學術園地 學術論壇	8	11	8	7	13	5									52	
古代史研究 學術交流						8									8	
高句麗研究 東北歷史 民族研究 民族探微 文化探源	10														10	160
都城內外 山城上下 考古新論 發掘報告 王陵研究 碑碣石刻	18	2	2			1									23	
山水之間	1		1												2	
高句麗渤海 (問題)研究								3	7	10	9	16	13	4	62	
東北史論 東亞史							11	5		2			1		19	85
學術探討 史學探索 東北民族							2		1				1		4	
	53	23	27	17	19	21	13	8	8	12	9	16	15	4	245	245

〈표 14〉에서 동북공정 마무리 기간인 2010년부터 2016년까지 7년간『동북사지』에 발표된 한국사 관련 연구과제는 모두 237편으로 꽤 많은 연구성과가 나왔다. 아마 여기 발표된 논문들은 중앙의 중국변강사지연구중심의 연구비는 공식적으로 끝났으므로 만주 3성의 중국공산당 위원회가 사회과학원을 통해서 지급하였을 것으로 보인다. 앞에서 보았듯이 중국변강사지연구중심도 2010년 이후에 만주 지역 강역 문제에 관한 역사연구를 계속하기로 하였으므로 중앙에서 지원하였을 수도 있다.

〈표 14〉 동북공정 마무리 기간『東北史地』한국사 관련 연구과제 진행 통계

	2010	2011	2012	2013	2014	2015	2016	합계
邊疆史論理		3		7	5	3		41
기자조선	3	3			2	4	4	16
高句麗	18	11	14	23	21	18	18	123
발해	5	1	4	2	9	3	3	27
고리·조선		3		4	5	3	5	20
백두산	4			2	3	1		10
	30	18	18	38	45	32	30	237

　이『동북사지』통계에 따른다면 2009년 동북공정이 끝난 뒤 2010년부터 부족하였던 부분을 메꾸고 더 필요한 부분을 더해 온전히 마무리한 것이 2016년이라는 것을 알 수 있다. 물론 2017년 1~2월까지 책이 나오지만 이미 2016년에『학문』이란 이름으로 돌아간 것을 감안하면 2016년에 마무리하였다고 해도 무리가 없을 것이다.

　역사침탈을 마무리하였다는 것은 무엇을 뜻하는가? 이제 역사침탈을 중지하고, 침탈한 역사를 자국사인 '국사'로 쓰는 작업을 하는 것이다. 지금까지 빼앗으려고 싸웠지만, 이제는 자기 것으로 확실히 자리매김하기 위해 연구하고, 방어하기 위해 연구하는 위치가 되었다.

이렇게 통계에 따라 2016년을 기점으로 시대구분을 해놓고, 앞으로 여러 자료를 통해서 2016년 전후의 차이점을 보려고 한다.

2. 길림성사회과학원 고구리연구중심의 계속되는 활동

1) 2011년 길림성 고구리·발해 문제 연구토론회

앞에서 길림성사회과학원 고구리연구중심(高句麗研究中心)은 1997년에 설립되었는데『백도백과(百度百科)』에 2004년 8월(吉編辦[2004]138號)에 설립된 것으로 되어있다는 것을 보았다. 그런데 2021년 12월 10일 검색해 보니 2007년 12월 4일(吉編辦[2004]138號)에 설립된 것으로 바뀌었다. 고구리연구중심은 왜 이렇게 설립연도를 바꾸는 것일까? 2004년은 동북공정이 두 나라의 외교 문제로 번지자 2003년 말부터 작업하여 동북공정 추진을 중앙에서 길림성사회과학원으로 넘겼기 때문에 2004년으로 넘겼다는 것을 알 수 있다. 그리고 공식적으로 2007년 동북공정이 끝난 것으로 하였으므로 다시 2007년으로 옮겨 역사침탈과 관계없는 단체로 탈바꿈해보려는 시도라고 본다.

동북공정이 끝난 2010년 이후에도 고구리연구중심의 업무는 똑같이 진행되어 동북공정 뒷마무리를 하는 데 역할을 다한다. 그 첫 공개행사가 길림성 고구리·발해 문제 연구토론회다. 전국대회가 아니고 길림성으로 국한 한 것이 2010년과 차이가 난다.

■ 길림성 고구리·발해 문제 연구토론회(吉林省高句麗渤海問題研討會)

때 :　　2011년 12월 21일

곳 :　　장춘

주최 : 길림성 고구리연구중심

이 회의는 길림성사회과학원 원장급 임원과 길림성고구리연구중심 부주임 부백신(付百臣) 연구원이 주관하였다. 이어서 장복유의 참석을 기록하였는데, 길림성장백산문화연구회 회장과 길림성정부 문사연구관(文史研究館) 관원으로 되어 있다.

그밖에 길림대학, 동북사범대학, 연변대학, 장춘사범대학, 길림성사회과학원, 길림성고구리연구중심에서 고구리·발해 연구 전문가와 학자 40명 남짓 참석하였다.

1. 장복유(고구리연구중심) : 고구리 산성 현지답사에 대해 보고. 2004년부터 30만㎞를 넘게 달려 232개 성을 답사하며 2만 장이 넘는 사진을 찍었다. 118곳을 고구리 성으로 확정하여 『고구리 고성 고감(高句麗古城考鑒)』을 펴냈다.

2. 위존성(길림대) : 이번 대회의 시기와 필요에 대해 말하였다. "고구리·발해 역사영역 가운데 길림성은 물론 전국에서 현재 정식연구기관은 길림성고구리연구중심 한 곳이고, 간행물인 『동북사지』는 길림성은 물론 세계적으로 영향력이 있다. 길림대학도 앞으로 고구리 고고 문제 연구에 더욱 열심히 해 좋은 성과를 내야 한다."

3. 유거(劉炬, 고구리연구중심) : 자기가 지은『당의 고구리 정복사(唐征高句麗史)』소개.

4. 묘위(苗威, 동북사범대학 역사문화학원) : 자기가 지은『고구리 유민 연구』소개.

5. 정나나(程尼娜, 길림대학 문학원) : 길림대학 연구과제와 방향에 관해 이야기.

6. 주입춘(朱立春, 길림성사회과학원 민족연구소 소장) : 고구리 학자들은 고구리 민속·벽화·음악·무용·전통 예의를 연구해야 한다.

7. 왕탁(王卓,『동북사지』주편) :『동북사지』소개

8. 상영기(尚永祺,『사회과학전선』부주편) : 특별히 젊은 학자에게 기회를 많이 주겠다.

9. 손력남(孫力楠, 동북사범대학) : 지난해 고구리연구중심에서 선정한 과제 현황과 앞으로 연구에 관해 말하였다.

10. 윤현철(연변대학) : 연변대의 고구리와 발해 연구 학술 팀의 주요 연구방향과 영역.

11. 양우서(楊雨舒, 길림성사회과학원 역사연구소 부소장) : 발해 연구 학자와 고구리 연구 학자 사이의 교류가 필요하다.

12. 정춘영(鄭春穎, 장춘사범학원) : 2011년 교육부 연구과제로「고구리 복식 문제 연구」를 따냈다.[1]

---

1) 王旭,「吉林省高句麗渤海問題研討會綜述」,『東北史地』2012-2.

이상 발표 내용을 보면 학술연구토론회가 아니고, 고구리·발해 연구에 대한 간담회 정도 모임으로 보인다. 동북공정 때 보였던 긴장감이나 문제의식이 없는 것을 보면, 바로 그 때문에 길림성고구리연구소에서 소집한 것으로 보인다.

2) 길림성고구리연구중심 선정과제 및 출판 저작

길림성고구리연구중심은 2004년 창립된 이래 연구과제를 조직하거나 각종 위탁과제를 맡아 40개 항목을 연구하고 있다. 그 가운데 2014년 1월 현재 21권의 저작이 출판되었다.

(1) 고구리 관련 연구

① 　고구리 약사(高句麗簡史)

② 　고구리 왕릉 통고(高句麗王陵通考)

③ 　정사「고구리전」교정과 주해(正史《高句麗傳》校注)

④ 　고구리 정치제도사 연구(高句麗政治制度史研究)

⑤ 　수당시기 동북아 조공책봉 제도 연구(隋唐時期東北亞朝貢冊封制度研究)

⑥ 　그림책 고구리(圖文高句麗)

⑦ 　당의 고구리 정복사(唐征高句麗史)

⑧ 　집안 고구리 무덤(集安高句麗墓葬)

⑨ 　고구리 연구와 중조·중한관계 발전(高句麗研究與中朝中韓關系發展)

⑩ 　고구리 예술사(高句麗藝術史)

⑪ 　고구리 왕릉 통감(高句麗王陵統鑒)

⑫ 　고구리 역사지리 연구(高句麗歷史地理研究)

⑬ 　고구리 통치영역 방식 연구(高句麗統治領域方式研究)

⑭ 　고구리의 발전과정과 사회현상(高句麗的發展過程和社會現象)

⑮ 　고구리 정권의 체제성립 과정 연구(高句麗政權體制成立過程研究)

⑯ 　고구리의 왕통 계승 연구(高句麗繼統研究)

⑰ 　고구리 문화 연원 고찰(高句麗文化淵源考)

⑱ 고구리 전설의 뿌리 고찰(高句麗傳說考源)

⑲ 고구리 인물 평전(高句麗人物評傳)

⑳ 고구리 건국사 연구(高句麗建國史研究)

㉑ 고구리 벽화의 숫자 영상 전파(高句麗壁畫的數字影像傳播)

㉒ 고구리·발해 역사 자리매김 연구(高句麗·渤海歷史定位研究)

㉓ 고구리 벽화 무덤에 나타난 외래문화 요소 탐구(高句麗壁畫墓中外來文化因素探釋)

㉔ 고구리 역사문헌 연감(高句麗歷史文獻年鑒)

㉕ 고구리와 발해의 비석 문헌 연구(高句麗與渤海碑石文獻研究)

(2) 부여와 한사군 관련 연구

㉖ 부여 사료 모음(夫餘史料滙編)

㉗ 부여사료 연구(夫餘史料研究)

㉘ 부여와 현도군 관계 연구(夫餘與玄菟郡關係研究)

㉙ 한사군 연구(漢四郡研究)

(3) 발해 관련 연구

㉚ 당대 발해 5경 연구(唐代渤海五京研究)

㉛ 발해 고고(渤海考古)

㉜ 발해 무덤 연구(渤海墓葬研究)

㉝ 발해 문헌자료 정리와 연구(渤海文獻資料整理與研究)

(4) 기타

㉞ 수·당시기 동북 변강민족과 중앙왕조 관계사 연구(隋唐時期東北邊疆民族與中央王朝關系史研究)

㉟ 당대 영주지구 관서 기구 연구(唐代營州地區官署機構研究)

㊱ 압록강 중상류지구 조기 개발사 연구(鴨綠江中上流地區早期開發史研究)

㊲ 무송현 대황정 돌무지 유적 조사와 연구(撫松縣大荒頂石堆遺跡調查與研究)

㊳ 금나라와 고리(高麗) 연구(金朝與高麗研究)

㊵ 길림성 성립 100년 기록(吉林建省百年紀事)

(5) 시리즈 보급 읽을거리

㊵ 고구리 역사 지식(高句麗歷史知識)

㊶ 그림책 고구리(圖文高句麗)

㊷ 발해 역사 지식(渤海歷史知識)

㊸ 부여 역사 지식(夫餘歷史知識)[2]

3. 통화사범학원(通化師範學院) 고구리연구원의 계속되는 학술 활동

1) 1995년, 중화인민공화국 최초의 고구리연구소[3] 설립

(1) 1995년 : 통화사범학원에 고구리연구소 설립

설립 : 1995년 7월, 소장 : 경철화(耿鐵華) 교수, 실제 소장 — 양춘길(楊春吉) 교수

부소장 :　황갑원(黃甲元) 교수(장백산구 지방사 전문가), 예군민 부교수(倪軍民, 사망)

설립목적 :　고구리 역사와 고고 연구, 인재와 지연(地緣) 우세함을 발휘.

　　　　　고구리 정치 경제 군사 문화 및 족원(族源), 족속(族屬), 고구리와 중원왕조·

　　　　　백제·신라·일본·발해와의 관계 문제 연구[4]

성과 : 2000년까지 5년간의 성과

① 통화사범학원,『통화사범학보 - 고구리사 연구 특집호(전號)』, 1996-1.

② 양춘길·경철화 주편,『고구리 역사와 문화 연구』, 길림사범학원 고적연구소 편, 길림문사출

　　판사(장백총서 연구계열), 1997. 6.

---

2)　「吉林省高句麗研究中心成立以來立項課題與出版著作」『東北史地』2014-1.

3)　通化師範學院,『通化師範學報-高句麗史研究專號』1996-1, 108쪽, 學術信息.

4)　軍民,「學術信息」『通化師範學報』1966-1, 108쪽; https://ggl.thnu.edu.cn/ (통화사범학원 고구리연구원 공식 사이
　　트)

③ 양춘길·경철화 편,『중화인민공화국 학자 고구리연구 문헌목록』, 통화사범학원 고구리연구소, 1997.

④ 양춘길·경철화·예군민 주편,『고구리 사적(史籍) 보음(滙要)』, 길림문사출판사 고구리 연구총서, 1997. 6.

⑤ 경철화·예군민 주편,『고구리 역사와 문화』, 길림문사출판사 고구리 연구총서, 고구리역사와 문화 총서, 2000. 4.

⑥ 양춘길·경철화 주편,『고구리 귀속문제 연구』, 吉林文史出版社 高句麗歷史與文化叢書, 2000. 12.

통화사범대학의 고구리연구소는 몇 가지 면에서 다른 연구기관보다 우수한 바탕이 있다. 첫째, 바로 고구리 705년 가운데 가장 오랫동안 수도였던 국내성이 바로 통화시에 있으며, 첫 수도인 환인 오녀산성도 국내성과 짧은 거리 안에 있어 현장에서 직접 고구리 유물을 발굴하고 유적을 답사할 수가 있다. 둘째, 가장 먼저 생긴 고구리 전문 연구소이기 때문에 각 기관의 전폭적인 지원을 받아『중화인민공화국학자 고구리 연구 문헌목록』이나 고구리 자료집인『고구리 사적 모음(高句麗史籍滙要)』같은 기본 자료를 확보할 수 있었다. 셋째, 고구리사 연구 전문가가 있다. 그리고 집안박물관의 연구자들도 함께 참여할 수 있어 연구인력 확보가 쉽다. 넷째, 여러 가지 연구를 하는 큰 대학이나 연구기관과 비교해 이 대학은 고구리 연구를 특화하여 전념하고 있다는 점이다. 이런 좋은 조건을 가지고 있는 고구리연구소는 다른 어떤 단체와 비교할 수 없을 정도로 큰 성과를 내고 있다. 이런 연구성과는 다분히 경철화 교수 한 명의 활약에 힘입은 바 크다.[5] 고구리사에 관한 문헌 연구는 물론 집안박물관에서 오랫동안 근무하여 고고·유물에 대한 경험이 풍부하기 때문이다. 지금까지 국내외를 막론하고 가장 많은 고구리 관련 책과 논문을 낸 최고 전문가다.

---

5) 연구 책임자 耿鐵華·倪軍民·楊春吉의 연구성과 : 耿鐵華,「高句麗起源和建國問題探索」,『求是學刊』1986-1; 耿鐵華,「高句麗南北道的形成與拓展」,『通化師範學院學報』1996-1;『高句麗歷史與文化研究』吉林文史出版社, 1997년; 耿鐵華,「集安高句麗歷史與好太王碑」,『高句麗研究文集』延邊大學出版社, 1993년 7월; 耿鐵華,「毋丘儉紀功碑 考略」,『中國文物訊問』1988.4.29.일; 耿鐵華,「高句麗起源和建國問題探索」,『求是學刊』1986-1;「高句麗歸屬問題研究」吉林文史出版社, 2000; 耿鐵華,「高句麗壁畵四神圖及其文化淵源」,『黑土之的古代文明』遠方出版社, 2000; 耿鐵華·楊春吉,「高句驪歸屬問題研究」,『高句麗歸屬問題研究』吉林文史出版社, 2000; 耿鐵華·倪軍民·楊春吉,「高句麗疆域調査與研究現況」,『黑土地的古代文明』遠方出版社, 2000; 楊春吉,「高句麗史中的幾個問題」,『通化師範學報』1996-1;『高句麗歷史與文化研究』吉林文史出版社, 1997; 楊春吉·林潤澤,「金毓黻先生對高句麗史的研究」,『高句麗歷史與文化研究』吉林文史出版社, 1997; 楊春吉, 倪軍民,「高句麗國家的建立」,『高句麗歷史與文化』吉林文史出版社, 2000; 楊春吉·耿鐵華,「高句麗是我國東北歷史上少數民族政權」,『高句麗歷史與文化』吉林文史出版史, 2000; 楊春吉·耿鐵華,「高句麗與高麗王朝」,『高句麗歷史與文化』吉林文史出版社, 2000; 楊春吉·耿鐵華,「高句麗與我國的朝鮮族」,『高句麗歷史與文化』吉林文史出版社, 2000; 楊春吉·耿鐵華,「我國歷史教科書中對高句麗提法的變化與說明」,『高句麗歷史與文化』吉林文史出版社, 2000; 楊春吉·王曉南,「高句麗疆域調査與研究現況」,『高句麗歸屬問題研究』吉林文史出版社, 2000; 倪軍民·秦昇陽,「高句麗的軍事擴張與疆域」,『全局首屆高句麗學術研討會論文集』1999; 倪軍民·耿鐵華·楊春吉,「高句麗歷史歸屬問題史稿」,『通化師範學院學報』2000-1; 倪軍民·楊春吉,「高句麗民族的起源」,『高句麗歷史與文化』吉林文史出版社, 2000; 倪軍民·楊春吉,「高句麗與中原的關係」,『高句麗歷史與文化』吉林文史出版社, 2000; 耿鐵華,『中國高句麗史』吉林人民出版社, 2002.

광개토태왕비 앞, 손인걸·서길수·경철화 (1993. 4. 2.)　　　경철화·서길수·에스페란토 통역 (2001. 2)

2) 2006년, 통화사범학원 고구리연구원(高句麗研究院)으로 승격

앞에서 본 바와 같이 통화사범학원 고구리연구소는 1차 국책 역사침탈 과정에서 이미 전국 고구리 학술토론회를 여는 등 중요한 역할을 하고, 동북공정이 시작되면서는 더욱 중요한 기지가 된다. 바로 고구리 역사가 생겨나 평양으로 옮기기 전 유적이 모두 그 지역에 있기 때문이다.

동북공정이 한창 진행되는 2006년 통화사범학원 고구리연구소는 고구리연구원으로 승격한다. 당시 경철화 원장은 글쓴이에게 "연구원이 되면 국가가 직접 관할하고 예산도 직접 내려온다."라고 자랑하였는데 사실 여부는 잘 모르겠다. 고구리연구원은 대학에 몇 명의 연구원이 일하는 연구소처럼 생각해서는 안 된다. 작은 단과대학쯤으로 봐도 된다. 연구원 아래 3개의 연구실을 두었다.

① 고구리 역사와 고고 연구실
② 동북 민족과 강역 연구실
③ 발해사 연구실

3개의 연구실을 바탕으로 한 고구리연구원 전임교원은 2012년 당시 모두 14명이었다. 그 가운데 교수는 7명(박사 지도교수 2명, 석사 지도교수 4명), 부교수 3명, 강사 3명, 조교 1명이었다. 한 대학 연구원에 이처럼 14명이 평생 안정적으로 고구리·발해사를 연구할 수 있도록 하였다는 것은 안정적 연구라는 측면에서 커다란 진전이라고 할 수 있다. 길림성사회과학원 고구리연구중심이 정치적 배경을 가졌다면, 통화사범학원의 고구리연구원을 통해 순수 학술을 표방할 수 있는 연구기지가 설립된 것이다. 2006년에 이미 역사침탈을 마친 뒤 학술적 연구가 지속해서 이어갈 수 있는 기지를 만든 것이다.

이 연구원에서 2006년부터 2012년까지 6년간 발행한 연구성과는 다음과 같다.

① 『고구리 옛 무덤 벽화 연구(高句麗古墓壁畵研究)』
② 『중화인민공화국 고구리 학자와 연구 총론(中國高句麗學者與研究綜述)』
③ 『고구리와 동북의 민족과 강역 연구(高句麗與東北民族疆域研究)』
④ 『고구리 군대와 전쟁 연구(高句麗軍隊與戰爭研究)』
⑤ 『고구리 연구사(高句麗研究史)』
⑥ 『발해사 문헌자료 (渤海史文獻資料簡編)』등 모두 학술저작 17권 출판. [6]

그리고 국내외에 논문 100편 이상을 발표하였다. 이런 성과를 바탕으로 고구리연구원은 길림성 교육청과 길림성철학사회과학 계획 행정실에서 '길림성 고구리인문사회과학 중점연구기지'·'길림성 철학사회과학 특색문화 연구기지'로 선정되었다.

고구리연구원은『고구리와 동북민족연구』를 부정기로 내고 있다.

고구리연구원은 1998년 다른 대학보다 앞장서 학부에 '고구리사학과(高句麗史課程)'를 개설하였고, 아울러 2006년부터는 길림사범대학·동북사범대학과 연합하여 대학원 석사과정을 운영하고 있다.

고구리연구원은 전국적 지역적 학술회의를 열고 2006년 이후는 적어도 해마다 한 차례씩 학술회의를 열고 있다. 새로운 신진 연구자를 길러내서 적극적으로 국내외 학술 활동에 참여시키고 한국, 일본, 조선, 러시아, 대만 학자들과도 교류하고 있다. [7] 대학 연구원이라는 장점을 잘 살리고 있다.

---

6) 「通化師範學院高句麗研究院」『東北史地』2012-3.
7) 「通化師範學院高句麗研究院」『東北史地』2012-3.

院长耿铁华教授在俄罗斯

组织国内外学者考察好太王碑

通化师范学院高句丽研究院

3) 2010년 이후 통화사범학원 고구리연구원의 활동

(1)　2011년 8월 24일 : 〈동북아와 일본 학술토론회(東北亞與日本學術研討會)〉

(2)　2012년 7월 1일 : 〈고구리 호태왕 서거 1600년 기념 학술대회(紀念高句麗好太王逝世 1600年學術研討會)〉

(3)　2013년 7월 3~4일 : 〈고구리와 동북 민족 연구 연차회의〉

고구리와 동북민족 연구중심(高句麗與東北民族研究中心)이 주최하였다. 당시 집안에서 새로 발견된 고구리비(高句麗碑)가 주된 의제였다.

(4)　2014년 9월 20일 : 〈고구리 세계유산 등재 10주년과 호태왕 건립 1600년 학술 연구토론 회〉[8]

(5)　2015년 7월 1~2일 : 〈고구리연구원 창립 20주년 학술연구토론회〉

'고구리연구원'과 '고구리·동북민족연구중심' 주최

중국사회과학원, 대만대학, 태만사범대학, 흑룡강성사회과학원, 하얼빈사범대학, 요령성사

---

8)　朱尖,「高句麗申遺10年暨好太王碑建立1600年學術研討會紀要」『通化師範學院學報』, 2014-09.

회과학원, 심양건축대학, 영구시박물관, 환인현문물관리국, 길림성사회과학원, 길림성고고연구소, 길림대학, 동북사범대학, 길림성민족연구소, 집안시박물관, 통화사범학원 등에서 100명 가까이 참석.[9]

경철화는 "고구리연구원이 창립된 뒤 20년 동안 책 35권과 논문을 360편 넘게 발표하였는데 다음과 같은 특징이 있다."라고 스스로 평가하고 있다.

① 고구리 역사와 고고에 관하여 전방위적인 연구를 전개하였고, 고구리연구원은 학술 저서뿐 아니라 학술 논문에서도 전방위적인 위세를 나타냈다.

② 조사·연구하는 과정에서 고구리의 주류를 이루는 학술적 관점을 형성하고 견지하였다.

③ 부단히 개척하여 새로운 연구 영역을 개척하였는데, 역사와 고고 연구를 위주로 하면서 끊임없이 음악, 무용, 체육, 그림, 서법, 조각 같은 영역을 개척하였다.

④ 고구리연구원의 성과는 새로운 이념, 새로운 시각, 새로운 자료, 새로운 방법, 새로운 관점을 지향하여 기본적인 성과를 거두었다.

⑤ 젊은 학자들의 고구리 연구성과를 끌어올려 학술계의 관심을 끌었고, 새로운 신인들이 빨리 성장함에 따라 연구원의 희망과 미래가 되었다.[10]

(6) 2016년 3월 25일 : 〈조선사회과학원 고고학연구소 손수호 소장 일행 방문〉

국가 관련 부문이 고구리 연구가 국제학술교류를 강화해야 한다는 요구에 응하고, 국제 고구리 연구 동태를 전면적으로 파악하며 조선사회과학원의 요청에 따라 2016년 3월 18일부터 3월 25일 사이 통화사범학원 고구리연구원은 조선사회과학원 학자들을 초청하여 학술교류와 학술강좌를 진행하고 고구리 유적을 답사하였다. 2015년 11차 계획을 전후하여 통화사범학원 고구리연구원 대표단이 조선사회과학원의 요청에 따라 조선을 방문한 데 대한 답례

---

9) 「紀念高句麗研究院建院20周年學術研討會紀要」『通化師範學院學報』 2015,36-09;「高句麗研究院建院20周年學術研討會」『社會科學戰線』 2015-10.

10) 耿鐵華,「高句麗研究院研究成果及其特點」『通化師範學院學報』 2015-09.

로 초청하였다. 방문 기간 쌍방이 근래 얻은 최신 성과, 고구리 옛 무덤 벽화 및 새로 개설한 고구리학과 같은 문제에 대해 우호적인 학술교류를 하였다.

(7) 2016년 7월 18~22일 : 〈중한 고구리 신예 학자 학술교류회〉
한·중 학술기구 및 학자 사이를 잇고 협력하고, 고구리 연구의 새로운 동향을 탐색하고, 중한 신예 학자들이 고구리 역사와 고고 연구를 깊게 할 수 있도록 중화인민공화국의 통화사범학원 고구리 연구원과 한국의 동북아역사재단 한·중 관계연구소가 연합하여 통화사범학원에서 학술교류회를 열었다.[11]

(8) 2016년 9월 3일 : 〈치나 위진남북조 시기 동아 역사와 사회 학술연구토론회〉
중화인민공화국 남북조사학회가 주최하고 통화사범학원 고구리연구원이 주관하여 통화사범학원에서 열렸다. 북경, 상해, 호북성, 길림성 등지에서 저명한 전문가와 학자들이 모여 남북조시기 동시아시아 역사와 사회에 대한 여러 문제를 토론하였다. 전국단위 학술단체와 교류·협력하였다는 의미가 있다.

(9) 2017년 6월 30일~7월 3일 : 〈호태왕비 발견 140주년 기념 ─ 고구리·발해 연구의 새로운 시야에 관한 학술 연구토론회(紀念好太王碑發現140周年 ─ 高句麗·渤海研究的新視野學術研討會)〉
고구리연구원·고구리와 동북 민족 연구중심·고구리 특색문화 인구기지(高句麗特色文化研究基地)가 주최하고, 북경, 하남성, 요령성, 흑룡강성, 길림성의 학술 연구소와 유물·박물관 관계자가 90명 남짓 참석하였다.
7월 1일 개막식에서 중국사회과학원 변강연구소 이대룡 연구원이 "2016년부터 지금까지 고구리·발해 연구의 글들이 주제 선정과 학술의 질과 양이 높은 편이지만, 고구리·발해 연구에서 스스로 새로운 역사 저술체계를 세워야 하고, 연구를 깊게 하려면 새로운 시야가 필요하며, 개인 연구도 따로 새로운 길을 개척하고, 새로운 영역·관점·각도가 있어야 하며,

---

11) 「"中韓高句麗新銳學者學術交流會"在我校擧行」『通化師範學院學報』2016-11.

진정으로 고구리·발해 연구가 동북아 공동체의 다리를 놓게 해야 한다"라고 문제를 제안하였다.

(10) 2017년 9월 23~24일 : 〈5차 중국변강학 논단 고구리 역사와 문화 분반 연구토론회 (第五屆中國邊疆學論壇高句麗歷史與文化分論壇研討)〉

중국사회과학원 중국변강연구소와 운남대학이 공동 주최하는 5차 중국변강학논단이 운남성 곤명에서 열렸다. 회의 모두 3개 논단으로 나누었는데, 그 가운데 하나가 '고구리 역사와 문화'였다. 그 논단은 중국변강연구소 '동북·북부 변강 연구실'과 통화사범학원 고구리연구원이 공동으로 조직하였고, 대회의 요청에 따라 통화사범학원의 양수조 부서기와 고구리연구원 특별초빙원장 경철화 같은 17명이 참석하였다.[12]

(11) 2018년 6월 7일 : 〈한국의 '2차 한·중 청년 학자 학술연구토론회' 초청에 참가〉

동북아역사재단의 초청으로 통화사범학원 고구리연구원 이낙영 교수, 경철화 교수, 유위 부교수 일행이 2017년 9월 18~22일 '2차 한·중 청년 학자 학술연구토론회'에 참가하였다. 이 회에는 중화인민공화국에서 통화사범학원, 길림대학, 동북사범대학, 장춘사범대학, 연변대학, 중국사회과학원 고고연구소, 장춘중의약대학, 한국에서 동북아역사재단, 국사편찬위원회, 서울대학, 성균관대학, 영남대학, 충북대학, 강남대학, 한밭대학, 한국외국어대학, 한국교통대학, 한국전통문화대학 및 문화재청의 노·중·청년 학자들이 참가하였다.

이 회의에서 두 나라 12명의 학자가 고구리의 여러 문제를 발표하고 회의에 참석한 원로 전문가들이 발표 내용에 대해 객관적인 토론을 하였다.

(12) 2019년 7월 8~9일 : 〈고구리·발해 역사문화 연구토론회(高句麗渤海歷史文化研討會)〉

「장백산 학술논단 — 고구리·발해 역사문화 연구토론회」에 북경과 만주 3성의 학자가 70명 남짓 참석하였다. 통화사범학원 공산당위원회 부서기 양주소(楊秀祖)와 교장 주준의(朱俊義), 중국사회과학원 중국변강연구소 공산당위원회 서기 유휘춘(劉暉春), 동북사범대학 고적 정

---

12) 範恩實, 「第五屆中國邊疆學論壇高句麗歷史與文化分論壇研討紀要」, 『通化師範學院學報』, 2017-11.

리 연구소 소장 이덕산이 축하하였다.[13] 각 분과로 나누어 다음과 같은 논문이 발표되었다.

- 범은실(範恩實, 중국변강연구소 연구원), 「당 웅진도독부 통치제도 연구」
- 왕비봉(王飛峰, 중국변강연구소 부연구원), 「2018년 요령성 개주시 청석령산성 고고 수확」
- 고복순(高福順, 길림대학 문학원 교수), 「고구리 건국 신화전설 기사 사원(史源) 연구」
- 장복유(張福有, 장백산문화연구회 회장), 「새발견 - 돈화 강자(崗子) 유적과 강자 유형」
- 경철화(耿鐵華, 고구리연구원 特聘院長), 「고구리 연구성과 출판상황과 의견」
- 서정(徐廷, 길림성문물고고연구소 館員), 「大山深谷, 嬰城固守 - 고고학으로 본 패왕조산성」
- 곽건강(郭建剛, 집안시박물관 부관장), 「태왕릉 남쪽 유적 고고 발굴 간보」[14]

---

13) 글쓴이가 축사나 참가자를 언급하는 것은 참가자 수준으로 그 대회의 높낮이를 판단하기 때문이다. 현지에서도 마찬가지다.

14) 위의 내용은 특별히 주를 단 내용을 제외한 모든 자료는 〈통화사범학원 고구리연구원 홈페이지 : 고구리연구원 → 學術交流 → 學術會議〉를 참고하였다. https://ggl.thnu.edu.cn/show.asp?tid=154&xxid=862

경철화가 원장직에서 물러나 특별초빙 원장으로 나오지만 계속 관여를 할 것으로 보인다. 그만큼 능력 있는 후임자가 보이지 않기 때문이다. 위에서 본 바와 같이 2016년을 기점으로 중화인민공화국은 역사침탈을 완전히 마치고 편안히 자기 나라 국사로서 연구를 진행시키고 있다는 것을 알 수 있다. 특히 2016. 7. 18~22. 〈중한 고구리 신예 학자 학술교류회〉는 눈여겨 볼만하다. 이전에는 한국에서 적극적으로 학술교류를 요청하면 중화인민공화국 측에서는 회피하는 것이 보통인데, 이제는 스스로 한국 학자를 초청하여 젊은 학자들과 토론하도록 하는 등 적극적인 활동을 하고 있다는 것을 알 수 있다.

통화사범학원은 유적이 있는 현지 대학이라는 측면에서 한국의 경주나 부여에 대학이 있는 것과 같다. 지금까지의 연구성과나 전망도 고구리·발해 연구와 백두산 연구에 한국에서 학술적인 측면에서 가장 눈여겨보아야 할 연구단체다. 그뿐만 아니라 중국공산당(정부)의 통제를 받지만 직접 국가기관이 아니라는 점도 활동의 자유를 갖게 하는 장점이 있다.

4. 민간학술단체 길림성 고구리·발해연구회(吉林省高句麗渤海研究會) 창립

1) 길림성 고구리·발해연구회 창립총회

■ 길림성 고구리·발해연구회 성립대회 겸 학술연구토론회
  (吉林省高句麗渤海研究會成立大會暨學術研討會)

때 :　　　　　　2016년 6월 4일
곳 :　　　　　　길림성사회과학원 학술보고청
귀빈 참석자 명단 : 소한명(邵漢明, 길림성사회과학원 공산당조 서기·원장, 길림성사회과학연합회 공산
　　　　　　　　당조 서기·부주석, 연구원)
　　　　　　　　형엄정(邢嚴程, 중국사회과학원, 중국변강연구소 소장)
　　　　　　　　이헌(李軒, 길림성 민정청 부청장)
　　　　　　　　학성량(郝聖亮, 중국공산당 길림성위원회 선전부 부순시원)
　　　　　　　　유신군(劉信君, 길림성사회과학원 부원장, 길림성고구리연구중심 부주임)

길림대학, 동북사범대학, 길림성사회과학원, 연변대학, 장춘사범대학, 북화대학, 통화사범학원, 길림성문물고고연구소, 길림성고구리연구중심에서 100명쯤 참석하였다.

소한명(邵漢明, 길림성사회과학원 공산당조 서기·원장) 연설

길림성 고구리·발해연구회가 앞으로 <u>시진핑 총서기의 철학사회과학심포지엄에서 한 중요한 연설 정신에 따라 공작해 나가야 하고</u>, 연구회의 학술 플랫폼 작용을 적극적으로 발휘하고, 마음을 다잡고 힘을 모아 단결하여 많은 전문가와 학자들이 논리를 세우고 대책을 내놓아야 한다고 강조하였다. 한 걸음 더 나아가 길림성 고구리·발해국사(國史)의 연구 수준을 발휘하여 사람들이 연구성과를 믿도록 하고, 국제적으로 학술적 발언권에서 최고봉을 차지하기를 바랍니다.

선정된 첫 임원진은 다음과 같다.

연구회 고문 : 장복유, 부백신, 손옥량, 위존성

이사장 :　　유신군(劉信君, 길림성사회과학원 부원장, 길림성고구리연구중심 부주임)

부이사장 :　　경철화, 유거(劉炬), 양군(楊軍), 송옥빈(宋玉彬), 묘위(苗威), 박찬규(朴燦奎),

　　　　　　　안문영(安文榮), 정영진(鄭永振), 강유공(姜維公), 이덕산(李德山),

　　　　　　　이낙영(李樂營), 정의(鄭毅)

비서장 :　　　이정빈(李靖斌)

2) 길림성 고구리·발해연구회 창립총회 2부 학술연구토론

새로 선정된 유신군 이사장이 주관하여 6개 분야로 나누어 학술 발언을 하였다.

① 　연변대학 발해사연구소 정영진 :「최근 조선 경내 고구리·발해 유적 조사발굴과 그 성과」

② 　통화사범학원 고구리연구원 경철화 :「호태왕비 탁본 찾아 남쪽으로 기행」

③ 　길림성고구리연구중심 고구리연구실 유거 :「고구리 연구에 있어서 몇 가지 문제에 관하여」

④　길림대학 고구리발해연구중심 송옥빈 : 「동북아 시야에서 본 고구리·발해문화 연구」

⑤　동북사범대학 역사문화학원 묘위 : 「고구리·발해 연구 현상과 반성」

⑥　장춘사범대학 역사문화학원 강유공 : 「고구리·백제 기원에 관한 신론」[15]

3) 국책 역사침탈에서 국사(國史) 연구로

앞 절에서 역사침탈의 기지인『동북사지』가 2016년에『학문』으로 제호를 바꾸었다가 2017년에
폐간된 것을 보았다. 2016년은 역사침탈에서 무언가 시대를 구분할만한 일이 있는 것이다. 그 대답
이 바로 이 고구리·발해연구회의 창립이다.

중국공산당(정부)이 총력을 기울여 침탈한 역사를 이제 자국의 역사인 국사(國史)로 연구자들에
게 돌려주는 조직행위다. 물론 길림성사회과학원 부원장이 이사장이 되어 단체를 이끌어가지만, 중
국공산당 조직이나 국가기관이 아닌 연구자 모임 형태를 만들었다. 한국의 고구리·발해학회를 연
상하게 하는 것으로 전신인 고구리연구회가 생각난다.

---

15) 중국사회과학원 사이트 2016年06月14日 : 「吉林省高句麗渤海研究會成立大會暨學術研討會」http://www.cssn.
cn/skyskl/201606/t20160614_3068635.shtml

II. 2016년 역사침탈을 마무리하고 중화인민공화국 국사로

2009년까지 역사침탈에서 가장 치열한 동북공정을 마치고 2016년까지 역사침탈을 마무리한 뒤 2017년부터는 완전히 새로운 단계에 들어가 이제 고구리·발해사를 중화인민공화국 국사로 자리매 김하기 시작한다.

1. 역사 교과서에 나타나는 변화

1) 1955~1956년, 수나라의 이웃 나라(隣國) 고리(高麗)를 공격한 침략전쟁

1955~1956년에 인민교육출판사에서 편찬한 역사 교과서는 『초급중학 치나역사 교학대강(초고)』에 의거하여 편찬되었다. 이 교과서는 인민교육출판사에서 두 번째로 편찬하여 전국에 보급한 역사 교과서다. 왕전·소수동이 편찬한 『초급중학과본 치나역사』는 몇 차례의 수정을 거쳐 1955년 부터 1965년까지 사용된 이 시기의 대표적인 중학교 역사 교과서이다.[16]

이 인민교육출판사의 초급중학(중학교) 역사 교과서 2책에는 고·수 전쟁에 관해서 제5편 수당오

---

16) 김지훈, 「중화인민공화국 역사 교과서에 나타난 고구리·발해사 서술」 『高句麗硏究』 29, 고구리연구회, 2007, 113쪽.

대(隋唐五代) 제20장 제1절 수 양제 폭정에서 「고리와의 전쟁(對高麗的戰爭)」이라는 항목으로 다음과 같이 비교적 자세하게 서술하고 있다.

1절 「고리와의 전쟁(對高麗的戰爭)」

수 양제는 끊임없이 이웃 나라(隣國)에 전쟁을 일으켰다. 최대 규모의 전쟁은 고리(高麗) 공격이었다.……고리(高麗)의 인민은 평양성 교외에서 슬기롭고 용감하게(英勇) 저항하였다. 수나라의 병사도 이 침략전쟁에 반대하여 대다수가 도주하였다. 수 양제의 공격은 완전히 실패하였다. 요하(遼河)를 건너는 작전에서 병사 30만 5,000명 가운데 단지 2,700명이 남아 요동성으로 돌아갔다. 군량과 병기의 손실이 매우 컸다. 이 전쟁 이후 수 양제는 고리에 두 차례 공격했지만 승리하지 못하였다.[17]

이 역사책의 내용도 1952~1955년 판인 『초급중학과본 치나역사』와 거의 같은 내용을 싣고 있으며 수 양제가 이웃 나라 고리를 친 침략전쟁이라는 것을 뚜렷하게 밝혔다. 다만 30만 5,000명의 병사가 쳐들어간 작전에서 2,700명만 살아서 돌아왔다는 내용은 살수대전에서 있었던 것인데 잘못 쓴 것이다. 요동성이 요하를 건너서 있으므로 현장에 관한 이해가 없었다고 볼 수 있다.

2) 중화인민공화국 교과서에서 지워버린 한국 고대사

(1) 1980년 이후의 변화

1986년 이후 '수·고구리 전쟁'이라는 표현은 사라지고, 내용도 간단해지고 전쟁의 원인과 배경이 애매하게 처리하였다. 이 내용도 2000년 편찬된 9년제 의무교육 3년제 초급 중학교과서 『치나역사(中國歷史)』(인민교육출판사 판) 이후 자취를 감추었다.

중화인민공화국 정부는 2001년 이전까지는 역사교육에 관한 지침이랄 수 있는 '역사교학대강'을

---

17) 汪籛·陳樂素, 『初級中學課本 中國歷史』 2冊, 北京, 人民教育出版社, 1955. 12 1판, 1956. 9. 2판, 3쪽. 「對高麗的戰爭」隋煬帝還不斷地發動對隣國的戰爭, 規模最大的戰爭是進攻高麗, ……高麗人民在平壤城郊英勇地抵抗, 隋的兵士也反對這個侵略戰爭, 大多逃散. 隋煬帝的進攻完全失敗了. 渡過遼河作戰的一部分兵士三十萬五千人, 只剩下二千七百人回到遼東城. 軍糧和兵器的損失很大. 這次戰爭以後, 隋煬帝對高麗又進攻了兩次, 也沒有得到勝利.

통해 역사 교과서가 '아시아 봉건국가' 항목에 조선, 일본, 이슬람·아랍제국, 오스만제국을 포함시켜 서술토록 정해놓았다. 그러나 2001년 이후 바뀐 '역사과정표준'에는 '일본 다이카개신(大化改新)과 마호메트의 활동을 서술하라'라고 규정하는 바람에 중화인민공화국 내 모든 출판사의 9학년(중학과 정) 세계역사 실험용 교과서에서 한국사 내용이 모두 삭제되었다.

앞에서 2004년 4월 22일 중화인민공화국 외교부 홈페이지에서 고구리·백제·신라를 '해동삼국' 이라고 기록하였는데 '고구리'와 '해동삼국'을 빼버리고, 신라·백제도 나라가 아니라 할거정권이라 고 고쳤다가 한국이 강력하게 항의하자 아예 없애고 대한민국 정부 수립 이후의 부분만 남겨 놓았 다는 것을 보았다. 이런 식으로 문제가 제기되면 고치는 것이 아니라 통째로 들어내 버리는 것이다.

(2) 2016년 전후 달라지는 중학교 7학년 『치나역사』

1980년대 이전에는 분명히 고리(高麗)는 이웃나라(隣國)라 했고 수나라가 고리를 친 것은 침략전 쟁이라 하였다. 그러나 2000년대 들어와 고리(高麗)[18]도 사라지고 이웃 나라(隣國)도 사라지고, 침 략전쟁도 사라져 버린다. 그리고 '요동을 쳤다'로 바뀌었다.

2016년

① 隋煬帝還三次征遼東, 使大量農民服兵役·當民夫, 使人民無法正常從事生産勞動.

수 양제는 또 **요동(遼東)**을 세 차례 치면서(征) 많은 농민을 병역과 인부에 복무하도록 하여 인민들이 정상적으로 생산노동에 종사할 수 없게 하였다.[19]

2019년

② 隋煬帝自恃强盛, 大興土木, 窮奢極欲, 於三次大擧征伐高麗. 生産遭到 嚴重破壞, 民不 聊生, 最終引發大規模起義.

수 양제는 스스로 강성함을 믿고 큰 토목공사를 일으키고, 사치와 욕망이 컸다. 또 세 차례

---

18) 고구리(高句麗) 413년 장수왕이 즉위하면서부터 나라이름을 고리(高麗)로 바꾸어 255년간 사용하였다. 그러므로 수·당이 들어섰을 때는 나라이름이 '고구리'가 아니라 '고리'였다. 그러므로 그시대 당나라 역사인 『신당서』에는 '고구 리'란 이름이 한 번도 안 나오고, '고리'는 210번이나 나온다.

19) 義務敎育敎科書, 『中國歷史』 7年級 (下冊), 2016.

크게 **고리**(高麗)를 정벌(征伐)하였다. **[20]**

그런데 2016년이 지나 2019년에는 다시 고리(高麗)가 되살아났다. 이제는 고구리(高句麗)·고리(高麗)를 세계사에서 완전히 빼고 국사(國史)에서 다루기 시작하였다는 것이다.

2016년 : 수 양제, **요동**(遼東)을 3차례 쳤다.
2019년 : 수 양제, **고리**(高麗)**[21]**를 3차례 정벌하였다.

1916년 이후 요동(遼東)을 고리(高麗)로 바꾼 것은 무슨 뜻이 있는 것인가?

그것은 고리(高麗)를 외국으로, 수나라 침공은 침략전쟁으로 쓰다가 1996년부터 역사침탈을 시작하면서 고리를 지방정권으로, 수나라 침공을 국내 전쟁으로 바꾸었는데, 한국에서 항의하자 아예 고리(高麗)를 쓰지 않고 빼버린 대신 요동(遼東)으로 바꿨다. 그런데 2016년까지 역사침탈을 마치고 고구리(高句麗)와 고리(高麗)가 세계사가 아닌 (중화인민공화국) 국사로 취급되면서 다시 슬그머니 고리(高麗)를 끼워 넣은 것이다. 2019년도 교과서에 나온 고리는 수·당의 지방정권이고, 수·당과 고리와의 전쟁은 국내 전쟁이라는 의미에서 고리를 넣은 것이다.

여기서 우리는 2016년까지 동북공정 마무리 작업을 마치고, 그 뒤는 자국사인 국사로 취급하기 시작하였다는 것을 알 수 있다. 그밖에 발해 문제, 한국전쟁 문제, 특히 고대 지도 같은 많은 왜곡이 들어있다.

---

20) 普通高中教科書, 『歷史』 中外歷史編要(上), 2019.

21) 한국 국사책에서 고구리(高句麗)가 장수왕 이후 나라 이름을 고리(高麗)로 바꾸었다는 것을 반드시 가르쳐야 한다. 어떤 기자는 "최근 중화인민공화국이 동북공정을 하면서 나라 이름을 고구리에서 고리로 바꾸어 부른다."라는 엉터리 기사를 쓴 것을 보았다. 고구리가 가장 왕성한 255년은 고구리가 아니라 고리로 썼다는 사실을 가르치지 않기 때문이다.

 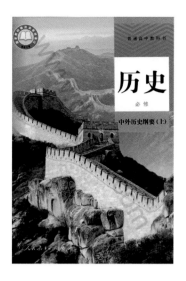

『中國歷史』 7年級, 2016 　　　　　　　『歷史』 中外歷史綱要(上), 2019

2. 2016년 이후 고구리·발해 연구 청년 학자 육성 프로젝트

1) 2018년 11월 18일 1차 고구리·발해 연구 청년 학자 워크숍

때 :　　 2018년 11월 18일

곳 :　　 장춘사범대학

추최 :　장춘사범대학 동북아역사문화연구소·역사문화원

협찬 :　중국사회과학원 변강연구소

동북아 역사와 문화연구소 소장 정춘영(鄭春穎) 교수가 주관한 대회에는 중국사회과학원, 사회과학문헌출판사, 흑룡강성사회과학원, 길림성사회과학원, 길림성문물고고연구소, 길림대학, 남개대학. 흑룡강대학. 연변대학, 발해대학, 백성사범학원, 하얼빈사범대학 같은 10여 개 기관의 전문가들이 고구리 발해 연구를 논의하였다.[22]

---

22)　장춘사범대 홈페이지 https://www.ccsfu.edu.cn/info/1070/5067.htm

장춘사범학원 공식 홈페이지와 학교 전경

1차 고구리·발해 연구 청년 학자 워크숍

폐막식은 중국사회과학원 변강연구소 범은실(範恩實) 부연구원이 주관하였고, 광아명(匡亞明) 길림대학 특별 초빙교수이자 중국민족사학회 부회장이며 장춘사범대학 특별초빙 박사학위 지도교수인 정나나(鄭尼娜) 교수, 장춘사범대 역사문화학원 원장 강유공 교수가 회의에 대한 논평과 마무리 발언을 하였다. 이 워크숍은 고구리 발해 연구 영역에서 넓은 교류와 연구팀의 세대 건설에 큰 공헌을 하였다.[23]

2) 2019년 2차 고구리·발해 연구 청년 학자 워크숍

2차 워크숍도 장춘사범대학에서 열렸다.

---

23) 장춘사범대 홈페지 https://www.ccsfu.edu.cn/info/1070/5827.htm

때 :   10월 27일

곳 :   장춘사범대

추최 : 장춘사범대학 동북아역사문화연구소·역사문화원

협찬 : 중국사회과학원 변강연구소

이 대회도 개막식은 동북아 역사와 문화연구소 소장 정춘영 교수가 주관하였는데 중국사회과학원, 흑룡강성사회과학원, 길림성사회과학원, 흑룡강성박물관, 북경대학, 절강대학, 길림대학, 상해외국어대학, 흑룡강대학, 연변대학, 북화대학, 통화사범학원 같은 기관 전문가들이 참석하여 고구리·발해 연구에 관한 문제를 토론하였다.

중국사회과학원 변강연구소 범은실 부연구원이 주관한 폐막식에는 특별히 북경대학 역사학과이며 북경사범대학 역사학원의 세계 일류대학과 세계 일류 학과인(雙一流) 특별 초빙교수 황소보(王小甫), 길림대학 광아명(匡亞明), 장춘사범대학 동북아역사문화연구소 명예소장인 위존성이 논평과 마무리 발언을 하였다.

이 워크숍에서도 고구리 발해 연구 영역에서 넓은 교류와 연구팀의 세대 건설에 큰 공헌을 하였다.[24]

3) 2021년, 3차 고구리·발해 연구 청년 학자 워크샵 및 학술토론회

(1) 동북사범대학에 '고구리·발해연구원' 설립

때 :   2021년 5월 15~16일

곳 :   장춘

주최 : 장춘사범대학 동북아역사문화연구소, 역사문화학원

협찬 : 중국사회과학원 중국변강연구소 동북변강연구실

개막식 축사에서 유춘명(劉春明) 교장은 이렇게 말하였다.

---

24) 장춘사범대 홈페이지 https://www.ccsfu.edu.cn/info/1070/5827.htm

2차 고구리·발해 연구 청년 학자 워크숍 (장춘사범대)

동북 민족사와 동북변강 연구는 우리 학교의 특색연구이고, 고구리·발해 연구는 우리 학교 역사학과 연구의 중점방향이므로 학교는 고구리·발해 연구의 발전을 아주 중요하게 보고 있습니다. 2020년 학교에서는 '고구리·발해연구원'을 창립하여 앞으로 고구리·발해 연구를 끊임없이 꾸준히 심화하려고 합니다.[25]

2년간 고구리·발해 청년 학자를 위한 워크숍을 하고 2020년에는 연구원을 세워 청년 학자를 양성할 기지를 만들었다는 것을 알 수 있다. 그러므로 이번 대회는 참가 범위가 2019년보다 크게 늘었다. 중국사회과학원, 길림성사회과학원, 흑룡강성사회과학원, 요령성문물고고연구원, 길림성문물고고연구소, 요령성박물관, 무순시박물관, 북경대학, 청화대학, 중앙민족대학, 길림대학, 산동대학, 란주대학, 동북사범대학, 수도사범대학, 요령대학, 연변대학, 흑룡강대학, 발해대학, 북화대학, 통화사범학원, 상요(上饒)사범학원, 흑룡강공업학원, 치치하얼대학, 길림예술학원, 심양건축대학, 영파(寧波)재경학원, 미국 바드(Bard)연구센터 같은 30개가 넘는 기관에서 120명이 넘는 학자가 참석하였다.

회의에서 대회 발언, 전문가 평론, 학술 살롱 같은 프로그램에 50명이 넘는 젊은 학자들이 자기 관점을 발표하였다.[26]

---

25) 장춘사범대 홈페이지 https://www.ccsfu.edu.cn/info/1070/6642.htm

26) 宋明哲, 「第三屆高句麗渤海研究靑年學者工作坊學術硏討會綜述」, 『東北亞學術資訊』 6月 15日.

4) 2021년 신진 고구리·발해 청년 학자들의 새로운 바람

2020년에 장춘사범대에 고구리발해연구원을 세웠다는 것은 통화사범학원 고구리연구원처럼 학과를 설치하고 학위를 주는 체계를 갖추었다는 의미에서 미래의 고구리·발해 연구학자를 길러내는데 큰 기지가 하나 더 생겼다는 것을 뜻한다. 통화사범학원이 고구리 유적이 있는 지역이라는 장점이 있다면 장춘사범대는 길림성의 수도이고, 부여나 발해의 유적과도 가깝다는 지리적 이점도 있어, 시간이 가면서 통화사범학원을 능가하는 기지가 되리라고 본다.

세 번의 청년 학자 워크숍이 모두 중국사회과학원 변강연구소의 협찬으로 이루어진 것을 보면 성도에 인재 육성 거점을 만들었다는 것을 알 수 있다.

그리고 3년 만에 30명이 넘는 신진학자들을 불러 모았다는 것은 앞으로 깊은 관심을 가지고 지켜보아야 할 프로젝트다. 그리고 지금까지와는 달리 전국 다양한 대학이나 기관이 참석한 것도 눈에 띄는 변화다.

최근 청년 학자들의 연구성과이므로 간단하게라도 전체를 한 번 훑어보기로 한다.

(1) 고구리·발해 연구의 최전방 동태

①　범은실(範恩實, 1976~, 중국사회과학원 중국변강연구소 연구원)

한국·조선·일본·중화인민공화국에서 최근 나온 연구성과를 자세히 소개하고 있다. 한국학자 저서는 노태돈의 『고구려발해연구』(지식산업사 2020); 강현숙·양시은·최종택의 『고구려고고학』(果川 : 진인진 2020), 이도학의 『고구려 도성과 왕릉』(학연문화사 2020); 임상선·김은국·허인욱의 『발해유민사』(동북아력사재단 2019)를 비롯하여 일본학자 후루하따 도루(古畑徹)의 『발해국과 동아시아』(汲古書院 2021)같은 경우는 올해 발행된 책까지 소개하고 있다. 이전의 중국인민공화국 학자들은 한국의 연구성과를 거의 보지 않았으나 지금의 청년 학자들은 다르다는 것을 볼 수 있다. 이제는 세계사가 아니라 자국사로 보고 방어해야 하기 때문이다. 한국의 동북아역사재단이 고구리 연구자 3명, 발해 연구자 1명만 남아 간신히 명맥만 유지하고 있는 것과 대비된다.

(2) 고구리·발해와 동아시아 세계

■ 고구리 문제 연구

② 주첨(朱尖, 중국사회과학원 중국변강연구소) : 왕망 때의 고구리 후추(侯騶)는 고구리정권의 수령이라는 것을 주장한 논문이다.

③ 손준(孫俊, 북화대학 역사문화학원 부교수) : 당대 고구리 이민이 한족에 유입되었다는 요지다.

④ 장방(張芳, 흑룡강성사회과학원 역사연구소 조리연구원) : 『위서』「고구리전」 검토.

⑤ 장이(張弛, 청화대학 역사계 박사) : 고구리 비사성이 현재 단동의 구련성이라는 주장. 기존의 대흑산산성을 부정한 것이다. 젊은 학자들의 튀는 연구성과들이다.

⑥ 이벽요(李碧瑤, 수도사범대학 역사학원 박사후) : 고구리(高句麗)와 왕씨고리(高麗)의 계승을 부정하는 논문.

⑦ 후줄(侯茁, 발해대학 역사문화학원 석사) : 공손씨 정권과 고구리의 관계.

⑧ 고능운(高淩雲, 발해대학 역사문화학원 석사) : 고구리와 북연과의 관계.

■ 발해 문제 연구

⑨ 심일민(沈一民, 란주대학 력사문화학원 교수) : 9세기 동아시아 무역권의 발해 상인.

⑩ 손호(孫昊, 중국사회과학원 고대사연구소 부연구원) : 후루하따 도루의 『발해국과 동아시아』와 그 책에 나온 고대 동아시아의 '상대화' 문제를 상세하게 분석·연구하였다.

⑪ 제회군(齊會君, 중국사회과학원 중국변강연구소 조리연구원) : 일본학계의 발해·일본 교류문서를 분석하여 발해의 고구리 계승 문제를 다룸.

⑫ 진비(秦菲, 上饒사범학원 력사지리·관광학원 강사) : 한·중·일 학계의 거란과 발해 관계 연구를 분석하고 요가 발해를 멸한 원인, 발해 유민의 투쟁 등을 다루었다.

⑬ 무송(武松, 길림대학 고고학원 박사) : 발해 유물에 나타난 초원문화.

⑭ 왕새명(王璽明, 흑룡강성사회과학원 연사연구소 조리연구원) : 철기, 발해 경제 연구.

⑮ 곡천지(曲天池, 齊齊哈爾대학 석사) : 안사의 난 중에 발해가 군국(郡國)에서 왕국으로 넘어갔다는 주장.

(3) 고구리·발해 고고에서 나온 새로운 발견

고구리·발해의 고고학에 관한 논문이 모두 11편으로 전체의 3분의 1에 이른다. 근래 학자들의 연구 주제 가운데 가장 전방에 위치한다.

■ 고구리 고고발견과 연구

⑯   왕비봉(王飛峰, 중국사회과학원 고고연구소 부연구원) : 개주시(蓋州市) 고구리 청석령산성(青石嶺山城) 연구.

⑰   노치평(盧治萍, 요령성문물고고연구원 부연구원) : 영구(營口)지역 고구리 산성인 적산(赤山)·청석령산성과 주변 무덤 연구.

⑱   조우연(趙宇然, 연변대학 인문사회과학학원 강사) : 포성리(甫城里) 벽화 무덤에 관한 연구.

⑲   이상(李想, 寧波재경학원 조교) : 고구리 건축의 잣대(尺度) 연구.

■ 발해 고고발견과 연구

⑳   조준걸(趙俊傑, 길림대학 고고학원 부교수) : 화룡 용두산 무덤떼의 시대와 관련 문제.

㉑   서정(徐廷, 길림성문물고고연구소 관원) : 마반촌(磨盤村) 조기 유적은 고구리 산성.

㉒   양소균(楊筱筠, 길림대학 고고학원 박사) : 크라스키노 성터 발견과 연구성과.

㉓   곽미령(郭美玲, 장춘사범대학 력사문화학원 박사) : 발해 정효공주 무덤 관련 연구.

㉔   조원원(趙元元, 요령대학 역사학원 석사) : 요령성 탑산산성에 대한 기초 연구. 청동기부터 명·청까지 다양한 시기의 유적.

(4) 학제적 시각에서 본 고구리·발해 연구

㉕　이석혜(李錫慧, 흑룡강대학 역사문화·관광학원 석사) : 러시아 학자 이블리에프와 그의 크라스키노성 연구 분석.

㉖　호오정(胡梧挺, 흑룡강사회과학원 력사연구소 부연구원) : 당대 동북아지역의 기각류(鰭脚類)에 대한 인식과 이용에 관한 연구.

㉗　려광(呂光, 흑룡강공업학원 부교수) : 다섯무덤 5호무덤에 그려진 용의 형상과 관계된 연구.

㉘　도욱강(圖旭剛, 요령성문물고고연구원 관원) : 고구리 산성 조사 때 지리정보시스템(GIS : geographic information system) 응용 문제.

㉙　마업걸(馬業傑, 요령대학 역사학원 박사) : 환경사의 시각에서 장수왕의 평양 천도문제 분석.

㉚　허관화(許冠華, 길림예술학원 석사) : 미학사상에서 본 발해 상경용천부 건축구조 해독.

(5) 석학 강단(名家講壇)

❶　이홍빈(李鴻賓, 중앙민족대학 교수),「당조 하삭(河朔)의 지리적 위치 － 치나 고대 중추 권력의 동서 이동을 논함」

❷　위정(韋正, 북경대학 교수) :「고구리 벽화 무덤의 기초연구(高句麗壁畫墓葬初研)」에서 벽화 연구에서 가장 중요한 것은 연대 문제를 해결하는 것이라고 강조하였다. 그리고 그런 연대를 바탕으로 벽화 무덤의 발전과정 및 불교와 화하(華夏) 전통문화 요소 간의 관계를 세밀하게 연구해야 한다고 강조하였다.

(6) 결론

①　이번 회의에서 다룬 학과 영역이 넓어 치나사(中國史), 지구사(全球史), 변강사(邊疆史), 고고학(考古學), 문헌학(文獻學), 민족학(民族學), 환경사(環境史), 역사지리학(歷史地理學), 경제사(經濟史), 미학(美學)같이 여러 방면에서 접근하여, 학술적 시야가 넓어졌고, 학과 사이에 공동연구가 없고 교류가 부족하였던 것을 해소하였다. 고구리·발해사 연구 영역에서 각 학

위존성 교수의 총평   경철화 교수의 총평

3차 고구리·발해 연구 청년 학자 워크숍 참가자 단체 사진 (2021. 5. 15.)

과가 서로 교류하고 어울려 꿰뚫어 고구리 발해 연구 영역의 학술 창조와 발전을 촉진하였
다.

② 이번 회의의 학술적 성과는 질과 양, 두 가지 면에서 모두 아주 볼만하였다. 특별히 고구리
고고학 분야, 보기를 들면 고구리 산성, 고구리 벽화무덤 발굴과 연구가 특별히 풍성하였다.
회의는 최근 몇 년 사이 고구리·발해 관련 고고 연구 활동에 교류를 위한 플랫폼을 제공하였
다.

③ 회의 중에도 고구리·발해사 연구 영역이 계속 강화되는 부분을 매듭짓고, 앞으로의 연구를
위한 새로운 방향과 아이디어를 제시하였다.

끝으로 강좌를 맡은 중앙민족대학 이홍빈 교수, 북경대학 위정 교수를 비롯하여 길림대학 송옥빈(宋玉彬 : 발해사 전공) 교수, 통화사범학원 경철화 교수, 장춘사범대학 동북아역사문화연구소 명예소장 위존성 교수가 대회 총평을 하고 결론을 맺었다.

이와 같은 청년 학자들의 새로운 탄생과 시스템은 고대사 연구자가 설 자리가 없어 신진학자들이 나오지 않은 한국과 크게 대비되는 것으로 과연 한국이 중화인민공화국의 역사침탈에 대처할 수 있는 의지나 실력이 있는지 잘 살펴보아야 할 부분이다.

III. 중화인민공화국 최대의 백과사전
— 침탈한 역사를 국사(國史)로

글쓴이는 2017년 중화인민공화국의 시진핑이 미국의 트럼프 대통령에게 "Korea는 사실상 China의 일부다."라고 하였다는 기사가 나온 4월에 바로 중화인민공화국에서 가장 으뜸가는 검색포털인 백도(百度)[27]에서 우리나라와 관계되는 나라 이름들을 검색하여 현황을 검토하였다. 백도는『백도백과』(百度百科)라는 백과사전을 서비스한다.『위키백과』는 2005년 10월부터 중화인민공화국 국내에서 접속이 차단되어 중화인민공화국 국민이 접할 수 있는 유일한 백과사전이『백도백과』다.『위키백과』와 달리 등록한 사용자만이 편집할 수 있으며, 사실상 중국공산당과 정부의 견해를 대변한다고 봐도 된다. 현재 2천 200만 개 문항의 검색이 가능하다. 앞으로 보는 각 문항에 대해서 먼저 4년 전인 2017년 검색하였던 내용을 위주로 전개해 가면서 현재 내용을 다시 검색하여 달라진 부분은 비교·분석해 보려고 한다.

---

27) 포털사이트 백도(百度)는 2000년에 설립된 중화인민공화국 최대 사이트다. 알리마바, 텐센트와 함께 중화인민공화국 3대 IT기업으로 한어(漢語) 권의 80%가 사용하는 포털사이트다.

1. 상고시대 역사 침탈

1) 「단군조선」은 황당무계한 신화

檀君朝鮮　🖊 编辑　💬 讨论　　　　　➕　★ 收藏　👍 194　↗

檀君朝鮮（朝鲜语：단군조선）是一个关于朝鲜民族起源的神话传说，是后世朝鲜半岛对传说中檀君所建立的国家的一种称呼。

高丽以降，史家对檀君故事向来持有怀疑态度。疑者认为檀君故事纯系神话传说，不可视为信史，更不可写入正史。首先，故事本身荒诞不经，毫无事实根据。其次，故事中"桓因帝释"源自大乘佛教的经典《法华经》，故事来自《观佛三昧海经》、《华严经》等佛经中屡屡出现的"牛头旃檀"，还出现"天王"、"符印"等印度雅利安宗教用语。但是一般认为朝鲜半岛有佛教始于372年，因而这则神话不可能出现于公元4世纪以前。再者，故事中相关民俗产生于相当晚时期，与所称年代不合。而且《三国遗事》属私家著述，记载传闻稗说，无史料依据。朝鲜王国安鼎福之《东史纲目》，还认为檀君之说是"诞妄不足辩"。

(1) 단군조선에 대한 문제

단군조선은 터무니없는 이야기라고 전제하고 이렇게 증명한다.

> 단군조선(檀君朝鮮, 조선어 : 단군조선)은 조선민족 기원에 관한 신화전설로, 후세 조선반도 전설 가
> 운데 단군이 건립한 국가를 부르는 하나의 칭호다.
>
> 고리(高麗) 이후 사가들은 단군 고사에 대해 회의적인 태도를 품어왔다. 믿지 않는 사람들은 단군 고사
> 는 순전히 신화전설이고 믿을 만한 역사로 볼 수 없으며, 더욱이 정사(正史)에 써넣을 수 없는 것이라고
> 보는 것이다. 우선 옛이야기 자체가 터무니없고(荒誕不經) 조금도 사실에 바탕을 두지 않았다는 것이다.
>
> 옛이야기 가운데 나오는 '환인석제(桓因釋帝)'는 대승불교의 경전 『화엄경』에서 비롯된 것이고,
> 옛이야기는 『관불삼매경(觀佛三昧經)』·화엄경(華嚴經) 같은 불교 경전에 여러 차례 나오는 '우두전단
> (牛頭旃檀)'[28]이고, 또 '천왕(天王)'·부인(符印) 같은 것은 인도·아리안(족)의 종교 용어에 나오는 것이
> 다. 그렇지만 일반적으로 조선반도에 불교가 시작된 것은 372년이기 때문에 이런 신화는 BC 4세기
> 에 출현할 수가 없다. 더군다나 옛이야기 가운데 나오는 관련 민속은 꽤 후기의 것이기 때문에 (이야

---

28) 牛頭旃檀(梵 gośīrṣa-candana) : 산스크리트 짠다나(candana)를 불경에서 전단(栴檀) 또는 전단수(栴檀樹)·전타나수
(栴陀那樹)라고 음역하였다. 牛頭旃檀(梵 gośīrṣa-candana)는 전단수 가운데 한 종류다.

기에 나오는) 연대와 들어맞지 않는다.

그뿐만 아니라 『삼국유사』는 개인이 지은 것으로, 전해 들은 부차적인 이야기(神說)를 기재한 것으로 사료(史料)에 따른 것이 없다. 조선왕조 안정복이 『동사강목』에서 단군 이야기는 "허망하고 앞뒤가 맞지 않는다(誕妄不足辯)"라고 보았다.[29]

『삼국유사』의 사료적 가치와 한국사의 『동사강목』까지 인용하여 단군조선은 앞뒤가 맞지 않는다고 주장하였다.

「단군조선」 항목에는 「단군에 대한 다툼거리(檀君爭議)」라는 작은 제목 아래 남북의 단군에 대한 논의를 다루고 있다. 북녘의 단군릉과 남녘의 교과서 문제를 다루었는데 학술적인 접근보다는 Sina News Center(新浪新聞中心)의 보도를 바탕으로 하고 있다. 그러나 한국의 주요 일간지 내용을 인용하므로 해서 읽는 사람들에게 믿음을 주기 때문에 파급효과는 크다고 할 수 있다.

위와 같은 내용은 『백도백과』의 「단군(檀君)」 항목에서도 더 깊게 논의되고 있다. 이 문제는 우리나라 남북학계의 숙제이기도 하다.

(2) 단군(檀君)에 대한 문제
우선 『삼국유사』에 나온 사료 문제를 들고나온다.

단군은 『삼국유사』에 나온 인물. 『삼국유사』는 「위서(魏書)」를 위탁(僞托)하여 천신 제석의 서자 환웅이 태백산(주에 묘향산이라 했다)에 내려와 박달나무 아래서 사람 몸으로 바뀌어 곰과 결합하여 단군을 낳았는데 이름이 왕검이고 나중에 단군은 단군조선을 세웠다고 하였다.[30]

여기서 위탁(僞托)이란 (저술이나 작품에) '남의 이름을 빌려 쓴다'라는 뜻이다. 다시 말해 그 기록은 실제 『위서』를 보고 쓴 것이 아니라 가짜로 이름을 빌려 쓴 것이라는 평가다.

---

29) 『百度百科』「檀君朝鮮」 2017.04.21.

30) 『百度百科』「檀君」 2021.04.28.

■ 존재성 논쟁(存在性爭議)

① 학술계

세계 학계에서는 보편적으로 단군조선은 날조한 것이라고 본다. 치나 고대 전적에는 단군조선

이라는 기록이 없고, 그 존재를 뒷받침하는 역사유적도 발견되지 않았다.

② 남북조선의 날조(南北朝鮮的杜撰)

단군에 대한 신화는 처음에는 고대의 전설로 차츰 만들어졌다. 후대 조선민족은 이 신화전설에

피와 살을 붙여 단군조선을 일단 존재한 것처럼 만들었고, 심지어는 단군조선의 왕족 세계도

'채워' 넣어, 마침내 본래 신화를 대담하게 믿을만한 역사로 만들어 허구의 역사 중에 믿을 만

한 역사로 만들어 가공의 역사에 써넣었다. 이것이 그들이 역사를 만들어 내는 방법이다.[31]

역사적 사실을 마음대로 해석하고 끌어 붙여 우리나라 3000년 역사를 훔쳐 간 중화인민공화국

이『삼국유사』에 인용한『위서』를 가짜로 빌려 쓴 것이라 하고, 단군조선은 남북학자들이 날조한 것

이라는 비판이다. 앞으로 남북학자들이 힘들여 더 연구하고 비판해야 할 부분이다.

우선 논란이 된『위서』에 대한 깊은 연구가 필요하다. 필자는 오히려 24사 가운데 가장 많은 비판

을 받는『위서』의 특징에 관심을 가지고 찬찬히 들여다보았다.

「본기」첫머리에 쓴 '머리말(序記)'에 북위 왕조가 세워지기 이전 탁발부(拓拔部)에 대해서 기록하

였다. 선비 탁발부를 말하는 것으로 보통 사서가 왕가를 한(漢)의 정통을 내세우는 데 반해 선비족

의 정통임을 분명하게 하였다는 것이『위서』의 가장 큰 특징이다.『위서』는 북제 때 편찬되었기 때문

에 북위 → 동위 → 북제를 정통 후계자로 하고 있다.

정통왕조도 조위(曹魏) → 서진 → 북위로 직접 연결하여 송(宋:420~479)·제(齊 : 479~502) ·양(梁

: 502~557)·진(陳 : 557~589) 같은 남조는 물론 한때 화북을 통일한 전진(前秦)의 정통성을 인정하지

않았다. 흉노족인 한(漢)의 유연(劉淵)이나 후조(後趙)의 석륵은 서진 천하를 어지럽힌 원흉으로 비

난의 대상으로 들고 있다. 5호(五胡)의 여러 나라나 동진(東晉) 이하 남조의 여러 왕조의 정통성을

인정하지 않기 때문에 열전에 넣은 것도 북위의 정체성을 높이려는 편찬원칙이라고 할 수 있다.

---

31)『百度百科』「檀君」2021.04.28.

이처럼 위수(魏收)가 쓴『위서』는 편찬 당시부터 적국을 깎아내리는 사서로 정평이 나 있다. 같은 북위에서 갈라졌지만, 서위(西魏)의 세 황제는「본기」도 쓰지 않고, 남조 여러 나라를 "농토는 말라 있고, 섬나라 오랑캐(島夷) 옷을 입고 있는 것과 같다. 중원 사람들은 모두 강동(江東) 패거리들을 '오소리(貉子)'라고 하지만 여우나 너구리 같은 것과 다름이 없다."라고 깎아내리기도 하였다. 그러므로 작자 개인의 원한을 풀기 위해 공정이 빠진 기술을 했다고 비난을 받았고, '더러운 역사(穢史)'라고 혹평하는 사람도 있었다.

바로 이와 같은 전통적인 사가들의 비판을 거꾸로 보면 지난 역사를 베끼지 않고 전통 사가들이 빼버릴 내용을 넣어 주체적인 사서가 되었다고 볼 수도 있다. 이름은 자기식으로 주몽이라고 낮추어 기록했지만 고구리 추모 이야기가 처음 올라간 사서도 바로『위서』다. 그러므로 이 사서에 유독 단군조선이 기록된 것은 특별히 가능하다는 방증이 되기도 하다.

한편 현존하는 위수의『위서』도 북송(北宋, 960년~1127년)대에 교정할 때 30권쯤 빠진 것이 발견되어『북사』에서 가려 뽑아 보충했다는 기록도 있고, 내용에도 보충한 부분이 뚜렷이 적혀 있다.

한편,『위서』라는 같은 제목으로 편찬되었다고 전해지는 사서는 모두 9가지나 된다. 그러나『삼국지』의「위서」와 위수가 지은『위서』만 현재까지 남아 있고 나머지 7가지『위서』는 전해지지 않고 있다. 서위(西魏) → 북주(北周) → 수(隋)를 정통으로 하는 위담(魏澹)의『위서』(92권)나 당의 장태소(張大素)가 지은『후위서』(100권)도 있었지만, 사라져 오늘날에는 전해지지 않는다.

『삼국유사』에 인용한『위서』는 북송 때 발견한 결본일 수도 있고, 나머지 7가지 가운데 한 가지 본(本)일 가능성도 크다. 불교사상과 역사의식을 가진 일연이 가짜 자료를 만들어 냈다고 보는 것은 타당하지 않다. 만일 이 사료가 가짜라면『삼국유사』에 인용한 많은 정사들도 가짜여야 한다.

우리는『위서』내용을 가지고『삼국유사』에서 인용한『위서』와『고기(古記)』의 내용을 먼저 따로 갈라서 자세하게 논의한 뒤『고기』에 대한 논의도 깊이 있게 진행해야 한다. 그리고『삼국유사』에 인용한『위서』내용을 가지고 없어진『위서』를 보강하는 자료로 할 수 있는지 검토가 필요하다.

마지막으로『고기』에 나온 신화에 대한 재평가가 필요하다. 세계 어느 나라이든 상고 역사는 신화로 시작된다. 그러므로『고기』에 나온 단군신화를 비교 연구하여 그 가치를 새로 찾아 자리매김해야 한다. 이점은『삼국유사』에서 이미 일연이 지적하였다.

2) (고)조선 : 치나의 제후국(諸侯國)·번속국(藩屬國)인 기자조선과 위만조선

중화인민공화국에서는 (고)조선은 기자조선과 위만조선으로 압축해서 보고 그 이전 단군조선은 인정하지 않는다. 그러므로 여기서는 (고)조선·기자조선·위만조선을 어떻게 기술하였는지 보기로 한다.

古朝鮮　　✎ 编辑　　💬 讨论　　　　　　　　➕　★ 收藏　👍 68　↗

📝 本词条缺少概述图, 补充相关内容使词条更完整, 还能快速升级, 赶紧来编辑吧!

　古朝鮮是对在汉武帝设置汉四郡（公元前108年）以前, 古代位于今朝鲜半岛北部的早期国家的称谓, 主要指中国历史上记载的箕子朝鲜、卫满朝鲜两个前后相接的诸侯国, 藩属国。需注意的是, 无论文化还是血缘属性, 它们都不属于今大韩民国及朝鲜的历史, 而是中国古代的地方政权, 朝鲜和韩国方面则认为, 后世杜撰的神话传说中的檀君朝鲜就是古朝鲜。

(1) (고)조선 : 치나의 제후국(諸侯國)·번속국(藩屬國)
중화인민공화국에서 (고)조선 문제는 곧 기자조선과 위만조선을 이야기한다.

　　(고)조선은 한 무제가 한(漢)의 4군(四郡, BC 108년)을 설치하기 이전, 고대 오늘날 조선반도 북부에 있던 조기 국가를 일컬어 말하는 것으로 주로 치나 역사서에 기록된 기자조선·위만조선 두 나라의 앞뒤로 이어진 제후국(諸侯國)·번속국(藩屬國)을 말한다. 주의해야 할 것은 문화는 물론 혈연의 속성 같은 모든 것들이 오늘날 대한민국이나 조선(인민민주주의공화국)의 역사에 속하지 않고, 치나(Cīna) 고대의 지방정권이라는 것이다. 조선과 한국 쪽에서는 후세에 날조한 전설에 나오는 단군조선이 (고)조선이라고 보고 있다.[32]

기자조선은 제후국이고 위만조선은 번속국이지 어떤 면에서도 한국과 조선과는 관계가 없다는 것을 강조한다. 이 문제는 이미 학술적으로 꽤 연구가 진행되었다.[33]

---

32) 『百度百科』「古朝鮮」 2017.04.21

33) 苗威, 「從考古發掘看延邊未曾歸屬過古朝鮮」『博物館硏究』 2007-3, 24~30쪽. 苗威, 「試論古朝鮮與中原王朝的關係」『博物館硏究』 2008-2, 31~41쪽.

(2) 기자조선 : 상나라 기자가 평양에 세운 은씨 기자왕조

기자조선은 상나라 기자가 현재의 평양에 세운 나라라고 보았다.

箕子朝鮮 ✏ 编辑 💬 讨论 ❶　　　　　　　　➕　★ 收藏　👍 463

　　箕子朝鮮（公元前1120～公元前194），商代帝王商王帝辛（受德）（商纣王）的叔父箕子（箕子带五千人去朝鲜半岛），史称"箕子王朝"或"殷（本读依燕颖)氏箕子王朝"。被认为定都在大同江流域今平壤一带。

　　기자조선(BC1120~BC194)은 상대(商代) 제왕인 상왕 제신(帝辛 또는 受德)의 숙부인 기자(기자가 5,000명을 거느리고 조선반도로 갔다)가 (세운 나라로) 역사에서는 '기자조선' 또는 '은씨(殷氏) 기자왕조'라고 부른다. 대동강 유역인 지금의 평양 일대에 서울을 두었다고 본다.[34]

기자조선에서는 기자조선과 관련된 다툼(有關爭議)이 있다는 사실을 덧붙인다.

有关争议　　　　　　　　　　　　　　　　　　　　　　　　　　　✏ 编辑

　　在中国大力强调东北疆历史属于中国历史范畴的同时，朝鲜半岛的传统历史观发生了很大的改变。进入上世纪八十年代，朝鲜南半岛为了"民族主义"，把中国史书历历在目的记载的箕子古朝鲜，硬说成为传说，而它们半岛在近代才被所谓学者通过臆想编造出来的所谓"坛君"朝鲜，其实并不存在的，是半岛神话传说一跃成为正式历史的开端。

　　치나에서는 동북의 강역과 역사가 치나 역사 범주에 들어감과 동시에 조선반도의 전통과 역사관에 아주 커다란 변화가 생겼다. 1980년대 들어서면서 조선 남쪽 반도가 '민족주의'가 되어 지나 역사서에서 눈으로 똑똑하게 볼 수 있게 쓰여 있는 기자 (古)조선을 억지로 전설이라고 우기고, 그들 반도는 근대에 와서야 비로소 이른바 '단군'조선이란 것을 억측으로 꾸며냈는데 실제로 존재하지 않는 것이고, 그것은 반도의 신화전설이 별안간 정식 역사의 시작이 된 것이다.[35]

고리(高麗) 이후 모화사상이란 역사관 때문에 기자와 기자조선을 우리 역사에서 크게 강조한 것

---

34) 『百度百科』「箕子朝鮮」 2017.04.21.

35) 『百度百科』「箕子朝鮮」 20121.04.28.

은 사실이다. 그러나 사료 접근이 쉬워지고 고고학적인 성과가 드러나기 시작하면서 기자조선은 사실이 아니라는 것이 밝혀졌고, 그런 결과가 현재 남북학계의 흐름으로 자리를 잡고 있다. 옛 조선 역사에서 단군과 이 기자 문제는 고갱이가 되는 문제이므로 앞으로도 많은 논란이 이어질 것으로 보인다.

(3) 위만조선(衛滿朝鮮) : 연나라 위만이 세운 (고)조선 정권

연나라에서 귀화해 (고)조선의 왕이 된 위만이 연나라 출신이라고 해서 위만조선은 중화인민공화국 역사라고 주장한다.

典大基維
深興問學 正雅辭文

卷扇
市集
世事
監修
維誌好文

文　语

衛滿朝鮮

衛滿朝鮮，（朝鮮語：위만조선 / 衛滿朝鮮；前一九五年—前一零八年），一稱衛氏朝鮮（朝鮮語：위씨조선 / 衛氏朝鮮），燕人衛滿所立之古朝鮮國。根據《史記》記載，漢朝初年時，漢高帝所封之燕王虞盧弃匈奴，其部衛滿率千人東渡浿水，滅箕子朝鮮，自立。
前一零八年，衛滿之孫衛右渠恐其壞漢使近國之人遣殺，生衝突，漢武帝遂派兵滅衛氏朝鮮，置漢四郡。

위만조선은 위씨조선이라고도 부르는데, 연나라 사람(燕人) 위만이 세운 (고)조선 정권이다. 『사기』 기록에 따르면, 한조(漢朝) 초에 한나라 고조가 봉한 연나라 왕 노관(盧綰)이 흉노로 도망가자 그 부의 장수 위만이 옛 부(部)를 이끌고 압록강을 건너 기자조선을 뒤엎고 스스로 세운 것이다.[36]

만일 그런 논리대로라면 진나라 시황은 서융 출신이니 진나라는 서융의 나라이고, 북위·요·금·원·청 같은 나라는 물론이고, 어느 나라도 이른바 치나의 나라가 아니다. 더구나 위만은 이전에 (고)조선이 연나라에 빼앗긴 땅에서 왔다는 것이 거의 확실하므로 이 부분은 앞으로 새로운 방향으로 연구를 해야 한다. 그리고 한 무제가 쳐들어와서 한때 옛 조선 땅에서 할거하였지만 결국 고구리가 통일하였다는 사실을 정확히 밝히는 것이 중요하다.

위에서 보았듯이 이미 진행된 동북공정의 결과와 그 결과를 바탕으로 구성한 『백도백과』의 단군·

---

36) 『百度百科』「衛滿朝鮮」2017.04.21.

기자·위만조선의 역사는 모두 중화인민공화국의 역사로 되어있다. 만일 이런 역사기술에 따르면 우리나라 국사 교과서에 나온 「(고)조선과 청동기 문화」「단군과 (고)조선」「위만의 집권」같은 단원들은 모두 날조한 역사가 된 것이다.

지금까지 남북한에서는 동북공정을 비롯한 역사침탈 프로젝트가 고구리 역사 침탈이라고 잘못 알고 있었지만, 그보다 먼저 (고)조선의 역사가 통째로 날아가 버렸다는 것을 통감해야 할 것이다.

2. 삼한(三韓)과 4국 시대사의 침탈

최근 동북공정의 물줄기를 끌어가는 마대정(馬大正) 이하 학자들은 현재 한반도의 한국과 조선의 선조는 모두 삼한의 후예라는 구조를 만들었다. 대동강을 중심으로 남쪽은 3한이고 북쪽은 한나라 4군이 있었다는 논리다.

그러나 각론에 들어가면 삼한도 결국은 중원에서 흘러 들어가 세운 나라들이라는 논리로 흘러가고 있으며 앞으로 어떻게 진행될지 알 수 없는 상황이다.

1) 삼한(三韓) : 현재 남북한의 선조

三韓　✏ 编辑　💬 讨论　⊕ 上传视频

　　古代朝鲜半岛南部有三个小部族，它们是马韩、辰韩、弁韩，合称三韩。当时朝鲜半岛北部为汉四郡（卫满朝鲜被汉朝所灭，设立乐浪郡、玄菟郡、真番郡及临屯郡，史称汉四郡）。

　　马韩被扶余人吞并，辰韩和弁韩合并为新罗。百济在公元660年被中国唐朝所灭，王室成员向中国唐朝称臣，唐朝将百济从前的领土设置为熊津都督府，其存在时期后来被称作"前三国时代"，百济、新罗属不同民族。

　　大韩民国之韩则来自于朝鲜王国的末代国号大韩帝国，而大韩帝国的国号便来自于古代的三韩联盟。现在的朝鲜民族的成员均称自己为"三韩子孙"，这一点和华人自称"炎黄子孙"的缘由相似。

① 고대 조선반도 남부에 3개의 작은 부족이 있었는데, 마한·진한·변한으로 합해서 삼한(三韓)이라 부른다. 당시 조선반도 북부는 한사군이었다. (위만조선이 한나라에 멸망하면서 낙랑군·현도군·진번군·임둔군을 세웠는데 역사에서는 한사군이라고한다).

② 마한은 (치나 지방정권인) 부여사람에게 병탄되었고(온조가 내려와서 백제를 세운 이야기), 진한과 변한은 신라에 병탄(併吞)되었다. 백제는 기원 660년 치나 당나라에 망하였고, 왕실 구성원들은 치나 당나라에(스스로) 신하라고 불렀으며, 당나라는 이전의 백제영토에 웅진도독부를 세웠다. 그 시기를 나중에 '전삼국시대'라 하는데, 백제와 신라는 서로 다른 민족에 속한다.

③ 대한민국의 '한(韓)'은 조선왕조 말기 국호인 대한제국에서 비롯된 것으로 대한제국이란 나라 이름은 바로 고대의 삼한연맹에서 비롯된 것이다. 현재의 조선민족 구성원 스스로 '삼한의 자손'이라고 부르는데, 이것은 (중화민족의) 화인(華人)들이 스스로 '염황(炎皇)의 자손'이라고 한 것과 같다.[37]

①에서는 대동강을 경계로 남쪽은 삼한, 북쪽은 한사군으로 분리하지만 ②에서 보면 마한은 (치나의 첫 지방정권인) 부여가 지배하여 백제를 세우고, 백제는 마침내 당나라에 망한 것으로 끌고 간다. ③ 그러나 결론은 현재 남북한의 선조는 삼한 자손으로 대동강 이남 땅만 인정하는 것이다.

---

37) 『百度百科』「三韓」 2017.04.21.

■ 한복에 관한 논란과 삼한

이러한 중화인민공화국의 주장과 『백도백과』의 내용은 최근 한·중 두 나라에서 크게 대립하고 있는 한복 문제를 보면 그 숨은 속내가 두드러지게 나타난다.

韩服　✎ 编辑

　韩服（朝鲜语/韩国语：한복）[1] 是从朝鲜半岛古代的新罗王国与高丽国到朝鲜王朝时期的朝鲜民族（又称韩民族[2]）本土服装，在受到**中国汉服给予的很大影响后**，经过不断"**民族本土化**"发展而成的服饰。王氏高丽王朝时期初见雏形，之后不断吸纳中国各个时期的服饰特色、最终成型于朝鲜王朝时代（公元1392年-1910年）初期。

■ 한복(韓服)

한복(조선어/한국어 : 한복)은 조선반도 고대 신라왕국에서 고리국과 조선왕조에 이르는 시기의 조선민족(韓民族이라고도 함)의 본토 복장으로, 치나 한복(漢服)이 준 영향을 크게 받은 뒤 끊임없는 "민족 현지화"를 통해 발전한 복장이다.

왕씨고리(高麗) 왕조 때 최초의 형식이 나타난 뒤, 그 뒤 끊임없이 치나 각 시대 복장의 특색을 받아들여 마침내 조선(1392-1910) 초기에 (지금의) 형태가 갖추어졌다.

조선민족의 전통 복식은 옛날에는 고리옷(高麗服)이라고 하였다. 역사에서 조선반도에는 이전에 마한·진한·변한이라는 세 나라가 있었기 때문에 조선족은 스스로 삼한민족 또는 삼한자손(三韓子孫)이라 불렀다. 조선민족은 또 한민족(韓民族)이라고도 부르기 때문에 한국과 조선의 정부 측(官方) 학술계에서는 정식으로 "한복(韓服)"이라고 부른다.[38]

현재 한국 학계에서는 한복의 원류를 고구리 벽화에서 찾는다. 그러나 동북공정 이전부터 이미 중화인민공화국은 (고)조선·고구리·발해는 자기 나라 역사로 만들었기 때문에 우리 역사를 삼한 → 신라 → 고리(高麗) → 조선으로 한정시키고 있다. 그런데 역사 항목뿐 아니라 「한복」 같은 항목에도 그런 연구 결과를 적용한 것을 보면 동북공정으로 훔쳐 간 역사를 고도의 수법으로 여러 항목에 적용하여 기정사실로 만들고 있다는 것을 알 수 있다.

결국 『백도백과』에 나온 항목들은 철저하게 기획된 응용연구의 결과라고 할 수 있다.[39]

---

38) 『百度百科』「韓服」2021.04.28.

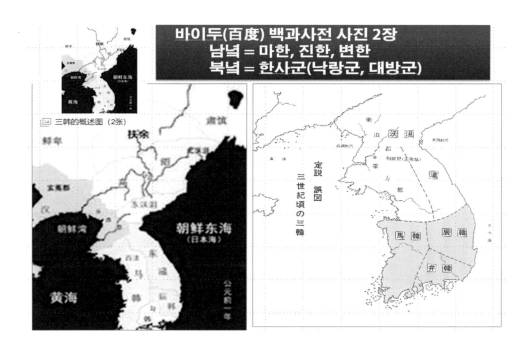

2) 부여 : 치나(Cina, China) 최초의 지방정권

(1) 지방정권에서 '부여인' 정권으로

고구리 역사에서 고구리의 근원을 연구할 때 가장 크게 기준이 되는 것이 광개토태왕비이고, 그 비문에는 고구리를 세운 추모(鄒牟)가 북부여에서 왔다는 것이 뚜렷하게 기록되어 있다. 따라서 우리 역사에서 부여는 당연히 고구리를 낳은 선조의 나라이고, 끝내 494년 고구리에 아울러진다. 그러나 중화인민공화국에서 부여는 자기 나라 만주 지역에서 생긴 첫 지방정권이라고 주장한다.

---

39) 2021년 4월 30일 현재 『百度百科』에서 「韓服」을 검색하면 자동으로 「朝鮮族服飾」으로 옮겨진다. 그리고 「朝鮮族服飾」 아래는 「동의어」 한복은 보통 조선족 옷을 가리킨다([同義詞] 韓服一般指朝鮮族服飾)'라고 되어있다. 따라서 「한복」이란 항목이 없어지면서 역사 왜곡도 사라졌다. 이것은 우리가 강력하게 항의하고 문제 삼으면 역사 왜곡도 바꾸어질 수 있다는 것을 뜻한다. 다만 여기에도 '한복(韓服) = 조선족 옷'이 되고, 조선족 옷은 중화인민공화국 국가급 비물질문화유산이기 때문에 '한복=중화인민공화국 비물질문화유산이 된다.'라는 함정이 있다.

■ 부여나라(扶餘國)

2017년 : 부여나라(扶餘國)는 부여나라(夫餘國)라고도 하는데, 기원전 2세기~기원 494년 동안 (존재한) 소수민족정권으로, 이는 치나 만주 지구 첫 번째 소수민족 정권 국가다.

2021년 : 부여나라(扶餘國)는 부여나라(夫餘國)라고도 하는데, 기원전 2세기~기원 494년 동안 (존재한) 부여인 정권으로, 조선반도 북부와 지금의 치나 만주 지구에 있던 첫 번째 부여인정권(夫餘人政權) 국가다.[40]

『백도백과』「부여」 항목에 2017년의 설명과 2021년 설명 사이에 미묘한 차이가 있다. '소수민족 정권'이 '부여인 정권'으로 바뀐 것이다. '민족'이나 '소수민족'이란 낱말이 고대사의 한 나라를 부르는데 알맞지 않다는 방향으로 흐른 것이다. 그래서 실제 당시 썼던 '부여인'으로 바뀐 것으로 보인다.

(2) 대외관계 : 중원왕조

그러나 중원과의 관계를 설명할 때는 지방정권이란 점을 강조하고, 시대마다 조공하고, 신하로 일컬었다는 점을 강조한 번속(藩屬) 국가라는 것을 확정한다.

---

40) 『百度百科』「扶餘國」 2017.04.21. 扶餘國，又作"夫餘國"等，公元前2世紀-公元494年的扶餘人政權，是朝鮮半島北部與今中國東北地區的第一個扶餘人政權國家。

① 서한 때 부여는 현도군의 관할 안에 있던 한조(漢朝)의 지방정권이다. 왕망 시기에도 부여에 사신을 파견하였다.

② 동한 초기, '동이 여러 나라가 모두 와서 (공물을) 바치고 인사를 올렸다'. 무제 건무 25년(49년) '부여 왕이 사신을 보내 공물을 올렸다. 광무가 두터이 보답하고 사신에게 해마다 왕래하도록 명하였다.'

③ 조위(曹魏) 시기 부여와 위(魏) 정권은 우호 관계를 맺었다. 위 문제 건강 원년(220) 3월, 부여가 위에 사신을 보낸 신하라고 일컫고 공물을 바쳤다.

④ 진시기에 이르러, 부여는 호동이교위로서 관할 보호를 받았다. 진 무제 때(265~290년) 부여는 늘 사신을 보내 진조(晉朝)에 이르러 조공하였다.

⑤ 북위 문성제 태안 3년(457) 12월, "부여국이 사신을 보내 조공하였다"라고 한 것은 부여가 아직 존재하였다는 것과 동시에 북위와 '칭신납공(稱臣納貢)' 관계를 확립하였다는 것을 설명해 준다.[41]

(3) 다툼거리(爭議事件)

부여사에 대한 다툼거리도 꽤 자세하게 소개하고 있다.

> **争议事件** 　🖊 编辑
>
> 1990年代后期韩国学者声称扶余是朝鲜民族族源之一，然牵强附会之处太多，不值为信。今天半岛之朝鲜、韩国皆来自于唐朝时代的新罗，新罗本居于半岛南端的滨海地带，称三韩部落，新罗是今天朝鲜民族（韩民族）的直系祖先。

1990년대 후기 한국 학자들이 부여는 조선민족의 (민)족 (기)원 가운데 하나라고 주장하며 당치

---

41) 『百度百科』「扶餘國」 2021. 04. 28. 西漢時, 夫餘受玄冤郡管轄, 是漢朝的一個地方政權. 漢朝通過玄蕪郡行使管轄權. 王莽時期, 也曾向夫餘派遣過使臣。東漢初年, "東夷諸國皆來獻見"。武帝建武二一(十의 잘못)五年(49年), "夫餘工(王의 잘못)遣使奉貢, 光武厚答報之, 於是使命歲通"。從此, 夫餘又與中原往來不斷。曹魏時期, 夫餘與魏政權建立了友好關系。魏文帝延康元年(220年)三月, 夫餘向魏派遣使臣, 稱臣納貢。到了西晉時期, 夫餘受護東夷校尉的管轄和保護。晉武帝時(265-290年), 夫餘經常派使臣到晉朝朝貢。北魏文成帝太安三年(457年)十二月, "夫餘國遣使朝貢", 說明夫餘不僅還存在, 而且與北魏也確立了稱臣納貢的關系。

아니한 말을 억지로 끌어 붙여 조건에 맞추려고 하는(牽强附會) 일이 너무 많지만 믿을만한 가치가 없다. 오늘날 반도의 조선 한국은 모두 당조(唐朝) 시대의 신라에서 온 것으로, 신라는 본디 반도 남쪽 끝 바닷가 지대에 살고 있었고 삼한부락이라 일컬었다. 신라는 오늘날 조선민족(한민족)의 직계 선조다.[42]

【한국】【조선】 조선반도의 정권은 부여인을 오늘날 한국인/조선인의 선민(先民) 가운데 하나라고 본다. 실제 성씨를 보면 한국인/조선인은 신라에서 비롯된 것이지 치나의 부여가 아니다.

【미국】 한 인류학자 제어드 다이아몬드(Jared Mason Diamond)는 부랴트인과 야마또(大和)족의 선조로, 서기전 4~5세기 바이칼호에서 동북으로 옮겨와 살았다고 보았다. 그러나 그 관점을 뒷받침할만한 아무런 고고학적 증거도 없었다.

【치나】 부여라는 이름이 가장 먼저 『주일서(逸周書)』에 부유(鳧臾, Fúyú)라고 나오는데 아홉 개의 오랑캐(九夷) 가운데 하나다. 송눈(松嫩) 평원에 나무가 있는데 나무 위에 소금이 있어 식용으로 쓸 수 있었다. 고대 일부 월인(越人)이 송눈평원에 와서 이 소금을 먹은 먹었던 사람들을 부여라고 불렀다. 이 부여란 명칭은 다른 해석이 있다. 조선반도의 정권은 오늘날 한국인/조선인의 선민 가운데 하나라고 본다. 현대 조선인·한국의 선조는 삼한(三韓)이다. 부여인들이 현재의 치나 동북에 모여 산 것은 그곳이 곡물이 풍성하여 양식이 많았기 때문이다. 이덕산(李德山) 같은 학자[43]들은 부여는 치나 염제·은상(殷商)의 후예라고 하여 한민족(韓民族)과는 털끝만큼도 관계가 없다고 본다. 어떤 학자는 부여의 원류가 '일종설(日種說)'[44]에 따라 동호라는 것도 전혀 근거가 없다.[45]

부여족은 고구리와 같이 예맥족이라는 것이 지금까지 학계의 통념이다. 그런데 최근 만주의 학자들 가운데 염제의 후예니, 은나라 후예니 하는 이상한 설들이 자리를 잡기 시작하였다. 이덕산(李德山)은 은상의 친족 민족이었던 번족(番族)과 서족(徐族)이 당시 동이로 불리던 산동반도 노

---

42) 『百度百科』「扶餘國」2017.04.21.
43) 이덕산(1962~)은 동북사범대학 고적연구소 소속으로 동북공정 최일선에서 가장 극단적인 논리를 전개한 학자다. 2001년 한국 학자들과 토론할 때 흥분해서 "고구리는 중화인민공화국 역사"라고 고래고래 소리를 질러 주최 측에 의해 끌려나간 국수주의자다. 이런 학자의 논리를 백과사전에서 채택하였다는 것은 이 백과사전의 노선을 쉽게 알 수 있다.
44) 劉高潮·姚東玉,「"日種"說與匈奴之族源—兼論夫餘王族屬東胡」『求是學刊』1988-04.

나라 근방에 살다가 은상이 주나라에 망하자 반란을 일으켜 일부가 만주 지역으로 들어와서 부여의 선조가 되었다는 설이다. 1996년 이 문제를 제기하였는데,[46] 동북공정이 실시되면서 2002년 이 주제가 뽑혔고, 2003년 〈동북변강연구 총서〉로 발간되면서 이 설이 급속하게 퍼지고 있다.[47]

3) 고구리(高句麗) : 옛 나라 이름 → 치나(Cina, China)의 고대 변강정권

고구리에 대한 항목에서는 다른 시대와 달리 꽤 많은 변화가 있었다. 다음 3가지로 나누어 보기로 한다.

(1) 고구리에 대한 총론

[gāo gōu lí]
高句丽 (古国名)   ✏ 编辑   💬 讨论 ⑧

　　高句（gōu）丽（lí）是公元前一世纪至公元七世纪在中国东北地区和朝鲜半岛存在的一个政权。其人民主要是濊貊和扶余人，后又吸收一部分靺鞨人，古朝鲜遗民及三韩人。由于高句丽的特殊地理位置，而且国土横跨今日的中国及韩国、朝鲜，中国及韩国、朝鲜都声称高句丽是自己本国的原始民族。

2017년에는 제목에 '옛 나라 이름(古國名)'이라고 하였는데 2021년에는 '치나 고대 변강 정권'이라고 확실하게 못을 박는다.

---

45) 『百度百科』2021.04.28.「扶餘國」【韓國】朝鮮】朝鮮半島的政權認爲扶餘人是今天韓國人/朝鮮人的先民之一。實際上從姓氏可知韓國人朝鮮人起源於新羅而不是中國的扶餘。【美國】一位人類學家賈德·戴蒙說, 扶餘就是布里亞特人與大和族祖先, 公元前四, 五世紀從貝加爾湖移居東北。但是未有任何考古學的證據證明其觀點【中國】扶餘一名最早出現在逸周書, 名鳧庾(Fúyú), 是九夷之一。松嫩平原上有一種樹,樹上有種鹽可食用, 古代部分越人到了松嫩平原, 他們把食用這種鹽的人叫扶餘。這是扶餘名稱的另一解釋。朝鮮半島的政權認爲是今天韓國人/朝鮮人的先民之一, 但是這種觀點是錯誤的。現代朝鮮人韓國人的祖先是三韓。扶餘人聚居於今日中國東北, 那里穀物豐盛, 餘糧頗多。李德山等學者認爲扶餘是中國炎帝, 殷商後裔, 與韓民族毫無關系。有的學者把扶餘源流弄成日種說東胡毫無根據.

46) 李德山,『東北古民族與東夷淵源關係考論』東北師範大學出版社, 1996, 175~178쪽.

47) 李德山·欒凡,『中國東北古民族發展史』中國社會科學出版社, 2003, 139쪽.

[2017년] : 고구리(高句麗, 古國名, 옛 나라 이름)

고구리(高句麗, gāo gōu lí)는 서기전 1세기에서 서기 7세기까지 치나 동북 지구와 조선 반도에 존재하였던 하나의 정권이다. 그 인민들은 주로 예맥과 부여사람들이고 나중에 또 일부 말갈 사람, (고)조선(古朝鮮) 유민 및 3한(三韓) 사람을 흡수하였다. 고구리의 특수한 지리적 위치에 있고, 또 국토가 오늘날의 중화인민공화국 및 한국·조선에 걸쳐있기 때문에 중화인민공화국 및 한국·조선은 모두 고구리는 자기 본국의 원시민족이라고 주장하고 있다.**48)**

[2021년] : 고구리(高句麗, 中國古代邊疆政權, 치나 고대 변강 정권)

고구리(高句麗, gāo gōu lí)는 서기전 1세기에서 서기 7세기까지 존재하였던 치나 고대 변강 정권으로 땅이 오늘날 치나 만주 지구와 조선 반도 북부에 걸쳐있다.**49)** 남북조시기 '고리(高麗)'라고 바꾸어 불러 '고씨고리(高氏高麗)'라고도 부르는데, 서기 10세기에 건립된 고리('왕씨고리'라고도 부른다)와는 계승 관계가 전혀 없다.**50)** 고구리민족은 예맥·부여·옥저·한인(漢人)·(고)조선인·한인(韓人) 같은 족의 무리가 융합하여 이루어졌다.

고구리 정권은 서한 건소 2년(기원전 37년) 부여인 주몽이 서한의 현도군 고구리현 경내에 세웠다.**51)**

---

48) 『百度百科』「高句麗」2017.04.21.

49) [원문 주] 魏存成,「如何處理和確定高句麗的歷史定位」,『吉林大學社會科學學報』,2011-4.『中國知網』[引用日期 2021-03-26].

50) [원문 주] 程妮娜,「"高句麗"改稱"高麗"再考論」,『東北史地』2014-4.『中國知網』[引用日期2020-01-20];『澎湃新聞』「『高句麗』和『高麗』是指同一個國家嗎？」

51) [원문 주] 楊春吉·秦升陽 主編,『高句麗歷史知識問答』吉林人民出版社, 2003, 2~4쪽.

내용에서도 2017년에는 영토가 중화인민공화국과 한국·조선에 걸쳐있어 두 나라가 서로 자기 나라 원시민족이라고 한다는 '한 역사 두 나라가 쓰기(一史兩用)'를 주장하였지만, 2021년에는 영토가 두 나라에 걸쳐있으나, 치나 고대 변강 정권이고, 고구리민족에는 한인(漢人)도 섞여 있었으며, 고구리 후기 나라이름을 고리(高麗)로 바꾸었으나, 그 고씨고리는 10세기에 생긴 왕씨고리와는 아무런 계승관계가 없다는 것을 분명하게 한다. 짧은 문장 속에 동북공정 이후 바뀐 중요 사실을 완전하게 표현하였다. 특히 부여처럼 여기서도 소수민족 지방정권이란 표현보다는 변강정권이라고 표현하였다는 부분은 눈여겨 볼만하다.

동북공정에서 고구리가 치나의 역사라는 것을 증명하는 중요한 증거로 제시한 것이 바로 추모(주몽)가 한나라 고구리현 땅에 세웠다는 사실이다. 그러나 현도는 맥(고구리족)에게 쫓겨 구리(句麗) 서쪽으로 물러난 뒤 회복한 땅에 세웠다.

이 내용을 보면 2017년에는 두 나라가 고구리 역사를 가지고 다투고 있다는 것을 나타냈으나 그 뒤 한국에서 아무런 반대나 반응이 없자 4년 뒤인 현재는 완전히 중화인민공화국 국사(國史)로 편입하여 일반화시켰다는 것을 볼 수 있다. 아울러 2021년에는 그동안 역사침탈을 위해 학자들이 연구한 기초 연구성과를 하나하나 주를 달아 완성도를 높였다.

(2) 고구리 나라이름(國號)

国号　🖉编辑

　　高句丽，史书中记作"高句骊"，简称"句丽"或"句骊"，是公元前1世纪至7世纪时期生活在中国东北地区的一个古代民族。汉元帝建昭二年（公元前37年）扶余人朱蒙在西汉玄菟郡高句丽县（今辽宁省新宾县境内）建国，故称高句丽。 [4]

　　公元5世纪后，高句丽被普遍简称为"高丽" [5]，其君主也被中国皇帝册封为"高丽王"。但需要注意的是，高句丽灭亡200多年后朝鲜半岛出现的王氏高丽并非其继承国。 [6]

나라이름(國名)에서는 2017년에 이미 ① 고구리가 서한 땅에 세워졌고, ② 5세기 후반 나라이름을 고리(高麗)로 바꾸었고, 그 군주는 치나의 책봉을 받았으며, ③ 그 고리는 왕씨고리와 다르다는 것을 뚜렷하게 주장하였다.

[2017년] : 나라이름

고구리는 사서에 '고구리(高句驪)라고 되어있고, 줄여서 '구리(句麗)나 구리(句驪)라고 불렀는데 한(漢) 원제 건소 2년(37), 부여인 주몽이 서한(西漢)의 현도군(玄菟郡) 고구리현(高句麗縣, 오늘날의 遼寧省 新賓縣 경내)에서 세웠기 때문에 고구리(高句麗)라고 하였다.

기원 5세기 후반 고구리(高句麗)는 고리(高麗)라고 널리 줄여 썼고,[52] 그 군주도 치나 황제로부터 '고리왕(高麗王)'으로 책봉 받았다. 다만 주의해야 할 것은 고구리(高句麗)가 망하고 200년 뒤 조선반도에 나타난 왕씨 고리(高麗)는 절대 그 계승국이 아니다.[53]

[2021년] : 나라이름

고구리(高句麗)는 『후한서』에는 '고구리(高句驪)라고 되어있고,[54] 줄여서 '구리(句麗)나 구리(句驪)라고 불렀는데, 서기전 1세기부터 서기 7세기까지 치나 동북 동북지구의 한 고대 민족으로 살았다. 한 원제 건소 2년(BC 37) 부여사람 주몽이 서한 현도군 고구리현 경내에 나라를 세우고 고구리(高句麗)라 불렀다.[55] 라신(羅新)이란 학자는 '고구리'의 본디 뜻은 '산성'이라고 보았다.[56]

5세기 후기 고구리는 '고리'라고 바꾸어 불렀는데, 고구리 출토유물 '연가 7년이라고 새긴 금동여래입상'·'중원고구리비'에 모두 이 나라를 '고리나라(高麗國)'라고 불렀고, 그 군주도 중원왕조 황제로부터 '고리왕'이라고 책봉을 받았다.[57]

그러나 고구리가 망한 뒤 200년이 넘은 뒤 조선반도에 나타난 왕씨 고리는 절대 그 계승국이 아니다. 두 정권이 나라를 세운 시기도 엄청나게 다르고 역사 발전과 귀속도 다르며, 통치하는 구역도 다르고 동치지역 안의 민족구성도 다르며, 왕씨 고리의 왕족도 고씨고리(高氏高麗)의 후예가 절대 아

---

52) 고구리(高句麗)가 고리(高麗)로 나라이름을 바꾼 것은 413년 장수왕이 즉위할 때부터이므로 5세기 초라고 해야 한다. 자세한 내용은 서길수, 『장수왕이 바꾼 나라이름 고리』(여유당, 2019)를 볼 것.

53) 『百度百科』「高句麗」 2017. 04. 21.

54) [원문 주] 『後漢書』 卷八十五, 「東夷列傳」 第七十五 : 高句驪, 在遼東之東千里……好修宮室……其人性凶急, 有氣力, 習戰鬥, 好寇鈔, 沃沮, 東濊皆屬焉。

55) [원문 주] 「高句麗」(2004년 7월 1일, 28차 유네스코 세계유산대회 기사); 『人民網』 [引用日期 2016-11-24]

56) [원문 주] 羅新, 「高句麗國名臆測」 『中華文史論叢』 2013-1. 『中國知網』 [引用日期 2021-01-11].

57) [원문 주] 程妮娜, 「"高句麗"改稱"高麗"再考論」 『東北史地』 2014-4. 『中國知網』 [引用日期 2020-01-20]; 『澎湃新聞』 「"高句麗"和"高麗"是指同一個國家嗎？」

니다.[58] 이 두 정권을 구별하기 위해 현재 역사를 연구할 때는 일반적으로 고씨고리는 '고구리', 왕씨고리는 '고리'라고 부른다.[59]

2017년에 비해서 2021년에는 그 내용을 여러 연구성과를 인용하여 더 자세하게 하고, 현재 남북한에서 '고구리'와 '고리'로 쓰고 있다는 점도 확실하게 밝힌다. 고씨고리와 왕씨고리가 이름이 같다는 점을 들어 계승 관계를 주장하는 것을 미리 막는 것이다.

(3) 고구리와 중원왕조와의 관계

중원왕조와의 관계는 당연히 책봉과 조공에 관한 것으로 2017년에 이미 고구리는 중앙왕조의 지방행정조직이고 절대 주권을 가진 독립 국가가 아니라고 강조한다.

2021년에는 이례적으로 내용을 길게 하면서도 인용 주를 하나도 달지 않았다. 한 사람이 뚜렷한 목표를 가지고 작성한 것 같다.

[2017년] : 대 중원왕조(對中原王朝)

기원 4세기 중엽 전연이 벌써 고구리 왕을 영주자사로 봉하였다. 이때 이후 역대 고구리 왕은 계속해서 도독영주제군사(都督營州諸軍事)·도독영평이주제군사(都督營平二州諸軍事)·도독요해제군사(都督遼海諸軍事) 같은 행정관할권을 갖는 관직을 물려받았다. 435년 이후 역대 고구리왕은 영호동이중랑장(領護東夷中郞將)·영호동이교위(領護東夷校尉)라는 직함을 늘 가지고 있었다는 것은 중원조정이 동북 각 소수민족의 권력을 대표하도록 수여한 것을 나타내는 것이다. 이 모든 것은 고구리(高句麗) 정권이 치나 중앙왕조의 지방행정조직 특성을 가졌다는 것을 뚜렷하게 반영한 것이다. 이때의 고구리는 주권을 가진 독립국가가 절대 아니었다.[60]

---

58) 「古代高句麗與高麗 : 兩個性質截然不同的政權」高麗 高句麗. 網易新聞.

59) 「"高句麗"和"高麗"是指同一個國家嗎？」澎湃新聞.

60) 『百度百科』「高句麗」2017. 04. 21.

[2021년] : 대 중원왕조(對中原王朝)

① 일본학자 다나까 토시아키(田中俊明)의 통계에 따르면 건무 8년(32년)~건봉 원년(666년) 사이 643년간 고구리가 중원 역대 왕조에게 조공한 것이 모두 205차례였다고 하였다. 그 가운데 건무 8년(32년)부터 경평 원년(423년)까지 391년 사이에는 17번밖에 없어 평균 23년에 1번꼴이다. 그런데 경평 원년(423년)부터 건봉 원년 668년)까지는 모두 188번의 조공을 해서 평균 1.3년에 한 번씩이었다.

기원 4세기 중엽 전연이 벌써 고구리 왕을 영주자사로 봉하였다. 이때 이후 역대 고구리 왕은 계속해서 도독영주제군사(都督營州諸軍事)·도독영평이주제군사(都督營平二州諸軍事)·도독요해제군사(都督遼海諸軍事) 같은 행정관할권을 갖는 관직을 물려받았다. 435년 이후 역대 고구리 왕은 영호동이중랑장(領護東夷中郞將)·영호동이교위(領護東夷校尉)라는 직함을 늘 가지고 있었다.

② 고구리 국가가 발전하고 성숙하게 됨에 따라 고구리는 치나 지방정권이 되어 독립성도 갈수록 강해지고 중앙왕조의 고구리 정권에 대한 태도도 변화하였다. 6세기 말기를 시작으로 중앙은 고구리 왕에게 지방행정 관할권을 갖는 관직을 주지 않고, 대장군·상개부의동삼사·상주국 같은 산관(散官)[61]과 훈관(勳官)[62]으로 바꾸어 주었다. 이것은 치나 중앙왕조가 그 지방정권인 고구리의 독립 경향에 큰 불만을 나타내고 그때부터 동북 각지에 대한 권력을 주지 않기 시작한 것이다. 중앙정부과 지방정부의 이러한 모순은 부단히 커져 마지막에는 수당과 고구리의 전쟁으로 발전하게 된다.

③ 당 왕조가 백제와 고구리를 잇달아 멸하고 백제 옛 땅에 웅진 같은 5도독부를 설치하고, 고구리 옛땅에 안동도호부를 설치하고, 아울러 신라왕을 계림도독으로 삼으면서 마침내 이 시기 한반도(韓半島)의 기미통치 체계가 확립된다.

④ 용삭 3년(663년) 이후, 짧은 기간 동안 신라 왕이 당 왕조의 책봉을 받지 않았던 것을 빼고, 역대 신라왕은 계림도독이란 직책을 대대로 이어받았는데, 그 관할지구는 당 왕조에 속한 계림주의 도독으로, 당 왕조의 조선반도 지방정권에 속하였으며 독립국가가 아니었고, 신라 왕의 신분은 당의 조선 반도 지방 행정관원이었다.

신라는 당의 세력을 빌려 조선반도 남부지구를 점유하였다. 당조 전 시기 계속해서 신라의 강역

---

61) 일정한 업무가 없는 벼슬.

62) 작호만 있고 직분이 없는 벼슬.

은 평양과 대동강 이남이었다. 신라는 변함없이 당조에 신하가 되어 복종하였다(臣服).

신라와 치나는 확립된 장기간의 봉공 관계가 계속 이어가면서 새로운 왕이 즉위하면 모두 책봉을 받았고, 그에 대한 치나문화의 영향은 직접적이고 깊었다. 10세기 초 왕건이 신라를 빼앗아 한반도에 새로운 왕국을 건립하면서 여러 가지를 고려하여 왕건 자신이 직접 태어난 신라왕국에 '고리(高麗)'라는 이름을 붙였다.[63]

---

63) 『百度百科』「高句麗」 2021. 04. 28.

2021년 내용은 크게 4가지로 나눈다. ①은 2017년과 같은 책봉에 관한 것인데, 일본학자의 데이터를 이용하여 주장을 더 강화하였다. ②는 수·당 이후 전쟁이 중앙정부와 지방정부의 국내 전쟁이었다는 점을 정확히 밝히려 했다. ③과 ④에서는 고구리와 백제를 멸하여 도호부와 도독부를 세우고 끝내는 신라도 계림도독부를 세워 기미통치를 했다고 했다. 특히 ④에서는 신라 문제를 중점적으로 다루어 신라는 독립 국가가 아니라 당의 계림주였고, 신라왕은 도독으로 지방 행정 관원이었다고 주장한다. 이처럼 신라를 신하로 만든 것은 바로 그 신라 출신인 왕건이 그 신라왕국에 고리(高麗)라는 이름을 붙인 것이지 고구리를 계승한 것이 아니라는 것을 강조하기 위한 것이다.[64]

---

64) 公元4世紀中葉, 前燕就已經封高句麗王爲營州刺史. 自此之後, 歷代高句麗王一直承襲著都督營州諸軍事, 都督營平二州諸軍事, 都督遼海諸軍事等具有行政管轄權的官職. 自435年以後, 歷代高句麗王還經常帶有領護東夷中郎將, 領護東夷校尉的頭銜. 隨著高句麗國家的發展與成熟, 高句麗作爲中國的地方政權, 獨立性也越來越强, 中央王朝對高句麗政權的態度也在發生著變化. 自6世紀末期開始, 中央已不再授予高句麗王具有地方行政管轄權的官職, 而是改授大將軍, 上開府儀同三司, 上柱國等散官與勳官, 這表明中國中央王朝對作爲其地方政權的高句麗的獨立傾向十分不滿, 已開始不再授予其管轄東北各地的權力. 中央政府與地方政府的這種矛盾不斷升級, 最終演變成隋唐與高句麗的戰爭. 唐王朝先後滅亡百濟和高句麗, 在百濟故地設熊津等5都督府, 在高句麗故地設安東都護府, 並以新羅王爲雞林州都督, 最終確立了在這一時期中國對韓半島的羈縻統治體系. 龍朔三年(663年)以後, 新羅王除在位時間過短唐王朝未及加封者外, 歷代新羅王世襲雞林州都督一職, 其所轄地區是唐王朝所屬的雞林州都督, 屬於唐王朝在朝鮮半島的地方政權, 而不是獨立國家, 而新羅王的身份是唐在朝鮮半島的地方行政官員. 新羅借助唐的勢力占有了朝鮮半島南部地區. 整個唐朝時期, 新羅的疆域一直在平壤與大同江以南. 有唐一代, 遼東即鴨綠江南北的高句麗故地其主體部分仍然屬於中原王朝, 新羅的疆域仍然在大同江及平壤以南. [119] 新羅仍然臣服於唐朝. 新羅與中國所確立的長期封貢關系仍繼續存在著, 新王即位都要接受册封, 中國文化對它的影響直接而深刻. 10世紀初王建取代新羅在韓半島建立新的王國, 出於種種考慮, 王建將這個直接脫胎於新羅的王國命名爲"高麗".

高句麗 概述圖冊

예맥계 졸본부여(高句麗) 삼국시대 경계
/고구리의 바다 건너 (일본) 정복 / 조선·한국인의 고유 영토

　『백도백과』 「고구리」 항목에는 무려 93개의 댓글이 달려 있다. 고구리가 어떤 나라인지도 모른 인민들이 이 문제를 자유롭게 토론하면서 자연스럽게 고구리가 중화인민공화국의 역사라는 것을 인식하도록 선전하는 단계에 들어선 것이다. 최근에 올라온 댓글 가운데 한 가지만 보기를 들어본다.

　〈海上雅樂 2021-04-01〉
　「고구리」 내용에 잘못된 것이 있다.
　치나 고대 동북 변강 정권 : 고구리, 그 치하에 주요한 것이 예맥인·한인(漢人)·부여인이 있다. (고)조선인이라는 것이 어떤 사람이야? 한인(韓人)이라는 것이 어떤 사람이야? 치나 사료에 이런 논설은 없으니 빼버릴 것을 건의한다. 기자조선과 위만조선은 모두 치나 고대 지방 제후들이다. (고)조선인이라는 논설은 없다. 모두 찾아봐라.[65]

4) 백제 : 치나 부여사람들이 내려가 세운 나라

■ 백제(百濟)

[2017년]

백제는 본디 고대 치나(中國) 동북쪽에 살던 부여사람들이 남쪽으로 내려가 조선반도 서남부에 세운 나라로 사씨(沙氏)·연씨(燕氏)·협씨(刕氏)·해씨(解氏)·진씨(真氏)·국씨(國氏)·목씨(木氏)·백씨(苩氏) 같은 8가지 큰 씨족이 있다.

백제의 통치계층은 (치나에서 내려간) 부여인(扶餘人)으로 그 하층 백성인 한인(韓人)과 다르다. 조선반도 남부의 한인(韓人)은 부여인과 다른 하나의 민족이다. 백제는 660년 당(唐)이 신라와 연합하여 쳐들어가 멸하였다.[66]

[2021년]

백제는 부여사람이 남쪽으로 내려가 조선반도 서남부(현재의 한국)에 건립한 국가로 당시 조선반도에 그밖에 두 개의 왕국 고구리와 신라가 있어 수백 년 동안 지속해서 조선의 삼국시대를 이루었다.[67]

백제에는 8대 씨족이 있다. 사씨(沙氏)·연씨(燕氏)·협씨(刕氏)·해씨(解氏)·진씨(真氏)·국씨(國氏)·목씨(木氏)·백씨(苩氏). 백제의 통치계급은 부여인으로 그 하층 백성인 한인(韓人)과 다르다. ……660년 당조와 신라군이 백제를 공격해 백제는 멸망하였다.[68]

---

65) 高句麗, 內容有錯誤. 中國古代東北邊疆政權：高句麗,其治下主要有濊貊人,漢人, 扶餘人. 古朝鮮人是什麼人？韓人又是什麼人？中國史料裏沒有這樣的說法,建議刪去. 箕子朝鮮和衛滿朝鮮都是中國古代的地方諸侯. 沒有古朝鮮人的說法……查看全部.

66) 『百度百科』「백제」 2017.04.21.

67) [원문 주] 百濟 | 中國國家地理網

백제 항목에서는 부여사람이 내려가 통치계급이 되었으므로 하층 백성인 한인(韓人)과는 다르다는 점은 같지만, 그 부여사람을 2017년에는 '고대 치나 동북쪽에 살던 부여사람'이라고 하였는데, 2021년에는 그냥 '부여사람'이라고만 하였다. 이제 부여는 군이 '치나의 부여'라고 하지 않아도 된다는 자신감에서 온 것이다. 부여사가 이민 중화인민공화국의 국사가 되었는데 군이 앞에 '치나의'라고 붙일 필요가 없다는 뜻이다.

5) 신라(新羅) : 당의 기미도독부

신라는 수서를 인용해 통일 이전에 이미 화하(華夏)족이 살았다는 것을 밝히고, 특히 당과의 관계에서 663년부터 당의 기미도독부(羈縻都督府)였다는 점을 강조한다.

新罗   ✏ 编辑   💬 讨论

新罗（英文音译：Silla，公元前57年～935年），朝鲜半岛国家之一，从传说时代起，立国达992年。公元503年开始定国号为"新罗"。

新罗最初由辰韩朴氏家族的朴赫居世干创建。660年和668年，新罗联合唐朝先后灭亡百济和高句丽。670年-676年唐朝新罗战争后，新罗侵夺了大同江以南的原属于中国后为高句丽夺取的汉乐浪、带方故地（当时唐军主力用于其他地区，后来新罗向唐朝请罪并且称臣，唐朝不再追究），统一了朝鲜半岛大同江以南地区，称为统一新罗。9世纪末期，统一新罗分裂成"后三国"。935年，"后三国"被高丽统一。

■ 신라

신라는 조선반도 국가 가운데 하나다. 전설시대에 일어나 나라를 세워 992년에 이르렀다. 503년 나라 이름을 '신라'라고 정하였다.[69]

---

68) 『百度百科』「百濟」2021.04.28. 百濟(韓文：백제), 是扶餘人南下在朝鮮半島西南部(現在的韓國)建立的國家, 與當時朝鮮半島的另外兩個王國高句麗和新羅, 形成持續了數百年之久的朝鮮三國時代. 百濟有八大氏族：沙氏, 燕氏, 劦氏(音協,xié), 解氏, 眞氏, 國氏, 木氏, 苩氏(音伯,bó). 百濟的統治階層是扶餘人, 不同於其下層百姓韓人.統治範圍在朝鮮半島西南部, 後與高句麗接壤, 東與新羅爲鄰。先後定都慰禮城(即今韓國首爾特別市), 熊津城(今韓國忠淸南道公州市), 泗沘城(今韓國忠淸南道扶餘郡). 公元660年, 唐朝與新羅聯軍攻擊百濟, 百濟滅亡。

69) 『百度百科』「百濟」2017년과 2021년의 차이가 없다.

□ 민족

신라의 주된 민족은 진한(辰韓)이지만, 단일민족국가는 아니다. 통일 이전 국내에는 "화하(華夏)[70]·고(구)리·백제 족속들이 섞여 있었다."[71]

□ 당과의 대외관계

670년에서 676년 사이 신라와 당조는 공동이익을 잃고 마찰과 충돌이 일어났지만 두 나라의 종번(宗藩) 관계는 전혀 끊어지지 않았다. 신라는 여전히 당의 책력(正朔)을 받들고, 당에 들어와 조공하고, 당의 책봉을 받고, 스스로 '대당신라국(大唐新羅國)' '유당신라국(有唐新羅國)'이라 불렀다. 또한 685년 국도에 망덕사(望德寺)을 세우고 '당 황실의 복을 빌었다'. 아울러 사당을 세워 소정방과 설인귀같이 백제와 고구리를 멸한 당나라 장수에 대한 제사를 지낸 것을 보면 신라는 3국을 통일하는데 협조한 당조의 은혜에 감사하는 의식이 있었다는 것을 볼 수 있다.[72]

8세기에 이르면 당과 신라의 관계가 전면적으로 강화되어 신라는 733년 당조가 발해국을 토벌하는 것을 도왔고, 당조도 735년 정식으로 신라의 패강(浿江) 이남의 주권을 승인하였다. 이러한 조공·책봉관계는 당이 망할 때까지 꽤 안정적으로 유지되었다.

당나라 말기 사료에서 신라가 당나라에 사신을 보낸 횟수를 보면 178회나 되어 빈도수가 당조 외번(外藩) 가운데 으뜸이었고, 심지어 당 현종과 희종이 촉나라로 피난갈 때도 신라 사신은 행재소인 성도(成都)까지 가서 조공하였다. 당나라가 망한 뒤에도 신라는 후양(後梁)·후당(後唐)에 게으르지 않고 조공을 이어가서 그 나라들이 멸망하기 직전 계속하다 그쳤다.[73]

■ 계림주도독부(鷄林州都督府)

계림주도독부(鷄林州都督府)에 관한 항목은 2017년의 내용이 현재도 그대로 남아 있다. 신라가 200년간 기미통치를 받았다는 점을 강조하고 있다.

---

70) 신라 주민 구성에 화하족이 가장 먼저 등장하여 이민족 가운데 가장 많은 것처럼 보이게 했다.

71) [원문 주]『隋書』卷八一, 列傳 第四六,「東夷傳·新羅」; 國學導航.

72) [원문 주] 拜根興,『唐朝與新羅關系史論』中國社會科學出版社, 2009.

鸡林州都督府 ✎ 编辑

鸡林州都督府是唐朝在新罗领土上设立的羁縻都督府，都督由新罗王担任。自公元663年起，先后有16位新罗王被唐朝委任为鸡林州都督，历时200余年。

계림주도독부는 당조(唐朝)가 신라 영토에 세운 기미도독부(羈縻都督府)인데, 도독은 신라왕이 맡았다. 663년부터 시작하여 16명의 왕이 당조(唐朝)로부터 계림도독을 위임받았는데 200년 남짓 되었다.[74]

6) 발해나라(渤海國) : 당조(唐朝)의 속국

발해국에 대해서는 2017년이나 2021년이나 별 차이가 없다. 발해국은 이미 '고대 소수민족 정권'이라고 확정이 되었기 때문이다.

渤海国 (古代少数民族政权) 🔒 锁定

　　渤海国（698年—926年）是中国古代历史上的一个以靺鞨族为主体的政权，其范围相当于今中国东北地区、朝鲜半岛东北及俄罗斯远东地区的一部分。698年，粟末靺鞨首领大祚荣在东牟山（今吉林敦化西南城子山山城，又说在今吉林延吉东南城子山山城或和龙西古城），称"震国王"（一作"振"），建立政权。[1] 713年，唐玄宗册封大祚荣为"**渤海郡王**"并加授忽汗州都督，始以"渤海"为号。762年，唐朝诏令将渤海升格为国。此外还有"靺鞨国"、"渤海靺鞨"、"高丽国"等别称。[2]

---

73) 『百度百科』 「新羅」 2021. 04. 28. [원문 주] 權惠永, 『古代韓中外交史—遣唐使研究』 一潮閣, 1999. 民族. 新羅的主體民族是辰韓人, 但並非單一民族國家. 在統一以前, 國內就"雜有華夏, 高(句)麗, 百濟之屬"[55], 此外還包括其兼並的弁韓人的伽倻聯盟, 這些族群在統一前就融合爲新羅人. 盡管670年到676年間, 新羅和唐朝因共同利益的消失而產生過摩擦和沖突, 但兩國的宗藩關系並未因此中斷, 新羅仍奉唐正朔, 入唐朝貢, 受唐冊封, 自稱"大唐新羅國", "有唐新羅國", 並在685年在國都創建望德寺以"奉福唐室", 並立祠祭祀蘇定方, 薛仁貴等滅百濟或高句麗的唐將, 可見新羅對協助其統一三國的唐朝仍懷有感恩意識. [79] 到了8世紀, 唐羅關系全面升溫, 新羅於733年幫助唐朝討伐渤海國, 唐朝也在735年正式承認新羅對浿江以南的主權. 這種朝貢-冊封關系比較穩定地保持至唐亡. 終唐一世, 有據可查的新羅遣唐使達178次之多, 頻度居唐朝外藩之首, 甚至唐玄宗, 唐僖宗幸蜀之際, 也有新羅使臣奔赴行在所——成都朝貢. 即使在唐朝滅亡後, 新羅也堅持不懈地向後梁, 後唐朝貢, 直到其滅亡前夕爲止. [80]

74) 『百度百科』 「鷄林都督府」 2017. 04. 21.

■ 발해국(渤海國, 고대 소수민족 정권)

발해국(698~926년)은 치나 고대 역사에서 있었던 말갈족이 주체가 된 하나의 정권으로, 그 범위는 치나 동북지구·조선반도 동북 및 러시아 극동지구의 한 부분에 해당된다. 698년 속말말갈(粟末靺鞨)의 수령 대조영이 동모산[지금의 吉林 서남쪽 성자산산성(城子山山城), 또는 길림 연길 동남쪽에 있는 성자산산성이나 화룡(和龍) 서고성(西古城)이라는 설이 있다]에서 "진국왕(震國王, 振이라고도 한다)"이라 일컬으며 세운 정권(政權)이다.[75]

713년 당 현종이 대조영을 "발해군왕(渤海郡王)"으로 책봉하고 아울러 홀한주도독(忽汗州都督)을 더해서 내려주면서 처음으로 "발해"라고 불렀다.

762년 당조가 조서를 내려 발해를 나라(國)로 승격시켰다. 그밖에 "말갈국"·"발해말갈"·"고리국(高麗國)" 같은 다른 이름이 있다.[76]

다만 2021년에는 발해와 당나라의 관계를 더 추가하였다.

□ 중원과의 외교

발해국과 당조는 종번관계를 유지하여 남쪽의 신라국과 마찬가지로 당조의 속국이었다. 당조는 '압신라발해양번사(押新羅渤海兩藩使)'를 설립하여 신라·발해인이 외국인이 찬여하는 빈공과(賓貢科)에 함께 집어넣었다. 당 덕종과 문종 때는 '치나인이 신라·발해 외국인과 연락하거나 장사해서는 안 된다.'라는 조서를 내렸다.[77] 이 사실은 당조가 발해국을 신라와 같은 '외국'이나 '번국'으로 보았다는 것을 말한다. 다만 발해와 신라가 다른 것은 발해는 당의 달력을 쓰지 않고 자기의 연호, 나아가 스스로 '황상'이나 '성인'이라고 높였고, 신라 비문이나 문헌에는 스스로 '대당신라국'·'유당신라국'

---

75) [원문 주]『新唐書』渤海, 本粟末靺鞨附高麗者, 姓大氏. 國學123 [引用日期 2016-10-19].

76) 『百度百科』「渤海」 2017. 04. 21. [원문 주] 魏國忠 等「關于渤日交聘中的"高麗國"問題」『北方文物』 2001-1. 渤海國(698年—926年)是中國古代歷史上的一個以靺鞨族爲主體的政權, 其範圍相當於今中國東北地區, 朝鮮半島東北及俄羅斯遠東地區的一部分. 698年, 粟末靺鞨首領大祚榮在東牟山(今吉林敦化西南城子山山城, 又說在今吉林延吉東南城子山山城或和龍西古城), 稱"震國王"(一作"振"),建立政權. 713年,唐玄宗冊封大祚榮爲"渤海郡王" 並加授忽汗州都督, 始以"渤海"爲號. 762年,唐朝詔令將渤海升格爲國. 此外還有"靺鞨國", "渤海靺鞨", "高麗國"等別稱.

77) [원문 주]『冊府元龜』 卷999, 互市.

동북공정 성과 보완과 침탈한 역사의 국사(國史) 전환   563

이라 부른 것이 많은데 발해의 문헌에서는 이런 문구가 나오지 않았다. 발해는 신라와 비교하여 꽤 강한 자주성을 가졌고, 발해와 당조 관계의 친밀도·대당 천하 질서 속의 지위도 신라보다 조금 못하다는 것을 알 수 있다.[78]

다만 이것이 발해국이 정치적으로 당조에게 종속되었다는 사실이 결코 바뀌는 것은 아니고 다만 발해국은 나라 안과 나라 밖에 대해 이중성을 가지고 있어 안으로는 자주적이고 대외적으로는 특별히 번속국이었다. 맨 처음 발해는 당조의 도독부(홀한주도독부)로 편성되어 그 군주는 단지 군왕(郡王)이고 명의상으로는 발해 관할 아래 있던 지방 기미정권(羈縻政權)이었다. 762년, 당 조정이 발해를 나라로 인정하는 조서를 내렸지만, 대당제국의 책봉 체제 아래 있는 하나의 부속국(附屬國)이고, 아울러 처음부터 끝까지 조공·찾아뵙기(朝覲)·새해 축하 사절(賀正)·볼모(質子) 입시 같은 내적 여러 번속 의무를 모두 이행하였고, 당조와의 사이에 정치·경제와 문화 같은 각 방면에 빈번한 왕래와 밀접한 연계가 있었다.[79]

우리나라 역사책에서 남북국이라고 하는 발해와 신라를 모두 기미정권이라고 하면서도 발해는 국내에서 황제 칭호와 연호를 썼다는 사실을 밝히고, 그렇지만 당 제국이 책봉한 부속국이었다는 점을 강조하고 있다.

---

78) [원문 주] 馬一虹,「渤海與新羅關系史述考」中國社會科學院歷史硏究所學刊

79) 『百度百科』「鷄林都督府」2021.04.28. □ 外交與中原 渤海國與唐朝保持著宗藩關系,與南面的新羅國一樣是唐朝的屬國. 唐朝設立"押新羅渤海兩蕃使", 將新羅, 渤海人一同列入外國人參與的賓貢科, 唐德宗, 唐文宗時曾下詔 "中國人不合與新羅, 渤海外國人交通買賣", 這些事實說明了唐朝把渤海國看作是與新羅等同的"外國"或"蕃國". 但渤海與新羅不同的是, 渤海不用唐正朔, 有自己的年號,甚至自尊爲"皇上", "聖人", 新羅碑銘與文獻中多自稱"大唐新羅國", "有唐新羅國", 而渤海的文書中則尚未發現這種辭句. 可見渤海比起新羅具有較强的自主性, 渤海與唐朝關系的親密度, 在大唐天下秩序中的地位也稍遜於新羅. 但這並不能改變渤海國在政治上從屬於唐朝的事實, 只能說渤海國具有對內和對外的二重性, 對內是自主的,而對外尤其是對唐則是藩屬國. 最初渤海國被編爲唐朝的一個都督府(忽汗州都督府), 其君主只是郡王, 名義上是唐朝轄下的地方羈縻政權. 762年唐廷詔令渤海爲國, 但仍是大唐帝國冊封體制下的一個附屬國, 並始終履行包括朝貢, 朝覲, 賀正, 質子入侍在內的各項藩屬義務,與唐朝之間在政治, 經濟和文化等各個方面保持著頻繁的來往和密切的聯系.

3. 고리(高麗)와 조선에 대한 역사침탈

1) 고리국(高麗國) : 중원 각 왕조의 번속국

[gāo lì] 🔊

高丽 (朝鲜半岛历史政权) ✏ 编辑 💬 讨论

同义词 高丽国一般指高丽（朝鲜半岛历史政权）

　　高丽（918年－1392年），又称高丽王朝、王氏高丽，是朝鲜半岛古代国家之一。公元918年，泰封君主弓裔部下起事，拥立王建为王，935年合并新罗，936年灭后百济，实现了"三韩一统"。高丽都城为开京（今朝鲜开城）。国土大体上相当于今天朝鲜半岛中南部，11世纪中叶后以千里长城与辽、金为界。西北在12世纪的高丽睿宗时期达到鸭绿江沿岸，东北在高丽末年的恭愍王时期扩张到甲州（今朝鲜甲山郡）、吉州（今朝鲜吉州郡）一线。

(1) 고씨고리(高氏高麗)와 왕씨고리(王氏高麗)는 상관이 없다.

2017년 내용과 2021년 내용은 영문 표기 정도를 더 추가하였지만 거의 차이가 없다.

■ 고리(高麗) - 조선반도 역사 정권

　　고리(高麗, 918~1392)는 고리왕조·왕씨고리(王氏高麗)라고도 부르는 조선반도 고대 나라 가운데 하나다. 서기 918년 태봉 군주 궁예 부하가 난을 일으켜 왕건을 세워 왕이 되었다. 935년 신라와 합병하고 936년 백제를 멸하여 '삼한일통(三韓一統)'을 이루었다. ……아라비아 상인이 고리(高麗)라는 이름을 유럽세계에 전파하여 오늘날의 Korea(Corea)라는 낱말의 원형이 되었다. 고리는 통일신라를 이어 나중에 조선반도 역사에서 통일된 국가를 이루었고, '고리사람(高麗人)'도 전 세계 소선 민족의 다른 이름이 되었다.[80]

　　나라 이름에 대해 특히 주의를 기울인 것은 서희의 담판을 언급하면서도 왕건이 고리(高麗)라는 이름을 쓴 것은 궁예의 군대 명칭·기 신호(旗號)와 관계있을 것이라고 하였다. 삼국유사에 보면 분

---

80) 『百度百科』「高麗」 2017. 04. 21. 高麗(朝鮮語 : 고려, 英語 : Goryeo,918年－1392年), 又稱高麗王朝, 王氏高麗, 是朝鮮半島古代國家之一. 公元918年, 泰封君主弓裔部下起事推翻弓裔, 擁立王建爲王, 935年合並新羅, 936年滅後百濟, 實現了"三韓一統". …… 阿拉伯商人將高麗的名稱傳播到歐洲世界, 是今天Korea(Corea)單詞的原型. 高麗是繼統一新羅之後爲朝鮮半島歷史上又一統一的國家, "高麗人"也成爲全球朝鮮民族的別稱.

명히 '후고리(後高麗)'라 하였고 '신유년에 (나라 이름을) 고리(高麗)라 불렀다'고 하였는데, '궁예의 기호(旗號)'라고 한 것은 전체적으로 고구리 때 바꾼 이름 고리(高麗)를 이어받지 않았다는 점과 아울러 고리는 고구리 때의 고리와 관계가 없다는 점을 강조한다.

□ 나라이름(國號)

고리 태조 왕건이 어떻게 나라 이름을 고리(高麗)라고 정하였는지 사서에는 명확한 기재가 없다. 일반적으로 고리라는 나라이름은 동북아의 옛땅 나라인 고구리에서 따가지고 바꾸어 불렀다고 알고 있다. 고리 성종 때 대신 서희가 명확하게 말하였다. "우리나라는 바로 고구리의 옛땅이라 고리라 불렀다."[81] 이것은 왕건이 일찍이 모시던 궁예가 내걸었던 '고리'(역사에서는 후고구리라 부른다) 군대명칭(旗號)과 관계가 있을 수 있다. 그러나 이름을 눌러쓰고 일부 강토가 겹치는 것을 빼놓고 고리 왕조(왕씨고리) 그 자체와 고구리(고씨고리)와는 아무런 직접적인 관계가 없다.[82]

고리시대 어느 때는 사람들이 위의 그림에 나온(그림 생략) 나라이름 전체를 썼는데 사료에 '유당고리국(有唐高麗國)', '유진고리국(有晉高麗國)', '유(대)송고리국[有(大)宋高麗國]', '유(대)원고리국[有(大)元高麗國]' 같이 불렀다. 다만 요·금을 신하로서 섬겼을 때는 그런 관습이 없고 다만 '고리국'이니 '남섬부주고리국'·'해동고리국'처럼 불렀다.[83]

한족 정권인 송나라에 비해 이민족 정권인 요·금 때는 섬기는 강도가 더 낮았다고 본 것은 흥미로운 점이다.

---

81) [원문 주] 『高麗史』 卷九四, 列傳第七, 「諸臣傳·徐熙」

82) 『百度百科』 「高麗」 2017.04.21. "高句麗"和"高麗"是指同 一 個國家嗎？澎湃新聞. 高麗太祖王建爲何定國號爲高麗, 在史書中沒有明確記載. 一 般認爲,高麗國號取自東北亞古國高句麗的改稱, 高麗成宗時期的大臣徐熙曾明確表示："我國即高勾麗之舊也, 故號高麗". 這可能跟王建曾經服事的弓裔打出的"高麗"(史稱後高句麗)旗號有關. 但是除了襲用名字與 一 部分疆土重疊外, 高麗王朝(王氏高麗)本身與高句麗(高氏高麗)幾乎沒有直接關系.

83) 『百度百科』 「高麗」 2021.04.28. 高麗時代的 一 些場合下, 人們會冠以上國名號作爲全稱, 見於史料的有"有唐高麗國", "有晉高麗國", "有(大)宋高麗國", "有(大)元高麗國"等稱謂, 不過臣事遼, 金時則無此習慣, 單稱"高麗國",或 "南贍部洲高麗國", "海東高麗國"等.

(2) 외교관계 : 모든 나라와 종번(宗藩)관계였다

고리가 918~1392년 사이 414년 동안 사직을 보존하는 동안 서녘에서는 무려 6개가 넘는 나라가 흥망성쇠를 이어간다. 당이 망한 뒤 혼란기에 등장한 5대는 통틀어도 불과 몇 십년에 지나지 않는다. 2017년에는 후당에 조공하고 책봉한 것만 기록하였고 2021년에 후량과 후진과의 관계를 더 추가하였다.

外交   ✐ 编辑

与五代十国

　　高丽从923年就开始向五代中的后唐朝贡，高丽太祖王建在932年正式获得后唐明宗的册封。后晋时期，册封朝贡关系依然保持，甚至王建还曾构想与后晋联合攻打契丹，只是他死后高丽就变卦了。 [56] 高丽与后汉虽无往来记载，但高丽亦奉其乾祐年号。高丽与后周的往来更为频繁，后周曾以帛数千匹购买高丽出产的铜，后周使臣双冀更促使高丽光宗推行科举制度。此外，高丽还同吴越、南唐、闽国等南方割据政权交往，其中以吴越国往来最为密切。

☐ 각국과의 외교

【5대(五代)】[2017] : 고리는 923년 5대(五代) 가운데 후당(後唐)에 조공하기 시작하여 고리 태조 왕건이 932년 정식으로 후당 명종의 책봉을 받았다. ……[84]

[2021] : 고리(高麗)는 923년 5대 가운데 후량(後梁)에 조공하기 시작하여, 고리 태조 왕건이 933년 정식으로 후당 명종의 책봉을 받았다. 후진(後晉) 때 책봉·조공관계는 그대로 유지되었으며, 심지어 왕건은 후진과 연합하여 거란을 치려고 하였으나 왕건이 죽은 뒤 고리는 마음이 바뀌었다.[85] 고리와 후한(後漢)은 비록 왕래한 기록이 없지만 고리 역시 건우(乾祐)라는 연호를 받들었다.

【송(宋)】 송이 건립된 뒤 머지않아 고리는 송조(宋朝) 종번(宗藩) 관계를 갖고 광종·경종·성종 3왕이 모두 송의 책봉을 받았다. ……고리는 송조에 정성스럽게 입공함은 물론 서울에 순천관(順天館)을 지어 송나라 사신을 접대하였다.

【요(契丹)】 3번에 걸친 거란의 침공 이후 고리는 계속해서 거란에 대해 신하라 일컫고(稱臣), 공물을 바쳤고(納貢), 책봉을 받았으며, 연호와 역법(正朔)을 받들었다.

---

84) 『百度百科』「高麗」2017.04.21.

85) [원문 주] 『資治通鑑』卷二八五.

【금(女眞)】1142년, 고리 인종은 금(金) 희종의 책봉을 받고, 금의 연호와 역법을 받들고, 정식으로 종번(宗藩) 관계를 확립하였다.

【원(몽골)】1225년 몽골 사절 저고(著古)가 고리에서 예물을 받으러 가는 도중 살해되었다. 1231년 몽골은 이를 구시로 고리를 쳐들어가 개경까지 바싹 다가갔다. 고리는 패하여 몽골과 굴욕적 강화조약(城下之盟) 맺어야 하였고, 1232년 몽골에게 신하라고 일컬었다(稱臣). …… 그러나 몽골에 대한 항거가 계속되었다. 1270년 개경을 점령 중원왕조와 종번관계를 맺고 내정간섭이 시작된다. '이때 고리는 사직은 망하지 않았지만 사실상 망한 상태였다.'[86] 원(元)·일(日)전쟁 이후 원(元)은 고리에 정동행성(征東行省)을 설치하고 영종 때 삼한행성(三韓行省)을 설치하여 직할통치하였다. 1356년 국가 자주를 회복하였지만 원조와 형식적인 종번관계를 유지하였다.[87]

【명조(明朝)】1368년 명나라가 서자, 1369년 사신을 보내 표를 올리고 신하라고 일컬었다(稱臣). 1370년 명 태조가 고리국 왕(高麗國王)을 책봉하면서 두 나라의 종번관계가 정식으로 확립되었다.[88] [89]

---

86) [원문 주] 『東國通鑑』 卷四四, 崔溥按.

87) [원문 주] 烏雲高娃, 「高麗與元朝政治聯姻及文化交流」, 『暨南學報』, 2016(10).

88) 『百度百科』 「高麗」, 2017.04.21.

89) 高麗從923年就開始向五代中的後梁朝貢,高麗太祖王建在933年正式獲得後唐明宗的冊封. 後晉時期,冊封朝貢關係依然保持, 甚至王建還曾構想與後晉聯合攻打契丹, 只是他死後高麗就變卦了. 高麗與後漢雖無往來記載,但高麗亦奉其乾祐年號. 高麗與後周的往來更爲頻繁, 後周曾以帛數千匹購買高麗出產的銅, 後周使臣雙冀更促使高麗光宗推行科擧制度. 此外, 高麗還同吳越, 南唐, 閩國等南方割據政權交往, 其中以吳越國往來最爲密切. 宋朝建立後不久, 高麗就與宋朝建立起宗藩關系, 光, 景, 成三王均受宋冊. …… 高麗除了殷勤入貢宋朝以外, 還在開京建造順天館以款待宋使. 戰後高麗繼續向契丹稱臣納貢, 受其冊封, 奉其正朔. 1142年, 高麗仁宗接受金熙宗冊封, 奉金正朔, 正式確立金麗宗藩關系. 1225年蒙古使節著古與在從高麗取走禮物的途中被殺. 1231年蒙古以此爲借口入侵高麗, 直逼開京. 高麗不敵, 被迫與蒙古達成城下之盟, 在1232年向蒙古稱臣. 還在1258年合並了高麗鐵嶺以北, 設置雙城總管府. 終於高麗支撐不住, 在1259年由太子王倎入朝蒙古, 1270年正式還都開京, 完全屈服於蒙古. 此後高麗配合蒙元遠征日本, 與蒙元皇室聯姻, 自身也一定程度上蒙古化, 在與中原王朝固有的宗藩關系的基礎上又加入了元的內政幹涉. 故後人評論這一時期說：「當此時,高麗社稷雖未亡, 而其實亡也」. …… 元日戰爭以來, 元朝雖在高麗設置征東行省, 不過是以國王兼任丞相, 自行署官, 元朝雖然偶爾派流官任職征東行省, 但爲期不久. 到了元英宗時, 元朝決定將征東行省改設爲三韓行省, 實施同内地諸省一致的直轄統治. …… 1356年, 高麗恭湣王反抗元朝幹涉, 恢復國家自主, 並占領了元朝的雙城總管府和合蘭府, 僅同元朝維持形式上的宗藩關系.

이 항목에서는 고리(高麗)가 모든 나라와 책봉·조공관계와 종번관계를 맺었다고 주장하고 있다. 그러나 송조와 24년만 겹치는 명조를 빼면 대부분 요·금·원 같은 이민족이 강북과 중원을 지배한 시대이다. 요·금 시대는 고리 못지않게 송도 요·금에 공물을 바쳤으며, 특히 원나라 때 송나라는 완전히 망해버렸지만 고리는 그래도 사직을 보전하였다는 관점에서 당시 동아시아 역학관계를 새로운 관점에서 연구하면 전혀 다른 결론을 얻을 수 있다.

2) 조선왕조(朝鮮王朝) : 명·청의 번속국

(1) 왜곡된 설명 : 국가 격언과 대명률
조선왕조에 대한 항목에 대한 개관은 2017년과 2021년의 내용이 똑같다.

조선왕조(조선어: 조선왕조, 1392~1910년)는 '이씨조선'이라고도 하는데 줄여서 이조라고 한다. 조선반도 역사에서 가장 마지막 통일봉건왕조다.[90]

그러나 개관 다음에 이어서 간결하게 표를 만드는데, 이 표는 2017년과 2021년이 크게 차이가 난다. 2017년 표에는 4가지 사항만 기재하였다.

开国国王	李成桂
国家格言	大明天地，崇祯日月
宗藩关系	中国明朝和清朝的藩属国
法　律	《大明律》

---

90) 『百度百科』「朝鮮王朝」 2017. 04. 21.

① 개국 국왕 : 이성계

② 국가 격언 : 대명천지(大明天地) 숭정일월(崇禎日月)

③ 종번 관계 : 치나 명조(明朝)와 청조(淸朝)의 번속국(藩屬國)

④ 법률 : 대명률(大明律)[91]

그런데 2021년에는 ④번을 빼놓고 ① ② ③의 제목이 모두 빠지거나 바뀌었다.

中文名	朝鮮王朝	主要城市	开城府、平壤府、咸兴府、全州
外文名	Joseon Dynasty	货币	实物货币、常平通宝（1678-1894）、韩元（1901后）
	조선왕조	人口数量	727.34 万(1732) [4]
别　名	朝鮮封建王朝	主要民族	朝鮮族
	李氏朝鮮	中枢机构	议政府
	李朝	军事机构	兵曹、五卫都总府
时间范围	1392年 至 1910年	监察机构	司宪府、司谏院
国　王	李成桂、李芳远、李裪、李瑈、李熙等	法　律	大明律 [111]

송시열의 청나라에 항복 반대 표시 글

①은 개국 국왕에서 국왕을 몇 명 더 보충한 것이라 큰 변화라고 할 수는 없다. ③번 다음 외교 문제에서 보겠지만 표에 '종번 관계'라는 항목을 넣은 것은 초기에 백과사전이 어떤 목적을 가지고 편찬되었는지 쉽게 알 수 있는 대목이다.

②번도 어리둥절하게 하는 부분이다. 국가 격언이라는 표제도 이상하지만, 내용을 보면 더 이해가 가지 않는다. 조선왕조가 대명천지(大明天地) 숭정일월(崇禎日月)은 '대명이 하늘과 땅이고, 숭정이 해와 달이다'라는 뜻으로,『조선왕조실록』에 딱 한 번 나오는데, 북벌론을 주장한 송시열이 신익륭(申翊隆)에게 써준 글귀다(宋時烈, 嘗以大明天地崇禎日月八字書贈).[92] 병자호란으로 왕이

---

91)『百度百科』「朝鮮王朝」2017. 04. 21.

92)『영조실록』77권, 영조 28년 6월 11일. 庚甲申聞皇都陷, 父子北望痛哭, 擧家遠遯, 先正臣宋時烈, 嘗以大明天地崇禎日月八字書贈, 實是奇偉高節之士.

치욕을 당하고 소현세자와 봉림대군이 인질로 잡혀가자 송시열이 좌절하여 낙향하였을 때 쓴 글이다. 봉림대군이 1649년 효종으로 즉위하여 북벌을 계획할 때 책임을 맡은 송시열은 오랜 맹방인 명나라 마지막 황제 의종(毅宗)의 연호 숭정(1628~1644)을 써서 대명과의 의리를 살리고 청나라를 치겠다는 마음가짐이었다. 숭정 연호가 불과 16년인데, 이 구호가 어찌 조선 500년의 격언이 되겠는가? 비록 송시열의 사대사상이 도가 넘치는 감이 있지만, 숭정이 죽자 40만 대군으로 산해관을 지키던 한인(漢人) 오삼계(吳三桂)가 명나라를 배반하고 만리장성 문을 열어 청나라의 앞잡이가 된 사실과 견주어 볼 때 어찌 송시열을 나무랄 수 있겠는가? 40만 군대를 이끌고 14만밖에 안 되는 청나라에 항복하여 전국의 명나라 군대를 없애는 작업을 한 역적을 탓해야지, 맹방의 의리를 지킨 송시열의 글귀를 가지고 '조선이 종속국이다.'라는 말도 안 되는 슬로건으로 쓰고 있는 역사쟁이들이 참으로 한심하다.

④번에서 조선왕조의 법률은 『대명률』이라고 하였다. 조선시대 명나라 형법인 『대명률』을 포괄적으로 받아들인 것은 사실이다. 그러나 『대명률』은 사소하게는 관직명에서부터 크게는 신분 구조까지 우리의 사정과는 맞지 않는 면이 많았다. 이에 『대명률』을 우리의 사정에 맞게 내용을 고치고 당시 사람들이 이해하기 쉽도록 이두를 써서 재편한 것이 『대명률직해』였다. 형법을 『대명률』을 해석하여 쓴 것은 사실이지만, 조선의 법률이 모두 명나라 것을 쓴 것이 아니다. 1397년(태조 6) 『경제육전(經濟六典)』, 이후 『속육전(續六典)』, 1460년(세조 6) 『호전(戶典)』, 1471년(성종 5) 『경국대전』, 그 뒤로 구체적이고 개별적인 법령이 계속 마련되어 1492년 『대전집록(大典輯錄)』, 1555년(명종 10년) 『경국대전주해』, 1698년(숙종 24) 『수교집록(受敎輯錄)』, 1706년(숙종 32) 『전록통고(典錄通考)』 등이다. 현재 대한민국이 영미법이나 독일법을 참조하여 법을 제정하였다고 그 나라의 번속이 아닌 것과 마찬가지로, 대명률을 바탕으로 법을 만들었다고 해서 명나라의 속국은 아니다.

지금도 『백도백과』에 '법률 = 대명률'이라고 되어있는데 바꾸도록 해야 한다. 우리는 이 항목에서 처음에 형편없는 내용을 실어놓고 지금까지 조금씩 바꾸어나가는 것을 볼 수 있다. 이는 우리가 강력하게 요구하면 잘못된 항목의 내용을 바꿀 수 있다는 가능성도 엿볼 수 있다.

(2) 명·청 외교와 명·청의 번속국

외교관계는 꽤 인용을 많이 하여 공을 들인 흔적이 보인다.

명나라 때 조공을 통해 번속국이었다는 것을 증명하고, 청나라 때도 병자호란 때 번속국이 되었다가 청나라가 청일전쟁에서 지고 1895년 시모노세끼조약(下關條約)을 맺으므로 해서 조선은 청과의 종번관계가 끝났다는 내용이다.

□ 명과의 외교

조공무역은 1년에 3회로 황제의 생일 '성절(聖節)'·태자의 생일 '천추절' 및 매년 음력 정월 초하루 '정단절(正旦節, 1531년은 동지에)[93]', 1년에 3회 공물은 명·조 번속국 가운데 절대적인 특례로 명조 통치 전 시기 동안 이어졌다.[94]

영락조(1403~1424)에 조선의 공물은 차수가 많이 늘어나 3번의 정기 조공 말고도 조선왕조는 또 사은사·진청사(秦請使)·진향진위사(進香陳慰使)·진하사(進賀使)·진헌사(進獻使)·압송사 같은 이름으로 치나에 조공하였다. 이런 조공들 가운데 가장 특별한 것은 바로 처녀와 환관을 바치는 것이다.[95]

□ 청과의 외교

숭정 9년(1636) 1월, 황태극이 몸소 대군을 이끌고 강을 건너 거침없이 쳐들어갔는데 역사에서는 '병자전쟁(丙子之役, 丙子胡亂)'이라 한다. 인조가 남한산성으로 달아나 성을 지키며 지원군을 기다리며 청나라 군사에게 포위되었다. 조선 원군이 몇 차례 와서 포위를 풀려 하였지만 모두 패하였다. 어쩔 수 없이 인조는 안팎의 지원이 없는 상황이라 나와서 황태극에게 3번 절하고 9번 머리를 조아리는 예를 올리면서 조선은 청조의 번속국이 되었다.[96]

광서 20년(1894) 조선에서 동학당 의거가 폭발하였으나 왕실이 진압할 힘이 없어 다시 청조에 구원을 청하였다. 청군이 조선에 들어온 뒤 일본도 조선에 파병하여 철군을 거부하였다. 그뒤 일본군은 갑자기 조선왕궁을 습격하여 이희(李熙)를 협박하였다. 그 뒤 갑오전쟁이 폭발하였다. 두 번째

---

93) [원문 주] 『朝鮮王朝實錄·中宗實錄』卷70, 二十六年 三月初六日條, 國史編纂委員會.

94) [원문 주]「以與明朝最親近的鄰居朝鮮爲例」中國台灣網.

95) [원문 주]「以與明朝最親近的鄰居朝鮮爲例」中國台灣網.

96) [원문 주] 李花子,「太祖和仁祖,與明清兩朝的糾葛」人民網 [引用日期 2020-05-23].

해에 청조는 전쟁에서 져 일본과 '마관조약'을 맺으면서 청조 세력은 조선에서 완전히 퇴출되고 중·

조 종번관계는 정식으로 종결된다. 광무 3년(1899) 청 정부와 대한제국이 중한통상조약을 맺으면서

기본적으로 전통 종번관계에서 근대 국교 관계로 바뀌었다.[97)][98)]

3) 『백도백과(百度百科)』「번속국」항목 속의 조선

(1) 번속의 개념

위에서 각 시대별로 한·중 관계를 보면 번속국이라는 용어가 많이 나온다. 그렇다면 번속국이란

무엇을 이야기하는가? 이 용어도 『백도백과』에서 찾아보았다.

藩属国　✏ 编辑　💬 讨论

藩属国是名义上保有一定主权，实际上在内政、外交和经济等方面一定程度上从属并受制于他国的国家。最典型的藩属国形式为附庸国或半殖民地。

번속국이란 명의상 일정한 주권을 가지고 있지만 실제로는 내정·외교와 경제 같은 방면에서 다른 나

라에 종속되어 일정한 정도 속박되는 것을 말한다. 전형적인 번속국 형식은 부용국이나 반식민지다.[99)]

---

97) [원문 주] 陳尙勝, 「徐壽朋與近代中韓關系轉型」, 『歷史研究』, 2013(03), 55~70쪽. 中國知網 [引用日期 2020-05-23].

98) 朝貢貿易一年三次, 分別是皇帝的生日"聖節", 太子的生日"千秋節", 以及每年的農曆正月初一的"正旦節"(1531年將正朝進賀移至冬至). 一年三貢成爲明朝藩屬國中的絕對特例, 一直存在於整個明朝統治時期. 永樂朝, 朝鮮進貢的次數明顯增加. 除了三個定期朝貢外, 朝鮮王朝還以謝恩使, 奏請使, 進香陳慰使, 進賀使, 進獻使, 押送使等名義進入中國朝貢. 在這些貢獻中, 最爲特別的就是進獻處女和宦官(火者). 外交與淸朝：光緒二十年(1894), 朝鮮爆發東學黨起義, 王室無力鎭壓, 再次向淸朝求援. 在淸軍入朝後, 日本也派兵入朝, 並拒不撤軍. 其後日軍突襲朝鮮王宮, 挾持李熙. 隨後, 甲午戰爭爆發. 第二年, 淸朝戰敗, 與日本簽訂《馬關條約》, 淸朝勢力完全退出朝鮮, 中朝宗藩關系正式終結. 光武三年(1899), 淸政府與大韓帝國締結《中韓通商條約》, 基本實現從傳統宗藩關系向近代邦交關系的轉型. 至崇禎九年(1636)十二月, 皇太極親率大軍渡江, 長驅直入, 史稱"丙子之役". 仁祖逃至南漢山城, 固守待援, 被淸兵包圍. 朝鮮援兵幾次來解圍, 都被擊潰. 無奈之下, 仁祖在內外援絕的情況下出降, 向皇太極行三拜九叩頭禮, 朝鮮成爲淸朝的藩屬國.

99) 『百度百科』, 「朝鮮王朝」, 2021.04.28.

역사에서 번(藩)이나 속(屬)이란 용어가 많이 쓰였지만, 번속(藩屬)이라고 합쳐서 쓴 것은 청나라에서 나온 것으로 '역법을 받고 조공하는(奉朔朝貢)' 것을 말한다고 한다. 중화인민공화국의 치나변강사지연구중심은 이런 '번속'을 전체 역사에 적용하는 논리를 만들어 내서 주변국의 역사에 적용하므로 문제가 발생하는 것이다.[100] 『백도백과』에서는 쉬운 기존 용어로는 '부용국'이나 '반식민지'라고 하였다.

(2) 치나(中國) 번속국(藩屬國) - 조선(朝鮮)

이 「번속」이라는 『백도백과』 항목을 설명하면서 '치나의 번속국'이라는 중간 제목 아래 가장 먼저 '조선'이 나온다.

中国藩属国   ✎ 编辑

朝鲜

　　从西汉开始，朝鲜半岛上的国家就是中国的藩属国。在清朝兴起以前，朝鲜与明朝保持着传统的宗藩关系（明洪武元年．朱元璋遣使至朝鲜赐玺书，从而确立起两国间的宗藩关系）。 [回]

서한(西漢)이 시작되면서부터 조선반도에 세워진 국가들은 (모두) 치나의 번속국일 뿐이었다. 청조가 일어나기 이전 조선과 명조는 전통적 종번(宗藩) 관계를 유지하고 있었다(명 홍무 원년 주원장은 사신을 보내 조선에 새서(璽書)를 내렸는데, 이로써 두 나라 사이의 종번관계가 성립되었다).

　　1636年，皇太极率兵新征朝鲜，攻占朝鲜京都汉城，朝鲜国王李棩在国家存亡之际，迫于无奈，接受了清军的条件投降，信用明朝年号，断绝与明朝的一切交往，并奉清朝为宗主。清朝定都北京以后，双方使节每年往来不断。朝鲜方面，每年除有贺冬至、贺正朝、贺圣节、纳岁币的四次固定朝贡使节外，还有多种不定期使节来华。日本明治维新之后，把侵略予头指向朝鲜。

1636년 황태극이 군사를 이끌고 조선을 친히 정벌하였다. 조선 서울 한성을 쳐 점령하자 조선국왕 이연(李棩)은 국가의 존망을 맞이하여, 할 수 없이 청군의 조건대로 투항하고, 명나라 연호 사용을 정지하고 명조와 모든 관계를 끊고 청조를 종주로 받들었다.[101]

---

100) 李大龍, 『漢唐藩屬體制研究』 中國社會科學出版社, 2006, 3쪽.

101) 『百度百科』 「藩屬國」 2021. 04. 28.

서한에서 청나라까지 이렇게 모든 국가를 번속국으로 만들고, 앞에서 본 바와 같이 1895년 시모노세끼조약 때야 비로소 독립하여 종번관계가 끝났다고 결론을 맺고 있다.

本还是趁此使朝鲜签订了1882年的《仁川条约》和1885年《汉城条约》，扩大了日本在朝鲜的侵略权益。

袁世凯始终认为日本是中国最大的敌人。他在担任驻朝通商大臣期间，在上李鸿章的《朝鲜大局论》中，主张坚决同日本力争朝鲜。他说：“越缅僻处海荒，朝鲜近在肘腋，北则咫尺盛京根本之地，西则控扼津沽咽喉之冲，无朝鲜则无东壁也。……故缅甸可容，越南可缓，而朝鲜断不可失。”袁世凯这种对朝鲜之于中国国家安全重要性的认识，深刻精到，远超时人。甲午战后，国际形势大变，袁世凯对国家安全又有了新的认识，危机意识更强烈了。光绪八年（1882年），朝鲜发生“壬午兵变”，日本乘机派遣军舰进抵仁川，吴长庆奉命督师支援朝鲜平定叛乱，以阻止日本借机发动侵略战争。张謇随吴长庆军队奔赴汉城，为吴长庆起草《条陈朝鲜事宜疏》，同时张謇还撰写了《朝鲜善后六策》向清廷建议，废除朝鲜王国，设置郡县。与此同时，朝鲜大院君也秘密建议，清朝政府应效仿元朝，在朝鲜设行省、派监国，“则国自保，民自靖”，朝鲜大院君就是朝鲜国王的生父。清流党人邓承修、张佩纶等主张对日本采取强硬政策，以维护琉球、朝鲜等藩属，乘机完结琉球案。

从此，中国开始在朝鲜驻军，重申“朝鲜永列藩封”，帮助朝鲜训练新军、开展“洋务运动”，加强了宗主国的权力。但是对于朝鲜是否仿效新疆和台湾设立行省一事，清廷则犹豫不决，李鸿章痛斥张謇的建议是“多事”。后来中国对朝鲜政策，采用的是将朝鲜问题国际化、中立化的“和平发展”政策，一方面极力维护自己的宗主国地位，另一方面在朝鲜半岛施行“以夷制夷”的方针。希望通过软性的手段缓解朝鲜半岛的危机。

无疑这种保守的政策，事实上使清政府错失了解决朝鲜半岛问题的最佳时机，吞噬了自己本来充裕的外交回旋余地。此后的对朝政策实际上使得清政府陷于两难的境地，一方面，朝鲜作为藩属国，清政府处理朝鲜事务之时，地位等同于其它列强，在朝鲜人看来，中国也是列强之一，他们甚至还设法引入俄国人和美国人的势力来牵制清政府。由于日本并不满足于这些利益。在其准备就绪之后，就发动了侵略朝鲜继而侵华的甲午战争。清军战败，清政府被迫与日本签订了《马关条约》，确认朝鲜“独立”，清朝与朝鲜的宗藩关系结束。

일본은 이러한 이익에 만족할 수 없었기 때문에 그 비준이 발효되자 바로 조선을 침략하고 이어 치나를 쳐들어오는 갑오전쟁(1894)을 일으켰다. 청군은 전쟁에서 패하고 청 정부가 일본과 '시모노세끼조약'을 맺어 조선의 '독립'을 확인하므로 해서 청조와 조선의 종번관계는 끝났다.[102]

이 번속이론에 따르면 우리나라 역사 전체에 걸쳐 치나의 번속국이었다가 1895년에야 '독립'을 이루었다는 것이다. 이 점은 서대문에 서 있는 '독립문'과 연관하여 앞으로 깊이 논의해야 할 문제이다.

---

102) 『百度百科』「藩屬國」2021. 04. 28.

4. 『백과사전』에 한국 고대사의 중화인민공화국 국사화(國史化)는 끝났다.

이상에서 중화인민공화국의 역사침탈을 단계적으로 분석한 결과 다음과 같은 결론을 얻었다.

중화인민공화국 최대 포털인 백도의 『백도백과』사전에서 (고)조선에서 조선시대까지 우리 역사에 관련된 나라 이름들을 골라 어떻게 역사를 왜곡하였는지를 분석한 결과 다음과 같은 결론이 나왔다.

① 중화인민공화국 역사로 바뀜 : BC 2333(단군조선)~AD 927(발해 멸망) = 3,260년
② 번속(반식민지)으로 바뀐 역사 : 623(계림도독부)~시모노세끼조약(1895) = 1,272년

중화인민공화국이 1차와 2차 역사침탈을 통해 훔쳐 간 역사는 (고)조선 건국(BC 2333) → 부여 → 고구리 → 발해에 이르는 3,260년의 역사였고, 번속국(藩屬國)으로 전락한 역사는 신라에 계림도독부를 세운 623년부터 고리(高麗)와 조선을 거쳐 청나라가 청일전쟁에 패해 시모노세끼조약(1895)을 맺을 때까지 1,272년이었다.

중화인민공화국이 훔쳐 간 3,260년은 역사 왜곡이 아니다. 역사 왜곡이란 역사를 그릇되게 해석하는 것인데, 3,260년 역사는 아예 우리 역사가 아니라 중화인민공화국의 역사로 둔갑해 버린 것이다. (고)조선은 중화인민공화국의 역사이고, 고구리는 중화인민공화국의 역사이기 때문에 추모(주몽), 광개토태왕, 연개소문, 을지문덕은 그들의 역사 인물이 되었으며, 국내성, 평양성은 모두 그들의 옛 수도가 되어 버린 것이다.

신라는 당나라의 번속국이었고, 고리(高麗)는 송·요·금·원나라의 번속국이었고, 조선은 명나라와 청나라의 번속이었다가 간신히 시모노세끼조약 때야 '독립'을 하게 된다.

따라서 동북공정의 연구 결과와 그 결과를 최일선에서 선전·전파하고 있는 『백도백과』에 따르면, 우리 5,000년 역사는 1,272년으로 쪼그라들고, 그것도 단 한 번도 독립 국가인 적이 없게 된다.

이러한 역사침탈은 1차 역사침탈(1996~2001)과 2차 역사침탈(2001~2009)을 통해 일방적으로 자행되었고, 마무리 기간과 자국사로 만든 기간 10년을 보태도 불과 25년밖에 되지 않았다. 우리 역

사 5000년에서 외세에 의해 우리 역사가 이처럼 참담하게 침탈당한 것은 지난 25년이 유일하다.

■ 이것이 현실이다.

『중국청년보』의 조사에 따르면 "응답자의 98.3%는 코로나19가 세계적으로 확산한 것은 미국의 책임"이라고 답변하였다고 한다. 코로나19가 중화인민공화국 무한(武漢)에서 발생하고 초기대응을 잘못해 전 세계에 퍼졌으나 여론조사 결과는 이렇다. 이것이 중국공산당의 선전술 결과다.[103]

"고구리·발해는 어느 나라 역사인가?"라는 여론조사를 하면 어떤 결과가 나올까? '고구리·발해'를 잘 모르는 사람들은 가장 먼저 『백도백과』를 검색할 것이다. 그리고 100%가 "고구리·발해는 중화인민공화국 역사다"라고 대답할 것이다. 「한복공정」「김치공정」같은 모든 한·중간 갈등은 역사전쟁의 결과다.

---

103) 이 장에 관한 논문을 고구려발해연구에 투고했으나 편집위원회가 게재 불가판정했다. 자세한 내용은 다음 마당에서 다룬다.

여섯째 마당

역사침탈 동북공정은 끝났다.
이제 역사독립운동을!!!

I. 동북공정은 끝났다. 이제는 역사독립운동을!!!

1. '이날, 목 놓아 통곡하노라(是日也放聲大哭)'

역사침탈을 마무리하는 시점에 1905년 일본의 을사늑약의 부당성을 알린 황성신문 장지연 선생 논설이 생각났습니다. 장지연 선생은 아래와 같이 비통해하였습니다.

> 이날, 목 놓아 통곡하노라(是日也放聲大哭)'
>
> 아! 원통한지고, 아! 분한지고. 우리 2천만 동포여, 노예가 된 동포여!
> 살았는가, 죽었는가?
>
> 단군(檀君)과 기자(箕子) 이래 4천 년 국민정신이 하룻밤 사이에
> 홀연 망하고 말 것인가.
>
> 원통하고 원통하다. 동포여! 동포여!

그런데 오늘 저는

"중화인민공화국의 우리나라 역사침탈(동북공정)은 끝났다.
이제 독립운동을 시작해야!" 한다고 보고하고 있습니다.

내가 살고 있는 이 시대에

내가 역사를 공부하고 있는 이 시점에

우리나라 5000년 역사 가운데 3200년을 빼앗겼고,

1300년은 반식민지 역사가 되었으니,

어찌 일야방성대곡으로 끝나겠습니까!

이 시대를 살아가는 역사학자로 할복을 해도 부족하겠지만

그보다 먼저 우리 민족에게 이 사실을 솔직하게 알리고

힘이 남아있다면 독립운동에 필요한

핵폭탄을 만드는 것이 도리고 사명이라고 생각합니다.

우리 역사를 연구하는 학자 여러분,

그리고 남북 코리아와 해외에 계시는 9천만 동포 여러분

오늘의 현실을 지금까지 없었던 국난으로 보시고

빼앗긴 우리 역사를 되찾는데 모두 나서 주시기 바랍니다.

2. 나는 왜 2017년 이 연구를 다시 시작하였는가?

1) 시진핑과 트럼프가 초청한 고구리 연구

글쓴이는 2009년 정년퇴임하고 입산하여 3년간 생사 문제를 공부한 뒤 2012년 하산하여 불교 공부와 '통일 한국의 이름 연구'에 전념하고 있었다. 퇴임하고 8년 동안 고구리 연구에 완전히 손을 떼고 학회 행사도 참여하지 않았다.

그러다가 퇴임한 지 8년 만에 다시 고구리 연구를 시작한 것은 순전히 중화인민공화국 시진핑(習近平) 때문이었다.

Chinese President Xi Jinping and President Trump at Mar-a-Lago on April 6. (Jim Watson/AFP/Getty Images)

"He then went into the history of China and Korea. Not North Korea, Korea. And you know, you're talking about thousands of years . . . and many wars. And Korea actually used to be a part of China. And after listening for 10 minutes, I realized that it's not so easy."
— **President Trump**, interview with the Wall Street Journal, **April 12, 2017**

2017년 4월 6일 미국 마라라고에서 치나 대통령 시진핑과 트럼프가 정상회담을 가졌다. 6일 뒤인 4월 12일 트럼프가 Wall Street Jounal과 한 인터뷰에서 이렇게 이야기했다.

"그러자 그는(시진핑) 차이나와 한국의 역사 (이야기로) 들어갔다. 북한(의 역사)가 아니라 코리아 (전체의 역사 이야기다). 당신은 그러니까, 수천 년……그리고 수많은 전쟁, 그리고 '한국은 사실상 치나의 일부다(Korea actually used to be a part of China)'는 것에 관해 이야기했지요. 10분 동안 (시진핑의 역사 이야기를) 듣고 난 뒤 나는 '쉽지 않겠다(it's not so easy)'라는 것을 깨달았다."[1]

트럼프는 한국 역사에 관한 한 백지나 다름없다. 한·중 관계에 대한 자신의 의견을 만들어 내기는 더욱 어려운 상황이다. 그러므로 듣지 않았으면 만들 수 없는 문장이다. 결론적으로 시진핑은 "한국은 사실상 치나의 일부"라고 트럼프에게 말한 것이다.

시진핑이 "한국은 치나의 일부"라고 한 것은 중화인민공화국이 동북공정을 통해서 훔친 역사를 G2 정상회담 현장에서 실제 활용한 최초의 본보기라고 할 수 있다. 시진핑이 미국 트럼프에게 한 역사 강의는 10분에 불과하지만, 중화인민공화국이 지난 40년간 거국적으로 추진한 역사침탈(동북공정)의 결과를 한마디로 줄여 말한 것이며 동북공정 성과를 외교에 적용한 결정판이었다.

2) 2017년, 동북공정 끝나고 한국 고대사는 중화인민공화국 국사가 되었다

이 신문 기사를 읽고 불길한 생각이 들어 바로 중화인민공화국에서 가장 큰 포털인 「백도」에 들어가 '고구리(高句麗)'를 비롯한 우리 역사 관련 나라 이름을 위주로 검색해 보았다. 그리고 '끝났구나'라는 장탄식이 저절로 흘러나왔다. 그때 검색한 결과가 바로 이 책의 다섯째 마당에 실린 것이다.

글쓴이는 동북공정은 2007년에 중단되었다거나, 아직도 계속되고 있다고 믿는 학자나 국민에게 이 사실을 알려야 하겠다는 생각으로 8년 만에 언론에 보도자료를 냈다. 글쓴이는 '동북공정은 이미 끝났고 지금은 (고)조선·부여·고구리·발해를 중화인민공화국 국사(國史)로 일반화시키고 있다는 것을 빨리 알려야 한다'고 생각하였다. 그러나 그 결과는 참담하였다. 큰 신문이나 방송이 한 군데도 보도하지 않고, 알고 지내던 Break News에서만 기사를 냈다.

---

1) 뉴욕「중앙일보」 2017.04.21.

"그것 늘 듣던 소리 아니야?"

"그건 다 엉터리 같은 소리야, 신경 쓸 것 없어!"

이처럼 중화인민공화국의 역사침탈에 대한 내성이 생기고, 어느 사이 기삿거리도 안 되는 상태가 되어 버린 것이다.

컴퓨터에 문제가 생겨 당시 보낸 보도자료가 남아 있지 않은데 Break News에 보니 마지막에 이렇게 경고하였다는 것을 알 수 있다.

> 지금, 이 순간, 한국은 이 문제를 모든 힘을 다 동원하여 그 내용과 과정을 파헤쳐 온 세계에 진실을 밝히지 않으면 중화인민공화국은 이 사실을 서서히 일반화시키는 작업에 들어가 마치 대만처럼 어느 사이 온 세계가 정말 치나의 일부로 알게 되는 재난을 맞이할 수도 있을 것이다.

> 한 가지 놀라운 것은 이처럼 국권에 대한 중요한 문제가 발생하였는데 15명이나 되는 대통령 출마자들이 모두 침묵을 지키고 있다는 것이다. 사실 이것은 대통령이 누가 되는 것보다도 몇백 배 중요한 일이다. 만일 아베가 미국 가서 "한국은 사실상 일본의 일부다."고 했어도 그렇게 침묵을 지킬 것인가?[2]

---

2) 「Break News」 2017. 4. 27. 〈시진핑 "한국은 사실상 치나 일부" 주장은 35년 준비된 원고다!〉 https://www.breaknews.com/506737

앞에서 2017년과 2021년의 『백도백과』 변화사항을 보면 2009년 중화인민공화국은 동북공정을 마치고 2016년까지 보완하여 마무리한 뒤 2017년부터는 완전히 자국사로 바꾸었다는 것을 알 수 있다. 2017년만 해도 아직 동북공정 성과를 완전히 백과사전에 적용하지 못하였으나 2021년 판을 보면 완전히 끝났다는 것을 보았다.

한 가지 더 특이한 것은 바로 그때 대통령 선거 무렵이었다는 것이고, 지금 다시 새로운 대통령을 뽑는 시점에 와 있다는 것이다.

그해 2017년 6월 2일 광주경영자총회에서 강연 요청이 들어와 이 주제를 강의하면서 "이른바 한·중 역사전쟁은 초전에 '교과서 왜곡'만 빼놓고 완전히 점령당하였다. 마치 수도권만 빼놓고 다 점령당한 상태에서 적국의 휴전 제의에 동의한 꼴이 되었다."라고 사실을 알리고, "우선 이 사실을 전 국민에게 알려야 한다는 점을 강조하였다.[3]

강연에 참여한 사람들이 모두 공감하여 국가와 민족의 장래를 걱정하고, 어떤 교수는 청와대에 청원까지 하였지만, 그 뒤 다시 조용해졌다.

---

3) 서길수, 「한국은 사실상 차나의 일부다?」 『2017 금요조찬포럼 강의집』 (21), 광주경영자총연합회, 2017. 6. 2. (제1343 회 강의) 190~200쪽.

3. 동북공정, 잊힌 사건, 무감각해진 국민감정 – 동북공정 백서를 내자

1) 3년간 중화인민공화국 역사침탈 40년 자료 연구

아무리 이야기해도 국가나 사회나, 학자나 국민이 그 심각성을 느끼지 않으므로, 그때부터 그동안 중국공산당이 어떻게 각종 산하 기구와 학자들을 동원하여 역사를 침탈하였으며, 이에 대처하기 위해 설립된 고구려연구재단이나 동북아역사재단은 무엇을 하였는지 정확하게 백서를 만들어 발표하기로 하였다. 그보다 더 큰 문제는 중화인민공화국이 역사 침탈하면서 쓴 무기에 대항할 수 있는 사론(史論)도 준비해야 하였다.

우선 동북공정과 역사침탈에 관계되는 자료를 모두 한 자리에 모아 중화인민공화국의 역사침탈(동북공정) 40년사를 틈나는 대로 분석하였다.

3년간 분석한 중화인민공화국 발행 도서들

연도별로 분류하고, 특히『동북사지』를 집중적으로 분석

    그 결과『동북사지』분석을 통해 2004~2009년에 동북공정이 끝나고, 그 결과로『백도백과』를 통해 일반화시킨 상황을 종합적으로 검토하였다. 특히『동북사지』12년을 집중적으로 분석하였다. 그 결과 동북공정은 2002~2008년까지 7년간 완료하고 2009년에 그 결과를 발표하면서 완료되었다는 사실을 발견하였다. 그리고 2017년까지 보충 연구를 진행한 뒤『동북사지』는 동북공정이라는 임무를 마치고 폐간되었다는 사실을 알았다.

    그래서 3년 동안 이 문제에 집중하여 자료를 수집하고 연구한 결과 어느 정도 결과가 나왔다. 그래서 이 내용을 체계적으로 정리하면서 알리기 시작한 것이 2020년 말이었다.

2) 중화인민공화국 눈치 보는 학자들
  – 고구려발해학회 전국 고구리·발해학 대회 기조 강연

    마침 전국 고구리·발해학 대회 기조 강연 요청이 왔다. 기조 강연에서 지금까지 연구한 결과를 처음으로 학계에 보고하게 되었다. 그런데 학회 측에서 강연 제목을「중화인민공화국의 우리 역사 침탈(동북공정)은 끝났다. 이제 역사 독립운동을!」이란 제목이 너무 강하니 공식적으로는 「고구리·발해 연구의 현황과 과제」로만 하게 해달라는 것이었다. 그래서 공고할 때는 제목을 그렇게 부드럽게 만들었다.

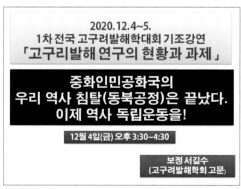

당일 기조 강연에서 동북공정은 끝났을 뿐 아니라 『백도백과』(百度百科)를 분석해 본 결과 이미 그 결과를 일반화시키는 실용 단계에 들어갔다는 사실을 발표하였다. 비대면으로 진행된 이 강연이 끝난 뒤 종합토론에서 미국의 한 교수가 이 문제를 다루고 중화인민공화국의 역사침탈을 규탄하는 의지를 모아야 한다는 취지의 질문을 올렸으나 어떻게 된 일인지 토론이 진행되지 않았다.

대회에서 연구결과를 발표하면 바로 고구리·발해를 연구하는 학자들이므로 이 문제를 직접 다루는 학술대회를 열거나, 적어도 성명서라도 내자는 제안이 있을 줄 알았다. 그러나 대회가 끝난 뒤 회장은 이렇게 말했다.

"선생님 뜻은 잘 알겠지만, 앞으로 러시아·중화인민공화국과 공동학술대회도 갖고, 현장도 가려면 학회가 적극적으로 나서기가 어렵습니다. 우리도 언젠가는 분명히 이 문제를 제대로 다루겠습니다. 이해해주시기 바랍니다."

글쓴이도 현장을 답사할 때나 국제회의를 할 때 많은 어려움을 겪었기 때문에 회장의 말을 듣고 이해를 표시하였다. 그러나 '고구리와 발해를 연구하는 학회가 벌써 중화인민공화국의 눈치를 보면서 연구하는구나!'하는 생각에 내심 놀랐다.

2003년 처음 동북공정 사실을 알았을 때 17개 연구단체가 연합하여 동북공정을 규탄하고 학술연구를 통해서 반박하겠다고 하였는데, 일이 '이 지경에 이르렀는데 그 많던 단체는 어디로 갔는가?'라는 생각도 들었지만, 직접 그 주제를 연구하는 고구려발해학회도 이렇게 몸을 사리는 데 어떤 학회가 나서겠는가 하는 생각이 들었다. [4]

4. TV와 신문의 반응

2021년 1월 말쯤 3월 1일 「중화인민공화국이 침탈한 우리 역사 되찾기 3·1선언」이란 행사를 기획하고 매스컴에 보도자료를 냈다. 그리고 TV와 신문 두 곳에서 긍정적인 반응이 있었다.

1) 방영하기 전 동북공정 이야기 통째로 빠진 이야기
〈JTBC 이규연의 스포트라이트 277회〉
「김치도둑과 전파공정」 2021. 02. 27. (토) 19:40 방송

보도자료를 보고 가장 먼저 연락해온 곳이 JTBC '이규연의 스포트라이트'라는 프로의 담당기자였다. 그리고 우리는 한팀이 되어 한 달 동안 열심히 프로를 만들었다. PD, 조연출, 작가, 카메라맨들이 고구리·고리연구소에 3번이나 와서 협의하고, 촬영하고, 보충촬영까지 하였다. 그리고 방영 1주일 전에는 방송국에 가서 글쓴이가 직접 찍은 중화인민공화국 현지 영상을 설명하는 장면도 녹화를 하였다.

그런데 방영 일자가 다 되어도 예고편은 물론 프로 제목도 뜨지 않았다. 그래서 함께 작업했던 기자에게 카톡을 통해서 메시지를 보냈다.

---

4) 그 뒤 비대면 강연이라 소리가 안 난 부분도 있고 불완전한 부분도 많아 좀 더 보강하여 두 개의 강좌로 만들어 유튜브에 띄웠다. ① 역사침탈(동북공정)은 끝났다. 이제 역사 독립운동을! 1 : 이 강연은 역사침탈(동북공정)이 진행되는 과정을 자세히 검토했다. ② 역사침탈(동북공정)은 끝났다. 이제 역사 독립운동을! 2 : 이 강연에서는 '동북공정은 끝났다'고 주장한다.

2021. 02. 03. 2021. 02. 20.

끔찍한 얘기! 오전에 취재하러 온 한 일간지 기자가 한 말: "JTBC는 치나 자본이 일부 들어가 있는데요! 카카오도 그렇고요! 그런데 동북공정 내보낼 수 있을까요?"

"지금이 무슨 일제 강점기요? 일제 강점기에도 독립자금 모아 독립운동하였는데, 무슨 뚱딴지같은 소리요! 만일 그렇다면 그런 방송국 국민이 가만두겠어요? 말도 안 되는 소리!"라고 하였습니다. 그런데 모레가 방영인데 아직 예고편은 물론 제목도 안 올라오니 살짝 걱정되네요. 준비되는 대로 바로 연락해 주세요. 바로 제 SNS에 시청 독려하겠습니다. 보정.

기자는 "예정대로 방송 나갑니다."라고 하였다. 그러나 막상 방영된 내용을 보니 역시 동북공정은 통째로 들어내어 하나도 다루지 않고, 한 시간 내내 김치공정과 동북공정하고 상관이 없는 진파공정 이야기만 하다가 끝냈다. 역시 JTBC 탐사프로도 동북공정 이야기는 방영하지 못한 것이다. 프로가 끝나고 나는 작가와 기자에게 다음과 같은 메시지를 보냈다.

역시 끔찍한 일이 일어났네요. 이거라도 내보내느라 애쓰셨습니다. 내가 역사전쟁에서 치나와 싸우는 것보다 한국에서 싸우는 것이 더 어렵다고 하였던 것 기억나죠? 섭섭하지만 낙심하지 않습니다. 30년간 내내 그랬으니까요. 그러나 이런 일이 있었다는 것은 기억하세요.

이런 방송사고가 어찌 기자나 작가 때문이겠는가? 자세히 묻지 않았기 때문에 지금도 방송국에서 무슨 일이 있었는지 모른다. 다만 글쓴이가 이처럼 앞뒤 사정을 밝히는 것은 앞으로 '역사 찾기 독립운동'이 결코 쉽지 않을 것이라는 것을 밝히기 위해서다.

2) 진영싸움으로 악용하는 신문 독자들의 반응
조선일보 2021.03.01.:「수나라의 고구려 침략 ……中교과서, 내전으로 서술」

신문에서는 유일하게 사학과를 나와 역사 문제에 조예가 있는 조선일보 유석재 기자가 3·1행사를 비중 있게 다루어 주었다. 그리고 이렇게 메시지를 보냈다.

"20년 만에 선생님 기사 취급하니 감개무량합니다."

글쓴이는 이 기사에 대한 독자들의 반응이 궁금하였다. 그래서 찬찬히 읽어보니 '참 큰일 났다'라는 생각이 들었다. 일부 중화인민공화국을 규탄하는 글도 있지만 80% 이상이 현 정권을 비난하는 내용이었다. 여기서 그 내용을 그대로 옮길 수 없을 만큼 과격한 용어를 써서 정치적 반대파를 공격하는 기회로 삼고 있었다.

동북공정 문제는 야당이나 여당, 좌파나 우파, 남한이나 북한을 떠나 우리 민족사 전체에 관련된 큰 문제인데, 이런 중차대한 역사전쟁도 적 앞에서 서로 세력을 다투는 파당 싸움의 도구로 쓰고 있는 독자들이 참으로 한심하였다. 우리가 모두 합쳐도 힘이 모자라 이미 넘어간 판인데, 이 사태를 어

떻게 이겨낼 것인가, 그 방법을 제시한 글은 찾아볼 수가 없었다. 내가 너무 낙심하자 한 분이 이야
기하였다.

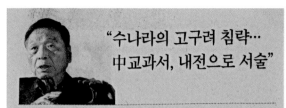

"수나라의 고구려 침략… 中교과서, 내전으로 서술"

서길수 前 서경대 교수
"동북공정 이후 역사 침탈 계속
중국, 이젠 굳히기 작업 들어가"

"최근 불거진 '한복공정'과 '김치공정'은 중국의 한국 역사 침탈을 기정사실로 만드는 과정에서 생긴 것이다. 우리가 침묵할수록 역사 침탈은 굳어지고 패권주의 역습을 받게 될 것이다."

중국이 한국 고대사를 자국사의 일부로 왜곡한 동북공정(2002~2008) 이후에도 역사 침탈을 계속했고, 현재는 한국사 전체를 침탈하는 상황에 이르렀다는 연구 결과가 나왔다. 서길수(사진) 고구리·고리연구소 이사장(전 서경대 교수)은 1일 온라인 발표 예정인 '동북공정 침탈 보고' 원고를 통해 이같이 밝혔다.

중국의 동북공정은 2004년 8월 '정치 문제화하는 것을 방지하겠다'는 등한·중 양국의 5개항 구두 양해 이후 수면 밑으로 가라앉았다. 그러나 중국공산당 지린(吉林)성 위원회 선전부 등을 중심으로 동북공정 작업은 계속 이어졌고, 2007년 1월까지 5년간 계획했던 동북공정을 2년 연장해 2008년 말까지 강행했다는 것이다.

이렇게 역사 침탈을 마무리한 중국은 '굳히기 작전'에 들어갔고, 2016년까지 지린성 사회과학원이 발행한 학술지 '동북사지'를 통해 역사 왜곡을 계속했다. 그 결과, 고조선·고구려·부여·발해는 '중국사의 일부'로 둔갑했고, 신라·고려·조선의 역사는 '중국의

번속국(반식민지)'으로 격하됐다고 서 교수는 지적했다.

그 결과, 세계의 중국어 사용자 80%가 쓰는 포털 바이두(百度)의 바이두백과에 이 왜곡 내용이 그대로 반영됐다는 것이다. 바이두백과의 '고조선' 항목에선 "문화는 물론 혈연의 속성 같은 모든 것들이 오늘날 대한민국이나 조선의 역사에 속하지 않는 중국 고대의 지방정권"이라고 했고, '고구려' 항목에선 "중국 중앙왕조의 지방행정 조직 특성을 가졌다" "주권을 가진 독립국가가 아니었다"며 중국사의 일부라는 동북공정의 논리를 그대로 반영했다. 2017년 4월 도널드 트럼프 당시 미국 대통령이 전한 '한국은 역사적으로 중국의 일부'라는 시진핑 중국 국가주석의 발언은 이 같은 배경에서 나온 것이라고 서 교수는 주장했다.

서 교수는 "마지막 보루로 여겨졌던 중국 역사 교과서조차 최근에는 왜곡의 움직임이 보이고 있다"고 했다.

과거 '초급중학과본 중국역사'에선 "수 양제가 끊임없이 이웃 나라(고구려)를 공격했다"고 했다. 그러나 2016년 '중국역사' 교과서에선 고구려라는 나라 이름조차 드러내지 않은 채 "수 양제가 요동(遼東)을 세 차례 쳤다"고 써서 수나라와 고구려의 전쟁이 중국과 외국의 전쟁이 아니라 마치 중국 내부의 전쟁인 것처럼 서술했다는 것이다. 서 교수는 "이 같은 중국의 패권주의 역사 침탈은 아시아와 세계 평화에 역행하는 것"이라고 말했다.

유석재 기자

"신문에 댓글을 다는 꾼들 있어 어지럽히는 것이지 그것이 결코 국민의 의견이 아닙니다. 그들
의 숫자는 의외로 그렇게 많지 않습니다."

그렇지만 국난이 일어나면 우선 난부터 막아야지 그것마저 파당을 위한 싸움거리로 삼는 국민이 있다는 자체가 앞으로 독립운동이 쉽지 않을 것이라는 걱정거리로 등장하였다. 한 가지 다른 문제도 드러났다.

> 식민사관의 영향으로 국내 사학계가 한민족사의 무대를 한반도로 한정하고 있기 때문에 빚어진 결과입니다. 고구리 신라 백제 (고)조선의 역사가 모두 치나 대륙을 휘저으며 살아온 기마민족의 역사인데 이것을 우리 역사가 아니라고 스스로 우기고 있으니 고구리가 치나의 역사가 되고 앞으로는 백제와 신라의 역사까지 모두 치나에게 빼앗길 위기에 처한 것입니다. ……치나대륙의 동해안 지역에 있던 수많은 신라소와 신라방들이나 천문학자 박창범 교수가 밝힌 치나 대륙에서만 관측할 수 있는 수많은 일식을 기록하고 있는 삼국시대 사료들이 다 무엇을 말합니까?

이른바 재야사학의 제도권 사학에 대한 공격이다. 제도권 사학은 역사전쟁에서 이기지 못하고, 전쟁이 끝났는데도 그 결과에 관해 관심이 없고 대안도 제시하지 못하고 있다. 그래도 아직 애국심이 남아 있고, 국가의 장래를 걱정하는 팀이 이른바 재야사학이다. 동북공정에 제대로 대처 못 한 학자들에게 재야사학자가 비판하는 것은 충분히 있을 수 있다고 생각한다.

그렇다면 재야사학자들이 주장하는 논리를 가지고 중화인민공화국의 역사침탈을 물리칠 수 있는가? 그것도 가능성이 없다. 재야사학이 내걸고 있는 『환단고기』의 사료적 가치에 대한 논란이 국내에서조차 제자리를 잡지 못하고 있기 때문이다. 중화인민공화국의 연구 수준은 이미 한국의 사료 검토 단계도 넘어섰다. 우리나라 사서에서 단군이 가장 먼저 기록된 『삼국유사』에 인용한 단군도 『위서(魏書)』에 위탁(僞托)하였다고 치고 나왔고,[5] 조선왕조 안정복이 『동사강목』에서 단군 이야기는 "허망하고 앞뒤가 맞지 않는다(誕妄不足辯)"라고 보았다는 내용도 다 찾아내 역공하는데 과연 『환단고기』가지고 그들과 싸울 수 있는 무기로 쓸 수 있는지 재야에서도 냉정하게 되돌아보아야 한다.

글쓴이가 우리 역사가 중화인민공화국의 국사가 된 상태를 이야기하자 물어왔다.

"선생은 『환단고기』를 믿습니까?"

---

5) 『百度百科』「檀君」 2021. 04. 28.

그리고 내 대답이 시원치 않자 그 다음부터는 대화 자체가 이어지지 못하였다.

3) 2021년 3월 1일 – 중화인민공화국이 침탈한 우리 역사 되찾기 3·1선언

앞에서 고구리·발해를 연구하는 학회나 매스컴, 그리고 신문에 댓글을 단 독자들로부터 꽤 비관적인 반응을 들었으나 3월 1일 행사에서 직접 관심 있는 분들과의 대화에서 큰 힘을 얻었다.

중화인민공화국이 침탈한 우리 역사 되찾기 3·1 선언

때 :   2021년 3월 1일 오전 11:00

1) 11:00~12:00 동북공정 완성과 그 전파 상황을 보고한다.

2) 12:00~12:15 중화인민공화국이 침탈한 우리 역사 되찾기 3·1선언

3) 12:15~12:30 참가자 질의와 응답

주최 : 고구리·고리연구소

비대면으로 진행된 이 행사에는 전국에서 117명이 참석하였고, 막심(Maksim), 라오스교류재단, 마라난타법우회, 미국 LA에서도 참가하여 성황을 이루었다. 함께 모이지 못해 아쉬었지만, 비대면이라는 장점도 있었다. 특히 참가자 질의와 응답은 15분 시간을 배당했지만 1시간 반 가까이 진행되어 많은 대화를 나누었다. 모두가 우리 역사가 동북공정을 거쳐 중화인민공화국 국사로 둔갑하고 있다는 사실을 처음 알았다며 분노하였고, 앞으로 이 일을 어떻게 해야 할 것인가에 대해 여러 가지 의견이 나왔다.

가장 급하고 중요한 것은 많은 국민에게 빨리 이 사실을 알리는 것이라는 데 의견이 일치하였다.

1.   1996년 중화인민공화국 정부와 공산당은 우리 역사 침탈을 국책사업으로 골라 뽑은 뒤, 2002년 중화인민공화국 공산당 만주 3성(길림성, 요령성, 흑룡강성) 위원회 선전부·사회과학원과 함께 공식적으로 '동북공정'이라는 역사침탈 프로젝트를 실시하였다.

2. 이 사실이 밝혀진 2003년부터 대한민국의 온 국민이 거국적으로 역사침탈(동북공정)을 규탄하였고, 2004년 8월 두 나라는 5가지 양해사항을 구두로 약속하였다.[6]

3. 그러나 중화인민공화국은 겉으로는 사회과학원을 앞세워 대한민국과 논의하는 척하면서 뒤로는 치나공산당 길림성위원회 선전부와 사회과학원을 중심으로 역사침탈(동북공정)을 꾸준히 강행하였다. 중화인민공화국은 2002년 2월부터 2007년 1월까지 5년간 계획했던 동북공정을 2년 연장하여 2008년 말까지 강행하고, 2009년 「동북 변강 역사와 문화 학술연구토론회(東北邊疆歷史與文化學術硏討會)」에서 동북공정이 성공적으로 완료되었음을 선포하였다. 구두 합의를 지키지 않고 동북공정을 강행하여 마친 것이다.[7]

4. 그 결과 (고)조선·고구리(高句麗)·부여·발해는 중화인민공화국의 역사로 둔갑하였고, 신라·고리(高麗)·조선의 역사는 중화인민공화국의 번속국(藩屬國, 반식민지) 역사로 떨어졌다.[8]

5. 그 뒤 10년 남짓, 그렇게 침탈한 역사를 바탕으로 한어(漢語) 권에서 가장 큰 포털인 『백도백과(百度百科)』에 그 결과를 자세하게 못 박았고,[9] 마지막 보루인 중고등학교 역사 교과서(中外歷史綱要)에서도 적용하기 시작하였다.[10] 이것은 역사침탈을 모두 마치고, 그렇게 훔친 역사를 나라 안팎에 알리고 제대로 자리 잡도록 진행한 결과이다.

6. 고구리·고리연구소(高句麗高麗硏究所)는 2017년 4월 미국에 간 시진핑 주석이 트럼프 대통령에게 "한국은 사실상 치나의 일부이다."라고 망언한 보도를 접하고, 그 진의와 배경을 밝히기 위해 지난 3년간 자료를 수집하고 연구한 결과, 위와 같은 사실을 밝힐 수 있었다.

7. 이 같은 중화인민공화국의 패권주의 역사침탈(동북공정)은 아시아평화는 물론 세계평화에 역행하는 극히 반평화적 침략행위이다.

8. 우리는 중화인민공화국이 두 나라 사이에 가졌던 구두양해를 어기고 동북공정(역사침탈)을 강행한 사실을 강력하게 규탄한다. 아울러 중화인민공화국은 당장 역사침탈을 철회하고 이미 각종 백과사전과 교과서에 올린 잘못된 역사를 지울 것을 촉구한다.

---

6) 덧붙임 1 : 5개 구두양해 사항

7) 덧붙임 2 : 「동북공정 완료 연구토론회 요약 보고서」

8) 덧붙임 3 : 동북공정 발표기지 『동북사지(東北史地)』 분석표

9) 덧붙임 4 : 동북공정 결과의 최대 홍보기지 『백도백과(百度百科)』

10) 덧붙임 5 : 마지막 보루도 무너지고 있다.—교과서 왜곡

9. 우리는 최근 두 나라 사이에 일어난 '한복공정'·'김치공정'과 같은 일련의 사건들이 모두 역사침탈의 결과를 기정사실로 만드는 과정에서 생긴 것이라고 보며, 우리가 침묵할수록 침탈 역사는 굳어지고 정치·경제·문화 모든 면에서 패권주의 역습을 받게 될 것이라고 본다.[11] 따라서 남녘과 북녘의 정부는 힘을 모아 중화인민공화국의 역사침탈에 대한 근본적인 정책을 마련하고, 무엇보다 먼저 5항의 역사침탈 내용을 삭제하고 고치도록 하여, 그 결과를 온 겨레에 보고해야 한다.

10. 아울러 8천 5백만 겨레는 온 힘을 다해 역사를 침탈한 패권주의를 규탄하고 훔쳐 간 (고)조선·고구리(高句麗)·부여·발해의 역사를 되찾는 데 동참해 주시기를 간절히 호소한다.

일제의 35년간 지배가 100년이 지나도 지워지지 않고 아직도 망언이 이어지고 있는 현실을 보며, 3000년 역사를 빼앗겼을 때 올 민족의 한을 미리 막아내자는 뜻에서 3·1선언을 발표한다.

4354(2021)년 3월 1일

고구리·고리(高句麗·高麗)연구소 이사장 서길수

5. 한국 정치의 동북공정에 대한 현주소

1) 전달되지 않은 '대통령님께'

(1) 3월 10일, 청와대로 보낸 역사전쟁 결과 보고

3·1선언에서 국민의 뜻을 확인한 뒤, 그러한 국민의 열망을 우선 대통령에게 알려야 한다고 생각하였다. 그래서 3월 10일 대통령에게 소장(疏章)을 보냈다. 그간 중화인민공화국의 역사침탈이 어떻게 진행되었는지를 간단히 간추리고, 이어서 다음 2가지 요청을 하였다.

첫째, 가장 급한 것은 우리나라 3,260년 역사를 훔쳐 가 중화인민공화국의 역사로 둔갑시켰는데,

---

11) 덧붙임 6 : 최근 일어난 한복공정과 김치공정 등은 동북공정의 결과다.

누가 책임져야 하는가? 지금까지 진행된 동아시아 최대의 28년 역사전쟁을 이끈 우리 지도자들이 중화인민공화국의 역사침탈에 제대로 대응하지 못하고, 특히 역사전쟁의 상황을 제대로 파악하지 못하였으며, 그 심각성을 인식하지 못하였다.

둘째, 하루라도 빨리 그들의 패권주의적 역사침탈을 규탄하고, 구체적으로 그들이 훔친 역사를 되찾는 국가적 전략이 필요하다.

셋째, 우선 가장 시급한 것이 『백도백과(百度百科)』에 실린 잘못된 역사적 내용을 철회하도록 해야 하고, 잘못된 교과서 내용을 바꾸도록 하는 것이다.

문재인 대통령님께!

1. 지난달 북한 남성 한 명이 고성 민간인 통제구역을 통해 월남한 사건과 관련해 22사단장이 보직 해임되고 여단장과 전·후임 대대장, 동해 합동작전 지원소장 등 4명은 징계위원회에 넘겨졌으며, 직·간접적인 책임이 있는 18명에 대해서도 인사 조처되었습니다. 일본군 위안부 역사를 왜곡한 마크 램지어 미국 하버드대 로스쿨 교수에 대한 논란에는 온 국민은 물론 국제적으로 떠들썩하게 규탄하고 있습니다.

2. 그런데 중화인민공화국이 동북공정을 통해 (고)조선·고구리(高句麗)·부여·발해의 3,260년 역사를 훔쳐 가 중화인민공화국의 역사로 둔갑시켰고, 신라·고리(高麗)·조선의 1,272년 역사를 중화인민공화국의 변속국(藩屬國, 반식민지)으로 추락시켰는데 아무도 책임지는 사람이 없습니다. 램지어 교수의 논문이 역사적 사실을 왜곡한 것이라면 중화인민공화국은 우리 역사를 아예 통째로 훔쳐다 자기 역사로 만들어버리고, 이제는 그것을 국내외에 알리는 전파공정이 진행되고 있습니다.

3. 끝내는 2017년 4월 시진핑 주석이 미국 대통령 트럼프에게 "코리아는 사실상 중국의 일부다."라고 하였습니다. 이에 1994년 고구리연구회를 창립하고, 2003년 동북공정을 국민에게 알렸으며, 2007년 『동북공정과 한국학계의 대응 논리』를 제시했던 몇몇 학자들이 다시 힘을 모아 고구리·고리연구소를 만들어 동북공정의 진행 과정을 연구·검토하였습니다.

4. 그 결과 중화인민공화국은 2002년 2월부터 2007년 1월까지 5년간 계획했던 동북공

정을 2년 연장하여 2008년 말까지 강행하고, 2009년「동북 변강 역사와 문화 학술연구 토론회」에서 동북공정이 성공적으로 완료되었음을 선포한 사실을 밝혀냈습니다. 그리고 그 뒤 10년간 그렇게 훔친 역사를 기정사실로 만들고, 또 그것을 나라 안팎에 알리기 위해 자국의 최대 포털『바이두백과』내용을 완전히 바꾸고, 마지막 보루인 교과서 내용도 바꾸기 시작하였습니다.

5. 그러나 우리는 모두 2007년에 중화인민공화국이 동북공정을 중단한 것으로 잘못 알고 있었으므로 그에 대한 대처를 전혀 하지 않고 있었습니다. 그러한 침묵은 그들의 침탈을 묵인하는 것이 되기 때문에 하루라도 빨리 그들의 패권주의적 역사침탈을 규탄하고, 구체적으로 그들이 훔친 역사를 되찾는 국가적 전략이 필요합니다.

6. 우선 가장 시급한 것이『백도백과(百度百科)』에 실린 잘못된 역사적 내용을 철회하도록 해야 하고, 잘못된 교과서 내용을 바꾸도록 해야 할 것입니다. 이 문제는 첨부한 3·1선언에서도 남북 지도자에게 모두 요구한 사항이기 때문에 분명한 답변을 요구합니다.

예전처럼 이 문건을 교육부나 외교부로 내려보내어 "동북아역사재단에서 열심히 노력하고 있다." 같은 형식적인 답변은 중화인민공화국에게 시간만 벌어주는 결과가 될 것입니다. 역사전쟁의 최일선에 있던 동북아역사재단은 많은 예산을 들여 자료도 수집하고 연구지원도 하였지만 그런 무기들을 실제 역사전쟁에 한 번도 쓰지 않고 패배한 기관의 변명은 답이 될 수 없습니다.

7. 고구리·고리연구소에서『동북공정 백서』를 집필하는 과정 중 검토한 결과, 1993년 한·중 학술대회에서 중화인민공화국 학자가 공식으로 "고구리는 중국의 지방정권이다."라고 선언한 뒤 지금까지 진행된 동아시아 최대의 28년 역사전쟁을 이끈 최고 사령관은 다음과 같습니다.

① 중화인민공화국 : 강택민(1993~2003), 후진타오(2003~2013),
시진핑(2013~현재)

② 대한민국 : 김영삼(1993~1998), 김대중(1998~2003),
노무현(2003~2008), 이명박(2008~2013),
박근혜(2013~2017), 문재인(2017~2022)

③   조선민주주의인민공화국 :   김정일(1993~2011), 김정은(2012~)

28년간 진행된 역사전쟁에서 각 나라의 지도자들이 어떤 역할을 하였는지 앞으로 학술적인 연구와 평가가 필요하지만, 현재 나온 결과를 볼 때 우리 지도자들이 중화인민공화국의 역사침탈에 제대로 대응하지 못한 것은 분명합니다. 특히 역사전쟁의 상황을 제대로 파악하지 못했고, 그 심각성을 인식하지 못했던 점도 모두 같았다고 평가할 수 있습니다.

따라서 현재 재임하고 있는 남북의 지도자는 먼저 현재 상황을 정확히 파악하고 훔쳐 간 역사를 되찾을 장기적이고 강력한 정책을 세워 대처해야 할 것입니다.

8.   지금까지 28년간 연구한 결과를 보면 이제는 우리나라가 규탄한다고 해도 이미 기정사실 단계에 들어간 중화인민공화국은 꿈쩍하지 않을 것입니다. 먼저 남북이 힘을 합쳐야 하고, 중화인민공화국과 육지로 국경을 접한 14개국, 바다로 국경을 접한 6개국이 연합하여 대처하지 않으면 통일다민족국가론에 바탕을 둔 패권주의 역사침탈은 막아내기 어려울 것입니다.

예부터 나라의 임금은 난세에는 길가는 어린아이의 이야기라도 들으라고 했고, 백면서생도 나라를 위해서 국가적 안위를 논의하고 참신한 대안을 제시했습니다. 아직 미미한 연구단체의 분석과 문제 제기이지만 대통령께서는 가벼이 보지 마시고 슬기로운 정책을 세워 5000년 역사를 온전히 지키는 데 힘써 주시길 간절히 바랍니다.

2021년 3월 10일
고구리·고리연구소 이사장 서길수

국민권익위원회

수신 서길수 귀하
(경유)
제목 의견 회신

1. 평소 국정운영에 관심을 가져주시는 것에 대하여 감사의 말씀을 드립니다 귀하께서 대통령비서실로 제출하신 서신이 우리 위원회로 전달되었음을 알려드리며, 귀하의 서신에 대하여 아래와 같이 안내드립니다

2. 귀하께서는 중화인민공화국이 '동북공정'을 통하여 우리나라 (고)조선, 고구려, 부여, 발해의 3 260년 역사를 훔쳐 중화인민공화국의 역사로 둔갑시켰고, 신라, 고려, 조선의 1,272년 역사를 중화인민공화국의 번속국으로 추락시키고 이를 국내외에 알리는 전파공정을 진행시키고 있는데, 가장 시급한 것은 '바이두백과'에 실린 잘못된 역사적 내용을 철회하도록 해야 하고, 잘못된 교과서 내용을 바꾸도록 하기 위해 남북이 힘을 합쳐야 하고, 중화인민공화국과 육지로 국경을 접한 14개국 바다로 국경을 접한 6개국이 연합하여 대처하지 않으면 통일다민족국가론에 바탕을 둔 패권주의 역사침탈을 막아내기 어려울 것이라며 대통령이 가벼이 보지 말고 슬기로운 정책을 세워 5 000년 역사를 지켜달라는 취지의 서신을 보내주셨습니다 보내주신 서신에 감사드립니다

3. 정부도 역사를 지키기 위한 외교적 노력을 기울이면서 지속적 체계적 대응을 하여야 할 것으로 보입니다 앞으로도 국정운영에 많은 성원바라며, 귀하의 가정에도 건강과 행운이 가득하기를 바랍니다. 감사합니다. 끝.

청와대 비서실에서 국민권익위원회로 넘겨 대통령 대신 보내온 답신

(2) 역사전쟁 결과 보고가 왜 권익위원회로?

우편 등기로 청와대 비서실에 보낸 소장은 꽤 오랫동안 답이 없었다. 그리고 2개월 뒤에 답이 왔는데, 웬일인지 다음의 내용이 전부이고, 보낸 날짜도 없고, 봉투 소인에도 날짜가 없다. 대통령 비서실에 보낸 소장이 왜 권익위원회로 갔는지 모르지만, 역사전쟁이라는 큰일에 대한 보고가 대통령에게 전달도 되지 않은 것이 역사적 사실이다.

2) 대답 없는 국회 교육분과위원장 (6월 14일)

대통령에게 보낸 소장이 전달되지 않았다는 답을 받고, 이어서 고구려연구재단과 동북아역사

재단 관련법을 모두 발의하였고, 역사학을 전공한 유기홍 국회 교육분과위원장에게 대통령보다는 더 자세한 내용을 보냈다. 유기홍 의원은 앞뒤 사정을 잘 알고 있으며, 역사도 이해하고 있기 때문이다.

우리가 부탁한 것은 딱 한 가지였다. 우리가 『동북공정 백서』를 발행하여 발표할 때 국회 교육분과위원회에서 국회에서 발표할 수 있는 자리를 마련해 달라는 것이었다.

그러나 의원회관 의원실로 보낸 등기우편은 결국 해를 넘겨 3월이 다가오는 지금까지 아무런 대답이 없다. 청와대처럼 보좌진들이 가볍게 보고, 유기홍 의원에게는 전달도 안 하였을 수가 있고, 보고를 받고도 유기홍 의원이 대수롭지 않게 생각하였을 수도 있다.

우리는 다시 연락하지 않았다. 등기로 보냈으니 안 받았을 리는 없고, 받고 답이 없다는 것은 역사전쟁에 대해 이미 잊고 있으며 그것이 얼마나 중요한 사실인지 모르고 있다는 것을 증명하는 것이기 때문이다. 그리고 이 문제는 우리보다 먼저 국회의원이 밝혀서 국민에게 알려야 할 일이기 때문이다.

유기홍 교육위원장님께

저희가 유기홍 교육위원장님께 이 공문을 보낸 것은 다음과 같은 사유 때문입니다.

위원장님은 사학을 전공하셨기 때문에 이 내용을 읽어보면 누구보다 더 사태의 심각성을 잘 아실 것으로 보았습니다.

앞에서 보았지만, 위원장님은 우리나라에서 동북공정에 대처하기 위해 국가 차원에서 세운 고구려연구재단과 동북아역사재단 관련법을 모두 발의하셨습니다.

자료를 찾아본 결과 현재까지 매년 교육위가 동북역사재단을 국정감사하고 있습니다.

이미 위원장님과 2005년 동북공정에 대한 대책에 대해 국회에서 함께 전시했으므로 유위원장님은 이 문제에 대해 남다른 이해가 있으리라 믿기 때문입니다.

끝으로 저의 연구소 몇몇 학자들이 현재 『동북공정 백서』와 『중화인민공화국 역사침탈 40년 백서』를 집필하고 있어 여름에 중간발표를 하고, 연말쯤 최종 발표를 하고자 하는데, 국회교육위나 국회의원 연구단체, 또는 유기홍 의원님께서 국회에서 발표회를 할 수 있도록 주선을 해주시길 바라기 때문입니다.

글쓴이(한복 입은 사람)와 유기홍 의원(가운데)

　내용을 파악해 보시고 필요하시면, 동북아역사재단이나 다른 학자들과의 토론회를 만들어 주셔도 좋겠습니다.

　제가 고구려발해학회에서 한 기조강연이나 3·1선언 보도자료를 보시면 아시겠지만, 현재 중화인민공화국의 최대 포털에서 제공한 『백도백과(百度百科)』를 보면 침탈한 역사를 중화인민공화국 역사로 기록한 것이 BC 2333(단군조선)~AD 927(발해 멸망) = 3,260년, 번속(藩屬, 반식민지)으로 바뀐 역사가 623(계림도독부)~시모노세끼조약(1895) = 1,272년입니다. 우리 역사를 되찾는 것이 당장 어렵다고 하더라도 미·중 패권 다툼 사이에서 100년을 써먹을 수 있는 '외교 카드'를 우리나라는 왜 버리고 있는지 알 수가 없습니다.

　깊이 꿰뚫어 보시길 바라며, 더 설명이 필요하시다면 언제든지 연락하여 주시기 바랍니다.

2021년 6월 14일

고구리·고리연구소 이사장 서길수

6. 민간 학술단체에 오염된 국책 재단의 사대주의 어용 태도

끝으로 동북아역사재단의 현주소와 사대주의적 의식이 어떻게 일반 학회까지 오염시켰는지 보기로 한다. 이 책의 내용은 2017년부터 준비하였고, 2020년 12월 4일 고구려발해학회에서 첫 발표를 하였으며, 2021년 3월 1일 3·1선언으로 대중에게 처음 알렸다는 것을 보았다. 이후 이 문제를 학술논문으로 발표해 학계에 알려야 한다고 생각하고 다음 두 편을 논문을 써서 두 개의 학술지에 투고하였다.

① 〈동북아역사재단〉「동북공정(2001~2009) 8년의 진행과 성과에 관한 분석 연구」
② 〈고구려발해학회〉「중화인민공화국 역사침탈(동북공정)의 단계 구분과 성과 분석」

①의 논문은 「동북공정(2001~2009) 8년의 진행과 성과에 관한 분석」으로 이 책의 둘째 마당, 셋째 마당, 넷째 마당의 내용 가운데 동북공정의 학술적 성과와 한·중 학술회에 관한 문제를 압축해서 다루었다.

②의 논문은 이 책의 다섯째(2010~현재) 마당 내용 가운데 침탈한 역사를 중화인민공화국 국사로 기술한 『백도백과』의 내용을 정리 비판한 내용이다.

이 두 논문을 통해 동북공정은 3년 연장되었으나 2009년 성공적으로 끝났다고 발표하였고, 그 2016년까지 보완 기간을 거쳐 2017년부터는 침탈한 역사를 자국의 역사로 만드는 삭업을 하고 있다는 것을 밝힐 수 있다고 생각하였다. 그런데 이 두 논문 모두 '게재 불가' 판정을 받고 실리지 못하였다. 앞으로 자세히 짚어보겠지만 이런 결과의 뒷면에는 중화인민공화국의 눈치를 보고 학문했던 단체와 그 단체에서 그런 패배주의 활동을 위해 주도적 역할을 한 세력들이 도사리고 있었다. 이 장에서는 바로 이 문제에 대한 것을 짚어보려고 한다.

1) 동북아역사재단의 동북공정 대응 실패에 대한 은폐

(1) 논문 제출 : 동북아역사재단의 동북공정 대응이 실패하였음을 인정하라

「동북공정(2001~2009) 8년의 진행과 성과에 관한 분석 연구」에 대한 이 논문은 2021년 3월 중 『동북아역사논총』72호에 투고하였으며, 그 내용은 다음과 같은 사실을 밝힌 것이다.

① 동북공정은 2002년 2월부터 2007년 1월까지 5개년 계획으로 시작되었으나 실제로는 2004년 이후 계획을 연장하여 2009년까지 8년간 진행된 것으로 밝혀졌다.

② 동북공정은 순수 학술적인 연구가 아니고 중국공산당과 정부가 산하기관인 중국사회과학원을 통해서 기획한 프로젝트로 중국공산당 산하 만주 3성 공산당위원회가 지휘하여 만주 3성의 연구기관이 총출동하여 진행한 거국적인 프로젝트였다.

③ 2003년 후반기 중국변강사지연구중심의 홈페이지가 한국에 알려지면서 한국에서 거국적인 규탄 운동이 일어나자 한·중 외교부가 '학술적으로 해결' 하기로 구두합의한 뒤 중화인민공화국은 전략을 바꾸었다. 중앙의 중국사회과학원은 한국과 학술적으로 논의하는 척하고 뒤로는 길림성사회과학원에서 모든 일을 맡아 중단 없이 계속되었다.

④ 2004년 뒤 길림성사회과학원에서 발행한 『동북사지』에 발표한 동북공정 연구성과는 6년간 모두 310편인데, 그 가운데 고구리에 관한 논문이 160편으로 가장 많고 강역 이론, (고)조선, 발해, 고리와 조선, 백두산과 간도 문제는 모두 150편이었다. 이러한 결과는 동북공정의 목적은 고구리 역사뿐 아니라 옛 조선인 (고)조선과 발해까지 모두 3,000년이 넘는 역사를 침탈하려는 것이 목적이라는 것이 분명해졌다.

⑤ 2009년 7월 24~25일 중국사회과학원과 길림성사회과학원이 연합하여 주최하고 동북공정에 참여한 모든 기관과 학자들이 모여 동북공정이 성공적으로 완성되었음을 선포하였다.

⑥ 대회에서 동북공정을 진행하는 동안 될 수 있으면 드러나지 않도록 비밀리에 진행하던 태도에서 이제는 연구한 결과를 가지고 상대국을 설득하고 공격적으로 선전하는 정책으로 바뀐다. 아울러 구체적으로 '같은 점은 취하고 다른 것은 그대로 놓아둔다(求同存異)'는 전략으로 훔쳐 간 역사를 보호하기로 결정하였다.

이 논문의 결과는 한국에서 동북공정 대응을 위해 만들어진 동북아역사재단에서 ① 동북공정은

2007년에 끝나지 않고 3년 연장하여 2009년에 끝났다는 사실을 몰랐다는 것을 밝혔고, ② 중화인민공화국에서 '학술적 해결'이라는 전술로 한국 측과 학술회의를 하는 척하면서 사실은 길림성사회과학원을 통해 중단 없이 계속되었으므로 한·중 학술회의를 담당한 한국 측 동북아역사재단의 대응에는 문제가 있었다는 것이며, ③ 2009년 상대국인 중화인민공화국이 역사침략인 동북공정을 중단하지 않고 끝까지 마쳤다고 선포한 것은 동북공정을 막지 못하고 실패했다는 것을 밝힌 것이었다.

(2) 귀하의 논문은 '게재 불가'로 결정되었습니다. 이의신청 가능합니다.
5월 14일 〈『동북아역사논총』 제72호 투고논문 심사결과〉 메시지가 왔다.

선생님의 논문심사 결과는 D/C/C로, 논문심사 내규에 따라 '게재불가'로 결정되었습니다.
만약, 논문심사 결과에 대한 이의가 있으실 경우 이의신청을 JAMS(온라인 투고 시스템)에 제출해주시기 바라며 검토 후 타당성이 인정될 경우 차기 편집위원회에서 안건으로 상정, 논의하도록 하겠습니다.

(3) 논문심사 결과에 대한 이의신청
글쓴이는 다음과 같은 이의제기를 했다. 전체적으로 심사위원들의 지적사항을 반박하는 9쪽짜리 이의제기를 하였는데 간추리면 다음과 같다.

먼저 심사위원 3명의 지적사항은 크게 3가지로 나눌 수 있다.

A. 선행연구와 차별성이 없어 독창성이 없다.
B. 중화인민공화국 학계에서 진행한 주제별 논문 분류와 학술적 비판이 없다.
C. 한국 학계의 연구성과를 정리 비판하고, 자신의 논리를 전개해야 한다.

A. 선행연구와 차별성이 없다?

a) 논문의 독창성이 없다?

본 논문은

동북공정이 2009년까지 8년간 계속되었고,

그 사실은 『동북사지』라는 결과물을 가지고 분석하였으며,

결과적으로 중국은 구두 합의를 어기고 동북공정을 중단하지 않고 계속해 완성했으며,

결과적으로 역사전쟁에서 중국은 목적을 달성했고, 상대적으로 한국의 대응은 실패했다라고

분석한 논문이나 책이 국내에서 단 한 편도 없다. 동북공정이 2009년까지 8년간 계속되었다는

사실 한 가지만 밝혀도 이 논문은 독창성이 있는 것이다.

동북아역사재단과 한국 학자들의 동북공정 기간 인식에 대한 분석은 이미 4마당에서 2007년을 분석할 때 나왔기 때문에 생략한다. 이의신청에서는 자세히 밝혔다.

b) 글에서 인용한 자료는 이미 선행연구에서 거의 대부분 인용하였다?

이 논문은 그런 미시적 분석이 아니라 전체 과정을 거시적으로 분석한 것으로 자료의 이용 방향이 다르다. 이 부분에서 가장 중요한 것은 필자는 『동북사지』가 동북공정의 결과를 실은 기지이고, 실제 그 사실을 밝혔으며, 특히 2009년 동북공정을 마무리하는 발표를 찾아내 밝힌 것은 선행 연구자들이 인용한 것과는 전혀 다른 성과다.

c) 동북공정을 회고하는 보고서 같고, 자료를 분석하여 구성하는 논문과 거리가 있다?

먼저 이런 평가는 학술적인 평가도 아니고, 같은 연구자로서 매우 모욕적인 표현이다.

전체 논문을 시대별로 분류하여 시계열로 분석하는 것은 각론을 연구하기 이전에 가장 먼저 해야 할 작업이다. 자료를 분석하지 않고 어떻게 시계열 분석이 가능한가? 그렇다면 지금까지 자료 분석을 통해 구성한 논문으로 앞에서 본 ① ② ③ ④의 결과를 발표한 논문이 있는가? 거시분석에서는 ① ② ③ ④ 가운데 하나의 결론만 도출해도 독창성이 인정되어야 한다.

B. 중화인민공화국 학계에서 진행한 주제별 논문 분류와 학술적 비판이 없다.

이 논문은 연구목적에서 분명히 밝혔듯이 각 주제에 대한 중화인민공화국의 논리를 비판하기 위해 쓴 것이 아니다. 이 논문은 동북공정의 진행 과정을 분석하여 어떻게 진행되었고, 언제 완료되었으며, 어떤 성과를 냈는지 거시적으로 분석하는 것이다.

심사위원들이 언급했듯이 주제별 미시적 분석은 이미 우리나라에서도 많이 진행되었다. 그러나 그런 연구는 동북공정을 막아내지 못했고, 더구나 역사전쟁에서 그 무기를 사용해보지 못했으며, 결국 그들은 이제 훔친 역사를 자기 국사로 만들고 있다. 이 논문은 거시적으로 그들은 중단없이 동북공정을 진행했고, 3년을 더 연장하여 8년간이나 계속했다는 것을 밝히려는 것이지 주제별 반론을 위한 것이 아니었다. 심사위원은 연구목적과 연구 내용이 일치하는가, 그 여부를 심사해야 한다.

C. 한국 학계의 연구성과를 정리 비판하고, 자신의 논리를 전개해야 한다.

한국 학계의 연구성과를 정리하고 비판하는 것이 본 논문의 연구목적이 아니다. 중화인민공화국 측의 연구성과에 대한 거시적 분석이지 국내 학계의 미시적 연구성과를 분석하는 것은 본 논문의 연구목적이 아니었다. 다만 동북공정은 성공적으로 완료되었고, 반대로 우리는 그들을 저지하지 못하였다는 현실을 정확히 보고 이제는 그 원인과 앞으로의 대책을 심각하게 논의할 필요가 있다고 보며, 이 논문은 그런 관점에서 문제를 제기한 것이다.

심사위원은 연구목적과 연구 내용이 일치하는가, 그 여부를 심사해야 한다.

■ 맺음말

위에서 본 바와 같이 이 논문의 지적사항은 ① 논문의 연구목적과 다르고 ② 연구목적과 다른 국내 연구성과를 분석 내지 인용하지 않았다는 점에 중점을 두고 심사하였다.

따라서 논자는 다음과 같이 건의한다.

이 논문의 논제는 한 편의 논문으로 끝날 수 있는 것이 아님을 볼 수 있다. 이제는 국가나 우리 학계가 솔직하게 동북공정에서 중화인민공화국 측이 목적을 달성하였다는 것을 인정해야 한다. 그런 면에서 동북아역사재단에서 선제적으로 이 주제에 대한 토론회를 열길 바란다.

(4) 이의제기는 '기각'되었습니다.

위에서 본 이의제기를 한 뒤 두세 달 뒤에 다음 같은 답을 받았다.

> 금번 73호 편집위원회는 8월 13일 코로나 4단계 방역조치 관련 교육부지침 하달로 서면회의로
> 개최되었습니다.
> 편집위원회 검토 결과 편집위원 모두의 공통의견으로 "'동북공정(2002~2009) 8년의 진행과 성과
> 에 관한 분석 연구'에 관한 심사가 객관적이고 공정하게 이루어졌다."라고 결정하였습니다. 그리하
> 여 귀하께서 요청하신 심사 결과 이의제기는 '기각'되었음을 알려드립니다.

(5) 동북아역사재단은 왜 이 논문을 싣지 않았을까?

앞에서 본 것처럼 논문게재도 불가능하게 되었지만, 글쓴이가 제안한 토론회도 열리지 않았다. 글쓴이는 이의제기하면서 이런 것들이 받아들여질 것이라고 믿지 않았다. 심사위원들도 마찬가지 이지만 편집위원도 모두 그동안 한·중역사전쟁에서 그들 방식으로 함께 대처해온 전우들이기 때문 이다. 심사위원의 심사평을 보면 알 수 있다.

> ① 동북공정을 회고하는 보고서 같고, 자료를 분석하여 구성하는 논문과 거리가 있다.
> ② 한국의 관련 학계에서 '동북공정'에 대한 이해가 부족하거나 무관심하다고 판단하고 본 논문
> 을 작성한 것으로 짐작되는데, 이 또한 필자가 관련 학계의 선행연구를 무시한 결과라고 판단
> 된다.

앞에서도 보았지만 ①의 "동북공정을 회고하는 보고서 같다"라는 평가는 논문의 논지나 논문작 성법과 전혀 상관이 없는 비학술적 '야유'를 하고 있다. 그리고 ②를 보면 심사위원들이 그동안 동 북아역사재단과 함께 연구하고 한·중 학술회의에 직접 참여하여 나름대로 크게 공헌하였다고 자 부하는 사람들이 분명하다. 그리고 그들은 이 논문을 쓴 사람이 누구인지 알고 있었다. 2020년 12 월 4~5일 전국 고구려발해학대회에 강연에서 이미 이 내용 일부를 발표하였기 때문이다. 그러므로 "자기들은 나름대로 동북공정에 열심히 대응하였는데 그것을 평가해주지 않고 무시한다"라고 불평 하는 것이다. 이런 것도 심사위원으로서 올바른 태도가 아니다. 그 논문은 국내 학자들의 논문을 평

가하는 것이 아니고 본 논문의 논지에 관한 선행연구는 단 한 편도 없었기 때문이다.

어쨌든 심사위원이나 편집위원들은 고구려연구재단과 동북아역사재단과 같은 배를 타고 동북공정을 대처하여 열심히 싸워온 학자들이고, 그런 면에서 억울하다고 할 수 있다. 문제는 앞에서 보았듯이 동북공정 대응은 실패하였고, 우리 고대사는 3,000년이 중화인민공화국 국사로 일반화되고 있다. 그리고 그런 결과에 절대적인 책임을 져야 할 기관은 고구려연구재단이고, 동북아역사재단이며, 그들과 함께 대응했던 고대사 연구학자들이다. 그들은 한·중 학술회의에서 고구려연구재단과 동북아역사재단이 상대국의 심기를 건드리지 않기 위해 선정한 쟁점 없는 논문을 발표하였고, 김용덕 이사장이 '국민이 역사를 잘못 알고, 흥분을 가라앉히는 노력'을 할 때 앞장을 섰다.

그런데 그처럼 중화인민공화국의 눈치를 보며 연구하고, 국가기관의 요구에 맞는 연구를 하던 학자들이 그런 풍토를 순수 민간 학술단체인 고구려발해학회까지 옮겨 오염시키고 있다는 사실이 드러났다. 고구려발해학회는 학자의 주관을 뚜렷하게 가지고 중화인민공화국 눈치를 보지 않고 그 나라 학자들과 당당히 토론한 전통을 가졌다. 그런데 언제부터인가 그 풍토가 달라졌고, 그 사실이 드러난 사건이 고구려발해학회에서 발생한다. 다음 절에서는 바로 그 부분을 다룬다.

2) 왜 동북아연구재단에서 일어난 똑같은 사건이 고구려발해학회서 일어났는가?

(1) 심사위원이 아니라 편집위원회가 '게재 불가'를 결정한 경위

앞 절에서 ①의 논문에 대한 문제를 보았고, 이 절에서는 ②의 문제를 보기로 한다.

①　　〈동북아역사재단〉「동북공정(2001~2009) 8년의 진행과 성과에 관한 분석 연구」

②　　<u>〈고구려발해학회〉「중화인민공화국 역사침탈(동북공정)의 단계 구분과 성과 분석」</u>[12]

11월 1일 『고구리발해연구』 제71집에 투고한 논문 ②의 심사결과통보서를 받았다. 그런데 통보서와 함께 다음과 같은 특별한 경고 사항이 덧붙여졌다.

---

12) 원래 이 두 논문은 3월쯤 동시에 두 논문집에 투고했는데, 고구려발해학회에 논문을 온라인으로 제출하고 마지막에 '보내기'를 누르지 않아, 3~4개월이 늦어졌다.

다만 수정논문 제출 안내에 앞서 서길수선생님께 편집위원회 측의 의견을 전달해드립니다
선생님께서는 4인의 수정제의내용을 반영해 제목과 본문을 수정해주시길 바라며,
이를 정리한 **수정제의내용 반영서**를 제출해주시길 바랍니다.
수정제의내용 반영서에 대한 편집위원회의 재논의에서 수정제의 내용이 충분히 반영되지
않았다고 판단될 경우, 해당 원고는 금번호에 게재가 불가함을 양지하여주시기 바랍니다.

수정 요구 경고 메시지

강조하느라 파란색과 빨간색까지 넣어 엄중히 경고하였다. 매우 이례적이었다. 지금까지 수많은 논문을 제출하여 보았지만 처음 받아보는 경고다. 심사위원이 아니라 편집위원회에서 미리 필자가 '어떤 부분에 대해서' 수정하지 않을 것이라는 전제 아래, 그렇게 되면 '게재 불가' 하겠다는 경고를 하고 있다. 다시 말해 심사위원의 수정 요구 그 자체보다는 편집위원들의 판단으로 게재를 결정하겠다는 예고였다. 다시 말해 '어떻게 고치는가 보자'라고 벼르고 있다는 것을 공개적으로 나타낸 것이다.

11월 8일 수정된 논문과 수정사항에 대한 답변을 소상하게 적어 제출하였다.

11월 11일 다음과 같은 〈고구려발해학회 편집위원회의 최종심의 결과 통보서〉를 받았다.

투고자의 수정제의내용반영서와 수정원고를 검토한 결과 심사위원들의 수정의견이 반영되지 않았다고 판단됩니다. 따라서 금번의 고구려발해연구 제71집에는 게재가 불가함을 알려드립니다.

편집위원회에서 보기에는 '심사위원들의 수정의견이 반영되지 않았다'라는 것이 게재 불가의 구실이었다.[13]

---

13) 회장에게는 '원고 매수가 너무 많아서 그랬다'고 거짓말을 했다고 한다.

3) 심사위원들의 수정의견에 대한 수정과 답변 검토

위에서 본 것처럼 '게재 불가' 이유가 "수정의견이 반영되지 않았다."라는 것이 표면적인 이유였다. 그러나 심사위원이 수정을 요구한 사항은 모두 수정하였고(대부분 수정이 아니라 보강이었다), 심사위원이 의견을 제시한 것에 대해서는 답변을 하였다. 수정의견이 무엇이고 답변이 무엇인지 간추려 보면 다음 3가지로 볼 수 있다.

(1) ⟨수정 요구⟩ : 역사침탈(동북공정)이라는 용어는 학술적인 논문 차원에서는 생각할 필요가 있음. 역사 왜곡으로 해도 논지가 훼손되지 않음.

⟨답⟩ : 역사침탈이란 용어는 수정제의서-B에서도 요구한 사항이라 좀 자세히 설명하고자 한다.

역사 왜곡은 역사적 사실을 '사실과 다르게 해석하거나 그릇되게 함'이 사전적 해석이다. 보기를 든다면 일본이 임나일본부설을 바탕으로 옛날 한반도 남부를 지배했다는 것은 역사 왜곡이다. 그러나 당시 삼한이나 신라·백제를 일본 역사로 기록하고 일본 역사라고 가르치면서 삼한이나 신라·백제가 우리 역사(한국사)가 아니라고 한다면 이것은 역사 왜곡이 아니라 역사침탈이다. 만일 독도가 일본 땅이라고 자료를 다르게 해석하거나 그릇되게 한다면 역사 왜곡이다. 그러나 일본이 독도를 쳐들어와 차지하고 자기 땅이라고 하면 명명백백한 침탈이다.

중화인민공화국이 1996년 이전에 이미 학자들이 역사를 왜곡한 사례들이 많다. 필자는 그때까지를 역사 왜곡 시기라고 본다. (논문 수정 제의서-C에 대한 답변)

그러나 1996년부터 국책으로(1차 국책 침탈은 보강하여 논리를 보강함) 고구리분 아니라 (고)조선사, 부여사, 발해사를 자기 역사로 만들기 위해 총력을 다 하였고, 실제로 자기 역사로 쓰고 있으며, 한국과 조선의 역사가 아니라고 분명히 못 박고 있다. 또한 이 논문에서 보듯이 이미 백과사전에서까지 자기 역사로 바꾸어버렸다. 1980년 이전 분명히 우리 역사였던 3,000년 역사를 중화인민공화국의 역사로 쓰고 있는 것은 역사 왜곡이 아니라 역사침탈이라고 해야 한다.

(2) 1단계는 국가 차원의 역사왜곡이라고 보기 어려움, 1단계라고 제시는 하였지만 정작 내용이 많지 않다고 하여 본문 서술을 생략하였음. 이는 1단계를 제시한 의미가 없는 것임. 생략하거나, 2

단계를 1단계로 변경하고 1단계에서 이 부분을 간략하게 설명하는 방안을 고려했으면 함.

〈답〉: 1단계 국책 침탈에 대해서는 대폭적인 보강을 하였음. 원고 매수 때문에 줄였는데, 심사위원의 지적이 있으므로 보강함. 이점 편집위원회의 양해 바란다.

(3) 3단계와 4단계의 차이 상황에 대하여 비교설명이 없는데 이 부분은 비교 제시할 필요가 있음.

〈답〉: 3단계와 4단계 차이는 자료를 보강하였음.

(4) 결국은 '역사침탈인가?', '역사침탈이 아닌가?'의 문제였다.

위에서 본 3가지 문제 가운데 2.와 3.은 너무 많다고 할 정도로 철저하게 보강했기 때문에 문제가 없을 것이다. 사실 3장의 내용은 이미 다른 논문집에 투고한 내용이라 간단히 줄인다고 밝혔으나 '동북아역사재단 논문집'에서 '게재 불가' 통보를 받아 내용을 충분히 보충할 수 있었다. '동북아역사재단 논문집' 문제는 이미 앞에서 보았다.

수정하지 않은 유일한 것은 '1. 역사침탈보다는 역사 왜곡이 좋겠다.'는 것이다. 심사위원이 역사침탈이 잘못되었다는 이유를 쓰지 않고 역사 왜곡을 권유한 정도였다. 그러나 이 논문의 논지는 역사침탈을 시대구분한 것이라 '역사왜곡'이라고 바꿀 수 없었다. 본 논문은 40년 역사침탈을 시대 구분한 것이고 동북공정은 그 가운데 3단계밖에 안 되기 때문에 전 기간을 동북공정이라고 할 수 없다. 만일 2002~2009년 이전이나 이후를 동북공정이라고 하면 그것이 틀린 것이다. 더구나 이 논문은 중화인민공화국이 동북공정에 성공하여 어떻게 자국의 국사로 정착시키고 선전하고 있는가를 밝히는 논문이다. 그러므로 수정사항에서 '역사침탈을 써야 하는 이유'를 설명하고, 논문의 주에 그 논지를 달았다. 사실 이것은 수정 요구가 아니라 '역사 왜곡이라고 하자'는 의견이었고, 논지는 그에 대한 논지를 설명하였으므로 답변을 마친 것이다.

그런데 바로 이 점을 편집위원회에서는 "심사위원들의 수정의견이 반영되지 않았다고 판단"한 것이다. 심사위원이 논문을 심사할 때는 논문의 주제나 논지(論旨)를 자의로 판단해서 '판결'을 해서는 안 된다. 심사위원이 심사할 때는 ① 논문집과 주제가 알맞은가 하는 것인데, 고구리 문제이니 문제가 없을 것이다. ② 독창성이다. 이 논문은 다른 논문과의 유사도 측정에서 5% 미만으로 가장 중요한 것이라고 본다. ③ 논리의 전개나 자료의 인용에서 문제가 있는 것인지 여부이다. 그에 대한 수정 요구는 없었다. 이 논문의 핵심은 마지막 장인데, 몇 가지 수정이 필요하다고 해서 수정하였다.

그런데 심사위원이 아니라 편집위원이 논문 제목과 논지(論旨)를 바꾸지 않았다고 해서 게재 불가 통지를 하였다. <u>이것은 편집위원의 월권이다.</u> 편집위원이 다른 사람 논문의 주제나 논지를 바꾸라고 할 수 없고 그렇게 할 수도 없다. 학회에서 이처럼 논지나 주제에 대한 반론이 있을 때는 다른 논문으로 반박하여 논쟁해나가야 한다. 그런데 편집위원이 미리 판결하고 막아버렸는데 편집위원은 논문의 성격이나 논지를 결정해서 논자에게 강요하는 위원회가 아니다.[14]

4) 고구려발해학회는 왜 '역사침탈', '동북공정은 끝났다'라는 말을 거부하는가?

(1) 고구려발해학회의 정체성

편집위원회에서 '게재 불가'로 판정하자 글쓴이는 바로 편집위원 전원과 역대 이사장과 회장에게 앞뒤 사실을 자세히 설명하고 이어서 공개토론회를 요청하였으나 편집위원회가 받아들이지 않았다. 자신들이 떳떳하면 학술발전을 위해 공개토론에서 당당하게 자기주장을 해야 하였다.

이 과정은 신기하게도 '동북아역사재단의 대응 방식'과 똑같았다. 앞에서 보았지만, 이 논문은 ① 동북공정은 2007년에 끝나지 않고 2009년까지 계속되었으며, ② 그 결과 중화인민공화국이 그 완성을 선포하였고, ③ 한국 측은 역사침탈을 막는 데 실패하였다는 것이었으므로 동북아역사재단으로서는 받아들이기 어려웠을 것이다. 그런데 국가 예산으로 연구한 단체가 아닌 순수 학술단체인 고구려발해학회에서도 왜 똑같은 반응이 일어나는가?

그래서 이달(2021. 12)에 배달된 논문집을 열어 고구려발해학회 편집위원과 학술위원을 보고 그

---

14) 고구려발해학회 회장은 편집위원회에서 "논문 양이 너무 많아서 게재 불가했다"라고 했다. 그러나 게재 불가 통지에는 그런 언급이 없었다. 설령 양이 많다고 하더라도 양을 줄이도록 하면 되지 그것이 게재불가 사유가 될 수는 없다.

이유를 알 수 있었다. 학회 임원, 편집위원, 학술위원에 동북아역사재단 소속 연인원이 무려 11명이나 포진하고 있었다. 따라서 고구려발해학회는 동북아역사재단의 노선과 달리 갈 수가 없게 되어 있다.

(가) 학회 임원

① 편집이사 : 박아림 (고구려연구재단, 동북아역사재단)

② 기획이사 : 권은주 (동북아역사재단)

(나) 학술위원회

③ 위원 : 김은국(고구려연구재단, 동북아역사재단)

④ 위원 : 김현숙(고구려연구재단, 동북아역사재단)

⑤ 위원 : 이성제(동북아역사재단)

⑥ 위원 : 임상선(고구려연구재단, 동북아역사재단)

(다) 편집위원회

⑦ 위원장 : 구난희(고구려연구재단)

⑧ 위원 : 박아림(고구려연구재단, 동북아역사재단)

⑨ 위원 : 김은국(고구려연구재단, 동북아역사재단)

⑩ 위원 : 윤재운(고구려연구재단)

⑪ 위원 : 이성제(동북아역사재단)[15]

결과적으로 고구려연구재단과 동북아역사재단에 재직 중이거나 전직·퇴직한 연구원이 고구려발해학회의 주요 요직을 차지하고 있었다. 이것은 무엇을 의미하는 것인가. 먼저 고구려연구재단과 동북아역사재단의 정체성을 보고 다시 이야기를 이어가려 한다.

---

15) 「사단법인 고구려발해학회 임원·학술자문위원」, 『高句麗渤海研究』(71), 2021. 11.

(2) 고구려연구재단과 동북아역사재단의 정체성

앞에서 고구려연구재단과 동북아역사재단이 동북공정이란 역사침탈에 대해 어떻게 대했고, 어떤 정체성을 가졌는지 아주 자세히 보았다.

이른바 '동북공정의 학술적 해결'이란 임무를 가지고 출발한 고구려연구재단은 2번의 한·중 학술대회 동안 단 한 편의 논문도 중화인민공화국의 역사침탈을 반박한 논문이 없었다. '고구리는 한나라 땅에서 일어났다?' 한 번도 논의되지 않았다. '고구리는 소수민족 지방정권이다?' 단 한 편의 논문도 이 문제를 제기하지 않았다. 심지어는 발표 논문 10편 가운데 중화인민공화국 학자들이 동북공정 논리로 작성한 논문이나 책을 단 한 편도 인용하지 않았다. 중화인민공화국에서 요구하기 전에 고구려연구재단에서 미리 '이런 논의는 하지 않겠다'라고 해서, 역사전쟁은 총 한 방 쏘아 보지 않고 끝나버린 것이다. 바로 '대국인 중화인민공화국의 심기를 건드리지 않고 눈치 보는 것'이 고구려연구재단의 정체성이었고, 국가 예산으로 운영되고 양쪽 외교 현안을 연구하는 단체가 순수 학술단체인 척한 것이 학풍이었다.

이처럼 국가의 시책에 부응하여 조용히 그리고 비밀로 역사전쟁을 진행하던 고구려연구재단은 2년 반 만에 동북아역사재단에 흡수합병되면서 사라져버렸다. 이 흡수합병이 교육부 대 외교부, 고대사 연구자 대 현대사(한일관계사) 연구자의 밥그릇 싸움이었다는 것은 앞에서 이미 자세히 보았다. 두 단체가 바뀌는 과정에서, 한국 고대사 3,000년을 빼앗기는 위급한 역사전쟁 5년에서 2년을 최전선을 비워놓은 채 2006년 동북공정이 끝난다. 사실은 끝나지 않고 2009년까지 연장되었지만 새로 생긴 동북아역사재단은 그 사실도 모르고 우왕좌왕 시간을 보냈다. 연장한 2007년과 2008년 두 번 한·중 학술회의를 했지만, 국지전에서 탱크 싸움 좀 하는 사이에 2009년 중화인민공화국은 승리를 자축한다. 결국 동북공정은 막아내지 못한 것이다.

그렇다면 동북아역사재단은 왜 역사전쟁에서 적을 막아내지 못했는가? 막아내려고 하지 않았기 때문이다. 그것은 2007년 9월 10일 자 경향신문에 실린 동북아역사재단 이사장 김용덕의 인터뷰를 보면 바로 알 수 있다.

동북아역사재단의 역할
역사를 오해한 국민들의 흥분을 막는 것

(2007.09.10 경향신문)

국민들의
피상적인
역사에 대한 오해 에 따른
흥분을 막는 게
우리의 역할이라고 봅니다.

"2005년은 한·중·일의 역사갈등이 극단으로 치달았던 때였습니다. 2006년에는 좀 잠잠해졌고, 2007년도 현재로서는 큰일이 없는 것 같습니다. 이럴 때일수록 조용하게 차근차근 일해나가는 것이 필요하고, 또 그렇게 해왔다고 생각합니다. …… 갈등의 문제에 대해 왜 좀더 뚜렷하게 부각시키지 않느냐고 하는데, 우리가 국제적인 공신력을 갖기 위해서는 신중해야 합니다."
(2007.09.10 경향신문)

중화인민공화국의 역사침탈을 막으라고 이사장 자리에 앉혔는데, 아군인 우리나라 국민의 무지한 역사이해와 흥분을 막는 것이 목적이라고 하였다. 이것은 적과 싸우라고 준 총을 국민에게 돌린 것과 같은 것이었다. 결과적으로 역사전쟁을 '학술적으로 해결'하기로 하였는데, 한국 쪽 임무를 맡은 동북아역사재단은 무엇을 하였는가? 중화인민공화국 외교부 홈페이지에 지운 '고구리'는 복원시켰는가? '동북공정은 중단하였는가?' 아무것도 바뀐 것 없이 동북공정은 무난히 2009년 성공적 완결을 선포한다. 동북아역사재단의 역할은 초대 이사장이 아주 명확하게 정의하였고, 그 뒤 충실하게 이행하였다.

한국의 학자들은 중화인민공화국이 이미 고구리·발해 역사를 자기 것으로 만들어 일반화를 마쳤다는 것을 알고도 모른 척하며 '아직도 동북공정은 끝나지 않았다', '포스트 동북공정', '동북공정식 역사 왜곡' 같은 여러 가지 표현을 써가며 정확한 결과를 발표하지 않는다. 아니, 모르고 있을 수도 있다. 이런 상황에서 고구려발해학회는 물론 17개 단체가 연합하여 동북공정을 규탄한 단체들도 모두 침묵하고 있다.

어떤 분이 '결국 동북아역사재단은 들러리만 섰다'라고 하였다. 그러나 들러리만 선 것이 아니라 그들의 '서로 의견이 맞는 것만 이야기하고, 의견이 틀린 것은 뒤로 미루고 이야기하지 말자(求同存異)'는 전술에 완전히 넘어가 결과적으로는 그들의 역사침탈을 인정해주는 역할을 하고 말았다. 결과적으로 동북공정의 성공을 적극적으로 도운 결과를 낳았다. 이것이 바로 동북아역사재단의 정체성이다.

위의 두 단체에 비해 고구리연구회[16]는 순수 민간 학술단체로서 중화인민공화국 눈치 보지 않고 중화인민공화국의 역사침탈을 학술적으로 비판하였고, 국가 눈치 보지 않고 동북공정의 전위부대라고 할 수 있는 만주의 학자들을 한국에 초청하여 그들의 논리를 마음껏 발표하도록 하여 학술적으로 소화하고 자료를 확보하였다. 적어도 2007년까지는 국가 예산으로 운행되는 기관과 고구리연구회는 그 성격과 정체성이 뚜렷하게 달랐다.

그런데 언제부터인가 고구려발해학회도 동북아역사재단과 노선이 비슷해지고 학풍도 옛날 고구려연구재단이나 동북아역사재단과 같아졌다. 이 점은 앞에서 임원, 연구위원, 편집위원 가운데 두 단체 출신이나 현직에 있는 연구원이 다수를 차지하고 있다는 것으로 증명된다.

지난 12월 글쓴이가 전국 고구리·발해 학자 대회에서 동북공정 보고를 한 뒤 고구려발해학회 회장이 "우리는 중국과 러시아와 앞으로 협력을 해야 하므로 앞에 나설 수 없다."라고 하였을 때도 속으로는 '아, 학자들이나 학술단체도 이미 중화인민공화국의 눈치를 보는구나!'하고 적잖이 놀랐지만, 고구리 연구의 장래를 위해 그런 것이라고 이해하려 하였다. 그러나 이번 논문 사태를 계기로 분석해 본 결과 단순한 '게재 불가' 문제가 아니고 '고구려발해학회의 정체성'과 앞으로 고구리·발해 연구를 이끌어갈 연구자들의 학문적 자세와 연구풍토에 근본 문제가 있다는 것을 알았다.

(3) 고구려발해학회 편집위원장의 정체성

(가) 고구려연구재단의 산파 편집위원장과 동북아역사재단 핵심연구원

글쓴이는 1994년 고구리연구회를 창립하여 2004년까지 기틀만 마련하고 회장직에서 물러났다. 그러나 국제학술대회 때문에 생긴 법인의 빚이 1억이나 되어 그 빚을 다 갚은 2007년까지 법인 이사장 직은 맡고 있다가 고구려발해학회가 되면서 한규철 교수에게 넘겼다. 그리고 3년간 입산한 뒤 내려와서도 2016년까지는 학회 활동에 전혀 참여하지 않았다. 그러다가 2017년부터 「통일 뒤

---

16) 글쓴이가 회장과 이사장을 한 2008년까지만 이야기하겠다.

Korea의 나라 이름과 「동북공정 백서」를 쓰기 위해 학회지에 논문을 투고하곤 하였지만, 그 운영에 관해서는 관심도 없었고 알 수도 없었다.

그런데 이번 논문 '게재 불가' 사태를 맞아 학회 임원진과 편집위원회를 분석해 보았다. 그리고 편집위원장과 편집위원 가운데 현재 동북아역사재단에 근무하는 위원을 보고 내 논문을 실을 수 없었던 까닭을 알 수 있었다.

먼저 구난희 편집위원장부터 보겠다.[17] 구난희는 1987년 서울대학교 역사교육과를 졸업하고 같은 해 서울 중등학교에서 교편을 잡는다. 10년 뒤인 1997년 2월 한국교원대학교에서 한국고대사로 석사학위를 받고 9월부터 교육부 전문직인 교육연구사로 들어간다. 그리고 교육부에 근무하면서 박사과정을 마치고 2003년 한국교원대학교에서 박사학위를 받는다.

① 1997년 9월~2003년 9월 : 교육인적자원부 교육연구사(관)
② 2003년 8월 : 한국교원대학교에서 박사학위(학위 논문 : 「국제이해 증진을 위한 발해·일본 교류사 학습연구」)
③ 2003년 9월~2005년 8월 : 고구려연구재단 연구원 (발해사, 역사교육)

그런데 KCI 이력에는 박사학위를 받은 즉시 2003년부터 2년간 고구려연구재단 연구원으로 근무하였다고 기록하였다. 고구려연구재단은 2004년 3월 1일 출범하고, 4월 24일에 1차 이사회를 열어 50억 6천만 원의 예산 책정을 의결한 뒤 5월 22일에는 연구직 17명을 뽑았다. 그리고 구난희가 동아시아 민족관계사 전공으로 연구원에 뽑힌다. 그러므로 이력 ③은 이렇게 고쳐야 한다.

③ 2004년 5월 22일~2005년 8월 : 고구려연구재단 연구원 (발해사, 역사교육)

아직 고구려연구재단이 생기지도 않고, 한 명의 연구원도 없는데 혼자 9개월을 연구원으로 있었다고 한 것은 말이 안 된다. 연구원 이력은 1년 2개월이 전부다. 그렇다면 왜 고구려연구재단 이력

---

17) 이하 내용은 KCI에 나온 인적 사항을 바탕으로 작성됨.

을 9개월이나 부풀렸을까? 그것은 훗날 교수 임용에 필요한 연구경력을 늘이기 위해서라고 봐야 한다. 그러므로 만일 정신문화연구원에 임용되었을 때 고구려연구재단 경력을 2년이라고 했다면 허위 기재가 된다.

2003년 9월부터 동북공정이 알려지기 시작하였다. 그러나 초기에는 교육부에서 한·일역사공동연구위원회 실무진들이 동북공정을 맡아서 대응하였고, 고구리연구회와 공동으로 12월 17일 학술발표회 : 「고구리=중화인민공화국사', 중화인민공화국의 논리는 무엇인가?」를 개최할 때까지 구난희는 보지 못하였다. 아마 아무리 빨라도 새로운 교육부장관이 부임한 12월 24일 이후일 것이다. 그렇다면 2004년부터는 고구려연구재단을 설립하는데 김정배를 비롯한 고대사연구자 팀과 고구려연구재단 설립을 위해 함께 뛰었다고 볼 수 있다. 그때는 모든 비용과 정책 방향을 교육부와 상의해야 하고, 심지어 연구원 모집광고도 교육부 이름으로 내보냈는데, 이 모든 것을 담당한 것이 구난희였다. 그러니까 자기가 낸 모집 광고에 따라 자신이 고구려연구재단 연구원으로 뽑히는 일이 벌어진 것이다.

전체적인 이력으로 볼 때 2004년 5월 22일 고구려연구재단 연구원에 스스로 뽑힌 것처럼 연구원 이력을 만들었지만 실제로는 대외협력실장으로 국제회의 같은 일을 맡아서 하지 연구할 틈도 없었다. 연구원으로 있는 동안 2004년에 「한일발해사의 연구성과와 향후 과제」(청람사학회, 『청람사학』, 국내일반학술지), 「소수민족 문제 차단 국가 안정 정책 : 중국의 고구려사 왜곡과 문제점」(국방홍보원 『국방저널』 기타) 같은 2편을 발표하였는데, 후자는 저널에 실은 간단한 글이고, 시방사학지 『청람사학』에 실린 논문은 내용을 검토하지 못하였지만 KCI급에 실릴 정도 수준이 못 되는 것은 확실하다.

연구원 신분처럼 기록하였지만, 교육부 소속이었을 가능성이 크다. 왜냐하면 고구려연구재단이 설립된 지 1년 뒤 청와대에 바른역사기획단을 세워 동북아역사재단 설립을 추진하는 9월이면 이미 고구려연구재단 흡수합병 문제가 대두된다. 그러자 구난희는 바로 교육부에 복귀하여 이전의 교육연구관 신분이 된다. 만일 교육부에 사표를 내고 고구려연구재단 연구원으로 활동했다면 1년 만에 바로 다시 교육부 제자리로 갈 수 없고, 고구려연구재단에 사표를 내고 다시 교육부에 들어가야 한다. 그러므로 고구려연구재단 연구원 2년은 만들어낸 이력이라고 볼 수 있고, 그 가운데 9개월은 허위 이력이라고 볼 수 있다.

④　2005년 9월~2008년 2월 : 교육인적자원부 교육연구관(역사교육과정, 역사교과서)

⑤　2008년 3월~2009년 2월 : 덕수중학교 교감

　2년 반 동안 교육인적자원부에서 근무하다 2008년 덕수중학교 교감으로 나간다. 그런데 이때 삶의 전환기를 맞을 구세주가 나타났으니 바로 고구려연구재단을 함께 설립해 1년 반 동안 고구려연구재단을 끌어가던 김정배가 정신문화연구원 원장(2008년 4월 21일~2011년 4월 20일)으로 부임한 것이다. 그리고 2009년 3월 정신문화연구원 교수가 된다. 김정배가 원장으로 있으면서 옛날 고구려연구재단에 일하던 두 사람과 학과도 없는 심리학 전공자를 교수로 임용하는 과정에서 많은 잡음이 있었다고 한다. 하나 분명한 것은 김정배가 없었으면 구난희는 교수가 될 생각도 안 했고, 교수가 될 수도 없었다고 볼 수 있다.

(나) 교육부와 고구려연구재단 : 고구리연구회는 시민단체

　앞에서 고구려연구재단이 고구리연구회를 어떻게 대했는지는 자세히 보았다. 고구리연구회에는 일체 예산지원을 하지 않았고,[18] 고구리연구회 행사 때 고구려연구재단 이사장의 축사를 요청하였으나 한 번도 응하지 않았으며, 2,000개 단체 가운데 하나라고 의도적으로 무시하였다. 경쟁상대로 본 것이다. 그 가운데 교육부에서 파견된 구난희는 당시 대외협력실장과 직접 관련되는 사건 하나만 더 소개한다.

　고구려연구재단 안내 책자 이사회 명단(29쪽)을 보면 서길수는 '고구리연구회 회장 시민단체 대표'라고 되어있다. 재단이 창립된 지 반년이 지나 새로운 안내 책자에도 똑같은 잘못을 반복해 정식으로 공문을 보내 해명을 부탁했다. 답은 이렇다.

---

[18]　2006년 성과분석표에는 고구리연구회 지원이라는 내용이 한 곳 있는데 이것은 잘못된 것이다. 2004년 '고구리 정체성'에 관한 학술대회를 할 때 예산의 많은 곡절을 겪은 뒤 10분의 1만 제시해 반대하였다. 당시 행정실장은 이미 예산이 나와 은행에 예치했으나 고구리연구회는 받지 않았다. 조금 주고 지원한 것 같이 하려는 의도를 알기 때문이다.

"재단 이사진 구성은 재단설립 이전 설립 준비 단계에서 이루어진 것입니다. 따라서 이사님의 재

단 이사진 참여 분야를 시민단체로 정한 것은 우리 재단의 의사가 아니며, 교육인적자원부에서 정

한 것으로 알고 있음을 알려드립니다."

자기들의 잘못이 아니라는 것이다. 아무리 그렇다고 하더라도 처음 보는 사람도 아니고 뻔히 아

는 사실을 아무렇지 않게 잘못 기재할 수 있는가? 하는 생각이 들어 다시 교육부에 질의를 하였다.

'(사)고구리연구회는 학진에 등록된 정식 학회이고, 학술지인 『고구려연구』도 17집이나 나와 학

술지의 등재후보지입니다. 그런데 그런 (사)고구리연구회가 어떻게 시민단체가 되었는지요? 참고로

서길수 회장은 어떤 시민단체에도 참여하고 있지 않습니다.'

교육인적자원부의 대답은 착오가 아니라 "착오를 한 것 같다."였고, "정정하겠다."가 아니라 "정

정될 수 있도록 하겠습니다." 같은 매우 모호한 대답을 하였다.

'귀 회에서 제기한 고구려연구재단 안내 책자 내용 건은, 고구려연구재단 설립 당시 각계의 대표

로 이사진을 구성하고 이사진의 대표 분야를 참고로 표기하는 과정에서 착오가 있었던 것으로 보이

며, 문제가 있는 부분은 고구려연구재단과 협의하여 조속히 정정될 수 있도록 하겠습니다.'

교육부에서 고구려연구재단 설립을 준비하고 이사진을 구성하며 모든 일을 맡아서 한 당사자가

구난희였고, 이 문제가 생겼을 때도 고구려연구재단에 파견 나온 교육부 직원이었다. 그러므로 고

구려연구재단에서도 확인할 때 구난희가 대답했을 것이고, 교육부 쪽 공문도 대답할 수 있는 사람

은 구난희 밖에 없었다.

그밖에 고구려연구재단이 고구리연구회를 어떻게 취급했는지 앞에서 잘 보았고, 그때 고구려연

구재단에서 가장 중요한 업무를 맡은 세 명의 실장 가운데 가장 강력한 힘을 가진 대외협력실장이

바로 구난희다.

결국 구난희는 자기가 시민단체라고 깎아내린 고구려발해학회에서 편집위원장까지 맡았고, 이번

글쓴이의 논문 사건도 총책임자였다. 이전 교육부와 고구려연구재단의 사대주의 어용 태도가 고구려발해학회 심층부를 차지한 것이다. 더구나 고구려연구재단의 동북공정 대응이 실패하였다는 본 논문은 편집위원장의 정체성 자체를 흔드는 일이므로 받아들일 수 없었을 것이다.

(다) 한국학중앙연구원 교수 취임과 그 이후의 혼란상

김정배 이사장의 자기 사람 심기는 그 뒤로도 계속되고, 구난희와의 합작도 이어진다. 구난희가 3월 1일 자로 교수 활동을 시작한 2009년 구난희와 함께 이른바 김정배 사단으로 응모하였다 떨어진 학자를 김정배가 다시 채용하는 과정에서 발생한 문제가 신문에 보도되었다.

> (서울=연합뉴스) 김태식 기자 : 한국학중앙연구원(원장 김정배. 이하 한중연)이 최근 공고한 한국고고학(중국고고학 포함) 신임 교수직 선발 과정에 의혹이 일고 있다.
>
> 20일 복수의 한중연 관계자들에 의하면, 모두 3명이 응시한 고고학 전공 신임교수 선발 1차 서류심사에서 3등으로 탈락한 A응모자가 김정배 원장이 요청한 지난주 재심에서는 1등이 되어 고고학 전공 후보자로 단독 추천됐다. … 단독 추천자 A씨는 김 원장이 고구려연구재단 이사장 재직 시절 재단 직원으로 근무한 경력이 있는 등 김 원장의 측근으로 알려져 있다.
>
> 하지만 1차 심사결과를 뒤집은 2차 심사위원단 5명 중에는 김 원장의 친구와 고려대 제자, 그리고 김 원장이 고구려연구재단 이사장 재직 시절 그 직원으로 있다가 최근 한중연에 임용된 신임 교수 등이 포함된 것으로 밝혀졌다.
>
> 한중연 한 내부 인사는 "이는 누가 봐도 김 원장이 자기 사람을 심기 위해 심사위원까지 자기 사람으로 구성한 것이며, 실제 재심 결과도 그렇게 됐다"고 비판하였다.[19]

김정배 원장이 1차 심사위원들이 뽑은 결과를 뒤엎고, 2차 심사위원을 뽑아 재심하는 중차대한 재심 위원에 친구와 고대 출신을 넣은 것은 확인할 길이 없지만 여기서 '고구려연구재단 직원이었다가 최근 교수로 임명된 교수'는 바로 구난희다. 채용된 지 두 달밖에 안 된 신임 교수가 신문에 날만큼 크게 문제가 된 교수임용 재심위원이 된다는 것 자체가 객관적으로 말이 안 되는 일이지

---

19) 「연합뉴스」 2009.05.20. 〈석연찮은 한중연 고고학 교수임용 절차 - 1차 심사 탈락자 재심 끝에 단독추천〉

만, 고고학 전공도 아닌 사람이 고고학을 뽑는 재심위원이 된다는 것도 정상적인 것이 아니다. 본인으로서도 나서서는 안 되는 일이었다. 그러나 이른바 김정배식 배를 타고 고구려연구재단에서 한·중 학술회의를 목적과 전혀 다르게 이끌어간 쌍두마차로서 이런 정도의 비난이나 논리적 하자는 아무것도 아니고 눈 하나 깜짝하지 않고 해낼 수 있는 무적의 팀이었다.

일이 이렇게 진행되자 교수협의회가 재심위원 선정과정에 대한 해명을 촉구한 사실과 1심에서 1위로 추천되었다가 탈락한 후보자의 인터뷰가 보도되었다.

> 1심에서 1위로 추천됐다가 재심에서 완전 탈락한 B씨는 "내 전공인 요서지역 청동기시대라든가 그 이전 신석기시대가 언제부터 '중국고고학'이 되었느냐"고 반문하면서 "요서지역 선사시대가 중국사의 영역이 아니라는 점은 다른 누가 아니라 김 원장이 고구려연구재단 이사장 재직 시절 동북공정을 비판하면서 누누이 강조하던 사항"이라고 비판하였다.[20]

5월 27일 김 원장은 교수협의회가 제기한 '공개 질의'에 대한 답변서에서 "임용세칙에 의하면 전공 심사위원장은 단계별 심사 결과를 원장에게 서면 보고하며 원장은 이견이 있을 경우 별도 심사위원회 구성을 통한 재심을 할 수 있다."라고 하면서 원장의 이견 사유를 이렇게 이야기하였다.

> 동북공정에 대비하자는 취지에서 한국고고학을 전공하고 중국고고학에 대한 이해를 겸비한 전공자를 교수로 채용하기 위해 '한국고고학(중국고고학 포함)'으로 공고했지만 "2월 23일 1차 심사 결과 연구원 의도와는 전혀 다른 '중국고고학' 전공자가 다음 심사 단계인 공개발표 대상자로 선정"되었기에 재심을 요청하였다.[21]

수많은 고대사 연구자들을 이끌고 고구려연구재단을 만들어 동북공정에 대응하다가 완전히 실패한 김정배 사단이 다시 패잔병을 이끌고 한국학중앙연구원으로 내려앉아 또 동북공정을 팔아먹

---

20) 「연합뉴스」 2009. 05. 20. 〈한중연 교수협, 교수채용 의혹 긴급회의 - 김정배 원장에 '재심 사유' 질의〉
21) 「연합뉴스」 2009. 05. 20. 〈한중연 원장 "교수 채용 과정은 공정" - 재심 탈락자 "재심 이유 납득 못해"〉

고 있다. 이런 어용학자의 인사 때문에 한중연의 기존 질서와 연구 분위기는 초토화가 되었다. 김정배가 한중연을 동북공정을 대비하는 조직으로 만들겠다는 이야기는 정말 웃을 수밖에 없다. 앞에서 잠깐 보았지만, 고구려연구재단을 설립할 때 이미 한중연에서 동북공정에 대응하기 위해 세웠던 '한국학중앙연구원 동북아고대사연구소(소장 신종원)'를 완전히 무력화시킨 장본인이란 점에서 전후사정을 아는 사람에게는 헛웃음이 나올 수밖에 없다.

이 문제는 결국 법적인 문제로 비화하여 김정배 이사장의 재량권 남용이라는 법원 판단이 나왔다.

> 수원지법 민사5부(재판장 구회근 부장판사)는 교수선발과정에서 탈락한 A씨가 한중연을 상대로 낸 교수선임 효력정지 가처분 신청을 받아들여 교수선임 결정 무효확인 소송의 판결 확정 때까지 A씨를 후보자에서 제외해서는 안 된다고 결정하였다고 14일 밝혔다.
>
> 재판부는 결정문에서 "김 원장이 1차 전공심사위원회의 심사 결과에 대해 '중국고고학 전공자를 선임하였고 채점의 공정성에 문제가 있다'며 재심의를 요청하였지만, 연구원이 채용공고를 하면서 '중국고고학 포함'이라고 명시했고 연구원 스스로 채점과정의 공정성이 훼손된 점을 밝히지 못하고 있다"고 밝혔다.
>
> 재판부는 이어 "전공심사위원회의 1차 심사 결과와 재심의 요청으로 구성된 2차 위원회의 심사 결과가 현저하게 다르게 나왔고 이에 대해 합리적인 설명을 못하는 점을 종합하면 김 원장의 재심요청 행위는 타당성을 잃어 재량권을 일탈·남용했다 할 것이므로 그 효력을 인정할 수 없다"고 판단하였다.[22]

김정배의 인사 난맥상은 그 뒤로도 계속 이어진다. 다음 해 3월 연합뉴스는 「한국학중앙연구원 교수 채용 또 논란」이란 보도를 통해 신임 교수채용 문제를 또 보도하였다.

> 한중연 박홍기 교수는 2일 한중연 홈페이지 게시판(http://www.aks.ac.kr/aks/BBS)에 올린 '한국경제사 신임교수 초빙과 관련하여'라는 글을 통해 지난 1일 자로 최종 임용자로 발령난 경제사 신

---

22) 「연합뉴스」 2009.08.14. 〈"한중연 교수임용 효력 없다"(성남지원)〉

임 교수 채용에 의혹이 있다고 주장하면서, 그 배후로 김정배 원장과 이서행 부위원장을 지목하였다. ……그러면서 박 교수는 신임교수 심사위원들의 채점 결과를 공개하고, 나아가 그 자신은 "1등과 2등을 89점 차이로 벌려 놓았는데도 그것을 뒤집"고 2등을 채용하게 한 사람과 공개토론을 하게 해 달라고 요구하기도 했지만 김 원장이 묵살하였다고 주장하였다.

……경제사 전공분만 아니라 같이 채용공고를 낸 불교미술사 교수 채용 과정 또한 논란에 휘말렸다. 이 분야에 모두 3명이 지원했지만, 심사위원회가 "대상자 없음"으로 판정하는 바람에 채용이 무산되었다. ……한중연과 미술사학계 주변에서는 지원자 중 특정인이 내정됐다는 소문이 돌고 있지만, 한중연 측에서는 "그런 일은 있을 수 없다"고 부인하고 있다.[23]

그렇다면 과연 김정배와 구난희는 동북공정을 막는데 무슨 성과를 냈는가? 한국학계에서는 이미 2007년 동북공정이 끝났다고 보았는데 성과 이전에 무슨 전략이나 노력이 있었겠는가? 더구나 이런 작태를 벌이고 있는 2009년은 중화인민공화국에서 동북공정이 성공적으로 완료되었다는 것을 선포한 해이다. 이런 사실도 모르는 김정배·구난희 사단이 무슨 대비를 하였겠는가? 대비라는 것은 미리 막는 것인데 동북공정이 끝난 2009년에 자기 개인의 사욕을 채우기 위해 동북공정을 써먹고 있었다는 점에서 분노마저 느낀다.

김정배가 원장으로 부임하기 이전 한중연 한국사학과에 고대사 전공자 정원은 1명으로 강인구에 이어 2003년부터 신종원이 뒤를 이었다. 그러므로 한국고대사를 새로 뽑을 이유가 없었다. 그러므로 김정배는 해외 교과서를 검토할 '역사교육' 전공자가 필요하다는 구실로 새로운 채용 공고를 낸 것이다. 앞에서 보았지만 구난희는 한국교원대학에서 역사교육으로 학위를 받았으므로 표적 채용이라는 것을 알 수 있다. 한중연은 사범대학이나 교육대학원이 있는 교육·연구기관이 아니므로 역사교육 전공자가 결국 한국사학과에 소속되었다. 동북공정을 대비한다는 목적으로 표적 채용한 고고학 전공자도 결국은 한국사학과에 소속되어 고대사 전공자가 3명으로 늘어버렸다.

이러한 기형적인 한국고대사 전공자 구성 때문에 교수와 학생들 사이에 엄청난 혼란을 일으켰다고 한다.

---

23) 「연합뉴스」 2010. 03. 02. 〈한국학중앙연구원 교수 채용 또 논란〉

이처럼 한중연을 장악했던 김정배는 2011년까지 원장으로 있으면서 구난희가 한국학중앙연구원에서 자리를 잡도록 많이 도왔다. 그 뒤 김정배가 국사편찬위원회 위원장이 되어 2015년 국정교과서 집필에 앞장서자 전국의 교수들이 일어나 반대하였다. 이때 한국학중앙연구원에서 가장 먼저 국정교과서 문제를 들고 일어나 반대 성명을 주도하였던 사람이 구난희였다고 한다. 자기를 심어준 전 원장에 대해서 소신을 가지고 자기주장을 할 수 있지만,[24] 자신을 그 자리에 있게 한 사람을 반대하는 데 가장 앞장서서 다른 학자들을 설득하고 다니는 것을 보고 많은 사람이 섬뜩함을 느꼈다고 한다.

구난희로서는 채용 때 전공이었던 역사교육과 학과에서 필요한 고대사(발해사) 두 가지 연구를 계속해야 할 입장이다. 2009년 이후 확인 가능한 구난희의 논문은 모두 25편으로 그 가운데 14편이 발해와 관련된 논문이고 11편이 역사교육에 관한 논문이다. 발해 관련 논문 14편 가운데 역사교육학회, 한국사회교과교육학회, 한일관계사학회 등에 투고한 논문들은 역사교육이나 한일관계사에 가깝고, 전문적으로 발해사를 다룬 논문은 10편 안팎인데 그 가운데 7편을 『고구려발해연구』에 실었다. 구난희가 『고구려발해연구』를 장악해야 할 이유다. 이런 면에서 2021년 12월 발행한 『고구려발해연구』 71집에서 자기 논문을 싣고 서길수 논문을 탈락시킨 것은 탈락률을 높이기 위한 단순한 목적일 수도 있다.

고구려발해학회가 이처럼 자신의 영달을 위해서는 무자비하게 주변을 황폐화시키고 세력을 장악하는데 수단과 방법을 가리지 않는 세력에 휘말려 들어갔다는 것은 고구려발해학회의 정체성을 위해서 참으로 불행한 일이다. 글쓴이는 논문이 통과되거나 안 되거나 개인적인 피해는 없지만, 만일 진급이나 재임용을 앞둔 학자가 갑자기 이렇게 게재가 불가되었을 때 어떻게 되겠는가? 글쓴이의 논문이 게재 불가가 된 『고구려발해연구』 71호를 보면 논문 7편 가운데 바로 편집위원장인 본인의 논문이 실리고, 현재 동북아역사재단 수석연구위원, 전 고구려연구재단 연구원, 특별논문도 동북아역사재단 전 연구원 등이 논문집을 독점하고 있다.

---

24) 김정배의 제자이며 고구려연구재단의 사무총장이었던 최광식도 반대하였다.

高句麗渤海研究 第71輯

목 차

『고구려발해연구』71 저자들은 대부분 역대 임원진

(4) 동북아역사재단 연구원의 학술적 자세 "고구리연구회 논문은 인용하지 말자."

2006년 8월 말, 고구려연구재단이 사라지고 동북아역사재단이 들어섰지만, 동북아역사재단과 고구리연구회의 관계는 변하지 않았다. 고구려연구재단의 연구원들이 모두 동북아역사재단으로 흡수되어 제2연구실에서 같은 일을 하고 있었기 때문이다. 그래서 동북아역사재단에는 아예 기대하지도 않고 연구비 신청도 하지 않았다. 그런데 2007년 동북아역사재단 기획실장이 직접 찾아와서 "될 수 있으면 많이 신청해라, 그러면 선별해서 적극적으로 지원하겠다"라고 하였다. 그래서 3년 연구계획을 크게 세워 제출했지만, 연구계획만 빼가고 한 푼도 지원해 주지 않았다. 이런 악연 문제는 앞에서 이미 자세히 보았다.

그런데 어느 날 믿을 수 없는 이야기를 들었다. 동북아역사재단 연구원들 모임에서 이성제가 "앞으로 연구하면서 고구리연구회 논문은 인용하지 말자"라고 하였다는 것이다. 본인은 가볍게 이야기하고 잊어버렸는지 모르지만, 글쓴이는 이 이야기를 듣고 아무리 어용 기관에서 근무한다지만 어떻게 학자가 이런 자세로 학문을 하는지 기가 막혀 지금도 또렷이 기억한다. 이성제는 2000년 여름 대학원생 때 이미 마포구 동교동 호평빌딩 3층 고구리연구회 사무실을 찾아와 인연을 맺었고, 2003년 서강대에서 박사학위를 받은 뒤 2004년 6월 29일 고구리연구회가 주최한 제10회 고구리 국제학술대회 「고구리의 정체성」에서 「북한의 연구사를 통해서 본 고구려 정체성」이란 논문까지 발표하였다. 그리고 2004년 11월 고구려연구재단에 들어간 뒤부터 이렇게 자기가 활동했던 고구리연구회를 등지고 저버렸다. 그 후 사단법인 고구리연구회가 고구려발해학회로 바뀐 뒤 지금까지 고구려발해학회에서 중추적인 역할을 하고 있다. 이것을 어떻게 해석해야 좋을지 모르겠다.

그 뒤 다시 그의 학문적 자세를 가늠해 볼 수 있는 사건이 있었다.

2019년 한국 대통령이 우즈베키스탄을 방문하여 고구리 사신 벽화가 있는 아프라시압 현장에서 두 나라의 정상이 역사적 교류를 강조하기 위해 협력 조인을 하게 되었다. 바로 직전인 4월 17일, 동북아역사재단·사마르칸드시 역사박물관이 주최하는 "2019년 한국·우즈베키스탄 국제학술회의 - 아프라시압 궁전벽화와 한국·우즈베키스탄의 교류 -"라는 학술회의가 열렸다. 1300년이 넘는 옛날부터 두 나라는 서로 교류하였다는 역사적 사실을 학술적으로 조명하여 대통령의 역사 외교를 더욱 빛내고 두 나라의 교류를 학문적 뒷받침하기 위한 것이었다.

이 학술대회는 모든 비용을 한국에서 지원한 행사로, 한국 측 동북아역사재단 김도형 이사장은 아프라시압 벽화에 나타난 고대 한국인의 의의에 대해 이렇게 이야기하였다.

이번 학술회의는 아프로시압 궁전 벽화 속에 담긴 양국의 교류사적 의미를 조명해 보려는 것이다. 그동안 진행된 작업의 결과를 소개하고 향후 역사문화 분야에서 상호협력할 수 있는 공동의 관

심사를 논의하는 자리가 되었으면 합니다.[25]

국제학술대회 참가단 기념촬영 (아프라시압박물관 제공)

양국 대통령부터 동북아역사재단 이사장과 현지 박물관 관장까지 고대부터 두 나라의 교류가 있었던 것을 강조하고 있었는데, 학술발표에서는 두 나라의 프로젝트 정신과는 완전히 반대되는 연구성과가 발표되고 있었다. 한국의 고대 고구리 사신은 사마르칸드에 간 적이 없고, 갈 수도 없으므로 직접적인 교류가 없었다고 주장하고 나선 것이다. 이런 주장은 그동안 두 나라의 교류를 전제로 한국에서 우즈베키스탄에 투자한 프로젝트와 대통령의 역사문화 외교를 완전히 뒤엎는 것이었다.

이처럼 양국 교류를 학술적으로 부정하고 나온 한국 학자가 바로 이 학술대회를 주최한 동북아역사재단의 고중세연구소장 이성제였다. 이성제의 주장은 고구리 사신이 직접 간 것이 아니라 그림본(模本)을 보고 베낀 것이고, 그 그림본은 돌궐에서 왔다고 보았다. 이런 논리는 1998년 일본의 가게야마 에쯔꼬(影山悅子)가 문제를 제기한 것으로, 그동안 국내외 학계에서 거의 논의가 없었는데 이성제와 함께 간 정호섭이 가게야마의 주장을 뒷받침한 것이다. 어떤 논리든지 학문적인 논의를 통

---

25) 「사마르칸트 아프라시압 궁전벽화의 고대 한국인」, 동북아역사재단·사마르칸드시 역사박물관 주최 『2019년 한국·우즈베키스탄 국제학술회의 - 아프라시압 궁전벽화와 한국·우즈베키스탄의 교류 -』, 2019. 4. 17, 9쪽.

해서 검증해 가야 하지만 아직 국내 학계에서 제대로 논의된 적이 없는 생소한 주장이 두 나라 교류를 촉진하기 위해 열린 학술대회에서 발표된 것은 결과적으로 역사적 사실을 바탕으로 문화교류를 해오던 양국의 정부와 학계에는 큰 충격을 주었다고 본다.[26] 더구나 교류를 강조하기 위해 대통령이 직접 방문하기 전날 이루어졌다는 점에서 대통령의 역사 외교에서 일어난 큰 참사였다고 아니할 수 없다.

이처럼 교류가 없었다고 주장한 3일 뒤, 그 사실을 모르는 문재인 대통령이 그곳을 방문하였다.

2019년 4월 20일 한국의 문재인 대통령이 아프라시압 박물관을 방문하였다. 이날 방문에는 부인 김정숙 여사와 샤브카트 미르지요예프 우즈베키스탄 대통령 내외도 동행하였다.

문 대통령은 "(사신이) 쓴 관에 새 깃털이 있는데 이것이 고구려의 특징이라는 것을 <u>중국 전문가가 확인했고</u>,[27] 차고 있는 칼도 고구리 것이어서 고구리 사신이 이 시기에 사마르칸트에 왔다는 것을 알 수 있다"고 했다. 이어 "그만큼 양국 교류의 역사가 깊다는 것을 알 수 있다"고 강조했다. 문 대통령은 2017년 11월 미르지요예프 대통령의 국빈 방한 당시 국립중앙박물관에서 벽화의 사본을 본 것을 언급하며 "실물로 보게 돼 감회가 새롭다"고 소감을 밝혔다.

곧이어 벽화 앞에서 양 정상 내외가 지켜보는 가운데 '한·우즈베크 문화유산 교류협력 양해각서 체결식'이 진행되었다. 정재숙 문화재청장과 벡조드 율다셰프 우즈베키스탄 과학 아카데미 장관이 체결한 양해각서에는 한국 정부가 아프라시압 박물관 관람환경 개선 사업 등을 지원하는 내용이 담겼다.[28]

---

26) 이성제는 발표논문을 『동북아역사논총』에 실었고, 글쓴이는 이에 관한 반론을 발표하였다. 이성제, 「650년대 전반기 투르크계 북방세력의 동향과 고구려 - 고구려 사절이 아프라시압 궁정 벽화에 그려진 배경에 대한 검토」, 『東北亞歷史論叢』65, 2019, ① 서길수, 「아프라시압 高句麗 사절에 대한 새 논란 검토 - 高句麗 사신 사행(使行) 부정론에 대한 비판적 고찰(I)」 고구려발해학회 『고구려발해연구』66, 2020. 4; ② 서길수, 「아프라시압 高句麗 사절에 대한 새 논란 검토 - 高句麗 사신 사행(使行) 부정론에 대한 비판적 고찰(II)」 동북아역사재단 『동북아역사논총』68, 2020. 6.

27) 이 부분은 기자가 자료를 잘못 본 것으로 보인다. 1975년 직접 발굴한 알바움이 쓴 『아프라시압 벽화』에서 이미 고구리 벽화와 비교하여 깃털관이 고구리 사람이라는 것을 확정하였다. 중화인민공화국의 학자보다 러시아·일본·한국 학자들이 먼저 연구하여 꽤 많은 성과를 냈다. 다만 '고구리 사람들은 닭신을 숭배해 닭의 깃털을 고깔에 꽂고 다닌다"고 기록한 것은 당나라 의정(義淨)이 쓴 『대당서역구법고승전(大唐西域求法高僧傳)』에 나온다.

28) 「연합뉴스」 2019. 04. 20. 기사.

| 두 나라 정상 부부의 기념촬영 (연합뉴스) | 교류협력 양해각서 교환 (연합뉴스) |

고구리연구회를 창립하였던 사람으로 이런 글을 쓰는 마음이 참담함을 금할 수 없다. 이처럼 어용학자 노릇이나 반국가적 논리를 펴는 학자들이 역사와 전통을 자랑하는 고구려발해학회 회원들의 논문게재를 좌지우지한다는 것은 그대로 방치할 수 없는 일이다.

고구려발해연구회 이사회에서는 이 문제를 신중하게 논의하여 자신의 영달을 위해 위원장 자신의 논문은 신고, 꼭 실어야 할 논문은 신지 않은 인물은 학회에서 퇴출시켜야 하고, 앞으로 국가기관이나 출연기관에 재직하거나, 국가기관이나 출연기관 출신은 학회의 요직을 맡지 못하도록 하는 정관개정이 필요하다고 본다.

II. 세계평화를 위해서 - 패권주의 역사침탈을 막는 길

1. 2004년 외신의 예언 : 고구리사도 대만처럼 – 중화인민공화국의 고구리사 왜곡
   과 같은 사례는 이전에도 있었다. 그 대표적인 예가 대만이다.

1) 고구리도 대만 같이 된다. 간도 카드 활용하라

(1) 중국공산당은 1943년 이전 대만을 자기 나라로 보지 않았다.

2004년 Asia Tomorrow 지가 2003년 10월호에 미국학자의 발표문을 인용하여 '치나와 한국인
이 지도에서 승강이를 벌인다(China puts Korean spat on the map)'라는 특집을 실었다.[29]

이 기사는 "많은 사람이 최근 중화인민공화국의 고구리사 왜곡 시도가 치나의 중화사상을 떠받
드는 일부 외골수 중화인민공화국 연구가들의 그릇된 열정일 뿐이라고 믿는다. 얼핏 그럴듯한 설명
이긴 하나, 중국공산당(CCP)이 과거 중화인민공화국 영토와 국경선에 관한 견해를 필요에 따라 수
시로 바꾼 전례에 비추어 볼 때 이 또한 억지 주장일 가능성이 크다."라는 매우 놀라운 분석을 내어
놓았다. 그리고 "과거 대만 영토를 자기네 영토라고 우겼고, 이제는 고구리를 자기네 영토라고 우기

---

29) "China puts Korean spat on the map", Asia Tomorrow, October 2004, pp. 16~20.

는 억지 행태를 보인다."라고 해서 고구리를 대만과 비교한 것은 아주 돋보이는 보기를 든 것으로, "과거 대만은 중국 자신이 중국의 영토라고 보지 않았다."는 주장은 미국 보스턴에 있는 Tufts대학의 Alan M. Watchman 이라는 역사학자의 논문을 인용한 것이다.

다음 요약문은 글쓴이가 2006년 보도자료를 내면서 간추린 것이다. 그때만 해도 "고구리사가 대만처럼 될 것이다."라는 '우려'였지만, 15년이 지난 지금은 거의 현실이 되었다는 측면에서 이 기사를 다시 음미해 볼 필요가 있다.

■ 워치맨 교수의 주장은 이렇다.

① 1921~1942년 20년간 중국공산당이나 장개석 국민당 모두 치나 한족 세계 밖에 존재하였다. 중화인민공화국이 대만을 중화인민공화국의 영토라고 주장한 것은 그보다 훨씬 뒤 정치적인 필요에 따라 튀어나온 것이다.

② Watchman 교수는 1935년 발표된 중국공산당의 「현 정치 상황 및 당의 임무에 관한 중앙위원회 결의문」에서 "한국, 대만, 일본 내부, 그리고 모든 반일제 세력의 노동자·농민들과 확고한 동맹을 형성한다."라는 내용을 들어 대만은 한국과 함께 동맹의 대상이었고 다른 민족이 거주하는 지역으로 여겼던 것이라고 주장한다.

③ Watchaman 교수는 또 논문에서 "몽골이나 러시아의 극동지방이 항상 치나의 일부로 묘사될 때도 대만은 언제나 치나의 일부가 아니었다."라고 주장하고, "중국은 1943년 카이로회담 이후 갑자기 대만이 자국 영토라고 주장하게 되었다"라고 주장하였다.

(2) 간도 카드를 활용하라

이 잡지는 이러한 Watchaman 교수의 주장을 바탕으로 몇 가지 중요한 시사점을 던진다.

① 고구리 역사도 대만과 같이 될 것이다. 대만이 중국 영토라고 주장하기 시작할 때 모두 가볍게 생각했지만, 어느 사이 온 세계가 그것을 인정하고 있다. 앞으로 고구리 역사문제는 바로 북한지역의 독립성 문제에서 같은 사례가 될 가능성이 크다는 것이다.

"중국이 대만에 대해 취했던 이러한 전례를 고려해 볼 때, 오늘날의 북한지역 대부분과 만주지방까지 포함하는 지역을 영토로 삼아 1400년간의 역사를 자랑하는 고구리 왕국을 포함시키려고 역사를 왜곡시키려는 중국공산당의 최근 행태는 일편 흥미로우면서도 다른 한편으로는 매우 염려스럽게 생각된다."

"중국공산당이 과거 오랫동안 대만을 독립된 지역으로 취급하였다가 (물론, 오늘날 중국은 이를 부인한다) 갑자기 태도를 바꿔 자국의 영토라고 주장하는 것이 국제적으로 아무런 도전이나 해명 요구를 받지 않고 당연스럽게 받아들여지고 있다는 사실은 향후 북한지역의 독립성에 좋지 못한 징조일 수 있다."

"현재 중국이 국경선을 수정하고는 있지 않으나, 조심스럽게 고대 고구리 왕국 지역에 대한 보다 넓은 역사적(영토소유) 주장 기반을 구축하고 있다. 만약 북한지역 내 소요가 일어난다거나 불안정해진다거나 또는 북한 정권이 무너진다면 중국은 1961년 북한과의 우호협력조약에 근거해 북한지역으로 들어갈 것이다. 그들이 군대를 주둔시키지 않는다면 친중 정권을 평양에 세우고자 할 것이다. 북한지역 전부는 전략적으로 중요하고 또한 일본과도 매우 가깝다."

② 결국 간도 문제가 관건이다.

"그러나 더 중요한 중화인민공화국의 숨겨진 의도는 통일된 한국이 중화인민공화국 땅의 42,000km²에 해당하는 간도지방에 대한 소유권 주장을 하지 못하도록 미리 선수를 치려는 것일 수 있다."

"한국 정부가 간도 지방을 공식적으로 언급한 것은 현명한 행동이다."

③ 끝으로 이 잡지는 한국에서 간도 카드를 적극적으로 활용할 것을 권고한다.

"현재 고대 고구리 왕국 영토에 대한 중화인민공화국 매체들의 관심은 매우 빠른 속도로 고조되고 있다. 이러한 상황에서 한국이 간도 및 고구리 문제를 계속 거론하는 것은 매우 필요하다. 한국은 북한의 협상전략을 참조하여 간도 문제를 중화인민공화국과의 협상테이블에 올려놓아야 한다. 간도 문제는 중화인민공화국이 고구리사 왜곡을 포기하도록 설득하는데 적절한 협상 도구로 활용될 수 있을 것이다. 연세대학교 김우준 교수가 제시하였던 간도지역이 한국의 영토임을 증명하는 18세기 지도가 매우 유용하게 활용될 수 있을 것이다.

좋은 전략 중의 하나는 한국이 고구리와 간도 지역에 대한 영토 소유권을 동시에 주장하는 것이다. 세계 11위의 경제국 위상을 이용해 한국은 북방 경계선 재설정을 주장하며 고단수 역사 프로젝트를 착수하는 것이다. 이 시나리오에 따르면 한국이 간도 지역의 소유권 주장을 마지막에 가서 포기하는 대가로 중국 측으로부터 고구리사를 한국 역사의 일부로 존중한다는 맹세를 받아내는 것인데, 이것은 한국과 중국 모두 자존심을 지키면서 서로 중요한 지역을 보존했다고 주장할 수 있는 '윈-윈(win-win)' 전략이다.

2) 간도 카드 버리고, 고구리 카드도 버린 한국

(1) 간도 카드는 꺼내지도 않았다.

15년 전 아시아 투로모로의 충고는 구체적이고 현실적이었다. 두 개를 제시하여 하나를 얻으므로 해서 두 나라가 다 명분을 찾는다는 것이다. 그러나 우리는 두 개 다 하나도 쓰지 않았다. 먼저 간도 카드부터 보자.

동북공정이 탄로 나서 한국이 거국적으로 들고 일어나자 중화인민공화국 외교부 부부장이 와서 먼저 숨겨놓은 카드들 내보였다. 바로 간도 카드로, 가장 먼저 '간도 문제 들고나오지 않기'를 요구하였다.

한편 우다웨이(武大偉) 부부장은 한국에 왔을 때 나에게 중화인민공화국이 왜 공북공정을 추진하는지 시사하는 발언을 하였다. "한국에서 간도가 조선 땅이라고 주장하지 않는다면 우리도 고구리가 치나의 소수민족 국가였다고 주장하지 않을 것입니다." 중화인민공화국은 한국의 민족주의 정서가 연변조선족자치주에 미치는 영향을 우려하고 있으며 이에 대응해서 동북공정의 일환으로 고구리·발해를 억지로 자기 역사로 편입시키려고 하고 있다는 뜻을 내비친 것이다. 나는 대답하지 않았다. 굳이 대답할 내용도 없었다.[30]

그런데 그 자리에서 한국은 상대가 이 카드를 얼마나 중요하게 생각하는지 모르고 카드로 보지도 않는 어처구니없는 외교를 시작하고 있었다. 하늘만큼 큰 카드를 쓰지도 않고 버린 것이다.

한국은 간도 카드를 버린 것으로 끝나지 않았다. 중화인민공화국은 나중에 딜을 하기 위해 한번 내밀어 보았는데, 고구려연구재단은 그 카드 내용인 '간도 문제 들고나오지 않기'를 이행하고 혹시나 국민이 들고나올까 봐 온 힘을 다해 소방수 역할을 하였다. 당시 동북공정 대응을 담당한 고구려연구재단의 활동을 보자.

윤휘탁은 9월 21일 중앙일보에 "지금 간도 문제를 꺼내는 건 부적절"이라는 제목으로 기고하였으며, 배성준은 4일 후인 9월 25일 경향신문에 "간도 문제에 대한 환상"을 기고하였다. 윤휘탁은 동북공정의 진의를 "남북통일 후 재중 동포의 동요와 이탈을 막고 불거질지 모르는 영토 문제에 대응하는 것"이라고 기술하였다. 즉 중화인민공화국의 역사 왜곡의 궁극적인 목적이 "간도문제"에 있음을 인식하면서도 윤휘탁은 "간도협약의 무효화 결의"는 부적절하다는 것이다. 간도문제의 제기는 중화인민공화국의 역사 왜곡 시정을 어렵게 하고 중화인민공화국의 강경 대응을 야기할 뿐만 아니라 분단 상황을 고착시켜 남북통일을 어렵게 한다는 것이다. 따라서 간도문제는 통일 이후에 제기하여 분쟁지화 할 수 있다고 주장하였다. 또한 윤휘탁은 간도문제 제기가 백두산 천지의 영유권을 상실한다고 하였는데, 배성준이 기고한 "간도문제에 대한 환상"에서도 "간도협약 무효 주장"이 백두산 천지의 분쟁지 화하여 잃어버릴 수 있다고 주장하였다. 모두 중화인민공화국의 눈치를 보며 국내에서 간도 문제가 거론되지 않도록 설득하는 작업을 고구려연구재단이 맡은 것이다.

---

30) 이종석, 『칼날 위의 평화』, 개마고원, 2014.

신문 기고는 물론이고 외교통상부 강의에서도 '지금은 간도 문제를 이슈화해서는 안 된다'라고 외교관들에게 카드를 버리라고 설득하였다. 이 기사를 보는 중화인민공화국의 동북공정 입안자들의 표정은 어떠했을까. 간도 카드 꺼내놓고 전투를 시작하려던 중화인민공화국의 외교부는 얼마나 편했고, 한편으로는 속으로 웃었을까, 참 어처구니없는 일이었다.

실제로 이런 우리의 전술도 없고 전략도 없는 한심한 행동이 그들을 크게 도왔다는 것은 동북공정 진행 과정과 완료 토론회에서도 읽을 수 있다. 동북공정의 성과를 발표하는『동북사지』13년간의 성과 가운데 간도(間島)라는 낱말이 들어간 논문이 단 한 편도 없다. 일체 안팎으로 이 카드는 꺼내지도 않게 단속한 것이다. 한국에서 카드가 아니라는데 무엇 때문에 건드리겠는가? 그렇지만 동북공정을 끝내는 마당에서 간도 문제에 대한 기본입장을 분명히 하는 것은 간도 문제가 그만큼 중요한 쟁점임을 말해 준다. 간도 문제는 중·일간의 국제조약이라고 간단히 처리하고 있다.

> 참가자들은 '간도(間島) 문제'와 「두만강 중·한 국경 조약(圖們江中韓界務條款)」에 관련된 연구 상황을 소개하고, '간도 문제'는 치나와 한국 사이의 문제도 변경(邊界) 문제도 아니며 치나와 일본 간의 문제라고 보았다. '간도 문제'는 러·일 전쟁 이후 일본이 중국에 대한 외교적 편취였다. 「두만강 중·한 국경 조약(圖們江中韓界務條款)」은 특수한 역사적 조건에서 생긴 것으로 비록 어떤 면에서는 불평등성을 가지고 있지만, 여전히 법적 외교 문서이며 기본적으로 국제조약이라는 성격을 가지고 있다.[31]

만일 국가적으로 어려움이 있다고 하더라도, 우리는 우수한 민간연구단체, NGO, 특히 정부와 독립적인 국회라는 강력한 파워를 가지고 있다. 이것이 바로 중화인민공화국과 다른 점이다. 그런데 우리는 모든 카드를 다 버렸다.

(2) 하늘만큼 큰 동북공정 카드를 꺼내지도 않았다
지금까지 써 온 동북공정 백서의 궁극적인 목적은 동북공정이 어떻게 진행되었고, 어떻게 결말이

---

31) 楊雨舒, 「2009年東北邊疆歷史與文化學術研討會綜述」, 『東北史地』, 2009-06, 91쪽.

났는가를 보기 위해서였다. 그렇다면 그처럼 하늘만큼 큰 동북공정 카드는 어디서 어떻게 써야 했는가?

그것은 바로 '학술적 해결'이었고, 한·중 학술회의에서 양쪽이 서로 나름대로 카드를 가지고 피나는 싸움을 해야 하였다. 그래서 중화인민공화국에서는 미리 예행 연습도 하고 3단계 전략까지 짰다는 것을 앞에서 이미 보았다. 곧, ① 서로 자기주장을 하고, ② 이견을 좁혀 가고, ③ 좁혀지지 않은 것은 구동존이(求同存異) 한다는 것이었다. 그런데 한국 측 고구려연구재단과 동북아역사재단은 아무런 카드도 꺼내지 않고, 다른 이야기만 하다 마쳤다. 전술도 전략도 없었고, 자기들이 무엇을 하고 있는지도 몰랐으며, 모른다는 것도 몰랐다. 나라 역사를 3,000년이나 빼앗기고도 동북공정 대응을 총지휘했던 김정배는 '동북공정은 실패하였다'라고 큰소리치고 있고, 국민은 속고 있으니 무슨 카드가 되겠는가?

2. 국력을 다해 훔쳐 간 역사를 되찾아야 한다.

1) 역사침탈(동북공정) 사실을 알리고, 침탈역사에 대한 불인정을 선포해야 한다.

(1) 중화인민공화국이 우선 우리 고대사 3000년을 훔쳐 가서 자국의 국사로 만들고 있다는 사실을 정확히 알아야 한다. 병이 났다는 것을 알아야 치료하지, 병이 없다고 생각하면 병원에 가지 않을 것이기 때문이다. 지난 1년간 우리 역사에 큰 병이 났음을 알리려 노력하였으나 뜻밖에 여의치 않다는 것을 보았다. 특히 동북아역사재단과 고구려발해학회의 방해는 아픈 환자를 병원에 가지 못하게 막음으로써 죽게 하는 일이나 다름없었다.

(2) 훔쳐 간 역사를 우리는 절대 인정할 수 없다는 것을 분명히 하여야 한다. 간도 문제와 동북공정 카드 모두를 살려야 한다. 역사를 도둑맞았다고 알면서도 침묵하는 것은 묵인하는 것이므로 지금이라도 그들이 훔쳐 간 역사를 인정할 수 없다고 선언해야 한다. 국가는 공식적으로 문제를 제기하여야 한다. 가장 먼저 교과서와 『백도백과』의 왜곡 사실을 바로 잡아야 한다. 이것이 카드를 살리는 첫걸음이다.

이 카드를 버리거나 방관하면 우리는 민족사에 큰 죄를 짓는 것이다. 앞으로 친일 인명록을 만들 듯 언젠가 친중 사대주의자 인명록을 만들 날이 올 것이다. 그때는 민족사를 도둑맞는

데 묵인해 준 단체나 학자들이 가장 먼저 명단에 올라야 할 것이다.

2) 치나의 침탈역사 국사화에 대한 한국의 대응 능력 비교 검토

우리가 훔쳐 간 역사를 되찾는다고 부르짖기만 해서 되는 것이다. 실제로 상대의 현황을 정확히 파악하고 그에 따른 대응 방안을 세워야 한다. 최근 중화인민공화국의 상황은 이미 다섯째 마당에서 자세히 보았다. 여기서 대응 방안을 보기 위해 간단히 몇 가지만 간추려 보면서 우리의 대응 상황을 점검해 보려고 한다.

(1) 길림성 고구리연구중심과 동북아역사재단

처음에는 길림성사회과학원 고구리연구중심이었으나 현재는 길림성이 직접 관리하는 길림성고구리연구중심(吉林省高句麗研究中心)이다. 2004년부터는 흑룡강성·요령성과 함께 동북공정을 맡아서 한 노하우를 가진 핵심 연구기관이다. 길림성 인구 2,400만에 만주 3성은 1억이다. 결코 지방 조직이라고 보아서는 안 된다. 앞에서 보았듯이 길림성고구리연구중심은 2004년 창립된 이래 연구과제를 조직하거나 각종 위탁과제를 맡아 40개 항목을 연구하고 있다. 그 가운데 2014년 1월 현재 21권의 책이 출판되었다.

길림성고구리연구중심은 중국공산당이 직접 관할하기 때문에 만주 3성의 모든 기관, 대학, 연구자들은 일사불란하게 통제하고, 필요한 과제를 하달하고 연구성과를 평가하여 바로 국가정책에 반영하는 데 걸림이 없다.

현재 한국에서 이에 맞서는 단체로 동북아역사재단을 들 수 있다. 우선 동북아역사재단은 동북공정에 대처해야 한다는 사명감도 없고, 후속타인 침탈역사의 국사화에 대한 것은 그것이 자기 재단이 해야 할 임무라는 사실조차 모르고 있는 실정이다. 설령 그런 뜻이 있다고 하더라도 한일관계사 연구자들 위주의 기관이고, 실제로는 고구리사 전공 3명, 발해사 전공 1명밖에 남지 않아 대처할 힘도 없다. 고구려연구재단과 동북아역사재단이 동북공정 대처에 실패한 원인과 과정에 대해서는 이미 자세히 보았지만, 현재와 같이 운영되면 앞으로도 국가기관에 기대하기가 어렵다. 이 문제는 민족사의 운명과 관계된 것이지만 이익집단이나 정치학자에 의해 흔들리기 때문이다.

(2) 통화사범학원 고구리연구원(高句麗研究院)

다섯째 마당 3장에서 자세히 보았지만, 고구리연구원은 대학에 몇 명의 연구원이 일하는 연구소처럼 생각해서는 안 된다. 작은 단과대학쯤으로 봐도 된다. 연구원 아래 3개의 연구실을 두었다.

①　고구리 역사와 고고 연구실
②　동북 민족과 강역 연구실
③　발해사 연구실

3개의 연구실을 바탕으로 한 고구리연구원 전임교원이 2012년 당시 모두 14명이었다. 그 가운데 교수 7명(박사 지도교수 2명, 석사 지도교수 4명), 부교수 3명, 강사 3명, 조교 1명이었다. 한 대학 연구원에 이처럼 14명이 평생 안정적으로 고구리·발해사를 연구할 수 있도록 했다는 것은 안정적 연구라는 측면에서 커다란 진전이라고 할 수 있다.

이 연구원은 바로 고구리가 평양으로 수도를 옮기기 전 수도였던 지역으로 현장에 설립된 연구원이다. 우리나라 같으면 평양에 세웠다고 생각하면 쉽게 이해할 수 있다. 경철화를 비롯하여 학자들이 아무런 제약 없이 정년퇴직 뒤에도 연구를 계속하고, 매년 고구리·발해·백두산 전공자들을 배출하고 있어 일선에 세워진 가장 안정적인 연구기지다. 전문가가 연구활동하고 전문가를 만들어내는 기구인 것이다.

최근 고구리발해 문제에 관한 한 가장 활발한 활동을 지속적으로 하고 있는 단체로, 현재 우리나라는 고구리·발해를 이렇게 전문으로 연구하는 대학이나 연구원이 없다. 우리에게는 단기적인 대응전략도 없지만, 장기적으로 대처하는 전략을 가질 수 있는 연구기지가 존재하지 않는다.

(3) 2000년 장춘사범대학 '고구리·발해연구원' 설립과 청년 학자 워크숍

통화사범학원 연구원이 현장에 세워진 연구기지라면, 이 연구원은 길림성 수도인 장춘의 사범대학에 새로 세운 고구리발해 연구기지다.

장춘사범대학은 2018년부터 고구리발해 연구 청년 학자 워크숍을 시작하여 2019년에 2차 워크숍을 열고 2020년에 고구리발해연구원을 설립한다. 그리고 2021년 5월에는 이미 30명이라는 청년 학자들이 고구리발해에 관한 연구결과를 발표하는 성과를 낸다. 3년 만에 30명이 넘는 신진학

자들을 불러 모았다는 것도 놀랍지만 지금까지와는 달리 전국 다양한 대학이나 기관이 참석한 것도 눈에 띄는 변화다.

■ 남북한과 일본의 고구리발해사 연구 현황

1. 범은실(範恩實, 1976~, 중국사회과학원 중국변강연구소 연구원)

■ 고구리 문제 연구

2. 주첨(朱尖, 중국사회과학원 중국변강연구소)

3. 손준(孫俊, 북화대학 역사문화학원 부교수)

4. 장방(張芳, 흑룡강성사회과학원 역사연구소 조리연구원)

5. 장이(張弛, 청화대학 역사계 박사)

6. 이벽요(李碧瑤, 수도사범대학 역사학원 박사후)

7. 후줄(侯茁, 발해대학 역사문화학원 석사)

8. 고능운(高淩雲, 발해대학 역사문화학원 석사)

■ 발해 문제 연구

9. 심일민(沈一民, 란주대학 력사문화학원 교수)

10. 손호(孫昊, 중국사회과학원 고대사연구소 부연구원)

11. 제회군(齊會君, 중국사회과학원 중국변강연구소 조리연구원)

12. 진비(秦菲, 上饒사범학원 력사지리·관광학원 강사)

13. 무송(武松, 길림대학 고고학원 박사)

14. 왕새명(王璽明, 흑룡강성사회과학원 연사연구소 조리연구원)

15. 곡천지(曲天池, 齊齊哈爾대학 석사)

■ 고구리 고고 발견과 연구

16. 왕비봉(王飛峰, 중국사회과학원 고고연구소 부연구원)

17. 노치평(盧治萍, 요령성문물고고연구원 부연구원)

18. 조우연(趙宇然, 연변대학 인문사회과학학원 강사)

19. 이상(李想, 寧波재경학원 조교)

■ 발해 고고 발견과 연구

20. 조준걸(趙俊傑, 길림대학 고고학원 부교수)

21. 서정(徐廷, 길림성문물고고연구소 관원)

22. 양소균(楊筱筠, 길림대학 고고학원 박사)

23. 곽미령(郭美玲, 장춘사범대학 력사문화학원 박사)

24. 조원원(趙元元, 요령대학 역사학원 석사)

■ 학제적 시각에서 본 고구리·발해 연구

25. 이석혜(李錫慧, 흑룡강대학 역사문화·관광학원 석사)

26. 호오정(胡梧挺, 흑룡강사회과학원 력사연구소 부연구원)

27. 려광(呂光, 흑룡강공업학원 부교수)

28. 도욱강(圖旭剛, 요령성문물고고연구원 관원)

29. 마업걸(馬業傑, 요령대학 역사학원 박사)

30. 허관화(許冠華, 길림예술학원 석사)

우선 체계적으로 분야를 설정하여 필요한 인력을 골랐다는 것을 알 수 있다. 그리고 만주 3성 이외에도, 중국사회과학원을 비롯하여 청화대, 수도사범대, 더 나아가 난주대학과 영파(寧波) 지역까지 참여하고 있다는 것을 알 수 있다.

이 모든 대회를 중국 변강연구소에서 지원한 것이다. 국가의 커다란 장기 프로젝트에 의해 진행되고 있다고 할 수 있다. 이것은 동북공정과 전혀 차원이 다른 프로젝트다. 동북공정이 역사를 침탈하기 위한 것이라면, 이 청년 학자 프로젝트는 침탈한 역사를 중화인민공화국 국사로 만들 국사학자를 육성하는 그야말로 제2의 동북공정이다.

한국에서 이런 정도의 청년 학자를 길러낼 프로젝트가 진행될 수 있을지 모르겠다. 그러나 만일 적어도 이 정도의 프로젝트를 준비하지 않으면 역사전쟁은 시작도 할 수 없고, 침탈해 간 역사를 찾을 수 없다.

(4) 민간학술단체 길림성 고구리·발해연구회 (吉林省高句麗渤海研究會)와 고구려발해학회

3차 고구리발해 연구 청년학자 워크숍 종합보고서

앞에서 보았듯이 동북공정은 2009년까지 마치고, 2016년까지 보완하는 연구를 계속하였다. 그리고 2017년부터는 그렇게 침탈한 역사를 자국의 국사로 만드는 작업을 진행하였다. 바로 전환기인 2016년 지금까지 없었던 민간학술단체 형태를 띤 길림성 고구리·발해연구회(吉林省高句麗渤海研究會)를 창립한다. 물론 길림성사회과학원 부원장이 이사장이 되어 단체를 이끌어가지만, 표면적으로 중국공산당 조직이나 국가기관이 아닌 연구자 모임 형태를 만들었다는 것은 완전히 새로운 바람이다. 이름부터가 한국의 고구리·발해학회를 연상하게 하는 것으로, 전신인 고구리연구회가 생각난다.

한국에서는 이미 고구리연구회와 발해사연구회가 있었고, 2007년 두 단체가 합하여 고구려발해학회를 설립하여 그동안 많은 성과를 냈고, 중화인민공화국도 이 사실을 충분히 알고 있으므로 고구려·발해연구회에 비견할만한 단체를 만들어냈다고 본다. 따라서 앞으로 고구려발해학회는 새로운 각오로 연구해야 한다고 본다. 사실 일반적인 고대사 연구는 한국고대사학회에서 활동하면 된다. 고구리연구회나 발해사연구회는 출발 당시 일반 연구단체와 달리 우리나라 고대사에서는 크게 다루지 않은 부분을 활성화하고 한발 더 나아가 중화인민공화국의 역사침탈에 대한 반박 논리를 연구한다는 사명감을 가지고 시작하였다. 그러나 언제부터인가 국책기관 연구원들이 임원과 위원을 차지해 중화인민공화국 눈치를 보면서 논란이 되는 문제에 대한 공개토론을 피하는 풍토가 생기고, 구태의연한 연구자와 구별이 없어지면서 '한국고대사학회 2중대'라는 불명예스러운 별명까지 듣게 된다. '2중대'라는 소리를 듣고 2010년 이후 임원진과 편집위원을 검토해 보니 고구려연구재단 설립 당시 앞장섰던 고대사 연구자들과 고구리연구회를 홀대했던 인사들이 대거 자리를 잡고 있었던 것을 보고 놀랐다. 현재도 그런 세력과 그 후배들이 다수 임원과 편집위원을 이끌고 있다. 국내에서 유일한 고구리·발해 연구자 모임이 이런 학풍이나 연구 분위기를 계속 이어가면 침탈당한 고구리·발해사를 되찾는 것은 불가능해진다. 완전히 다시 태어나 초기 전통을 다시 확립하는 학회가 되어야 한다.

3) 역사침탈을 막기 위한 성공적인 전제조건과 대안

(1) 평양 고구리·발해 연구자들의 적극적 참여가 꼭 필요하다.

침탈당한 (고)조선과 고구리의 수도는 평양이었고, 평양은 발해의 판도 안에 있었다. 그러므로 남녘에는 거의 없는 관련 유적들이 북녘에는 남아 있으므로 침탈당한 역사연구에는 절대적으로 유리한 환경이며, 바로 직접 당사자들이다. 그러므로 지금같은 위기 국면에서 북녘의 연구자들이 함께하는 것은 필수적이다. 나중에 통일되었을 때 민족 고대사를 다 잃어버리면 무슨 의미가 있겠는가.

(2) 항구적으로 안정적인 연구를 할 수 있는 민간연구단체가 필요하다.

앞에서 여러 가지 나라 안팎의 사정을 살펴보았지만, 중화인민공화국이 40년간 확립한 변강이론이나 강역이론에 대처할 수 있는 국제 기준의 사론(史論)을 개발해야 하고, 그들의 자국 국사화를 막을 정책적 반론을 연구·개발하기 위해서는 전문적인 민간연구단체가 필요하다. 이미 보았지만, 국책기관들은 결국 실패하고 기대하기가 어렵기 때문이다.

첫째, 국책기관은 전문가의 전문적 연구를 보장할 수 없다. 임기 3년이나 6년 가지고는 절대로 장기적인 목표를 세울 수도 없고, 달성할 수도 없다. 정권의 변화에 상관없이 전문가들이 경제적으로나 신분이 안정적으로 보장된 상태에서 연구에만 집중할 수 있어야 한다.

둘째, 인사나 조직도 국책기관은 정권이 바뀌면 새로운 사람이 와서 새로운 목표를 세우고, 외교적인 필요에 따라 연구방향이 수시로 바뀔 수 있다. 그런 바람에 휩쓸리지 않기 위해 독립적 민간단체가 필요하다.

셋째, 재정적인 지원도 국가 지원만으로는 한계가 있다. 처음에는 예산이 안정적으로 투입되지만, 좀 지나서 분쟁이 시들어지면 바로 예산이 삭감되어 연구를 지속할 수가 없다. 그러므로 일정한 국가 지원을 바탕으로 기업과 민간의 후원이 필요하다고 본다. 글쓴이는 조직 문제 전문가가 아니라 대안을 정확히 제시하기 어렵지만 민·관·군이 거국적으로 힘을 합쳐 독립운동을 하는 자세로 국책을 개발해 대항해야 한다. 역사독립운동이라 생각하고 국민이 참여하는 독립자금을 모금하는 것도 한 가지 방법이다.

여기서 군대를 언급한 것은 이 문제는 단순한 역사문제가 아니라 영토 문제이고 국가안보 문제이기 때문이다. 한나라가 (고)조선을 칠 때도 기자의 땅이라는 역사적 사실을 구실로 삼았고, 당 태종이 고리(高麗)[32]를 칠 때도 한나라 군현을 회복한다는 구실을 내세웠다. 서희가 거란의 침략을 무찌른 것도 역사적으로 누가 고구리를 계승하였느냐는 논리 문제였고, 독도문제도 결국은 누가 역사적으로 먼저 독도를 차지하고 있었느냐는 증거 싸움이다. 그런 면에서 한국의 군에서도 예산을 세워 전략적으로 역사문제를 연구해야 한다. 특히 중화인민공화국이 내세우는 '역사적 강역'에 대한 대안이 없으면 미래 군대가 될 수 없다. 이런 연구단체는 최신예 전투기 한 대나 항공모함 한 대 값이면 되고, 그 무기의 1년 유지비면 연구소도 유지될 수 있다. 그러나 그 연구 결과는 전쟁을 미리 막을 수도 있으므로 몇 백 대의 전투기나 항공모함보다 위력이 있다. 그러나 한국의 군대에서 동북공정을 연구하는 단체가 있다고 들어보지 못하였다. 역사적으로 전쟁과 재난을 막은 것은 대부분 의병이 있어 가능하였다는 점에서 군대가 나서지 않으면 의병이 필요할 것이다.

4) 세계평화를 위해서 : 20개국이 공동으로 쓰는 『신 동아시아사(新東亞細亞史)』

(1) 한국의 힘만으로는 안 된다.

앞에서 몇 가지 나름대로 역사침탈을 막아내기 위한 몇 가지 방안을 제시해 보았지만, 그런 계획이 다 성공한다고 해도, '중화인민공화국의 역사침탈 계획은 중단되지 않는다.'라는 엄연한 현실에 부딪히게 된다. 2003년 글쓴이는 '한국이 어떤 논리를 제시해도 중국공산당은 겉으로는 듣는 척하

---

32) 장수왕 이후는 고구리가 아니라 고리(高麗)였다.

지만 절대로 중단하지 않는다.'라는 사실을 간파할 수 있었다. 그래서 거국적으로 노력은 하되 장기적으로 아주 궁극적인 방안을 하나 구상하였다. 첫 마당에서 2003년 글쓴이가 정신문화연구원 동아시아연구소 소장으로 갈 뻔했던 이야기를 했다. 그때 글쓴이가 당시 장을병 원장과 유광호 부원장에게 제시하였던 '동북공정 해결방안'을 제시하자 장원장이 "이것이 바로 우리가 바라던 바이다."라고 하였던 기획안 가운데 하나다. 이제 그 이야기로 이 책을 마감하려고 한다.

(2) 중화인민공화국 역사침탈의 잣대 '역사적 강역'

동북공정을 비롯하여 중화인민공화국의 역사침탈을 이해하려면 가장 먼저 담기양(譚其驤)이 주장한 '역사적 강역'에 대해서 이해해야 한다. 담기양은 1981년 「중국 민족관련사학술좌담회」에서 이렇게 주장한다.

담기양

『중국역사지도집(中國歷史地圖集)』

우리는 '역사상 치나'라는 이 문제를 어떻게 처리할 것인가? 우리는 청조(淸朝)가 통일을 완성한 뒤 제국주의가 치나를 침입하기 이전의 청조 판도, 구체적으로 말하면 <u>18세기 50년대부터 19세기 40년대 아편전쟁 이전까지 시기의 치나 판도를 우리 역사 시기의 치나 범위로 삼아야 한다.</u>

이른바 역사시기의 치나란 바로 이것이 범위다. 몇백 년이라고 해도 좋고 몇 천 년이라 해도 상관없이 좋다. 이 범위 안에서 활동한 민족을 우리는 모두 치나사의 민족으로 본다. 이 범위 안에서 세워진 정권을 우리는 치나 역사상의 정권으로 본다. 간단히 대답하면 이렇다. 이 범위를 벗어나면 치나의 민족이 아니고, 치나의 정권도 아니다.[33]

'역사적 치나', '중화인민공화국의 강역'이란 치나 역사에서 가장 넓었던 "18세기 50년대부터 19세기 40년대 아편전쟁 이전까지 시기의 치나 판도를 중화인민공화국 범위로 삼아야 한다."이다. 통일다민족국가와 중화민족의 범위도 바로 이것이다.

그리고 이런 역사적 강역은 1982~1988년에 『중국역사지도집』에 구체적으로 구현된다

치나는 예로부터 다민족국가였다. 2000년 전에 드넓은 영토를 가진 통일 정권이 등장했지만, 봉건적인 정통관념과 대한족주의(大漢族主義) 영향으로 소수민족의 역사가 충분히 기록되거나 연구되지 않았다. 과거에 역사지도집은 소수민족의 역사적 지위와 역할을 부인하여 없애고 중원왕조나 한족정권만 그렸다.

중화인민공화국과 20개 나라 국경(初中適用 『中國歷史地圖冊』)

『중국역사지도집』은 위대한 조국을 함께 이룩한 수십 개 민족의 역사적 사실을 완전히 반영하는 것을 목표로 하고, 1840년대 제국주의가 치나를 침략하기 이전 청조의 판도가 역사상 치나의 기본범위

이며, 각 역사 시기에 이 범위 안에 있는 민족이 세운 정권은 한족이든 다른 민족이든 모두 표시한다.[33]

이 지도집은 발행된 뒤 모든 중화인민공화국 역사를 재는 잣대가 된다. 담기양의 역사적 강역을 나타낸 것이기 때문이다. 많은 역사가가 이 지도에 나온 지명과 강역을 보고 역사를 공부하고, 그 뒤 이 지도집의 지명과 강역을 강화하는 방향으로 연구를 집중한다.[34]

이 담기양의 '역사적 강역'이 가져다주는 문제는 현재 초중학교 학생들이 배우는 『중국역사지도 책(中國歷史地圖冊)』[35]에 잘 나타나 있다. 이 지도에서 빨간 선으로 그린 국경선이 현재 중화인민공화국이 학생들에게 가르치는 이른바 '역사적 강역'이고, 그 지도에 글쓴이가 파란색으로 칠해 놓은 것이 현재 중화인민공화국의 영토다. 이 지도에서 학생들에게 현재 중화인민공화국의 영토와 역사적 강역의 차이를 가르치고, 아직 역사적 강역 안에 들어오지 않은 영토는 통일의 대상이 된다고 가르친다. 따라서 지도에서 보듯이 이웃 나라 대부분과 분쟁이 생기게 되어 있다. 이것이 역사적 강역의 운명이다.

먼저 중화인민공화국과 이웃한 나라를 정리해 보면 다음 20개 나라다.

- ■ 동북 변강 : ① 조선민주주의인민공화국 ② 러시아 ③ 몽골
- ■ 북부 변강 : 몽골
- ■ 서북 변강 : 몽골, 러시아 ④ 카자흐스탄 ⑤ 키르기스탄
  ⑥ 타지키스탄 ⑦ 아프가니스탄 ⑧ 파키스탄
- ■ 서남 변강 : ⑨ 인도 ⑩ 네팔 ⑪ 부탄 ⑫ 방글라데시 ⑬ 라오스 ⑭ 월남
- ■ 바다 국경 : 월남 ① 말레이시아 ② 브루나이 ③ 필리핀 ④ 대만 ⑤ 일본 ⑥ 한국

---

33) 譚其驤 主編, 『中國歷史地圖集』(第1~8冊), 中國地圖出版社, 1982~1988.

34) 보기를 들면, 이 지도에 연나라 장성이 청천강까지 이어진 것으로 되어 있다. 이건재를 비롯한 만주의 역사학자들이 평양에서 나온 「대령강 장성 조사보고」(40~45)를 바탕으로 대령강 장성을 연나라 장성이라고 주장한다. 평양에서는 고리(高麗) 시대 장성이라고 발표하였다.

35) 初中適用, 『中國歷史地圖冊』(第三冊 淸-北洋軍閥政府), 中國地圖出版社, 1992.

이 가운데 육지에서 국경을 맞대고 있는 나라가 14개국이고, 바다에서 6개국과 국경을 이루고 있다. 그런데 중화인민공화국은 20개국 나라와 대부분 국경문제로 분쟁을 겪고 있어 이에 대한 대비는 한국처럼 남북 사이의 국경만 가지고 있는 나라는 이해하기 힘들다. 2006년 당시 중국변강사지연구중심 홈페이지에 국경분쟁 지역 5군데를 소개하였다.

■ 특히 분쟁이 격렬한 곳(熱點, Hot Issue)

■ 고구리 문제 : 　　　　　남북한과의 분쟁

■ 탕누 울량하이(唐努烏梁海) : ① 러시아 ② 투바공화국 (30만)

■ 동돌궐(東突) 문제 : 　　③ 몽골 ④ 알타이 ⑤ 중앙아시아 ⑥ 터키의 선조 문제

■ 남사군도(南沙群島) 문제 : ⑦ 월남 ⑧ 말레이시아 ⑨ 필리핀과의 분쟁

■ 조어도(釣魚島) 문제 : 　⑩ 일본과 분쟁

热点聚焦

- **热点聚焦**
- 边疆定义
- 高句丽问题
- 唐努乌梁海
- "东突"问题
- 南沙群岛问题
- 钓鱼岛问题

분쟁지역

글쓴이는 지리부도에 나온 지도와 홈페이지 분쟁지역을 보면서 바로 그곳에 분쟁을 해결하는 열쇠가 있다는 것을 발견하였다. 중화인민공화국은 위에서 본 5개 분쟁지역에서 10개 나라와 다투고 있으며, 분쟁의 대상이 되는 지역은 대부분 이른바 역사적 강역 문제이고, 그것은 우리가 겪고 있는 문제와 대부분 같았다. 중화인민공화국이 내세우는 무기가 역사적 강역이고, 주변 국가와 분쟁이 생기는 것도 모두 이 역사적 강역 문제이다. 그렇다면 주변 국가가 모두 같은 문제를 가지고 부딪치고 있다는 결론이 나오고, 여기서 자연히 주변 국가와 함께 역사적 강역 문제를 연구하고 공동으로 대처하는 방안이 떠오르게 된다.

(3) 러시아와 중화인민공화국의 역사적 강역 문제.

중화인민공화국이 14개국과 접하고 있는 국경이 모두 2만 2,000km인데, 러시아와의 국경이 4,133km다. 그런데 역사지도책에 보면 특별히 극동지역 러시아와의 역사적 강역 변화에 대해 자세히 그린 지도가 들어 있다. 학생들은 어려서부터 극동지역을 러시아에게 빼앗겼다고 배우고 있다.

초·중학생들에게『중국역사지도책』에서는 이렇게 가르친다.

1. 1858년 아이훈 조약에서 빼앗긴 중화인민공화국 영토

2. 1860년 북경조약에서 빼앗긴 중화인민공화국 영토

3. 1860년 북경조약과 1864년 서북 국경 분할조약에서 빼앗긴 중화인민공화국 영토

4. 1881년 이리조약(伊犁條約)에서 빼앗긴 중화인민공화국 영토

러시아도 이 사실을 잘 알고 있다. 앞으로 러시아와 중화인민공화국은 역사적 강역 문제로 분쟁을 일으킬 가능성이 아주 크다. 실제로 우수리스크섬 문제 같은 국경 분쟁이 여러 번 일어났다.

2006년 10월 25일 모스크바대학 한국학연구소가 주최한 「한국의 역사적 고리」란 학술발표회에서 동북공정을 발표하면서 동북공정에 러시아와의 영토 문제도 포함되어 있다는 사실을 밝히고 구체적인 선정과제를 보여주었다. 참석한 국경 전문가들은 모두 처음 알았다며, 구체적인 동북공정의 내용에 대해 깊은 관심을 가졌고, 관중석에서도 많은 질문이 있었다.

2007년 10월 1~3일 고려학술문화재단(이사장 장치혁)이 추진하여 김일성종합대학·극동대학과 공동으로 블라디보스톡에서 연 「동북아시아 고대 역사 연구 국제토론회」에서 동북공정 문제에 러시아 문제가 3분의 1을 차지한다는 발표에 극동 러시아 학자들이 아주 민감하게 반응하며, "이번 토론회에서는 이 문제만 다루자"라고 나올 정도로 적극적이었다. '역사적 강역' 문제는 함께 연구할 주제라는 것을 알 수 있다.

대회에 참석한 남북한·러시아 학자들

(4) 역사적 강역 문제와 몽골

몽골과는 4,630km 국경선을 두고 위아래로 나뉘어 있다. 그런데다 그 국경선의 남녘도 이른바 내몽골이라는 내몽고자치주다. 특히 역사적으로 몽골제국이었던 원나라(1271~1368)를 어떻게 인식하느냐 하는 것은 역사상 강역문제에서 아주 중요한 문제이다. 만일 기자와 위만이 중원에서 조선으로 가서 다스렸으니 중화인민공화국 역사라고 한다면 몽골이 지배하였던 중원은 몽골의 역사이고 몽골 역사의 강역이기 때문이다.

1911년 중화민국이 성립하자 가장 강하게 반발한 민족이 몽골족이었다. 그리고 내·외몽골을 가리지 않고 격렬하게 나타난 현상이 독립의 움직임이었다. 그리고 그해 12월 외몽골의 젭춘담바가 독립을 선포하였다. 막강한 청나라가 한족(漢族)과 몽골을 비롯한 많은 민족을 지배하였는데, 그 청나라가 망하자 한족은 중화민국을, 몽골족은 몽골을 세워 300년 피정복에서 독립한 것이다.

이때부터 한족과 몽골족은 서로 자신들의 논리를 내세워 정통성을 주장하기 시작하였고, 이런 논의는 오랫동안 계속되었다. 그러므로 북방공정은 동북공정보다 더 먼저 시작되었다. 1989년 소련이 무너지자 민족자주 물결이 내몽골에 밀려올 것을 우려하여 중화인민공화국은 1991년『몽골족통사』3권을 발행하여 몽골이 중화인민공화국의 소수민족이라는 것을 분명하게 하였다. 그 핵심 논리는 다음과 같다.

① 몽골 및 대원제국(大元帝國)은 치나 최초의 '통일다민족국가'의 시작이다.

② 남북조이론(남명 북원) : 북원과 명나라는 별개의 민족국가가 아니라 우리나라의 영토에서 일어난 남북정권이다. 따라서 오늘날 몽골국의 영토는 중화민족의 영토다.

③ 몽골제국 및 대원제국의 영토는 '통일다민족국가' 역사적 강역(영토)이다.[36]

위에서 본『중국역사지도책』에서 몽골은 중화인민공화국의 역사적 강역 안에 들어 있다.

그렇다면 현재 몽골의 학자들은 이 역사적 강역을 어떻게 생각하고 있는가? 2007년 고구리연구회는 몽골역사학자협회와 공동학술대회를 열고 현지 학자들의 견해를 파악하였다.

■ 13차 고구리연구회 국제학술대회
주제 : 역사적 진실과 중국의 역사 기술 문제
때 : 2007년 9월 24(월)~25(화)
곳 : 몽골과학원 제 1 종합동, 4층 회의실

---

36) 박원길, 「북방공정의 논리와 전개 과정 연구」 고구리연구회 편, 『한국 학계의 동북공정 대응 논리』(『고구려연구』29), 학연문화사, 2007, 385쪽.

주최 : (사)고구리연구회, 몽골 역사학자 협회

후원 : 몽골과학원 역사연구소

13차 고구리연구회 국제학술대회(몽골사회과학원)

처음에 주제를 정할 때는 '중화인민공화국의 역사침탈'이라는 주제를 제시하였으나 몽골 학자들의 요청에 따라 '역사적 진실과 중화인민공화국의 역사 기술 문제'라는 완곡한 표현으로 바뀌었다. 당시 대회를 알리는 안내문에서 이 대회의 의의를 다음 같이 설명하였다.

〈칭기스칸과 원(元)나라는 몽골사인가? 중화인민공화국사인가?〉

칭기스칸은 몽골 사람인가, 치나 사람인가?

원(元)나라는 몽골의 역사인가, 중화인민공화국의 역사인가?

만일 칭키스칸이 몽골사람이면, 그 세력으로 세운 원나라도 당연히 몽골 역사이다. 그런데 원나라가 몽골사이고, 원나라가 차지했던 영토가 몽골사에서 다루어진다면 치나사는 무너진다. 그렇기 때문에 몽골과 치나의 역사 전쟁은 일찍이 시작되었고, 아직도 평행선을 긋고 있다. 지금은 비록 작은 나라지만 몽골은 한 때 한족을 완전히 지배했던 국가와 민족 가운데 지금까지 살아남은 유일한 국가이자 민족이다. 그만큼 중화인민공화국에서도 몽골 역사 서술에는 많은 시간과 힘을 쏟아붇고 있는 형편이다.

이에 대해 국력이나 경제력에서 따라가지 못한 몽골은 이 문제에 대해 지금까지 중화인민공화국만큼 적극적인 대처를 하지 못하였다. 그러나 만일 몽골이 나름대로 논리를 개발해서 국제사회에 내놓는다면 그 파장은 그 어떤 나라보다 크다고 할 수 있다.

바로 그런 몽골 역사학자들이 처음으로 적극적인 대응논리 개발에 나섰다. 이번 고구리연구회와 공동으로 갖는 "역사적 진실과 중화인민공화국의 역사 기술 문제"가 바로 그 첫 발표장이 되었다.

한국이 동북공정으로 떠들썩하기 훨씬 전부터 몽골은 중화인민공화국의 역사침탈에 관해 큰 관심을 가지고 그 대응에 고심하고 있었다. 이러한 몽골의 연구성과를 한눈에 볼 수 있는 것이 한·몽 학술대회였다. 몽골 발표자들은 몽골 역사학자들 가운데 권위 있는 학자들이 거의 참가한다. 발표자들의 면면을 보면 몽골과학원의 역사연구소, 고고학연구소, 몽골국립대, 국립울란바타르대학, 국제문제연구소에 소속된 원로들이다.

몽골 학자들의 발표는 크게 두 가지로 나눌 수 있다.

①　중화인민공화국의 몽골사 왜곡에 대한 비판적 분석

②　몽골 각 시대사에 대한 훌륭한 역사적 사실

그 가운데 ①에 해당하는 역사적 사실과 중화인민공화국의 기술에 대한 비판적 분석을 한 논문은 모두 8편이었는데, 한국 학자들이 두 편의 논문을 더 발표하여 모두 10편이었다.

당시 Ch. Dalai 달라이(과학원사, 몽골과학원 역사연구소 전 소장)가 중화인민공화국의 몽골사 왜곡과 몽골 학계의 대응」이란 주제로 연설하였다. 몽골에서는 가장 권위 있는 학자이기 때문에 연설에 가까운 발표지만 영향력이 아주 컸다. 몽골에서는 이미 70~80년대 중화인민공화국의 몽골사 왜곡에 대해서 반론을 폈으며, 90년대도 계속되었다는 것을 강조하고, 당시 신문에 났던 기사까지 같이 제시하였다.

한편 "한국과 몽골은 옛날부터 관계를 많이 맺고 있었다. 앞으로도 두 나라 역사학자들이 서로 협력하여 중화인민공화국의 역사 왜곡에 함께 대처해야 한다."라고 하여 마치 기조연설과 같은 형태를 취했다.

몽골과 한국의 공동연구, 그 가능성을 확인한 대회였다. 주제도 뚜렷해졌다.

"원나라는 몽골 역사인가, 중화인민공화국 역사인가?"

(5) 세계평화를 위한 글쓴이의 유언

앞에서 이미 한국의 연구성과만으로는 중화인민공화국의 패권주의를 막을 수 없다고 하였다. 그리고 그간 글쓴이가 시도해 본 러시아 및 몽골과의 공동연구 가능성을 증명해 보였다. 이러한 공동연구는 러시아와 몽골만이 아니다. 중화인민공화국과 이웃하며 역사적 강역문제로 분쟁을 겪고 있는 20개국 모두와 함께 할 수 있다. 그래야만 거대한 중국공산당의 역사적 강역이론에 대응할 수 있고, 중화인민공화국의 패권주의를 막을 수 있다. 그리하여 20개국이 공동으로 쓰는『신 동아시아사(新東亞細亞史)』가 나온다면 패권주의 영토·국경이론에 대항할 수 있는 기본서가 될 것이다. 궁극적으로는 이 공동작업에 중화인민공화국이 참여한다면 더욱 좋을 것이다.

이처럼 공동연구의 결과가 중화인민공화국의 역사적 강역 확장 저지와 패권주의를 막을 수 있다면 그것은 20개국의 평화이고 아시아의 평화이며, 아시아의 평화는 곧 세계평화다. 하나 더 강조하고 싶은 것은 중화인민공화국 패권주의의 종식은 바로 중화인민공화국 인민의 평화다.